Autores:
Pilar Vázquez Fernández
José Luis Ortega Osuna

Colaboradores:
Fernando Sánchez Velasco
Gloria Ibáñez González

COMPETENCIAS BÁSICAS: DESARROLLO Y EVALUACIÓN EN EDUCACIÓN SECUNDARIA OBLIGATORIA

PROYECTO AZAHARA

c/ Collado Mediano, 9
28230 Las Rozas (Madrid)

1ª edición. 1ª reimpresión: noviembre 2011

ISBN Edición Gráfica: 978-84-9987-010-6
ISBN Edición Digital: 978-84-9987-011-3

Depósito Legal: M-44154-2011
Impreso por Wolters Kluwer España, S.A.

Índice

PRÓLOGO

Es probable que la expresión "competencia básica" sea, en el ámbito educativo actual, una de las más utilizadas. Cabe preguntarse, sin embargo, si tenemos claro a qué nos referimos cuando hablamos de ella, si todos pensamos en la misma realidad cuando empleamos la expresión, e incluso si creemos que se trata de una nueva y efímera incorporación terminológica al cambiante vocabulario educativo o, por el contrario, es un concepto destinado a permanecer en ese vocabulario.

En el mundo laboral o de la formación para el empleo, de los que precisamente deriva el concepto, todos comprendemos perfectamente qué significa ser un profesional "competente". Lo mismo sucede si hablamos desde una perspectiva personal o social. En lo que se refiere a la educación, sin embargo, parece necesario hacer algunas precisiones antes de abordar el tema, para estar seguros de que nos referimos a los mismos conceptos. A pesar de la multiplicidad de interpretaciones, enfoques, definiciones y proyectos, hay ciertos rasgos comunes: las competencias son saberes aplicables, integradores, adaptables a diferentes contextos, que nos permiten responder adecuadamente a situaciones complejas.

Probablemente no es casual que la generalización de los sistemas educativos, al menos en el mundo del que formamos parte, haya propiciado la reflexión que ha conducido a fijar la atención en las competencias: cuando la educación no se dirige a un ámbito exclusivo y reducido, sino a la totalidad de la población, no puede agotarse en sí misma, no puede ser un saber para saber, sino que debe convertirse en un saber para vivir, es decir, para desarrollarse adecuadamente como persona, para relacionarnos, para trabajar, para mejorar nuestras expectativas a lo largo de toda nuestra vida. En esa dirección apuntan precisamente las competencias básicas. No estamos tanto ante una revolución educativa, destinada a subvertir las bases del sistema, como ante la evolución que supone reflexionar acerca del "para qué" educamos, lo que nos permitirá ir introduciendo las modificaciones necesarias para hacer más eficiente ese sistema.

La importancia de esta reflexión y, sobre todo, de sus consecuencias, ha servido, además, para que desaparezcan algunas fronteras y para provocar en el panorama educativo de nuestro entorno un proceso de integración muy similar al que se ha producido en los campos político, económico o social: los sistemas educativos europeos tienden a acercarse, a plantearse objetivos comunes, a tratar de abordar los problemas desde perspectivas semejantes, y a emplear los mismos instrumentos para evaluar sus resultados.

En esa línea de convergencia, la Unión Europea, consciente del papel esencial de la educación para nuestro futuro, estableció objetivos, criterios comunes en la delimitación y definición de las competencias básicas, y recomendó a los países miembros la paulatina adaptación de sus respectivos sistemas a ese marco común.

En España, esas recomendaciones se han concretado en normativas que, tanto a nivel estatal como autonómico, otorgan especial relevancia a las competencias básicas. La LOE entiende por currículo "el conjunto de objetivos, competencias básicas, contenidos, métodos pedagógicos y criterios de evaluación de cada una de las enseñanzas". Los decretos y órdenes que la desarrollan insisten en el papel fundamental de las competencias básicas y en la necesidad de que los centros educativos, en el uso de su autonomía organizativa y pedagógica, desarrollen y completen el currículo para favorecer su adquisición por parte del alumnado.

Son pues, los centros educativos los responsables últimos de la fase de concreción de toda la normativa antes citada. La organización de su currículo por competencias supone una serie de tareas que deben planificarse ordenada y cuidadosamente: reflexión sobre el concepto y finalidad del currículo, delimitación de las responsabilidades y tareas que corresponden a cada órgano pedagógico del centro, determinación de estrategias de coordinación entre ellos, detección de dificultades y necesidades de aprendizaje, elaboración de programaciones didácticas, diseño de tareas integradas y establecimiento de criterios de evaluación.

Consideramos que es en este punto en el que debe resaltarse la importancia teórico-práctica de este libro. A pesar de la evidente prioridad que la normativa otorga al concepto de las competencias básicas y de la cantidad de publicaciones con él relacionadas, el contacto directo con los centros educativos nos lleva a pensar que éstos necesitan y demandan lo que podríamos denominar "documentación intermedia", es decir, documentos que se sitúan entre la norma y su concreción final: modelos, orientaciones, ejemplificaciones e instrumentos que faciliten a los docentes la tarea que les corresponde en la concreción del currículo por competencias.

A esa tarea de dotar a los centros de las herramientas necesarias se aplican los autores de esta obra, basándose, precisamente, en el contacto directo con ellos, en el conocimiento de sus dificultades y en la detección de sus necesidades. Si añadimos que el equipo de autores y colaboradores está constituido por profesionales de la docencia, de la orientación y de la inspección educativas, que unen a su sólida formación teórica y a su prolongada experiencia profesional su relación directa, dentro de sus respectivos ámbitos, con la práctica docente, podremos hacernos una idea más completa de la utilidad y relevancia de la obra.

El objetivo declarado de sus autores es facilitar el camino del profesorado, orientándolo en la planificación, en la toma de decisiones y desarrollo de la tarea de incorporar las competencias básicas a la práctica docente. Para ello, partiendo de una sólida fundamentación normativa y teórico-práctica, hacen propuestas de contribución de las diferentes materias al desarrollo de las competencias básicas, proponen la formulación de "descriptores de etapa" y de "indicadores de logro", sugieren una reflexión previa sobre las tareas y responsabilidades que corresponden a cada uno de los órganos de coordinación docente, ofrecen alternativas sobre la integración de las competencias en el currículo, plantean el desarrollo cooperativo de la práctica docente a través del establecimiento de un marco conceptual común y del diseño de "tareas integradas", para finalizar refiriéndose a la evaluación de las competencias y a su integración en el proyecto educativo.

La simple enumeración de los temas abordados indica a los destinatarios de la obra la variedad de enfoques y propuestas que contiene y les proporciona una herramienta de consulta y trabajo inestimable. El equilibrio entre los aspectos teóricos y las propuestas de actuación concretas les permite encontrar en ella tanto respuestas a cuestiones técnicas y especializadas, como soluciones a problemas específicos, referidos a la organización del centro, el departamento o el aula. Todo ello garantiza a los autores la consecución del objetivo arriba enunciado.

Rafael Ruiz Serrano
Jefe del Servicio de Ordenación Educativa
Delegación Provincial de Educación de Córdoba

INTRODUCCIÓN

Con la entrada en vigor de la LOE y de los Reales Decretos que establecen las enseñanzas mínimas y de la normativa que regula la ordenación, las enseñanzas y los currículos de la Educación Secundaria en las comunidades autónomas, se abren nuevos retos y tareas para los centros educativos y para el profesorado en lo referido al desarrollo y concreción del currículo escolar y a la integración de las competencias básicas. Ante este nuevo marco normativo, surgen también nuevas exigencias y expectativas que obligan a una reorientación de la intervención docente en las aulas e implica la mejora de los rendimientos escolares del alumnado.

La integración de las competencias básicas en el currículo escolar de los centros o, dicho de otro modo, la necesidad de un currículo integrado en torno a la consecución de las competencias básicas es una de las grandes preocupaciones de los equipos docentes en el momento actual, dadas la complejidad y la dificultad que presenta la comprensión del desarrollo de las tareas que aquéllos han de abordar en una situación de carencia de pautas, modelos y ejemplificaciones que orienten esta labor profesional.

La inclusión de las competencias básicas de forma integrada en el currículo escolar ha de suponer un factor de mejora de los currículos reales de los centros educativos. Esta posibilidad depende de que los centros desarrollen un enfoque y un planteamiento consensuado y compartido sobre las competencias básicas, y de que asuman la necesidad de que sus órganos de coordinación docente tienen que establecer estrategias y pautas de intervención comunes.

Las competencias básicas deben ser tratadas como eje de articulación de las decisiones adoptadas en la mejora de la práctica docente. Por tanto, este tratamiento debe permitir la posibilidad de orientar la mejora hacia la planificación y el desarrollo de tareas escolares en contextos diversos que respondan a problemas de la vida real, y demanda para el profesorado el conocimiento y aplicación de nuevas destrezas y saberes profesionales.

La apuesta por un currículo escolar que integre las competencias básicas requiere de un espacio profesional que promueva la convergencia entre el discurso normativo, el contexto escolar diverso, la realidad del alumnado y los objetivos y principios educativos que se plantean para la Educación Secundaria.

El Proyecto "Azahara" es una plataforma de trabajo, constituida por un grupo de profesionales de la educación que ejercen en el Servicio de Inspección Educativa, en el Servicio de Orientación Educativa y en los centros educativos. Este Proyecto aglutina sensibilidades y preocupaciones comunes, orientadas a dar respuesta al gran reto que se plantea a los centros educativos y al profesorado con la integración de las competencias básicas en el currículo escolar.

En esta línea de investigación e innovación educativa, mediante la reflexión sobre la práctica docente y la elaboración y propuesta de modelos para su desarrollo y concreción en contextos educativos determinados, el Proyecto "Azahara" ha ido generando un espacio interprofesional de reflexión teórico-práctica sobre las nuevas tareas que los docentes han de afrontar en el tratamiento y operatividad de las competencias básicas en el currículo escolar de los centros educativos, y también sobre la delimitación de la intervención de los Servicios Educativos que desarrollan su trabajo en los mismos. Todo ello con el objeto de que existan pautas de actuación y modelos de referencia que faciliten tanto la labor docente como su labor de asesoramiento e información, en el marco de los cometidos que los Servicios tienen encomendados por las respectivas administraciones educativas con respecto a la mejora de las estrategias e instrumentos de planificación de la práctica docente en su relación con las competencias básicas.

Desde la propia experiencia de sus componentes, surgida de la participación activa en la organización e impartición de diversos itinerarios formativos con el profesorado y de la implicación directa en el asesoramiento sobre proyectos e iniciativas de centros, el Proyecto "Azahara" mantiene su apuesta por responder a la realidad educativa actual y por orientar la enseñanza hacia la mejora de los resultados escolares del alumnado, a través de la adquisición y aplicación de aprendizajes básicos e imprescindibles para la vida, centrándose en la elaboración de propuestas, instrumentos y ejemplificaciones sobre las cuestiones que considera claves y necesarias para los propios centros educativos.

En este sentido, durante los últimos cursos ha estado trabajando en el planteamiento y en el desarrollo de las programaciones didácticas en clave de competencias básicas, ha perseguido cómo hacer operativas las competencias básicas con el enunciado de descriptores de etapa articulados en torno a unos organizadores que responden a los conocimientos, habilidades y destrezas, actitudes y emociones que el alumnado dispone para resolver satisfactoriamente problemas o tareas de la vida cotidiana. Así mismo, ha investigado sobre la evaluación de las competencias a partir de la formulación de indicadores de logro o de dominio en cada curso educativo, utilizando como referencia los criterios de evaluación de las materias. Y también ha hecho aportaciones sobre la planificación y el desarrollo de la práctica docente y el diseño de modelos de intervención en el aula, a través de la elaboración y aplicación de tareas integradas.

Desde los principios y pautas de actuación establecidos, se considera indispensable que las competencias básicas sustenten el proyecto educativo y lo aúnen con la estructura organizativa y funcional de los centros, al mismo tiempo que inspiren la definición de los objetivos propios y de las líneas generales de actuación pedagógica de los centros, y guíen la coordinación y la concreción de los contenidos curriculares y el tratamiento transversal en las materias de la educación en valores y otras enseñanzas.

Con la convicción de que aún es necesaria la participación y la implicación del profesorado en la toma de decisiones sobre las formas de integración de las competencias básicas en el desarrollo del currículo de sus respectivos centros, el Proyecto "Azahara" propone como premisa de trabajo el propio marco normativo para hacer operativas las competencias básicas en las herramientas de planificación y de desarrollo de la práctica docente y en la toma de decisiones sobre la evaluación y la promoción del alumnado. Plantea la conveniencia de que los centros reflexionen a nivel teórico-práctico sobre la mejora de la práctica docente, y ofrece pautas e instrumentos para la elaboración y el desarrollo del proyecto educativo, de las programaciones didácticas y de las programaciones de aula en clave de competencias básicas.

El planteamiento del Proyecto "Azahara" se presenta organizado en diferentes capítulos, conforme a las cuestiones descritas, cuestiones que están basadas en las prescripciones establecidas en el actual marco normativo, en reflexiones teóricas que fundamentan la concreción práctica y en formulaciones e instrumentos determinados, extraídos de la experiencia acumulada por su intervención y por su colaboración en diferentes escenarios formativos.

En el **Capítulo I, "Tratamiento de las competencias básicas en el marco normativo"**, se exponen el concepto y la finalidad que tienen el currículo y las competencias básicas en la ordenación de las enseñanzas del sistema educativo. En él se presentan a nivel teórico los diferentes modelos de currículo escolar y se comparan con las características del currículo establecido en el marco normativo. Se aborda el aporte de las enseñanzas mínimas al impulso de las competencias básicas, dedicando una especial atención a la contribución de las materias al desarrollo de las mismas a través de los aprendizajes imprescindibles para la vida. Y, finalmente, se hace mención de la aportación de las enseñanzas propias de las comunidades autónomas en el desarrollo de las competencias.

El **Capítulo II, "Diagnóstico del contexto y del centro educativo"**, constituye una reflexión sobre la importancia e influencia de los elementos y notas comunes del contexto socio-cultural y educativo en el desarrollo de las competencias básicas a través de los procesos de enseñanza-aprendizaje.

Se plantea en este capítulo la prioridad de la evaluación inicial del alumnado para conocer el grado de dominio en el que se encuentra con respecto a las competencias básicas, y de la evaluación de diagnóstico para la mejora del desarrollo del currículo y de los rendimientos escolares. Y se dedica sobre todo un espacio al análisis y a la valoración de los resultados y de la tendencia de las Pruebas de Evaluación de Diagnóstico para la detección de los problemas, las dificultades y las expectativas que presenta el alumnado en la adquisición de las competencias básicas, así como a la estimación de las repercusiones del propio diagnóstico en el diseño y en el desarrollo de la intervención docente.

En el **Capítulo III, "Planteamiento operativo de las competencias básicas en el currículo escolar, a través de la formulación de descriptores de etapa"**, el proyecto parte de una reflexión teórica sobre la integración de las competencias básicas en el currículo escolar y establece las pautas a seguir para hacerlas operativas, una vez consensuadas y compartidas por el profesorado. En primer lugar, se propone la utilización de **organizadores internos** coherentes con las características y contenidos del currículo y con la finalidad de hacer explícitas las vinculaciones de los aspectos distintivos que promueven las competencias básicas, contemplados en el marco normativo vigente, con los aprendizajes imprescindibles que aportan las materias curriculares en función de su propia realidad educativa.

A continuación se expone la necesidad de elaborar conjuntamente **descriptores de etapa** para la ESO que concreten las vinculaciones establecidas, definiendo los aspectos o elementos de la competencia que se pretenden alcanzar al término de la etapa educativa. Estos descriptores servirán de referencia común para la toma de decisiones del profesorado en la planificación y en el desarrollo de la práctica docente. Con base en el planteamiento señalado, y a título orientativo o de ejemplo, se ofrece una propuesta de descriptores para cada competencia básica en la Educación Secundaria, con la finalidad de que los centros que lo consideren oportuno la reelaboren o ajusten a las necesidades y a las expectativas educativas de su contexto y de su alumnado.

En cuanto al **Capítulo IV, "La evaluación de las competencias básicas en el currículo escolar a través del establecimiento de indicadores de logro o dominio"**, se hace un recorrido por la regulación normativa relacionada con la función de las competencias básicas en la evaluación del alumnado y se presenta una reflexión teórica sobre la evaluación de las competencias: se apuesta por la exigencia de establecer **indicadores de logro o dominio** para facilitar la tarea profesional de la evaluación del alumnado por competencias básicas. De igual modo, se presenta también una propuesta de indicadores de logro o dominio sobre los descriptores de etapa para cada competencia básica, secuenciada por cursos, conforme a criterios de continuidad y de progresión en el desarrollo y en la adquisición de los aspectos o elementos de la competencia a lo largo de la Educación Secundaria. Para ello, en este capítulo también se ofrecen instrumentos de trabajo y ejemplificaciones, con la finalidad de facilitar, tanto a profesorado como a orientadores/as, la búsqueda de respuestas eficaces a situaciones específicas de evaluación, tales como evaluaciones iniciales, evaluaciones psicopedagógicas, etc., sin abandonar la premisa de que la evaluación de competencias indiscutiblemente ha de tener un carácter procesual y continuado, y estar fundamentada en el empleo de instrumentos y procedimientos diversos, para que el profesorado resuelva otras situaciones grupales o individuales de evaluación puntuales o específicas, como las señaladas.

Para el **Capítulo V, "Organización de las programaciones didácticas en torno a las competencias básicas"**, se opta por un análisis del tratamiento y del enfoque de las mismas en el marco normativo actual. Se explica la importancia de establecer como elemento de articulación de las programaciones las competencias básicas y se propone una diversidad de opciones en la organización del currículo sobre las mismas. También se hace especial hincapié en el tratamiento de las enseñanzas propias de las comunidades autónomas en las programaciones didácticas y se analiza la repercusión de las decisiones organizativas adoptadas en la planificación de la práctica docente.

El **Capítulo VI** recibe el título **"Integración de las competencias básicas en la práctica docente: establecimiento de un marco operativo y conceptual común"**. Este marco se considera imprescindible para que en un centro educativo se planifique una práctica docente que facilite un desarrollo secuenciado e integrado de las competencias básicas. Dicho "marco conceptual común" permite al profesorado el diseño de una propuesta práctica única, de carácter integrador y multidisciplinar, bajo la referencia de la secuencia de los indicadores de logro de las competencias básicas establecida en la programación didáctica. Para ello, se ofrecen orientaciones en cuanto a los "acuerdos conceptuales" previos que el claustro y/o los órganos de coordinación docente han de tener en consideración para diseñar una adecuada práctica docente.

En el planteamiento del marco conceptual se lleva cabo una larga reflexión sobre la entidad de las competencias básicas y su relación con el resto de elementos curriculares: el establecimiento de una secuencia de indicadores y niveles de logro que permitan al profesorado y al alumnado compartir una visión y unos objetivos comunes; las aportaciones de los currículos no formales e informales al desarrollo de las competencias básicas; la toma de conciencia del tipo de aprendizaje que el alumnado adquiere en función de la propuesta de trabajo que se le proponga; el análisis de las "tareas" como propuestas imprescindibles de trabajo en el aula para el desarrollo y la evaluación de las competencias básicas; los elementos para el análisis de la práctica docente actual, y algunas de las estrategias de mejora que se pueden emplear.

En el **Capítulo VII, "Incorporación de las competencias básicas en la programación de aula: las tareas integradas"**ccccccccc se muestra que el diseño de una adecuada práctica docente supone encontrar la manera de conseguir que los aprendizajes resulten de utilidad para la vida: se capacita y se aporta competencia al alumnado para planificar y guiar la solución de los problemas que se le plantean en su realidad, y se le prepara para su participación en un mundo cambiante y diverso. Y se aborda la incidencia de los modelos de enseñanza en los planteamientos y desarrollo del currículo escolar

En consecuencia, el Proyecto ofrece a los centros educativos instrumentos prácticos para la elaboración de unidades didácticas o de unidades de trabajo integradas que propician el desarrollo y la consecución de las capacidades y de las competencias básicas (cc.bb.) a través de propuestas de trabajo coherentes con la secuencia establecida de los indicadores de logro o dominio para la etapa educativa.

En este sentido, se encontrarán orientaciones para la toma de decisiones en cuanto a la planificación de la práctica docente en las materias participantes, con base en los aprendizajes imprescindibles para el desarrollo de las competencias básicas; orientaciones para la elección, planificación y contextualización de las tareas intermedias –facilitadoras o conductoras– y de la tarea final de referencia, con las que diseñar las unidades didácticas y las secuencias de enseñanza-aprendizaje; para la selección de los contenidos que se desarrollan y se ponen en uso a través de las competencias básicas; se hacen sugerencias para confeccionar propuestas de refuerzo y/o ampliación que respondan a la diversidad del alumnado, y se exponen propuestas metodológicas y pautas para la evaluación –y/o autoevaluación– de capacidades y competencias básicas adquiridas.

El **Capítulo VIII, "El proyecto educativo y las normas de organización y funcionamiento de los centros desde la perspectiva de las competencias básicas"**, es una presentación de las competencias básicas como uno de los referentes básicos de los documentos de planificación de los centros y, en concreto, del proyecto educativo y de las normas de organización y funcionamiento.

Se afrontan los aspectos del proyecto educativo que están más estrechamente ligados al desarrollo de las competencias básicas en el alumnado, tales como las líneas generales de actuación pedagógica y los objetivos propios para la mejora del rendimiento escolar y la continuidad del alumnado en el sistema educativo; la coordinación y concreción de los contenidos curriculares y el tratamiento de aspectos transversales en las materias o módulos aportados por las enseñanzas propias de cada comunidad autónoma, y la organización y distribución del tiempo escolar.

De igual modo, se marcan pautas orientativas para el planteamiento y el desarrollo de planes y programas educativos que fomentan la adquisición de las competencias básicas: programas de atención a la diversidad, plan de orientación y acción tutorial y plan de convivencia. Finalmente, el capítulo acomete los aspectos de organización y funcionamiento de los centros que se consideran directamente relacionados con el desarrollo de las competencias y propone que estas normas se orienten al fomento y afianzamiento de las mismas.

En el **Capítulo IX, "Propuesta estratégica para la integración de las competencias básicas en el currículo escolar de centro"**, se trazan de forma esquemática las fases del proceso de integración que han de seguir los centros para hacer operativas las competencias básicas y se explicitan las tareas y los instrumentos que se requieren para su realización. Estas fases se corresponden sucintamente con las cuestiones planteadas en los capítulos anteriores.

Se sugiere como metodología de trabajo partir de propuestas modelo que, posteriormente, se contextualicen y se implementen en función de los factores externos e internos que definen la realidad del centro. O bien desarrollar un proceso propio de elaboración de pautas y de criterios comunes, siguiendo la estrategia planteada, que conduzca a la toma de decisiones sobre el tratamiento e integración de las competencias en los instrumentos de planificación del centro.

Para el desarrollo de estas tareas se ofrece una serie de instrumentos que responden al diagnóstico realizado, a la toma de decisiones sobre la organización del currículo por competencias básicas, al diseño y desarrollo de las programaciones didácticas, a la planificación de la práctica docente y al tratamiento de la evaluación de las competencias básicas.

Con objeto de facilitar la labor del profesorado de concreción y desarrollo de su práctica docente, se presenta una **carpeta de documentos** que recoge la **propuesta modelo del Proyecto "Azahara"** sobre la implementación de cada competencia básica en el currículo de la Educación Secundaria Obligatoria y varias **ejemplificaciones de tareas** para su aplicación en el aula.

De cada competencia básica se desglosan explícitamente los aspectos distintivos, la contribución que reciben de las materias, la formulación de descriptores de etapa sobre las expectativas de desarrollo de la misma, la escala graduada de logro o dominio por cursos educativos y un ejemplo de registro del desarrollo de cada competencia a través de las tareas y actividades de aprendizaje que realice el alumnado como consecuencia de su participación e implicación en los procesos de enseñanza-aprendizaje.

En relación con las ejemplificaciones, se contemplan una serie de **instrumentos de trabajo** que abordan múltiples cuestiones relacionadas con la operativización de las competencias básicas y la planificación y desarrollo de la práctica docente. En este sentido, se ofrecen documentos para vincular las competencias básicas con los diferentes elementos curriculares, diferenciar los distintos tipos de aprendizaje vinculados a las propuestas de trabajo, el diseño de una secuencia de trabajo para facilitar el desarrollo de competencias básicas, el diseño de una tarea para el desarrollo integrado de varias competencias básicas.

También se exponen una serie de instrumentos para la creación de un “Banco de tareas”, la realización de un “Banco de recursos para la lectura”, y un guión para la elaboración de unidades didácticas y diferentes modelos desarrollados para el diseño de unidades didácticas integradas o tareas integradas.

En la misma carpeta de documentos se exponen una serie de **ejemplificaciones**. En ellas se utilizan los instrumentos de trabajo citados y se muestran distintos modelos desarrollados por el diseño de unidades didácticas integradas de materia y multidisciplinares y sobre las actuaciones propias que el profesorado ha de desempeñar en cada uno de los niveles de concreción curricular para el desarrollo de las competencias básicas.

Capítulo I
Tratamiento de las competencias básicas en el marco normativo

1. CONCEPTO Y FINALIDAD DEL CURRÍCULO. LAS COMPETENCIAS BÁSICAS EN LA ORDENACIÓN DE LAS ENSEÑANZAS DEL SISTEMA EDUCATIVO

El currículo expresa las finalidades y los contenidos de la educación que el alumnado debe y tiene derecho a adquirir y que se plasmará en aprendizajes relevantes, significativos y motivadores. Pretende que el alumnado vaya adquiriendo los aprendizajes esenciales para entender la sociedad en la que vive, para actuar en ella y para comprender la evolución de la humanidad a lo largo de su historia. Para ello, hace especial énfasis en la adquisición de las competencias básicas.

Las competencias básicas se entienden como el conjunto de destrezas, conocimientos y actitudes adecuadas al contexto que todo el alumnado que cursa la enseñanza básica obligatoria debe alcanzar para su plena realización y desarrollo personal, para el desempeño de la ciudadanía activa y para la integración social y el empleo.

La adquisición de las competencias básicas permite al alumnado tener una visión ordenada de los fenómenos naturales, sociales y culturales, y disponer de los elementos de juicio suficientes para poder argumentar ante situaciones complejas de la realidad.

El currículo de las enseñanzas obligatorias incluye las siguientes competencias básicas:

- Competencia en comunicación lingüística
- Competencia matemática
- Competencia en el conocimiento y la interacción con el mundo físico
- Competencia tratamiento de la información y competencia digital

- Competencia social y ciudadana
- Competencia cultural y artística
- Competencia para aprender a aprender
- Competencia para la autonomía e iniciativa personal

En el currículo escolar tienen que integrarse de forma horizontal en todas las materias estas competencias básicas. Y, en la misma medida, la metodología didáctica ha de recoger en todas las materias referencias a la vida cotidiana y al entorno inmediato del alumnado.

De esta forma, el proyecto educativo y las programaciones didácticas deben expresar claramente las estrategias que desarrollará el profesorado para que el alumnado adquiera las competencias básicas. Los centros docentes podrán integrar las materias que se establecen en ámbitos de conocimiento y experiencia.

Una competencia es la forma en que una persona utiliza múltiples recursos personales (habilidades, actitudes, conocimientos, experiencias...) para resolver una tarea en un contexto definido. Se considera básica si el aprendizaje está dirigido para actuar de manera activa y responsable en la construcción del proyecto de vida personal y social.

Las competencias básicas atienden a los aprendizajes considerados imprescindibles para la vida y están incardinadas en el currículo, entendido éste con carácter integrador y orientado a la aplicación de los saberes adquiridos por los alumnos. No deben interpretarse como aprendizajes básicos comunes, sino como uno de los elementos primordiales del currículo escolar.

Además, sirven de referencia en las evaluaciones de diagnóstico y en todos los niveles de decisión sobre el currículo, forman parte de las enseñanzas mínimas establecidas a nivel estatal y constituyen un referente para la promoción de curso en la ESO y para la titulación al final de la misma.

2. MODELOS DE CURRÍCULO ESCOLAR

El conjunto de decisiones y de actuaciones que conforman la actividad docente se sustentan en el marco curricular. De ahí la necesidad de conocer no sólo la compleja noción de currículo, sino también su fundamento y su estructura. Este hecho establece un nexo entre las prescripciones generales que organizan el sistema educativo y el papel protagonista del profesorado que desarrolla las normas establecidas por las correspondientes instituciones educativas, impregnando su práctica docente del significado de éstas.

Por tanto, hay que realizar una aproximación al concepto de currículo desde diferentes enfoques teóricos, para conocer la enorme influencia de estos enfoques sobre el desarrollo concreto del proceso de enseñanza-aprendizaje.

Desde una perspectiva curricular, se presentan a continuación aquellos modelos que hoy día están teniendo una mayor trascendencia e incidencia en la organización del currículo escolar y en el desarrollo de la práctica docente. En el ámbito de los órganos de coordinación pedagógica de los centros educativos se ha de reflexionar sobre ellos y proceder a la toma de decisiones[1]:

- ***El currículo como sistema tecnológico de producción (modelos conductuales de enseñanza).*** Esta concepción del currículo se basa en una estructura de objetivos de aprendizaje formulados en términos de *"comportamiento"*. Establece un itinerario didáctico cuya meta es adquirir habilidades complejas a través de tareas específicas y competencias concretas, y su progresión se valora en términos de conductas externamente observables.

- ***El currículo como cuerpo organizado de conocimientos.*** Subraya los aspectos transmisivos del cuerpo de contenidos social y científicamente relevantes, planteando el currículo como *"conjunto organizado de conocimientos que se transmiten sistemáticamente desde el centro escolar"*.

- ***El currículo como planificación de factores educativos.*** Se entiende el currículo como *"planificación del proceso de enseñanza y aprendizaje e incluye objetivos, contenidos, actividades y criterios de evaluación"*. Estima que el currículo debe ser elaborado por técnicos y expertos, mientras que los docentes se limitan a aplicar las decisiones adoptadas, en una estructura curricular centralizada.

- ***El currículo como conjunto de experiencias de enseñanza-aprendizaje.*** Considera que la escuela –y por tanto el currículo– debe basarse en fomentar, organizar y dar sentido a la interacción del alumno con su contexto social y natural, dado que esta interacción es la que proporciona las experiencias de enseñanza y aprendizaje. Define el currículo como *"el conjunto de experiencias de aprendizaje que el alumno adquiere bajo la tutela de la escuela"*.

1. Naranjo Cordobés, L.G. (2008):"El diseño del currículo y la programación educativa como ejes de la actividad docente", en Varios: *Bases psicopedagógicas de la educación secundaria*. Córdoba: UCO.

- **El currículo como proyecto educativo basado en la resolución de problemas.** Se presenta como una *"especificación para comunicar características y principios esenciales de una práctica educativa, de forma que se encuentra abierto a escrutinio público y es susceptible de traslación a la práctica docente"*. Se basa en la "investigación-acción" y ha influido, sin duda, en los rasgos otorgados al currículo tanto en la LOGSE como en la LOE. Se sustenta en la planificación, en la evaluación y en la justificación de sus intenciones educativas. Esta concepción implica la participación del profesorado en la construcción del currículo, quien incorpora sus propios significados, su concepción de las materias de aprendizaje y su conocimiento de las señas de identidad y de los rasgos esenciales del socio-contexto. Parte al mismo tiempo de las disposiciones establecidas por la Administración educativa, pero las desarrolla y las concreta en contextos educativos determinados.

3. CARACTERÍSTICAS Y CONSIDERACIONES SOBRE EL CURRÍCULO ESTABLECIDO EN EL MARCO NORMATIVO

La definición y la organización del currículo constituye uno de los elementos centrales del sistema educativo (Ley Orgánica 2/2006, de 3 de mayo, de Educación, LOE). Especial interés reviste la inclusión de las competencias básicas entre los componentes del currículo, por cuanto permite caracterizar de manera precisa la formación que debe recibir el alumnado.

El concepto de "currículo", establecido en la LOE y en los posteriores desarrollos normativos, se define como el conjunto de objetivos, competencias básicas, contenidos, métodos pedagógicos y criterios de evaluación de cada etapa educativa.

Corresponde a las administraciones educativas contribuir al desarrollo del currículo, favoreciendo la elaboración de modelos abiertos de programación docente y de materiales didácticos que atiendan a las distintas necesidades de los alumnos y del profesorado.

Por su parte, los centros docentes juegan un papel activo en la determinación del currículo. Les concierne desarrollar y completar, en su caso, el currículo establecido por las administraciones educativas. Esta intervención en el currículo escolar responde al principio de autonomía pedagógica, de organización y de gestión que la LOE atribuye a los centros educativos, con el fin de que el currículo constituya un instrumento válido para dar respuesta a las características y a la realidad educativa de cada centro.

Así, los currículos establecidos por las administraciones educativas y la concreción de los mismos que los centros realicen en sus proyectos educativos tienen que orientarse a facilitar la adquisición de las competencias básicas.

El Real Decreto 1631/2006, de 29 de diciembre, por el que se establecen las enseñanzas mínimas correspondientes a la Educación Secundaria Obligatoria, fija los aspectos básicos del currículo que constituyen las enseñanzas mínimas de la referida etapa educativa y determina que las administraciones educativas establecerán el currículo de esta etapa, del cual formarán parte, en todo caso, las enseñanzas mínimas. Por su parte, los centros docentes han de desarrollar y completar el currículo establecido por las administraciones educativas en sus proyectos educativos, orientándolos a facilitar la adquisición de las competencias.

En el mismo Real Decreto se fijan las competencias básicas que el alumnado debe alcanzar a la finalización de la Educación Secundaria Obligatoria. También se establecen los objetivos de las diferentes materias y la contribución de las mismas al desarrollo de las competencias básicas. Establece que las enseñanzas mínimas contribuyen a su vez a garantizar el desarrollo de las competencias básicas, y que la organización y funcionamiento de los centros, las actividades docentes, las formas de relación que se establezcan entre los integrantes de la comunidad educativa y las actividades complementarias y extraescolares pueden facilitar también el desarrollo de las competencias básicas. En este sentido, destaca que la lectura constituye un factor primordial para el desarrollo de las competencias básicas, por lo que los centros deberán garantizar en la práctica docente de todas las materias un tiempo dedicado a la misma en todos los cursos de la etapa.

Por tanto, el **proyecto educativo** de los centros integrará, entre otros aspectos, el tratamiento transversal de la educación en valores y otras enseñanzas y las medidas de atención a la diversidad establecidas por las administraciones educativas, adaptándolas a las características del alumnado y a su realidad educativa, con el fin de atender a todo el alumnado, tanto al que tiene mayores dificultades de aprendizaje como al que tiene mayor capacidad o motivación para aprender.

En consecuencia, el currículo tiene que orientarse al desarrollo de las aptitudes y de las capacidades del alumnado, a la adquisición de aprendizajes y saberes esenciales, actualizados y coherentes desde una concepción interdisciplinar de los contenidos. Debe permitir una organización flexible, variada e individualizada de la ordenación de los contenidos y de su enseñanza, facilitando la atención a la diversidad y la atención de las necesidades educativas especiales y de sobredotación intelectual.

Debe orientarse al fortalecimiento del respeto a los derechos humanos y a las libertades fundamentales, al conocimiento y al respeto a los valores recogidos en la

Constitución española y en los Estatutos de Autonomía de las comunidades autónomas, y tiene que integrar en todas las materias referencias a la vida cotidiana y al entorno inmediato del alumnado.

Por tanto, el currículo ha de considerarse como un instrumento válido para responder a las características y a la realidad educativa de cada centro y encaminarse a la mejora de los rendimientos y resultados escolares del alumnado a lo largo de la Educación Secundaria Obligatoria.

4. ENSEÑANZAS MÍNIMAS: APORTACIONES AL DESARROLLO DE LAS COMPETENCIAS BÁSICAS

Las enseñanzas mínimas son los aspectos básicos del currículo en relación con los objetivos, las competencias básicas, los contenidos y los criterios de evaluación. En la regulación de las enseñanzas mínimas de la Educación Secundaria Obligatoria tiene especial relevancia la definición de las competencias básicas que el alumnado deberá desarrollar y alcanzar a la finalización de la misma.

Las competencias básicas, que se incorporan por primera vez a las enseñanzas mínimas, permiten identificar aquellos aprendizajes que se consideran imprescindibles en un planteamiento integrador y orientado a la aplicación de los saberes adquiridos para la vida diaria.

En la regulación que realizan las administraciones educativas se incluyen las competencias básicas. Esta inclusión de las competencias básicas en el currículo tiene varias finalidades:

a) Integrar los diferentes aprendizajes, tanto los formales, incorporados a las diferentes materias o ámbitos, como los informales y no formales.
b) Permitir a todos los estudiantes integrar sus aprendizajes, ponerlos en relación con distintos tipos de contenidos y utilizarlos de manera efectiva cuando les resulten necesarios en diferentes situaciones y contextos.
c) Orientar la enseñanza, al permitir identificar los contenidos y los criterios de evaluación que se consideran imprescindibles.
d) Inspirar las distintas decisiones relativas al proceso de enseñanza y de aprendizaje.

Se entiende por currículo de la Educación Secundaria Obligatoria el conjunto de objetivos, competencias básicas, contenidos, métodos pedagógicos y criterios de evaluación de esta etapa educativa. Si bien las competencias básicas están formuladas en términos de consecución al final de la etapa, el alumnado ha de ir **adquiriéndolas de forma progresiva y coherente en función del desarrollo del currículo.**

En el currículo escolar se establecen la "finalidad" y los "aspectos distintivos" de las competencias y se pone de manifiesto en cada una de ellas el nivel considerado básico que debe alcanzar todo el alumnado. Aunque hay aspectos en la caracterización de las competencias cuya adquisición no es específica de una etapa determinada, conviene conocerlos y partir de los logros ya adquiridos en la educación primaria para sentar las bases que permitan su desarrollo y adquisición por parte del alumnado.

El currículo se estructura en torno a materias y es en ellas en las que han de buscarse los referentes que permitan el desarrollo de las competencias en cada etapa educativa. En cada materia se incluyen referencias explícitas acerca de su contribución a aquellas competencias básicas a las que se orienta en mayor medida.

Tanto los objetivos, como la propia selección de los contenidos, persiguen asegurar el desarrollo de todas ellas y los criterios de evaluación están enunciados para servir de referencia en la valoración del progreso realizado por el alumnado en su adquisición tras los procesos de enseñanza-aprendizaje que se realizan en las aulas en cada una de las materias.

Con las materias curriculares se pretende que todos los alumnos y alumnas alcancen los objetivos educativos y, en consecuencia, que desarrollen también las competencias básicas. En la selección de los contenidos se deben priorizar aquellos que contribuyen a la consecución de los objetivos de la Educación Secundaria Obligatoria y al desarrollo de las competencias básicas.

Además, el trabajo en las materias para contribuir al desarrollo de las competencias básicas debe complementarse con diversas medidas organizativas y funcionales, imprescindibles para su desarrollo, y con la planificación de las actividades complementarias y extraescolares para reforzar el desarrollo del conjunto de las competencias básicas.

Así, el currículo de la Educación Secundaria Obligatoria se estructura en materias. En ellas han de buscarse los referentes que permitan el desarrollo y la adquisición de las competencias en esta etapa. En cada materia también se incluyen referencias explícitas acerca de su contribución a aquellas competencias básicas a las se orienta en mayor medida.

La apuesta por la integración de materias en ámbitos tiene por objeto disminuir el número de profesores y profesoras que intervienen en un mismo grupo, debiendo respetarse los objetivos, contenidos y criterios de evaluación de todas las materias que se integran, teniendo efectos en la reorganización de las enseñanzas para facilitar el desarrollo de las competencias básicas.

Por otra parte, los criterios de evaluación, además de permitir la valoración del tipo y del grado de aprendizaje adquirido, se convierten en referente fundamental para valorar el desarrollo de las competencias básicas.

5. CONTRIBUCIÓN DE LAS MATERIAS AL DESARROLLO DE LAS COMPETENCIAS BÁSICAS: APRENDIZAJES IMPRESCINDIBLES PARA LA VIDA

Cada una de las materias contribuye al desarrollo de diferentes competencias. En cada materia se incluyen referencias explícitas acerca de su contribución a aquellas competencias básicas a las que se orienta en mayor medida. Cada una de las competencias básicas se alcanza como consecuencia del trabajo coordinado en varias materias.

No existe una relación unívoca entre la enseñanza de determinadas materias y el desarrollo de ciertas competencias. **Cada una de las materias contribuye al desarrollo de diferentes competencias y, a su vez, cada una de las competencias básicas se alcanzará como consecuencia del trabajo en varias materias o ámbitos.** Al estructurarse el currículo en torno a materias, es en ellas donde han de encontrarse los referentes que permitan el desarrollo de las competencias a lo largo de la etapa educativa.

Las referencias explícitas acerca de la contribución de las materias al desarrollo de aquellas competencias básicas a las que se orienta en mayor medida hacen mención expresa de los aprendizajes que se consideran imprescindibles que el alumnado adquiera para desenvolverse con éxito en la vida. Pero esta contribución no está reflejada con el rigor y la fundamentación que se requiere, dada la importancia y la relevancia que adquieren las competencias básicas en las decisiones sobre la organización y el desarrollo del currículo escolar en los centros escolares.

Así, se puede constatar que la contribución de algunas materias es insuficiente y no se corresponde con la aportación real de las mismas en el currículo escolar. Por ello, uno de los cometidos de los centros educativos y del profesorado es completar y concretar la contribución de las materias al desarrollo de las competencias básicas.

Todo ello se hace a través del establecimiento de un **marco común de referencia** sobre el grado de logro o de dominio que ha de alcanzar el alumnado, tomando como referencia los criterios de evaluación que son más explícitos para determinar qué aprendizajes de la correspondiente materia son imprescindibles para la resolución de problemas o tareas en la vida del alumnado.

El Proyecto "Azahara" recoge de un manera sucinta la contribución de cada una de las materias que conforman el currículo de la Educación Secundaria Obligatoria y expresa la necesidad de hacer operativas las competencias básicas por la importancia y el peso que tienen dichas materias en el desarrollo de aquéllas.

El trabajo en las materias del currículo para contribuir al desarrollo de las competencias básicas debe complementarse con diversas medidas organizativas y de funcionamiento, imprescindibles para su desarrollo. Así, la organización y el funcionamiento de los centros y las aulas, la participación del alumnado, las normas de régimen interno, el uso de determinadas metodologías y recursos didácticos o la concepción, organización y funcionamiento de la biblioteca escolar, entre otros aspectos, pueden favorecer o dificultar el desarrollo de competencias asociadas a la comunicación, al análisis del medio físico, a la creación artística, a la convivencia y la ciudadanía, o a la alfabetización digital.

El Real Decreto de enseñanzas mínimas para la Educación Secundaria Obligatoria, recoge en los respectivos Anexos el currículo de cada materia, en el que contempla un apartado dedicado a la contribución de éstas a la adquisición de las competencias básicas, y hace una referencia expresa a la incidencia directa de los contenidos que desarrollan y el dominio de las mismas sobre los aprendizajes esenciales para la vida que ha de adquirir el alumnado a lo largo de la educación básica.

6. APORTACIÓN DE LAS ENSEÑANZAS PROPIAS DE LAS COMUNIDADES AUTÓNOMAS AL DESARROLLO DE LAS COMPETENCIAS BÁSICAS EN EL CURRÍCULO ESCOLAR

La propuesta de **contenidos propios** de las comunidades autónomas para completar las enseñanzas mínimas supone la opción específica de las mismas en el ámbito de sus competencias, para incluir en el currículo aspectos necesarios para la formación del alumnado y para el logro de los objetivos educativos referidos a su propio contexto.

Los contenidos propios aportados en las diferentes materias que configuran el currículo de la Educación Secundaria Obligatoria permiten al profesorado su concreción en las programaciones didácticas y de aula, y la adaptación a las peculiaridades de su entorno y del alumnado. Estos contenidos están seleccionados por su relevancia social y cultural y por el sentido educativo de los mismos, contribuyendo al desarrollo de las competencias básicas.

En la propuesta de cada comunidad autónoma es importante contemplar las orientaciones metodológicas y los criterios de evaluación que aportan en cada materia, con objeto de determinar su contribución a la consecución de las finalidades educativas de la etapa.

Capítulo II
Diagnóstico del contexto y del centro educativo

1. DIAGNÓSTICO DE PARTIDA PARA LA INTEGRACIÓN DE LAS COMPETENCIAS BÁSICAS EN EL CURRÍCULO Y EN EL PROYECTO EDUCATIVO DEL CENTRO

El desarrollo y adquisición de las competencias básicas por el alumnado requiere de la contextualización del currículo escolar a partir del análisis y de la valoración de los factores clave que intervienen en la planificación de la práctica docente y en los procesos de enseñanza y aprendizaje. Este diagnóstico se ha centrar en la detección de las debilidades o materias de mejora, en los factores externos e internos que el centro educativo considere que son primordiales para definir las características del contexto socio-cultural y educativo y que influyen, determinan o condicionan los procesos y resultados educativos.

Por consiguiente, los centros han de plantearse la realización de una autoevaluación que sirva para obtener evidencias que constaten las dimensiones y los factores que permiten caracterizar la realidad social y educativa en la que se insertan. De esta forma, la autoevaluación tiene el objeto de trazar propuestas e iniciativas que mejoren las expectativas del alumnado sobre los rendimientos escolares que obtienen.

Es, pues, de máxima importancia que los centros, para su currículo formal e informal, recojan y analicen cuantas informaciones y datos dispongan con indicadores sobre las necesidades e intereses de la comunidad educativa hacia al éxito escolar del alumnado, y sobre la tendencia de los resultados escolares en cuanto a adquisición de conocimientos, a superación de los estudios y a desarrollo de las competencias básicas. En este sentido, los centros deben tener presente tanto las evaluaciones externas realizadas por distintos servicios de la Administración educativa, como instrumentos que le faciliten la tarea de autoevaluación a lo largo de cada curso escolar.

La necesidad de esta práctica profesional, como fundamento de la acción educativa que se ha de llevar a cabo en los centros escolares, viene avalada por el propio marco normativo vigente. En esta línea, la LOE considera fundamental la autoevaluación de los centros como herramienta básica para la mejora del sistema educativo. En ella se tendrá en cuenta la situación socioeconómica y cultural de las familias y del alumnado, el entorno propio del centro y los recursos humanos y materiales disponibles, para poder caracterizar de manera precisa la formación que debe recibir el alumnado y para fomentar el aprendizaje a lo largo de toda la vida.

Por otro lado, este diagnóstico es fundamental para que los centros afronten la elaboración y la puesta en marcha del proyecto educativo, en el que juegan un papel prioritario la visión que se tenga y la misión que se otorgue a las competencias básicas en la definición de las señas de identidad del centro docente y en la expresión de la educación que se propugna. De igual modo, la necesidad del autodiagnóstico relacionada con la orientación y el contenido del proyecto educativo viene justificada por la importante tarea del centro de establecer los objetivos propios a partir del conocimiento y de la aceptación de su propia realidad, que marcará las líneas prioritarias de actuación pedagógica, en las que debe incluirse la concreción del currículo y la integración de las competencias básicas.

2. INDICADORES PARA EL ANÁLISIS DEL CONTEXTO SOCIO-CULTURAL Y EDUCATIVO

El análisis de diagnóstico del contexto socio-cultural y educativo en el que se ubica el centro tiene que ser, como se ha hecho explícito, el punto de partida y la referencia permanente en el proceso de integración de las competencias básicas en el currículo escolar. Para realizar el diagnóstico se propone que los equipos docentes, junto a los órganos de gobierno y de coordinación pedagógica, apliquen los instrumentos de recogida y análisis de información que sirven para detectar los elementos y las notas comunes del contexto y de la realidad del centro que inciden, a su vez, directamente en el desarrollo del currículo y, en consecuencia, en los resultados escolares del alumnado.

Para ello, se hace necesario que la **evaluación inicial de alumnado** se realice utilizando como referencia el grado o nivel alcanzado en el desarrollo de las competencias básicas y se usen como fuentes de información el informe personal de evaluación, los resultados de las Pruebas de Evaluación de Diagnóstico y su evolución, la memoria de autoevaluación y, llegado el caso, los resultados de la aplicación de otras pruebas, como por ejemplo las PISA.

Es muy importante que se detecten los **problemas y dificultades** de aprendizaje del alumnado en cuanto a la adquisición de las **competencias básicas**, en cuanto al nivel medio de logro alcanzado en cada competencia y en cuanto al hecho de que se hagan explícitas las dificultades o déficit comunes que presenta el alumnado del centro por cursos y grupos de alumnado.

Las valoraciones que se realicen, después de la recogida de información sobre los diversos aspectos de la memoria de autoevaluación y relacionadas con los procesos y resultados de aprendizaje del alumnado en relación con el desarrollo de las competencias básicas, han de servir para establecer las líneas de actuación para la mejora de los procesos de enseñanza y aprendizaje y para la mejora de los resultados del alumnado, al igual que para establecer las medidas dirigidas a la prevención de dificultades de aprendizaje.

Los centros pueden tener en consideración, como indicadores para el diagnóstico del contexto, datos referidos a la población en edad de escolarización o su situación escolar: el nivel de estudios de la población adulta, las expectativas de la comunidad sobre el nivel máximo de estudios por alcanzar, el acceso a la enseñanza superior por parte de la población adulta, la oferta de actividades extraescolares por organismos e instituciones presentes en el entorno, el acceso de la población escolar a las tecnologías de la información y comunicación, etc.

Con respecto a los procesos educativos, es conveniente que se analicen los criterios seguidos en múltiples aspectos: el agrupamiento del alumnado, los cauces establecidos para la participación de los padres en la vida del centro, el trabajo en equipo que realizan los profesores y las profesoras y los estilos de docencia que desarrollan, las actividades extraescolares y complementarias que se organizan en el centro, el desarrollo de la tutoría y de la orientación educativa y el planteamiento de la formación del profesorado en relación con sus cometidos profesionales. Todo ello con la intención de extraer conclusiones sobre las condiciones más favorables que generen contextos más adecuados para el aprendizaje por competencias básicas

En lo referido a los resultados educativos que se obtienen, es preciso analizar las calificaciones finales prestando especial atención a las materias instrumentales, las actitudes y conductas que manifiesta el alumnado ante el éxito escolar, los niveles de fracaso y/o abandono escolar prematuro y los porcentajes de promoción y titulación que se obtienen a la finalización del curso escolar, con el fin de determinar el grado de influencia que tienen estos factores sobre el alumnado en la generación de expectativas y de motivación hacia el estudio.

De conformidad con la LOE, y como se ha mencionado anteriormente, los centros educativos deberán realizar una autoevaluación de su propio funcionamiento:

de los programas que desarrollan, de los procesos de enseñanza y aprendizaje y de los resultados de su alumnado, así como de las medidas y actuaciones dirigidas a la prevención de las dificultades de aprendizaje. Esta autoevaluación será supervisada por la Inspección educativa. El resultado de este proceso de evaluación interna será recogido en una **memoria de autoevaluación**, que será también una referencia clara sobre la realidad educativa del centro y que permitirá el planteamiento de propuestas de mejora.

3. FACTORES CLAVE PARA EL ANÁLISIS Y VALORACIÓN DE LA REALIDAD EDUCATIVA DEL CENTRO

Disponer de información avalada con evidencias sobre el estado del centro, en cuanto a sus cometidos y a los efectos de dicho estado en los rendimientos escolares del alumnado, es fundamental para tomar decisiones sobre la forma de plantear la integración de las competencias básicas en los instrumentos de planificación de los centros.

Desde esta perspectiva, la incorporación de la cultura de la evaluación es necesaria para identificar los factores internos y externos que más inciden en el aprendizaje escolar. Estos factores reflejarán los diferentes ámbitos o dimensiones en los que se organiza el centro y la actividad educativa y profesional que se desarrolla en el mismo.

En esta línea de análisis, es necesario que se reflexione sobre las enseñanzas impartidas y sobre los rendimientos que obtiene el alumnado, también sobre las pautas y metodologías que se siguen, el nivel de participación e implicación del alumnado y de los padres y madres en la vida del centro, las normas de convivencia y las relaciones que se establecen entre los diferentes sectores y miembros de la comunidad educativa, los mecanismos de resolución de conflictos, los modelos de convivencia basados en la diversidad y en el respeto a la igualdad de mujeres y hombres y la apertura del centro al entorno.

La identificación de los factores clave, la valoración objetiva de la incidencia de éstos en los procesos de enseñanza y la puesta en marcha de procedimientos internos que regulen la participación en la toma de decisiones es fundamental para garantizar la adopción y aplicación de medidas dirigidas a favorecer aprendizajes fundamentales para la vida del alumnado.

También deben ser objeto de reflexión, en cuanto a la orientación de sus cometidos para la mejora de la práctica docente y de los rendimientos escolares, el funcionamiento de los órganos de coordinación docente y las tareas que éstos tienen encomendadas en torno a diferentes dimensiones y aspectos.

Dimensión 1. Organización y funcionamiento de los centros educativos

1. El ejercicio eficaz de la función directiva en función de las competencias asignadas y del proyecto de dirección.
2. El funcionamiento y cometido de los órganos de coordinación docente dirigidos a la mejora de la práctica docente y de los resultados escolares.
3. La organización y revisión de la jornada escolar y del horario del alumnado y del profesorado, en función de criterios pedagógicos que respondan a las necesidades de todos y cada uno de los alumnos y alumnas del centro.
4. La dinamización y fortalecimiento de las estructuras organizativas y participativas del centro.

Dimensión 2. Planificación y desarrollo de la práctica docente en relación con el currículum escolar y la atención a la diversidad del alumnado

1. La organización del currículo escolar: materias, ámbitos, proyectos integrados multidisciplinares, etc.
2. El diseño y desarrollo de la programación didáctica y de aula en torno a las competencias básicas para la mejora de los rendimientos escolares del alumnado.
3. La aplicación de diversas metodologías y recursos didácticos en el aula adaptados a los distintos ritmos de aprendizaje del alumnado.
4. La incorporación de tareas integradas en los procesos de aprendizaje del alumnado que respondan a situaciones o problemas de la vida real.
5. La estimulación de la lectura y el uso de las tecnologías de la información y de la comunicación en las aulas.
6. Los criterios comunes de evaluación de las competencias básicas.
7. La evaluación de la práctica docente y de los resultados de los procesos de enseñanza-aprendizaje.

8. La aplicación de medidas organizativas y curriculares que atiendan a la diversidad de necesidades específicas de apoyo educativo del alumnado.

Dimensión 3. Convivencia escolar, acción tutorial y orientación educativa del alumnado

1. La dirección, gestión y control del aula y el clima y dinámica de trabajo necesaria para favorecer el aprendizaje personal y cooperativo entre el alumnado.
2. La utilización de la mediación y el diálogo en la resolución de conflictos entre iguales y entre el alumnado, las familias y el profesorado.
3. La detección y prevención de conductas contrarias a las normas o gravemente perjudiciales para la convivencia, y la aplicación de medidas educativas.
4. El fomento de la igualdad real y efectiva entre hombres y mujeres en los diferentes espacios de aprendizaje y convivencia.
5. Los procedimientos de comunicación e interrelación con las familias y las estrategias de colaboración con el centro educativo: compromisos educativos y de convivencia.
6. Los programas de transición y acogida del alumnado y de coordinación con los centros adscritos.

4. APORTACIONES DE LA EVALUACIÓN INICIAL PARA EL CONOCIMIENTO DEL GRADO DE DOMINIO DE LAS COMPETENCIAS BÁSICAS DEL ALUMNADO

La evaluación inicial debe ser la herramienta profesional de partida que utilicen los centros para obtener información sobre el grado de desarrollo de las competencias básicas por parte del alumnado. En el apartado segundo de este capítulo, sobre los indicadores del contexto sociocultural y educativo, ya se han establecido algunas consideraciones sobre la evaluación inicial que no deben perderse de vista.

Al comienzo de curso el profesorado debe realizar una evaluación inicial del alumnado, teniendo en consideración los informes personales y los datos obtenidos de diferentes pruebas y actividades, para determinar el punto de partida en el que se encuentran para el inicio de nuevos aprendizajes. Dicha evaluación inicial es el punto de referencia del equipo docente para tomar decisiones relativas al desarrollo del currículo y para adecuar éste a las características y conocimientos del alumnado.

El equipo docente, como consecuencia del resultado de la evaluación inicial, deberá adoptar las medidas pertinentes de apoyo, refuerzo y recuperación para el alumnado que lo precise o de adaptación curricular para el alumnado con necesidad específica de apoyo educativo.

Para la elaboración de instrumentos que configuren la evaluación inicial del alumnado se propone, en clave de competencias básicas, que los departamentos didácticos utilicen como marco de referencia los indicadores de logro o dominio consensuados previamente, que sirvan de base para el desarrollo de las programaciones didácticas a lo largo del curso escolar; el empleo de los aspectos básicos distintivos de cada competencia, que se consideran claves en el desarrollo de las mismas y, en su caso, los elementos de la competencia que sean considerados más significativos empleados en las Pruebas de Evaluación de Diagnóstico.

Los centros han de establecer, pues, criterios comunes a seguir en el diseño de la evaluación inicial del alumnado, las materias que van a centrar la evaluación, así como las competencias básicas que van a medir las pruebas y herramientas de evaluación, definiendo previamente las dimensiones y elementos u aspectos de la competencia que se van a contemplar, con objeto de determinar el grado de dominio alcanzado y los déficit existentes.

5. LA EVALUACIÓN DE DIAGNÓSTICO EN LA MEJORA DEL DESARROLLO DEL CURRÍCULO Y DE LOS RENDIMIENTOS ESCOLARES

5.1. Finalidad y sentido de las Pruebas de Evaluación de Diagnóstico en relación con el desarrollo del currículo escolar

Una de las novedades que presenta la LOE es la realización de una evaluación de diagnóstico de las competencias básicas alcanzadas por el alumnado al finalizar el segundo curso de ESO. Esta evaluación tiene carácter formativo y orientador. La información recogida sobre la situación del alumnado y de los centros permite a éstos la adopción de medidas para mejorar las posibles deficiencias y, al mismo tiempo, disponer de datos sobre la tendencia de los resultados de las pruebas realizadas en los últimos cursos, con objeto de extraer las dimensiones y elementos de la competencia que pueden ser mejorables en el desarrollo del currículo por competencias.

Las pruebas permiten obtener información objetiva y rigurosa sobre el desarrollo alcanzado por el alumnado en competencias básicas en los distintos ámbitos del currículo, con el fin de que los agentes educativos puedan reflexionar sobre los resultados y establecer propuestas para la mejora. Sirven además para proporcionar información a los centros y al profesorado sobre el nivel de consecución de las competencias básicas con la suficiente antelación a la finalización de la etapa correspondiente como para que puedan ser puestas en marcha en el proceso educativo mejoras que conduzcan a la consecución de los objetivos generales de aquélla.

La finalidad de las Pruebas de Evaluación de Diagnóstico no es medir tasas brutas de adquisición de contenidos, sino establecer una escala graduada de niveles que permitan ir ajustando los rendimientos del alumnado a las exigencias actuales, buscando un nivel óptimo de desarrollo de competencias para su aplicación a contextos diferentes al educativo.

De esta forma, el proceso evaluador se dirige a la obtención de un conocimiento mayor y más claro sobre el rendimiento conseguido por el alumnado e implica a todos los sectores educativos en la reflexión y en la mejora. Por otra parte, el nivel que alcancen los alumnos y las alumnas en este tipo de pruebas puede estar condicionado en mayor o menor medida por el contexto escolar y social. Por este motivo deben ser analizados los factores de contexto asociados a los rendimientos del alumnado.

Los resultados de las evaluaciones de diagnóstico tienen que ofrecer a los centros educativos la suficiente información sobre el nivel de dominio que desarrolla el alumnado en las dimensiones y en los elementos de competencia que han sido considerados y han de ser una de las bases de partida para la configuración de una imagen próxima a la realidad educativa del centro. Esta base permite afrontar la toma de decisiones sobre las propuestas de mejora que conviene implementar para responder a las dificultades y a los déficit que presenta el alumnado participante, y para adoptar medidas preventivas con el alumnado de cursos inferiores.

Las pruebas tienen un carácter eminentemente orientador, por cuanto permiten conocer la evolución del rendimiento del alumnado a lo largo de los siguientes años y valorar el efecto que sobre el mismo puedan tener las propuestas de mejora introducidas. El sentido diagnóstico de las pruebas permite asimismo, una vez aplicadas, que los centros puedan obtener información para posteriores decisiones de carácter formativo sobre la planificación educativa del centro. El proceso de evaluación continua de cada uno de los alumnos y alumnas no se ve modificado por los resultados que se alcancen en las pruebas de la evaluación de diagnóstico.

Las pruebas versan sobre las competencias básicas, aunque aún no se han incorporado todas, para el desarrollo personal, social y laboral del alumnado a lo largo de toda la vida:

1) Competencia en comunicación lingüística
2) Competencia matemática
3) Competencia en el conocimiento y la interacción con el mundo físico
4) Competencia tratamiento de la información y competencia digital
5) Competencia social y ciudadana
6) Competencia cultural y artística
7) Competencia para aprender a aprender
8) Competencias para la autonomía e iniciativa personal

5.2. Incidencia de los cuestionarios de contexto en los resultados de las pruebas y en la estimación de los rendimientos escolares

Los cuestionarios de contexto facilitan una serie de datos mediante cuyo análisis puede obtenerse información relevante para decisiones sobre la planificación de los procesos de enseñanza y aprendizaje. El fin de estos cuestionarios es doble: por una parte, analizar el contexto del alumnado, y, por otra, elaborar un índice socioeconómico y cultural de los centros que ayude en el análisis de la relación entre el rendimiento obtenido en las pruebas y la situación socioeconómica y cultural del alumnado y el centro. La cumplimentación de los cuestionarios de contexto se realiza cada curso escolar, debido a que el alumnado es diferente y, en consecuencia, presenta distintas características en las variables consideradas. Es necesario conocer estas variables con el objeto de correlacionar los niveles de competencia alcanzados por el alumnado con los datos del contexto.

Los cuestionarios recogen información y opiniones de la familia, del alumnado y del propio centro sobre aspectos educativos del alumnado en los ámbitos escolar y familiar y sobre los niveles de estudio y de ocupación profesional del padre, madre o tutores legales.

Capítulo III
Planteamiento operativo de las competencias básicas en el currículo escolar

1. LAS COMPETENCIAS BÁSICAS EN EL CURRÍCULO ESCOLAR

Como ya se ha descrito, el Real Decreto por el que se establecen las enseñanzas mínimas fija las competencias básicas que el alumnado ha de adquirir en la Educación Secundaria Obligatoria y especifica la contribución de las materias curriculares al desarrollo de aquéllas. De cada materia recoge la descripción, la finalidad y los aspectos distintivos de estas competencias y pone de manifiesto en cada una de ellas el nivel considerado básico que debe alcanzar todo el alumnado.

Tal y como se ha citado en el capítulo I, el currículo se estructura en torno a materias de conocimiento y experiencia, y en ellas han de buscarse las referencias que permitan la planificación y el desarrollo de las competencias en esta etapa educativa. En cada materia se dan indicaciones precisas acerca de su aportación a determinadas competencias básicas a las que se orienta.

Los currículos establecidos por las administraciones educativas y la concreción de los mismos por los centros en sus proyectos educativos deben tener una orientación: promover el desarrollo y la adquisición de las competencias básicas por parte del alumnado. El tratamiento que se da en la normativa a las competencias básicas requiere un proceso de planificación que permita hacerlas operativas, vincularlas a los elementos básicos del currículo de cada materia. Corresponde desarrollar esta tarea a los departamentos didácticos y a los equipos docentes de cada curso educativo.

Si se analiza la propia denominación de las competencias básicas y la finalidad que se les otorga, queda patente el carácter transversal al currículo de todas ellas, al pretender la integración de los alumnos y de las alumnas en la sociedad del conocimiento. No obstante, algunas de ellas se caracterizan también por su valor instrumental, tales como la competencia en comunicación lingüística, la matemática y la de conocimiento e interacción con el mundo físico.

2. INTEGRACIÓN DE LAS COMPETENCIAS BÁSICAS EN EL CURRÍCULO ESCOLAR

La integración de las competencias básicas precisa de una formulación operativa en el diseño y en el desarrollo del currículo escolar, dado que aquéllas van unidas a la práctica y están orientadas a la aplicación de los saberes adquiridos en la vida real del alumnado. Así, la apuesta por un currículo escolar basado en el desarrollo de las competencias básicas parte de un diálogo abierto entre el contexto del centro, la realidad del alumnado y el marco normativo –estatal y autonómico–, que regula los objetivos y principios pedagógicos y de organización configuradores de la etapa educativa.

Así se puede conseguir una visión de conjunto del tratamiento de cada competencia en el currículo escolar a través de las materias o ámbitos. En ellas han de buscarse los referentes para el desarrollo de las competencias, a partir de la contribución que realizan al desarrollo de las mismas. De esta forma, la articulación de las competencias básicas con el conjunto de las materias es una cuestión por plantear en el marco del proyecto educativo y de las programaciones didácticas de los centros educativos.

En este sentido, con un enfoque multiprofesional y multidisciplinar, el Proyecto "Azahara" esgrime como premisas el propio marco normativo para que se hagan presentes las competencias básicas en los instrumentos de planificación de la práctica docente. La intervención docente ha de basarse en la reflexión colegiada y en la toma de decisiones con consenso, de forma que el profesorado de un mismo equipo docente pueda llevar a cabo en las aulas experiencias conjuntas sobre la realización de tareas integradas con el alumnado. Y estas tareas deben responder a los aprendizajes adquiridos en el desarrollo de las programaciones didácticas de las correspondientes materias.

3. ASPECTOS DISTINTIVOS DE LAS COMPETENCIAS BÁSICAS

Las competencias básicas se incorporan por primera vez a las enseñanzas mínimas. Con un planteamiento integrador, permiten identificar aquellos aprendizajes que se consideran necesarios y relevantes, orientados a la aplicación de los saberes adquiridos a la resolución de problemas y cuestiones significativas de la vida diaria del alumnado.

Si bien las competencias básicas están expresadas en términos de grado de consecución al final de la educación básica y obligatoria, es preciso que su desarrollo se inicie desde el comienzo de la escolarización, de manera que su adquisición se produzca de forma progresiva y coherente con el desarrollo del currículo y pueda determinarse el grado de desarrollo y adquisición a lo largo y a la finalización de cada etapa educativa.

En el currículo escolar se establecen la "finalidad" y los "aspectos distintivos" de las competencias y en cada una de ellas se manifiesta el nivel considerado básico que debe alcanzar todo el alumnado. Los aspectos distintivos se refieren a los aprendizajes necesarios de carácter formal, informal y no formal que capacitan a los alumnos y a las alumnas para su realización personal, el ejercicio de la ciudadanía activa, la incorporación a la vida adulta de manera satisfactoria y el desarrollo de un aprendizaje permanente a lo largo de la vida.

Los aspectos distintivos de cada una de las competencias básicas, junto a la contribución de las materias al desarrollo de las mismas –es decir, los aprendizajes imprescindibles para la vida del alumnado–, constituyen el punto de partida para establecer el nivel básico que debe alcanzar todo el alumnado en cada competencia básica durante las sucesivas etapas educativas de la educación básica.

En el proceso de hacer operativas las competencias básicas, los **aspectos distintivos** facilitan la selección, la interrelación y la concreción de los contenidos curriculares, así como el tratamiento transversal de la educación en valores y otras enseñanzas. Partir de los aspectos distintivos de las competencias básicas, reseñados en el Real Decreto de enseñanzas mínimas, no es tarea fácil ni está exenta de dificultades. Los aspectos distintivos sirven para definir el cometido y la funcionalidad de las competencias básicas en el currículo y ayudan a esclarecer los elementos que las identifican y diferencian entre sí.

Sin embargo, dada su importancia e interés educativo, no están lo suficientemente desarrollados para que los equipos docentes los puedan apreciar como el referente fundamental para las decisiones en torno a la organización del currículo escolar por competencias básicas.

4. VINCULACIÓN DE LOS ASPECTOS DISTINTIVOS DE LAS COMPETENCIAS BÁSICAS CON LOS APRENDIZAJES IMPRESCINDIBLES DE LAS MATERIAS DEL CURRÍCULO

La apuesta del Ministerio de Educación por establecer un discurso sobre las competencias básicas, relacionándolas estrechamente con el propio currículo escolar, facilita la interrelación de los aspectos que distinguen y diferencian a unas competencias de otras con los aprendizajes imprescindibles de las materias de conocimiento y experiencia. La propia ordenación de las competencias en torno al currículo escolar, en detrimento de otros planteamientos favorecidos por instancias internacionales, beneficia la vinculación más estrecha de las competencias con determinadas materias.

En este sentido, y entre las competencias que promueven los aprendizajes más instrumentales para la vida, la **competencia en comunicación lingüística** promueve el lenguaje como instrumento de comunicación oral y escrita, de representación, interpretación y comprensión de la realidad, de construcción y comunicación del conocimiento y de organización, y de autorregulación del pensamiento, las emociones y la conducta.

Por su parte, la **competencia matemática** se dirige a la utilización de los números, sus operaciones básicas y las formas de expresión y razonamiento matemático, para producir e interpretar distintos tipos de información, ampliar el conocimiento sobre aspectos cuantitativos y espaciales de la realidad, y para resolver problemas relacionados con la vida cotidiana y con el mundo laboral.

La **competencia de conocimiento e interacción con el mundo físico** plantea que los sujetos interactúen con el mundo físico en sus aspectos naturales y en los generados por la acción humana para posibilitar la comprensión de sucesos, la predicción de consecuencias y la actividad dirigida a la mejora y preservación de las condiciones de vida propia, de las demás personas y del resto de los seres vivos.

Entre las competencias básicas que favorecen la integración social de los educandos, la **competencia social y ciudadana** está diseñada para que el alumnado vaya progresivamente comprendiendo la realidad social en que vive y aprenda a cooperar, convivir y ejercer la ciudadanía democrática en una sociedad plural, y a comprometerse a contribuir a su mejora.

La **competencia cultural y artística** pretende que los alumnos y las alumnas conozcan, comprendan, aprecien y valoren críticamente diferentes manifestaciones culturales y artísticas, y que utilicen éstas como fuente de enriquecimiento y disfrute del patrimonio de los pueblos.

Entre las competencias que dotan a los sujetos de los habilidades y destrezas básicas para afrontar con éxito y a lo largo de la vida los retos que le plantea la sociedad del conocimiento, la competencia sobre el **tratamiento de la información y la competencia digital** promueve la disposición de habilidades para buscar, obtener, procesar y comunicar información, y para transformarla en conocimiento.

En cuanto a la **competencia en autonomía e iniciativa personal**, está enfocada a la adquisición de la conciencia y a la aplicación de un conjunto de valores y actitudes personales interrelacionados necesarios en una sociedad democrática.

Por último, la **competencia de aprender a aprender** favorece la adquisición y utilización de habilidades para iniciarse en el aprendizaje y ser capaz de continuar aprendiendo de manera cada vez más eficaz y autónoma a lo largo de la vida.

5. CONCEPTO Y CARACTERÍSTICAS DE LOS DESCRIPTORES EN RELACIÓN CON EL DESARROLLO DE LAS COMPETENCIAS BÁSICAS Y EL CURRÍCULO ESCOLAR

La formulación de **"descriptores"** es clave para organizar y evaluar el desarrollo del currículo escolar basado en las competencias básicas. Este proyecto propone la formulación de unos descriptores en cada etapa educativa que tienen su origen en la conjunción entre los aspectos distintivos que definen cada competencia básica y los aprendizajes considerados imprescindibles, aportados por cada una de las materias curriculares.

Las fuentes de información que permiten la tarea de elaboración de descriptores de etapa a los equipos docentes pueden ser muy diversas. El propio currículo de las materias origina una serie de referencias explícitas acerca de su contribución a aquellas competencias básicas a las que se orienta a través de los objetivos y a través de la propia selección de los contenidos y de los criterios de evaluación que sirven para valorar el progreso en su adquisición.

Por otro lado, las dimensiones, elementos e indicadores de los niveles de competencia definidos en las Pruebas de Evaluación Diagnóstica que han sido objeto de aplicación en cada comunidad autónoma pueden facilitar la tarea de elaboración de descriptores, al igual que los utilizados en otras pruebas de carácter nacional e internacional (PISA).

Así, la dinámica que han de seguir los centros educativos para hacer operativas las competencias básicas se ha de sustentar en la contextualización y en la concreción del currículo a partir de la valoración de los ámbitos de mejora detectados en los rendimientos escolares de los últimos cursos académicos, en las evaluaciones iniciales realizadas en clave de competencias y en la tendencia de los resultados de las Pruebas de Evaluación Diagnóstica, una vez considerados los efectos del índice sociocultural.

La estimación de necesidades y la realización de propuestas de mejora se constituyen como los referentes fundamentales para la vinculación y la interrelación de los aspectos distintivos de las competencias básicas con los aprendizajes imprescindibles aportados por las materias de conocimiento.

El centro educativo tiene que establecer una estrecha correlación entre la realidad escolar y las expectativas de éxito del alumnado con la finalidad educativa y formadora asignada a las competencias básicas y a las materias del currículo.

A su vez, los órganos de coordinación docente han de mostrar la iniciativa e implicación suficientes para plantearse la elaboración de unos **descriptores de etapa para la ESO** que permitan determinar con la mayor claridad y precisión posible el nivel de desarrollo que se estima necesario y que deben alcanzar los alumnos y las alumnas al término de la misma en cuanto a las competencias básicas. Los descriptores de etapa se convierten en el marco de referencia común de todo el profesorado de un centro escolar y son el punto de partida para establecer un mayor nivel de concreción en los instrumentos de planificación curricular en cada uno de los cursos educativos de la etapa.

6. ORGANIZADORES INTERNOS PARA ELABORAR DESCRIPTORES E INDICADORES DE LOGRO O DOMINIO DE LAS COMPETENCIAS BÁSICAS EN EL CURRÍCULO ESCOLAR

Una de las tareas más difíciles de abordar por parte del profesorado en los centros educativos es hacer operativas las competencias básicas, a pesar de que el marco normativo establece que el referente para evaluarlas son los propios criterios de evaluación de cada una de las materias que conforman el currículo escolar de la ESO.

Por otro lado, el **planteamiento estratégico** por el que apuesta el Proyecto "Azahara" tampoco está exento de dificultades a la hora de llevarse a la práctica, dado que la pretendida vinculación que ha de establecerse entre los aspectos distintivos de las competencias básicas con la contribución que éstas reciben de las respectivas materias no es suficiente, ni garantiza el establecimiento de unas formulaciones o unas referencias comunes que permitan a los departamentos didácticos y a los equipos docentes conjuntamente determinar con precisión y objetividad el grado y el nivel de logro o dominio que el alumnado puede ir alcanzando conforme se planifican y desarrollan los procesos de enseñanza y aprendizaje en las aulas.

Las experiencias formativas desarrolladas con el profesorado en la elaboración de descriptores para hacer operativas las competencias básicas en el desarrollo del currículo escolar han puesto de manifiesto que se requiere de unos criterios u organizadores que vinculen los aspectos distintivos que se pretende desarrollar de cada competencia básica con los objetivos y contenidos que aportan las materias para que el alumnado adquiera aprendizajes imprescindibles para la vida.

Ante la falta de un escenario y de un tiempo profesional que promueva la innovación y la mejora educativas en los centros escolares, que aborde esta situación compleja y difícil de resolver, el Proyecto "Azahara" plantea la necesidad de partir de unos **"organizadores internos"** que actúen de andamiaje en la organización del currículo y que permitan la elaboración de formulaciones adecuadas y precisas para determinar el nivel de desarrollo básico que ha de alcanzar el alumnado al término de la etapa educativa.

En la concepción tanto del currículo como de las competencias básicas, entran en juego conocimientos, saberes, destrezas, habilidades, valores y actitudes adecuadas al contexto que el alumnado ha de alcanzar para su realización y desarrollo personal y que ha de conocer, adquirir y aplicar en la resolución de problemas y tareas relacionadas con la ciudadanía activa, la integración social y el acceso al empleo. Por ello, han de tenerse en consideración a la hora de identificar y definir los organizadores.

Por tanto, esta propuesta se basa en la determinación inicial de unos organizadores previos que hagan operativas las competencias básicas en el diseño y en el desarrollo del currículo escolar. Los organizadores seleccionados están estrechamente relacionados con la estructura y con el contenido del currículo escolar y con la concepción y la finalidad de las competencias básicas:

a) Los conocimientos, saberes y experiencias adquiridos a través de las materias o ámbitos para que sean aplicados en la resolución de tareas y problemas.
b) Las habilidades cognitivas y prácticas utilizadas en la resolución de tareas y problemas.
c) Los valores, actitudes y sentimientos que están presentes en la resolución de problemas y tareas y en la toma de decisiones.
d) La resolución de tareas en un contexto determinado.

Desde este planteamiento orientativo, los descriptores de etapa formulados sobre los tres primeros organizadores son básicos para tomar decisiones en torno a la organización y al desarrollo del currículo de las materias. Asimismo, los descriptores de etapa para la resolución de tareas propias de los diferentes contextos permiten desarrollar la práctica docente a partir de la realización de las mismas y facilitan al profesorado de cada materia la incorporación en la programación de aula de tareas y actividades integradas, confeccionadas por los propios equipos docentes.

7. PLANIFICACIÓN DE LAS COMPETENCIAS BÁSICAS EN LA ETAPA EDUCATIVA DE LA ESO

Una vez planteada la necesidad de hacer operativas las competencias básicas a través de **"descriptores"** de etapa, la planificación de las competencias básicas en torno al desarrollo del currículo escolar conlleva establecer una serie de tareas o actuaciones que los centros educativos han de realizar para dicho fin.

Estas tareas se dirigen a la selección y concreción de los aspectos distintivos de cada competencia básica que mejor respondan al diagnóstico realizado por los equipos docentes sobre el contexto sociocultural y educativo, a la valoración del histórico de las evaluaciones iniciales realizadas con el alumnado del centro y de la tendencia de los resultados de las Pruebas de Evaluación de Diagnóstico realizadas, y al establecimiento de los objetivos propios de cada centro educativo para la mejora del rendimiento escolar.

Fijados los aspectos distintivos de cada competencia básica, la siguiente tarea ha de centrarse en la vinculación de éstos con los aprendizajes imprescindibles aportados por las materias y que contribuyen al desarrollo y a la adquisición de las competencias básicas por parte del alumnado.

La siguiente tarea es la más compleja y difícil de realizar, en cuanto que cada centro ha de concretar y establecer unos descriptores de etapa educativa a partir de los organizadores internos preestablecidos. Éstos le permitirán delimitar qué aspectos y aprendizajes imprescindibles quedan interrelacionados y facilitarán la toma de decisiones sobre la programación didáctica y el desarrollo de la práctica docente en el aula.

Por último, una vez establecidos los descriptores de etapa para cada competencia básica, se debe proceder a relacionarlos con los criterios de evaluación de cada materia, con objeto de formular los indicadores de logro o dominio que debe ir alcanzando el alumnado en los procesos de enseñanza y aprendizaje en cada curso educativo.

La elaboración de descriptores de etapa y de indicadores de logro de cursos por parte de los equipos docentes supone la construcción colectiva de una herramienta de planificación y mejora de la práctica docente que es fundamental para la integración

COMPETENCIAS BÁSICAS	ORGANIZADORES	DESCRIPTORES DE ETAPA
COMPETENCIA MATEMÁTICA	**Conocimientos, saberes y experiencias aplicadas en la resolución de problemas y tareas.**	1. Selecciona y emplea criterios de medición, de codificación numérica de las informaciones y su representación gráfica en la resolución de situaciones reales o simuladas de la vida cotidiana. 2. Reconoce la utilización y argumenta la necesidad de uso de aspectos cuantitativos y de formas geométricas para analizar e interpretar aspectos, objetos y construcciones presentes en el contexto social: magnitudes, porcentajes, proporciones, estadística básica, escalas numéricas y gráficas.
	Habilidades prácticas y cognitivas utilizadas en la resolución de problemas y tareas.	3. Utiliza y relaciona los números, sus operaciones, los símbolos y las formas de expresión –verbal, numérica, simbólica o gráfica– y de razonamiento matemático para interpretar, reflexionar y actuar sobre la realidad. 4. Selecciona, valora y emplea las destrezas matemáticas más adecuadas para el tratamiento y resolución de cada situación problemática que se le plantea: lectura comprensiva del enunciado, formulación e interpretación de los datos, planteamiento de la estrategia a seguir, realización de las operaciones o ejecución del plan, validación de los resultados obtenidos y claridad de las explicaciones y argumentaciones.
	Valores, actitudes, sentimientos y emociones, que se disponen en la resolución de problemas y tareas.	5. Reflexiona sobre la necesidad y utilidad de los conocimientos adquiridos en la comprensión y resolución de problemas y desarrolla una actitud crítica para valorar los procesos seguidos en el planteamiento y resolución de los mismos, a nivel personal y de equipo de trabajo. 6. Planifica y utiliza procesos de razonamiento y estrategias diversas para la resolución de problemas, y valora la utilidad y simplicidad del lenguaje matemático empleado en la identificación, comprensión, interpretación y búsqueda de soluciones al problema planteado.
	Resolución de problemas en un contexto determinado.	7. Integra y aplica el conocimiento matemático con otros conocimientos para reducir incertidumbres y obtener conclusiones ante situaciones de la vida cotidiana de diferente complejidad, y expresa con precisión y rigor matemático el proceso seguido. 8. Usa procesos de razonamiento y estrategias fundamentadas en la emisión y justificación de hipótesis y en la generalización para el planteamiento y resolución de problemas de la vida real.

COMPETENCIAS BÁSICAS	ORGANIZADORES	DESCRIPTORES DE ETAPA
CONOCIMIENTO E INTERACCIÓN CON EL MUNDO FÍSICO	**Conocimientos, saberes y experiencias aplicadas en la resolución de problemas y tareas.**	1. Reconoce, interpreta y valora la incidencia que ejercen los fenómenos naturales y las formas de vida de las personas en la configuración y transformación de los paisajes naturales. 2. Aprende y emplea los conceptos y procedimientos esenciales de las ciencias de la naturaleza para el conocimiento del mundo físico y de las interacciones humanas que se producen.
	Habilidades prácticas y cognitivas utilizadas en la resolución de problemas y tareas.	3. Analiza sistemas complejos de ecosistemas, distinguiendo con rigor y precisión científica las interacciones que se producen entre los aspectos naturales y humanos. 4. Aplica el pensamiento científico-técnico –hipótesis, búsqueda de información y obtención de conclusiones– para la observación y el tratamiento de problemas relacionados con el medio ambiente, adoptando decisiones y desarrollando prácticas coherentes y respetuosas con el mismo.
	Valores, actitudes, sentimientos y emociones, que se disponen en la resolución de problemas y tareas.	5. Analiza críticamente las consecuencias en el medio físico de los diferentes modos de vida y promueve propuestas de apoyo para la protección y cuidado del medio ambiente. 6. Adopta una actitud y práctica favorable en favor de un desarrollo sostenible, basado en la mejora de la calidad de vida, en el consumo responsable de los recursos naturales y en la protección del medio físico.
	Resolución de problemas en un contexto determinado.	7. Investiga, analiza y valora los problemas que la intervención humana genera en el medio físico y toma conciencia del deterioro que se está produciendo como consecuencia de la explotación abusiva de los recursos naturales. 8. Participa en el planteamiento de soluciones y en la toma de decisiones en torno a los problemas locales y globales relacionados con las necesidades de la vida cotidiana, la crisis energética y el medio ambiente.

COMPETENCIAS BÁSICAS	ORGANIZADORES	DESCRIPTORES DE ETAPA
TRATAMIENTO DE LA INFORMACIÓN Y COMPETENCIA DIGITAL	**Conocimientos, saberes y experiencias aplicadas en la resolución de problemas y tareas**	1. Conoce y domina básicamente el *hardware* y el *software* de los ordenadores como vehículo universal de acceso a la información y creación de conocimiento. 2. Utiliza las tecnologías y medios de información y comunicación para extraer e interrelacionar informaciones y contenidos significativos de las materias en el desarrollo de un problema de relevancia social y científica, y comunica los resultados en diferentes soportes electrónicos: textual, numérico, icónico, visual, gráfico y sonoro.
	Habilidades prácticas y cognitivas utilizadas en la resolución de problemas y tareas	3. Busca y selecciona información relevante de múltiples soportes electrónicos para la producción de textos orales y escritos, basándose en la planificación, ejecución, revisión y mejora de los textos y en la interacción de los distintos tipos de lenguaje: natural, numérico, gráfico, geométrico, icónico, etc. 4. Integra y reelabora informaciones, solo o en equipo, utilizando esquemas, mapas conceptuales, etc. en la producción y presentación de memorias, textos, documentos, etc. en diversos formatos, tanto físicos como telemáticos.
	Valores, actitudes, sentimientos y emociones, que se disponen en la resolución de problemas y tareas	5. Mantiene una actitud positiva y crítica hacia el empleo de ls TIC y argumenta las ventajas de la utilización de las mismas en los trabajos propios y ajenos. 6. Es consciente de la situación de desigualdad y de riesgo de exclusión social que viven determinados individuos y grupos en el acceso y utilización de las TIC, y elabora propuestas viables en la aplicación de la información para mejorar sus condiciones de vida y sus perspectivas de futuro.
	Resolución de problemas en un contexto determinado	7. Utiliza recursos tecnológicos para componer textos sobre problemas de la vida real y académica, realizando propuestas de resolución de forma racional, equitativa y solidaria. 8. Reconoce las características de la sociedad del conocimiento y valora críticamente los avances tecnológicos y los cambios que se producen en las condiciones y formas de vida de los ciudadanos.

COMPETENCIA BÁSICA	ORGANIZADORES	DESCRIPTORES DE ETAPA
SOCIAL Y CIUDADANA	**Conocimientos, saberes y experiencias aplicadas en la resolución de problemas y tareas**	1. Comrende e interviene en la sociedad en la que vive, planificando proyectos de desarrollo/acción social en los que pone de manifiesto que conoce el modo de organización y funcionamiento de las sociedades democráticas, así como su evolución histórica, sus principios y valores, sus logros y sus problemas. 2. Reconoce situaciones de desigualdad y reflexiona sobre el modelo de desarrollo dominante, y adopta una postura crítica sobre la actuación de los organismos internacionales y de los movimientos y organizaciones sociales que trabajan en defensa de los derechos y deberes humanos y de la paz entre los pueblos.
	Habilidades prácticas y cognitivas utilizadas en la resolución de problemas y tareas	3. Realiza trabajos cooperativos para poner en práctica, evaluar y fundamentar las relaciones de convivencia en los diferentes contextos de su vida, asumiendo su responsabilidad individual, practicando el respeto hacia las opiniones de otras personas y el entendimiento mutuo; y ejerciendo el diálogo y la negociación como vías de acercamiento en la resolución de los problemas que les afectan. 4. Busca soluciones constructivas a las situaciones de su vida cotidiana y a las tareas escolares propias de su curso. Comprende, valora y respeta los diferentes puntos de vista para analizar la realidad, y se relaciona con asertividad y usa sus habilidades sociales, según la situación y el contexto (da las gracias, pide por favor, escucha, se disculpa, se muestra dialogante, elogia las aportaciones de los demás y sabe negociar).
	Valores, actitudes, sentimientos y emociones, que se disponen en la resolución de problemas y tareas	5. Practica valores ejerciendo la ciudadanía activa, favoreciendo, e interiorizando en el ámbito personal y social el respeto, la cooperación, la solidaridad, la justicia, la no violencia, el compromiso y la participación. 6. Participa democráticamente en la vida del centro y de la comunidad, a partir del diálogo y de la negociación, desde el respeto a la pluralidad de ideas e intereses, y se muestra crítico y sensible ante las situaciones de discriminación por la pertenencia a un grupo social o étnico determinado, o por las diferencias entre sexos.
	Resolución de problemas en un contexto determinado	7. Resuelve pacíficamente los conflictos de convivencia de forma no violenta, con objetividad y criterio, analizando los prejuicios e imágenes estereotipadas que recibe de los diferentes medios de comunicación sobre determinadas situaciones, hechos o acontecimientos de carácter social. 8. Emprende proyectos sociales para sentirse comprometido con los problemas de su realidad social, conforme a los cambios económicos, culturales y sociales que se están experimentando, y participa en redes sociales para ampliar la capacidad de intervenir en la vida ciudadana.

COMPETENCIA BÁSICA	ORGANIZADORES	DESCRIPTORES DE ETAPA
CULTURAL Y ARTÍSTICA	**Conocimientos, saberes y experiencias aplicadas en la resolución de problemas y tareas**	1. Conoce, comprende y valora las obras de arte y las manifestaciones culturales y artísticas más destacadas de nuestro patrimonio, nacional y universal. 2. Conoce con fundamento la evolución de las corrientes estéticas y emplea las técnicas y los recursos que les son propios en la reproducción o creación de producciones artísticas y culturales.
	Habilidades prácticas y cognitivas utilizadas en la resolución de problemas y tareas	3. Observa y analiza las características y los elementos técnicos imprescindibles de los hechos culturales y artísticos. 4. Selecciona y utiliza diversas técnicas plásticas y visuales para realizar trabajos creativos basados en la interpretación, la improvisación y la composición musical.
	Valores, actitudes, sentimientos y emociones, que se disponen en la resolución de problemas y tareas	5. Expresa opiniones, gustos, sentimientos y emociones de forma creativa sobre las manifestaciones culturales y artísticas. 6. Valora la libertad de expresión, el derecho a la diversidad cultural y la realización de experiencias artísticas compartidas.
	Resolución de problemas en un contexto determinado	7. Aprecia el patrimonio cultural y artístico y se siente crítico y comprometido con la necesidad de su conservación y protección.

COMPETENCIA BÁSICA	ORGANIZADORES	DESCRIPTORES DE ETAPA
APRENDER A APRENDER	**Conocimientos, saberes y experiencias aplicadas en la resolución de problemas y tareas**	1. Busca información que precisa para aprender, utilizando por sí mismo informaciones provenientes de la propia experiencia y de los medios escritos o audiovisuales para la comprensión y composición de textos y mensajes relacionados con los conocimientos adquiridos. 2. Conoce su forma de aprender, siendo consciente de lo que sabe y de cómo aprende, y gestiona, evalúa y controla los procesos de aprendizaje, generando nuevas expectativas e inquietudes para seguir aprendiendo por sí mismo.
	Habilidades prácticas y cognitivas utilizadas en la resolución de problemas y tareas	3. Planifica y autorregula su proceso de aprendizaje, siendo capaz de organizar sus propios conocimientos y de elaborar producciones personales o grupales, utilizando sistemáticamente la síntesis de las ideas propias y ajenas, así como la contrastación ordenada y crítica de conocimientos, informaciones y opiniones. 4. Progresa en su aprendizaje, utilizando apropiadamente y apreciando el valor de las distintas capacidades que entran en juego en el mismo para mejorar sus resultados académicos, tales como la atención, la concentración, la comprensión y expresión, la motivación y el esfuerzo, e identifica su aplicación y la puesta en uso en los ámbitos cotidianos.
	Valores, actitudes, sentimientos y emociones, que se disponen en la resolución de problemas y tareas	5. Valora la utilidad de su aprendizaje, reflexionando críticamente sobre el proceso seguido en la adquisición de conocimientos y sobre la utilidad de los mismos para la vida, expresando los sentimientos y emociones, así como los criterios y argumentos utilizados en la valoración de los aprendizajes adquiridos. 6. Muestra motivación por seguir aprendiendo, siendo consciente de las propias capacidades y disponibilidad de recursos para organizar el aprendizaje de forma autónoma, disciplinada y reflexiva, y acepta los propios errores como instrumento de mejora y superación personal.
	Resolución de problemas en un contexto determinado	7. Aplica lo aprendido en la resolución de problemas, manteniendo una visión estratégica e integrada en la identificación e interrelación de conflictos y aplicando con rigor los conocimientos, las estrategias y técnicas de aprendizaje adquiridos, y participa activamente en el tratamiento de los problemas sociales y académicos, planteándose retos y metas alcanzables en la resolución de los mismos.

COMPETENCIA BÁSICA	ORGANIZADORES	DESCRIPTORES DE ETAPA
AUTONOMÍA E INICATIVA PERSONAL	**Conocimientos, saberes y experiencias aplicadas en la resolución de problemas y tareas.**	1. Muestra iniciativa personal en la obtención, procesamiento e intercambio de información y actúa con autonomía y actitud crítica en el tratamiento y resolución de situaciones y problemas de interés social y académico. Se siente confiando en sí mismo y en sus posibilidades para la comunicación de resultados y conclusiones, de forma organizada e inteligible.
	Habilidades prácticas y cognitivas utilizadas en la resolución de problemas y tareas.	2. Planifica y emprende proyectos, organizando y gestionando el trabajo, individual o colectivo, aportando iniciativas personales en la formulación de los objetivos y de las acciones necesarias. Asume responsabilidades en la realización de tareas o proyectos, empleando diversas habilidades cognitivas: relacionar, comparar, interpretar, evaluar, corregir, criticar, predecir, crear, concluir, etc.; y evalúa los resultados obtenidos, valorando las posibilidades de mejora. 3. Coopera en la toma de decisiones sobre la realización de trabajos colaborativos en el aula, valora los distintos puntos de vista, muestra liderazgo aportando ideas variadas y argumentando las opiniones propias, e implicándose en la planificación y evaluación de los mismos.
	Valores, actitudes, sentimientos y emociones, que se disponen en la resolución de problemas y tareas.	4. Practica valores y actitudes personales, manifestando un juicio ético propio, basado en los principios y prácticas democráticas: respeto, diálogo, cooperación, responsabilidad, control emocional, autocrítica y valoración, y muestra espíritu de superación ante los problemas y retos que se le presentan en los distintos contextos en los que se desarrolla y desenvuelve como persona.
	Resolución de problemas en un contexto determinado.	5. Se muestra innovador y creativo y toma postura crítica y argumentada ante los problemas o cuestiones de la vida real que se le plantean, aceptando las opiniones de los demás y asumiendo los propios errores en la búsqueda de soluciones. 6. Transfiere las conclusiones obtenidas en proyectos de trabajo o investigación, a situaciones de la vida cotidiana o de la actividad científica y/o tecnológica desarrollada, barajando posibilidades y soluciones diversas y valorando los resultados obtenidos para su estudio y conocimiento.

Capítulo IV
Evaluación de las competencias básicas en el currículo escolar: indicadores de logro o dominio alcanzado

1. MARCO NORMATIVO QUE REGULA LA EVALUACIÓN DE LAS COMPETENCIAS BÁSICAS EN EL CURRÍCULO ESCOLAR

1.1. Ley Orgánica de Educación (LOE)

La LOE encomienda al Gobierno fijar los objetivos, las competencias básicas, los contenidos y los criterios de evaluación de los aspectos básicos del currículo que constituyen las enseñanzas mínimas, y a las administraciones educativas el establecimiento del currículo de las distintas enseñanzas. Al finalizar el segundo curso de Educación Secundaria Obligatoria, todos los centros educativos realizarán una evaluación de diagnóstico de las competencias básicas alcanzadas por sus alumnos. Esta evaluación es responsabilidad de las administraciones educativas, tiene carácter formativo y orientador para los centros e informativo para las familias y para el conjunto de la comunidad educativa. También dispone como marco de referencia las evaluaciones generales de diagnóstico.

Al respecto, corresponde a las administraciones educativas desarrollar y controlar las evaluaciones de diagnóstico en las que participen los centros dependientes de ellas y proporcionar los modelos y apoyos pertinentes a fin de que todos los centros puedan realizar de modo adecuado estas evaluaciones, que tienen carácter formativo e interno. También corresponde a las administraciones educativas regular la forma en que se conocen los resultados de estas evaluaciones de diagnóstico, así como los planes de actuación que se deriven de ellas, para que los centros los pongan en conocimiento de su respectiva comunidad educativa. En ningún caso los resultados de estas evaluaciones pueden ser utilizados para el establecimiento de clasificaciones de los centros.

1.2. Real Decreto de Enseñanzas Mínimas

El Real Decreto 1631/2006, de 29 de diciembre, explicita los objetivos de cada materia y describe el modo en que contribuyen al desarrollo de las competencias básicas. De igual modo, presenta los contenidos y los criterios de evaluación de cada materia y curso en el que se imparte, y regula la evaluación de los procesos de aprendizaje y las condiciones de promoción y titulación del alumnado.

Tanto los objetivos, como la propia selección de los contenidos, buscan asegurar el desarrollo de todas las competencias básicas, mientras que los criterios de evaluación sirven de referencia para valorar el progresivo grado de adquisición de las mismas. Por tanto, los criterios de evaluación, además de permitir la valoración del tipo y del grado de aprendizaje adquirido, se convierten en el referente fundamental para valorar el desarrollo de las competencias básicas.

En la regulación que realizan las administraciones educativas deben ser incluidas las competencias básicas, los objetivos, los contenidos y los criterios de evaluación. La evaluación ha de ser diferenciada según las distintas materias del currículo.

Los profesores evaluarán a sus alumnos teniendo en cuenta los diferentes elementos del currículo y los criterios de evaluación de las materias serán el referente fundamental para valorar tanto el grado de adquisición de las competencias básicas, como el de consecución de los objetivos.

Los equipos docentes del alumnado, coordinados por el profesor tutor, actuarán de manera colegiada a lo largo del proceso de evaluación y en la adopción de las decisiones resultantes del mismo, en el marco de lo que establezcan las administraciones educativas.

En el proceso de evaluación continua, cuando el progreso de un alumno o alumna no sea el adecuado, los centros establecerán medidas de refuerzo educativo en cualquier momento del curso, tan pronto como se detecten las dificultades, y estarán dirigidas a garantizar la adquisición de los aprendizajes imprescindibles para continuar el proceso educativo.

Al finalizar cada uno de los cursos y como consecuencia del proceso de evaluación, el equipo docente tomará las decisiones correspondientes sobre la promoción del alumnado. El alumnado que al terminar la Educación Secundaria Obligatoria haya alcanzado las competencias básicas y los objetivos de la etapa obtendrá el título de Graduado en Educación Secundaria Obligatoria.

Para ello, los profesores evaluarán tanto los aprendizajes del alumnado, como los procesos de enseñanza y su propia práctica docente.

2. PLANTEAMIENTOS DE LA EVALUACIÓN DE LAS COMPETENCIAS BÁSICAS EN EL DESARROLLO DEL CURRÍCULO ESCOLAR

La propuesta que se desarrolla en este capítulo sobre la evaluación de las competencias se sustenta en el modo de entender las competencias básicas como una tipología de aprendizaje que supone seleccionar y poner en uso los aprendizajes imprescindibles aportados por las materias, con el fin de dar respuesta a diferentes situaciones y problemas del contexto habitual del alumnado.

En este sentido sirven de apoyo los textos extraídos del planteamiento desarrollado por el profesor Antonio Bolívar[2], catedrático de Didáctica y Organización Escolar de la Facultad de Ciencias de la Educación de la Universidad de Granada, en su libro *Ciudadanía y competencias básicas*:

"*El aprendizaje y el desarrollo de las competencias básicas conlleva la necesidad de plantear enfoques innovadores de la evaluación, dado que las competencias no se pueden medir u observar directamente, sino que se tienen que inferir a partir del rendimiento observado destinado a satisfacer o resolver una situación. La evaluación de las competencias es procesual y evolutiva, comparando los grados sucesivos conseguidos por el alumnado en relación con un referente.*

Evaluamos, de hecho, competencias cuando lo que importa son los conocimientos utilizables, buscando la capacidad de utilizarlos en situaciones dadas para transferirlos y movilizarlos. Se trata de evaluar los conocimientos escolares por la capacidad de los escolares para emplearlos fuera del contexto escolar, en otras situaciones que requieren para su resolución la movilización de conocimientos y capacidades adquiridas.

La evaluación ha de ser variada, de modo que permita recoger múltiples evidencias que permitan valorar el grado de adquisición. Como la competencia se manifiesta en una situación real, deberán plantearse situaciones que ejemplifiquen o simulen cuestiones o problemas relacionados con la vida real del alumnado.

---

2. Bolívar Botia, A. (2008). *Ciudadanía y competencias básicas.* Sevilla: Fundación "Ecoem".

Las competencias se desarrollan progresivamente a lo largo del tiempo, por lo cual se debe evaluar el grado de desarrollo de las mismas a través de las ***"escalas de descriptores e indicadores".*** *Las escalas describen la progresión de los alumnos y alumnas y permiten situar el nivel de desarrollo de las competencias con el fin de orientar los aprendizajes o establecer un balance de lo conseguido. Para cada una de las competencias se deben explicitar diferentes niveles de desarrollo o logro sobre un continuo.*

Una competencia tiene diversos grados de realización, porque la evaluación ha de consistir en determinar en qué nivel de logro o desempeño se sitúa cada alumno/a. En la medida en que las competencias se adquieren en diferentes grados, se requieren escalas de competencias, definidas para cada etapa, ciclo y nivel educativo".

3. LA EVALUACIÓN DE LAS COMPETENCIAS BÁSICAS A TRAVÉS DE LOS INDICADORES DE LOGRO O DE DOMINIO

La evaluación del desarrollo de las competencias básicas en los procesos de aprendizaje del alumnado ha de situarse en el marco normativo que regula la ordenación de las enseñanzas en las diferentes etapas educativas que conforman la educación básica del ciudadano, y en concreto en la ESO. La normativa abre la posibilidad para que los centros educativos conformen proyectos educativos innovadores con base en las competencias básicas.

Los centros educativos han de afrontar como tarea prioritaria el establecimiento de unos indicadores de logro o dominio de cada competencia básica. Una vez elaborados y consensuados los descriptores de etapa de cada competencia básica, debe procederse al diseño y a la concreción de los diferentes indicadores de logro o dominio que se pretende que el alumnado vaya desarrollando y alcanzando en cada curso educativo, interrelacionando cada descriptor fijado para la etapa educativa con los criterios de evaluación de las materias vinculados al mismo en cada curso escolar.

Los indicadores de logro o dominio, establecidos desde el inicio de la educación básica hasta su finalización, deben garantizar a lo largo de los distintos cursos de la Educación Secundaria un desarrollo continuado y progresivo en la adquisición de las competencias básicas y han de ser el referente compartido de los equipos docentes para la planificación y desarrollo de la práctica docente y para la acreditación de los estudios del alumnado, vinculada a las decisiones sobre promoción. y titulación, en su caso.

Los indicadores han de formularse teniendo en consideración los descriptores de etapa establecidos y los criterios de evaluación de las materias, por lo que se precisa determinar cuáles de ellos son el referente más claro y preciso para su estimación en los procesos de enseñanza-aprendizaje. Estos indicadores han de estar presentes en la planificación docente del trabajo en el aula a través de la implementación de tareas vinculadas a los escenarios en los que se desarrolla y promueve la vida del alumnado.

Los indicadores de logro o dominio han de garantizar un tratamiento gradual y progresivo, desde una formulación básica y elemental de las dimensiones y elementos de la competencia que mejor responden a las necesidades detectadas en el alumnado, hasta otras más complejas que supongan un grado de desarrollo más avanzado en su adquisición.

El planteamiento estratégico que el Proyecto "Azahara" dispone para la elaboración y aplicación de los indicadores se sustenta en el propio referente que establece el marco normativo para la evaluación de las competencias básicas, es decir, en los criterios de evaluación que aportan las materias curriculares. Sin embargo, la mayor dificultad para su elaboración se encuentra en los propios criterios de evaluación. En la mayor parte de los casos están expresados en términos de consecución de objetivos de etapa y de materia y referidos a la adquisición de conocimientos de carácter conceptual, procedimental y actitudinal: muchos de ellos no hacen referencia explícita a las dimensiones, elementos o aspectos de las competencias que supuestamente pretenden evaluar.

No obstante, en múltiples casos, los criterios de evaluación complementan o concretan la contribución de sus respectivas materias al desarrollo de las competencias básicas y cubren las lagunas u omisiones detectadas en la normativa vigente en relación con la aportación de aprendizajes imprescindibles de las materias.

Asimismo, los criterios de evaluación de las materias, en función de su carácter transversal e instrumental, serán la referencia para determinar el grado de logro o dominio que se pretende que el alumnado vaya alcanzando en los procesos de enseñanza-aprendizaje y, sobre todo, al término del curso educativo.

4. EVALUACIÓN DE LAS COMPETENCIAS BÁSICAS A PARTIR DE LAS MATERIAS CURRICULARES

Tal y como establece el marco normativo, son los criterios de evaluación de las materias el referente básico y esencial para valorar los aprendizajes considerados imprescindibles, ya que ofrecen las formas de proceder que los alumnos y alumnas ponen en juego en la resolución de una tarea, lo que les permite adquirir experiencias útiles y aplicables a otras situaciones de la vida cotidiana

La evaluación de las competencias ha de hacerse operativa a través de los objetivos y criterios de evaluación de las materias. Los criterios de evaluación facilitan al profesorado la formulación de unos "indicadores y niveles de logro" a través de los procesos de enseñanza-aprendizaje. Por tanto, el tratamiento de la evaluación de las competencias básicas se inserta en los propios procesos de enseñanza-aprendizaje que se generan en los espacios de aprendizaje que determinan los docentes, con el objeto de alcanzar los objetivos que se persiguen en cada una de las etapas educativas.

El escenario profesional más adecuado para el establecimiento de unas pautas y criterios comunes en torno a la evaluación, incluidas las competencias básicas, reside en el equipo docente de cada uno de los cursos y grupos. Este enfoque requiere un planteamiento estratégico compartido por todo el profesorado del nivel educativo, previo al diseño y el desarrollo de la programación didáctica de las respectivas materias y unidades didácticas o proyectos integrados de carácter multidisciplinar y transversal, para la realización de tareas referidas a una o varias competencias básicas.

Los departamentos didácticos han de asumir las tareas señaladas anteriormente en torno al desarrollo de las competencias básicas a través de las materias que imparte el profesorado. El tratamiento de la evaluación en el ámbito de los departamentos didácticos conlleva el debate y la adopción de acuerdos sobre qué aspectos de las competencias se van a vincular con los objetivos y contenidos de la materia, o sobre cómo se van a concretar los citados aspectos en descriptores de etapa que permitan vincularlos con los criterios de evaluación de la materia.

Es fundamental que la reflexión pedagógica se realice también sobre cómo se plantea la práctica docente, con el fin de que la evaluación de las competencias básicas gire en torno a los procesos y resultados de aprendizaje del alumnado, de manera que el proceso y los resultados de la evaluación continua del alumnado, a través de las situaciones de aprendizaje que se generen en el entorno escolar, sea único e integrado.

A nivel de etapa, se precisa el fortalecimiento de otro escenario de coordinación pedagógica del profesorado, el equipo docente de nivel o grupo, puesto que en este espacio profesional es donde se han de adoptar las decisiones precisas que comprometen a todo el profesorado en cuanto a los grados y niveles de logro de las competencias básicas que ha de alcanzar el alumnado. Así, ha de trabajarse en colaboración y coordinación en todas las materias que conforman el currículo escolar de un determinado grupo de alumnos y alumnas.

Este planteamiento tiene que generar también una reflexión y una toma de decisiones colegiada entre los componentes de cada equipo docente sobre los aprendizajes imprescindibles que respondan a las necesidades y demandas educativas del alumnado y sobre la selección de los indicadores de logro o dominio comunes y el aporte de criterios de evaluación elegidos entre las materias que mejor contribuyen al desarrollo de las competencias básicas.

Tras establecer criterios y pautas comunes en el seno de los equipos de nivel y curso acerca de la evaluación de las competencias básicas, procede plantear su concreción en la práctica docente a través del planteamiento y de la aplicación de unidades didácticas de carácter integrado. En este contexto es el profesor o profesora quien hace explícita, en su preparación de la intervención en el aula con un grupo de alumnos y alumnas, la secuencia de aprendizaje que pretende desarrollar en torno a un objeto de estudio determinado y en relación con una tarea contextualizada, así como las actividades de evaluación que permitan determinar si el alumno está adquiriendo los aprendizajes considerados imprescindibles para la vida, vinculados a los contenidos de enseñanza programados.

Por consiguiente, los indicadores de logro o dominio que se formulen han de estar estrechamente vinculados con los criterios de evaluación aportados por las materias y, en función de la unidad didáctica integrada que se trabaje en el aula, deberá realizarse la valoración del grado de desarrollo alcanzado del correspondiente indicador de la competencia.

La puesta en uso de las competencias básicas, y principalmente aquellas que poseen un carácter eminentemente "instrumental", supone poner en valor aquellos aprendizajes imprescindibles de las materias con las que dichas competencias están vinculadas. Por ello la incorporación de propuestas de trabajo destinadas al desarrollo de competencias básicas, "resolución de tareas o problemas", requiere que el profesor/a correspondiente tenga confirmación previa, por parte del profesorado de las restantes materias, de que el alumnado ha adquirido los aprendizajes imprescindibles que se van a utilizar a través de las competencias básicas asociadas a cada tarea.

En relación con la evaluación de competencias, que indiscutiblemente ha de tener un carácter procesual y continuado y estar fundamentada en el empleo de instrumentos y procedimientos diversos, el profesorado también ha de resolver otras situaciones grupales o individuales de evaluación específicas. Por ejemplo, para responder con eficacia a evaluaciones iniciales del alumnado, o bien para colaborar con el Departamento de Orientación Educativa en el establecimiento de los niveles de logro curricular, como parte del proceso de evaluación psicopedagógica de un alumno/a que presenta necesidades educativas que se sospecha que puedan ser especiales, etc. Para resolver situaciones como las mencionadas incorporamos instrumentos de trabajo y ejemplificaciones que faciliten tanto a profesorado como a orientadores dichas tareas.

En el caso de que los órganos de coordinación pedagógica hayan adoptado la decisión de organizar los contenidos de enseñanza en "ámbitos de conocimiento", el procedimiento que debe seguir ha de ser similar, aunque los criterios de evaluación han de referirse, en su conjunto, a las distintas materias que los configuran.

5. LA EVALUACIÓN DE LAS COMPETENCIAS BÁSICAS EN LOS PROCESOS DE ENSEÑANZA-APRENDIZAJE A TRAVÉS DE TAREAS INTEGRADAS

Una de las apuestas más innovadoras que ofrece la incorporación de las competencias básicas en el currículo escolar es la posibilidad de que los equipos docentes diseñen tareas de trabajo integradas o tareas integradas multidisciplinares, que permiten organizar los objetivos y contenidos de enseñanza en torno a dichas competencias. Estas tareas han de estar orientadas a la aplicación de los saberes adquiridos en el tratamiento y en la resolución de cuestiones o problemas relacionados con la vida y con los diferentes contextos en los que se desarrolla el alumnado.

El equipo docente puede definir con claridad tanto las operaciones mentales (razonar, argumentar, crear…) que entran en juego, en tanto que elemento esencial de todo aprendizaje en acción o competencia", como el contexto en el que esa tarea o tareas se han de aplicar, para así determinar las situaciones de aprendizaje y la secuencia de actividades que se precisan.

El profesor/a ha de concretar, a partir de los criterios de evaluación que forman parte de la mencionada unidad didáctica, los niveles de logro que se pueden alcanzar en determinados elementos o aspectos de las competencias básicas implicadas en el proceso de enseñanza-aprendizaje. Al mismo tiempo, tiene que prever la tipología de actividades o tareas que mejor se adecuen a los procesos de enseñanza-aprendizaje diseñados, para facilitar la evaluación del alumnado y extraer conclusiones en torno a los logros y dificultades que se van presentando en la adquisición de las competencias básicas.

La relación entre la/s tarea/s (resolución de problemas para obtener resultados o productos adecuados o útiles para la vida) y el resto de los componentes (contenidos, contextos y competencias) constituyen el marco generativo para elaborar tareas de aprendizaje que deberán tener una utilidad real o auténtica para la vida. Con la resolución de las tareas se han de producir en el alumnado aprendizajes esenciales que le permitan combinar y aplicar un conjunto de conocimientos y de destrezas cognitivas en un contexto definido.

Para la evaluación de las competencias básicas que entran en juego en un determinado proyecto de trabajo integrado o tarea integrada multidisciplinar es preciso que los profesores y profesoras del equipo docente, comprometidos en esta práctica profesional innovadora, aporten el soporte curricular de la materia que imparten para conformar las situaciones de aprendizaje que se generan y van a ser evaluadas. En esta misma línea, la secuencia lógica a seguir será similar a la anteriormente descrita: establecimiento de las acciones o actividades que conforman la tarea planteada, vinculación con los indicadores de logro de las competencias básicas y valoración posterior del grado de desarrollo de las competencias que intervienen tras los procesos y resultados del aprendizaje promovido.

6. TOMA DE DECISIONES DE LOS EQUIPOS DOCENTES SOBRE LA PROMOCIÓN DEL ALUMNADO EN RELACIÓN CON LAS COMPETENCIAS BÁSICAS

Desde el enfoque que se viene realizando en estas líneas y de conformidad con los criterios y procedimientos establecidos en el ordenamiento legal sobre la toma de decisiones en cuanto a la promoción del alumnado, la estimación del nivel de desarrollo alcanzado de las competencias básicas es cometido del equipo docente.

Los criterios comunes de promoción han de sustentarse y formularse en torno a las competencias básicas, lo que ha de conducir a los órganos de coordinación docente competentes a la selección de aquellos indicadores de logro que actúen de referentes comunes a todas o a la mayoría de las materias y que son indispensables para valorar el desarrollo intelectual y la madurez del alumnado con objeto de garantizar la progresión en los aprendizajes en el curso posterior y el consiguiente éxito escolar.

El planteamiento expresado anteriormente sobre el tratamiento de la evaluación de las competencias básicas en las programaciones didácticas y de aula, permite a cada componente del equipo docente disponer de la suficiente información y evidencias a lo largo del curso escolar, a través de las actividades y tareas realizadas por el alumnado y de los correspondientes registros del nivel de adquisición de los indicadores de logro o dominio, para ejercer y decidir, con un criterio objetivo y fundamentado, sobre la estimación cualitativa más adecuada en torno al grado de adquisición o dominio de las competencias, por parte de su alumnado, por lo que no se precisa ni se estima pertinente establecer previamente, de forma ponderada y cuantitativa, el valor numérico de la contribución de cada materia en la adquisición de la competencia.

Esta apreciación cualificada y argumentada ha de ser fruto del conjunto de conformidades expuestas entre los componentes del equipo docente y de la valoración colegiada que se realice en la sesión de evaluación final. Y en ningún caso ha de entenderse que esta valoración debe estar sujeta ni condicionada exclusivamente al supuesto peso específico que una determinada materia considere que le corresponde por el contenido curricular propio que ha desarrollado.

7. PROPUESTA DE INDICADORES DE LOGRO O DE DOMINIO DE LAS COMPETENCIAS BÁSICAS EN LA EDUCACIÓN BÁSICA

En la **carpeta de documentos** se presenta un anexo de cada competencia que recoge las cuestiones ya mencionadas en el capítulo anterior y la concreción de los indicadores de logro o dominio en cada nivel educativo. Asimismo, presenta la escala graduada por cursos y un registro de nivel de dominio o logro alcanzado por el alumnado durante el curso escolar en los procesos de enseñanza/aprendizaje.

COMPETENCIA COMUNICACIÓN LINGÜÍSTICA			
INDICADORES DE LOGRO 1º ESO	**INDICADORES DE LOGRO 2º ESO**	**INDICADORES DE LOGRO 3º ESO**	**DESCRIPTORES DE ETAPA E INDICADORES DE LOGRO 4º ESO**
❑ Comprende, extrae y compara información de diferentes textos, distinguiendo el propósito, la idea global, las partes y las opiniones, y comunica las conclusiones extraídas correctamente, de forma oral y escrita. ❑ Conoce e identifica la terminología lingüística básica y la emplea en la comprensión y descripción de textos e informaciones procedentes de las diferentes materias.	❑ Reconoce y explica el propósito, hechos o datos relevantes, distingue las ideas generales y secundarias en diferentes textos orales y escritos, y los emplea en la elaboración y transmisión de conocimientos. ❑ Conoce y emplea la terminología lingüística básica y la aportada por las materias, y reflexiona sobre su uso en diferentes contextos de aprendizaje.	❑ Identifica las ideas generales, las informaciones específicas o los aspectos básicos de textos orales y escritos y los plasma en forma de esquema y resumen. ❑ Conoce y emplea la terminología lingüística, científica y técnica adquirida, y la utiliza de forma reflexiva en la elaboración y creación de textos e informaciones de forma clara, concisa y ordenada.	**1. Domina y utiliza el habla, la escucha, la escritura y la lectura en la comprensión, análisis, reflexión, adquisición y comunicación de informaciones y conocimientos.** **2. Conoce y utiliza con precisión los términos científicos y técnicos de cada materia y los aplica en la interpretación, elaboración, creación y transmisión de información.**
❑ Narra, expone y resume situaciones de la vida real en diferentes soportes, organizando las ideas con claridad y estableciendo secuencias de texto cohesionadas.	❑ Realiza y revisa textos en distintas variantes del discurso –narración, exposición, explicación, y resumen–, conectando las secuencias lineales y respetando las normas gramaticales y ortográficas.	❑ Emplea la narración, la explicación, el resumen y los comentarios en diferentes soportes y contextos, organizando las ideas con claridad y estableciendo secuencias textuales lineales y cohesionadas, y respetando las normas gramaticales y ortográficas.	**3. Emplea el lenguaje de forma competente para interpretar e interactuar en distintos escenarios de la actividad social, seleccionando y utilizando determinadas variantes del discurso: la descripción, la narración, la disertación y la argumentación.**

❑ Aplica los conocimientos adquiridos sobre la lengua y las normas de uso en diferentes contextos de comunicación para resolver problemas de comprensión de textos orales y escritos y para realizar composiciones escritas. ❑ Emplea las tecnologías de la información y de la comunicación para buscar, almacenar, producir e intercambiar información.	❑ Aplica los conocimientos adquiridos sobre la lengua y las normas de uso en diferentes contextos de comunicación para resolver problemas de comprensión de textos orales y escritos y para realizar y revisar de forma autónoma composiciones escritas. ❑ Usa diferentes fuentes de información y comunicación, principalmente las TIC, para buscar, interpretar, relacionar, elaborar y comunicar información en diferentes soportes, relacionada con los temas objeto de estudio y trabajo.	❑ Extrae y contrasta informaciones identificando el propósito, el tema general y los secundarios en los textos orales y escritos, y realiza informes escritos. ❑ Participa en conversaciones y realiza exposiciones orales sobre hechos de actualidad e interés social, empleando diversas fuentes de información y las estrategias más adecuadas para resolver las dificultades durante la interacción.	**4. Usa con soltura diversas fuentes en los procesos de búsqueda, análisis, selección, interpretación, resumen y comunicación de información, y en la redacción de informes y documentos técnicos.** **5. Participa en conversaciones y realiza explicaciones orales y escritas comprensibles y argumentadas sobre hechos de actualidad y de interés adaptadas a las características de la situación y de la intención comunicativa.**
❑ Expone oralmente opiniones personales y las contrasta con los demás compañeros y compañeras sobre textos orales y escritos, relativos a cuestiones de interés social, cultural y literario.	❑ Expone sus opiniones de forma correcta y escucha las de los demás, en diferentes situaciones de comunicación, sobre lecturas personales o colectivas, valorando el uso del lenguaje y el punto de vista del autor y relacionando de forma crítica su contenido con la propia experiencia.	❑ Expone su opinión de forma correcta y escucha las de los demás, en diferentes situaciones de comunicación, sobre obras literarias completas, evaluando la estructura y el uso de los elementos del género, el uso del lenguaje y el punto de vista del autor, situándolas en su contexto espacio temporal y comparándola con la propia experiencia.	**6. Organiza y regula el pensamiento y la conducta, ejercitando la escucha, la exposición y la argumentación en diferentes situaciones de comunicación, desde el respeto a la variedad de hablas existentes y a la autoexigencia de hablar con corrección en relación con las producciones literarias y de diversa índole cultural y científica.**

❑ Muestra interés y disfrute por la lectura y valora textos breves o fragmentos de obras literarias atendiendo a su contenido, género, figuras literarias y uso del lenguaje.	❑ Utiliza los conocimientos literarios en la comprensión y valoración de textos breves o fragmentos, atendiendo a su contenido y tradición, al subgénero literario, al uso del lenguaje y a la funcionalidad de los recursos literarios.	❑ Emplea los conocimientos literarios en la comprensión y valoración de textos, atendiendo a su temática, al valor simbólico del lenguaje y a las formas y estilos literarios.	**7. Comunica vivencias, ideas, sentimientos y emociones y expresa pensamientos y opiniones propias, de forma argumentada y crítica, sobre los mensajes explícitos e implícitos presentes en las diversas fuentes de información sobre cuestiones de interés social y de carácter literario.**
❑ Realiza composiciones de textos orales y escritos con el léxico adecuado y en diferentes soportes, empleando modelos de referencia para su recreación. ❑ Realiza trabajos sencillos de carácter descriptivo sobre hechos o temas de interés, a nivel individual o grupal, y comunica el resultado de sus conclusiones al resto de compañeros y compañeras.	❑ Compone o transforma textos, en diferentes soportes, partiendo de experiencias vividas o de textos literarios leídos o comentados en clase. ❑ Analiza situaciones o hechos ocurridos en diferentes contextos que presentan situaciones de discriminación por razón lingüística o cultural o de desigualdad entre hombres y mujeres.	❑ Realiza trabajos personales de información y síntesis sobre temáticas propias de los diferentes contextos y en relación con obras literarias leídas y comentadas, imitando o recreando fragmentos de las mismas en diferentes soportes. ❑ Analiza y valora hechos o situaciones de la vida real, tanto social como escolar, en los que aparecen estereotipos o manifestaciones sustentadas en las diferencias culturales, lingüísticas y de género.	**8. Elabora textos sobre hechos o situaciones de relevancia social y realiza producciones propias con rigor lingüístico y argumento literario.** **9. Se pronuncia con firmeza y fundamento en contra de estereotipos y manifestaciones sociales basadas en diferencias culturales, lingüísticas y de género.**

COMPETENCIA MATEMÁTICA			
INDICADORES DE LOGRO 1º ESO	**INDICADORES DE LOGRO 2º ESO**	**INDICADORES DE LOGRO 3º ESO**	**DESCRIPTORES DE ETAPA E INDICADORES DE LOGRO 4º ESO**
❑ Identifica y describe regularidades, pautas y relaciones en conjuntos de números, y utiliza símbolos de distintas cantidades y el valor numérico de fórmulas sencillas que se emplean en el contexto familiar, social y escolar. ❑ Reconoce, describe y clasifica, según sus propiedades, figuras planas y aplica el conocimiento geométrico adquirido para describir e interpretar el mundo físico, haciendo uso de la terminología adecuada.	❑ Realiza mediciones de objetos con las magnitudes y unidades precisas y utiliza el lenguaje algebraico para plantear y representar gráficamente situaciones o problemas reales de la vida cotidiana. ❑ Identifica y emplea expresiones y símbolos matemáticos y formas geométricas para representar datos y aspectos relevantes de la vida cotidiana, empleando con precisión la terminología matemática más adecuada.	❑ Expresa mediante el lenguaje algebraico propiedades, relaciones y regularidades en secuencias numéricas obtenidas de situaciones reales del contexto social. ❑ Reconoce las transformaciones que se realizan en las figuras geométricas en el plano y describe desde un punto de vista geométrico diseños cotidianos, obras de arte y configuraciones presentes en el medio físico.	**1. Selecciona y emplea criterios de medición, de codificación numérica de las informaciones y su representación gráfica en la resolución de situaciones reales o simuladas de la vida cotidiana.** **2. Reconoce la utilización y argumenta la necesidad de uso de elementos cuantitativos y de formas geométricas para analizar e interpretar aspectos, objetos y construcciones presentes en el contexto social: magnitudes, porcentajes, proporciones, estadística básica, escalas numéricas y gráficas.**
❑ Utiliza estrategias y técnicas simples de resolución de problemas de la vida cotidiana: enunciado, ensayo y error; comprueba la solución obtenida y expresa el procedimiento seguido en la resolución.	❑ Utiliza estrategias y técnicas de resolución de problemas de contextos diversos: análisis del enunciado, ensayo y error, partes del problema, comprobación de la coherencia de la solución conseguida; e interpreta los datos y resultados y explicita el procedimiento seguido.	❑ Emplea y relaciona los números racionales, sus operaciones y propiedades, para recoger, transformar e intercambiar información y resolver problemas relacionados con la vida diaria.	**3. Utiliza y relaciona los números y propiedades, sus operaciones básicas, los símbolos y las formas de expresión –verbal, numérica, simbólica o gráfica– y de razonamiento matemático para interpretar, reflexionar y actuar sobre la realidad.**

❑ Organiza e interpreta informaciones diversas extraídas de situaciones de la vida real y las representa mediante tablas y gráficos empleando figuras planas y las unidades de medida más adecuadas.	❑ Realiza con precisión estimaciones y cálculos de longitudes, áreas y volúmenes de espacios y objetos de la realidad próxima, comprende los procedimientos de medición utilizados, y expresa los resultados y conclusiones obtenidas en diferentes formas: verbal, numérica, simbólica o gráfica.	❑ Analiza diferentes situaciones o aspectos de la vida real, expresadas mediante un enunciado, una tabla, una gráfica o una expresión algebraica, y elabora e interpreta las informaciones estadísticas teniendo en cuenta la adecuación de los datos y la significatividad de los parámetros.	**4. Selecciona, valora y emplea las destrezas matemáticas más adecuadas para el tratamiento y resolución de cada situación problemática que se le plantea: lectura comprensiva del enunciado, formulación e interpretación de los datos, planteamiento de la estrategia a seguir, realización de las operaciones o ejecución del plan, validación de los resultados obtenidos y claridad de las explicaciones y argumentaciones.**
❑ Utiliza los números (naturales, enteros, fracciones y decimales sencillos), sus operaciones básicas y propiedades para recoger, transformar e intercambiar información extraída de situaciones de la vida diaria y resolver problemas. ❑ Valora los resultados obtenidos en la resolución de problemas referidos a la vida cotidiana en función de su precisión y adecuación a la realidad.	❑ Utiliza números enteros, fracciones, decimales y porcentajes sencillos sus operaciones y propiedades para recoger, intercambiar y valorar información extraída de situaciones de la vida diaria. ❑ Reflexiona sobre la necesidad y utilidad de las expresiones matemáticas en la comprensión y resolución de situaciones de la vida real y adopta una actitud favorable en su conocimiento y aplicación.	❑ Utiliza las operaciones matemáticas para analizar y valorar las informaciones y situaciones de la vida real que contienen elementos y soportes matemáticos. ❑ Valora la utilidad y simplicidad del lenguaje matemático en la planificación y utilización de estrategias y técnicas de resolución de problemas de la vida diaria y en el ajuste de la solución a la situación planteada.	**5. Reflexiona sobre la necesidad y utilidad de los conocimientos matemáticos adquiridos en la comprensión y resolución de problemas y desarrolla una actitud crítica para valorar los procesos seguidos en el planteamiento y resolución de los mismos, a nivel personal y de equipo de trabajo.** **6. Planifica y utiliza procesos de razonamiento y estrategias diversas para la resolución de problemas, y valora la utilidad y simplicidad del lenguaje matemático empleado en la identificación, comprensión, interpretación y búsqueda de soluciones al problema planteado.**

❑ Realiza predicciones sobre la posibilidad de que un hecho o suceso ocurra en un contexto determinado a partir de las informaciones y resultados obtenidos de forma empírica. ❑ Se plantea y busca soluciones a problemas de la vida real utilizando las operaciones matemáticas aprendidas, y reflexiona sobre las ventajas del uso de los conocimientos matemáticos adquiridos para la comprensión y resolución de los mismos.	❑ Relaciona los conocimientos matemáticos adquiridos para abordar y resolver problemas en diferentes contextos. ❑ Se hace preguntas sobre una situación o suceso de la vida real, busca información y valores numéricos expresados en diferentes formatos para interpretarlos y extraer conclusiones del fenómeno estudiado.	❑ Formula y resuelve problemas de diferentes ámbitos de conocimiento que tienen incidencia en la vida real, utilizando las operaciones y formas de cálculo matemático más adecuadas, y valora la adecuación del resultado al contexto de aplicación. ❑ Analiza y valora sucesos y situaciones procedentes de la vida cotidiana a partitr de la obtención de información de forma empírica y hace predicciones sobre la posibilidad de que ocurran.	7. **Integra y aplica el conocimiento matemático con otros conocimientos para reducir incertidumbres y obtener conclusiones ante situaciones de la vida cotidiana de diferente complejidad, y expresa con precisión y rigor matemático el proceso seguido.** **8. Usa procesos de razonamiento y estrategias fundamentadas en la emisión y justificación de hipótesis y en la generalización para el planteamiento y resolución de problemas de la vida real.**

COMPETENCIA CONOCIMIENTO E INTERACCIÓN CON EL MUNDO FÍSICO			
INDICADORES DE LOGRO 1º ESO	**INDICADORES DE LOGRO 2º ESO**	**INDICADORES DE LOGRO 3º ESO**	**DESCRIPTORES DE ETAPA E INDICADORES DE 4º DE ESO**
❑ Conoce y describe las características básicas y las interacciones que se establecen entre los seres vivos y el espacio físico en el que habitan. ❑ Identifica y reconoce las peculiaridades y formas de adaptación de los seres vivos que habitan en un espacio físico determinado, utilizando un vocabulario adecuado.	❑ Describe los paisajes más representativos de su entorno natural y distingue los cambios producidos por los fenómenos naturales. ❑ Identifica las acciones humanas que más afectan a la configuración y deterioro de los paisajes y a los seres vivos que habitan en ellos, empleando un lenguaje preciso.	❑ Conoce e identifica las interacciones que se producen entre los grandes espacios físicos y la actividad humana que se desarrolla en los mismos. ❑ Identifica y describe las acciones de los agentes geológicos externos en el origen y modelado del relieve terrestre y sus efectos en los seres vivos, empleando los conceptos y procedimientos que aportan las ciencias que estudian la naturaleza.	**1. Reconoce, interpreta y valora la incidencia que ejercen los fenómenos naturales y las formas de vida de las personas en la configuración y transformación de los paisajes naturales.** **2. Aprende y emplea los conceptos y procedimientos esenciales de las ciencias de la naturaleza para el conocimiento del mundo físico y de las interacciones humanas que se producen.**
❑ Interpreta los fenómenos naturales que se producen en el medio físico en el que habita, utilizando modelos explicativos sencillos y representando en códigos distintos sus elementos constitutivos. ❑ Analiza y compara las actuaciones humanas que se desarrollan en los ecosistemas cercanos más relevantes, y extrae conclusiones sobre los efectos que producen en los mismos.	❑ Realiza observaciones y experiencias, y determina las interacciones mutuas de los aspectos del medio físico que se relacionan con las funciones vitales de los seres vivos. ❑ Plantea hipótesis sobre las repercusiones de la actividad humana en el medio físico, y elabora estrategias para obtener información y extraer conclusiones que le permitan tomar decisiones respetuosas con el mismo.	❑ Utiliza diversos procedimientos y claves para identificar y clasificar con criterios científicos y técnicos los materiales y seres vivos que conforman o habitan en un determinado espacio físico, reflexionando sobre las relaciones entre aspectos naturales y humanos y actuando en consecuencia. ❑ Reconoce y comprende problemas relacionados con el mundo físico y se plantea conjeturas e inferencias sobre los mismos, y desarrolla planteamientos básicos propios de los científicos para obtener soluciones, resultados y extraer conclusiones.	**3. Analiza sistemas complejos de ecosistemas, distinguiendo con rigor y precisión científica las interacciones que se producen entre los aspectos naturales y humanos.** **4. Aplica el pensamiento científico-técnico –hipótesis, búsqueda de información y obtención de conclusiones– para la observación y el tratamiento de problemas relacionados con el medio ambiente, adoptando decisiones y desarrollando prácticas coherentes y respetuosas con el mismo.**

❑ Analiza y valora los impactos que la acción humana está produciendo en espacios naturales próximos a su hábitat y se plantea su participación en la defensa y protección de los mismos. ❑ Valora el papel protector de la atmósfera para los seres vivos, y toma postura sobre las actuaciones humanas que están alterando la configuración de la misma y los efectos negativos que están produciendo en el mantenimiento y calidad de la vida.	❑ Identifica y valora críticamente los impactos que la acción humana tiene sobre el medio natural y aporta soluciones que pueden adoptarse para controlarlos y limitarlos. ❑ Valora críticamente las repercusiones de la actividad humana en la atmósfera y la necesidad de implicarse activamente en la adopción de medidas, personales y colectivas, para evitar el cambio climático y los efectos negativos para los seres vivos.	❑ Valora la importancia de obtener recursos y nuevas sustancias, respetando y protegiendo el medio físico de determinadas prácticas abusivas y contaminantes del medio físico. ❑ Es consciente de las transformaciones que se están produciendo en los paisajes naturales como consecuencia de la presencia e intervención humana y propone pautas de comportamiento en defensa y protección del medioambiente.	**5. Analiza críticamente las consecuencias en el medio físico de los diferentes modos de vida y promueve propuestas de apoyo para la protección y cuidado del medio ambiente.** **6. Adopta una actitud y práctica favorable en favor de un desarrollo sostenible, basado en la mejora de la calidad de vida, en el consumo responsable de los recursos naturales y en la protección del medio físico.**
❑ Realiza grupalmente indagaciones sobre la procedencia y almacenamiento del agua en su entorno, para uso doméstico, agrícola e industrial, y valora los efectos y cambios que está produciendo en el medio físico. ❑ Participa en actividades organizadas en el centro, dirigidas a la sensibilización del alumnado en la conservación y mejora del entorno natural.	❑ Realiza, de forma individual y en grupo, distintos trabajos sobre el uso responsable de los recursos naturales como medida de protección y conservación del medioambiente. ❑ Colabora en el desarrollo de acciones que promuevan la sensibilización de la ciudadanía en la defensa, conservación y mejora del medio natural.	❑ Recopila documentos de diversas fuentes, elabora información y establece propuestas de mejora sobre la influencia de las actuaciones humanas en los ecosistemas: contaminación, desertización, disminución de la capa de ozono, agotamiento de recursos y extinción de especies. ❑ Participa y toma postura argumentada en foros de debate sobre la importancia de utilizar de manera equilibrada diferentes fuentes de energía renovables y no renovables con objeto de preservar el medio físico.	**7. Investiga, analiza y valora los problemas que la intervención humana genera en el medio físico y toma conciencia del deterioro que se está produciendo como consecuencia de la explotación abusiva de los recursos naturales.** **8. Participa en el planteamiento de soluciones y en la toma de decisiones en torno a los problemas locales y globales relacionados con las necesidades de la vida cotidiana, la crisis energética y el medio ambiente.**

COMPETENCIA TRATAMIENTO DE LA INFORMACIÓN Y COMPETENCIA DIGITAL			
INDICADORES DE LOGRO 1º ESO	**INDICADORES DE LOGRO 2º ESO**	**INDICADORES DE LOGRO 3º ESO**	**DESCRIPTORES DE ETAPA E INDICADORES DE 4º DE ESO**
❑ Conoce básicamente el funcionamiento de los programas operativos de los ordenadores y sabe conectar los componentes físicos de un ordenador con otros dispositivos electrónicos. ❑ Accede a las TIC con autonomía para la localización y descripción de hechos o informaciones relevantes sobre las cuestiones objeto de estudio o trabajo.	❑ Conoce el funcionamiento de los programas operativos de los ordenadores y los emplea para el tratamiento de la información y la elaboración de conocimientos. ❑ Utiliza las TIC para presentar y compartir su propia información y conocimientos en diferentes soportes: textual, numérico, gráfico, visual, etc.	❑ Conoce el funcionamiento del *hardware* y el *software* de los ordenadores y los utiliza para acceder a la información a través de Internet. ❑ Sabe instalar y configurar aplicaciones informáticas interconectadas a diferentes dispositivos inalámbricos o cableados y a móviles.	1. **Conoce y domina básicamente el *hardware y el software* de los ordenadores como vehículo universal de acceso a la información y creación de conocimiento.** 2. **Utiliza las tecnologías y medios de información y comunicación para extraer e interrelacionar informaciones y contenidos significativos de las materias en el desarrollo de un problema de relevancia social y científica, y comunica los resultados en diferentes soportes electrónicos: textual, numérico, icónico, visual, gráfico y sonoro.**
❑ Elabora, almacena y recupera documentos en soporte electrónico que disponen de información textual y gráfica necesaria para realizar la tarea que está desarrollando. ❑ Extrae datos e informaciones de diferentes medios de comunicación para organizarla, interpretarla y representarla en diferentes formatos: tablas, gráficos, textos, etc.	❑ Accede a Internet para la localización, obtención, procesamiento y comunicación de información relacionada con las cuestiones objeto de trabajo en el aula. ❑ Busca y selecciona información en soportes electrónicos para elaborar textos y documentos en diferentes lenguajes: verbal, numérico, gráfico, etc. y para intercambiarlos con los compañeros y compañeras de clase.	❑ Accede a Internet de forma autónoma para la utilización de servicios básicos: navegación para la localización de información, correo electrónico, comunicación intergrupal, etc. ❑ Usa las TIC de forma autónoma para buscar, recopilar e interpretar información y producir documentos en soporte electrónico en formato textual y gráfico.	3. **Busca y selecciona información relevante de múltiples soportes electrónicos para la producción de textos orales y escritos, basándose en la planificación, ejecución, revisión y mejora de los textos y en la interacción de los distintos tipos de lenguaje: natural, numérico, gráfico, geométrico, icónico, etc.** 4. **Integra y reelabora informaciones, solo o en equipo, utilizando esquemas, mapas conceptuales, etc. en la producción y presentación de memorias, textos, documentos, etc. en diversos formatos, tanto físicos como telemáticos.**

❑ Valora la importancia de las TIC en el aprendizaje escolar y la necesidad de su utilización en los diferentes contextos en los que se desenvuelve. ❑ Participa en debates en los que expone sus opiniones sobre el cambio de rutinas y de relaciones interpersonales que se está generando con el uso de las nuevas tecnologías de la comunicación.	❑ Se siente una persona autónoma, responsable y con criterio propio en la utilización de las TIC para realizar las tareas escolares y en la ocupación de su tiempo de ocio. ❑ Valora la necesidad de uso de los sistemas tecnológicos y los efectos que producen en la vida familiar y social de las personas.	❑ Toma conciencia de las dificultades que presentan determinados grupos sociales en el acceso a las TIC y de los efectos negativos en su desarrollo personal y social y adopta una actitud positiva en su uso. ❑ Mantiene una postura crítica ante los avances de las tecnologías de la información y la comunicación con respecto a la mejora de la calidad de vida de las personas y de la sociedad en general.	**5. Mantiene una actitud positiva y crítica hacia el empleo de las TIC y argumenta las ventajas de su utilización en los trabajos propios y ajenos.** **6. Es consciente de la situación de desigualdad y de riesgo de exclusión social que viven determinados individuos y grupos en el acceso y utilización de las las TIC y elabora propuesta viablesl en la aplicación de la información para mejorar sus condiciones de vida y sus perspectivas de futuro.**
❑ Plantea y resuelve problemas de la vida cotidiana empleando diversos recursos tecnológicos. ❑ Presenta los trabajos realizados, individual o grupalmente, en diversos formatos, tanto materiales como telemáticos.	❑ Realiza tareas o actividades para indagar y extraer conclusiones sobre hechos o temas de interés relacionados con la utilización de los recursos tecnológicos y sus efectos en la vida de las personas. ❑ Participa en proyectos de trabajo grupal creativos para la elaboración de informaciones y reportajes sobre la vida escolar y social, utilizando diferentes soportes técnicos propios de los medios de comunicación: prensa, radio, tv, etc.	❑ Diseña y elabora presentaciones sobre tareas realizadas de cuestiones de interés escolar y social con objeto de apoyar el discurso oral y escrito en la exposición de ideas, opiniones y propuestas de mejora. ❑ Fortalece el pensamiento crítico, participando activamente en redes sociales virtuales como emisor y receptor de información e iniciativas colectivas.	**7. Utiliza recursos tecnológicos para componer textos sobre problemas relevantes de la vida real, y trata de resolver y académica, realizando propuestas de resolución alternativa de forma racional y solidaria.** **8. Reconoce las características de la sociedad del conocimiento y valora críticamente los avances tecnológicos y los cambios que se producen en las condiciones y formas de vida de los ciudadanos.**

COMPETENCIA SOCIAL Y CIUDADANA			
INDICADORES DE LOGRO 1º ESO	**INDICADORES DE LOGRO 2º ESO**	**INDICADORES DE LOGRO 3º ESO**	**DESCRIPTORES DE ETAPA E INDICADORES DE 4º DE ESO**
❑ Comprende la sociedad en la que vive, identificando los rasgos característicos, sus instituciones y las funciones que desarrollan en el tratamiento de los problemas que más le afectan como ciudadano. ❑ Reconoce situaciones de desigualdad social que pueden producirse en el ámbito académico y en los ámbitos sociales próximos a la experiencia del alumnado, desarrollando propuestas para la defensa y el ejercicio de los derechos básicos de los ciudadanos.	❑ Comprende la sociedad en la que vive, identificando los rasgos característicos, sus instituciones y las funciones que desarrollan en el tratamiento de los problemas que más le afectan como ciudadano. ❑ Reconoce las situaciones de desigualdad social y se muestra favorable a participar voluntariamente en organizaciones sociales que promueven la defensa y el ejercicio de los derechos básicos de los ciudadanos.	❑ Comprende la sociedad en la que vive, conociendo el modo de organización y funcionamiento de las sociedades democráticas, así como su evolución histórica, sus principios y valores, sus logros y sus problemas. ❑ Reconoce y analiza las situaciones de desigualdad social que genera el actual modelo de desarrollo y diseña propuestas prácticas para promover la participación e implicación en organizaciones sociales que promueven la defensa y el ejercicio de los derechos básicos de los ciudadanos.	**1. Comprende e interviene en la sociedad en la que vive, planificando proyectos de desarrollo/acción social en los que pone de manifiesto que conoce el modo de organización y funcionamiento de las sociedades democráticas, así como su evolución histórica, sus principios y valores, sus logros y sus problemas.** **2. Reconoce situaciones de desigualdad y reflexiona sobre el modelo de desarrollo dominante, y adopta una postura crítica sobre la actuación de los organismos internacionales y de los movimientos y organizaciones sociales que trabajan en defensa de los derechos y deberes humanos y de la paz entre los pueblos.**
❑ Realiza trabajos cooperativos, participando en actividades y tareas, y utilizando el diálogo como vía de entendimiento para la toma de decisiones desde el respeto de todas las opiniones.	❑ Realiza trabajos cooperativos, participando en actividades y tareas en grupo, y argumenta el uso de prácticas sociales que favorecen las relaciones de convivencia desde el respeto hacia las personas, el diálogo, la responsabilidad y el entendimiento mutuo..	❑ Realiza trabajos cooperativos en los diversos contextos en los que vive, desarrollando la escucha, el respeto por las opiniones de sus compañeros y profesores, expresando con corrección sus ideas, y participando responsablemente en el trabajo con los demás.	**3. Realiza trabajos cooperativos para poner en práctica, evaluar y fundamentar las relaciones de convivencia en los diferentes contextos de su vida, asumiendo su responsabilidad individual, practicando el respeto hacia las opiniones de otras personas y el entendimiento mutuo; y ejerciendo el diálogo y la negociación como vías de acercamiento en la resolución de los problemas que les afectan.**

❑ Busca soluciones constructivas a las situaciones de su vida cotidiana y a las tareas escolares propias de su curso. Comprende los diferentes puntos de vista en el análisis de una misma realidad, se relaciona con asertividad y usa sus habilidades sociales, según la situación y el contexto (da las gracias, pide por favor, sabe escuchar, elogia las aportaciones de los demás y se disculpa).	❑ Busca soluciones constructivas a las situaciones de su vida cotidiana y a las tareas escolares propias de su curso. Comrpende y respeta los diferentes puntos de vista en el análisis de la realidad, se relaciona con asertividad y usa sus habilidades sociales, según la situación y el contexto (da las gracias, pide por favor, escucha, se disculpa, se muestra dialogante, elogia las aportaciones de los demás y sabe negociar).	❑ Busca soluciones constructivas a las situaciones de su vida cotidiana y a las tareas escolares propias de su curso. Comprende, valora y respeta los diferentes puntos de vista en el análisis de la realidad, se relaciona con asertividad y usa sus habilidades sociales según la situación y el contexto (da las gracias, pide por favor, escucha, se disculpa, se muestra dialogante, elogia las aportaciones de los demás y sabe negociar).	**4. Busca soluciones constructivas a las situaciones de su vida cotidiana y a las tareas escolares propias de su curso. Comprende, valora y respeta los diferentes puntos de vista para analizar la realidad, y se relaciona con asertividad y usa sus habilidades sociales, según la situación y el contexto (da las gracias, pide por favor, escucha, se disculpa, se muestra dialogante, elogia las aportaciones de los demás y sabe negociar).**
❑ Practica valores actuando y participando en las actividades escolares, desde la puesta en práctica de un sistema de valores y principios éticos y democráticos: cooperación, respeto y no violencia. ❑ Participa de forma democrática, mostrándose crítico ante las situaciones de discriminación por razones de género o de índole social que se producen en el centro educativo, y realiza aportaciones para solucionarlas de manera responsable.	❑ Practica valores, basando las relaciones humanas, a nivel personal y escolar, en la cooperación, solidaridad, respeto, no violencia y compromiso mutuo. ❑ Participa democráticamente y de manera activa en los órganos de participación y representación del centro educativo, desde el respeto a la pluralidad de ideas e intereses y a las normas de convivencias establecidas con las aportaciones de todos y todas.	❑ Practica valores reflexionando, argumentando, emitiendo juicios y haciendo propuestas para mejorar las relaciones humanas, a nivel personal y escolar desde la cooperación, solidaridad, respeto, no violencia y compromiso mutuo. ❑ Participa democráticamente en los órganos de participación y representación del centro educativo, desde el respeto a la pluralidad de ideas e intereses, y se muestra crítico ante las situaciones de discriminación por razones de género o de índole social.	**5. Practica valores ejerciendo la ciudadanía activa, favoreciendo, e interiorizando en el ámbito personal y social el respeto, la cooperación, la solidaridad, la justicia, la no violencia, el compromiso y la participación.** **6. Participa democráticamente en la vida del centro y de la comunidad, a partir del diálogo y de la negociación, desde el respeto a la pluralidad de ideas e intereses, y se muestra crítico y sensible ante las situaciones de discriminación por la pertenencia a un grupo social o étnico determinado, o por las diferencias entre sexos.**

❑ Resuelve pacíficamente los conflictos, planteando soluciones de carácter no violento a las situaciones de conflicto que se producen entre sus iguales, y aporta ideas de carácter preventivo. ❑ Emprende proyectos sociales y se muestra comprometido en torno a temas de interés de su entorno más cercano.	❑ Resuelve pacíficamente los conflictos, tomando postura crítica ante los prejuicios y estereotipos que afloran en la resolución de conflictos entre iguales, planteando soluciones de carácter no violento y aportando ideas de carácter preventivo. ❑ Emprende proyectos sociales, planteando indagaciones en torno a los problemas que más están afectando a su realidad social, evaluando y comunicando las conclusiones que obtiene, y diseñando propuestas de mejora.	❑ Resuelve pacíficamente los conflictos, tomando postura crítica ante los prejuicios y estereotipos que afloran en la resolución de conflictos entre iguales en los diferentes contextos de su vida, y proponiendo y planificando soluciones argumentadas de carácter no violento. ❑ Emprende proyectos sociales, planteando investigaciones en torno a los problemas que más están afectando a su realidad social, y participando en iniciativas grupales y/o asociaciones juveniles en la resolución de los mismos.	**7. Resuelve pacíficamente los conflictos de convivencia de forma no violenta, con objetividad y criterio, analizando los prejuicios e imágenes estereotipadas que recibe de los diferentes medios de comunicación sobre determinadas situaciones, hechos o acontecimientos de carácter social.** **8. Emprende proyectos sociales para sentirse comprometido con los problemas de su realidad social, conforme a los cambios económicos, culturales y sociales que se están experimentando, y participa en redes sociales para ampliar la capacidad de intervenir en la vida ciudadana.**

COMPETENCIA CULTURAL Y ARTÍSTICA			
INDICADORES DE LOGRO 1º ESO	**INDICADORES DE LOGRO 2º ESO**	**INDICADORES DE LOGRO 3º ESO**	**DESCRIPTORES DE ETAPA E INDICADORES DE 4º DE ESO**
❑ Reconoce las características básicas y los elementos constitutivos de las manifestaciones culturales y artísticas más representativas de nuestro patrimonio. ❑ Aprende a mirar, ver, observar y percibir los valores estéticos y culturales de las obras artísticas del contexto, y emplea técnicas y recursos básicos en la elaboración de producciones artísticas.	❑ Reconoce y comprende las manifestaciones culturales y artísticas más relevantes que se han producido a lo largo del tiempo y que constituyen nuestro patrimonio. ❑ Conoce diferentes códigos artísticos y los emplea en la descripción de obras culturales y artísticas, y utiliza determinadas técnicas y recursos que le son propios para la creación de sus propias producciones artísticas o culturales.	❑ Conoce y describe la evolución de los distintos estilos y tendencias de las artes, atendiendo al momento histórico y a la diversidad cultural. ❑ Identifica la técnica y los recursos empleados en la elaboración de las obras artísticas y utiliza su estructura, variaciones cromáticas, textura y orientación espacial para la elaboración de sus propias obras.	**1. Reconoce, comprende y valora las obras de arte y las manifestaciones culturales y artísticas más destacadas del patrimonio estatal.** **2. Conoce con fundamento la evolución de las corrientes estéticas y emplea las técnicas y los recursos que lesson propios en la reproducción o creación de producciones artísticas y culturales.**
❑ Muestra iniciativa para expresarse y comunicarse de forma imaginativa y creativa en diferentes códigos artísticos. ❑ Realiza tareas de audición e interpretación de piezas musicales de compositores relevantes y recopila juegos y canciones populares tradicionales.	❑ Reconoce y analiza los elementos constitutivos de las manifestaciones artísticas más representativas, distinguiendo los procesos, técnicas y materiales e instrumentos utilizados en su creación. ❑ Reconoce auditivamente y determina la época o cultura a la que pertenecen distintas obras musicales, e identifica algunos elementos y formas musicales: ritmo, melodía...	❑ Representa objetos e ideas de forma bi o tridimensional, aplicando técnicas gráficas y plásticas para conseguir resultados concretos en función de los elementos visuales (luz, sombra, textura) y de relación utilizados. ❑ Sabe diferenciar elementos y formas de organización y estructuración musical (ritmo, melodía, textura, timbre, variación) mediante el uso de distintos lenguajes (gráfico, verbal o corporal).	**3. Observa y analiza las características y los elementos técnicos imprescindibles de los hechos culturales y artísticos.** **4. Selecciona y utiliza diversas técnicas plásticas y visuales para realizar trabajos creativos basados en la interpretación, la improvisación y la composición musical.**

❑ Manifiesta sus opiniones y gustos personales sobre las manifestaciones culturales y artísticas más representativas de su contexto. ❑ Comunica a los demás juicios personales, experiencias y sentimientos acerca de la música propia de una época determinada.	❑ Aprecia las manifestaciones culturales y artísticas mostrando interés, sensibilidad y emoción sobre las mismas. ❑ Valora, con criterios propios, la capacidad creativa y la resolución técnica de los artistas en función de las obras de arte y del contexto social e histórico en las que se producen.	❑ Muestra una actitud abierta, respetuosa y crítica hacia la diversidad de expresiones artísticas y culturales. ❑ Emite juicios críticos fundamentados respecto a las distintas manifestaciones culturales y artísticas, estableciendo conexiones entre los lenguajes artísticos y los contextos social e histórico donde se producen.	**5. Expresa opiniones, gustos, sentimientos y emociones de forma creativa sobre las manifestaciones culturales y artísticas.** **6. Valora la libertad de expresión, el derecho a la diversidad cultural y la realización de experiencias artísticas compartidas.**
❑ Participa en proyectos de creación visual cooperativos, dirigidos a la sensibilización y respeto por las obras artísticas y culturales del entorno y al disfrute de los ciudadanos.	❑ Participa en la realización de proyectos de trabajo, empleando recursos verbales y gráficos, sobre la importancia de proteger y poner en valor el patrimonio cultural y artístico de su entorno.	❑ Colabora con asociaciones y/o participa en redes sociales que se muestran preocupadas por la defensa, el disfrute y difusión del patrimonio cultural y artístico de su contexto social y cultural.	**7. Aprecia el patrimonio cultural y artístico y se siente crítico y comprometido con la necesidad de su conservación y protección.**

COMPETENCIA APRENDER A APRENDER			
INDICADORES DE LOGRO 1º ESO	**INDICADORES DE LOGRO 2º ESO**	**INDICADORES DE LOGRO 3º ESO**	**DESCRIPTORES DE ETAPA E INDICADORES DE 4º DE ESO**
❑ Busca la información que precisa para aprender, siguiendo instrucciones poco complejas para realizar tareas de aprendizaje por sí mismo, sobre cuestiones o problemas sociales y académicos próximos a la experiencia personal. ❑ Conoce y gestiona su aprendizaje, siendo consciente de lo que va aprendiendo y de lo que necesita aprender para cubrir las expectativas del curso, por sí mismo o con ayuda de los demás..	❑ Busca informaciones y conocimientos del ámbito social y académico para aprender, por sí mismo, atendiendo a las instrucciones sobre cuestiones o problemas que despiertan su interés o curiosidad. ❑ Conoce su forma de aprender y gestiona, por sí mismo, los procesos de aprendizaje, siendo consciente de cómo aprender, de lo que va aprendiendo y de lo que necesita aprender para cubrir sus expectativas ante el estudio.	❑ Busca información para aprender, identificando la más relevante y extrayendo ideas generales y específicas de textos orales y escritos para resolver por sí mismo los problemas propuestos, atendiendo adecuadamente a las instrucciones y normas dadas. ❑ Conoce su estilo de aprender y gestiona y autoevalúa su aprendizaje, argumenta lo que sabe y cómo lo aprende e identifica los procesos y los aprendizajes que debe adquirir o mejorar para cubrir los objetivos propuestos.	**1. Busca la información que precisa para aprender, utilizando por sí mismo informaciones provenientes de la propia experiencia y de los medios escritos o audiovisuales para la comprensión y composición de textos y mensajes relacionados con los conocimientos adquiridos.** **2. Conoce su forma de aprender, siendo consciente de lo que sabe y de cómo aprende, y gestiona, evalúa y controla los procesos de aprendizaje, generando nuevas expectativas e inquietudes para seguir aprendiendo por sí mismo.**

❑ Planifica y autorregula su proceso de aprendizaje, utilizando sus conocimientos como instrumento de autoaprendizaje y de autocorrección de las producciones propias y para comprender mejor las ajenas. ❑ Usa sus capacidades para progresar en su aprendizaje, superando los resultados académicos y mejorando la atención, concentración y disponibilidad hacia el trabajo.	❑ Planifica y autorregula su proceso de aprendizaje, empleando distintas estrategias de autoaprendizaje para extraer, contrastar y sintetizar informaciones de diversas fuentes, con objeto de elaborar producciones propias y de corregirlas. ❑ Usa sus capacidades para progresar en su aprendizaje, mejorando la atención, concentración y dedicación al trabajo, valorando y mostrando progreso continuado en sus resultados académicos.	❑ Elabora y autorregula su proceso de aprendizaje, elaborando producciones propias a través de diferentes estrategias de búsqueda, contraste, interpretación y síntesis de información obtenida por diferentes medios, de forma progresiva y autónoma, y argumentando con postura crítica los resultados obtenidos. ❑ Progresa adecuadamente en su aprendizaje, utilizando y apreciando el valor de las distintas capacidades que entran en juego en el aprendizaje para mejorar sus resultados académicos, tales como la atención, concentración, comprensión, expresión, dedicación al trabajo y motivación.	**3. Planifica y autorregula su proceso de aprendizaje, siendo capaz de organizar sus propios conocimientos y de elaborar producciones personales o grupales, utilizando sistemáticamente la síntesis de las ideas propias y ajenas, así como la contrastación ordenada y crítica de conocimientos, informaciones y opiniones.** **4. Progresa en su aprendizaje, utilizando apropiadamente y apreciando el valor de las distintas capacidades que entran en juego en el mismo para mejorar sus resultados académicos, tales como la atención, la concentración, la comprensión y expresión, la motivación y el esfuerzo, e identifica su aplicación y la puesta en uso en los ámbitos cotidianos.**

❑ Valora la utilidad de su aprendizaje, reflexionando sobre el proceso de aprendizaje seguido y sobre su utilidad en situaciones cotidianas, analizando los problemas y dificultades encontradas y valorando el esfuerzo realizado ante los problemas de creciente complejidad. ❑ Muestra motivación por seguir aprendiendo, asumiendo el ensayo / error como un mecanismo de aprendizaje que le permite mejorar sus aprendizajes y superarse constantemente a nivel personal.	❑ Valora la utilidad de su aprendizaje, reflexionando y describiendo el proceso de aprendizaje seguido y la utilidad de los conocimientos en su vida, y mostrando interés, seguridad en sí mismo y deseo por seguir aprendiendo en las diversas situaciones o contextos. ❑ Muestra motivación por seguir aprendiendo, planteándose nuevos retos en la adquisición de conocimientos, y adopta decisiones pertinentes para conseguir los objetivos propuestos, aceptando sus errores como elemento para la búsqueda y consecución de mejoras.	❑ Valora la utilidad de su aprendizaje, reflexionando y explicando el proceso de aprendizaje realizado y estima con criterios y argumentos propios, la importancia y utilidad de los conocimientos adquiridos para la vida y los sentimientos y emociones que le producen. ❑ Muestra motivación por seguir aprendiendo, fija sus propias metas, conoce sus capacidades y las pone en uso para adquirir nuevos aprendizajes por sí mismo, autoevaluando sus progresos y asumiendo sus errores como elemento para la búsqueda y obtención de mejoras..	**5. Valora la utilidad de su aprendizaje, reflexionando críticamente sobre el proceso seguido en la adquisición de conocimientos y sobre la utilidad de los mismos para la vida, expresando los sentimientos y emociones, así como los criterios y argumentos utilizados en la valoración de los aprendizajes adquiridos.** **6. Muestra motivación por seguir aprendiendo, siendo consciente de las propias capacidades y disponibilidad de recursos para organizar el aprendizaje de forma autónoma, disciplinada y reflexiva, y acepta los propios errores como instrumento de mejora y superación personal.**
❑ Aplica lo aprendido en la resolución de problemas, utilizando estrategias y técnicas simples, comprobando la solución obtenida y valorando la adecuación del resultado al contexto.	❑ Aplica lo aprendido en la resolución de problemas relevantes que afectan al contexto en el que vive, manejando estrategias y técnicas adquiridas en la comprensión y búsqueda de soluciones, valorando y argumentando la adecuación del resultado a la situación o problema planteado.	❑ Muestra lo aprendido y se plantea metas alcanzables en la resolución de problemas, empleando estrategias y técnicas de aprendizaje, valorando y argumentando la adecuación de las soluciones obtenidas y mostrando una visión integrada en el tratamiento de los problemas sociales y académicos.	**7. Aplica lo aprendido en la resolución de problemas, manteniendo una visión estratégica e integrada en la identificación e interrelación de conflictos y aplicando con rigor los conocimientos, las estrategias y técnicas de aprendizaje adquiridos, y participa activamente en el tratamiento de los problemas sociales y académicos, planteándose retos y metas alcanzables en la resolución de los mismos.**

COMPETENCIA AUTONOMÍA E INICIATIVA PERSONAL			
INDICADORES DE LOGRO 1º ESO	**INDICADORES DE LOGRO 2º ESO**	**INDICADORES DE LOGRO 3º ESO**	**DESCRIPTORES DE ETAPA E INDICADORES DE 4º DE ESO**
❑ Muestra iniciativa para seguir instrucciones en la realización autónoma de tareas de aprendizaje, y manifiesta confianza en sí mismo en la superación de las dificultades encontradas, analizando sus causas y proponiendo soluciones. ❑ Planifica, emprende y evalúa proyectos de trabajo sencillos en los diferentes contextos en los que se desenvuelve, tomando decisiones y cooperando activamente en su desarrollo y en la aplicación de los conocimientos adquiridos, asumiendo resultados y valorando las posibilidades de mejora.	❑ Muestra iniciativa para organizar y gestionar su propio trabajo, individual y de grupo, dirigido a la elaboración de conocimientos desde diversas fuentes de información, y se siente confiado en sí mismo en la presentación y comunicación de los resultados obtenidos. ❑ Fomenta la cooperación entre sus compañeros y compañeras, valora los distintos puntos de vista, expresa y argumenta sus opiniones e ideas en la planificación de trabajos colectivos y se implica responsablemente en su realización y valoración.	❑ Tiene iniciativa personal en la planificación, organización y gestión del trabajo, individual o colectivo, asumiendo responsabilidades en la realización del mismo, y se manifiesta con confianza y seguridad en la comunicación, argumentación y evaluación de los resultados y conclusiones extraídas. ❑ Planifica, emprende y evalúa proyectos, poniendo en uso los conocimientos adquiridos en la indagación de situaciones escolares o problemas de la vida cotidiana, y empleando diversas habilidades cognitivas: reconocer, describir, relacionar, comparar, interpretar, criticar, predecir, crear, concluir, etc. en su tratamiento y resolución.	**1. Muestra iniciativa personal en la obtención, procesamiento e intercambio de información y actúa con autonomía y actitud crítica en el tratamiento y resolución de situaciones y problemas de interés social y académico. Se siente confiando en sí mismo y en sus posibilidades para la comunicación de resultados y conclusiones, de forma organizada e inteligible.** **2. Planifica y emprende proyectos, organizando y gestionando el trabajo, individual o colectivo, aportando iniciativas personales en la formulación de los objetivos y de las acciones necesarias. Asume responsabilidades en la realización de tareas o proyectos, empleando diversas habilidades cognitivas: relacionar, comparar, interpretar, evaluar, corregir, criticar, predecir, crear, concluir, etc.; y evalúa los resultados obtenidos, valorando las posibilidades de mejora.**

❑ Coopera activamente en el trabajo en equipo propuesto en el aula: diseño, planificación, desarrollo y valoración de tareas cooperativas, y demuestra actitudes de respeto hacia las aportaciones de los demás y argumenta las propias. ❑ Practica valores y actitudes personales de responsabilidad, conocimiento de sí mismo, autoestima y creatividad, en el reconocimiento, asunción y resolución de problemas planteados en los diferentes espacios de relación y convivencia.	❑ Fomenta la cooperación entre sus compañeros y compañeras, valora los distintos puntos de vista, expresa y argumenta sus opiniones e ideas en la planificación de trabajos colectivos y se implica responsablemente en su realización y valoración. ❑ Practica valores y actitudes personales de responsabilidad, perseverancia, conocimiento de sí mismo, autoestima, creatividad, autocrítica, capacidad de elegir y de calcular riesgos, en el reconocimiento, asunción y resolución de problemas que se le presentan en los diferentes contextos en los que se desenvuelve, y afronta nuevos retos en la mejora de la relaciones y de la convivencia.	❑ Promueve la cooperación entre sus compañeros y compañeras, valora los distintos puntos de vista, expresa y argumenta sus opiniones e ideas en la planificación de trabajos colectivos, plantea diferentes soluciones y se implica responsablemente en su realización y en la valoración del resultado obtenido. ❑ Hace uso de valores y prácticas democráticas de respeto, diálogo, cooperación, responsabilidad, control emocional, autocrítica y valoración en los diferentes contextos en los que se relaciona y convive, mostrándose confiado y seguro en sí mismo ante los retos y expectativas que se le presentan para mejorar la convivencia de forma pacífica.	**3. Coopera en la toma de decisiones sobre la realización de trabajos colaborativos en el aula, valora los distintos puntos de vista, muestra liderazgo aportando ideas variadas y argumentando las opiniones propias, e implicándose en la planificación y evaluación de los mismos.** **4. Practica valores y actitudes personales, manifestando un juicio ético propio, basado en los principios y prácticas democráticas: respeto, diálogo, cooperación, responsabilidad, control emocional, autocrítica y valoración, y muestra espíritu de superación ante los problemas y retos que se le presentan en los distintos contextos en los que se desarrolla y desenvuelve como persona.**
❑ Se muestra innovador y creativo, elaborando planes y emprendiendo procesos de planificación y ejecución de tareas, y hace una valoración realista entre el esfuerzo realizado y los resultados obtenidos, asumiendo sus errores para mejorar.	❑ Se muestra innovador y creativo en la búsqueda de posibles soluciones ante problemas y situaciones de la vida real, planteando ideas y propuestas, y asumiendo distintos puntos de vista y los errores propios para la resolución adecuada de los mismos.	❑ Se muestra innovador y creativo ante problemas de la vida cotidiana y del centro, generando ideas, asumiendo los distintos puntos de vista de sus compañeros y compañeras y los propios errores en la búsqueda de las mejores soluciones, y desarrollando cooperativamente la más adecuada y viable.	**5. Se muestra innovador y creativo y toma postura crítica y argumentada ante los problemas o cuestiones de la vida real que se le plantean, aceptando las opiniones de los demás y asumiendo los propios errores en la búsqueda de soluciones.** **6. Transfiere las conclusiones obtenidas en proyectos de trabajo o investigación, a situaciones de la vida cotidiana o de la actividad científica y/o tecnológica desarrollada, barajando posibilidades y soluciones diversas y valorando los resultados obtenidos para su estudio y conocimiento.**

Capítulo V
Organización de las programaciones didácticas en torno a las competencias básicas

1. PLANTEAMIENTO DE LA PROGRAMACIÓN DIDÁCTICA EN EL MARCO NORMATIVO

1.1. Ley Orgánica de Educación (LOE)

La actividad primordial de los centros docentes recae en el profesorado, en los procesos de enseñanza y aprendizaje que tienen lugar en el aula. Los centros educativos y el profesorado deben esforzarse por construir entornos de aprendizajes ricos, motivadores y exigentes.

Uno de los principios en los que se basa esta ley es la consideración de la función docente como factor esencial de la calidad de la educación. Entre las funciones que tiene asignadas el profesorado está la de realizar la programación y organizar la enseñanza de las materias que tenga encomendadas, así como la evaluación del proceso de aprendizaje del alumnado y la evaluación de los procesos de enseñanza.

La ley regula las competencias del claustro de profesores, estableciendo entre ellas las relacionadas con el currículo escolar: "*Aprobar y evaluar la concreción del currículo y todos los aspectos educativos de los proyectos y de la programación general anual*" y "*promover iniciativas en el ámbito de la experimentación y de la investigación pedagógica y en la formación del profesorado del centro*".

Dispone, además, que corresponde a las administraciones educativas establecer el marco general que permita a los centros públicos y privados concertados elaborar sus proyectos educativos, que deberán hacerse públicos con objeto de facilitar su conocimiento por el conjunto de la comunidad educativa. Y, por otra parte, contribuir al desarrollo del currículo favoreciendo la elaboración de modelos abiertos de programación docente y de materiales didácticos que atiendan a las distintas necesidades de los alumnos y del profesorado.

1.2 Real Decreto de Enseñanzas Mínimas de la Educación Secundaria Obligatoria y otras disposiciones normativas de las CC.AA.

El Real Decreto que regula las enseñanzas mínimas de la Educación Secundaria de conformidad con la LOE dicta que las administraciones educativas, al establecer el currículo, fomentarán la autonomía pedagógica y organizativa de los centros, favorecerán el trabajo en equipo del profesorado y estimularán la actividad investigadora a partir de su práctica docente.

De igual modo, los centros docentes desarrollarán y completarán el currículo y las medidas de atención a la diversidad establecidas por las administraciones educativas, adaptándolas a las características del alumnado y a su realidad educativa. Y ello con el fin de atender a todo el alumnado, tanto al que tiene mayores dificultades de aprendizaje como al que tiene mayor capacidad o motivación para aprender. Asimismo, arbitrarán métodos que tengan en cuenta los diferentes ritmos de aprendizaje del alumnado, favorezcan la capacidad de aprender por sí mismos y promuevan el trabajo en equipo.

Los equipos docentes tendrán en cuenta las necesidades y características del alumnado, la secuenciación coherente de los contenidos y su integración coordinada en el conjunto de las materias del curso, así como la incorporación de los aspectos transversales previstos para aquélla, y desarrollarán las programaciones didácticas de las materias que les correspondan, incluyendo las distintas medidas de atención a la diversidad que pudieran llevarse a cabo.

En la Educación Secundaria, los departamentos didácticos desarrollarán las programaciones de las materias o de los ámbitos que les correspondan, incluyendo las distintas medidas de atención a la diversidad. En cualquier caso, también se tendrán en cuenta las necesidades y características del alumnado, la secuenciación coherente de los contenidos y su integración coordinada en el conjunto de las materias del curso y de la etapa, así como la incorporación de los contenidos transversales previstos para dicha etapa.

Los centros docentes podrán agrupar las materias en ámbitos con objeto de contribuir a los principios que orientan el currículo:

1) Desarrollar las aptitudes y las capacidades del alumnado.
2) Procurar que el alumnado adquiera los aprendizajes esenciales para entender la sociedad en la que vive, para actuar en ella y comprender la evolución de la humanidad a lo largo de la historia.
3) Facilitar que el alumnado adquiera unos saberes coherentes, actualizados y relevantes, posibilitados por una visión interdisciplinar de los contenidos.

4) Integrar los aprendizajes y experiencias que se consiguen o adquieren en espacios y tiempos escolares con los que se puedan conseguir o adquirir fuera de ellos.
5) Permitir una organización flexible, variada e individualizada de la ordenación de los contenidos y de su enseñanza, facilitando la atención a la diversidad como pauta ordinaria de la acción educativa del profesorado.

Esta integración es especialmente relevante en el primer y segundo curso de la Educación Secundaria Obligatoria, porque permite garantizar la transición entre la Educación Primaria y esta etapa educativa. La integración de materias en ámbitos tiene efectos en la organización de las enseñanzas, pero no en las decisiones asociadas a la evaluación y promoción del alumnado.

En definitiva, lo más importante es que el profesorado desarrollará su actividad docente de acuerdo con las programaciones didácticas establecidas por los departamentos didácticos mediante la concreción de los objetivos, la ordenación de los contenidos, el establecimiento de la metodología y de los procedimientos y criterios de evaluación e incluyendo, como se ha expresado, las distintas medidas de atención a la diversidad que pudieran llevarse a cabo de acuerdo con las necesidades del alumnado.

El profesorado de los respectivos equipos docentes debe desarrollar su actividad docente de acuerdo con las programaciones didácticas. Tanto en el proyecto educativo como en las programaciones didácticas, se han de plasmar las estrategias que utilizará el profesorado para alcanzar los objetivos previstos en cada ámbito y materia, así como para que el alumnado adquiera las competencias básicas.

Los centros docentes establecerán en su proyecto educativo los criterios generales para la elaboración de las programaciones didácticas de cada una de las materias o ámbitos, en su caso, que compongan la etapa.

2. CONCEPTO Y ENFOQUE DE LAS PROGRAMACIONES DIDÁCTICAS

El proyecto educativo del centro ha de iniciarse con la reflexión teórico-práctica realizada por los órganos de coordinación didáctica sobre la coordinación y la concreción de los contenidos curriculares, así como al tratamiento transversal en las materias de la educación en valores y otras enseñanzas, de manera que se dé respuesta a las necesidades y expectativas de la comunidad educativa en cuanto a sus connotaciones socioculturales y a las notas de identidad del propio contexto.

Las programaciones didácticas, como proyecto de trabajo que requiere su implementación, han de ser entendidas como una herramienta profesional con la que los equipos docentes han de establecer las correspondientes interrelaciones entre los elementos curriculares de las materias o ámbitos mediante los descriptores que se han establecido en la etapa para cada una de las competencias básicas.

Por su parte, las materias curriculares se consideran el instrumento de trabajo que permite el desarrollo y el dominio de las competencias básicas a lo largo de la educación básica obligatoria, por lo que las programaciones didácticas deben incluir su contribución a la adquisición de las competencias básicas. Se constituyen así en el vehículo de transmisión de conocimientos y de adquisición de las competencias básicas a través de la programación y del desarrollo de unidades didácticas que facilitan el tratamiento integrado de diferentes competencias.

Así, la programación didáctica ha de partir de la concreción del conjunto de objetivos, contenidos, orientaciones metodológicas y criterios de evaluación fijados por las administraciones educativas en los diseños curriculares. Los elementos de las programaciones didácticas han de sustentarse y orientarse hacia el desarrollo de las competencias básicas en uno de los cursos educativos que configuran la etapa de la Educación Secundaria.

En las programaciones tienen que contextualizarse y concretarse los aspectos imprescindibles y éstos han de vincularse con los criterios de evaluación establecidos en cada unidad didáctica. Las programaciones didácticas se planifican a partir de *"un conjunto de unidades didácticas ordenadas y secuenciadas para las materias de cada curso educativo"*. En su diseño, elaboración, aplicación y validación han de hacerse operativas las competencias básicas, de manera que cobren sentido las reflexiones y las decisiones sobre el establecimiento de unas pautas metodológicas comunes.

La preparación de la actividad docente con el alumnado, conforme a lo establecido en la programación didáctica del curso, es primordial para mejorar la práctica docente en el aula. El profesor ha de diseñar y concretar el proceso de enseñanza-aprendizaje a través de la creación de una secuencia de aprendizaje que permita el desarrollo de las competencias básicas en un grupo determinado de alumnos o alumnas. Se puede considerar la unidad didáctica como la estructura básica de organización del currículo escolar que desarrolla determinados procesos de enseñanza-aprendizaje, y que articula y da sentido al conjunto de la programación didáctica.

"Las unidades didácticas hacen referencia a un conjunto de actividades y saberes que promueven la formación intelectual a través de la instrucción formativa. Estos dos aspectos –instrucción y formación– constituyen la esencia de la unidad didác-

tica. En un sentido funcional, la unidad didáctica se entiende como una unidad de trabajo relativa a un proceso de enseñanza-aprendizaje, articulado y completo. En ella se deben precisar, por tanto, los contenidos, los objetivos, las actividades de enseñanza-aprendizaje y las actividades para la evaluación" (Luis Naranjo)[3].

En toda unidad didáctica hay que diferenciar dos aspectos o fases:

- El "diseño" de la unidad didáctica que contempla la expresión de las intenciones educativas y el modo de llevarlas a la práctica docente, comprendiendo indicaciones sobre la organización del escenario de aprendizaje, objetivos, contenidos y recursos materiales y humanos.
- La aplicación de la unidad en el aula vinculada al desarrollo de la práctica docente, incluyendo las actividades fundamentales de enseñanza-aprendizaje y de evaluación.

Las programaciones didácticas se entienden a modo de proyecto de trabajo y como una herramienta profesional con la que los departamentos didácticos han de establecer las correspondientes interrelaciones entre los elementos curriculares de las materias o ámbitos con los descriptores de etapa para cada una de las competencias básicas.

En conclusión, podemos definir las programaciones didácticas como un conjunto de unidades didácticas ordenadas y secuenciadas que desarrollan el currículo de las materias o ámbitos de cada curso educativo, en las que se hacen operativas las competencias básicas y cobran sentido las reflexiones y las decisiones adoptadas sobre el marco de referencia común que sigue el profesorado en la planificación y en el desarrollo de la labor docente con el alumnado.

3. PLANTEAMIENTO DE LAS COMPETENCIAS BÁSICAS EN LAS PROGRAMACIONES DIDÁCTICAS

El punto de partida para el diseño y la concreción de las propuestas curriculares en un centro determinado ha de centrarse, fundamentalmente, en la detección de necesidades y de dificultades de aprendizaje del alumnado, a través de la evaluación inicial y del análisis de los resultados de las Pruebas de Evaluación de Diagnóstico.

3. Naranjo Cordobés, L.G. (2008): "El diseño del currículo y la programación educativa como ejes de la actividad docente", en Varios: *Bases psicopedagógicas de la educación secundaria*. Córdoba: UCO, citado anteriormente.

Así, la organización del currículo escolar por competencias básicas requiere el esclarecimiento previo de las tareas que los órganos de coordinación pedagógica han de asumir, a corto y medio plazo, para favorecer así la construcción compartida y consensuada de los elementos programáticos del proyecto educativo de cada centro.

El currículo también ha de ser entendido como una herramienta profesional: en este caso los departamentos han de establecer las correspondientes interrelaciones entre los elementos curriculares de las materias o ámbitos con los aspectos que desarrollan una determinada competencia.

La secuencia de tareas que han de abordar los departamentos, previamente al diseño de las programaciones didácticas por cursos y materias, conforme a la actual regulación normativa, es la que a continuación se enumera:

1) La organización del currículo escolar en torno a materias o ámbitos de conocimiento y experiencia o por competencias básicas.
2) La vinculación de las competencias básicas y los aprendizajes imprescindibles que las desarrollan de cada una de las materias o ámbitos.
3) Los objetivos de la etapa que favorecen el desarrollo de las competencias básicas con las que se vinculan.
4) La selección y concreción de los objetivos de materia, los contenidos mínimos y propios de cada comunidad autónoma, y los criterios de evaluación relacionados con el desarrollo de la competencia.
5) La interrelación y complementariedad de los contenidos mínimos y los contenidos propios imprescindibles.
6) La articulación de los objetivos, contenidos y criterios de evaluación en torno a las competencias básicas.
7) El tipo de tareas relevantes que van a contribuir en la adquisición y evaluación de las competencias básicas a lo largo del tramo educativo respectivo.
8) Los compromisos que se pueden establecer entre la institución escolar y la familia para colaborar conjuntamente en el desarrollo de las competencias básicas del alumnado.
9) Los criterios que deben seguirse en el planteamiento de las actividades extraescolares en las que se puedan implicar otros organismos y entidades, para facilitar la adquisición de las competencias básicas en el contexto socio-cultural en el que se desenvuelve el alumnado.

En las enseñanzas propias establecidas por cada comunidad autónoma, la organización y selección de los contenidos propuestos muestra la perspectiva específica del currículo que incorpora, y permite al profesorado concretarlos en sus programaciones didácticas y de aula, haciendo uso de su autonomía para adaptarlos a las peculiaridades de su contexto y su alumnado.

4. PROPUESTAS DE ORGANIZACIÓN DEL CURRÍCULO ESCOLAR EN TORNO A LAS COMPETENCIAS BÁSICAS

Los órganos de coordinación docente han de contemplar las diferentes opciones que pueden adoptar en la organización del currículo: materias, ámbitos, proyectos multidisciplinares, etc. O bien, hacerlo desde un planteamiento exclusivo por competencias básicas, procedimiento aún distante de la trayectoria e iniciativa pedagógica del profesorado y de los centros educativos.

Una vez realizada la importante tarea de planificación de las competencias básicas en la etapa educativa a través de la formulación de los correspondientes descriptores e indicadores, debe procederse a abrir una reflexión en los departamentos didácticos sobre el modelo a seguir en la organización del currículo escolar por competencias básicas, en función del abanico de opciones que se le presentan:

- ❑ Opción "A": **Diseño de las programaciones didácticas por materias**, articulando y concretando los elementos del currículo en función de las competencias básicas a través de los aspectos que las desarrollan y de la contribución específica de la correspondiente materia.
- ❑ Opción "B": **Elaboración de las programaciones didácticas basadas en ámbitos de conocimiento y experiencia**, integrando varias materias en función del establecimiento de interrelaciones entre sus elementos curriculares y de la capacidad de articulación de los mismos en torno a las competencias básicas.
- ❑ Opción "C": **Confección de las programaciones didácticas por competencias básicas**, vinculando los elementos curriculares de las materias con los descriptores de etapa y los indicadores de logro o dominio que se han establecido para cada competencia básica. La programación didáctica podrá diseñarse a través de un conjunto ordenado de macro-tareas integradas y secuenciadas a lo largo de todo el curso escolar que promuevan el desarrollo de una o varias competencias.

En cualquiera de las opciones adoptadas, es fundamental la relación que se establezca entre los elementos básicos del currículo y el planteamiento asumido sobre la función de las competencias básicas en el diseño y en el desarrollo de las programaciones didácticas. Es necesario que quede definida la función articuladora de las competencias básicas con el resto de los elementos de la programación didáctica, así como la vinculación de los objetivos de etapa y materia con los descriptores de etapa y el carácter de referencia de los criterios de evaluación con respecto a la determinación del nivel de logro o dominio alcanzado por el alumnado.

En consecuencia, el órgano de coordinación pedagógica competente en el centro ha de tomar decisiones sobre los criterios y pautas a seguir en relación con las opciones de organización del currículo escolar que mejor respondan a las necesidades educativas del alumnado. Y ello respetando la trayectoria pedagógica asentada en el centro y planteando la necesidad de que los docentes asuman compromisos para realizar innovaciones y mejoras en su práctica.

Una vez organizado el currículo de cada materia en torno a las competencias básicas, en función de la opción adoptada y utilizando como organizadores internos de los restantes elementos del currículo las propias competencias básicas, procede la concreción del desarrollo de la competencia en cada curso educativo mediante la convergencia de las distintas líneas de planificación de la práctica docente que se desarrolla en el centro:

1) **A partir de las programaciones didácticas**. Si los departamentos ya han elaborado o están elaborando las correspondientes programaciones de materia, se trataría de determinar el nivel de contribución que realizan en el desarrollo de cada una de las competencias básicas, estableciendo unas formulaciones comunes de lo que se pretende conseguir en relación con determinados elementos de las competencias, seleccionados previamente en razón de las necesidades educativas detectadas en el alumnado.
2) **A través de la formulación de descriptores y/o indicadores de logro o dominio de las competencias básicas**. Se propone que una vez seleccionados los aspectos distintivos de cada competencia y los aprendizajes imprescindibles aportados por las materias, se enuncien descriptores de etapa educativa, de manera que se facilite la reorganización del currículo de cada materia en torno a las competencias básicas. Asimismo, se plantea que una vez establecido los descriptores de etapa, los departamentos elaboren la secuencia de logro o dominio en función de los criterios de evaluación, referencia que ha de servir para articular los elementos del currículo fijados y concretados para cada nivel educativo.
3) **A raíz de las propuestas de mejora sobre los resultados de las Pruebas de Evaluación de Diagnóstico y/o de la evaluación inicial del alumnado**. Como consecuencia de los resultados de la aplicación de las Pruebas de Evaluación de Diagnóstico y de la evaluación inicial que ha de realizarse a inicios de curso, las medidas de mejora que se aprueben por los órganos de coordinación pedagógica servirán de base para la retroalimentación y el ajuste anual de las programaciones didácticas de las materias del currículo escolar. Estas propuestas han de responder al desarrollo de las competencias básicas y han de ser concretadas en las programaciones didácticas de cada curso por los correspondientes equipos docentes.

En estas líneas de trabajo, los departamentos didácticos tienen que plantearse la reorganización del currículo de cada materia, a partir de las competencias básicas y de las formulaciones elaboradas para hacerlas operativas. Han de conjugar las tareas de planificación del currículo que se desarrollan con las propuestas de mejora establecidas por los órganos de coordinación pedagógica, tras los resultados de las Pruebas de Evaluación Inicial y de Evaluación Diagnóstico.

PROGRAMACIONES DE ETAPA / CURSO: MATERIAS / ÁMBITOS					
COMPETENCIAS BÁSICAS	**Objetivos**		**Contenidos**		**C. Evaluación**
	Etapa	Materia	Mínimos	Propios (CC.AA.)	Criterios de evaluación

PLANIFICACIÓN DE LA PRÁCTICA DOCENTE EN EL AULA			
P. Materias	P. Ámbitos		P. Competencias Básicas
Unidades didácticas			
Concreción de los objetivos	Secuencia de contenidos	Estrategias metodoló-gicas	Criterios de evaluación

Planteamiento de las tareas y actividades			
Competencias básicas	Conocimientos previos	Recursos	Contexto o situación real

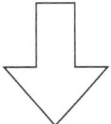

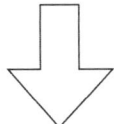

Capítulo VI
Incorporación de las competencias básicas en la práctica docente. Establecimiento de un marco conceptual y operativo común

1. CONSIDERACIONES EN TORNO A LA PLANIFICACIÓN DE LA PRÁCTICA DOCENTE DESDE LA PERSPECTIVA DE LAS COMPETENCIAS BÁSICAS

Es esencial partir de la consideración de que la práctica docente es el nexo de unión entre el proyecto educativo de centro y el mundo que nos rodea, cada vez más complejo, diverso y cambiante. La adecuada integración y participación de nuestro alumnado en la sociedad actual (multicultural, tecnológica, plural, acelerada, cambiante, etc.) requiere la selección, combinación y puesta en uso de aprendizajes imprescindibles que le permitan dar respuesta a situaciones y exigencias nuevas y muy diversas.

En la actualidad, nuestro alumnado es otro muy distinto a aquel que integraba las aulas hace varias décadas. Ahora no están pobladas del grupo de alumnos/as "seleccionados" por razones diversas (económicas, familiares, motivacionales, sujetas a capacidades personales o ligadas al sexo, entre otras) como ocurría entonces. En nuestras aulas convive toda nuestra sociedad, y no solo una muestra poco representativa de la misma.

En estos momentos, a lo largo de la formación básica obligatoria que establece la LOE, *"la población escolar y la población social son una misma"*. Una población heterogénea, plural y variada en todos los rasgos que definen a una sociedad democrática como la nuestra. Ello supone contar con ventajas e inconvenientes. Por supuesto, puede resultar más complejo el desempeño de la función docente al contar con una población escolar muy diversa a la que atender, apoyar y conducir pero, por contra y a tenor de esa diversidad, se puede propiciar y generar un aprendizaje más enriquecedor, más auténtico.

Y si nos preguntamos, ¿qué formación le interesa ofrecer a toda su población a un país como el nuestro? Estaremos de acuerdo en que esa formación ha de ser de calidad y común; ha de permitir a cada persona una integración y participación en la sociedad democrática de la que forma parte, le ha de facilitar un desarrollo autónomo y personal que le prepare para seguir aprendiendo a lo largo de su vida y le ha de aportar una formación básica o imprescindible que le facilite el acceso al mundo laboral. Por supuesto, esta formación básica también le ha de permitir el acceso a una formación específica, cuando sea este el camino que voluntariamente el alumno decide seguir a través de una formación postobligatoria.

Esta formación, contextualizada o adaptada a las características de cada centro educativo, quedará plasmada, de modo sencillo y con el carácter integrado que precisamos para el desarrollo de las competencias básicas, en el proyecto educativo de centro y más concretamente en las programaciones didácticas, sirviendo estas competencias básicas de guía "facilitadora" (a modo de "recetario de cocina", si empleamos como símil el mundo de la gastronomía) para la adecuada planificación de la práctica docente, encaminada al desarrollo de ocho competencias básicas (a modo de "ocho platos básicos" en el menú de cada persona) y de las capacidades imprescindibles que sustentan estas competencias básicas.

Los capítulos previos se han dedicado a ofrecer reflexiones y orientaciones que nos permitan el diseño de un currículo orientado a la consecución de las citadas competencias básicas. Un diseño que ha de ofrecernos una visión integrada que visualice claramente cómo la adquisición de cada una de las competencias básicas precisa de la participación de las distintas materias o ámbitos curriculares; o bien, dicho de otra forma, cómo cada materia/ámbito contribuye al desarrollo de cada una de las ocho competencias básicas.

El capítulo que ahora nos ocupa tiene como objeto ofrecer orientaciones e instrumentos que nos permitan elaborar un adecuado diseño de una práctica docente o programación de aula orientada a la consecución de las citadas competencias por parte de todo nuestro alumnado al finalizar la formación básica obligatoria. El diseño de dicha práctica educativa ha de ofrecernos la misma visión integrada que el diseño del currículo. Y es a través del desarrollo efectivo del currículo, en las propuestas de trabajo diario ofrecido a nuestro alumnado, donde se propiciará un aprendizaje que ponga en uso los recursos o aprendizajes adquiridos por cada alumno y alumna, de modo que pueda resolver con éxito problemas/tareas que seguro tendrán que abordar en los diferentes contextos que conforman el mundo que les rodea.

Hemos de lograr un abordaje integrado de las competencias básicas en la programación didáctica, a modo de guía imprescindible para el tratamiento igualmente integrado de dichas competencias en la práctica docente en el aula (unidades didácticas integradas o tareas integradas).

Es indudable que un currículo orientado a la consecución de las competencias básicas supone un gran reto para la práctica docente, pero al mismo tiempo dicho currículo nos ofrece la oportunidad de introducir cambios que garanticen la utilidad y el uso efectivo de los aprendizajes adquiridos en un currículo formal para resolver problemas "reales, auténticos, del mundo que nos rodea" y "comunes" a todo nuestro alumnado. Nosotros proponemos entender el trabajo por competencias como **la oportunidad de mejora de nuestra práctica docente**, para garantizar la utilidad del aprendizaje en los diferentes contextos en los que nuestro alumnado se desenvuelve.

Nuestro proyecto propone el establecimiento, en una primera parte, de "un marco conceptual y operativo común" que permita a los centros educativos el diseño de una propuesta única de carácter integrador y multidisciplinar en la concreción del currículo, para trabajar, en el capítulo siguiente, un planteamiento de la programación de aula desde "el diseño de unidades de trabajo o tareas integradas".

A lo largo de este capítulo analizaremos, como una de las reflexiones iniciales a plantear por los órganos de coordinación docentes, la definición de un **marco conceptual y operativo común** en el que sustentar las decisiones de centro en torno a las competencias básicas. Realizaremos un análisis-reflexión en torno al papel y cometido de los elementos del currículo en la práctica docente, dado que los objetivos establecen capacidades, los contenidos son recursos-herramientas que contribuyen al desarrollo de dichas capacidades y los criterios de evaluación son "indicadores de progreso y logro" en la adquisición, por parte del alumnado, de los contenidos necesarios para el desarrollo de las capacidades establecidas en los objetivos. Se debe tomar en consideración que las competencias básicas no tienen "un cuerpo propio", y que su desarrollo se basa en el "uso integrado" del conjunto de los elementos que conforman el currículo de las diferentes materias.

Otra de las cuestiones clave en torno a las que los centros educativos han de reflexionar, está referida a los aprendizajes adquiridos en otros currículos y su contribución al desarrollo de las competencias básicas, con objeto de promover experiencias conjuntas entre los centros educativos, las familias y la comunidad educativa.

Sin embargo, la reflexión más significativa que han de afrontar ha de situarse respecto a la planificación y desarrollo de la práctica docente en el aula. Para ello, se deben establecer muy claramente los diferentes "tipos de aprendizaje" que puede adquirir el alumnado y la interrelación que existe entre ellos. Es esta distinción la que permitirá al docente diseñar una secuencia de aprendizaje que conduzca al alumnado, partiendo de la adquisición de aprendizajes muy simples, llegar el desarrollo de capacidades y al uso de las mismas para resolver con éxito diferentes problemas-tareas, utilizando competencias o aprendizajes complejos.

El planteamiento del aprendizaje del alumnado a través de tareas integradas es otra de las cuestiones relevantes que han de abordar los equipos docentes, tareas que han de entenderse como propuestas imprescindibles de trabajo en el aula que permiten el desarrollo y la evaluación de las competencias básicas. La resolución de la tarea integrada es lo que hace que una persona utilice adecuadamente todos los recursos o aprendizajes de los que dispone, por lo que se requiere un enfoque común e integrado para una adecuada formulación y selección de los mismos en los procesos de enseñanza-aprendizaje. La búsqueda de las mejores tareas para lograr que el mayor número de alumnos y alumnas adquieran las competencias básicas constituye el núcleo esencial de cualquier transformación de un diseño curricular en una "buena práctica educativa".

"La finalidad no está exclusivamente en los SABERES o aprendizajes que se adquieren, el acento hay que ponerlo en EL USO adecuado de los mismos para afrontar con éxito las diversas situaciones de nuestra vida".

"Del SABER al USO ADECUADO DEL SABER"

2. CONSTRUCCIÓN MULTIDISCIPLINAR O DISEÑO INTEGRADO DE LAS COMPETENCIAS BÁSICAS

El currículo establecido en el artículo 6 de la LOE, y en posteriores desarrollos normativos, se define como el conjunto de objetivos, competencias básicas, contenidos, métodos pedagógicos y criterios de evaluación de cada etapa educativa. Los currículos establecidos por las administraciones educativas y la concreción de los mismos que los centros realicen en sus proyectos educativos se orientarán, asimismo, a facilitar la adquisición tanto de **las capacidades** establecidas en los objetivos como de **las competencias básicas**.

Como se ha mencionado en capítulos anteriores, el proyecto educativo del centro debe recoger la reflexión teórico-práctica realizada por el equipo docente en torno a los aspectos que considera imprescindibles que han de desarrollarse en la etapa educativa y enseñanzas que se imparten, para responder desde el mismo a sus connotaciones socioculturales y a las características que identifican a la población escolar del propio centro.

En ambos instrumentos básicos de centro, tanto en el proyecto educativo como en las programaciones didácticas, se plasmarán las estrategias que desarrollará el profesorado para alcanzar los objetivos previstos en cada materia, así como la adquisición por el alumnado de las competencias básicas.

Así, en la Educación Secundaria Obligatoria los departamentos desarrollarán las programaciones didácticas de las materias, mediante la concreción de los objetivos, ordenación de los contenidos, establecimiento de la metodología y de los procedimientos y criterios de evaluación, incluyendo las distintas medidas de atención a la diversidad que pudieran llevarse a cabo, de acuerdo con las necesidades del alumnado.

Este modelo permite tener una visión de conjunto, "visión integrada" del tratamiento de cada competencia en el currículo escolar, a través de las materias o ámbitos; en ellas han de buscarse los referentes para el desarrollo de las competencias. Por tanto, las competencias son un "nuevo componente" y "un nuevo enfoque" del currículo establecido en la LOE, y hemos de considerar que su desarrollo se basa en el "uso integrado" del resto de los elementos que conforman dicho currículo (objetivos, contenidos y criterios de evaluación) de las diferentes materias. Y estos elementos prescriptivos en nuestros currículos, ¿cuáles son y en qué consisten?:

- **Los objetivos** de etapa y los objetivos de las diferentes materias curriculares, nos permiten establecer las **capacidades** que debe adquirir nuestro alumnado a lo largo de la etapa educativa.
- **Los contenidos** de las diferentes materias son los "medios–recursos–herramientas" que permiten al alumnado una adquisición progresiva de los aprendizajes que conforman las capacidades propias de la etapa.
- **Los criterios de evaluación** son los "indicadores del progreso y logro" en la adquisición de los contenidos necesarios para el desarrollo de las capacidades establecidas en los objetivos.
- **¿Y qué son las competencias básicas?** Las competencias son la aplicación, *"el uso práctico de los conocimientos adquiridos a través de las diferentes materias/ámbitos curriculares, para la resolución de problemas complejos, reales y propios de los diferentes contextos del mundo que nos rodea"*.

Es recomendable que nos detengamos en los criterios de evaluación y hagamos una reflexión: ¿son los criterios de evaluación una buena forma de acceder a las competencias básicas? La respuesta es sí, porque muchos de ellos contienen, en cada área, dimensiones o elementos de referencia a las competencias, con lo cual nos aportan información sobre el grado de adquisición de las mismas en cada uno de nuestros alumnos con referencia explícita a cada curso. Y esto nos ayudará a establecer los "indicadores de logro" de cada competencia básica a lo largo de la etapa educativa.

El Proyecto "Azahara", tal y como se ha tratado en capítulos anteriores, propone un **plan estratégico** para el establecimiento de unos DESCRIPTORES de cada una de las competencias básicas para cada etapa educativa. Este plan estratégico nos permitirá el establecimiento de unos indicadores de logro que nos permitan determinar el grado de desarrollo que cada alumno/a ha alcanzado al finalizar cada curso en relación a cada una de las competencias.

La elaboración de descriptores de etapa supone la construcción colectiva de una herramienta de planificación y mejora de la práctica docente que es fundamental para la integración de las competencias básicas en el currículo escolar, ya que conlleva el establecimiento de unos criterios y referentes comunes de cara a la intervención en el aula.

Por último se propone que, una vez fijados los descriptores de etapa para cada competencia básica, se proceda a relacionarlos con los criterios de evaluación de cada materia, a nivel de curso, para formular los **indicadores de logro o dominio** que debe alcanzar el alumnado en los procesos de enseñanza-aprendizaje, estableciendo cinco niveles de consecución de cada uno de los indicadores establecidos. Para ello, se recomienda analizar los criterios de evaluación detenidamente desde la perspectiva de las competencias básicas.

Como venimos diciendo, para el adecuado desarrollo de las competencias básicas en nuestro alumnado hemos de planificar un uso integrado tanto de los objetivos (de etapa y de materia), como de los contenidos y los criterios de evaluación.

Las competencias se sustentan en nuestras capacidades. En este sentido, los objetivos de cada materia deben ser entendidos de modo que:

- Otorguen un peso considerable al desarrollo personal y social del alumnado en el contexto de un currículo que contempla las competencias básicas como un elemento integrador del resto de componentes del mismo.
- Favorezcan la coherencia de las prácticas educativas en el centro, en la medida en que el profesorado sea capaz de llegar a acuerdos para favorecer la conexión y, en su caso, agrupación curricular entre las distintas materias.
- Los objetivos orientan la selección, organización y secuenciación de los contenidos imprescindibles para el desarrollo de competencias, incluyendo tanto aquellos de carácter conceptual como los relativos a destrezas, valores, actitudes y aspectos emocionales, los cuales nos permiten, junto con el resto de

elementos curriculares, establecer una secuencia en los niveles de logro de las competencias a lo largo de las etapas educativas.

- Nos guíen hacia la aplicación de los conocimientos aprendidos en distintos contextos cotidianos de nuestra vida, y tengan en cuenta el carácter auténtico del aprendizaje, dado que el alumnado aprende en contextos formales, pero también en otros contextos de carácter no formal e informal

Las competencias básicas suponen una selección y un uso adecuado de nuestros conocimientos. ¿Y cómo favorecer una buena planificación de los contenidos? Estos deben ser abordados con un planteamiento orientado a la integración y uso combinado de los conocimientos aportados por las diferentes materias y a su constante contextualización. Es decir, deben servir para dar respuesta a los problemas y situaciones reales o auténticas que se presentan en sistemas complejos y cambiantes del mundo que nos rodea. Por ello, lo contenidos imprescindibles deben ser:

- Transferibles y, por tanto, aplicables en muchas situaciones y contextos heterogéneos y cambiantes.
- Es necesario adquirir un conocimiento que sea duradero y útil, es decir, que ese conocimiento sirva al alumnado para entender la realidad y transformarla.
- Contenidos que contribuyan a desarrollar diferentes competencias básicas y, a su vez, una misma competencia básica puede servir para ser aplicada en base al uso de contenidos de diferentes materias.

De lo expresado anteriormente se deriva que **el aprendizaje de los contenidos** debe dirigirse, como queda establecido en nuestro marco normativo, hacia:

- La realización de tareas/problemas, enmarcadas en diferentes contextos de aprendizaje, vinculados con la realidad y con situaciones auténticas de aprendizaje.
- La resolución de tareas/problemas, es decir, la disposición y habilidad para enfrentarse y dar respuesta a una situación determinada mediante la adecuada selección, organización y/o aplicación de una estrategia o secuencia operativa, que ponga en uso nuestros aprendizajes.
- El fomento de la autonomía, entendida como la capacidad de realizar una tarea de forma independiente, llevándola a cabo desde el principio hasta el final, con el mínimo apoyo o ayuda posible. Esta capacidad de trabajar de forma autónoma ha de permitir, sin embargo, que el alumno/a pueda ser asesorado por el profesorado en la realización de determinadas tareas y, por supuesto, en una primera fase y en función de las características del alumnado sería conveniente el empleo de estrategias metodológicas, tales como el modelado metacognitivo, que favorezcan un abordaje adecuado de "tareas o problemas".

- El refuerzo de la capacidad de relación interpersonal y fomento de la convivencia. Por este término entendemos la disposición y habilidad para comunicarse con los otros con el trato adecuado y de manera satisfactoria.
- La integración de los recursos multimedia y las TIC en la actividad diaria.

Las competencias básicas son el hilo conductor de nuestro progreso a lo largo de la formación básica obligatoria, y los criterios de evaluación son elementos curriculares imprescindibles para establecer los indicadores y niveles de logro de referencia para cada curso educativo. Por tanto, en cuanto a los criterios de evaluación se requiere que se cumplan unas condiciones esenciales:

- Por un lado, los criterios de evaluación son el referente de aquello que hay que evaluar (capacidades y competencias). Para la evaluación de competencias básicas, y tomando como referencia los criterios de evaluación de las diferentes materias vinculadas con una misma competencia, se establecerán los niveles de logro de la misma, que estarán siempre referidos a la resolución de "tareas o problemas auténticos".
- Como hemos visto en los capítulos anteriores, tanto los criterios de evaluación como los indicadores y niveles de logro de las competencias básicas deben ser tenidos en cuenta de manera integrada en los procesos de enseñanza-aprendizaje y desde una visión global e interrelacionada de los diferentes elementos del currículo.

3. ESTABLECIMIENTO DE UN MARCO CONCEPTUAL Y OPERATIVO COMÚN

Los centros deben partir de una definición de competencia compartida por todo el equipo docente:

"Competencia es la forma en que una persona selecciona y aplica los ***saberes-recursos*** *personales que posee (conocimientos, habilidades, actitudes, experiencias...) para resolver adecuadamente los* ***problemas-tareas*** *que se le presentan en las diferentes* ***situaciones o contextos de su vida".***

Esta definición no es más que una síntesis de la propuesta por el proyecto de la OCDE (Organización para la Cooperación y el Desarrollo Económico) denominado *Definición y Selección de Competencias (DeSeCo)*, que define la competencia como: *"...la capacidad de responder a demandas complejas y llevar a cabo tareas diversas de forma adecuada. Supone una combinación de habilidades prácticas, conocimientos, motivación, valores éticos, actitudes, emociones y otros componentes sociales y de comportamiento que se movilizan conjuntamente para lograr una acción eficaz".*

En el currículo formal de aprendizaje propio de nuestro ámbito escolar, los **saberes-recursos** (conocimientos, habilidades, actitudes...) que requiere nuestro alumnado para el desarrollo de las competencias básicas son los aportados por las diferentes materias, recogidos en el ANEXO II del Real Decreto 1631 (ESO), donde se establece *"la contribución de cada una de las materias curriculares al desarrollo de cada una de las competencias básicas"*.

Los diseños curriculares son los documentos en los que un país establece los recursos culturales básicos o mínimos que van a necesitar sus ciudadanos para desenvolverse adecuadamente en la sociedad que les rodea. Y es en la programación didáctica de las materias curriculares donde se seleccionan los "saberes-recursos" necesarios e imprescindibles para el desarrollo de cada una de las competencias establecidas como básicas.

Además, la programación didáctica debe establecer el orden de prioridad que hemos de seguir en la secuencia de los contenidos programados en función de su mayor o menor contribución al desarrollo de las competencias. Es decir, las ocho competencias básicas han de ayudar a establecer los "aprendizajes considerados imprescindibles" para la adquisición de las mismas, de modo que permitan a nuestro alumnado un desarrollo personal adecuado, que además le permitan formar parte activa de la sociedad en la que vive y que le proporcionen una formación de base para el acceso al mundo laboral.

*"Las competencias básicas nos sirven de guía para establecer **qué es lo importante**: son indicadores de los recursos personales (contenidos) que será necesario movilizar (adquirir, saber aplicar y querer aplicar) para adquirirlas. Estos saberes o aprendizajes imprescindibles quedarán recogidos y secuenciados en la programación".*

La programación debe ser **un instrumento-guía facilitador de la práctica docente en el aula**. Por ello, tanto en la programación didáctica como en el desarrollo de la práctica docente en el aula las competencias básicas han de tener un diseño y una aplicación integrada multidisciplinar; esto quiere decir que:

- Para el desarrollo de cada una de las competencias precisamos hacer un uso integrado o combinado de los recursos aportados por las diferentes materias (objetivos, contenidos y criterios de evaluación).

- Para resolver con éxito los diferentes problemas-tareas que se nos presentan en las diferentes situaciones o contextos de nuestra vida, habitualmente precisamos de la aplicación integrada o combinada de diferentes competencias básicas.

Por tanto, el profesorado de los respectivos equipos docentes desarrollará su actividad docente en el aula de acuerdo con las programaciones didácticas a que se refiere el apartado anterior. Y, por supuesto, como veremos en la segunda parte:

"El carácter integrado e integrador de las competencias básicas ha de hacerse visible y patente tanto en la programación didáctica como en la práctica docente en el aula. Puesto que todas las materias contribuyen al desarrollo integrado de cada una de las ocho competencias básicas y teniendo presente que la resolución de problemas auténticos requiere habitualmente del uso integrado-combinado de varias competencias básicas al mismo tiempo".

Cada materia por sí sola no podrá desarrollar íntegramente ninguna de las competencias establecidas, por ello destacamos como fundamental el enfoque multidisciplinar. Para poder operativizar la contribución de cada materia al desarrollo de cada una de las competencias debemos partir del marco legal que se establece en el Real Decreto, de modo que nos permita el diseño adecuado tanto de la programación didáctica como del desarrollo de la práctica docente en el aula.

Pero además, en el Preámbulo de la LOE se recoge: "*El segundo principio consiste en la necesidad de que todos los componentes de la comunidad educativa colaboren [...] Pero la responsabilidad del éxito escolar de todo el alumnado no sólo recae sobre el alumnado individualmente considerado, sino también sobre sus familias, el profesorado, los centros docentes, las administraciones educativas, y en última instancia sobre la sociedad en su conjunto, responsable última de la calidad del sistema educativo.*

El principio del esfuerzo, que resulta indispensable para lograr una educación de calidad, debe aplicarse a todos los miembros de la comunidad educativa. Cada uno de ellos tendrá que realizar una contribución específica. Las familias habrán de colaborar estrechamente y deberán comprometerse con el trabajo cotidiano de sus hijos y con la vida de los centros docentes [...]."

En el artículo 121 (Proyecto educativo), se establece: *"Para ello, los centros promoverán compromisos educativos entre las familias o tutores legales y el propio centro en los que se consignen las actividades que padres, profesores y alumnos se comprometen a desarrollar para mejorar el rendimiento académico del alumnado."*

La LOE apuesta por un trabajo educativo corresponsable: uno de nuestros retos es promover experiencias conjuntas de escuela-familia-comunidad. ¿Qué implica esto para los centros educativos? Definir los compromisos y las actividades que familias y centros van a compartir. Ejemplos:

- Elaborar carpetas de trabajo con actividades que el alumnado desarrolle de modo coordinado en clase y en casa.
- Talleres, actividades, visitas, etc. que cuenten con la participación de la familia.
- Escuela de padres con propuestas que orienten a los padres en el desarrollo de competencias básicas desde el ámbito familiar.
- Desarrollo de proyectos de investigación que impliquen la intervención del alumnado en los diferentes contextos.
- Etc.

El enfoque "integrador" de las competencias se pone de manifiesto, no sólo en la definición y selección de las competencias básicas, sino también en su posterior desarrollo, como queda evidenciado en la siguiente cita:

"La inclusión de las competencias básicas en el currículo tiene varias finalidades. En primer lugar, integrar los diferentes aprendizajes, tanto los formales, incorporados a las diferentes áreas o materias, como los informales y no formales. En segundo lugar, permitir a todos los estudiantes integrar sus aprendizajes, ponerlos en relación con distintos tipos de contenidos y utilizarlos de manera efectiva cuando les resulten necesarios en diferentes situaciones y contextos. Y, por último, orientar la enseñanza, al permitir identificar los contenidos y los criterios de evaluación que tienen carácter imprescindible y, en general, inspirar las distintas decisiones relativas al proceso de enseñanza y de aprendizaje"[4].

De acuerdo con Neve (2003), la obra de Dewey, en particular el texto *Experiencia y educación'*(1938-1997), es la raíz intelectual de muchas propuestas actuales de cognición situada. Recuérdese que para Dewey ***"toda auténtica educación se efectúa mediante la experiencia"*** (p. 22) y que una situación educativa es resultado de la interacción entre las condiciones objetivas del medio social y las características internas del que aprende, con énfasis en una educación que desarrolle las capacida-

4. El movimiento orientado a facilitar la integración del currículum cuenta con una amplia tradición en los países anglosajones, data de los años sesenta y aparece vinculado a las primeras propuestas para la construcción de un currículum centrado en grandes núcleos. El currículo integrado se caracteriza por: combinación de temáticas, unidades en un solo proyecto, pluralidad de tareas y fuentes documentales, trabajo en equipo y agrupamientos flexibles (Lake, 1994).

des reflexivas y el pensamiento, el deseo de seguir aprendiendo y los ideales democrático y humanitario. Para Dewey, el aprendizaje experiencial es activo y genera cambios en la persona y en su entorno, no sólo va *"al interior del cuerpo y alma"* del que aprende, sino que utiliza y transforma los ambientes físicos y sociales para extraer lo que contribuya a experiencias valiosas y establecer un fuerte vínculo entre el aula y la comunidad (Díaz Barriga, 2003: 7).

Respecto a la educación formal, informal y no formal:

La **educación formal** está referida al aprendizaje ofrecido normalmente por un centro de educación o formación, con carácter estructurado (según objetivos didácticos, duración o soporte) y que concluye con una certificación. El aprendizaje formal es intencional desde la perspectiva del alumno:

- Cada materia específica.
- Aspectos transversales (Derechos Humanos Individuo y Sociedad, Educación para la salud, etc.).)

Por su parte, la **educación informal** está referida al aprendizaje que se obtiene en las actividades de la vida cotidiana relacionadas con el trabajo, la familia o el ocio. No está estructurado (en objetivos didácticos, duración ni soporte) y normalmente no conduce a una certificación. El aprendizaje informal puede ser intencional pero, en la mayoría de los casos no lo es, es fortuito o aleatorio:

- Currículum oculto: aprendizaje entre compañeros, relaciones afectivas, ocio, vida social, familia.
- Medios de comunicación (imitación de ídolos, mitos, estereotipos, publicidad, actuación de políticos)

Finalmente, **la educación no formal** está referida a un aprendizaje que normalmente no conduce a una certificación, no obstante tiene carácter estructurado (en objetivos didácticos, duración o soporte:

- Actividades extraescolares (proyectos, visitas, intercambios, campañas, trabajo voluntario).
- Características del centro escolar (ambiente escolar, cultura organizativa, liderazgo informal, relaciones).
- Participación en toma de decisiones (consejos escolares, asociaciones, etc.).

Estas actividades complementarias, que tanto las familias como los municipios como otras organizaciones aportan a los centros educativos, pueden suponer un apoyo importantísimo para lograr ampliar y aumentar las oportunidades educativas.

En este sentido, es muy importante poner en marcha iniciativas que desarrollen compromisos educativos escuela-familia, y además que a estos se le pudiera sumar un compromiso de desarrollo comunitario para lograr experiencias educativas que mejoren el éxito escolar.

Por tanto, en sus proyectos educativos *"los centros promoverán compromisos educativos entre las familias o tutores legales y el propio centro en los que se consignen las actividades que padres, profesores y alumnos se comprometen a desarrollar para mejorar el rendimiento académico del alumnado"*.

4. TIPOS DE APRENDIZAJES ADQUIRIDOS EN UN CURRÍCULO FORMAL

Para el abordaje de las competencias básicas, desarrollo y evaluación de las mismas a través de la práctica docente en los centros educativos, la función docente es un factor esencial de calidad de la educación. La preparación de la actividad docente con el alumnado, conforme a lo establecido en la programación didáctica de cada curso, es clave para mejorar la práctica docente en el aula.

El profesor/a ha de diseñar y concretar el proceso de enseñanza-aprendizaje a través del establecimiento de **una secuencia de aprendizaje funcional y significativo** que "conduzca" y que propicie el desarrollo de las capacidades establecidas en los objetivos y de las competencias básicas en un grupo determinado de alumnos y alumnas.

El logro de la funcionalidad del aprendizaje implica seleccionar los objetivos teniendo en cuenta lo que toda persona necesita para vivir en sociedad, para insertarse laboralmente como trabajador/a y ciudadano/a (capacidad para comunicarse, relacionarse, valorar, juzgar, planificar, interpretar la realidad, construir su propio conocimiento, resolver problemas, dar satisfacción a sus necesidades, etc.). Y, por tanto, el reto de los educadores/as es encontrar la manera de conseguir que los aprendizajes resulten de utilidad para la vida, capacitando al alumnado para planificar y guiar la solución de los problemas que se le plantean en su realidad y prepararle para su participación en un mundo cambiante.

Así, la práctica docente ha de establecer muy claramente los diferentes "tipos de aprendizaje" que puede adquirir el alumnado y la relación de dependencia que existe entre dichos aprendizajes. Es esta distinción la que permitirá al docente establecer la secuencia de aprendizaje que conduzca al alumnado desde la adquisición de aprendizajes muy simples, hasta el desarrollo de capacidades y el uso de las mismas para resolver con éxito diferentes problemas-tareas. Por tanto, a lo largo de la etapa educativa el alumnado ha de ir adquiriendo, con las aportaciones de las diferentes materias, diferentes tipos de aprendizajes:

- Aprendizajes intermedios: tanto simples como elaborados.
- Capacidades.
- Competencias o aprendizajes aplicados.

Una competencia representa un tipo de aprendizaje distinto a un aprendizaje simple, a un aprendizaje elaborado o a una capacidad. Todos estos tipos de aprendizaje son complementarios y mutuamente dependientes, pero se manifiestan y se adquieren de forma diferente.

➢ **Los aprendizajes intermedios**: nuestro alumnado, a través del currículo real que desarrolla en su centro, adquiere muchos aprendizajes simples, que le suponen una aplicación "mecánica" de los mismos sin necesidad de actuar u operar mentalmente para emplearlos. Por ejemplo: "levantar la mano antes de hablar...", "pedir permiso para salir de clase...", "relacionar que un sonido concreto de timbre coincide con la salida al patio de recreo y otro sonido corresponde a un cambio de aula o de materia", resolver cinco operaciones de cálculo matemático (adquirir herramientas de cálculo), etc. También, a través de la secuencia de actividades propuestas al alumnado desde las distintas materias, se le conduce a la adquisición de aprendizajes más elaborados que se apoyan en las operaciones mentales que permiten al alumnado adquirirlos y aplicarlos. Ejemplo de ello son: buscar información en Internet sobre una temática concreta, extraer datos de un documento escrito, plantear dudas o cuestiones en relación con una temática determinada, emplear "la escritura" como herramienta para realizar la descripción de un paisaje, seleccionar y aplicar adecuadamente las operaciones de cálculo matemático que precisa para resolver una actividad, etc., actividades que pueden requerir al alumno/a, por ejemplo, buscar vocabulario adecuado, plantear ideas de manera ordenada, búsqueda de información específica, etc., es decir, requiere, aplicar "operaciones mentales" y empleo de aprendizajes previos que conducen al alumno a la adquisición de conocimientos nuevos.

➢ **Las capacidades** son aquellos aprendizajes globales que se van conformando de forma graduada con la suma o sucesiva incorporación de muchos aprendizajes intermedios, tanto simples como elaborados (conocimientos, destrezas, actitudes, experiencias, etc.), que el alumnado adquiere con actividades que el profesorado diseña para la adquisición de los contenidos de las materias curriculares, y que va obteniendo a lo largo de la etapa educativa, tal y como queda establecido en los diferentes objetivos de etapa y a través de los diferentes objetivos de las materias.

➢ **Las competencias** son aprendizajes complejos, que suponen la adecuada selección y el uso o aplicación integrada de las diferentes capacidades para la apropiada resolución de problemas comunes que se le van a plantear a la mayor parte de nuestro alumnado, en los diferentes contextos de uso en los que habitualmente se desenvuelve en el mundo que le rodea y que siempre requiere que aporte una solución al problema planteado.

Dado que la finalidad educativa está referida al desarrollo de competencias, y dado que hemos de planificar prácticas docentes que permitan al alumnado la adquisición de estos aprendizajes, se hace imprescindible para el docente la identificación de los mismos, al mismo tiempo que la diferenciación con otros aprendizajes y la fácil identificación de la interdependencia que existe entre ellos. Nuestro proyecto recomienda, de cara a que el abordaje de la práctica sea facilitador, que los docentes establezcan las diferencias fundamentales entre aprendizajes intermedios, capacidades y competencias.

En la carpeta de documentos hemos incluido una ejemplificación a modo de práctica grupal en el centro educativo. Esta propuesta nos permitirá establecer con claridad los elementos diferenciales de cada tipo de aprendizaje, sin lo cual difícilmente podremos diseñar adecuadamente una secuencia docente que propicie un desarrollo efectivo de capacidades (establecidas en los objetivos curriculares) y de competencias básicas en el aula.

5. APRENDIZAJES QUE FACILITAN LAS DIFERENTES PROPUESTAS DE TRABAJO OFRECIDAS AL ALUMNADO

En el diseño de la práctica docente hemos de formular una propuesta de trabajo que conduzca al desarrollo de diferentes tipos de aprendizaje para nuestro alumnado, de modo tal que le permita la adquisición y aplicación competente de las capacidades determinadas, tanto en los objetivos de la etapa como en los objetivos de cada una de las materias curriculares, dando con ello sentido al conjunto de la programación didáctica.

El desarrollo de cada uno de estos tipos de aprendizaje estará propiciado por las diferentes propuestas de trabajo que podemos plantear en el aula, de tal modo que:

- Las tareas conducen al desarrollo de aprendizajes esenciales y complejos: competencias. Suponen que el alumnado seleccione, combine y aplique adecuadamente un conjunto de destrezas cognitivas y de conocimientos en un contexto definido, para resolver una determinada situación o problema.

- Las actividades más elaboradas de aula persiguen el conducir al alumno/a a la adquisición de algún conocimiento o aprendizaje elaborado, pero no lo hacen competente, no le conducen al desarrollo de competencias. Otras actividades más simples hacen referencia a la "preparación" (aprendizajes elementales o simples) que el alumno precisa para realizar adecuadamente una actividad o una tarea.

Como vemos, las actividades elaboradas requieren una preparación previa o la adquisición de unos aprendizajes elementales previos a través de la propuesta de unas actividades simples o elementales. Igualmente, las tareas que permiten el desarrollo del tipo específico de aprendizaje que conforma las competencias, requieren la aplicación de una serie de aprendizajes previos (simples y elaborados) adquiridos a través de las diferentes actividades. Por tanto, la propuesta de trabajo práctico en el aula que articula y da sentido al conjunto de la programación didáctica, debe establecer una secuencia de trabajo que propicie la adquisición de capacidades y competencias básicas en nuestro alumnado, y dicha secuencia ha de incluir las diferentes propuestas de trabajo señaladas: actividades y tareas.

Siguiendo con la argumentación anterior, podemos decir que:

TAREAS INTEGRADAS ⟶ **Actividades + Tareas Intermedias**

El desarrollo de competencias requiere, por tanto, la resolución de tareas. La programación establece la contextualización de los saberes-conocimientos que el alumnado puede adquirir desde las distintas materias y que se consideran aprendizajes imprescindibles para el desarrollo de las competencias básicas (conocimientos, habilidades, actitudes…) SABERES o CONOCIMIENTOS.

La programación de la práctica docente debe incluir la propuesta de trabajo que podemos denominar problemas o tareas, que consideramos que es la propuesta que permite el desarrollo y la evaluación formativa de las competencias básicas… el USO ADECUADO DE LOS SABERES o conocimientos para resolver problemas auténticos o reales.

Por tanto, **la competencia va más allá de la adquisición de unos conocimientos**, pues supone la selección adecuada y puesta en uso de esos conocimientos para la resolución de un problema, supone "la demostración" de nuestros conocimientos o saberes.

6. RESOLUCIÓN DE PROBLEMAS/TAREAS INTEGRADAS Y DESARROLLO DE COMPETENCIAS BÁSICAS

La resolución de la tarea es lo que hace que una persona utilice adecuadamente todos los recursos de los que dispone, por lo cual se requiere una adecuada formulación y selección de las mismas. La estructura básica de una tarea es la estructura de **"problemas auténticos",** que son comunes a todo nuestro alumnado y que se le van a plantear en los diversos contextos en los que habitualmente se desenvuelven.

Las competencias y las tareas tienen una conexión esencial e imprescindible, dado que:

1) Las competencias sólo se manifiestan en la realización de acciones dirigidas a "la búsqueda de soluciones" en un contexto o situación particular. Por sí mismas, las competencias "no existen", es decir, no son independientes de la acción realizada por el sujeto en la situación o problema en que se manifiestan.
2) Las competencias se desarrollan a través de la acción y la interacción de diferentes aprendizajes imprescindibles.
3) Las competencias se desarrollan tanto en contextos formales (escuelas), como no formales e informales (familia, amigos, localidad, etc.).

Cuantas más acciones abordemos que pongan en uso determinadas competencias, más contribuiremos al desarrollo de las mismas. La búsqueda de las mejores tareas para lograr que el mayor número de alumnos/as adquieran las competencias básicas constituye el núcleo esencial de cualquier transformación de un diseño curricular en una "óptima práctica educativa" (ver esquema de tarea incluido en Carpeta de Documentos).

El concepto de tarea, tal y como viene siendo utilizado en el análisis de la práctica pedagógica y de las situaciones educativas, hace referencia al modo peculiar en que se ordenan las actividades educativas para lograr que los alumnos obtengan de ellas experiencias útiles para la vida (Doyle 1979 y Newell y Simon 1972 cit. Gimeno 1988: 252).

En toda tarea es posible distinguir los siguientes componentes:

- Una finalidad de la tarea.
- Un producto o solución al problema planteado.
- Unos recursos.
- Unas operaciones.
- Unas construcciones o limitaciones.

Cada tarea debe concluir con la consecución de algún producto (resultado) que tenga valor de uso o de aplicación. Para ello, en el diseño de la misma tendremos que preguntarnos: ¿para qué le servirá esto al alumno/a en su vida? Así, por ejemplo, aplicar razonamientos matemáticos o realizar cálculos con el fin de reconocer la cantidad de euros que necesitaré para invitar a un pastel a mis compañeros de clase en el día de mi cumpleaños puede ser identificado como una pequeña tarea. O bien, si necesitamos distribuir la superficie del patio de recreo para la puesta en práctica de una actividad deportiva haciendo uso de conceptos de geometría, cálculo matemático, etc., puede ser identificado como una tarea. Sin embargo, esos mismos cálculos aislados de cualquier contexto, aplicados siguiendo el formato habitualmente utilizado en el contexto escolar y sin más utilidad que la aplicación de los contenidos o herramientas de aprendizajes adquiridos, no dejan de ser una simple actividad académica.

Las tareas representan situaciones-problemas que cada alumno/a debe intentar resolver haciendo un uso adecuado de los contenidos escolares (y de los recursos adquiridos en otros currículos). El éxito en la resolución de la tarea depende de la movilización (selección y aplicación adecuada) que los estudiantes hagan de todos sus recursos-aprendizajes aportados por las diversas materias. Las competencias están referidas al uso adecuado de aquellos aprendizajes que se consideran "imprescindibles" por su común y frecuente uso por parte de todo el alumnado en las diferentes situaciones que habrán de afrontar en su vida cotidiana.

Así, una formulación adecuada de la tarea se realiza cuando se definen con claridad sus componentes, prestando especial atención a los elementos que consideramos imprescindibles: contenidos curriculares necesarios para resolver la tarea, acciones u operaciones mentales (incluidos en los indicadores de logro y en la metodología de trabajo propuesta) y contextos de uso.

También tendremos que seleccionar aquellos recursos materiales, propuestas metodológicas, etc. más acordes con la tarea de trabajo que diseñemos. Y teniendo en cuenta que "la competencia es el conocimiento en acción o en uso", podemos decir que en las diferentes formas de "operar o actuar" con nuestros conocimientos el Proyecto "Azahara" ha establecido **unos indicadores de cada una de las competencias, secuenciados en unos niveles de dominio o adquisición por ciclo/curso** que relacionaremos con los criterios de evaluación establecidos en nuestra programación didáctica. Así como que su desarrollo tendrá un apoyo esencial en los contenidos necesarios (aprendizajes imprescindibles) que aportan las diferentes materias curriculares.

7. ESTRUCTURA DE UNA TAREA

La interpretación que hemos realizado del concepto de tarea tiene consecuencias importantes para la práctica educativa:

- La estructura de tareas, al generar las experiencias necesarias para que el alumnado adquiera una competencia, se convierte en el centro de nuestra atención para el diseño de la programación de aula. Permite poner en uso de manera integrada aprendizajes imprescindibles adquiridos en diferentes materias curriculares.
- El contexto en el que se desarrollan las tareas, en la medida en que resulta un elemento esencial para el éxito en la realización de las mismas y, por tanto, en la consecución de la competencia, sitúa el aprendizaje muy lejos de los ejercicios mecánicos o repetitivos propios de una escuela aislada de la realidad.
- Los indicadores de logro de las competencias representan el elemento clave puesto que son "comunes" a todo el equipo docente, recogen las "acciones" u operaciones mentales que se requieren al alumnado de cada nivel educativo para la resolución de las situaciones-problemas planteados y establecen una secuencia "graduada" de logro de cada competencia que nos permite garantizar la respuesta a la diversidad de nuestro alumnado.

Por tanto, las tareas configuran **situaciones-problemas** que cada alumno/a debe tratar de resolver haciendo un uso adecuado de los contenidos escolares. El éxito en la resolución de la tarea depende de la movilización (selección y aplicación) que los estudiantes hagan de todos sus recursos disponibles.

¿Y en qué consiste una óptima práctica docente? Como ya hemos señalado, el concepto de tarea, tal y como viene siendo utilizado en el análisis de la práctica pedagógica y de las situaciones educativas, hace referencia **al modo peculiar en que se ordenan las actividades educativas para lograr que los alumnos obtengan de ellas experiencias útiles**. En toda tarea es posible distinguir necesariamente los siguientes **componentes:**

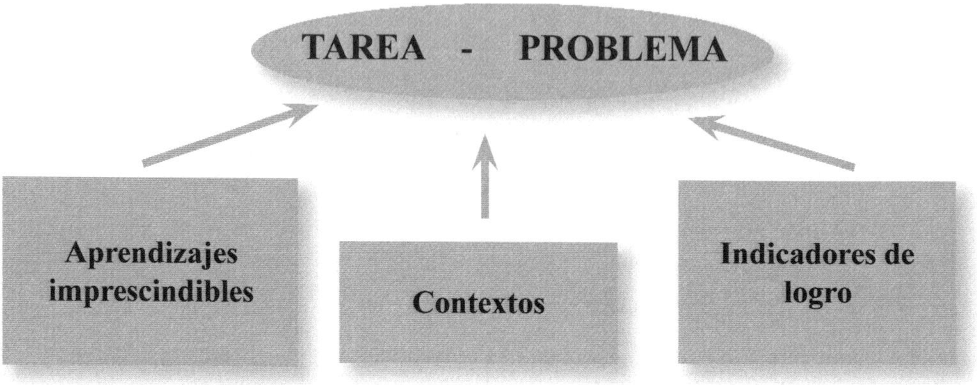

La relación entre la tarea (resolución de problemas) y el resto de los componentes (aprendizajes imprescindibles, contexto e indicadores de logro) pueden constituir un modelo de referencia en el que los equipos y departamentos docentes pueden apoyarse para elaborar las tareas que constituyen el núcleo central de su práctica educativa:

- La resolución adecuada de la tarea requerirá que el alumno/a ponga en uso sus acciones-operaciones mentales (razonar, criticar, analizar, relacionar, elegir, argumentar, comparar, reflexionar, etc.) referidas tanto en los indicadores de logro, como en las metodologías de trabajo más adecuadas para el desarrollo de competencias.
- En la tarea se han de seleccionar los aprendizajes imprescindibles aportados por el trabajo de los contenidos curriculares que el alumno tiene que haber adquirido previamente y que ha de emplear o poner en uso para comprender y realizar la tarea.
- Además, se han de definir con claridad el o los contextos en los que esta tarea se va a desarrollar: ¿en qué contexto de la vida tiene aplicación relevante esta tarea? ¿Dónde y para qué le servirá al alumno/a abordarla y resolverla?

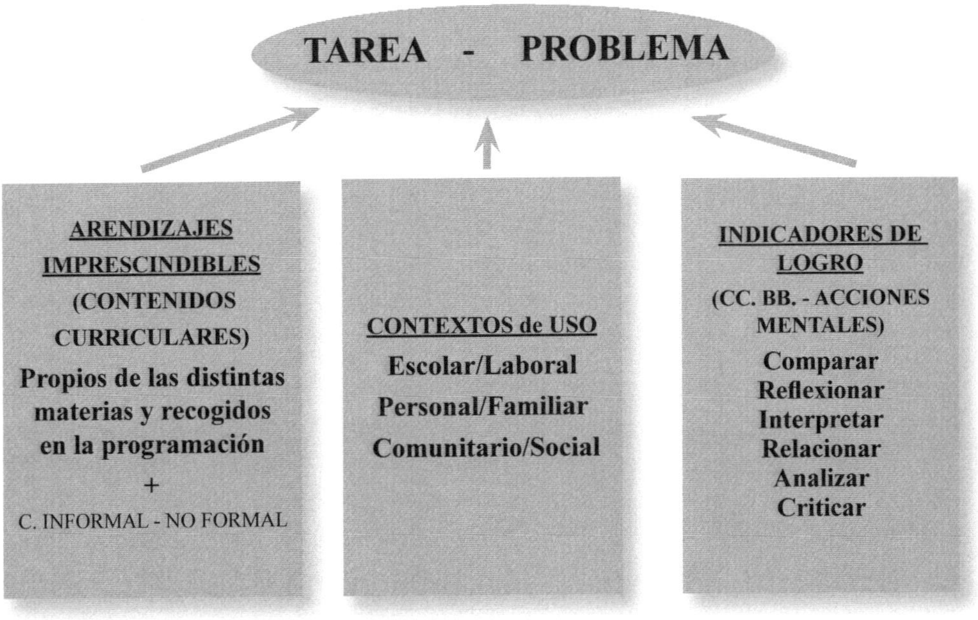

Para que se propicie un desarrollo equilibrado e integrado de las competencias básicas, es esencial que nuestro alumnado realice **tareas propias o habituales de todos los contextos** en los que ha de desenvolverse. Es importante que se determinen los contextos que en un mismo centro educativo se tomarán como referencia por todo el profesorado. Ello nos va a permitir elaborar programaciones multidisciplinares y/o crear un **banco de tareas** que podamos utilizar como vertebrador de toda la etapa educativa, con las oportunas adaptaciones en los niveles de dificultad y logro de cada curso y de cada alumno o alumna con necesidades específicas de apoyo educativo.

"Todo aprendizaje necesita de un contexto para ser adquirido y requiere interacción y colaboración" (Lave y Wenger). Bronfenbrenner nos propone la siguiente clasificación de contextos:

- Individual/personal.
- Familiar.
- Escolar.
- Comunitario/social.

Aunque la decisión al respecto corresponde a cada centro educativo, el Proyecto "Azahara" propone una simplificación mayor agrupando:

- Personal-Familiar.

- Escolar-Laboral.
- Comunitario/Social.

A modo de práctica de centro, se propone la planificación de una práctica compartida para el fomento de la lectura y del resto de las habilidades comunicativas (hablar, escuchar, escribir y leer), así como para su aplicación efectiva en la resolución de problemas relacionados con el uso adecuado de dichas habilidades. Pero, indudablemente, y quizás no sería necesario volverlo a repetir, la resolución de problemas situados en diferentes contextos de uso hace necesaria habitualmente la aplicación combinada de varias competencias básicas.

Dicha práctica de centro consistiría en crear "un banco de tareas de lectura", que se podrían ir diseñando con diferentes niveles de dificultad o logro para dar respuesta a los diferentes ciclos/cursos, en torno a lecturas presentadas en diferentes formatos y asociadas a diferentes contextos. A dicha propuesta, que incluimos en la Carpeta de documentos, la hemos denominado: "**Banco de recursos de lectura, ¿qué descubriremos en esta lectura?"** En dicho "banco" iríamos incorporando distintos materiales de lectura (prospecto de fármaco, instrucciones de funcionamiento de la lavadora, recibo de pago de agua, caja de cereales, guías, tabla de horarios de autobuses, etc.) con propuestas de tareas a resolver haciendo uso de la información recogida en dichos materiales de uso habitual y común y que contienen valiosa información escrita.

La puesta en práctica prolongada y compartida, es decir, con la participación de las diversas materias y los diferentes niveles educativos, nos permitiría ir conformando en nuestro centro un banco de tareas, que iría adquiriendo progresivamente amplitud y variedad, facilitando su uso en los sucesivos cursos.

La finalidad de esta propuesta sería dar respuesta al desarrollo de la lectura desde todas las materias, como así viene determinado en nuestro referente normativo. Pero, como todos sabemos, conocer la grafía, el significado de las palabras, el unirlas para formar oraciones es necesario, pero no suficiente. Leer para poder resolver un problema en base a dicha lectura es "comprender". Es decir, leer es comprender textos o discursos. Como no todos los textos son iguales, leer será comprender el texto por el tipo de texto que es, por el "formato" que utiliza para darnos traslado de una información concreta. Así nos predisponemos ante él de una manera determinada.

La lectura nos permite "construir conocimiento"; y esto es así porque pensamos a partir del texto, ponemos en relación nuestra información con la que aporta el escritor. De ahí brota la comprensión del texto y, por tanto, es tan activa la recepción como la emisión de información.

Proponemos, para facilitar el desarrollo de esta propuesta en cada centro, establecer y dar a conocer a todo el claustro:

- Los factores que influyen en la comprensión de textos o materiales de lectura.
- Las estrategias del buen lector: ¿qué hacer antes, durante y después de la lectura?
- Los tipos de lecturas.
- Un modelo de acción para el desarrollo de la lectura y el uso competente de la misma (temporalización, "fichas" de recogida de datos, seguimiento del progreso de cada alumno/a, construcción y gestión del "Banco de recursos de lectura", etc.).

8. UTILIDAD DE LOS APRENDIZAJES PARA LA VIDA

Como decíamos al inicio de este capítulo, la introducción de las competencias básicas como elementos de mejora del currículo real de los centros educativos responde en la actualidad a la preocupación por encontrar una respuesta adecuada desde el ámbito educativo al conjunto de problemas que generan los cambios acelerados propios de las sociedades abiertas, cambiantes, complejas y la búsqueda de una educación que prepare realmente para poder transferir los aprendizajes escolares a la vida cotidiana: ***"Dar utilidad a los aprendizajes para la vida".***

Cuando se habla de competencias, hay que destacar la necesidad de significación en todo aprendizaje, entendiendo la adquisición de esas competencias básicas que nos marca actualmente la Ley Orgánica de Educación como un proceso de aprendizaje global que integra contenidos de diferentes tipos (conocimientos, habilidades y actitudes) y diferentes disciplinas o materias: ***"Aprendizajes globales y significativos puestos en uso en situaciones reales"***, aprendizajes que comprenden el desarrollo de capacidades y el uso o aplicación de las mismas, más que la exclusiva adquisición de contenidos puntuales y descontextualizados.

La corriente de las competencias básicas implica la búsqueda de aquello que es esencial o imprescindible para ser aprendido. Se trata de seleccionar aquellas capacidades que, de alguna manera, se consideren realmente indispensables para facilitar la plena realización personal y social. Por tanto, nuestro reto está en:

- Propiciar la validez de los aprendizajes para la vida cotidiana de los alumnos/as.

- Introducir formatos de tareas-problemas propios de otras situaciones y contextos. No utilizar siempre "los formatos de tareas propios o habituales" del contexto escolar.
- Poner en uso de manera integrada los aprendizajes adquiridos por el alumnado en las diferentes materias y en los diferentes currículos (escuela, familia, barrio,...).
- Cuando no sea posible realizar una contextualización real podemos hacer una simulación de dicha realidad (C. Monereo).

A partir de esta nueva perspectiva puede valorarse el paso adelante que lleva consigo la corriente de las competencias básicas en el momento de programar nuestra práctica docente, de priorizar aprendizajes que tienen un carácter "imprescindible" o de seleccionar experiencias integradoras que preparen para la vida.

Capítulo VII
Planificación y desarrollo de la práctica docente a través de las competencias básicas

1. REFLEXIONES SOBRE EL TRATAMIENTO INTEGRADO DE LAS COMPETENCIAS BÁSICAS EN LA PLANIFICACIÓN Y DESARROLLO DE LA PROGRAMACIÓN DE AULA

El uso competente del aprendizaje implica seleccionar los objetivos teniendo en cuenta lo que toda persona necesita para vivir en sociedad, para insertarse como trabajador/a y como ciudadano/a (aplicación adecuada de la capacidad para comunicarse, relacionarse, valorar, juzgar, planificar, interpretar la realidad y modificarla, construir su propio conocimiento, resolver problemas, dar satisfacción a sus necesidades, etc.).

Por tanto, entendemos desde el Proyecto "Azahara" que el diseño de una adecuada práctica docente supone un reto para los educadores/as fundamentado en encontrar esa necesaria manera de conseguir que los aprendizajes resulten de utilidad para la vida, capacitando y aportando competencia al alumnado para planificar y guiar la solución de los problemas que se le plantean en su realidad y prepararle para seguir aprendiendo y participando en un mundo cambiante y diverso.

Para ello, nuestro objetivo es ofrecer a los centros educativos instrumentos prácticos para la elaboración de unidades didácticas integradas que propicien el desarrollo y consecución de las capacidades y de las competencias básicas, a través de propuestas de trabajo que respondan a la secuencia establecida por los "Descriptores de etapa" y por los "Indicadores de logro o dominio" que hemos establecido para cada uno de los cursos que conforman la etapa educativa.

El diseño o programación del currículo debe estar centrado y articulado por las competencias básicas y no sólo por la adquisición o logro de unos contenidos disciplinares. Debe traducirse en un documento simple, sencillo y facilitador de la práctica docente en el aula.

Así, en este capítulo se plantean los aspectos más relevantes que los equipos docentes han de tener en consideración en la elaboración y desarrollo de las programaciones de aula:

1) La materia o materias implicadas en el diseño de la unidad didáctica integrada (UDI) o tarea integrada (TI), en función de los aprendizajes imprescindibles que aportan para el desarrollo de las competencias básicas.
2) La elección de la/s tarea/s para el diseño de las unidades didácticas: tarea final de referencia y tareas intermedias "facilitadoras" que conduzcan al alumnado a la resolución de dicha tarea final propuesta.
3) Los contextos de uso para el desarrollo de la tarea final de referencia y/o de las tareas intermedias facilitadoras o conductoras.
4) La selección de los contenidos (combinación de conceptos, procedimientos, actitudes) seleccionados como "aprendizajes imprescindibles" que se van a desarrollar y poner en uso a través de las competencias básicas, siendo referente clave la programación didáctica preestablecida con respecto a la secuenciación de contenidos de una o varias materias, la aportación de enseñanzas propias de cada Comunidad Autónoma en su caso y de los aspectos transversales y otras enseñanzas.
5) La evaluación del desarrollo de las competencias básicas en los procesos de enseñanza/aprendizaje. Los equipos docentes y, en su caso, los departamentos didácticos de cada una de las materias, han de precisar los posibles niveles de logro o dominio que se considera que debe desarrollar su alumnado en cada curso.
6) El diseño de la secuencia de enseñanza-aprendizaje a través del establecimiento de actividades y tareas intermedias: actividades de preparación o iniciación, actividades de adquisición de nuevos aprendizajes y actividades y/o tareas de aplicación de los aprendizajes adquiridos.
7) Las propuestas de refuerzo y/o ampliación de los contenidos adquiridos para responder a la diversidad del alumnado presente en las aulas, y su aplicación en la resolución de tareas de diferente nivel de complejidad.
8) El establecimiento de pautas metodológicas comunes, señalando la "acción", la "cooperación" y la "autenticidad", como estrategias de aprendizaje privilegiadas para el desarrollo de las competencias básicas.
9) Los recursos e instrumentos necesarios para implementar la secuencia de aprendizaje planteada, y para valorar los niveles de desarrollo alcanzados en las competencias básicas en base a la resolución de tareas integradas, tomando como referente la "Escala Graduada de Indicadores de Logro" establecidos para cada competencia.

En definitiva, son las competencias básicas las que deben inspirar las decisiones que cada docente ha de adoptar sobre las estrategias a seguir en la selección de los objetivos, contenidos y criterios de evaluación considerados básicos y esenciales en el **tratamiento didáctico de un objeto de estudio** o en el diseño de un proyecto de trabajo o tarea integrada, de cara a planificar los procesos de enseñanza y aprendizaje del alumnado.

Con carácter general, en la planificación de la práctica para su desarrollo en el aula, los docentes han de contemplar, al menos, los siguientes aspectos:

1) Concretar los elementos curriculares.
2) Planificar la secuencia de las tareas y actividades que favorezcan la atención a la diversidad del alumnado y la personalización de los procesos de aprendizaje, a partir del diagnóstico previo de necesidades realizado.
3) Poner en práctica medidas y actividades de apoyo y refuerzo para prevenir o afrontar las dificultades de aprendizaje que presenta el grupo de alumnos y alumnas.
4) Adoptar medidas y actuaciones de mejora que favorezcan la comprensión lectora, la expresión oral y escrita, la comunicación audiovisual, la utilización de las TIC y la educación en valores.
5) Diseñar tareas y situaciones de aprendizaje que permitan valorar el grado de dominio o logro alcanzado por el alumnado, tanto en capacidades como en competencias básicas.

Conforme a las decisiones adoptadas por el órgano de coordinación pedagógica competente en torno a las opciones a seguir en la organización, desarrollo y concreción del currículo escolar, la intervención docente con el alumnado de un determinado grupo ha de ajustarse a las mismas y ha de suponer y promover el **trabajo colaborativo entre el profesorado participante**.

Si la opción adoptada fuera la referida al **diseño de la programación didáctica por materias o por ámbitos**, el planteamiento de la práctica profesional docente ha de dirigirse a la elaboración de unidades didácticas en las que deberían concretarse, en torno al objeto de estudio o tarea elegida, los elementos del currículo establecidos en la programación didáctica para el curso escolar (objetivos, contenidos y criterios de evaluación), relacionándolos con los indicadores de logro seleccionados de las competencias básicas, y han de tomarse decisiones en relación con la temporalización y los recursos didácticos que se requieren.

Con la misma visión integrada que nos permite la programación de los diferentes elementos curriculares en torno a las competencias básicas, se ha de diseñar una propuesta de enseñanza-aprendizaje para desarrollar en el aula.

Si se persigue el establecimiento de un concepto común de las competencias en el currículo formal, es importante insistir en la secuencia de adquisición de las mismas a lo largo de la educación secundaria, vinculándola a la adquisición de aprendizajes imprescindibles y a la consecución de los criterios de evaluación de cada curso educativo. Lo que nos permite determinar unos indicadores de logro que sigan una secuencia creciente y flexible que nos facilita la atención a la diversidad de nuestro alumnado. Si recurrimos a una analogía, esta imagen puede ser clarificadora en dicho sentido:

Establecemos "DESCRIPTORES" de cada competencia para cada etapa educativa. Es decir, establecemos el desarrollo esperado de cada competencia al finalizar cada etapa.

También es preciso disponer de una "ESCALA GRADUADA DE INDICADORES DE LOGRO". Los indicadores de logro fijados para cada curso educativo han de ser el referente de logro de cara a planificar la práctica docente y la evaluación de las competencias básicas.

Además, no basta con trabajar TAREAS "al azar". Si se elaboran tareas para el desarrollo de competencias sin seguir una programación previa del currículo "por competencias", ¿cómo se asegura que se está facilitando el desarrollo de todos los aprendizajes que integran o forman parte de una misma competencia (descriptores/

indicadores), teniendo en cuenta que la adquisición de los mismos está vinculada a aprendizajes imprescindibles aportados por diferentes materias y de modo no proporcional? Lo único que nos garantiza un desarrollo integrado, equilibrado y que permite al equipo docente el diseño de una respuesta educativa a la medida de las necesidades de sus alumnos y alumnas, es tener un referente común de desarrollo de las ocho competencias que establezca un aprendizaje secuenciado de las mismas a lo largo de la etapa: "Escala Graduada de Logro".

El Proyecto "Azahara" se basa en el absoluto convencimiento de que diseñar y proponer tareas aleatoriamente no da respuesta en un centro educativo al desarrollo integrado de competencias básicas que propone el marco normativo vigente. El diseño de la práctica docente debe dar respuesta al carácter integrado de un currículo "organizado" en torno a las competencias básicas.

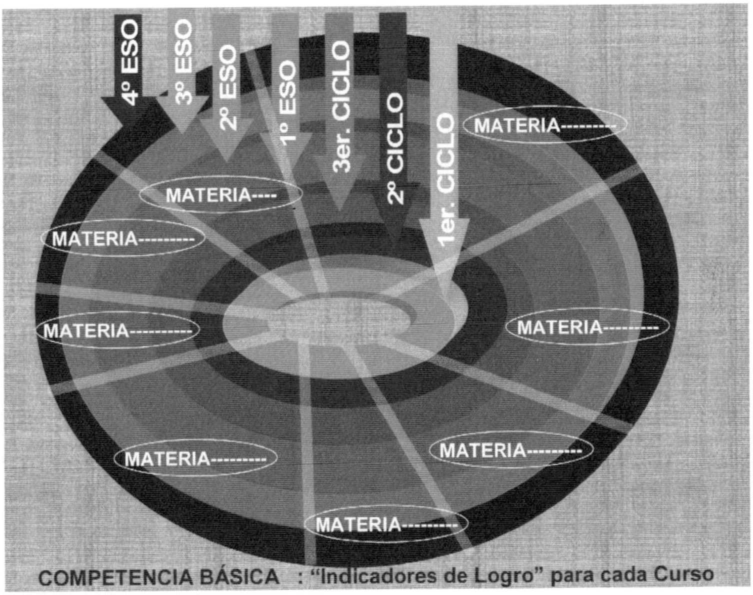

Todas las materias contribuyen al desarrollo de cada una de las competencias básicas.

Otra cuestión ineludible es que el diseño de la propuesta docente ha de responder, además de lo expresado, al nivel de aprendizaje previo de cada uno de los alumnos y alumnas, por lo que han de partir de una propuesta contextualizada de evaluación inicial/final. Por otro lado, los centros han de partir siempre de la práctica habitual del profesorado. Por ello, será precisa la realización de tareas periódicas para constatar el grado de desarrollo o dominio alcanzado por el alumnado en las competencias básicas, dando respuesta con ello a una evaluación continua y formativa, que podrá organizarse de modo que se acomode a la organización de la práctica docente de cada centro.

Si la opción adoptada fuera la de **organizar el currículo exclusivamente por competencias básicas**, la planificación de la práctica docente estaría enfocada hacia la confección de proyectos de trabajo o tareas integradas multidisciplinares que permitieran la resolución de situaciones o problemas referidos a uno o varios contextos y a la evaluación del grado de desarrollo de las competencias básicas, a partir de la vinculación establecida entre los criterios de evaluación aportados por todas las materias y los descriptores de las competencias seleccionados.

En este caso, los equipos docentes tendrán que determinar el tratamiento y desarrollo de los proyectos de trabajo integrados o tareas integradas, indicando a quién corresponde la implementación de las tareas o situaciones-problema, conforme a los siguientes planteamientos, que no presuponemos que sean excluyentes, sino todo lo contrario, proponemos que su desarrollo conjunto conduce a un desarrollo integral de las competencias básicas:

1) **Plan de trabajo integrado en torno a las competencias básicas desarrollado por todos los profesores/as que imparten docencia a un mismo grupo de alumnos/as**, en función de la carga horaria lectiva asignada para un determinado grupo de alumnos, correspondiendo al tutor del grupo la coordinación de la intervención de los docentes en el aula. También cabe el desarrollo de proyectos de trabajo integrados o tareas integradas con un carácter periódico previamente determinado (mensual–trimestre–etc.).

2) **Plan de trabajo diferenciado por materias o ámbitos.** Este sería implementado por separado por cada profesor/a, previa coordinación, en función del reparto de la secuencia de actividades que le corresponden desarrollar. Esta modalidad de trabajo supondría la elaboración de conclusiones o "productos" finales, con una visión integradora de los enfoques realizados desde cada una de las materias intervinientes.

2. MODELOS DE ENSEÑANZA: PROYECCIÓN EN LA PRÁCTICA DOCENTE PARA EL DESARROLLO DE LAS COMPETENCIAS BÁSICAS

Previo al diseño y tratamiento de la práctica docente, hemos considerado primordial propiciar un acercamiento a los planteamientos metodológicos, dada su elevada proyección en el desarrollo de las competencias básicas en general, y muy especialmente en aquellas competencias que aunque precisan de las aportaciones de todas las materias, lo hacen de un modo mucho más proporcional y transversal. Es decir, en aquellas competencias que no encuentran un referente esencial en los instrumentos aportados fundamentalmente por una materia curricular; y dado que, por su carácter más transversal, su desarrollo se sustenta en los aprendizajes imprescindibles aportados por todas las materias de un modo más equilibrado.

Las propuestas metodológicas diseñadas para el uso de dichos aprendizajes en la práctica de aula, en la resolución de problemas auténticos, son esenciales para el desarrollo de dichas competencias.

En este sentido, el marco normativo vigente recoge que los centros docentes deben arbitrar métodos que tengan en cuenta los diferentes ritmos de aprendizaje del alumnado, favorezcan la capacidad de aprender por sí mismos y promuevan el trabajo en equipo. Los centros educativos fomentarán especialmente **una metodología centrada en la actividad y participación del alumnado, que favorezca el pensamiento racional y crítico, el trabajo individual y cooperativo en el aula, y las diferentes posibilidades de expresión.**

Este marco también indica que debe asegurarse el trabajo en equipo del profesorado, con objeto de proporcionar un enfoque multidisciplinar del proceso educativo, garantizando la coordinación de todos los miembros del equipo docente que atienda a cada alumno o alumna en su grupo.

Independientemente de que el desarrollo de competencias requiere propuestas metodológicas fundamentales **"acción-cooperación-autenticidad"**, la práctica pedagógica aconseja la utilización de varios modelos de enseñanza. Dado que prácticamente todos los alumnos y alumnas pueden aprender con la mayoría de los modelos, si bien necesitan estos adaptarse tanto a los modos de intervención en el aula del docente como a la personalidad, actitud, sentimientos y habilidades del alumnado.

El profesorado debe adaptar la estrategia docente de manera que la mayoría del alumnado se sienta implicado en la actividad educativa. Debe estar abierto a los alumnos y alumnas y trabajar para ayudarles no sólo para que aprendan unos contenidos de enseñanza determinados, sino para que desarrollen las habilidades necesarias para ser capaces de dirigir sus propias actividades, seleccionando y aplicando sus aprendizajes en situaciones diversas.

En el amplio abanico de modelos de enseñanza existentes, clasificados por diferentes criterios con respecto a su naturaleza y aplicación educativa, es importante que el profesorado se sitúe en aquellos que hoy día están teniendo una mayor incidencia en los planteamientos y desarrollo del currículo escolar, en cuanto a las reflexiones y líneas de actuación que pueden aportar para la mejora de la práctica docente en el tratamiento e integración de las competencias básicas:

- **Los modelos de procesamiento de la información.** Están encaminados directamente a la capacitación intelectual. Se basan en la enseñanza directa y de métodos generales y específicos de investigación para facilitar el dominio de las materias de aprendizaje. Los objetivos que pretenden son que el alumnado domine los métodos de investigación, los conceptos y hechos, y desarrolle capacidades intelectuales generales, como el pensamiento lógico. Se utilizan también para investigar cuestiones personales y sociales, fomentando el desarrollo de habilidades sociales, la comprensión de valores y la comprensión personal. Desde esta perspectiva se han desarrollado distintos modelos relacionados con la enseñanza: formación de conceptos básicos, pensamiento inductivo, métodos de descubrimiento, modelos de memorización, y desarrollo intelectual.
- **Los modelos personales.** Subrayan el carácter único del ser humano y su lucha para desarrollarse como una personalidad integrada y competente. Su objetivo es ayudar a los alumnos y alumnas a asumir la responsabilidad de su desarrollo y a adquirir un sentido de autoevaluación y armonía personal. Subrayan la integración del yo emocional y el yo intelectual e insisten en la autocomprensión y la independencia del aprendizaje. Intentan ayudar a los alumnos a comprenderse a sí mismos, a descubrir sus pretensiones y expectativas, y a desarrollar los medios para educarse. Consideran que el dominio de los contenidos y habilidades académicas lo tiene el propio individuo y éste, al comprender y reflexionar sobre sus objetivos, trabaja para su desarrollo. El profesor debe aceptar a los alumnos como seres competentes para dirigirse a sí mismos. Enseñar es ayudar a enseñarse. Los objetivos prioritarios que pretenden estos modelos son el acrecentar el sentimiento de autovaloración, ayudar a comprenderse, ayudar a reconocer sus emociones y cómo influyen en el comportamiento, ayudar a formalizar objetivos de aprendizaje, ayudar a hacer planes y realizar tareas que aumenten su competencia, incrementar el sentido de la creatividad y el disfrute e incrementar la apertura a nuevas experiencias. Estiman que el alumno, con la ayuda del profesor, puede dominar los contenidos y habilidades académicas. En este grupo de modelos nos encontramos con la enseñanza no directiva, el

desarrollo de la creatividad, el entrenamiento de la conciencia y el modelo del grupo aula.

- **Modelos sociales.** Se basan en la energía del grupo humano para capitalizar el potencial procedente de puntos de vista diferentes. Su objetivo básico es ayudar a trabajar conjuntamente para plantear y resolver problemas de naturaleza académica o social. Pretenden la organización del grupo, la capacidad de aislar problemas, la clarificación de problemas y el desarrollo de habilidades sociales. Los contenidos y habilidades académicas forman parte de su investigación y se centran en el estudio y tratamiento de los problemas y valores. Los objetivos prioritarios son ayudar a los alumnos y alumnas a trabajar juntos para determinar y resolver los problemas, desarrollar la capacidad de relación humana y hacerles conscientes de los valores personales y sociales. El grupo de métodos sociales adscritos a este modelo son los siguientes: el trabajo de grupo como proceso democrático, el juego de roles, el análisis de temas públicos, el aprendizaje de laboratorio, el método de simulación social y la investigación en ciencias sociales.

- **Modelos conductuales de la enseñanza.** Su enfoque se basa en que el ser humano es un sistema de procesamiento de la información que aprende cuando obtiene información sobre los efectos de su conducta. Supone la presentación de tareas, la aportación de información de retorno y el establecimiento de relaciones entre el rendimiento y los objetivos. Consideran que por acierto y por error se ven las consecuencias y se experimenta con el comportamiento hasta conseguir un nivel satisfactorio de rendimiento. Utilizan el premio al final de una serie de tareas que suponen el dominio de una habilidad o tema que permite la autogratificación. La modificación del comportamiento se basa en un calendario de refuerzos en el que se premia inmediatamente la realización correcta. Se aplican para el desarrollo de habilidades personales, sociales y académicas. Entre los modelos conductuales de la enseñanza nos encontramos con: el método de refuerzo, el autocontrol mediante el condicionamiento operante, el modelo de entrenamiento, la reducción de estrés y la desensibilización y el entrenamiento de afirmación[5].

Por otro lado, la propuesta síntesis de metodología investigativa que propone el profesor Luis G. Naranjo Cordobés, 2008) en la que confluyen determinadas tendencias y perspectivas se fundamenta en un conjunto de principios didácticos que otorgan la necesaria coherencia y continuidad a las diferentes situaciones de enseñanza-apren-

5. Yoyce, B. y Wei, M. (1985). *Modelos de Enseñanza.* Madrid: Anaya.

dizaje. Especial relevancia adquiere la actividad, referida a que es el profesor quien orienta y guía, pero es el alumno el agente fundamental de su propio proceso educativo, por lo que las actividades y tareas propuestas deben estar dotadas de significado y responder a preguntas o problemas previamente establecidos. Siempre se debe partir del conocimiento directo e inmediato, de lo concreto, para llegar a formulaciones abstractas, lo que podemos llamar Inducción. Se utiliza la "Personalización" o adaptación de la tarea propuesta al nivel de competencia y de conocimientos previos de cada alumno. Al mismo tiempo, se potencia la relevancia social de los contenidos y favorece las relaciones de comunicación que desarrollen la dimensión comunitaria y cívica, es decir, se potencia la socialización.

Se trata de un modelo centrado en la investigación, en cuanto que fomenta la búsqueda, identificación, formulación y resolución de problemas o cuestiones de aprendizaje. Simultáneamente, se fundamenta en un enfoque ecológico: considera el entorno como fuente de objetos de estudio, marco para la adquisición de valores y actitudes y referente para adaptar el discurso escolar a las características del contexto.

Esta propuesta favorece el desarrollo de determinadas competencias básicas de carácter transversal, como el desarrollo de la capacidad de aprender a aprender y la comunicación lingüística al promover el establecimiento de relaciones de comunicación fluidas y multidireccionales, el intercambio de significados y desarrollo de la afectividad en el seno del grupo, así como la creatividad, al potenciar el pensamiento divergente, evitando la sujeción a rutinas y maneras mecánicas de actuar, y la "globalidad", en cuanto al uso relacionado del pensamiento analítico y sintético.

En definitiva, se trata de un modelo muy adecuado para el desarrollo de las competencias básicas, en cuanto que propone la interdisciplinariedad o superación de la visión compartimentada y fragmentada de la realidad objeto de estudio.

Tanto los principios didácticos que se adopten, como la secuencia temporal en la que se van desarrollando las diferentes fases del proceso de enseñanza-aprendizaje (partir de problemas y de las concepciones previas del alumnado, trabajar con la nueva información y elaborar y comunicar conclusiones) requieren para su plasmación efectiva en el aula la adopción, por parte del profesor, de un papel de total implicación en el proceso de aprendizaje del alumnado, que debe verse correspondido por la participación activa y progresivamente consciente de los alumnos en su propia formación académica y humana.

Las notas esenciales que caracterizarían esta doble relación son la planificación y programación de la secuencia de actividades integradas en unidades didácticas, en correspondencia con los objetivos y contenidos propuestos, la adaptación de la oferta general de enseñanza contenida en la programación. Y la dinamización y orientación del proceso de aprendizaje del alumnado[6].

De esta forma, la práctica docente se ha de basar en la integración de estrategias procedentes de uno o varios modelos de enseñanza, conforme a la especificidad de la tarea o actividad educativa planteada y a las posibilidades de éxito en su desarrollo y aprendizaje por parte del alumnado participante.

Por otra parte, se requiere que los órganos pedagógicos del centro, en el ámbito de sus competencias, reflexionen y adopten decisiones en torno a los modelos de enseñanza y su aplicación práctica, conforme a los objetivos educativos y a las líneas prioritarias de actuación establecidos en el proyecto educativo, con objeto de establecer unas pautas metodológicas comunes y compartidas por todo el profesorado del centro.

3. PROPUESTAS DE PLANIFICACIÓN DE LA PRÁCTICA DOCENTE

Las tareas deben ser entendidas como propuestas de trabajo diseñadas por el docente que pretenden ajustarse a la autenticidad de los problemas reales en cuanto a formatos, estructura, dificultad, etc., como oportunidades ofrecidas a los alumnos/as para que se enfrenten a experiencias que les permitan una adquisición progresiva de las competencias básicas.

La **estructura de una tarea integrada** es igualmente válida para dar respuesta a los diferentes diseños prácticos del currículo del centro:

1) **Unidad Didáctica Integrada de Materia o Tarea Integrada de Materia (UDI – TI).** Aunque la UD esté programada para el desarrollo de los elementos curriculares propios de una materia determinada, la incorporación de varias competencias básicas le confieren siempre un carácter integrador y multidisciplinar. En este sentido, consideramos que es importante reflexionar sobre:

- La resolución de situaciones y problemas reales normalmente supone el uso, y con ello el desarrollo, de más de una competencia. Por tanto, podemos hablar de desarrollo "integrado" de competencias básicas desde cada una de las materias curriculares.

6. Naranjo Cordobés, L.G. (2008): "El diseño del currículo y la programación educativa como ejes de la actividad docente". En Varios: *Bases psicopedagógicas de la educación secundaria*. Córdoba: UCO.

- La contribución al desarrollo de cada competencia, desde una materia concreta, es proporcional a la puesta en uso de dicha competencia vinculada tanto con los elementos curriculares de dicha materia, así como con la propuesta metodológica aplicada, como hemos afirmado en el apartado anterior. Recordemos que "cuanto más ponemos en uso una competencia más contribuimos a su desarrollo"; o, dicho de otro modo, cuanto más oportunidades tengamos de resolver adecuadamente problemas-tareas haciendo uso de una competencia, mayor nivel de dominio se adquiere en relación a dicha competencia.
- La desigual contribución de las materias al desarrollo de cada competencia establecida en el marco curricular exige la aportación equilibrada de los equipos docentes aportando contextualización a cada competencia en función del peso específico, previamente establecido en los procesos de evaluación, que ha de jugar cada una de ellas en el desarrollo de las UU.DD.
- El uso de determinadas competencias, que tienen carácter más instrumental, requieren para su adecuada aplicación la adquisición previa de aprendizajes imprescindibles de determinadas materias –por ejemplo, la competencia en Comunicación Lingüística y el área de Lengua- , hacen que desde otras materias se estén aplicando o haciendo uso de aprendizajes (aprendizajes simples, aprendizajes elaborados, capacidades) adquiridos en otras materias de conocimiento y experiencia. Por ejemplo, con frecuencia precisamos hacer uso de la competencia en comunicación lingüística y por tanto de aprendizajes imprescindibles adquiridos en la materia de Lengua para resolver problemas planteados desde la materia de Conocimiento del Medio.
- En suma, la resolución de tareas-problemas requiere el uso combinado de varias competencias básicas, aunque estén planteadas desde la práctica docente de una sola materia curricular.

2) **Unidad Didáctica Integrada Multidisciplinar o Tarea Integrada Multidisciplinar.** Son unidades de trabajo en torno a contenidos de interés común o compartido por varias materias curriculares, aspectos transversales o puesta en práctica de actitudes, valores, normas, etc. La intervención didáctica se diseña desde un ámbito de experiencia, desde varias materias o desde la participación de la totalidad de las materias curriculares: La denominamos Unidad Didáctica Integrada Multidisciplinar o Tarea Integrada Multidisciplinar (UDIM – TIM) y cuando nos situamos en un ámbito de aprendizaje, podemos denominarlas UDI de Ámbito o TI de Ámbito.

Para el desarrollo y evaluación del grado de adquisición de las competencias básicas, por parte de nuestro alumnado, es indispensable la incorporación de TAREAS que nos permitan el abordaje integrado de varias competencias, tal y como sucede en los problemas auténticos y reales de la vida; bien situándonos en el trabajo de los contenidos de una materia determinada, o tomando como referencia la participación de varias o todas las materias curriculares.

"Por tanto, la clave la pondremos en crear una estructura o diseño de "tarea integrada" que responda a la tipología de problemas auténticos, reales, que el alumnado debe abordar en diferentes contextos o situaciones de su vida" (ver capítulo VI).

El Proyecto "Azahara" propone que podemos incluir en cualquiera de nuestras unidades didácticas integradas la siguiente tipología de tareas:

1) **Tareas intermedias.** Son tareas "facilitadoras" o "conductoras", que van dirigiendo al alumnado hacia la adecuada puesta en uso o aplicación de los aprendizajes imprescindibles adquiridos. Se consideran "intermedias o facilitadoras" al obtenerse productos intermedios y necesarios para resolver adecuadamente una tarea final propuesta, de marcada relevancia personal o social. Por ejemplo: "elaboración de una encuesta para analizar el consumo adecuado/inadecuado de agua, de aplicación en nuestra familia y nuestro vecindario".-
2) **Tarea final.** Como resultado de nuestra práctica docente en el aula, es importante la obtención de un producto final que dé respuesta a la tarea final propuesta. Por ejemplo: "elaboración y divulgación, como tarea de grupo, de un código medioambiental para la concienciación y el fomento del uso responsable del agua".

Es requisito imprescindible que los productos resultantes de la resolución de tareas –como la señalada– han de ser relevantes por su aplicación social o personal, aportando al alumno o alumna "evidencias" de la utilidad real de los aprendizajes aportados por las materias o ámbitos de conocimiento.

A la tarea final se puede llegar a través de tareas intermedias que el profesor/a y/o el equipo docente ha programado; así como a través de las actividades diseñadas y previamente trabajadas con el alumnado, al considerarlas necesarias porque facilitan el desarrollo de conocimientos, habilidades, actitudes, motivaciones, de las que el alumnado precisa hacer uso para resolver de forma satisfactoria la tarea final propuesta.

El objetivo de la realización de tareas consiste en que el alumnado sepa seleccionar, combinar y poner en uso o aplicar esa serie de conocimientos-habilidades-actitudes, que son aprendizajes imprescindibles y han sido adquiridos a través de las diferentes materias trabajadas en un contexto formal de aprendizaje (sin descartar los aprendizajes aportados por otros currículos); para ponerles en situación de resolver un problema o tarea que tenga utilidad y relevancia en sus vidas.

La resolución de todo problema o tarea implica precisamente un producto o un resultado adecuado y útil, que aporte solución al problema planteado.

A modo ilustrativo se plantea como **tarea final** la planificación de un decálogo de acciones dirigidas a "la recepción de alumnado que se incorpora al centro". Las **ta-**

reas intermedias facilitadoras deben contemplar elementos de varias competencias que responden a la tarea planteada, tales como: competencia en el conocimiento y la interacción con el mundo físico, social y ciudadana, autonomía e iniciativa personal, comunicación lingüística, etc. Las producciones intermedias que conduzcan al alumnado a la resolución de la tarea final propuesta, pueden ser:

a) Producto intermedio 1: confección de un mural con propuestas de "lemas o slogans" para la acogida al alumnado que se incorpora al centro.
b) Producto intermedio 2: diseño de un modelo o formato para la recogida de las opiniones y aportaciones del alumnado y personal del centro, de cara a dar título a la tarea final o decálogo de acciones de acogida.
c) Producto intermedio 3: estudio de datos del centro, por grupos, que permitan redactar un informe recogiendo las causas más frecuentes de los casos de incorporación tardía de alumnado a nuestro centro.
d) Producto intermedio 4: ...

Como tarea final se ha planteado la elaboración de un decálogo con actividades de acogida y ayuda al alumnado que se incorpora tardíamente al curso en nuestro centro educativo (o bien, la tarea se puede plantear a nivel de localidad). Esta tarea, puede tener carácter horizontal y/o vertical, en cuanto que:

a) Se pueden diseñar **tareas intermedias por curso** que faciliten el desarrollo de varias competencias básicas, tomando como referencia los Indicadores de logro preestablecidos de cada una de las competencias implicadas en dichas tareas. Participación "vertical" en torno a la resolución de una misma tarea final de centro.

b) Se pueden diseñar **tareas intermedias por materias o ámbitos**, o con carácter global, que faciliten el desarrollo de varias competencias. Participación "horizontal o transversal" en torno a la resolución de una misma tarea final de centro.

En definitiva, el soporte esencial e imprescindible para el desarrollo de las competencias básicas lo encontramos en las TAREAS INTEGRADAS. Y para que una propuesta de trabajo represente un problema o tarea que ha de resolver el alumno/a, requiere que dicho alumno/a busque la solución o producto a ese problema o tarea haciendo uso de sus aprendizajes, de sus propios pensamientos o de sus propias acciones u operaciones mentales, también llamadas "destrezas cognitivas" por la OCDE en el Informe del Programa Internacional para la Evaluación de Estudiantes o Informe PISA.

TAREA: Aprendizajes Imprescindibles + Acciones Mentales - cc.bb.
= Producto relevante y útil para la vida

En definitiva, esta estructura es igualmente válida para abordar el diseño de la práctica docente por competencias, desde las propuestas docentes más concretas referidas a una materia curricular, hasta las propuestas más amplias o multidisciplinares:

TAREAS INTEGRADAS INTERMEDIAS o "FACILITADORAS"

UNIDAD DIDÁCTICA INTEGRADA (UDI) O TAREA INTEGRADA DE MATERIA

UDI MULTIDISCIPLINAR O TAREA INTEGRADA MULTIDISCIPLINAR

Podemos concluir que la estructura de base de lo que venimos llamando "tarea integrada" siempre es la misma, independientemente de que forme parte de una Unidad Didáctica de Materia, de que se aborde con el trabajo desarrollado en una Materia durante una secuencia temporal que recoja varias Unidades Didácticas, o que se plantee como tarea integrada de ámbito, centro educativo e incluso localidad. Planteado de tal modo podemos entender que lo que varía es "la magnitud" de la tarea integrada, pero no sus componentes esenciales y su estructura. De esta manera, una tarea integrada de Unidad Didáctica puede tener carácter de "tarea intermedia o facilitadora" para la resolución de una "tarea final" de Materia. Y, al mismo tiempo, esta "tarea final de Materia" puede tener carácter de "tarea intermedia o facilitadora" para la resolución de una TAREA FINAL MULTIDISCIPLINAR de centro e incluso de localidad. Veámoslo en un ejemplo en el siguiente esquema:

Propuestas para la concreción curricular a nivel de aula

Tareas/Proyectos Multidisciplinares:

Tarea final deseada

Proyecto: "Pasamos 'REVISTA' a nuestra salud"
Proyecto: "Eco-escuela y Eco-entorno"
Tareas intermedias

Tareas/Proyectos de Materia:

Tarea final deseada

"¿Alguien sabe dónde está la salud?"
Mi cartera de hábitos saludables: alimentación, actividad física, hábitos de sueño, etc.
Tareas intermedias

Tareas intermedias de Unidad Didáctica:

Tareas integradas de la U.D.

¡Menudo Menú! (Elaboramos un menú saludable para tres días.....)

La resolución adecuada de una tarea supone "operar o actuar" adecuadamente sobre los aprendizajes adquiridos (analizar, interpretar, razonar, sintetizar, criticar, etc.), para encontrar una solución o producto a dicha situación o problema.

Encontramos muchas propuestas de diferentes autores en relación a los "tipos de pensamiento" o formas de operar con nuestra mente, todas ellas coincidentes en que el alumno/a ha de hacer uso de sus elementos de pensamiento para resolver una situación compleja o tarea. Entre las operaciones mentales o elementos de pensamiento que se deben poner en uso para la resolución adecuada de tareas están: reflexionar, usar el razonamiento lógico, buscar analogías, aplicar pensamientos prácticos, argumentar, analizar, valorar críticamente, deliberar, posicionarse de manera argumentada, sacar conclusiones, investigar, formular hipótesis, aplicar la creatividad, comparar, interpretar, tomar decisiones, buscar relaciones o causa-efecto, evaluar y autoevaluar, etc.

El Proyecto "Azahara" ayuda a solucionar esta cuestión de dos modos:

1) Por un lado, incorporando las acciones-operaciones mentales en los propios "Indicadores de logro" de cada competencia básica. Por ejemplo:

- Utiliza estrategias y herramientas adecuadas para **obtener** e **interpretar** información y construir su propio conocimiento...
- ... **analizando** las dificultades encontradas y **valorando** los logros alcanzados y el esfuerzo realizado.
- ... adoptando las **decisiones** más adecuadas sobre el trabajo que ha de realizar.
- Expone **opiniones personales fundamentadas** sobre las...
- **Argumenta** y defiende las propias opiniones **y valora críticamente** la de los demás en la toma...
- **Planifica** y realiza sencillas **investigaciones** sobre problemas del entorno...
- ... **interpreta** la información obtenida.
- **Compara** y ordena datos...
- Realiza **interpretaciones** orales de datos de la realidad cotidiana...
- ... **interpreta** e integra las ideas propias con las contenidas en los textos, **comparando y contrastando** informaciones diversas.
- ... **identificando** la información más relevante, y describe experiencias
- ... usando de forma habitual los procedimientos de **planificación y revisión,** etc.

2) Por otro lado, recomendando metodologías o modelos de enseñanza que destacan la "acción" del alumno, y por tanto suponen "operar-actuar cognitivamente", dirigida a la resolución de tareas mediante la investigación, la creación, la planificación y desarrollo de proyectos, la toma de decisiones argumentadas, etc.

La dificultad no está en el diseño de tareas, con una preparación previa cualquier docente puede diseñar tareas integradas. La dificultad se sitúa en la necesidad de diseñar prácticas docentes que permitan al alumnado poner en uso todos aquellos aprendizajes imprescindibles para resolver los problemas cotidianos comunes. Y, además, que dicha propuesta responda a esa escala graduada de logro o dominio, que marca una secuencia de dificultad y desarrollo creciente de cada una de las ocho competencias básicas; y que responde a la adquisición previa de unos aprendizajes imprescindibles, igualmente graduados a lo largo de la etapa educativa, en cuyo uso se apoya el desarrollo de las competencias.

Esta cuestión de extraordinaria relevancia se hace evidente en el ejemplo siguiente sobre uno de los descriptores propuestos para la competencia "aprender a aprender": *"Reflexiona críticamente sobre el proceso seguido en la adquisición de conocimientos, expresando los sentimientos y emociones, así como los criterios y argumentos utilizados en la valoración de los aprendizajes adquiridos".*

La vinculación con los criterios de evaluación de todas las materias curriculares que participan en el desarrollo de esta competencia, aportando aprendizajes imprescindibles para su progresiva adquisición, conducen al establecimiento de una secuencia de indicadores de logro, que son un referente común a todas las materias, tanto para el diseño de la práctica docente en torno al desarrollo de esta competencia, como para la evaluación desde las distintas materias curriculares.

Por tanto, en torno a un mismo descriptor de la competencia, en cada curso de la ESO se define un nivel de logro de progresiva dificultad en cuanto que está vinculado con aprendizajes cada vez más complejos, y en cuanto que en dicho indicador se propone el uso de "pensamientos o recursos cognitivos o elementos de competencia" cada vez más complejos: **reflexiona** sobre el proceso (segundo curso); **reflexiona críticamente** sobre el proceso..., **expresando** los sentimientos y emociones, así como los **criterios y argumentos**... (cuarto curso). En la ejemplificación que aporta el Proyecto "Azahara", esta secuencia de Indicadores de logro queda como sigue:

4. SECUENCIA GRADUADA DE LOGRO DE LAS COMPETENCIAS BÁSICAS Y ATENCIÓN A LA DIVERSIDAD

En las tareas se tomarán como referencia, para su diseño y para la evaluación del progreso del alumnado, los "Indicadores de logro" vinculados con los aprendizajes adquiridos previamente por cada alumno o alumna. Esta Escala Graduada de Logro, vinculada con la secuencia de aprendizajes imprescindibles adquiridos por el alumnado a lo largo de la etapa, nos facilita la evaluación e intervención individualizada para dar respuesta en todo momento, desde la inclusión, a la diversidad de alumnado que se agrupa en las aulas.

Tomando como referente el carácter obligatorio de la educación básica, las medidas de atención a la diversidad han de responder a las necesidades educativas concretas del alumnado, conseguir que alcance el máximo desarrollo posible de sus capacidades personales, que adquieran las competencias básicas y alcance los objetivos del currículo establecidos para la educación secundaria obligatoria.

El establecimiento de una "Escala Graduada de Logro o Dominio" que determina un proceso de adquisición continua de aprendizajes complejos o competencias, facilita una práctica docente y una evaluación que tiene como principio de acción educativa fundamental la atención a la diversidad del alumnado desde una práctica inclusiva. Esta escala de indicadores facilita al profesorado proponer, en torno a un mismo objeto de conocimiento, un referente personalizado y responder al nivel curricular de cada alumno/a, posibilitando con ello la participación e implicación de todo el alumnado en la resolución de una misma propuesta de trabajo con demandas de dificultad y de logro adaptadas a sus capacidades.

Podemos apreciarlo en el ejemplo incluido en el apartado anterior, que recoge la secuencia de logro de la competencia "aprende a aprender". También se puede ver ejemplificado en Unidades de Trabajo o Tareas Integradas que se adjuntan en la Carpeta de Documentos.

5. ELABORACIÓN DE UNIDADES DIDÁCTICAS DESDE UN PLANTEAMIENTO INTEGRADO DE LAS COMPETENCIAS BÁSICAS

La secuencia lógica que se propone para la elaboración y desarrollo de unidades didácticas integradas (UDI) debe contemplar los siguientes componentes:

a) Concreción de los elementos del currículo de la materia.
b) Plan de trabajo: secuencia de actividades y tareas intermedias "facilitadoras" que preparan y conducen al alumnado a la resolución del problema/tarea planteado. Le facilitan al alumno el acceso y adquisición de aprendizajes previos de los que tendrá que hacer uso para resolver las tareas propuestas.
c) Tarea final/tareas intermedias en torno al desarrollo y evaluación de las competencias básicas. Establecimiento de los momentos estratégicos para la incorporación de las mismas en la UDI o TI, o bien en las TDI o TI Multidisciplinar.
d) Actividades/pautas/instrumentos de evaluación y autoevaluación.

Cada UDI es un "microcurrículo" en el que se define el proceso de enseñanza y aprendizaje (los objetivos, las competencias básicas, contenidos, criterios de evaluación y métodos pedagógicos) que se va a desarrollar en una unidad de tiempo previamente establecida. En función de su contenido, las UDI o TI pueden ser:

1) **Unidad Didáctica Integrada (UDI) de Materia o Tarea Integrada de Materia**. Se desarrollan teniendo como referencia las competencias básicas y los elementos curriculares de dicha materia (objetivos, contenidos, criterios de evaluación, propuestas metodológicas comunes y propias).
2) **Unidades Didácticas Integradas Multidisciplinares o Tareas Integradas Multidisciplinares.** Son unidades de trabajo en torno a contenidos de interés común o compartido por varias materias curriculares, aspectos transversales o puesta en práctica de actitudes, valores, normas, etc. En estas UDI o TI la intervención se realiza desde un ámbito, varios o incluso la totalidad de las materias curriculares.

La definición de cada UDI es competencia del profesorado. Siempre ha de partir de un enfoque integrado para el desarrollo de todas/casi todas las competencias básicas. Por ello, puede ser relevante que se establezcan "criterios generales a nivel de claustro de profesores y departamentos".

En definitiva, la UDI no es más que una propuesta de trabajo que diseña el docente con la finalidad de conducir al alumno/a a la resolución de un problema o tarea integrada. Y para ello, debe:

- Seleccionar las capacidades y los contenidos que el alumno precisa adquirir para que le permitan poder solucionar un problema.
- Planificar propuestas de trabajo y situaciones de aprendizaje para la resolución de tareas intermedias que tengan aplicación en diferentes contextos, con diferentes formatos, que sean útiles para la vida.
- Decidir en qué momento/s estratégicos de esa guía de aprendizaje que es la UDI se hace necesario introducir tareas intermedias facilitadoras o conductoras que pongan en uso los contenidos trabajados hasta ese momento, faciliten la adquisición de los diferentes componentes de las diferentes competencias básicas que hemos establecido y que las utilicen en la resolución de situaciones, tareas en un contexto determinado. Estas tareas intermedias son propuestas "concretas y reducidas" que permiten al alumnado poner en uso todos aquellos aprendizajes que consideramos imprescindibles, evidenciando al profesorado la selección y uso "competente" que el alumno hace de ellos.

Esta secuencia de trabajo tiene como objetivo propiciar o guiar la "acción" del alumnado para:

- Darles la oportunidad de adquirir conocimientos, habilidades y destrezas, actitudes, motivaciones y emociones (a través del desarrollo de las capacidades y la adquisición de contenidos curriculares) que son necesarios e imprescindibles para actuar de manera adecuada en la vida (en cada nivel de edad y desarrollo curricular).
- Aprender a ponerlos en uso de manera integrada. Es decir, saber buscar, seleccionar, combinar, etc. aquellos aprendizajes que me resulten más adecuados para resolver satisfactoriamente la problemática o tarea planteada.
- Solucionar problemas complejos y autoevaluar el resultado o producto obtenido.

6. DESARROLLO DE UNA UNIDAD DIDÁCTICA INTEGRADA MULTIDISCIPLINAR

a) Concreción de los elementos del currículo de las materias o ámbitos.
b) Plan de trabajo: secuencia de actividades que preparan y conducen al alumnado a la resolución del problema/tarea final planteado (en su caso).
c) Planteamiento de tareas intermedias preparatorias para la resolución de las cuestiones o problemas planteados.
d) Evaluación del grado de desarrollo de las competencias básicas.

Indudablemente, el contenido hasta ahora abordado en el presente apartado presenta la misma validez de cara tanto al diseño de UDI como de UDI Multidisciplinares. La siguiente propuesta viene a completar lo anterior, y se centra en la consideración de los aspectos transversales como eje vertebrador de la etapa educativa y de todas las materias que la integran.

6.1. Tareas Integradas Multidisciplinares para el desarrollo de cc.bb.

¿Pueden los profesores/as trabajar un proyecto de trabajo que cuente con la participación de todas o casi todas las materias con un carácter transversal?

Entre los aspectos transversales se encuentra la adquisición de hábitos de vida saludable y deportiva, la capacitación para decidir entre las opciones que favorezcan un adecuado bienestar físico, mental y social, para sí y para los demás, la educación vial, la educación para el consumo, la salud laboral, el respeto al medio ambiente, la utilización responsable del tiempo libre y del ocio y el fomento de la capacidad emprendedora del alumnado, la capacidad para regular el propio aprendizaje y adquisición de destrezas básicas en la utilización de las fuentes de información para adquirir nuevos conocimientos, con sentido crítico, etc.

La estructura de las UDI Multidisciplinar o TI Multidisciplinar es la misma que la de una UDI o TI de materia:

a) Se le plantea al alumno/a un problema –TAREA– al que tendrá que buscar una solución.
b) La resolución requiere habitualmente el USO INTEGRADO DE VARIAS CC.BB.
c) La solución supone la obtención de un PRODUCTO que debe ser de utilidad para la vida.
d) Para la búsqueda de esa solución el alumnado tendrá que hacer uso de CONTENIDOS PREVIAMENTE TRABAJADOS Y ADQUIRIDOS a través de las diferentes materias. También adquiridos, muchos de ellos, en otros currículos no formales o informales de aprendizaje.
e) La búsqueda de esa solución requerirá que el alumno/a ponga en acción sus conocimientos, sus habilidades, sus actitudes y sus emociones; debidamente seleccionados y combinados a través de SUS ACCIONES-OPERACIONES MENTALES.

Para la resolución de cada una de las TAREAS INTERMEDIAS que pretenden conducir al alumno/a a la resolución de la TAREA FINAL, tendremos que diseñar una propuesta de trabajo (ACTIVIDADES-TAREAS) desde cada una de las materias curriculares participantes, de modo que le permitan al alumnado la posibilidad de adquirir los aprendizajes (contenidos curriculares) que le son imprescindibles para poder resolver dichas tareas. Se incorpora una ejemplificación en la Carpeta de documentos.

Como ya señalábamos en el capítulo anterior, proponemos el diseño de un CATÁLOGO DE TAREAS INTEGRADAS, tanto de materia como de ámbito, que responda a las características del centro, de su alumnado, del entorno y adaptados a los resultados de la evaluación diagnóstica e inicial.

A modo de conclusión, se propone como punto de partida en los centros educativos el planteamiento de las siguientes **reflexiones**:

- *"La incorporación de competencias básicas al currículo permite poner el acento en aquellos aprendizajes que se consideran IMPRESCINDIBLES, desde un planteamiento integrador y orientado a LA APLICACIÓN DE LOS SABERES adquiridos"* (Anexo I, Real Decreto de Enseñanzas Mínimas de Educación Primaria).
- La revisión del proyecto educativo de centro y demás documentos de gestión y organización, deben promover una mayor coordinación entre cursos y departamentos, una mayor apertura al mundo exterior y una nueva visión de la atención a la diversidad.

Consideramos que las competencias son un campo que genera necesidades de formación en centros, para las cuales recomendamos partir de **enfoques compartidos e inclusivos**:

- "Todos construimos": La mejora de nuestra respuesta a la diversidad depende, en gran medida, de que los centros puedan desarrollar un enfoque compartido e inclusivo sobre las competencias básicas, y puedan asumir la responsabilidad de crear una estrategia colegiada de acción.
- "Todos aplicamos": Animar a la participación de toda la comunidad educativa para la consecución de las competencias básicas a través de compromisos educativos entre la escuela, la familia y la comunidad. Currículo formal, informal y no formal.
- "Todos adoptamos enfoques-métodos comunes": Promover y apoyar la elaboración y la aplicación de unas estrategias y metodologías variadas y compartidas.
- "Todos coordinamos y enlazamos los niveles educativos y las etapas": Una práctica docente y una evaluación adecuadas requieren una coordinación efec-

tiva de todas las personas implicadas en los procesos de enseñanza-aprendizaje. Las competencias básicas son el "hilo conductor" de toda la enseñanza obligatoria. Y ese hilo, que es un referente común a todos el equipo docente, y que conduce el progresivo desarrollo de las competencias básicas construido por el Proyecto "Azahara" se denomina ESCALA GRADUADA DE LOGRO.

Aportamos en la Carpeta de documentos, a modo de guía para los equipos directivos de los centros educativos, un instrumento que puede facilitar la dinamización e impulso para una planificación de acciones compartidas en los centros en torno al trabajo por competencias. Anotamos con carácter orientativo algunas acciones propias de cada nivel de concreción curricular, en torno a las cuales el equipo directivo puede organizar y proponer una secuencia contextualizada: acciones, responsables, temporalización, indicadores de seguimiento y evaluación de las mismas, coordinación con Servicios de Apoyo Externos y acciones coordinadas con otros contextos: familia–comunidad, etc.

7. GUÍA PARA LA ELABORACIÓN DE UNA UNIDAD DIDÁCTICA INTEGRADA (UDI)

1) Título y elementos de identificación

- Título (sugerente).
- Etapa, curso, materia/s y, en su caso, los referentes curriculares.
- Temporalización: duración (días/horas) y ubicación temporal (trimestre).

2) Breve justificación del interés y utilidad de la UDI

- Descripción del producto final deseado: formato y presentación del mismo.
- Contexto de uso que justifica la "autenticidad" de la tarea.
- Utilidad de la práctica docente propuesta para el desarrollo de las capacidades y competencias del alumnado desde sus características y en el marco de las cc.bb.
- Interés de esta UDI o TI en el conjunto de la Programación Didáctica (PD).

3) Aprendizajes que va a desarrollar el alumnado

- Selección y concreción de los aprendizajes tomando como referencia la programación didáctica (PD) y el proceso seguido para el diseño de la escala graduada de cada competencia básica. Los aprendizajes que debe adquirir el alumnado son el punto de partida para le diseño de toda la UD, aunque aparezcan recogidos en el apartado tercero de la misma. Partiendo de dichos aprendizajes, el docente construye una propuesta de enseñanzas-aprendizajes que "conduzca" al alumnado a su adquisición a través de la resolución de una/s actividad/es y tarea/s de relevancia social; nunca debe abordarse el proceso a la inversa.

3.1) Objetivos de etapa y objetivos de materia para la etapa con los que se relaciona

En el diseño de la UD deben concretarse los objetivos de etapa y los objetivos de materia fijados en las programaciones didácticas, teniendo como referencia el marco normativo vigente, contextualizados por cada centro.

Adquiere especial relevancia la concreción de los aprendizajes imprescindibles que contribuyen al desarrollo de capacidades y que aporta cada materia al desarrollo de las competencias básicas, aprendizajes establecidos en los "Indicadores de logro" que se pretenden desarrollar a través del diseño de tareas.

3.2) Bloques de contenidos y aspectos transversales con los que se relaciona la unidad didáctica

Es el equipo docente el responsable de establecer la secuencia de contenidos a trabajar en el aula. La contextualización de centro toma como referencia los bloques de contenidos establecidos en el Real Decreto 1631/2006, además de los considerados propios de cada comunidad autónoma.

3.3) Competencias básicas: indicadores de logro o dominio propuestos

Selección en la "Escala Graduada de indicadores de logro" de los indicadores referidos a aprendizajes competenciales que se desarrollen en la UDI, es decir, se han de determinar los que debe adquirir el alumnado con el trabajo propuesto en la unidad.

Ello permite determinar, al finalizar la UDI o TI, los niveles de logro alcanzado por el alumnado en cada una de las competencias básicas trabajadas, en base a la resolución de tareas en diferentes momentos estratégicos a lo largo del desarrollo de dicha unidad de trabajo.

4) Metodología

4.1) Principios metodológicos

Se han de fijar los aspectos metodológicos, destacando **la "acción", la "cooperación" y la "autenticidad"**, como estrategias de aprendizaje privilegiadas para el desarrollo de competencias básicas.

Debemos propiciar la creación de un contexto escolar de investigación, de debate, de búsqueda de conocimiento y propuesta de soluciones a problemas. La implicación activa en nuestro propio aprendizaje, "la acción" aplicada a tareas auténticas, de uso real, conducen indiscutiblemente al desarrollo de ese "querer hacer", en cuanto que son propuestas generadoras del interés por aprender, motivación... como elementos indispensables para el desarrollo de competencias básicas.

Se debe emplear el efecto motivador que tiene el uso de estrategias de acción y de toma de decisiones (la propia decisión a la hora de organizar la tarea), de relación social y de saber (terminar el trabajo, ser elogiado, sentirse satisfecho, respetar y ser respetado por compañeros que poseen posturas y opiniones diferentes, etc.).

Con carácter habitual, el grupo se organizará de forma flexible a través del uso de "asambleas y debates" y del trabajo cooperativo, resultando fundamental en la fase de síntesis y diseño de la tarea final, y en la evaluación.

La enseñanza y el aprendizaje se construyen a través de la resolución de tareas integradas intermedias o "facilitadoras", que conducen al alumnado y le "preparan" para poder dar respuesta o solución a la tarea final propuesta. En esta fase se guía al alumnado para que adquiera los recursos que precisa (conocimientos, actitudes, habilidades, emociones, etc.) para resolver cada una de las tareas propuestas. Esto se consigue por medio de las actividades y tareas intermedias que se programan con el objeto de que adquieran "los contenidos imprescindibles". Las actividades, desde las más simples hasta las más elaboradas, que se programan con el objeto de que el alumno/a adquiera "los contenidos imprescindibles" para el desarrollo de las competencias básicas, a través de los conocimientos, saberes y experiencias, las habilidades prácticas y cognitivas, los valores, actitudes, sentimientos y emociones y la resolución de situaciones, tareas en un contexto determinado.

Se debe partir del nivel de desarrollo del alumno, identificando los esquemas de conocimiento que el alumno posee, y se actuará en consecuencia. Por su parte, las propuestas de lectura se suelen definir de "manera individual", a través de los aprendizajes realizados por todos y cada uno de los alumnos y las alumnas, adaptando la dificultad a los diferentes o diversos niveles con los que habitualmente trabajamos en el grupo-clase.

A lo largo del desarrollo de toda la tarea integrada se potenciará el uso de las TIC, tanto como herramientas de indagación, búsqueda y aprendizaje, como de presentación de materiales y/o productos o resultados de las tareas planteadas. Es importante asegurar la construcción de aprendizajes significativos, así como contribuir al desarrollo de la capacidad de "aprender a aprender".

El aprendizaje adquirido se traduce en la evaluación y/o autoevaluación de las capacidades, a través de los desempeños y progresos individuales de los contenidos trabajados y los niveles de logro o dominio establecidos para este curso en relación a cada una de las competencias básicas desarrolladas.

4.2) Concreción de variables (organización de grupos, tiempo y de escenarios; de los materiales curriculares a utilizar, etc.)

a) **Agrupamiento del alumnado:** se diseñarán propuestas prácticas de trabajo tanto de carácter individual como colectivo, y se explicitará en cada actividad y tarea concreta.
b) **Organización del tiempo y del espacio**

- **Organización del tiempo:** se debe determinar el tiempo inicialmente previsto y el número de horas/sesiones. Aunque hay que tener en cuenta que, a veces, la excesiva concreción inicial limita de forma significativa las posibilidades del proyecto de trabajo. El reparto que se realice de las horas también es una variable relevante a la hora de organizar la secuencia. En esto, como en el resto de variables, no cerramos el modelo puesto que ello sería poner freno al desarrollo y enriquecimiento de la UDI propuesta en base a la demanda, interés y aprovechamiento que se genere en el grupo.
- **Organización del espacio:** el espacio, al igual que el tiempo, es una parte importante del proceso y debe estar al servicio de él. La organización del espacio siempre ha de ser flexible para poderse acomodar a cada propuesta de trabajo. Así:
  - Las asambleas y debates exigen una distribución del espacio en la que todos puedan mirar a todos (círculo o U).
  - La fase de búsqueda requiere de un lugar en el que se pueda acceder a los recursos de información (rincones de aula, biblioteca de centro, textos escolares y aula de informática, etc.).
  - La confección del trabajo en grupo, cooperativo, transforma la clase en taller (distribución de mesas adecuada y acceso al ordenador).
  - Y las actividades de desarrollo individual precisan de un espacio independiente.
  - Debemos utilizar las posibilidades que nos ofrecen los diversos espacios del centro y del entorno.

c) **Recursos**

- **Los recursos materiales** en un modelo ecológico, en un "modelo de trabajo auténtico", en cuanto que responde a los formatos de problemas reales, las propuestas no se limitan al uso de los libros de texto escolares, pues el alumnado va a consultar otras fuentes ya sean convencionales o informáticas: Internet, catálogos, cuadernos de instrucciones, enciclopedias, prensa, etc. Nuestra propuesta está referida a que el resultado del trabajo del alumnado debe quedar recogido en un cuaderno de trabajo o en un archivador en el que el alumnado recopila todo el trabajo realizado. Podemos usarlo como "Portafolio" o "Carpeta de tareas", a modo de instrumento-indicador del progreso que va alcanzando cada alumno o alumna a lo largo de un determinado periodo de tiempo (mes, trimestre, curso, ciclo, etapa).

- **Los recursos personales**: hay que incluir en la UDI a todos aquellos profesionales que pueden participar en el proceso de enseñanza y aprendizaje.

4.3) Tareas y actividades

Podemos tener como referente la "Carpeta o catálogo de tareas" destinado a realizar un registro acumulativo de las tareas propuestas en nuestro centro educativo, por haber sido consideradas propias de cada curso. O bien, podemos diseñar una nueva tarea, e incluso tomar como referencia una tarea abordada en otro curso con la incorporación de las adaptaciones adecuadas para el nuestro. Así mismo, podemos tomar como referente algunas de las tareas diseñadas para dar respuesta a cuestiones planteadas en el documento relativo al "Banco de tareas de lectura" (capítulo VI y Carpeta de documentos).

a) Tarea final (en su caso)

Se describe la tarea final que organiza toda la unidad didáctica, especificándose sus elementos imprescindibles que pudimos analizar en el capítulo anterior: contenidos curriculares en los que se apoya su adecuada resolución, competencias que pone en uso, concretando los indicadores de cada una de ellas, contexto de uso y recursos, propuestas metodológicas, espacios, tiempos, etc.

La/s tarea/s siempre han de ser altamente funcionales y responder a temáticas relevantes y motivadoras para el alumnado. Dichas tareas podemos extraerlas del propio currículo de la/s materia/s participantes, de los intereses del grupo, de hechos significativos acaecidos a lo largo del curso (un descubrimiento científico, un tornado, una competición deportiva a nivel mundial, etc.), o bien para dar respuesta a objetivos o actividades programadas en el Plan de Centro (visitas a otras localidades, celebración de actividades intercentros, el reciclado de papel y el día del árbol, etc.).

b) Actividades y tareas intermedias que "faciliten o preparen" al alumnado para poder abordan con garantías la tarea final propuesta

Diseño de la secuencia de enseñanza y aprendizaje y de las situaciones de aprendizaje: "Esta secuencia podrá incluir: actividades (simples y/o elaboradas) y tareas intermedias facilitadoras o conductoras".

Se trata de hacer una descripción día a día, y momento a momento, de las actividades programadas en función de la secuencia establecida: actividades iniciales o de preparación, actividades de desarrollo, actividades de cierre o aplicación de lo aprendido.

Podemos además incluir, en caso necesario, con objeto de poder dar respuesta a las necesidades diversas de nuestro alumnado, actividades de refuerzo y actividades de ampliación. Así mismo, en el diseño de dicha secuencia podremos incluir las diferentes propuestas de trabajo (actividades, tareas) y los diferentes niveles de concreción para la atención a la diversidad desde un modelo de escuela inclusivo.

En definitiva, tendremos que tomar decisiones en cuanto a la secuencia de enseñanza-aprendizaje. Es decir, en cuanto al establecimiento de actividades y/o tareas intermedias, que conduzcan al alumno/a al uso o aplicación de las capacidades adquiridas para la resolución de la tarea final de referencia o de las tareas intermedias.

c) Actividades complementarias y celebración de efemérides

En la unidad didáctica se pueden diseñar actividades y tareas complementarias y/o la celebración de efemérides (alrededor de diferentes fechas significativas en el calendario escolar, que pueden servir de estímulo para trabajar temas relacionados con la UDI). Tanto si se trata de una actividad complementaria (salidas al entorno, visitas, etc.), o de la celebración de efemérides, se recomienda plantear actividades previas, de desarrollo y de cierre o aplicación de lo aprendido.

5) Evaluación

- Los procedimientos, instrumentos y técnicas a utilizar para evaluar al alumnado.
- Los procedimientos, instrumentos y técnicas a utilizar para evaluar el proceso de enseñanza y aprendizaje.

5.1) Evaluación del producto y del proceso de aprendizaje del alumnado

- Criterios de evaluación.
- Indicadores de logro o dominio.
- Graduación del nivel de adquisición (desde 1 hasta 5: desde “poco” hasta “excelente”).
- Instrumentos.
- Momentos.
- Toma de decisiones en torno a instrumentos de autoevaluación y/o coevaluación de capacidades y competencias básicas adquiridas.

5.2) Criterios de evaluación e Indicadores de logro o dominio

La evaluación de las competencias básicas deben tener un carácter formal, lo cual requiere la aplicación de los criterios de evaluación para cada curso establecidos en nuestro Real Decreto de Educación Secundaria (Real Decreto 1631/2006), siempre aplicados a la resolución de tareas que se proponen al alumno/a.

La construcción de una escala graduada de niveles de logro de los aprendizajes que suponen las competencias básicas, y su vinculación tanto con los criterios de evaluación como con los aprendizajes que aportan las materias, son nuestros referentes para la evaluación tanto de las capacidades (objetivos) como de las competencias.

La estimación en cinco grados o niveles de logro o dominio de cada uno de los indicadores nos permitirá la toma de decisiones, en base a la resolución de las tareas propuestas, de la situación de aprendizaje del alumno en torno a cada competencia básica: 1. Poco; 2. Regular; 3. Adecuado; 4. Bueno; 5. Excelente.

5.3) Instrumentos

La evaluación también debe ser "auténtica y realista", y para ello se requiere plantear tareas integradas y variadas, de uso o aplicación en diferentes contextos y empleando diferentes instrumentos de evaluación:

- Escalas de Observación.
- Unidades de evaluación.
- Pruebas escritas.
- Pruebas orales.
- Escalas de valoración.
- Simulaciones.
- Portafolio.
- Instrumentos de autoevaluación.
- Coevaluación.
- Diseño de Rúbricas.
- Etc.

5.4) Momentos

Otro instrumento de trabajo incluido en la propuesta estratégica del Proyecto "Azahara" está diseñado con objeto de recoger el progreso del alumno a lo largo de todo el curso. Ello permitirá el registro en aquellos momentos que se determinen (por ejemplo, en tres ocasiones a lo largo de un trimestre) y el volcado de las evaluaciones aportadas por cada una de las UDI trabajadas.

5.5) Evaluación del proceso de enseñanza-aprendizaje

Se pueden establecer, a nivel de claustro, unos indicadores de evaluación como referentes comunes de evaluación de los procesos de enseñanza-aprendizaje, que pueden completarse con indicadores específicos de materia /ámbito.

U.D.I.: Tarea Integrada / Proyecto integrado

- **Título de la tarea**
- **Producto final deseado: formato y presentación.**
- **Contexto de uso (que justifica la autenticidad de la tarea).**
- **Contenidos imprescindibles que se precisan y cc.bb. que se van a adquirir (indicadores de logro).**
- **Metodología (principios metodológicos):**
  - **Agrupamientos**
  - **Temporalización**
  - **Espacios**
  - **Recursos materiales y personales**
- **Secuencia de enseñanza-aprend.: actividades y tareas intermedias**
- **En su caso: distribución de actividades y tareas en materias/áreas**
- **Evaluación del proceso y del progreso:**
  - **Definir criterios de evaluación**
  - **Uso de plantillas de evaluación de ccbb a través de los "indicadores de logro" de las mismas.**
  - **Procedimientos e Instrumentos de evaluación**

Capítulo VIII
El proyecto educativo y las normas de organización y funcionamiento de los centros desde la perspectiva de las competencias básicas

1. MARCO NORMATIVO QUE REGULA LOS INSTRUMENTOS DE PLANIFICACIÓN DEL CENTRO

1.1. Ley Orgánica de Educación

La LOE determina que los centros docentes dispondrán de autonomía pedagógica, de organización y de gestión en el marco de la legislación y en los términos que recoge la propia Ley y en las normas que la desarrollen.

En virtud de esta autonomía, los centros elaborarán, aprobarán y ejecutarán un proyecto educativo y un proyecto de gestión, así como las normas de organización y funcionamiento del centro. Y, además, podrán adoptar experimentaciones, planes de trabajo, formas de organización o ampliación del horario escolar, en los términos que establezcan las administraciones educativas.

El proyecto educativo del centro recogerá los valores, los objetivos y las prioridades de actuación e incorporará la concreción de los currículos establecidos por la Administración Educativa que corresponde fijar y aprobar al claustro, así como el tratamiento transversal en las materias, ámbitos o módulos de la educación en valores y otras enseñanzas.

Dicho proyecto, que deberá tener en cuenta las características del entorno social y cultural del centro, recogerá la forma de atención a la diversidad del alumnado y la acción tutorial, así como el plan de convivencia, y deberá respetar el principio de no discriminación y de inclusión educativa como valores fundamentales, así como los principios y objetivos recogidos en la LOE y LODE. Por su parte, las normas de organización y funcionamiento, elaboradas por los centros, deberán incluir aquellas que garanticen el cumplimiento del plan de convivencia.

Por último, la LOE encomienda a las administraciones educativas: establecer el marco general que permita a los centros públicos y privados concertados elaborar sus proyectos educativos y normas de organización y funcionamiento, contribuir al desarrollo del currículo favoreciendo la elaboración de modelos abiertos de programación docente y de materiales didácticos que atiendan a las distintas necesidades de los alumnos y del profesorado y favorecer la coordinación entre los proyectos educativos de los centros de educación primaria y los de educación secundaria obligatoria con objeto de que la incorporación de los alumnos a la educación secundaria sea gradual y positiva.

2. CONSIDERACIONES EN RELACIÓN CON EL EJERCICIO DE LA AUTONOMÍA EN EL DISEÑO DEL PLAN DE CENTRO Y/O DE LA PROGRAMACIÓN GENERAL DEL CENTRO

La autonomía pedagógica, de organización y de gestión de los centros, principio básico de nuestro sistema educativo, permite a los centros, partiendo de objetivos y normas comunes, adecuar su actuación a sus circunstancias particulares y a las características de su alumnado, con el fin de dar respuesta a la exigencia de proporcionarles una educación de calidad. Esta autonomía se concretará en modelos de funcionamiento propios que podrán contemplar planes de trabajo, formas de organización, agrupamiento del alumnado, proyectos de innovación e investigación etc., que se recogerán en el Plan de Centro.

La inclusión de las competencias básicas entre los componentes del currículo escolar permite caracterizar de forma concreta y precisa la formación que deben adquirir los estudiantes y, en ese sentido, las competencias básicas orientan la enseñanza e inspiran las distintas decisiones relativas al proceso de enseñanza-aprendizaje.

En consecuencia, las competencias básicas han de servir de guía y orientación en el diseño de los documentos planificadores de centro: proyecto educativo, de gestión y de las normas de organización y funcionamiento. Estos documentos, adaptados al entorno sociocultural del centro, deben constituir un todo cohesionado y coherente que potencie la adquisición de aprendizajes imprescindibles por parte de todo el alumnado.

3. LAS COMPETENCIAS BÁSICAS EN EL PROYECTO EDUCATIVO

3.1. Proyección de las competencias básicas en el diseño y desarrollo del proyecto educativo

Las competencias básicas definen la formación que debe ser adquirida por alumnos y alumnas al finalizar la educación básica y, por su parte, el proyecto educativo debe expresar la educación que desea y va a desarrollar el centro en unas condiciones concretas. El Real Decreto que establece las enseñanzas mínimas de la ESO destaca que no solo el currículo escolar y sus concreciones estará orientado a la adquisición de las competencias básicas, sino que la organización y funcionamiento del centro, las actividades docentes, las formas de relación que se establezcan entre los integrantes de la comunidad educativa y las actividades complementarias y extraescolares pueden facilitar el logro de las mismas.

En consecuencia, las cc.bb., además de estar integradas en el currículo escolar, han de servir de guía en la elaboración del proyecto educativo en su conjunto: en el establecimiento de los objetivos y líneas estratégicas, que deben tener como finalidad la consecución de las competencias, y en todos los aspectos del proyecto educativo que estén orientados a facilitar la adquisición de estas por el alumnado.

Los aspectos del proyecto educativo que están relacionados directamente con la adquisición de las cc.bb. son:

1. Las líneas prioritarias de actuación pedagógica.
2. Los objetivos propios para la mejora del rendimiento escolar y la continuidad del alumnado en el sistema educativo.
3. La concreción de los contenidos curriculares y el tratamiento transversal de la educación en valores y otras enseñanzas.
4. Los criterios para organizar y distribuir el tiempo escolar, así como los objetivos y programas de intervención en el tiempo extraescolar.
5. Los criterios generales para elaborar las programaciones didácticas y definir las pautas de intervención en las aulas.

Los planes del proyecto educativo que pueden contribuir de forma determinante en la adquisición de cc.bb. son:

1. Plan de atención a la diversidad
2. Plan de orientación y acción tutorial.
3. Plan de convivencia.

Otros planes del proyecto educativo que también favorecen el desarrollo de las competencias básicas. son:

1. Plan de formación del profesorado.
2. Plan de autoprotección: prevención de riesgos y salud.

3.2. Líneas prioritarias de actuación pedagógica que favorecen el desarrollo de las competencias básicas en el alumnado

El establecimiento de las líneas prioritarias de actuación pedagógica se realizará tomando como referencia los principios, objetivos y prescripciones curriculares que orientan la etapa educativa y teniendo en cuenta la realidad del centro (contexto sociocultural, características del alumnado y del profesorado, resultados de las evaluaciones iniciales y de las Pruebas de Evaluación de Diagnóstico, implicación de las familias, recursos materiales y humanos, relación con otros centros, con el entorno…).

El análisis de la realidad del centro permitirá establecer cuáles son las debilidades y fortalezas del centro y determinar las materias de mejora y las prioridades de actuación: aspectos del proyecto educativo que se van a potenciar de forma más concreta para promover y facilitar el desarrollo de las competencias.

Especial importancia tendrán las decisiones que afecten al planteamiento y organización del currículo, destacando los aspectos más relevantes que se consideren fundamentales de las competencias básicas que han de desarrollarse en la etapa educativa y enseñanzas que se imparten; así como las decisiones referidas a la organización y funcionamiento del centro, la distribución del tiempo escolar y extraescolar, la organización y funcionamiento de la biblioteca escolar, el uso de las TIC, etc.

Es fundamental que se tomen decisiones con respecto al **tratamiento transversal de la educación en valores y otras enseñanzas**, cobrando especial relevancia la planificación de intervenciones con el alumnado con respecto a la identificación y potenciación de escenarios escolares en los que se cultive la igualdad real y efectiva entre hombres y mujeres, se analicen los problemas o cuestiones relacionados con la convivencia que dificultan esta igualdad y se facilite al alumnado su implicación en la toma de decisiones, en situación de igualdad, sobre los conflictos que se producen en la vida diaria en los centros educativos.

De igual modo, una de las líneas maestras de actuación que ha de consolidarse en los centros, a través de su formulación y concreción en el proyecto educativo, es la referida al **conocimiento, comprensión y toma de postura, sobre las situaciones de discriminación real que se vive entre el alumnado**, en el ámbito escolar y ciudadano, por motivos de las diferencias culturales de origen. Por ello, se precisa se determine con claridad y precisión las medidas pertinentes que se van a desarrollar para la integración de estos colectivos en la vida del centro y la creación de escenarios de aprendizaje enriquecidos desde la aportación de las diversas culturas que representan e identifican al alumnado.

En el mismo sentido, el **fortalecimiento del respeto de los derechos humanos y de las libertades fundamentales y de los valores** para una vida responsable en una sociedad libre y democrática es esencial que se convierta en una de líneas estratégicas formativas del centro. Para ello, se precisa que se establezcan, tanto por los órganos de coordinación docente como de gobierno del centro, las normas básicas para la convivencia pacífica entre el alumnado, los cauces de participación y de resolución de conflictos y los procedimientos para ejercicio de los derechos y deberes reconocidos al alumnado.

Por otro lado, se hace imprescindible la reflexión sobre **el tratamiento de la educación en valores en el desarrollo del currículo** y **la adquisición de hábitos de vida saludable y deportiva,** fomentando que los espacios e instalaciones del centro mantengan las condiciones higiénico-sanitarias indispensables para una vida saludable entre el alumnado y estableciendo las medidas preventivas necesarias para evitar comportamientos y prácticas sustentadas en consumos que supongan drogodependencia de cualquier índole.

3.3. Objetivos propios de centro para la mejora del rendimiento escolar y la continuidad del alumnado en el sistema educativo

El planteamiento de los objetivos propios que redunden positivamente en la mejora del rendimiento escolar ha de basarse en las líneas prioritarias de actuación establecidas previamente por el centro en el proyecto educativo.

En función de los resultados de las Pruebas de Evaluación Diagnóstico (PED) y de las evaluaciones iniciales, fundamentalmente, el centro establecerá unos objetivos propios en relación a los siguientes aspectos relacionados directamente con la adquisición de las cc.bb. Objetivos educativos: currículo y práctica docente, tutoría, organización y funcionamiento del centro, mejora del clima escolar, implicación del profesorado en programas educativos y grupos de trabajo, e implicación de las familias: compromisos educativos.

Estos **objetivos propios**, emanados de los principios y objetivos de la etapa, se contextualizarán y concretarán para dar respuesta a las necesidades y expectativas educativas detectadas en la comunidad educativas y servirán de referente para la toma de decisiones en relación con la planificación educativa, con objeto de favorecer la mejora y el éxito en los resultados escolares y la continuidad del alumnado en el sistema educativo, como mínimo, en la enseñanza básica, desde planteamientos inclusivos.

En esta línea de concreción del proyecto educativo, los órganos pertinentes deberán establecer el procedimiento de participación e implicación de todos los sectores educativos para la identificación de las fortalezas y materias de mejora del centro, con objeto de facilitar la elaboración de los objetivos propios que responda a la realidad diversa, única e irrepetible, del contexto en el que se ubica y desarrolla sus cometidos el centro educativo. Para ello, se hace necesario que se defina con claridad y transparencia el procedimiento de participación, seguimiento y evaluación del desarrollo y resultados obtenidos en relación con los objetivos planteados.

3.4. Concreción de los contenidos curriculares y tratamiento transversal de la educación en valores y otras enseñanzas

Uno de los aspectos fundamentales que deben configurar el proyecto educativo de un centro, en torno al cual se han de articular el resto de los aspectos, es el referido a la coordinación y planificación de los contenidos curriculares. En este sentido, cobra especial relevancia el trabajo realizado por los órganos de coordinación docente en torno a la toma de decisiones respecto al currículo escolar que se va a desarrollar en el centro y su concreción en las programaciones didácticas.

Se hace indispensable la reflexión en el seno de los mismos sobre el establecimiento de unos criterios compartidos y asumidos por todo el profesorado en relación con la vertebración del currículo en torno a las competencias básicas, a lo largo de la etapa y enseñanzas que se imparten en el centro y la toma de decisiones con respecto a los modelos de organización de los contenidos curriculares: materias, ámbitos, y a su concreción en unidades didácticas, proyectos de trabajo o tareas integradas para definir las líneas y pautas estratégicas de intervención docente en las aulas, conforme a los principios de actuación establecidos. Se pone de manifiesto la necesidad de incluir de forma integrada las competencias básicas en el currículo escolar y la cohesión del proyecto educativo-programaciones de materia-programación de aula.

Los departamentos didácticos, tal como se expone en capítulos anteriores, han de plantearse la reorganización del currículo de cada materia en base al desarrollo de las competencias básicas y a los aspectos que las hacen operativas. Y ello a partir de las directrices y pautas marcadas en el proyecto educativo en relación con la coordinación y concreción de los contenidos curriculares, los criterios de evaluación de las materias como referentes fundamentales para valorar el grado de adquisición de las competencias básicas y el tratamiento de los aspectos transversales y otras enseñanzas.

Estas directrices han de ser fruto de la reflexión, debate y consenso en los diferentes órganos de coordinación docente y han de marcar la hoja de ruta a seguir en la planificación de la práctica docente en sus diferentes niveles de concreción. Así mismo, han de ser el marco referencial en el que basarse los diferentes órganos, para establecer unos indicadores de proceso y resultados que permitan el seguimiento y valoración de las prácticas realizadas en función de su aportación a la mejora de los rendimientos escolares del alumnado.

En los institutos de Educación Secundaria se establecerán, además, los criterios para determinar la oferta de materias optativas. En el caso del Bachillerato, se fijarán los criterios para la organización de los bloques de materias en cada una de las modalidades impartidas, y en la Formación Profesional inicial los criterios para la organización curricular y la programación de los módulos profesionales de formación en centros de trabajo y proyecto integrado de cada uno de los ciclos formativos que se impartan.

Respecto a la práctica docente, el trabajo en competencias básicas debe impulsar la reflexión y el debate pedagógico en los centros ante la necesidad de establecer cambios metodológicos que den respuesta a las necesidades que está demandando la educación hoy día. Estos debates deberán llevar al establecimiento de pautas metodológicas comunes. Para ello, es clave que se someta a reflexión la dependencia del libro de texto.

Los docentes deben plantearse romper con determinadas rutinas que le ofrecen cierta seguridad pero que no responden con eficacia a las necesidades del alumnado, y abordar cambios más profundos en el diseño y desarrollo de su práctica docente. Desde esta perspectiva más innovadora pueden plantearse la implementación del trabajo de aula por tareas integradas, aprovechando las herramientas de que disponen actualmente para la difusión de buenas prácticas respecto a las cc.bb. a través de Internet, encuentros profesionales, cursos de formación, etc.

La generación de debates en torno a la actualización y mejora de la práctica docente, en el seno de los órganos de coordinación docente, y la elaboración y puesta en práctica de un **plan de formación del profesorado** del centro, a corto y medio plazo, son claves para abordar la implementación de las cc.bb. en el currículo escolar de centro, en la práctica docente y en la adecuación de la organización del centro, llevados a cabo con el sosiego y tranquilidad que se requiere.

3.5. La organización y distribución del tiempo escolar y extraescolar

Los criterios para organizar y distribuir el tiempo escolar deben favorecer un marco de intervención que facilite el desarrollo de las competencias básicas. Éstos se establecerán teniendo en consideración que deben estar orientados a facilitar la adquisición de las competencias básicas en el alumnado. En este sentido, es interesante que el profesorado se plantee la posibilidad de integrar las materias en ámbitos, cuestión que va a facilitar el aprendizaje por tareas integradas.

La programación de actividades extraescolares, por parte del profesorado, debe favorecer el trabajo por competencias, por cuanto que se facilita, a través de estas actividades, abordar trabajos integrados de investigación que impliquen la participación del alumnado en todo su desarrollo: viajes educativos, programación de teatros, actividades deportivas, etc.

Respecto a las actividades extraescolares programadas en horario de tarde, debemos destacar su importancia respecto a la adquisición de las cc.bb., ya que constituyen en sí mismas aprendizajes de currículo no formal o de apoyo al currículo formal. Su programación debe responder a las necesidades del centro, ser elaborada de forma coherente con el currículo ordinario y existir una coordinación permanente entre las actividades que se realizan y la labor docente (currículo formal).

Además, los centros deben aprovechar la existencia de recursos como la biblioteca escolar abierta a la comunidad, aulas de Informática…, e impulsar la participación en su gestión de las familias y del propio alumnado.

Por último, señalar la labor educativa que se puede realizar en el Servicio del Comedor Escolar, con una adecuada programación de la actividad de estos servicios que puede ser apoyada por los docentes.

4. PLANTEAMIENTO Y DESARROLLO DE PROGRAMAS Y PLANES EDUCATIVOS DIRIGIDOS AL DESARROLLO DE LAS COMPETENCIAS PARA LA VIDA

4.1. Plan de atención a la diversidad del alumnado

El plan de atención a la diversidad debe estar orientado a responder a las necesidades educativas concretas del alumnado y a la consecución de las competencias básicas y de los objetivos de la etapa.

En la realización de las programaciones didácticas debe contemplarse, por una parte, una secuencia de tareas y actividades que permitan la personalización de los procesos de aprendizajes y que favorezcan la atención a la diversidad. En función de los resultados de las diferentes evaluaciones y de las PED, se pueden establecer medidas concretas curriculares y/o organizativas para el alumnado que lo precise.

El establecimiento de una "Escala Graduada de Logro o Dominio", que establece o determina un proceso de adquisición continua de aprendizajes complejos o competencias, facilita una práctica docente y una evaluación que tiene como principio de acción educativa fundamental la atención a la diversidad del alumnado desde una práctica inclusiva. Así mismo, esta escala de indicadores facilita al profesorado proponer, en torno a un mismo objeto de conocimiento, un referente personalizado y que responda al nivel curricular de cada alumno, posibilitando con ello la participación de todo el alumnado en la resolución de una misma propuesta de trabajo con demandas de desarrollo y de logro adaptadas a las capacidades de cada alumno/a (ver capítulo VII).

En los programas de refuerzo cobran especial relevancia por su carácter más instrumental la adquisición por parte del alumnado de las competencias de "Comunicación lingüística" y "Competencia matemática"; y por su importancia en el desarrollo de la autonomía del alumno para responder a sus necesidades y resultados educativos la "competencia aprender a aprender", la "competencia para la autonomía e iniciativa personal" y la "competencia digital y tratamiento de la información".

Los programas de refuerzo (de instrumentales, de aprendizajes no adquiridos y planes personalizados para alumnado que no promociona) se realizarán a partir de las mismas programaciones didácticas en las que se han formulado los indicadores que determinan el grado de logro o dominio de las competencias.

Se trata de hacer más hincapié en la adquisición de los aprendizajes imprescindibles para la vida que aportan las cc.bb., que en los contenidos estrictamente aportados por las materias curriculares. Y de utilizar una metodología activa y colaborativa que favorezca fundamentalmente la adquisición de las competencias lingüística, matemática y de autonomía e iniciativa personal a través de la planificación y desarrollo de actividades motivadoras en las que se use una selección de textos relacionados con su vida y sus intereses, se plantee la resolución de problemas relacionados con la vida cotidiana, y se diseñe la realización de tareas acordes con su nivel competencial.

Es fundamental también la toma de decisiones sobre la adopción y aplicación de medidas organizativas acordes a los planteamientos pedagógicos y curriculares establecidos, en función de las necesidades detectas y recursos disponibles dirigidas al desarrollo de las competencias básicas. Así pues, en la Educación Secundaria, entre las medidas se contemplarán los agrupamientos flexibles, el apoyo en grupos ordinarios, los desdoblamientos de grupo, la oferta de materias optativas, las medidas de refuerzo, las adaptaciones del currículo, la integración de materias en ámbitos, los programas de diversificación curricular y otros programas de tratamiento personalizado para el alumnado con necesidad específica de apoyo educativo.

4.2. Plan de Orientación y Acción Tutorial

El Plan de Orientación y Acción Tutorial (POAT) es el instrumento que va a facilitar el seguimiento personalizado del proceso de aprendizaje del alumnado y su adquisición de competencias básicas (previniéndose de esta forma el fracaso escolar), la orientación académica y profesional, la convivencia escolar y la relación y cooperación de las familias.

La LOE, en su artículo 1, relativo a los principios de la educación, establece como uno de esos principios "*La orientación educativa y profesional, como medio necesario para el logro de una formación personalizada, que propicie una educación integral en conocimientos, destrezas y valores.*"

Las finalidades educativas fijadas en la LOE relacionan estrechamente la orientación escolar y la acción tutorial con el desarrollo y adquisición de las competencias básicas en su conjunto, pero, fundamentalmente, con la competencia y actitudes para "aprender a aprender", la competencia para la "autonomía e iniciativa personal" y la competencia "social y ciudadana".

Es de máxima importancia que en el proyecto educativo se especifiquen los criterios que se van a seguir en la elaboración del POAT, teniendo en consideración para ello las siguientes pautas para que su desarrollo se dirija a la consecución de las competencias que son básicas para la vida del alumnado:

- Los **objetivos generales** del POAT deben establecerse a partir del análisis de la realidad centro y de las necesidades detectadas. Estos objetivos se orientarán fundamentalmente al conocimiento y seguimiento del alumnado, a **la adquisición de competencias básicas** por el mismo y a la prevención de dificultades en su adquisición, y a su integración escolar, con especial atención a la transición de etapas educativas. Por tanto, las cuestiones administrativas, la relación con las familias y las cuestiones de convivencia y disciplina no constituyen el eje fundamental del POAT, sino aspectos a contemplar en su elaboración que van a permitir lograr los objetivos propuestos.
- La **acción tutorial** es labor del equipo docente y, por tanto, tarea compartida del profesorado que lo compone en su elaboración y desarrollo. Los orientadores de los centros y de los equipos deben colaborar y apoyar esta función.
- El **seguimiento del alumnado** se realizará tanto a nivel individual para cada uno de los alumnos y alumnas en su proceso de aprendizaje y de adquisición de competencias básicas, como grupal (clima de convivencia, intereses, necesidades como grupo).
- **La adquisición de las competencias básicas** y en especial la "competencia aprender a aprender", la competencia para la autonomía e iniciativa personal y la "social y ciudadana" serán el referente clave en la programación de las actividades de tutoría.
- La **programación de la acción tutorial** para cada grupo se realizará a partir de los objetivos generales del POAT y en función de las necesidades del grupo, detectadas en la evaluación inicial (grado de dominio de las competencias básicas) y en otros registros que se tengan del alumnado (historial académico, observaciones dentro y fuera del aula, PED, etc.).
- La mayor parte de las **actividades de tutoría** con el alumnado estarán integradas en el currículo, pero hay aspectos de la tutoría (orientación académica y profesional, convivencia, participación del alumnado en el centro) que deberán desarrollarse en el horario destinado a este fin.
- El POAT potenciará la **cooperación entre el centro, las familias del alumnado y el entorno**, estableciendo vínculos de colaboración que se reflejará en la programación de actividades a desarrollar en relación con las familias y el entorno. Esta relación permitirá a los centros, por una parte, conocer mejor al alumnado y, por otra, la colaboración de madres y padres en aspectos educativos y de convivencia, la suscripción de compromisos educativos y de convivencia, el establecimiento de pautas educativas comunes y la incidencia en el currículo informal del alumnado.

- Se debe impulsar la **coordinación entre etapas educativas**, dentro del mismo centro y entre los centros adscritos o vinculado, para facilitar al alumnado el tránsito entre la educación primaria y la educación secundaria.
- Por último, al tener el POAT como metas la prevención de dificultades de aprendizaje y la mejora de la convivencia y adaptación del alumnado al entorno escolar, es necesario la **cohesión y coherencia** en la programación de los tres planes básicos del proyecto educativo: POAT, Plan de convivencia y Plan de Atención a la diversidad.
- Respecto a la actuación con el alumnado, desde el Plan de Orientación y Acción Tutorial, la intervención educativa se orientará en torno a los **aspectos transversales de** la educación y el desarrollo integral del alumnado:

a) Educación en estilos de vida saludables (salud, prevención de drogodependencias, educación afectivo-sexual, relacionada con la competencia en el conocimiento y la interacción con el mundo físico).
b) Desarrollo y consolidación de hábitos de disciplina, estudio y trabajo individual y en equipo, ligados a la competencia "aprender a aprender".
c) Capacidad para regular el propio aprendizaje y adquisición de destrezas básicas en la utilización de las fuentes de información para adquirir nuevos conocimientos, con sentido crítico, unidos al tratamiento de la información y la competencia digital.
d) Desarrollo y aprecio de la creatividad, estrechamente vinculada con la competencia cultural y artística.
e) La prevención de las dificultades en el proceso de enseñanza y aprendizaje en relación con la comprensión lectora y hábito lector; los programas específicos para la mejora de capacidades o competencias básicas; la mejora de la motivación, refuerzo del interés y apoyo al aprendizaje de hábitos y técnicas de estudio. Se trataría de hacer referencia a la tipología de tareas, que desarrollen las competencias básicas, prestando especial interés a las competencias lingüística y matemática.
f) El planteamiento de la orientación académica y profesional dirigido al conocimiento de los intereses y capacidades del alumnado, la reconducción de su proceso de aprendizaje, cuando sea necesario, y el tránsito entre etapas educativas, que debe vincularse con el desarrollo, prioritariamente de la competencia para la autonomía e iniciativa personal y de la competencia "aprender a aprender".

- El POAT recogerá también otros aspectos que inciden directamente en la adquisición de las cc.bb., como son:

- Atención al **alumnado con necesidad específica de apoyo educativo**, con objeto de detectar y adoptar medidas curriculares y organizativas, dirigida al desarrollo de todas las competencias pero con especial atención a aquellas que muestran un carácter más instrumental –comunicación lingüística, competencia matemática y conocimiento e interacción con el medio físico, y la competencia de autonomía e iniciativa personal–.

- La detección y actuación en casos de **absentismo y situaciones familiares desfavorables**, en las que tendrían una incidencia fundamental el desarrollo integrado de todas las competencias básicas.
- **Las actividades de acogida y de tránsito entre etapas**, relacionadas con las competencia social y ciudadana, la competencia "aprender a aprender" y la competencia para la autonomía e iniciativa personal.

La prevención de las dificultades en el proceso de enseñanza y aprendizaje y la atención al alumnado con necesidad específica de apoyo educativo se programarán en la tutoría, a partir del plan de atención a la diversidad del centro.

En conclusión, por su relación con el currículo escolar, con los otros planes básicos educativos, y por la vinculación que establece con las familias y el entorno, el POAT deberá ser uno de los instrumentos básicos y fundamentales en el trabajo por competencias básicas.

4.3. Plan de convivencia

Es imprescindible disponer de un adecuado clima escolar para que la escuela pueda desarrollar adecuadamente sus funciones. En este sentido, el Plan de convivencia de un centro favorece la adquisición de todo el conjunto de competencias y prioritariamente con la competencia **social y ciudadana**.

La programación del Plan de convivencia debe contemplar las medidas que el centro se propone para favorecer las relaciones entre los miembros de los distintos sectores de la comunidad escolar, por lo que se deben destacar fundamentalmente las referidas a su carácter educativo y preventivo, de posibles conflictos o problemas de convivencia entre iguales y entre los sectores educativos.

Cuestiones importantes a tener en cuenta en el plan de convivencia son la de clarificar las responsabilidades de los diferentes sectores y colectivos de la comunidad escolar, desde el respeto y consolidación de los derechos y deberes que la normativa reconoce a profesores/as, alumnos/as y padres y madres, así como la de preservar y fomentar la igualdad de derechos de todos ellos y, en particular, entre hombres y mujeres.

La participación en el centro se puede concretar, por ejemplo, en la elaboración de normas de convivencia en los grupos clase con la participación del alumnado, en la potenciación de la junta de delegado/as, en la distribución de diversas tareas y responsabilidades entre el alumnado, y en favorecer la participación e implicación de las familias con la implantación de figuras como la de "madres/padres delegados de curso.

Otro aspecto importante es el de contemplar todos los tiempos, escolares y extraescolares, dedicando especial atención a los tiempos no lectivos (recreos, cambio de clases, etc.). En este sentido, se puede plantear y favorecer que los recreos sean "espacio de convivencia pacífica y lúdica" si se programan juegos cooperativos, que potencien las relaciones positivas, y se procura que los tiempos entre clases sean mínimos y puedan dedicarse a realización de responsabilidades asumidas por el alumnado.

Finalmente, el Plan de convivencia debe confeccionarse en consonancia con los aspectos y medidas concretas de organización y funcionamiento establecidas por el centro con el objeto de favorecer un clima adecuado de convivencia que facilite el aprendizaje del alumnado y la mejora de los resultados y rendimientos escolares.

4.4. Plan de Formación del Profesorado

La elaboración y puesta en práctica del plan de formación del profesorado es clave para abordar la implementación de las cc.bb. en los diseños curriculares, en la práctica docente y en la adecuada organización del centro. Debe responder a las necesidades de formación detectadas y acorde a los planes educativos a los que esté acogido el centro.

Es conveniente que se plantee una programación a corto, medio y largo plazo, teniendo en cuenta la situación de la plantilla (definitiva, provisional), las líneas prioritarias de actuación y los objetivos propios del centro expresados en el proyecto educativo.

4.5. Plan de autoprotección

Una de las finalidades del Plan de autoprotección es la de *"fomentar el desarrollo de aprendizajes basados en competencias para la vida y la supervivencia, propias de la cultura de la prevención de riesgos: valores, actitudes, prácticas, conocimientos y comportamientos, para actuar de manera eficaz ante una situación de emergencia y para desarrollar hábitos de vida saludables"*. En este sentido, el Plan de autoprotección debe programar actividades de prevención de riesgos que deben ser incluidas en el currículo escolar y potenciar así la adquisición de la competencia en el conocimiento y la interacción con el mundo físico y la competencia para la autonomía e iniciativa personal.

5. IMPLICACIÓN DE LAS FAMILIAS EN LA VIDA ESCOLAR

La participación y colaboración de las familias en la vida escolar y, sobre todo, en los procesos de aprendizaje de sus hijos e hijas vinculados a la adquisición de las competencia básicas, ha de estar sustentada en un planteamiento informativo objetivo y coherente con las familias, y en la generación de espacios de encuentro que faciliten la adopción de compromisos educativos, cuando la situación escolar del alumno así lo requiera.

Las competencias básicas son resultado de la integración de aprendizajes formal, no formal, e informal. Y, en este sentido, es clave la participación de las familias en la vida escolar que debe ser potenciada desde la tutoría y desde el centro, tanto a nivel individual como colectivo.

La labor tutorial y de centro que va a favorecer su implicación partirá de la debida información y del mantenimiento de un contacto permanente a través entrevistas, reuniones, agendas escolares, etc.

A nivel colectivo, se propone la utilización de paneles informativos, circulares, y de procedimiento de comunicación e intercambio de información utilizando sistemas informáticos, y el mantenimiento de reuniones informativas de carácter general a nivel de grupo-clase, con carácter periódico a lo largo del curso escolar.

Se debe informar a las familias sobre los documentos planificadores del centro, el funcionamiento y organización del mismo, los libros de texto, las actividades escolares extraescolares y complementarias etc., y de cuantas cuestiones se consideren necesarias para un mejor conocimiento del centro escolar e implicación de los padres y madres del alumnado.

A nivel individual, deben ser informados sobre la evolución escolar de sus hijo/a, su integración en el grupo-clase y en el centro, los resultados de las evaluaciones, las faltas de asistencia, las conductas contrarias a las normas de convivencia y sus posibles correcciones.

En definitiva, se utilizarán instrumentos que faciliten a las familias la máxima información sobre las actividades del centro y sobre la evolución de sus hijos/as, y a la vez el centro debe recoger información sobre la familia y el alumno/a.

A nivel tutorial, se debe buscar su apoyo y participación tanto en aspectos que favorezcan la convivencia como a nivel educativo: refuerzo en las actividades que hacen en casa, apoyo en tareas de investigación, adopción de criterios comunes respecto a la disciplina de sus hijos/as y a las responsabilidades que deben ir asumiendo en el ámbito escolar y familiar, y la suscripción de compromisos educativos y de convivencia.

6. LA BIBLIOTECA ESCOLAR COMO CENTRO DE RECURSOS PARA EL APRENDIZAJE

La biblioteca escolar es una herramienta indispensable en un trabajo orientado a la adquisición de las competencias básicas por el alumnado.

La importancia de la lectura y la obligatoriedad de que todos los centros educativos cuenten con el recurso de la biblioteca escolar está expresamente recogida en la LOE y en la normativa que la desarrolla. El Real Decreto de enseñanzas mínimas para la Educación Secundaria Obligatoria señala que la lectura es un factor primordial para el desarrollo de las competencias básicas.

Por su parte, las administraciones educativas están aportando recursos que faciliten su existencia y su gestión. Son los propios centros los que deben hacer de las bibliotecas un recurso en torno al cual se estructuren actividades lectivas y extraescolares que potencian la lectura y la construcción del conocimiento por el alumnado. En definitiva, la adquisición en conjunto de las competencias básicas.

La biblioteca escolar, considerada como centro de recursos para el aprendizaje escolar, deberá reunir tanto los materiales didácticos que brindan información y ayuda para llevar adelante el currículum escolar, como textos literarios que fomenten el placer de la lectura, en formato impreso, audiovisual o multimedia. Estará dotada de las nuevas tecnologías de la información y la comunicación, y ubicada en un lugar específico y accesible del centro. Su organización deberá facilitar que se cumplan los siguientes objetivos en relación con la adquisición de las competencias básicas por el alumnado:

a) Potenciar el hábito lector, vinculado a la competencia en comunicación lingüística.
b) Posibilitar el trabajo autónomo del alumnado en la construcción del conocimiento relacionado con las competencias "aprender a aprender" y la competencia para la autonomía e iniciativa personal.
c) Facilitar la realización de tareas y proyectos integrados, relacionados con todas las competencias.

Es muy importante que en los centros se planteen también la utilización de la biblioteca fuera del horario lectivo, posibilitando el acceso a esta del alumnado en su tiempo libre o en actividades extraescolares, para lo cual pueden contar con la colaboración de las familias, de las administraciones locales, etc.

7. LAS COMPETENCIAS BÁSICAS EN LAS NORMAS DE ORGANIZACIÓN Y FUNCIONAMIENTO DE LOS CENTROS EDUCATIVOS

En función de las decisiones adoptadas en el proyecto educativo, el centro debe reglamentar las normas organizativas y de funcionamiento que faciliten la consecución de los objetivos propuestos en el proyecto educativo y favorezcan la adquisición de las competencias básicas por el alumnado.

Los aspectos que se consideran directamente relacionadas con el desarrollo de las competencias básicas, son los que a continuación se enumeran:

- La participación de los diferentes sectores de la comunidad educativa en la vida del centro.
- Los criterios y procedimientos que garanticen el rigor y la transparencia en la toma de decisiones por los distintos órganos de gobierno y de coordinación docente.
- El plan de reuniones de los órganos de coordinación docente.
- La coordinación intercentros.
- Los criterios de asignación de horas de dedicación a las tareas asociadas a los órganos de gobierno y a los órganos de coordinación docente.
- La organización de los espacios y recursos materiales del centro, en especial el uso de las TIC y el funcionamiento de la biblioteca escolar.
- La organización de actividades extraescolares y complementarias.
- Y otras normas de régimen interno.

Las normas organizativas y de funcionamiento son claves para generar escenarios, tiempos y relaciones, que favorecen la adquisición de aprendizajes para la vida, por parte del alumnado, que les permiten integrarse con plenas garantías y asumir responsabilidades, de acuerdo con su edad y madurez personal, en el mundo en el que viven.

La participación e implicación del alumnado en la vida del centro debe ser un objetivo básico que va a potenciar la adquisición de sus competencias. Así, debe favorecerse su participación y asunción de responsabilidades desde su más corta edad y ampliarse con su crecimiento. La puesta en funcionamiento de la junta de delegados/as y de otras figuras de alumnas/os participantes en tareas tanto a nivel de aula como de centro, como por ejemplo la de los alumnos/as mediadores, es importante iniciarlas desde la educación primaria.

Respecto a las familias, se debe establecer el procedimiento adecuado para la suscripción de compromisos educativos y de convivencia, la posibilidad de establecer la figura de madres-padres mediadores de conflictos, de madres/padres delegados/as, la biblioteca escolar o periódico escolar con participación de las familias, la escuela de madres/padres etc. En definitiva, se deben promover cauces que potencien la participación de las familias en la vida del centro, además del Consejo Escolar y AMPA.

En cuanto a la coordinación docente, el órgano competente a nivel de centro debe ser el instrumento vertebrador de la organización y funcionamiento del centro, difusor de la información y posibilitador de debates pedagógicos y de toma de decisiones democráticas. De manera que posibilite que los equipos docentes de los ciclos debatan, se informen y lleven sus propuestas al equipo directivo. Es, por tanto, fundamental potenciar este órgano de coordinación: las personas que lo integran deben tener un fuerte vínculo con el centro (trayectoria anterior, iniciativa innovadora e implicación) y sobre todo deben adherirse al proyecto de dirección del centro.

También es necesario que se incluyan, además, las decisiones organizativas adoptadas respecto a la coordinación del profesorado: sesiones de carácter pedagógico por materias de conocimiento. Es conveniente la implementación de formas organizativas que superen el marco del equipo docente-ciclo, como por ejemplo establecer una coordinación por materias de conocimiento en clave de competencias, en las que se establezcan criterios comunes metodológicos para la etapa educativa.

Hay que destacar también la importancia de la coordinación entre los centros adscritos o vinculados (EI-CEIP-ESO) y la posibilidad de establecer proyectos o acuerdos comunes respecto a currículo, práctica docente, convivencia, posibilidad de elaborar proyectos educativos comunes.

Por último, estas normas deben regular la organización de las actividades complementarias y extraescolares y la coordinación de éstas con las actividades escolares, el uso de las TIC y la biblioteca escolar, como instrumentos que potencian el desarrollo y adquisición de las competencias básicas por el alumnado.

Capítulo IX
Propuesta estratégica para integrar las competencias en el currículo escolar de centro

1. CONSIDERACIONES PREVIAS

El punto de partida para el diseño y desarrollo del currículo escolar de un centro educativo ha de ser la detección de necesidades y dificultades de aprendizaje del alumnado, a través de la evaluación inicial y del análisis de los resultados de las Pruebas de Evaluación de Diagnóstico y de las calificaciones de final de curso.

Así mismo, la apuesta por un currículo escolar basado en el desarrollo de las competencias básicas requiere de la constante interacción entre el contexto del centro, la realidad educativa del alumnado y el marco. Esta propuesta permite tener una visión de conjunto del tratamiento de cada competencia en el currículo escolar, a través de las materias o ámbitos, como marco de referencia que promueve y facilita el desarrollo de las competencias.

De esta forma, la organización del currículo escolar por competencias básicas requiere el esclarecimiento previo de las tareas que los órganos de coordinación docente han de asumir, a corto y medio plazo, para favorecer la construcción compartida y consensuada de los elementos programáticos del proyecto educativo de cada centro.

En esta línea, el currículo se ha de entender como una herramienta profesional con la que los departamentos didácticos han de establecer las correspondientes interrelaciones entre los elementos curriculares de las materias o ámbitos con los aspectos distintivos que desarrollan una determinada competencia.

Los centros educativos necesitan de un planteamiento estratégico, que sea compartido por todo el profesorado, en torno al diseño y desarrollo de la programación didáctica en clave de competencias básicas.

A modo de síntesis, en función del marco normativo vigente y del tratamiento teórico-práctico expuesto en los anteriores capítulos, la **propuesta estratégica del Proyecto "Azahara"** que se presenta posibilita la toma de decisiones de los órganos de gobierno y de coordinación didáctica de los centros educativos sobre la integración de las competencias básicas en el currículo escolar y la implementación de medidas que mejoran la práctica docente y el éxito escolar del alumnado.

Así, esta propuesta facilita a los equipos de coordinación docente de los centros el diseño y desarrollo de la metodología más acorde con su trayectoria, disponibilidad y pretensiones.

Desde su propia experiencia, habrá centros que acepten el modelo presentado como el punto de partida para la toma de decisiones, contextualizándolo en función de su realidad social, cultural y educativa y de las necesidades y expectativas de éxito del alumnado y de las familias.

Sin embargo, otros centros podrán llevar a cabo un proceso de construcción propio, sustentado en la acomodación del planteamiento estratégico a su realidad profesional y en la adaptación de los instrumentos que se ponen a su disposición.

2. FASES DEL PROCESO DE INTEGRACIÓN DE LAS COMPETENCIAS BÁSICAS EN EL CURRÍCULO ESCOLAR DE CENTRO

Primera fase: **Diagnóstico del contexto y del centro educativo".**

Segunda fase: **"Análisis del marco normativo vigente: toma de decisiones sobre el currículo y las competencias básicas".**

Tercera fase: **"Tratamiento de las competencias básicas en las programaciones didácticas".**

Cuarta fase: **"Planificación de la práctica docente en el aula".**

Quinta fase: **"Evaluación de las competencias básicas en los procesos de enseñanza-aprendizaje".**

Sexta fase: **"Diseño del proyecto educativo desde la perspectiva de las competencias básicas".**

1ª FASE	DIAGNÓSTICO DEL CONTEXTO SOCIO-CULTURAL DEL CENTRO EDUCATIVO Y DE LOS RESULTADOS Y RENDIMIENTOS ESCOLARES DEL ALUMNADO	
TAREAS		INSTRUMENTOS
1ª	**Definición y caracterización de los elementos y notas comunes** del contexto **socio-cultural y educativo del centro.**	
	1.1. Análisis del contexto socio-cultural (informe de los resultados de los cuestionario a las familias).	1.1. Análisis del contexto, del centro escolar y de la situación del alumnado.
2ª	**Reflexión sobre los aspectos destacables** del diagnóstico en torno a los rendimientos y los resultados escolares del alumnado: **PED, evaluación inicial, resultados académicos.**	
	2.1. Valoración de las evaluaciones iniciales: detección de necesidades y dificultades de aprendizaje del alumnado.	1.2. Diseño de la evaluación inicial del alumnado por cc.bb. 1.3. Situación inicial del alumnado en la adquisición de las cc. bb.
	2.2. Tendencia de los resultados de las Pruebas de Evaluación Diagnóstico: identificación de las dimensiones y elementos mejorables. Propuestas de mejora	Documento resultados de las P.E.D.
	2.3. Estimación de las calificaciones escolares y de los datos de promoción del alumnado.	Actas de evaluación final del alumnado.
	2.4. Objetivos propios para la mejora del rendimiento escolar.	
3ª	Determinación de las dimensiones **y medidas de mejora** del centro en torno a los problemas y dificultades del alumnado en relación con la **adquisición de las competencias básicas.**	1.4. Propuestas de mejora de los resultados de las PED.

2ª FASE	TOMA DE DECISIONES SOBRE EL PLANTEAMIENTO DEL CURRÍCULO Y DE LAS COMPETENCIAS BÁSICAS
TAREAS	INSTRUMENTOS
1ª. Tarea: Reflexión y toma de decisiones sobre la integración de las competencias básicas en el currículo escolar.	Reales decretos, decretos y órdenes que desarrollan el currículo de la educación secundaria. 2.1. Articulación de las enseñanzas propias de las CC.AA. con las cc.bb.
2ª. Tarea: Deliberación y toma de decisiones sobre la contribución de las materias al desarrollo de las competencias básicas.	
3ª. Tarea: Formulación de descriptores de cada competencia básica, a nivel de etapa y concreción de los indicadores de logro o dominio que ha de alcanzar el alumnado en el curso.	
3.1. Planificación de las competencias básicas en la **etapa educativa.**	
3.1.1. Seleccionar y reformular los aspectos distintivos de cada competencia básica en función del diagnóstico realizado en el centro.	2.3. Selección de los aspectos distintivos de las cc. bb. y su articulación con las materias curriculares de la ESO.
3.1.2. Vincular los aspectos distintivos de cada competencia con la **contribución de las materias** a nivel de etapa y con los criterios de valoración de las enseñanzas propias de la Comunidad Autónoma correspondiente.	2.4. Vinculación de las materias con las cc.bb. 2.5. Contribución de las materias al desarrollo de las cc.bb.
3.1.3. Establecer **organizadores internos** para relacionar los aspectos distintivos de las cc.bb. con los aprendizajes imprescindibles aportados por las materias.	2.6. Formulación de descriptores de etapa en la ESO.
3.1.4. Elaborar **descriptores** sobre el nivel de adquisición de la competencia en la etapa educativa.	
3.2. Concreción de las competencias básicas en el **curso.**	
3.2.1. Determinar los **descriptores de etapa** que van a desarrollarse en cada curso.	
3.2.2. Seleccionar y vincular **los criterios de evaluación** de las materias con los descriptores de etapa y con los organizadores internos.	
3.2.3. Formular los indicadores **de logro o dominio** en función de los criterios de evaluación de referencia.	2.7. Elaboración de indicadores de logro o dominio por curso.
3.2.4. Tomar decisiones sobre los indicadores **de logro de** cada competencia, **referente común** del equipo docente en el desarrollo de tareas integradas compartidas.	

	3.2.5. Elaborar la escala de graduación de los indicadores de logro a lo largo de la etapa educativa.	2.8. Escala graduada de logro o dominio de las competencias básicas.
4ª Tarea: Concreción de la metodología de trabajo.		
	Opción 1. Partir de propuestas modelo y contextualizarlas en función de la realidad del centro y del alumnado.	2.6. Formulación de descriptores de etapa. 2.7. Escala graduada de logro o dominio de las competencias básicas. 2.8. Escala graduada de logro o dominio de las competencias básicas
	Opción 2. Desarrollar un proceso autónomo en la elaboración del diseño curricular, aceptando unas pautas comunes de referencia.	Los instrumentos presentados.

3ª FASE:	TRATAMIENTO DE LAS COMPETENCIAS BÁSICAS EN EL DISEÑO Y DESARROLLO DE LAS PROGRAMACIONES DIDÁCTICAS	
TAREAS		INSTRUMENTOS
1ª Tarea: Toma de decisiones en torno a la **organización del currículo** escolar:		
	1) Opción "A": Diseño de la programación por materias.	3.1. Vinculación de los Objetivos de etapa con las cc.bb. 3.2. Elaboración de las programaciones didácticas de las materias por cc.bb.
	2) Opción "B": Elaboración de la programación didáctica por ámbitos.	3.1. Vinculación de los Objetivos de etapa con las cc.bb. 3.3. Elaboración de las programaciones didácticas de ámbitos por cc.bb.
	3) Opción "C": Confección de las programaciones didácticas por competencias básicas.	3.1. Vinculación de los Objetivos de etapa con las cc.bb. Elaboración de las programaciones didácticas por cc.bb.
2ª Tarea: Toma de decisiones en relación con los elementos y aspectos que conforman la programación didáctica.		3.1. Vinculación de los Objetivos de etapa con las cc.bb. 3.2. Elaboración de las programaciones didácticas de las materias por cc.bb.
	1) Articulación de las competencias básicas con el resto de elementos de la programación didáctica.	
	2) Vinculación de los objetivos con las competencias básicas (descriptores de etapa).	
	3) Articulación de las enseñanzas propias de las CC.AA. con las competencias básicas del currículo.	2.1. Articulación de las enseñanzas propias con las cc.bb.
	4) Referencialidad de los criterios de evaluación con respecto a los indicadores de logro o dominio.	5.2. Vinculación de los indicadores de logro o dominio con los criterios de evaluación de las materias.

4ª FASE:	PLANIFICACIÓN DE LA PRÁCTICA DOCENTE EN EL AULA: "DEL SABER AL SABER HACER"
TAREAS	**INSTRUMENTOS**
1ª Tarea: Reflexión sobre el tratamiento integrado de las competencias básicas en la práctica docente.	Modelos de enseñanza y pautas metodológicas compartidas. 4.1. Planificación de acciones dirigidas a la implementación de las cc.bb. en el currículo escolar.
2ª Tarea: Toma de decisiones en torno al diseño y desarrollo de las unidades didácticas de las materias a través de la realización de tareas integradas.	4.3. Programación de una unidad didáctica integrada.
3º Tarea: Toma de decisiones sobre el diseño y desarrollo de tareas integradas en torno a los ámbitos de conocimiento y experiencia.	3.3. Elaboración de las programaciones por de ámbitos por cc.bb. 4.2. Diseño de una tarea integrada multidisciplinar. 4.3. Planificación de acciones dirigidas a la implementación de las cc.bb. en el currículo escolar. 4.4. Desarrollo de una tarea integrada. 4.5. Catálogo de tareas.
4ª Tarea: Diseño y desarrollo de tareas integradas de carácter multidisciplinar.	4.2. Diseño de una tarea integrada multidisciplinar. 4.3. Planificación de acciones dirigidas a la implementación de las cc.bb. en el currículo escolar. 4.4. Desarrollo de una tarea integrada. 4.5. Catálogo de tareas. 4.6. Banco de recursos de lectura.

5ª FASE:	EVALUACIÓN DE LAS COMPETENCIAS BÁSICAS EN LOS PROCESOS DE ENSEÑANZA-APRENDIZAJE	
TAREAS		**INSTRUMENTOS**
1ª Tarea: Acuerdos de los equipos docentes en relación con los indicadores **de logro o dominio** que se proponen para cada competencia básica.		2.8. Escala graduada de logro o dominio de las competencias básicas.
2ª Tarea: Concreción de la evaluación en la planificación de la práctica docente.		
	1) Selección de los **criterios de evaluación** de las materias que harán de **referente básico** para **valorar los aprendizajes** considerados imprescindibles.	5.1. Interrelación de los criterios de evaluación con las cc.bb.
	2) **Vinculación de los criterios de evaluación** con los indicadores **de logro** o dominio de las competencias básicas.	5.2. Vinculación de los indicadores de logro o dominio con los criterios de evaluación de las materias.
	3) Explicitación en la **secuencia de aprendizaje** o en la/s **tarea/s** de las actividades de evaluación.	
	4) **Valoración** del grado de **desarrollo y adquisición de las competencias**, tras los procesos y resultados del aprendizaje promovido.	5.3. Tratamiento de la evaluación de las cc.bb. en la planificación y desarrollo de la práctica docente en el aula.

3ª Tarea: Elaboración de **registros e instrumentos** para el seguimiento y evaluación de las competencias básicas en los procesos de enseñanza/aprendizaje.	5.4. Registro del nivel de logro desarrollado por el alumnado en los procesos de enseñanza/aprendizaje.
4ª Tarea: Toma de decisiones en torno a la **promoción** del alumnado en relación con el desarrollo/adquisición de las competencias básicas.	5.5. Toma de decisiones para la promoción/titulación del alumnado.

6ª FASE:	PLANTEAMIENTO Y DESARROLLO DEL PROYECTO EDUCATIVO DESDE LA PERSPECTIVA DE LAS COMPETENCIAS BÁSICAS	
TAREAS		**INSTRUMENTOS**
1ª Tarea: Reflexión en torno a los objetivos, principios y modelos que sustentan el **proyecto educativo**.		
2ª Tarea: Toma de decisiones sobre los aspectos que lo conforman.		
	1) Delimitación de los **objetivos propios** de centro.	
	2) Definición de las **prioridades de actuación pedagógica.**	
	3) Establecimiento de los **criterios de coordinación** para elaborar las **programaciones didácticas**.	
	4) Descripción de las medidas de **atención a la diversidad**.	
	5) Enfoque **del Plan de orientación y acción tutorial** y del **Plan de convivencia**.	
	6) Organización y distribución del **tiempo escolar.**	
3ª Tarea: Revisión periódica de los procesos seguidos y de los resultados obtenidos y ajuste de las programaciones a las necesidades educativas del alumnado.		
4ª Tarea: **Retroalimentación del Proyecto** a partir de la reflexión y validación de la práctica docente desarrollada, adecuándolo a las nuevas demandas sociales, a la tendencia de las variables contextuales que intervienen en el mismo y a las exigencias del sistema educativo.		

3. INSTRUMENTOS PARA LA INTEGRACIÓN DE LAS COMPETENCIAS BÁSICAS EN EL CURRÍCULO ESCOLAR DE CENTRO

1. Diagnóstico del contexto, del centro y del alumnado

1.1. Análisis del contexto socio-cultural y del centro educativo.
1.2. Diseño de la evaluación inicial del alumnado por competencias básicas.
1.3. Situación inicial del alumnado en relación con la adquisición de las competencias básicas.
1.4. Propuestas de mejora de los resultados de las Pruebas de Evaluación Diagnóstico.

2. Toma de decisiones sobre la organización del currículo escolar por competencias básicas

2.1. Articulación de las enseñanzas propias de la Comunidad Autónoma con las competencias básicas.
2.2. Modelos de enseñanza y pautas metodológicas compartidas.
2.3. Selección de los aspectos distintivos de las competencias básicas y su articulación con las materias curriculares de la ESO.
2.4. Vinculación de las materias con las competencias básicas.
2.5. Contribución de las materias al desarrollo de las competencias básicas.
2.6. Formulación de descriptores de etapa en la ESO.
2.7. Elaboración de indicadores de logro o dominio en la ESO.
2.8. Escala graduada de logro o dominio de las competencias básicas.

3. Programaciones didácticas y de aula

3.1. Vinculación de los Objetivos de etapa con las competencias básicas.
3.2. Elaboración de las programaciones de las materias por competencias básicas.
3.3. Elaboración de las programaciones de ámbitos por competencias básicas.

4. Planificación de la práctica docente

4.1. Programación de una unidad didáctica integrada.
4.2. Diseño de una tarea integrada multidisciplinar.
4.3. Planificación de acciones dirigidas a la implementación de las competencias básicas en el currículo escolar.
4.4. Desarrollo de una tarea integrada.
4.5. Catálogo de tareas.

4.6. Banco de recursos de lectura.

5. **Tratamiento de la evaluación de las competencias básicas en las programaciones didácticas**

5.1. Interrelación de los criterios de evaluación de la ESO con las competencias básicas.
5.2. Vinculación de los indicadores de logro o dominio con los criterios de evaluación de las materias.
5.3. Tratamiento de la evaluación de las competencias básicas en la planificación y desarrollo de la práctica docente del aula.
5.4. Registro del nivel de logro desarrollado por el alumnado en los procesos de enseñanza/aprendizaje.
5.5. Toma de decisiones para la evaluación y promoción del alumnado.

1. DIAGNÓSTICO DEL CONTEXTO, DEL CENTRO Y DEL ALUMNADO	
1.1. ANÁLISIS DEL CONTEXTO SOCIO-CULTURAL Y DEL CENTRO EDUCATIVO	
1) Características del contexto sociocultural y del centro educativo.	
2) Incidencia del contexto socio-cultural en el rendimiento académico del alumnado y en el desarrollo de las competencias básicas.	
3) Necesidades educativas del alumnado y expectativas de las familias y del profesorado.	

1.2. DISEÑO DE LA EVALUACIÓN INICIAL DEL ALUMNADO POR COMPETENCIAS BÁSICAS	
1) Cursos implicados en la evaluación inicial.	
2) Criterios comunes para la confección de las pruebas.	
3) Materias.	
4) Competencias básicas objeto de evaluación.	
5) Dimensiones, elementos, aspectos de las competencias.	
6) Valoración de los resultados: medidas adoptadas.	

1.3. SITUACIÓN INICIAL DEL ALUMNADO EN RELACIÓN CON LA ADQUISICIÓN DE LAS CC.BB.		
COMPETENCIAS BÁSICAS	**GRADO DE DOMINIO ALCANZADO**	**DIFICULTADES / DÉFICIT DEL ALUMNADO**
C. Comunicación lingüística.		
C. Matemática.		
C. Conocimiento e interacción con el mundo físico.		
C. Tratamiento de la información y competencia digital.		
C. Social y ciudadana.		
C. Cultural y artística.		
C. Aprender a aprender.		
C. Autonomía e iniciativa personal.		

1.4. PROPUESTAS DE MEJORA DE LOS RESULTADOS DE LAS PRUEBAS DE EVALUACIÓN DE DIAGNÓSTICO

COMPETENCIA BÁSICA	DIMENSIONES	ELEMENTOS	PROPUESTAS DE MEJORA
C. COMUNICACIÓN LINGÜÍSTICA			
C. MATEMÁTICA			
C. CONOCIMIENTO E INTERACCIÓN CON EL MUNDO FÍSICO			
C. TRATAMIENTO DE LA INFORMACIÓN Y COMPETENCIA DIGITAL			

COMPETENCIA BÁSICA	DIMENSIONES	ELEMENTOS	PROPUESTAS DE MEJORA
C. SOCIAL Y CIUDADANA			
C. CULTURAL Y ARTÍSTICA			
C. APRENDER A APRENDER			
C. AUTONOMÍA E INICIATIVA PERSONAL			

2. TOMA DE DECISIONES SOBRE LA ORGANIZACIÓN DEL CURRÍCULO ESCOLAR POR COMPETENCIAS BÁSICAS								
2.1. ARTICULACIÓN DE LAS ENSEÑANZAS PROPIAS DE LA COMUNIDAD AUTÓNOMA CON LAS COMPETENCIAS BÁSICAS								
MATERIA	COMPETENCIAS BÁSICAS							
APRENDIZAJES IMPRESCINDIBLES	C.L.	M.	C.I. M.F.	S.C.	C.A.	T.I. C.D.	A.A.	A.I.P.

ASPECTOS TRANSVERSALES	C.L.	M.	C.I. M.F.	S.C.	C.A.	T.I. C.D.	A.A.	A.I.P.

2.2. MODELOS DE ENSEÑANZA Y PAUTAS METODOLÓGICAS COMPARTIDAS			
COMPETENCIAS BÁSICAS	MODELOS DE ENSEÑANZAS	PAUTAS METODOLÓGICAS	IMPLICACIONES CURRICULARES / ORGANIZATIVAS
C. Comunicación lingüística			
C. Matemática			
C. Conocimiento e interacción con el mundo físico			
C. Tratamiento de la información y competencia digital			
C. Social y ciudadana			
C. Cultural y artística			
C. Aprender a aprender			
C. Autonomía e iniciativa personal			

2.3. SELECCIÓN DE LOS ASPECTOS DISTINTIVOS DE LAS COMPETENCIAS BÁSICAS Y SU ARTICULACIÓN CON LAS MATERIAS CURRICULARES DE LA ESO

COMPETENCIA BÁSICA:

ASPECTOS DISTINTIVOS	CC. NN.	CC.SS. Gª/Hª	ED. FIS.	ED. CIUD.	ED. PL.V.	IN-FOR.	LAT.	L. C. LIT.	L. EXTR.	MA-TEM.	MUS.	TECN.

2.4. VINCULACIÓN DE LAS MATERIAS CON LAS COMPETENCIAS BÁSICAS

COMPETENCIAS BÁSICAS	CC. NN.	CC.SS. Gª/Hª	ED. FIS.	ED. CIUD	ED. PL.V.	INFOR	LAT.	L. C. LIT.	L. EXTR.	MATEM.	MUS.	TECN.
C. Comunicación lingüística												
C. Matemática												
C Conocimiento e interacción con el mundo físico												
C. Tratamiento de la información y competencia digital												
C. Social y ciudadana												
C. Cultural y artística												
C. Aprender a aprender												
C. Autonomía e iniciativa personal												

2.5. CONTRIBUCIÓN DE LAS MATERIAS AL DESARROLLO DE LAS COMPETENCIAS BÁSICAS

C.B.:	EDUCACIÓN SECUNDARIA OBLIGATORIA

ASPECTOS DISTINTIVOS	MATERIAS	APRENDIZAJES IMPRESCINDIBLES
	MATEMÁTICAS	
	C. SOCIALES, GEOGRAFÍA E HISTORIA	
	ED. PARA LA CIUDADANÍA	
	LATÍN	
	ED. FÍSICA	
	INFORMÁTICA	
	MÚSICA	
	TECNOLOGÍA	
	L. EXTRANJERAS	
	EDUCACIÓN PLÁSTICA Y VISUAL	
	C. DE LA NATURALEZA	
	L. CASTELLANA Y LITERATURA	

2.6. FORMULACIÓN DE DESCRIPTORES DE ETAPA EN LA EDUCACIÓN SECUNDARIA OBLIGATORIA

COMPETENCIA BÁSICA: “ ”

ORGANIZADORES	ASPECTOS DISTINTIVOS	APRENDIZAJES IMPRESCINDIBLES	MATERIAS	DESCRIPTORES DE LA ETAPA
Conocimientos, saberes y experiencias aplicadas en la resolución de problemas y tareas.			L. CASTELLANA Y LITERATURA	
			C. SOCIALES, GEOGRAFÍA E HISTORIA	
			ED. PARA LA CIUDADANÍA	
			LATÍN	
			ED. FÍSICA	
			INFORMÁTICA	
			MÚSICA	
			TECNOLOGÍA	
			L. EXTRANJERAS	
			MATEMÁTICAS	
			CC. NATURALEZA	
			ED. PLÁSTICA Y VISUAL	

ORGANIZADORES	ASPECTOS DISTINTIVOS	APRENDIZAJES IMPRESCINDIBLES	MATERIAS	DESCRIPTORES DE LA ETAPA
Habilidades prácticas y cognitivas en la resolución de tareas y problemas.			L. CASTELLANA Y LITERATURA	
			C. SOCIALES, GEOGRAFÍA E HISTORIA	
			ED. PARA LA CIUDADANÍA	
			LATÍN	
			ED. FÍSICA	
			INFORMÁTICA	
			MÚSICA	
			TECNOLOGÍA	
			L. EXTRANJERAS	
			MATEMÁTICAS	
			CC. NATURALEZA	
			ED. PLÁSTICA Y VISUAL	

ORGANIZADORES	ASPECTOS DISTINTIVOS	APRENDIZAJES IMPRESCINDIBLES	MATERIAS	DESCRIPTORES DE LA ETAPA
Valores, actitudes, sentimientos y emociones que se manifiestan en la resolución de tareas y problemas.			L. CASTELLANA Y LITERATURA	
			C. SOCIALES, GEOGRAFÍA E HISTORIA	
			ED. PARA LA CIUDADANÍA	
			LATÍN	
			ED. FÍSICA	
			INFORMÁTICA	
			MÚSICA	
			TECNOLOGÍA	
			L. EXTRANJERAS	
			MATEMÁTICAS	
			CC. NATURALEZA	
			ED. PLÁSTICA Y VISUAL	

ORGANIZADORES	ASPECTOS DISTINTIVOS	APRENDIZAJES IMPRESCINDIBLES	MATERIAS	DESCRIPTORES DE LA ETAPA
Resolución de problemas en un contexto determinado.			L. CASTELLANA Y LITERATURA	
			C. SOCIALES, GEOGRAFÍA E HISTORIA	
			ED. PARA LA CIUDADANÍA	
			LATÍN	
			ED. FÍSICA	
			INFORMÁTICA	
			MÚSICA	
			TECNOLOGÍAS	
			L. EXTRANJERAS	
			MATEMÁTICAS	
			CC. NATURALEZA	
			ED. PLÁSTICA Y VISUAL	

2.7. ELABORACIÓN DE INDICADORES DE LOGRO O DOMINIO EN LA ESO	
COMPETENCIA BÁSICA: " "	
DESCRIPTOR ETAPA:	INDICADORES DE LOGRO O DOMINIO ___ ES0
MATERIAS	CRITERIOS DE EVALUACIÓN
L. CASTELLANA Y LIT.	
L. EXTRANJERA	
C. SOC, Gª E HIST.	
C.NATURALEZA.	
MÚSICA	
ED. PLÁSTICA Y VIS.	
ED. FÍSICA	
ED. CIUDADANÍA	
INFORMÁTICA	
LATÍN	
TECNOLOGÍA	
MATEMÁTICAS	
2.8. ESCALA GRADUADA DE DE LOGRO O DOMINIO DE LAS COMPETENCIAS BÁSICAS	

COMPETENCIA BÁSICA: ____________			
INDICADORES 1º ES0	**INDICADORES 2º ESO**	**INDICADORES 3º ESO**	**INDICADORES / DESCRIPTORES DE ETAPA 4º ESO**

3. PROGRAMACIONES DIDÁCTICAS Y DE AULA		
3.1. VINCULACIÓN DE LOS OBJETIVOS DE ETAPA CON LAS COMPETENCIAS BÁSICAS		
COMPETENCIAS BÁSICAS	**OBJETIVOS ETAPA EDUCATIVA**	**MATERIAS**
C. Comunicación lingüística		
C. Matemática		
C. Conocimiento e interacción con el mundo físico		
C. Tratamiento de la información y competencia digital		
C. Social y ciudadana		
C. Cultural y artística		
C. Aprender a aprender		
C. Autonomía e iniciativa personal		

3.2. ELABORACIÓN DE LAS PROGRAMACIONES DIDÁCTICAS DE LAS MATERIAS POR COMPETENCIAS BÁSICAS				
MATERIA		CURSO		
COMPETENCIA BÁSICA: COMUNICACIÓN LINGÜÍSTICA	Objetivos de etapa:			
Indicadores de logro	Objetivos de Materia	Contenidos		Criterios de evaluación
		R.D. 1631/2006	Propios CC. AA.	
COMPETENCIA BÁSICA: MATEMÁTICA	Objetivos de etapa:			
Indicadores de logro	Objetivos de Materia	Contenidos		Criterios de evaluación
		R.D. 1631/2006	Propios CC. AA.	

COMPETENCIA BÁSICA: C. E INTERACCIÓN CON EL MUNDO FÍSICO	Objetivos de etapa:			
Indicadores de logro	Objetivos de Materia	Contenidos		Criterios de evaluación
		R.D. 1631/2006	Propios CC. AA.	

COMPETENCIA BÁSICA: TRATAMIENTO DE LA INFORMACIÓN Y COMPETENCIA DIGITAL	Objetivos de etapa:			
Indicadores de logro	Objetivos de Materia	Contenidos		Criterios de evaluación
		R.D. 1631/2006	Propios CC. AA.	

COMPETENCIA BÁSICA: SOCIAL Y CIUDADANA	Objetivos de etapa:			
Indicadores de logro	Objetivos de Materia	Contenidos		Criterios de evaluación
		R.D. 1631/2006	Propios CC. AA.	

COMPETENCIA BÁSICA: CULTURAL Y ARTÍSTICA	Objetivos de etapa:			
Indicadores de logro	Objetivos de Materia	Contenidos		Criterios de evaluación
		R.D. 1631/2006	Propios CC. AA.	

COMPETENCIA BÁSICA: AUTONOMÍA E INICIATIVA PERSONAL	Objetivos de etapa:			
Indicadores de logro	**Objetivos de Materia**	**Contenidos**		**Criterios de evaluación**
		R.D. 1631/2006	**Propios CC. AA.**	

COMPETENCIA BÁSICA: APRENDER A APRENDER	Objetivos de etapa:			
Indicadores de logro	**Objetivos de Materia**	**Contenidos**		**Criterios de evaluación**
		R.D. 1631/2006	**Propios CC. AA.**	

3.3. ELABORACIÓN DE LAS PROGRAMACIONES DE ÁMBITOS POR COMPETENCIAS BÁSICAS

ÁMBITO ____________ CURSO ____________

OBJETIVOS DE ETAPA:

MATERIAS	OBJETIVOS	CONTENIDOS (BLOQUES TEMÁTICOS)	CRITERIOS EVALUACIÓN	COMPETENCIAS BÁSICAS	INDICADORES DE LOGRO

MATERIAS	OBJETIVOS	CONTENIDOS (BLOQUES TEMÁTICOS)	CRITERIOS EVALUACIÓN	COMPETENCIAS BÁSICAS	INDICADORES DE LOGRO

MATERIAS	OBJETIVOS	CONTENIDOS (BLOQUES TEMÁTICOS)	CRITERIOS EVALUACIÓN	COMPETENCIAS BÁSICAS	INDICADORES DE LOGRO

DECISIONES ORGANIZATIVAS Y FUNCIONALES	
AGRUPAMIENTOS	
TIEMPO ESCOLAR	
PROFESORADO	
ESPACIOS	

4. PLANIFICACIÓNDE LA PRÁCTICA DOCENTE

4.1. PROGRAMACIÓN DE UNA UNIDAD DIDÁCTICA INTEGRADA

MATERIA:			CURSO:		
Objet de Estudio:					
Competencias Básicas	**Indicadores de logro**	**Objetivos**	**Contenidos**	**Criterios de Evaluación**	**Secuencia de aprendizaje**
C. Comunicación lingüística					
C. Matemática					
C. Conocimiento e interacción con el mundo físico					
C. Tratamiento de la información y competencia digital					
C. Social y ciudadana					
C. Cultural y artística					
C. Aprender a aprender					
C. Autonomía e iniciativa personal					

4.2. PROGRAMACIÓN DE UNA UNIDAD DIDÁCTICA INTEGRADA MULTIDISCIPLINAR

Ámbito/Materia:			Ámbito/ Materia:			Ámbito/ Materia:		
Objetivos	Contenidos	Criterios de evaluación	Objetivos	Contenidos	Criterios de evaluación	Objetivos	Contenidos	Criterios de evaluación

AGRUPAMIENTOS:	RECURSOS:

COMPETENCIAS BÁSICAS	INDICADORES DE LOGRO	SECUENCIA DE APRENDIZAJE	CONTEXTOS DE USO
Comunicación lingüística			
Matemática			
Conocimiento e interacción con el mundo físico			
Tratamiento de la información y competencia digital			
Social y ciudadana			
Cultural y artística			
Aprender a aprender			
Autonomía e iniciativa personal			

4.3. PLANIFICACIÓN DE ACCIONES DIRIGIDAS A LA IMPLEMENTACIÓN DE LAS COMPETENCIAS BÁSICAS EN EL CURRÍCULO ESCOLAR			
ACCIONES	RESPONSABLES	TEMPORALIZACIÓN	INDICADORES DE MEJORA

4.4. DESARROLLO DE UNA TAREA INTEGRADA

TAREA	CONTEXTO/S	SECUENCIA DE TRABAJO	CC.BB. INDICADORES DE LOGRO

4.5. CATÁLOGO DE TAREAS		
ETAPA /CURSO	MATERIAS	COMPETENCIAS BÁSICAS

TAREA	RECURSOS	CONTEXTOS DE USO
TAREA	**RECURSOS**	**CONTEXTOS DE USO**

4.6. BANCO DE RECURSOS DE LECTURA				
MATERIAL	TABLAS	CURSO	MATERIA/S ASPECTOS TRANSVERSALES	COMPETENCIAS BÁSICAS

5. TRATAMIENTO DE LA EVALUACIÓN DE LAS COMPETENCIAS BÁSICAS EN LAS PROGRAMACIONES DIDÁCTICAS

5.1. INTERRELACIÓN DE LOS CRITERIOS DE EVALUACIÓN DE LA ESO CON LAS COMPETENCIAS BÁSICAS

COMPETENCIA BÁSICA:

MATERIAS	CRITERIOS EVALUACIÓN 1º ESO	CRITERIOS EVALUACIÓN 2º ESO	CRITERIOS EVALUACIÓN 3º ESO	CRITERIOS EVALUACIÓN 4º ESO
LENGUA CASTELLANA Y LITERATURA				
LENGUAS EXTRANJERAS				
MATEMÁTICAS				
CIENCIAS DE LA NATURALEZA				
CIENCIAS SOCIALES, GEOGRAFÍA E HISTORIA				

MATERIAS	CRITERIOS EVALUACIÓN 1º ESO	CRITERIOS EVALUACIÓN 2º ESO	CRITERIOS EVALUACIÓN 3º ESO	CRITERIOS EVALUACIÓN 4º ESO
ED. FÍSICA				
ED. PARA LA CIUDADANÍA				
EDUCACIÓN PLÁSTICA				
LATÍN				
MÚSICA				
TECNOLOGÍA				
INFORMÁTICA				

5.2. VINCULACIÓN DE LOS INDICADORES DE LOGRO CON LOS CRITERIOS DE EVALUACIÓN DE LAS MATERIAS		
PROGRAMACIÓN DIDÁCTICA DEL MATERIA:		
COMPETENCIAS BÁSICAS	INDICADORES DE LOGRO O DOMINIO	CRITERIOS DE EVALUACIÓN
C. Comunicación lingüística		
C. Matemática		
C. Conocimiento e interacción con el mundo físico		
C. Tratamiento de la información y competencia digital		
C. Social y ciudadana		
C. Cultural y artística		
C. Aprender a aprender		
C. Autonomía e iniciativa personal		

5.3. TRATAMIENTO DE LA EVALUACIÓN DE LAS COMPETENCIAS BÁSICAS EN LA PLANIFICACIÓN Y DESARROLLO DE LA PRÁCTICA DOCENTE DEL AULA			
MATERIA		UNIDAD DIDÁCTICA	
COMPETENCIAS BÁSICAS	**INDICADORES DE LOGRO (CURSO)**	**CRITERIOS DE EVALUACIÓN**	**TAREA/S INTEGRADAS**
C. Comunicación lingüística			
C. Matemática			
C. Conocimiento e interacción con el mundo físico			
C. Tratamiento de la información y competencia digital			
C. Social y ciudadana			
C. Cultural y artística			
C. Aprender a aprender			
C. Autonomía e iniciativa personal			

5.4. REGISTRO DEL NIVEL DE LOGRO DESARROLLADO POR EL ALUMNADO EN LOS PROCESOS DE ENSEÑANZA/APRENDIZAJE												
Alumno/a:	Curso: _______											
COMPETENCIA BÁSICA:	ESTIMACIÓN NIVEL DE LOGRO:											
INDICADORES DE LOGRO: ___ CURSO	1º TRIM.				2º TRIM.				3º TRIM.			
	1	2	3	V	1	2	3	V	1	2	3	V

5.5. TOMA DE DECISIONES PARA LA PROMOCIÓN Y TIULACIÓN DEL ALUMNADO					
ALUMNO/A:	CURSO:				
C.B. COMUNICACIÓN LINGÜÍSITCA	ESTIMACIÓN DEL NIVEL DE LOGRO				
INDICADORES DE LOGRO:	Poco	Regular	Adecuado	Bueno	Excelente
C.B. MATEMÁTICA	ESTIMACIÓN DEL NIVEL DE LOGRO				
INDICADORES DE LOGRO:	Poco	Regular	Adecuado	Bueno	Excelente

C.B. C0NOCIM. E INTERACCIÓN CON EL MUNDO FÍSICO	ESTIMACIÓN DEL NIVEL DE LOGRO				
INDICADORES DE LOGRO:	Poco	Regular	Adecuado	Bueno	Excelente

C.B. TRATAMIENTO DE LA INFORMACIÓN Y C. DIGITAL	ESTIMACIÓN DEL NIVEL DE LOGRO				
INDICADORES DE LOGRO:	Poco	Regular	Adecuado	Bueno	Excelente

ALUMNO/A:	**CURSO:**				
C.B. SOCIAL Y CIUDADANA	**ESTIMACIÓN DEL NIVEL DE LOGRO**				
INDICADORES DE LOGRO:	Poco	Regular	Adecuado	Bueno	Excelente
C.B. CULTURAL Y ARTÍSTICA	**ESTIMACIÓN DEL NIVEL DE LOGRO**				
INDICADORES DE LOGRO:	Poco	Regular	Adecuado	Bueno	Excelente

C.B. APRENDER A APRENDER	ESTIMACIÓN DEL NIVEL DE LOGRO				
NIVELES DE LOGRO:	Poco	Regular	Adecuado	Bueno	Excelente
C.B. AUTONOMÍA E INICITIVA PERSONAL	**ESTIMACIÓN DEL NIVEL DE LOGRO**				
INDICADORES DE LOGRO:	Poco	Regular	Adecuado	Bueno	Excelente

Carpeta de documentos Nº 1

IMPLEMENTACIÓN DE LAS COMPETENCIAS BÁSICAS EN EL CURRÍCULO ESCOLAR DE LA EDUCACIÓN SECUNDARIA OBLIGATORIA

1. **Aspectos distintivos de la competencia básica.**
2. **Contribución de las materias al desarrollo de la competencia básica: aprendizajes imprescindibles.**
3. **Descriptores de etapa sobre las expectativas de desarrollo de las competencias básicas.**
4. **Evaluación de las competencias básicas: indicadores de logro o dominio a nivel de curso.**

1.1. *Competencia comunicación lingüística*

COMPETENCIA BÁSICA COMUNICACIÓN LINGÜÍSTICA		
ASPECTOS DISTINTIVOS	**MATERIAS**	**APRENDIZAJES IMPRESCINDIBLES**
1. **Expresión y comprensión de mensajes orales: escuchar, exponer y dialogar.** 2. **Instrumento de construcción y comunicación del conocimiento.** 3. **Utilización del lenguaje como instrumento de comunicación y de escritura, de representación, interpretación y comprensión de la realidad.** 4. **Comunicación oral y escrita.** 5. **Acceso a diversas fuentes de información, comunicación y aprendizaje.** 6. **Organización y autorregulación del pensamiento, las emociones y las conductas.** 7. **Expresión de pensamientos, emociones, vivencias y opiniones.** 8. **Promoción de la igualdad entre hombres y mujeres, y eliminación de estereotipos y expresiones sexistas.** 9. **Comunicación y desenvolvimiento en contextos distintos al propio.**	LENGUA CASTELLANA Y LITERATURA	❑ Aprendizaje del habla, la escucha, la lectura y la escritura para favorecer la interacción comunicativa y adquirir nuevos conocimientos. ❑ Captar el sentido global de los textos orales escuchados en diferentes contextos. ❑ Memorizar textos orales desde el conocimiento de sus rasgos estructurales y de contenido. ❑ Expresarse de forma clara, concisa y ordenada, según la situación comunicativa, usando el léxico, la entonación, pronunciación y registro adecuados. ❑ Adquirir el proceso de decodificación, pronunciación, ritmo, velocidad y entonación adecuados. ❑ Adquirir el código escrito y sus convenciones. ❑ Capacidad para interactuar de forma competente mediante el lenguaje en las diferentes esferas de la actividad social. ❑ Habilidades y estrategias para el uso de una lengua determinada y la capacidad para tomar la lengua como objeto de observación. ❑ Identificar la información más relevante. ❑ Captar las ideas generales y concretas y realizar inferencias sobre los textos leídos. ❑ Procesar la información procedente de diversos textos y formatos, identificándola, clasificándola y comparándola. ❑ Saber procesar la información en diferentes códigos: visuales, musicales, de expresión corporal. ❑ Redactar textos propios ajustados a su nivel, edad y experiencias personales, procurando siempre una funcionalidad comunicativa. ❑ Utilizar la escritura para aprender y organizar sus propios conocimientos. ❑ Realizar producciones ajustándose a un proceso de elaboración, planificación, coherencia y corrección gramatical y ortográfica. ❑ Respetar al interlocutor/a, la persona a la que escuchan, y el contenido de lo que escuchan.

ASPECTOS DISTINTIVOS	MATERIAS	APRENDIZAJES IMPRESCINDIBLES
		❑ Comunicar oralmente hechos y vivencias con una estructura que asegura un sentido global a lo comunicado. ❑ Utilizar un lenguaje no discriminatorio en cualquiera de sus manifestaciones. ❑ Mantener una actitud favorable ante la lectura y relacionar lo aprendido con sus propias vivencias. ❑ Mostrar interés por la creación literaria a través de la recreación de géneros acordes con su edad.
	LENGUAS EXTRANJERAS	❑ Reconocer y aprender progresivamente reglas de funcionamiento del sistema de la lengua extranjera. ❑ Captar el sentido global de los textos orales escuchados en diferentes contextos. ❑ Memorizar textos orales desde el conocimiento de sus rasgos estructurales y de contenido. ❑ Adquirir el proceso de decodificación, pronunciación, ritmo, velocidad y entonación adecuados según las lenguas concretas y el grado de formación en las mismas. ❑ Desarrollar habilidades comunicativas, aportando nuevos matices comprensivos y expresivos. ❑ Habilidades de escuchar, hablar y conversar. ❑ Habilidad para expresarse, oralmente y por escrito, utilizando las convenciones y el lenguaje apropiado a cada situación, interpretando diferentes tipos de discurso en contextos y con funciones diversas. ❑ Saber procesar la información en diferentes códigos: visuales, musicales, de expresión corporal. ❑ Ser capaz de redactar textos propios ajustados a su nivel, edad y experiencias personales, procurando siempre una funcionalidad comunicativa. ❑ Mantener una actitud y pautas de comportamiento correcta como oyentes, en sus distintos niveles (singular, dual o plural). ❑ Adquirir el código escrito y sus convenciones. ❑ Comunicar oralmente hechos y vivencias con una estructura que asegura un sentido global a lo comunicado. ❑ Generar ideas y opiniones, defenderlas con la autoexigencia de hablar bien y como forma de controlar su propia conducta y de relacionarse con la mayor variedad de personas en lenguas diferentes.

ASPECTOS DISTINTIVOS	MATERIAS	APRENDIZAJES IMPRESCINDIBLES
	MATEMÁTICAS	❑ Utilizar continuamente la expresión oral y escrita en la formulación y expresión de las ideas. ❑ Expresión oral y escrita de los procesos realizados y de los razonamientos seguidos, puesto que ayudan a formalizar el pensamiento (resolución de problemas). ❑ Usar el lenguaje matemático como vehículo de comunicación de ideas por la precisión en sus términos y por su gran capacidad para transmitir conjeturas gracias a un léxico propio de carácter sintético, simbólico y abstracto.
	C. SOC. GEOGRAFÍA E HISTORIA	❑ Habilidades para utilizar diferentes variantes del discurso, en especial, la descripción, la narración, la disertación y la argumentación y la adquisición de vocabulario de carácter básico y específico.
	CIENCIAS DE LA NATURALEZA	❑ Configurar y transmitir las ideas e informaciones: construcción del discurso, dirigido a argumentar o a hacer explícitas las relaciones. ❑ Cuidado en la precisión de los términos utilizados, en el encadenamiento adecuado de las ideas o en la expresión verbal de las relaciones.
	ED.PLÁSTICA Y VISUAL	❑ Integrar el lenguaje plástico y visual con otros lenguajes para enriquecer la comunicación.
	EDUCACIÓN PARA LA CIUDADANÍA Y D.H.	❑ Conocer y usar términos y conceptos propios del análisis de lo social. ❑ Ejercer la escucha, la exposición y la argumentación. ❑ Comunicar sentimientos, ideas y opiniones, utilizando tanto el lenguaje verbal como el escrito, la valoración crítica de los mensajes explícitos e implícitos en fuentes diversas y la publicidad y medios de comunicación.
	EDUCACIÓN FÍSICA	❑ Intercambios comunicativos y del vocabulario específico.
	INFORMÁTICA	❑ Soltura en el uso de fuentes de información y situaciones comunicativas diversas para consolidar las destrezas lectoras. ❑ Utilizar aplicaciones de procesamiento de texto en la composición de textos con diferentes finalidades comunicativas. ❑ Usar funcionalmente lenguas extranjeras.

ASPECTOS DISTINTIVOS	MATERIAS	APRENDIZAJES IMPRESCINDIBLES
	LATÍN	❑ Lectura comprensiva de textos diversos y expresión oral y escrita. ❑ Comprender e incorporar un vocabulario culto y específico de términos científicos y técnicos. ❑ Habilidad para recoger y procesar la información dada y utilizarla apropiadamente: interpretación de los elementos morfosintácticos y de vocabulario, la práctica de la traducción y de la retroversión. ❑ Conocer los procedimientos para la formación de las palabras y los fenómenos de evolución fonética: ampliación del vocabulario básico. ❑ Interés y respeto por todas las lenguas, incluyendo las antiguas y las minoritarias, y rechazo de los estereotipos basados en diferencias culturales y lingüísticas.
	MÚSICA	❑ Enriquecimiento de los intercambios comunicativos y la adquisición y uso de un vocabulario musical básico. ❑ Integrar el lenguaje musical y el lenguaje verbal, y la valoración del enriquecimiento que dicha interacción genera.
	TECNOLOGÍA	❑ Adquirir vocabulario específico, que ha de ser utilizado en los procesos de búsqueda, análisis, selección, resumen y comunicación de información. ❑ Lectura, interpretación y redacción de informes y documentos técnicos para contribuir al conocimiento y a la capacidad de utilización de diferentes tipos de textos y sus estructuras formales.

COMPETENCIA BÁSICA COMUNICACIÓN LINGÜÍSTICA				
ORGANIZADORES	**ASPECTOS DISTINTIVOS**	**APRENDIZAJES IMPRESCINDIBLES**	**MATERIAS**	**DESCRIPTORES DE LA ETAPA**
1. Conocimientos, saberes y experiencias aplicadas en la resolución de problemas y tareas.	❖ Expresión y comprensión de mensajes orales: escuchar, exponer y dialogar. ❖ Instrumento de construcción y comunicación del conocimiento.	❑ Aprendizaje del habla, la escucha, la lectura y la escritura para favorecer la interacción comunicativa y adquirir nuevos conocimientos. ❑ Captar el sentido global de los textos orales escuchados en diferentes contextos. ❑ Identificar la información más relevante. ❑ Memorizar textos orales desde el conocimiento de sus rasgos estructurales y de contenido. ❑ Expresarse de forma clara, concisa y ordenada, según la situación comunicativa, usando el léxico, la entonación, pronunciación y registro adecuados (CC.AA.). ❑ Adquirir el proceso de decodificación, pronunciación, ritmo, velocidad y entonación adecuados. ❑ Adquirir el código escrito y sus convenciones.	LENGUA CASTELLANA Y LITERATURA	1. Domina y utiliza el habla, la escucha, la escritura y la lectura en la comprensión, análisis, reflexión, adquisición y comunicación de informaciones y conocimientos.
		❑ Reconocer y aprender progresivamente reglas de funcionamiento del sistema de la lengua extranjera. ❑ Captar el sentido global de los textos orales escuchados en diferentes contextos. ❑ Memorizar textos orales desde el conocimiento de sus rasgos estructurales y de contenido. ❑ Adquirir el proceso de decodificación, pronunciación, ritmo, velocidad y entonación adecuados según las lenguas concretas y el grado de formación en las mismas. ❑ Adquirir el código escrito y sus convenciones.	LENGUAS EXTRANJERAS	2. Conoce los términos científicos y técnicos de cada materia y los aplica en la interpretación, elaboración, creación y transmisión de información.

ORGANIZADORES	ASPECTOS DISTINTIVOS	APRENDIZAJES IMPRESCINDIBLES	MATERIAS	DESCRIPTORES DE LA ETAPA
		❑ Configurar y transmitir las ideas e informaciones: construcción del discurso, dirigido a argumentar o a hacer explícitas las relaciones.	C. DE LA NATURALEZA	
		❑ Conocer y usar términos y conceptos propios del análisis de lo social.	ED. PARA LA CIUDADANÍA	
		❑ Lectura comprensiva de textos diversos y expresión oral y escrita. ❑ Comprender e incorporar un vocabulario culto y específico de términos científicos y técnicos.	LATÍN	
Habilidades prácticas y cognitivas utilizadas en la resolución de tareas y problemas.	❖ Utilización del lenguaje como instrumento de comunicación y de escritura, de representación, interpretación y comprensión de la realidad. ❖ Comunicación oral y escrita. ❖ Acceso a diversas fuentes de información, comunicación y aprendizaje.	❑ Capacidad para interactuar de forma competente mediante el lenguaje en las diferentes esferas de la actividad social. ❑ Habilidades y estrategias para el uso de una lengua determinada y la capacidad para tomar la lengua como objeto de observación. ❑ Captar las ideas generales y concretas y realiza inferencias sobre los textos leídos. ❑ Identificar la información más relevante. ❑ Procesar la información procedente de diversos textos y formatos, identificándola, clasificándola y comparándola. ❑ Saber procesar la información en diferentes códigos: visuales, musicales, de expresión corporal. ❑ Utilizar la escritura para aprender y organizar sus propios conocimientos. ❑ Realizar producciones ajustándose a un proceso de elaboración, planificación, coherencia y corrección gramatical y ortográfica.	LENGUA CASTELLANA Y LITERATURA	3. Emplea el lenguaje de forma competente para interpretar e interactuar en distintos escenarios de la actividad social, seleccionando y utilizando determinadas variantes del discurso: la descripción, la narración, la disertación y la argumentación.

ORGANIZADORES	ASPECTOS DISTINTIVOS	APRENDIZAJES IMPRESCINDIBLES	MATERIAS	DESCRIPTORES DE LA ETAPA
		❑ Desarrollar habilidades comunicativas, aportando nuevos matices comprensivos y expresivos. ❑ Habilidades de escuchar, hablar y conversar. ❑ Habilidad para expresarse, oralmente y por escrito, utilizando las convenciones y el lenguaje apropiado a cada situación, interpretando diferentes tipos de discurso en contextos y con funciones diversas. ❑ Saber procesar la información en diferentes códigos: visuales, musicales, de expresión corporal. ❑ Ser capaz de redactar textos propios ajustados a su nivel, edad y experiencias personales, procurando siempre una funcionalidad comunicativa.	LENGUAS EXTRANJERAS	4. Usa con soltura diversas fuentes en los procesos de búsqueda, análisis, selección, interpretación, resumen y comunicación de información, y en la redacción de informes y documentos técnicos.
		❑ Utilizar continuamente la expresión oral y escrita en la formulación y expresión de las ideas. ❑ Expresión oral y escrita de los procesos realizados y de los razonamientos seguidos, puesto que ayudan a formalizar el pensamiento (resolución de problemas).	MATEMÁTICAS	5. Participa en conversaciones y realiza explicaciones orales comprensibles y argumentadas sobre hechos de actualidad y de interés adaptadas a las características de la situación y de la intención comunicativa.
		❑ Cuidado en la precisión de los términos utilizados, en el encadenamiento adecuado de las ideas o en la expresión verbal de las relaciones.	CIENCIAS DE LA NATURALEZA	
		❑ Habilidades para utilizar diferentes variantes del discurso, en especial, la descripción, la narración, la disertación y la argumentación y la adquisición de vocabulario de carácter básico y específico.	C. SOCIALES, GEOGRAFÍA E HISTORIA	

ORGANIZADORES	ASPECTOS DISTINTIVOS	APRENDIZAJES IMPRESCINDIBLES	MATERIAS	DESCRIPTORES DE LA ETAPA
		❑ Intercambios comunicativos y del vocabulario específico.	EDUCACIÓN FÍSICA	
		❑ Integrar el lenguaje plástico y visual con otros lenguajes para enriquecer la comunicación.	ED. PLÁSTICA Y VISUAL	
		❑ Soltura en el uso de fuentes de información y situaciones comunicativas diversas para consolidar las destrezas lectoras. ❑ Utilizar aplicaciones de procesamiento de texto en la composición de textos con diferentes finalidades comunicativas.	INFORMÁTICA	
		❑ Habilidad para recoger y procesar la información dada y utilizarla apropiadamente: interpretación de los elementos morfosintácticos y de vocabulario, la práctica de la traducción y de la retroversión. ❑ Conocer los procedimientos para la formación de las palabras y los fenómenos de evolución fonética: ampliación del vocabulario básico.	LATÍN	
		❑ Enriquecimiento de los intercambios comunicativos y la adquisición y uso de un vocabulario musical básico.	MÚSICA	
		❑ Adquirir vocabulario específico, que ha de ser utilizado en los procesos de búsqueda, análisis, selección, resumen y comunicación de información. ❑ Lectura, interpretación y redacción de informes y documentos técnicos para contribuir al conocimiento y a la capacidad de utilización de diferentes tipos de textos y sus estructuras formales.	TECNOLOGÍA	

ORGANIZADORES	ASPECTOS DISTINTIVOS	APRENDIZAJES IMPRESCINDIBLES	MATERIAS	DESCRIPTORES DE LA ETAPA
Valores, actitudes, sentimientos y emociones, que se manifiestan en la resolución de tareas y problema.	❖ Organización y autorregulación del pensamiento, las emociones y las conductas. ❖ Expresión de pensamientos, emociones, vivencias y opiniones. ❖ Promoción de la igualdad entre hombres y mujeres, y eliminación de estereotipos y expresiones sexistas.	❑ Respetar al interlocutor, la persona a la que escuchan y el contenido de lo que escuchan. ❑ Comunicar oralmente hechos y vivencias con una estructura que asegura un sentido global a lo comunicado. ❑ Utilizar un lenguaje no discriminatorio, en cualquiera de sus manifestaciones. ❑ Mantener una actitud favorable ante la lectura y relacionar lo aprendido con sus propias vivencias. ❑ Mostrar interés por la creación literaria a través de la recreación de géneros acordes con su edad.	LENGUA CASTELLANA Y LITERATURA	6. Organiza y regula el pensamiento y la conducta, ejercitando la escucha, la exposición y la argumentación en diferentes situaciones de comunicación, desde el respeto a la variedad de hablas existentes y a la autoexigencia de hablar con corrección. en relación con las producciones literarias y de diversa índole cultural y científica.
		❑ Mantener una actitud y pautas de comportamiento correcta como oyentes, en sus distintos niveles (singular, dual o plural). ❑ Respeto por el interlocutor/a, la persona a la que escuchan, y por el contenido de lo que escuchan. ❑ Comunicar oralmente hechos y vivencias con una estructura que asegura un sentido global a lo comunicado. ❑ Genera ideas y opiniones, defenderlas con la autoexigencia de hablar bien y como forma de controlar su propia conducta y de relacionarse con la mayor variedad de personas en lenguas diferentes.	LENGUAS EXTRANJERAS	7. Comunica vivencias, ideas, sentimientos y emociones y expresa pensamientos y opiniones propias, de forma argumentada y crítica, sobre los mensajes explícitos e implícitos presentes en las diversas fuentes de información sobre cuestiones de interés social y de carácter literario.

ORGANIZADORES	ASPECTOS DISTINTIVOS	APRENDIZAJES IMPRESCINDIBLES	MATERIAS	DESCRIPTORES DE LA ETAPA
		❑ Ejercer la escucha, la exposición y la argumentación. ❑ Comunicar sentimientos, ideas y opiniones, utilizando tanto el lenguaje verbal como el escrito, la valoración crítica de los mensajes explícitos e implícitos en fuentes diversas y la publicidad y medios de comunicación.	EDUCACIÓN PARA LA CIUDADANÍA	
		❑ Usar recursos específicos para expresar ideas, sentimientos y emociones.	ED. PLÁSTICA Y VISUAL	
		❑ Integrar el lenguaje musical y el lenguaje verbal, y la valoración del enriquecimiento que dicha interacción genera.	MÚSICA	
Resolución de problemas en un contexto determinado.		❑ Redactar textos propios ajustados a su nivel, edad y experiencias personales, procurando siempre una funcionalidad comunicativa.	LENGUA CASTELLANA Y LITERATURA	8. Elabora textos sobre hechos o situaciones de relevancia social y realiza producciones propias con rigor lingüístico y argumento literario.
	❖ Comunicación y desenvolvimiento en contextos distintos al propio.	❑ Usar el lenguaje matemático como vehículo de comunicación de ideas por la precisión en sus términos y por su gran capacidad para transmitir conjeturas gracias a un léxico propio de carácter sintético, simbólico y abstracto.	MATEMÁTICAS	
		❑ Usar funcionalmente lenguas extranjeras.	INFORMÁTICA	9. Se pronuncia con firmeza y fundamento en contra de estereotipos y manifestaciones sociales basadas en diferencias culturales, lingüísticas y de género.
		❑ Interés y respeto por todas las lenguas, incluyendo las antiguas y las minoritarias, y rechazo de los estereotipos basados en diferencias culturales y lingüísticas.	LATÍN	

COMPETENCIA BÁSICA COMUNICACIÓN LINGÜÍSTICA	
DESCRIPTORES ETAPA: 1. Domina y utiliza el habla, la escucha, la escritura y la lectura en la comprensión, análisis, reflexión, adquisición y comunicación de informaciones y conocimientos. 2. Conoce los términos científicos y técnicos de cada materia y los aplica en la interpretación, elaboración, creación y transmisión de información.	**INDICADORES DE LOGRO O DOMINIO 1º ESO:** ❑ Comprende y extrae información, identificando el propósito, la idea global y las partes en los textos orales y escritos, y comunicando la información correctamente de forma oral y escrita. ❑ Aplica los conocimientos adquiridos sobre la lengua y las normas de uso en diferentes contextos de comunicación para resolver problemas de comprensión de textos orales y escritos y para realizar composiciones escritas.

MATERIAS	CRITERIOS DE EVALUACIÓN 1º ESO
LENGUA CASTELLANA Y LITERATURA	➢ Extraer informaciones concretas e identificar el propósito en textos escritos de ámbitos sociales próximos a la experiencia del alumnado, seguir instrucciones sencillas, identificar los enunciados en los que el tema general aparece explícito y distinguir las partes del texto. ➢ Reconocer el propósito y la idea general en textos orales de ámbitos sociales próximos a la experiencia del alumnado y en el ámbito académico; captar la idea global de informaciones oídas en radio o en TV y seguir instrucciones poco complejas para realizar tareas de aprendizaje. ➢ Iniciar el conocimiento de una terminología lingüística básica en las actividades de reflexión sobre el uso.
L. EXTRANJERA	➢ Reconocer la idea general y extraer información específica de textos escritos adecuados a la edad, con apoyo de elementos textuales y no textuales, sobre temas variados y otros relacionados con algunas materias del currículo. ➢ Comprender la idea general y las informaciones específicas más relevantes de textos orales, emitidos cara a cara o por medios audiovisuales sobre asuntos cotidianos, si se habla despacio y con claridad. ➢ Comunicarse oralmente participando en conversaciones y en simulaciones sobre temas conocidos o trabajados previamente, utilizando las estrategias adecuadas para facilitar la continuidad de la comunicación y produciendo un discurso comprensible y adecuado a la intención de comunicación.
C. SOCIALES, Gª E HISTORIA	➢ Realizar una lectura comprensiva de fuentes de información escrita de contenido geográfico o histórico y comunicar la información obtenida de forma correcta por escrito. ➢ Utilizar las convenciones y unidades cronológicas y las nociones de evolución y cambio aplicándolas a los hechos y procesos históricos.

MATERIAS	CRITERIOS DE EVALUACIÓN 1º ESO
CIENCIAS DE LA NATURALEZA	➢ Describir razonadamente algunas de las observaciones y procedimientos científicos que han permitido avanzar en el conocimiento de nuestro planeta y del lugar que ocupa en el Universo.
MÚSICA	➢ Leer distintos tipos de partituras en el contexto de las actividades musicales del aula como apoyo a las tareas de interpretación y audición.
ED.PLÁSTICAS Y VISUAL	➢ Identificar los elementos constitutivos esenciales de objetos y/o aspectos de la realidad.

COMPETENCIA BÁSICA COMUNICACIÓN LINGÜÍSTICA	
DESCRIPTORES ETAPA:	**INDICADORES DE LOGRO O DOMINIO 1º ESO:**
3. Emplea el lenguaje de forma competente para interpretar e interactuar en distintos escenarios de la actividad social, seleccionando y utilizando determinadas variantes del discurso: la descripción, la narración, la disertación y la argumentación. 4. Usa con soltura diversas fuentes en los procesos de búsqueda, análisis, selección, interpretación, resumen y comunicación de información, y en la redacción de informes y documentos técnicos. 5. Participa en conversaciones y realiza explicaciones orales comprensibles y argumentadas sobre hechos de actualidad y de interés adaptadas a las características de la situación y de la intención comunicativa.	❑ Narra, expone y resume situaciones de la vida real en diferentes soportes, organizando las ideas con claridad y estableciendo secuencias de texto cohesionadas. ❑ Aplica los conocimientos adquiridos sobre la lengua y las normas de uso en diferentes contextos de comunicación para resolver problemas de comprensión de textos orales y escritos y para realizar composiciones escritas. ❑ Emplea las tecnologías de la información y de la comunicación para buscar, almacenar, producir e intercambiar información.

MATERIAS	CRITERIOS DE EVALUACIÓN 1º ESO
LENGUA CASTELLANA Y LITERATURA	➢ Narrar, exponer y resumir, en soporte papel o digital, usando el registro adecuado, organizando las ideas con claridad, enlazando los enunciados en secuencias lineales cohesionadas, respetando las normas gramaticales y ortográficas y valorando la importancia de planificar y revisar el texto. ➢ Aplicar los conocimientos sobre la lengua y las normas del uso lingüístico para solucionar problemas de comprensión de textos orales y escritos y para la composición y la revisión dirigida de los textos propios de este curso.
L. EXTRANJERA	➢ Utilizar el conocimiento de algunos aspectos formales del código de la lengua extranjera (morfología, sintaxis y fonología), en diferentes contextos de comunicación, como instrumento de autoaprendizaje y de autocorrección de las producciones propias y para comprender mejor las ajenas. ➢ Identificar, utilizar y poner ejemplos de algunas estrategias utilizadas para progresar en el aprendizaje. ➢ Usar de forma guiada las tecnologías de la información y la comunicación para buscar información, producir mensajes a partir de modelos y para establecer relaciones personales, mostrando interés por su uso.

MATERIAS	CRITERIOS DE EVALUACIÓN 1º ESO
MATEMÁTICAS	➢ Utilizar números naturales y enteros y fracciones y decimales sencillos, sus operaciones y propiedades, para recoger, transformar e intercambiar información. ➢ Reconocer y describir figuras planas, utilizar sus propiedades para clasificarlas y aplicar el conocimiento geométrico adquirido para interpretar y describir el mundo físico, haciendo uso de la terminología adecuada. ➢ Organizar e interpretar informaciones diversas mediante tablas y gráficas, e identificar relaciones de dependencia en situaciones cotidianas. ➢ Utilizar estrategias y técnicas simples de resolución de problemas tales como el análisis del enunciado, el ensayo y error o la resolución de un problema más sencillo, y comprobar la solución obtenida y expresar, utilizando el lenguaje matemático adecuado a su nivel, el procedimiento que se ha seguido en la resolución.
C. SOC., Gª E HIST.	➢ Localizar lugares o espacios en un mapa utilizando datos de coordenadas geográficas y obtener información sobre el espacio representado a partir de la leyenda y la simbología, comunicando las conclusiones de forma oral o escrita.
ED. PLÁSTICA Y VISUAL	➢ Diferenciar los distintos estilos y tendencias de las artes visuales a través del tiempo y atendiendo a la diversidad cultural. ➢ Diferenciar y reconocer los procesos, técnicas, estrategias y materiales en imágenes del entorno audiovisual y multimedia.
C. NATURALEZA	➢ Interpretar algunos fenómenos naturales mediante la elaboración de modelos sencillos y representaciones a escala.
TECNOLOGÍAS	➢ Acceder a Internet para la utilización de servicios básicos: navegación para la localización de información, correo electrónico, comunicación intergrupal y publicación de información. ➢ Elaborar, almacenar y recuperar documentos en soporte electrónico que incorporen información textual y gráfica.
MÚSICA	➢ Identificar y describir, mediante el uso de distintos lenguajes (gráfico, corporal o verbal) algunos elementos y formas de organización y estructuración musical (ritmo, melodía, textura, timbre, repetición, imitación, variación) de una obra musical interpretada en vivo o grabada.
EDUCACIÓN FÍSICA	➢ Elaborar un mensaje de forma colectiva, mediante técnicas como el mimo, el gesto, la dramatización o la danza y comunicarlo al resto de grupos.

COMPETENCIA BÁSICA COMUNICACIÓN LINGÜÍSTICA

DESCRIPTORES ETAPA:	INDICADORES DE LOGRO O DOMINIO 1º ESO:
6. Organiza y regula el pensamiento y la conducta, ejercitando la escucha, la exposición y la argumentación en diferentes situaciones de comunicación, desde el respeto a la variedad de hablas existentes y a la autoexigencia de hablar con corrección en relación con las producciones literarias. y de diversa índole cultural y científica. 7. Comunica vivencias, ideas, sentimientos y emociones y expresa pensamientos y opiniones propias, de forma argumentada y crítica, sobre los mensajes explícitos e implícitos presentes en las diversas fuentes de información sobre cuestiones de interés social y de carácter literario.	❑ Expone oralmente opiniones personales y las contrasta con los demás compañeros y compañeras sobre textos orales y escritos, relativos a cuestiones de interés social, cultural y literario. ❑ Muestra interés y disfrute por la lectura y valora textos breves o fragmentos de obras literarias atendiendo a su contenido, género, figuras literarias y uso del lenguaje.

MATERIAS	CRITERIOS DE EVALUACIÓN 1º ESO
LENGUA CASTELLANA Y LITERATURA	➢ Exponer una opinión sobre la lectura personal de una obra adecuada a la edad; reconocer el género y la estructura global y valorar de forma general el uso del lenguaje; diferenciar contenido literal y sentido de la obra y relacionar el contenido con la propia experiencia. ➢ Utilizar los conocimientos literarios en la comprensión y la valoración de textos breves o fragmentos, atendiendo a los temas y motivos de la tradición, a las características básicas del género, a los elementos básicos del ritmo y al uso del lenguaje, con especial atención a las figuras semánticas más generales.
LENGUA EXTRANJERA	➢ Identificar algunos elementos culturales o geográficos propios de los países y culturas donde se habla la lengua extranjera y mostrar interés por conocerlos.
C. SOCIALES, Gª E HISTORIA	➢ Identificar y explicar, algunos ejemplos de los impactos que la acción humana tiene sobre el medio natural, analizando sus causas y efectos, y aportando medidas y conductas que serían necesarias para limitarlos. ➢ Valorar los aspectos más significativos de las civilizaciones antiguas y su aportación a la civilización occidental.
EDUCACIÓN PLÁSTICA Y VISUAL	➢ Realizar creaciones plásticas siguiendo el proceso de creación y demostrando valores de iniciativa, creatividad e imaginación.
CIENCIAS DE LA NATURALEZA.	➢ Valorar la importancia del papel protector de la atmósfera para los seres vivos, considerando las repercusiones de la actividad humana en la misma.
MÚSICA	➢ Comunicar a los demás juicios personales acerca de la música escuchada.
EDUCACIÓN FÍSICA	❑ Identificar los hábitos higiénicos y posturales saludables relacionados con la actividad física y con la vida cotidiana.

COMPETENCIA BÁSICA COMUNICACIÓN LINGÜÍSTICA	
DESCRIPTORES ETAPA: 8. Elabora textos sobre hechos o situaciones de relevancia social y realiza producciones propias con rigor lingüístico y argumento literario. 9. Se pronuncia con firmeza y fundamento en contra de estereotipos y manifestaciones sociales basadas en diferencias culturales, lingüísticas y de género.	**INDICADORES DE LOGRO O DOMINIO 1º ESO:** ❑ Realiza composiciones de textos orales y escritos con el léxico adecuado y en diferentes soportes sobre hechos o situaciones de relevancia social empleando modelos de referencia para su recreación. ❑ Efectúa trabajos sencillos de carácter descriptivo sobre hechos o temas de interés, a nivel individual o grupal, y comunica el resultado de sus conclusiones al resto de compañeros y compañeras
MATERIAS	**CRITERIOS DE EVALUACIÓN 1º ESO**
LENGUA CASTELLANA Y LITERATURA	➢ Realizar narraciones orales claras y bien estructuradas de experiencias vividas, con la ayuda de medios audiovisuales y de las tecnologías de la información y la comunicación (1º). ➢ Componer textos, en soporte papel o digital, tomando como modelo un texto literario de los leídos y comentados en el aula o realizar alguna transformación sencilla en esos textos.
L. EXTRANJERA	➢ Redactar textos breves en diferentes soportes utilizando las estructuras, las funciones y el léxico adecuados, así como algunos elementos básicos de cohesión, a partir de modelos, y respetando las reglas elementales de ortografía y de puntuación (1º).
MATEMÁTICAS	➢ Hacer predicciones sobre la posibilidad de que un suceso ocurra a partir de información previamente obtenida de forma empírica (1º).
C. SOCIALES, Gª E HISTORIA	➢ Realizar de forma individual y en grupo, con ayuda del profesor, un trabajo sencillo de carácter descriptivo sobre algún hecho o tema, utilizando fuentes diversas (observación, prensa, bibliografía, páginas web, etc.), seleccionando la información pertinente, integrándola en un esquema o guión y comunicando los resultados del estudio con corrección y con el vocabulario adecuado.
EDUCACIÓN PLÁSTICA Y VISUAL	❑ Elaborar y participar, activamente, en proyectos de creación visual cooperativos, como producciones videográficas o plásticas de gran tamaño, aplicando las estrategias propias y adecuadas del lenguaje visual y plástico.
CIENCIAS DE LA NATURALEZA	❑ Resolver problemas aplicando los conocimientos adquiridos.

COMPETENCIA BÁSICA COMUNICACIÓN LINGÜÍSTICA	
DESCRIPTORES ETAPA: 1. Domina y utiliza el habla, la escucha, la escritura y la lectura en la comprensión, análisis, reflexión, adquisición y comunicación de informaciones y conocimientos. 2. Conoce los términos científicos y técnicos de cada materia y los aplica en la interpretación, elaboración, creación y transmisión de información.	**INDICADORES DE LOGRO O DOMINIO 2º ESO:** ❑ Reconoce y explica el propósito, hechos o datos relevantes, distingue las ideas generales y secundarias en diferentes textos orales y escritos, y los emplea en la elaboración y transmisión de conocimientos. ❑ Conoce la terminología lingüística básica y la aportada por las materias, y reflexiona sobre su uso en diferentes contextos de aprendizaje.

MATERIAS	CRITERIOS DE EVALUACIÓN 2º ESO
LENGUA CASTELLANA Y LITERATURA	➢ Extraer informaciones concretas e identificar el propósito en textos escritos de ámbitos sociales próximos a la experiencia del alumnado; seguir instrucciones de cierta extensión en procesos poco complejos; identificar el tema general y temas secundarios y distinguir cómo está organizada la información. ➢ Reconocer, junto al propósito y la idea general, ideas, hechos o datos relevantes en textos orales de ámbitos sociales próximos a la experiencia del alumnado y en el ámbito académico; captar la idea global y la relevancia de informaciones oídas en radio o en TV y seguir instrucciones para realizar autónomamente tareas de aprendizaje. ➢ Conocer una terminología lingüística básica en las actividades de reflexión sobre el uso.
L. EXTRANJERA	➢ Comprender la idea general e informaciones específicas de textos orales emitidos por un interlocutor, o procedentes de distintos medios de comunicación, sobre temas conocidos. ➢ Comprender la información general y la específica de diferentes textos escritos, adaptados y auténticos, de extensión variada, y adecuados a la edad, demostrando la comprensión a través de una actividad específica. ➢ Participar con progresiva autonomía en conversaciones y simulaciones relativas a las experiencias personales, planes y proyectos, empleando estructuras sencillas, las expresiones más usuales de relación social, y una pronunciación adecuada para lograr la comunicación.
C. SOCIALES, Gª E HISTORIA	➢ Describir los factores que condicionan los comportamientos demográficos utilizando los conceptos básicos de la demografía y aplicando este conocimiento al análisis del actual régimen demográfico español y sus consecuencias. ➢ Describir los rasgos que caracterizan la Europa feudal y reconocer su evolución hasta la aparición del Estado moderno.
C.LA NATURALEZA.	➢ Explicar fenómenos naturales y reproducir algunos de ellos teniendo en cuenta sus propiedades.
MÚSICA	❑ Leer distintos tipos de partituras en el contexto de las actividades musicales del aula como apoyo a las tareas de interpretación y audición.
ED.PLÁSTICAS Y VISUAL	❑ Identificar los elementos constitutivos esenciales de objetos y/o aspectos de la realidad.
TECNOLOGÍAS	❑ Realizar las operaciones técnicas previstas en un plan de trabajo utilizando los recursos materiales y organizativos con criterios de economía, seguridad y respeto al medio ambiente y valorando las condiciones del entorno de trabajo.

COMPETENCIA BÁSICA COMUNICACIÓN LINGÜÍSTICA	
DESCRIPTORES ETAPA:	**INDICADORES DE LOGRO O DOMINIO 2º ESO:**
3. Emplea el lenguaje de forma competente para interpretar e interactuar en distintos escenarios de la actividad social, seleccionando y utilizando determinadas variantes del discurso: la descripción, la narración, la disertación y la argumentación. 4. Usa con soltura diversas fuentes en los procesos de búsqueda, análisis, selección, interpretación, resumen y comunicación de información, y en la redacción de informes y documentos técnicos. 5. Participa en conversaciones y realiza explicaciones orales comprensibles y argumentadas sobre hechos de actualidad y de interés adaptadas a las características de la situación y de la intención comunicativa.	❑ Realiza y revisa textos en distintas variantes del discurso –narración, exposición, explicación, y resumen-, conectando las secuencias lineales y respetando las normas gramaticales y ortográficas. ❑ Aplica los conocimientos adquiridos sobre la lengua y las normas de uso en diferentes contextos de comunicación para resolver problemas de comprensión de textos orales y escritos y para realizar y revisar de forma autónoma composiciones escritas. ❑ Usa diferentes fuentes de información y comunicación, principalmente las TIC, para buscar, interpretar, relacionar, elaborar y comunicar información en diferentes soportes, relacionada con los temas objeto de estudio y trabajo.

MATERIAS	CRITERIOS DE EVALUACIÓN 2º ESO
LENGUA CASTELLANA Y LITERATURA	➢ Narrar, exponer, explicar, resumir y comentar, en soporte papel o digital, usando el registro adecuado, organizando las ideas con claridad, enlazando los enunciados en secuencias lineales cohesionadas, respetando las normas gramaticales y ortográficas y valorando la importancia de planificar y revisar el texto. ➢ Aplicar los conocimientos sobre la lengua y las normas del uso lingüístico para resolver problemas de comprensión de textos orales y escritos y para la composición y revisión progresivamente autónoma de los textos propios de este curso.
L. EXTRANJERA	➢ Utilizar los conocimientos adquiridos sobre el sistema lingüístico de la lengua extranjera, en diferentes contextos de comunicación, como instrumento de autoaprendizaje y de auto-corrección de las producciones propias orales y escritas y para comprender las producciones ajenas. ➢ Identificar, utilizar y explicar oralmente algunas estrategias básicas utilizadas para progresar en el aprendizaje. ➢ Usar de forma guiada las tecnologías de la información y la comunicación para buscar información, producir textos a partir de modelos y para establecer relaciones personales mostrando interés por su uso.

MATERIAS	CRITERIOS DE EVALUACIÓN 2º ESO
MATEMÁTICAS	➢ Utilizar números enteros, fracciones, decimales y porcentajes sencillos, sus operaciones y propiedades, para recoger, transformar e intercambiar información y resolver problemas relacionados con la vida diaria. ➢ Interpretar relaciones funcionales sencillas dadas en forma de tabla, gráfica, a través de una expresión algebraica o mediante un enunciado, obtener valores a partir de ellas y extraer conclusiones acerca del fenómeno estudiado. ➢ Formular las preguntas adecuadas para conocer las características de una población y recoger, organizar y presentar datos relevantes para responderlas, utilizando los métodos estadísticos apropiados y las herramientas informáticas adecuadas (2º). ➢ Utilizar estrategias y técnicas de resolución de problemas, tales como el análisis del enunciado, el ensayo y error sistemático, la división del problema en partes, así como la comprobación de la coherencia de la solución obtenida, y expresar, utilizando el lenguaje matemático adecuado a su nivel, el procedimiento que se ha seguido en la resolución.
ED PL. Y VISUAL	➢ Diferenciar los distintos estilos y tendencias de las artes visuales a través del tiempo y atendiendo a la diversidad cultural. ➢ Diferenciar y reconocer los procesos, técnicas, estrategias y materiales en imágenes del entorno audiovisual y multimedia.
TECNOLOGÍA	➢ Acceder a Internet para la utilización de servicios básicos: navegación para la localización de información, correo electrónico, comunicación intergrupal y publicación de información. ➢ Elaborar, almacenar y recuperar documentos en soporte electrónico que incorporen información textual y gráfica.
MÚSICA	➢ Identificar y describir, mediante el uso de distintos lenguajes (gráfico, corporal o verbal) algunos elementos y formas de organización y estructuración musical (ritmo, melodía, textura, timbre, repetición, imitación, variación) de una obra musical interpretada en vivo o grabada.
EDUCACIÓN FÍSICA	➢ Reconocer a través de la práctica, las actividades físicas que se desarrollan en una franja de la frecuencia cardiaca beneficiosa para la salud. ➢ Crear y poner en práctica una secuencia armónica de movimientos corporales a partir de un ritmo escogido. ➢ Realizar de forma autónoma un recorrido de sendero cumpliendo normas de seguridad básicas y mostrando una actitud de respeto hacia la conservación del entorno en el que se lleva a cabo la actividad.

COMPETENCIA BÁSICA COMUNICACIÓN LINGÜÍSTICA	
DESCRIPTORES ETAPA: 6. Organiza y regula el pensamiento y la conducta, ejercitando la escucha, la exposición y la argumentación en diferentes situaciones de comunicación, desde el respeto a la variedad de hablas existentes y a la autoexigencia de hablar con corrección en relación con las producciones literatias y de diversa índole cultural y científica. 7. Comunica vivencias, ideas, sentimientos y emociones y expresa pensamientos y opiniones propias, de forma argumentada y crítica, sobre los mensajes explícitos e implícitos presentes en las diversas fuentes de información sobre cuestones de iterés social y de carácter literario.	**INDICADORES DE LOGRO O DOMINIO 2º ESO:** ❑ Expone sus opiniones de forma correcta sobre lecturas personales de diversa índole y escucha la de los demás, valorando el uso del lenguaje y el punto de vista del autor y relacionando de forma crítica su contenido con la propia experiencia. ❑ Utiliza los conocimientos literarios en la comprensión y valoración de textos breves o fragmentos, atendiendo a su contenido y tradición, al subgénero literario, al uso del lenguaje y a la funcionalidad de los recursos literarios.
MATERIAS	**CRITERIOS DE EVALUACIÓN 2º ESO**
LENGUA CASTELLANA Y LITERATURA	➢ Realizar exposiciones orales sencillas sobre temas próximos a su entorno que sean del interés del alumnado, con la ayuda de medios audiovisuales y de las tecnologías de la información y la comunicación. ➢ Exponer una opinión sobre la lectura personal de una obra completa adecuada a la edad; reconocer la estructura de la obra y los elementos del género; valorar el uso del lenguaje y el punto de vista del autor; diferenciar contenido literal y sentido de la obra y relacionar el contenido con la propia experiencia. ➢ Utilizar los conocimientos literarios en la comprensión y la valoración de textos breves o fragmentos, atendiendo a los temas y motivos de la tradición, a la caracterización de los subgéneros literarios, a la versificación, al uso del lenguaje y a la funcionalidad de los recursos retóricos en el texto.
L. EXTRANJERA	➢ Identificar y poner ejemplos de algunos aspectos sociales, culturales, históricos, geográficos o literarios propios de los países donde se habla la lengua extranjera y mostrar interés por conocerlos.
EDUCACIÓN PLÁSTICA Y VISUAL	➢ Realizar creaciones plásticas siguiendo el proceso de creación y demostrando valores de iniciativa, creatividad e imaginación.
MÚSICA	➢ Comunicar a los demás juicios personales acerca de la música escuchada.
EDUCACIÓN FÍSICA	➢ Manifestar actitudes de cooperación, tolerancia y deportividad tanto cuando se adopta el papel de participante como el de espectador en la práctica de un deporte colectivo.

COMPETENCIA BÁSICA COMUNICACIÓN LINGÜÍSTICA	
DESCRIPTORES ETAPA:	**INDICADORES DE LOGRO O DOMINIO 2º ESO:**
8. Elabora textos sobre hechos o situaciones de relevancia social y realiza producciones propias con rigor lingüístico y argumento literario. 9. Se pronuncia con firmeza y fundamento en contra de estereotipos y manifestaciones sociales basadas en diferencias culturales, lingüísticas y de género.	❑ Compone o transforma textos, en diferentes soportes, partiendo de experiencias vividas o de textos literarios leídos o comentados en clase. ❑ Analiza situaciones o hechos ocurridos en diferentes contextos que presentan situaciones de discriminación por razón lingüística o cultural o de desigualdad entre hombres y mujeres.

MATERIAS	CRITERIOS DE EVALUACIÓN 2º ESO
LENGUA CASTELLANA Y LITERATURA	➢ Componer textos, en soporte papel o digital, tomando como modelo textos literarios leídos y comentados en el aula o realizar algunas transformaciones en esos textos (2º).
L. EXTRANJERA	➢ Redactar de forma guiada textos diversos en diferentes soportes, utilizando estructuras, conectores sencillos y léxico adecuados, cuidando los aspectos formales y respetando las reglas elementales de ortografía y de puntuación para que sean comprensibles al lector y presenten una corrección aceptable (2º).
MATEMÁTICAS	➢ Identificar relaciones de proporcionalidad numérica y geométrica y utilizarlas para resolver problemas en situaciones de la vida cotidiana (2º).
C. SOCIALES, Gª E HISTORIA	➢ Realizar de forma individual y en grupo, con ayuda del profesor, un trabajo sencillo de carácter descriptivo sobre algún hecho o tema, utilizando fuentes diversas (observación, prensa, bibliografía, páginas web, etc.), seleccionando la información pertinente, integrándola en un esquema o guión y comunicando los resultados del estudio con corrección y con el vocabulario adecuado.
EDUCACIÓN PLÁSTICA Y VISUAL	➢ Elaborar y participar, activamente, en proyectos de creación visual cooperativos, como producciones videográficas o plásticas de gran tamaño, aplicando las estrategias propias y adecuadas del lenguaje visual y plástico.
CIENCIAS DE LA NATURALEZA	➢ Resolver problemas aplicando los conocimientos adquiridos.
TECNOLOGÍA	➢ Realizar las operaciones técnicas previstas en un plan de trabajo utilizando los recursos materiales y organizativos con criterios de economía, seguridad y respeto al medio ambiente y valorando las condiciones del entorno de trabajo.
MÚSICA	❑ Elaborar un arreglo para una canción o una pieza instrumental utilizando apropiadamente una serie de elementos dados. ❑ Utilizar, con autonomía, algunos de los recursos tecnológicos disponibles, demostrando un conocimiento básico de las técnicas y procedimientos necesarios para grabar y reproducir música y para realizar sencillas producciones audiovisuales.

COMPETENCIA BÁSICA COMUNICACIÓN LINGÜÍSTICA	
DESCRIPTORES ETAPA:	**INDICADORES DE LOGRO O DOMINIO 3º ESO:**
1. Domina y utiliza el habla, la escucha, la escritura y la lectura en la comprensión, análisis, reflexión, adquisición y comunicación de informaciones y conocimientos. 2. Conoce los términos científicos y técnicos de cada materia y los aplica en la interpretación, elaboración, creación y transmisión de información.	❑ Identifica las ideas generales, las informaciones específicas o los aspectos básicos de textos orales y escritos y los plasma en forma de esquema y resumen. ❑ Conoce la terminología lingüística, científica y técnica adquirida, y la utiliza de forma reflexiva en la elaboración y creación de textos e informaciones de forma clara, concisa y ordenada.

MATERIAS	CRITERIOS DE EVALUACIÓN 3º ESO
LENGUA CASTELLANA Y LITERATURA	➢ Entender instrucciones y normas dadas oralmente; extraer ideas generales e informaciones específicas de reportajes y entrevistas, seguir el desarrollo de presentaciones breves relacionadas con temas académicos y plasmarlo en forma de esquema y resumen. ➢ vConocer la terminología lingüística necesaria para la reflexión sobre el uso.
L. EXTRANJERA	➢ Comprender la información general y específica, la idea principal y algunos detalles relevantes de textos orales sobre temas concretos y conocidos, y de mensajes sencillos emitidos con claridad por medios audiovisuales.
C. SOCIALES, Gª E HISTORIA	➢ Identificar el desarrollo y la transformación reciente de las actividades terciarias, para entender los cambios que se están produciendo, tanto en las relaciones económicas como sociales. ➢ Identificar y localizar en el mapa de España las comunidades autónomas y sus capitales, los estados de Europa y los principales países y áreas geoeconómicas y culturales del mundo, reconociendo la organización territorial los rasgos básicos de la estructura organización político-administrativa del Estado español y su pertenencia a la Unión Europea.
EDUCACIÓN PARA LA CIUDADANÍA	➢ Reconocer los principios democráticos y las instituciones fundamentales que establece la Constitución española y los Estatutos de Autonomía y describir la organización, funciones y forma de elección de algunos órganos de gobierno municipales, autonómicos y estatales.
CIENCIAS DE LA NATURALEZA: BIOLOGÍA/GEOLOGÍA	➢ Conocer los aspectos básicos de la reproducción humana y describir los acontecimientos fundamentales de la fecundación, embarazo y parto. ➢ Conocer los órganos de los sentidos y explicar la misión integradora de los sistemas nervioso y endocrino, así como localizar los principales huesos y músculos del aparato locomotor.
EDUCACIÓN PLÁSTICAS Y VISUAL	➢ Identificar los elementos constitutivos esenciales (configuraciones estructurales, variaciones cromáticas, orientación espacial y textura) de objetos y/o aspectos de la realidad.
TECNOLOGÍA	❑ Identificar y manejar operadores mecánicos encargados de la transformación y transmisión de movimientos en máquinas. Explicar su funcionamiento en el conjunto y, en su caso, calcular la relación de transmisión.

COMPETENCIA BÁSICA COMUNICACIÓN LINGÜÍSTICA	
DESCRIPTORES ETAPA: 3. Emplea el lenguaje de forma competente para interpretar e interactuar en distintos escenarios de la actividad social, seleccionando y utilizando determinadas variantes del discurso: la descripción, la narración, la disertación y la argumentación. 4. Usa con soltura diversas fuentes en los procesos de búsqueda, análisis, selección, interpretación, resumen y comunicación de información, y en la redacción de informes y documentos técnicos. 5. Participa en conversaciones y realiza explicaciones orales comprensibles y argumentadas sobre hechos de actualidad y de interés adaptadas a las características de la situación y de la intención comunicativa.	**INDICADORES DE LOGRO O DOMINIO 3º ESO:** ❑ Emplea la narración, la explicación, el resumen y los comentarios en diferentes soportes y contextos, organizando las ideas con claridad y estableciendo secuencias textuales lineales y cohesionadas, y respetando las normas gramaticales y ortográficas. ❑ Extrae y contrasta informaciones identificando el propósito, el tema general y los secundarios en los textos orales y escritos, y realiza informes escritos. ❑ Participa en conversaciones y realiza exposiciones orales sobre hechos de actualidad e interés social, empleando diversas fuentes de información y las estrategias más adecuadas para resolver las dificultades durante la interacción.

MATERIAS	CRITERIOS DE EVALUACIÓN 3º ESO
LENGUA CASTELLANA Y LITERATURA	➢ Extraer y contrastar informaciones concretas e identificar el propósito en los textos escritos más usados para actuar como miembros de la sociedad; seguir instrucciones en ámbitos públicos y en procesos de aprendizaje de cierta complejidad; inferir el tema general y temas secundarios; distinguir cómo se organiza la información. ➢ Narrar, exponer, explicar, resumir y comentar, en soporte papel o digital, usando el registro adecuado, organizando las ideas con claridad, enlazando los enunciados en secuencias lineales cohesionadas, respetando las normas gramaticales y ortográficas y valorando la importancia de planificar y revisar el texto. ➢ Realizar explicaciones orales sencillas sobre hechos de actualidad social, política o cultural que sean del interés del alumnado, con la ayuda de medios audiovisuales y de las tecnologías de la información y la comunicación.
L. EXTRANJERA	➢ Participar en conversaciones y simulaciones breves, relativas a situaciones habituales o de interés personal y con diversos fines comunicativos, utilizando las convenciones propias de la conversación y las estrategias necesarias para resolver las dificultades durante la interacción. ➢ Comprender la información general y todos los datos relevantes de textos escritos auténticos y adaptados, de extensión variada, diferenciando hechos y opiniones e identificando en su caso, la intención comunicativa del autor. ➢ Identificar, utilizar y explicar oralmente diferentes estrategias utilizadas para progresar en el aprendizaje. ➢ Usar las tecnologías de la información y la comunicación de forma progresivamente autónoma para buscar información, producir textos a partir de modelos, enviar y recibir mensajes de correo electrónico, y para establecer relaciones personales orales y escritas, mostrando interés por su uso.

MATERIAS	CRITERIOS DE EVALUACIÓN 3º ESO
MATEMÁTICAS	➢ Utilizar los números racionales, sus operaciones y propiedades, para recoger, transformar e intercambiar información y resolver problemas relacionados con la vida diaria. ➢ Expresar mediante el lenguaje algebraico una propiedad o relación dada mediante un enunciado y observar regularidades en secuencias numéricas obtenidas de situaciones reales mediante la obtención de la ley de formación y la fórmula correspondiente, en casos sencillos. ➢ Utilizar modelos lineales para estudiar diferentes situaciones reales expresadas mediante un enunciado, una tabla, una gráfica o una expresión algebraica. ➢ Elaborar e interpretar informaciones estadísticas teniendo en cuenta la adecuación de las tablas y gráficas empleadas, y analizar si los parámetros son más o menos significativos. ➢ Hacer predicciones sobre la posibilidad de que un suceso ocurra a partir de información previamente obtenida de forma empírica o como resultado del recuento de posibilidades, en casos sencillos.
C. SOCIALES, Gª E HISTORIA	➢ Describir las transformaciones que en los campos de las tecnologías, la organización empresarial y la localización se están produciendo en las actividades, espacios y paisajes industriales, localizando y caracterizando los principales centros de producción en el mundo y en España y analizando las relaciones de intercambio que se establecen entre países y zonas. ➢ Describir los rasgos geográficos comunes y diversos que caracterizan el espacio geográfico español y explicar el papel que juegan los principales centros de actividad económica y los grandes ejes de comunicación como organizadores del espacio y cómo su localización se relaciona con los contrastes regionales. ➢ Utilizar fuentes diversas (gráficos, croquis, mapas temáticos, bases de datos, imágenes, fuentes escritas) para obtener, relacionar y procesar información sobre hechos sociales y comunicar las conclusiones de forma organizada e inteligible empleando para ello las posibilidades que ofrecen las tecnologías de la información y la comunicación.
EDUCACIÓN PARA LA CIUDADANÍA	➢ Utilizar diferentes fuentes de información y considerar las distintas posiciones y alternativas existentes en los debates que se planteen sobre problemas y situaciones de carácter local o global. ➢ Identificar las características de la globalización y el papel que juegan en ella los medios de comunicación, reconocer las relaciones que existen entre la sociedad en la que vive y la vida de las personas de otras partes del mundo.
EDUCACIÓN PLÁSTICA Y VISUAL	➢ Diferenciar y reconocer los procesos, técnicas, estrategias y materiales en imágenes del entorno audiovisual y multimedia.
C. NATURALEZA: BIOLOGÍA Y GEOLOGÍA	➢ Recopilar información procedente de diversas fuentes documentales acerca de la influencia de las actuaciones humanas sobre los ecosistemas: efectos de la contaminación, desertización, disminución de la capa de ozono, agotamiento de recursos y extinción de especies.

MATERIAS	CRITERIOS DE EVALUACIÓN 3º ESO
C. NATURALEZA: FÍSICA Y QUÍMICA	➢ Describir propiedades de la materia en sus distintos estados de agregación y utilizar el modelo cinético para interpretarlas, diferenciando la descripción macroscópica de la interpretación con modelos. ➢ Justificar la diversidad de sustancias que existen en la naturaleza y que todas ellas están constituidas de unos pocos elementos y describir la importancia que tienen alguna de ellas para la vida. ➢ Describir los primeros modelos atómicos y justificar su evolución para poder explicar nuevos fenómenos, así como las aplicaciones que tienen algunas sustancias radiactivas y las repercusiones de su uso en los seres vivos y en el medio ambiente.
TECNOLOGÍA	➢ Describir propiedades básicas de materiales técnicos y sus variedades comerciales: madera, metales, materiales plásticos, cerámicos y pétreos. ➢ Elaborar, almacenar y recuperar documentos en soporte electrónico que incorporen información textual y gráfica. ➢ Analizar y describir en las estructuras del entorno los elementos resistentes y los esfuerzos a que están sometidos. ➢ Acceder a Internet para la utilización de servicios básicos: navegación para la localización de información, correo electrónico, comunicación intergrupal y publicación de información.
MÚSICA	➢ Identificar y describir, mediante el uso de distintos lenguajes (gráfico, corporal o verbal) algunos elementos y formas de organización y estructuración musical (ritmo, melodía, textura, timbre, repetición, imitación, variación) de una obra musical interpretada en vivo o grabada. ➢ Leer distintos tipos de partituras en el contexto de las actividades musicales del aula como apoyo a las tareas de interpretación y audición.
INFORMÁTICA	➢ Interconectar dispositivos móviles e inalámbricos o cableados para intercambiar información y datos. ➢ Diseñar y elaborar presentaciones destinadas a apoyar el discurso verbal en la exposición de ideas y proyectos. ➢ Desarrollar contenidos para la red aplicando estándares de accesibilidad en la publicación de la información.
EDUCACIÓN FÍSICA	➢ Relacionar las actividades físicas con los efectos que producen en los diferentes aparatos y sistemas del cuerpo humano, especialmente con aquéllos que son más relevantes para la salud. ➢ Completar una actividad de orientación, preferentemente en el medio natural, con la ayuda de un mapa y respetando las normas de seguridad.

COMPETENCIA BÁSICA COMUNICACIÓN LINGÜÍSTICA

DESCRIPTORES ETAPA:

6. Organiza y regula el pensamiento y la conducta, ejercitando la escucha, la exposición y la argumentación en diferentes situaciones de comunicación, desde el respeto a la variedad de hablas existentes y a la autoexigencia de hablar con corrección en relación con las producciones literarias y de diversa índole cultural y científica.
7. Comunica vivencias, ideas, sentimientos y emociones y expresa pensamientos y opiniones propias, de forma argumentada y crítica, sobre los mensajes explícitos e implícitos presentes en las diversas fuentes de información sobre cuestones de iterés social y de carácter literario.

INDICADORES DE LOGRO O DOMINIO 3º ESO:

- ❑ Expone su opinión de forma correcta sobre obras literarias completas y escucha la de los demás, evaluando la estructura y el uso de los elementos del género, el uso del lenguaje y el punto de vista del autor, situándolas en su contexto espacio temporal y comparándola con la propia experiencia.
- ❑ Emplea los conocimientos literarios en la comprensión y valoración de textos, atendiendo a su temática, al valor simbólico del lenguaje y a las formas y estilos literarios.

MATERIAS	CRITERIOS DE EVALUACIÓN 3º ESO
LENGUA CASTELLANA Y LITERATURA	➢ Exponer una opinión sobre la lectura personal de una obra completa adecuada a la edad y relacionada con los periodos literarios estudiados; evaluar la estructura y el uso de los elementos del género, el uso del lenguaje y el punto de vista del autor; situar básicamente el sentido de la obra en relación con su contexto y con la propia experiencia ➢ Utilizar los conocimientos literarios en la comprensión y la valoración de textos breves o fragmentos, atendiendo a la presencia de ciertos temas recurrentes, al valor simbólico del lenguaje poético y a la evolución de los géneros, de las formas literarias y de los estilos.
L. EXTRANJERA	➢ Utilizar de forma consciente en contextos de comunicación variados, los conocimientos adquiridos sobre el sistema lingüístico de la lengua extranjera como instrumento de auto-corrección y de autoevaluación de las producciones propias orales y escritas y para comprender las producciones ajenas. ➢ Identificar los aspectos culturales más relevantes de los países donde se habla la lengua extranjera, señalar las características más significativas de las costumbres, normas, actitudes y valores de la sociedad cuya lengua se estudia, y mostrar una valoración positiva de patrones culturales distintos a los propios.
CIENCIAS SOCIALES, GEOGRAFÍA E HISTORIA	➢ Analizar indicadores socioeconómicos de diferentes países y utilizar ese conocimiento para reconocer desequilibrios territoriales en la distribución de los recursos, explicando algunas de sus consecuencias y mostrando sensibilidad ante las desigualdades. ➢ Analizar la situación española como ejemplo representativo de las tendencias migratorias en la actualidad identificando sus causas y relacionándolo con el proceso de globalización y de integración económica que se está produciendo, así como identificando las consecuencias tanto para el país receptor como para los países emisores y manifestando actitudes de solidaridad en el enjuiciamiento de este fenómeno.

MATERIAS	CRITERIOS DE EVALUACIÓN 3º ESO
EDUCACIÓN PARA LA CIUDADANÍA	➢ Identificar los principios básicos de las Declaración Universal de los Derechos Humanos y su evolución, distinguir situaciones de violación de los mismos y reconocer y rechazar las desigualdades de hecho y de derecho, en particular las que afectan a las mujeres. ➢ Identificar y rechazar, a partir del análisis de hechos reales o figurados, las situaciones de discriminación hacia personas de diferente origen, género, ideología, religión, orientación afectivo-sexual y otras, respetando las diferencias personales y mostrando autonomía de criterio. ➢ Participar en la vida del centro y del entorno y practicar el diálogo para superar los conflictos en las relaciones escolares y familiares.
EDUCACIÓN PLÁSTICA Y VISUAL	➢ Diferenciar los distintos estilos y tendencias de las artes visuales a través del tiempo y atendiendo a la diversidad cultural.
MATEMÁTICAS	➢ Planificar y utilizar estrategias y técnicas de resolución de problemas tales como el recuento exhaustivo, la inducción o la búsqueda de problemas afines y comprobar el ajuste de la solución a la situación planteada y expresar verbalmente con precisión, razonamientos, relaciones cuantitativas, e informaciones que incorporen elementos matemáticos, valorando la utilidad y simplicidad del lenguaje matemático para ello.
CIENCIAS DE LA NATURALEZ: BIOLOGÍA Y GEOLOGÍA	➢ Justificar la necesidad de adquirir hábitos alimentarios saludables y evitar las conductas alimentarias insanas. ➢ Reconocer que en la salud influyen aspectos físicos, psicológicos y sociales, y valorar la importancia de los estilos de vida para prevenir enfermedades y mejorar la calidad de vida, así como las continuas aportaciones de las ciencias biomédicas.
CIENCIAS DE LA NATURALEZA: FÍSICA Y QUÍMICA	➢ Valorar las repercusiones de la electricidad en el desarrollo científico y tecnológico y en las condiciones de vida de las personas. ➢ Valorar, además, la importancia de obtener nuevas sustancias químicas y de proteger el medio ambiente.
INFORMÁTICA	➢ Participar activamente en redes sociales virtuales como emisores y receptores de información e iniciativas comunes. ➢ dentificar los modelos de distribución de *software* y contenidos y adoptar actitudes coherentes con los mismos.
MÚSICA	❑ Comunicar a los demás juicios personales acerca de la música escuchada. ❑ Participar en la interpretación en grupo de una pieza vocal, instrumental o coreográfica, adecuando la propia interpretación a la del conjunto y asumiendo distintos roles.
EDUCACIÓN FÍSICA	❑ Reflexionar sobre la importancia que tiene para la salud una alimentación equilibrada a partir del cálculo de la ingesta y el gasto calórico, en base a las raciones diarias de cada grupo de alimentos y de las actividades diarias realizadas.

COMPETENCIA BÁSICA COMUNICACIÓN LINGÜÍSTICA	
DESCRIPTORES ETAPA: 8. Elabora textos sobre hechos o situaciones de relevancia social y realiza producciones propias con rigor lingüístico y argumento literario. 9. Se pronuncia con firmeza y fundamento en contra de estereotipos y manifestaciones sociales basadas en diferencias culturales, lingüísticas y de género.	**INDICADORES DE LOGRO O DOMINIO 3º ESO:** ❑ Realiza trabajos personales de información y síntesis sobre obras literarias leídas y comentadas, imitando o recreando fragmentos de las mismas en diferentes soportes. ❑ Analiza y valora hechos o situaciones de la vida real, tanto social como escolar, en los que aparecen estereotipos o manifestaciones sustentadas en las diferencias culturales, lingüísticas y de género.
MATERIAS	**CRITERIOS DE EVALUACIÓN 3º ESO**
LENGUA CASTELLANA Y LITERATURA	➢ Mostrar conocimiento de las relaciones entre las obras leídas y comentadas, el contexto en que aparecen y los autores más relevantes de la historia de la literatura, realizando un trabajo personal de información y de síntesis o de imitación y recreación, en soporte papel o digital. ➢ Aplicar los conocimientos sobre la lengua y las normas del uso lingüístico para resolver problemas de comprensión de textos orales y escritos y para la composición y revisión progresivamente autónoma de los textos propios de este curso.
L. EXTRANJERA	➢ Redactar de forma guiada textos diversos en diferentes soportes, cuidando el léxico, las estructuras, y algunos elementos de cohesión y coherencia para marcar la relación entre ideas y hacerlos comprensibles al lector.
MATEMÁTICAS	➢ Resolver problemas de la vida cotidiana en los que se precise el planteamiento y resolución de ecuaciones de primer y segundo grado o de sistemas de ecuaciones lineales con dos incógnitas.
C. SOCIALES, Gª E HISTORIA	➢ Describir algún caso que muestre las consecuencias medioambientales de las actividades económicas y los comportamientos individuales, discriminando las formas de desarrollo sostenible de las que son nocivas para el medio ambiente y aportando algún ejemplo de los acuerdos y políticas internacionales para frenar su deterioro.
EDUCACIÓN PARA LA CIUDADANÍA Y D.H.	➢ Reconocer la existencia de conflictos y el papel que desempeñan en los mismos las organizaciones internacionales y las fuerzas de pacificación. Valorar la importancia de las leyes y la participación humanitaria para paliar las consecuencias de los conflictos.
EDUCACIÓN PLÁSTICA Y VISUAL	➢ Elaborar y participar, activamente, en proyectos de creación visual cooperativos, como producciones videográficas o plásticas de gran tamaño, aplicando las estrategias propias y adecuadas del lenguaje visual y plástico.

MATERIAS	CRITERIOS DE EVALUACIÓN 3º ESO
C. NATURALEZA: GEOLOGÍA Y BIOLOGÍA	➢ Analizar información sobre la influencia de las actuaciones humanas en los ecosistemas y argumentar posibles actuaciones para evitar el deterioro del medio ambiente y promover una gestión más racional de los recursos naturales.
C. NATURALEZA: FÍSICA Y QUÍMICA	➢ Determinar los rasgos distintivos del trabajo científico a través del análisis contrastado de algún problema científico o tecnológico de actualidad, así como su influencia sobre la calidad de vida de las personas.
TECNOLOGÍAS	➢ Valorar las necesidades del proceso tecnológico empleando la resolución técnica de problemas analizando su contexto, proponiendo soluciones alternativas y desarrollando la más adecuada. Elaborar documentos técnicos empleando recursos verbales y gráficos.
EDUCACIÓN FÍSICA	➢ Relacionar las actividades físicas con los efectos que producen en los diferentes aparatos y sistemas del cuerpo humano, especialmente con aquéllos que son más relevantes para la salud. ➢ Reflexionar sobre la importancia que tiene para la salud una alimentación equilibrada a partir del cálculo de la ingesta y el gasto calórico, en base a las raciones diarias de cada grupo de alimentos y de las actividades diarias realizadas. ➢ Completar una actividad de orientación, preferentemente en el medio natural, con la ayuda de un mapa y respetando las normas de seguridad

COMPETENCIA BÁSICA COMUNICACIÓN LINGÜÍSTICA	
DESCRIPTORES ETAPA / INDICADORES DE LOGRO O DOMINIO 4º ESO:	
1. Domina y utiliza el habla, la escucha, la escritura y la lectura en la comprensión, análisis, reflexión, adquisición y comunicación de informaciones y conocimientos. 2. Conoce los términos científicos y técnicos de cada materia y los aplica en la interpretación, elaboración, creación y transmisión de información.	
MATERIAS	**CRITERIOS DE EVALUACIÓN 4º ESO**
LENGUA CASTELLANA Y LITERATURA	➢ Entender instrucciones y normas dadas oralmente; extraer ideas generales e informaciones específicas de reportajes y entrevistas, seguir el desarrollo de presentaciones breves relacionadas con temas académicos y plasmarlo en forma de esquema y resumen. ➢ Conocer la terminología lingüística necesaria para la reflexión sobre el uso.
L. EXTRANJERA	➢ Comprender la información general y específica, la idea principal y los detalles más relevantes de textos orales emitidos en situaciones de comunicación interpersonal o por los medios audiovisuales, sobre temas que no exijan conocimientos especializados.
C. SOCIALES, Gª E HISTORIA	➢ Enumerar las transformaciones que se producen en Europa en el siglo XVIII, tomando como referencia las características sociales, económicas y políticas del Antiguo Régimen, y explicar los rasgos propios del reformismo borbónico en España. ➢ Identificar y caracterizar las distintas etapas de la evolución política y económica de España durante el siglo XX y los avances y retrocesos hasta lograr la modernización económica, la consolidación del sistema democrático y la pertenencia a la Unión Europea.
ED. ÉTICO-CÍVICA	➢ Comprender y expresar el significado histórico y filosófico de la democracia como forma de convivencia social y política.
LATÍN	➢ Identificar componentes de origen grecolatino en palabras del lenguaje cotidiano y en el vocabulario específico de las ciencias y de la técnica, y explicar su sentido etimológico. ➢ Reconocer latinismos y locuciones usuales de origen latino incorporadas a las lenguas conocidas por el alumno y explicar su significado en expresiones orales y escritas. ➢ Reconocer los elementos morfológicos y las estructuras sintácticas elementales de la lengua latina y compararlos con los de la propia lengua.
C. NATURALEZA: BIOLOGÍA/GEOLOGÍA	➢ Identificar y describir hechos que muestren a la Tierra como un planeta cambiante y registrar algunos de los cambios más notables de su larga historia utilizando modelos temporales a escala.
EDUCACIÓN PLÁSTICAS Y VISUAL	➢ Describir objetivamente las formas, aplicando sistemas de representación y normalización. ➢ Reconocer y leer imágenes, obras y objetos de los entornos visuales (obras de arte, diseño, multimedia, etc.).
TECNOLOGÍA	➢ Utilizar con soltura la simbología y nomenclatura necesaria para representar circuitos con la finalidad de diseñar y construir un mecanismo capaz de resolver un problema cotidiano, utilizando energía hidráulica o neumática.

COMPETENCIA BÁSICA COMUNICACIÓN LINGÜÍSTICA	
DESCRIPTORES ETAPA / INDICADORES DE LOGRO O DOMINIO 4º ESO: 3. Emplea el lenguaje de forma competente para interpretar e interactuar en distintos escenarios de la actividad social, seleccionando y utilizando determinadas variantes del discurso: la descripción, la narración, la disertación y la argumentación. 4. Usa con soltura diversas fuentes en los procesos de búsqueda, análisis, selección, interpretación, resumen y comunicación de información, y en la redacción de informes y documentos técnicos. 5. Participa en conversaciones y realiza explicaciones orales comprensibles y argumentadas sobre hechos de actualidad y de interés adaptadas a las características de la situación y de la intención comunicativa.	
MATERIAS	**CRITERIOS DE EVALUACIÓN 4º ESO**
LENGUA CASTELLANA Y LITERATURA	➢ Extraer y contrastar informaciones concretas e identificar el propósito en los textos escritos más usados para actuar como miembros de la sociedad; seguir instrucciones en ámbitos públicos y en procesos de aprendizaje de cierta complejidad; inferir el tema general y temas secundarios; distinguir cómo se organiza la información. ➢ Narrar, exponer, explicar, resumir y comentar, en soporte papel o digital, usando el registro adecuado, organizando las ideas con claridad, enlazando los enunciados en secuencias lineales cohesionadas, respetando las normas gramaticales y ortográficas y valorando la importancia de planificar y revisar el texto. ➢ Realizar explicaciones orales sencillas sobre hechos de actualidad social, política o cultural que sean del interés del alumnado, con la ayuda de medios audiovisuales y de las tecnologías de la información y la comunicación.
L. EXTRANJERA	➢ Participar en conversaciones y simulaciones utilizando estrategias adecuadas para iniciar, mantener y terminar la comunicación, produciendo un discurso comprensible y adaptado a las características de la situación y a la intención comunicativa. ➢ Comprender la información general y específica de diversos textos escritos auténticos y adaptados, y de extensión variada, identificando datos, opiniones, argumentos, informaciones implícitas e intención comunicativa del autor. ➢ Identificar, utilizar y explicar estrategias de aprendizaje utilizadas, poner ejemplos de otras posibles y decidir sobre las más adecuadas al objetivo de aprendizaje. ➢ Usar las tecnologías de la información y la comunicación con cierta autonomía para buscar información, producir textos a partir de modelos, enviar y recibir mensajes de correo electrónico y para establecer relaciones personales orales y escritas, mostrando interés por su uso.

MATERIAS	CRITERIOS DE EVALUACIÓN 4º ESO	
	OPCIÓN "A"	OPCIÓN "B"
MATEMÁTICAS	➢ Utilizar los distintos tipos de números y operaciones, junto con sus propiedades, para recoger, transformar e intercambiar información y resolver problemas relacionados con la vida diaria. ➢ Utilizar instrumentos, fórmulas y técnicas apropiadas para obtener medidas directas e indirectas en situaciones reales. ➢ Analizar tablas y gráficas que representen relaciones funcionales asociadas a situaciones reales para obtener información sobre su comportamiento. ➢ Elaborar e interpretar tablas y gráficos estadísticos, así como los parámetros estadísticos más usuales correspondientes a distribuciones discretas y continuas, y valorar cualitativamente la representatividad de las muestras utilizadas.	➢ Utilizar los distintos tipos de números y operaciones, junto con sus propiedades, para recoger, transformar e intercambiar información y resolver problemas relacionados con la vida diaria y otras materias del ámbito académico. ➢ Utilizar instrumentos, fórmulas y técnicas apropiadas para obtener medidas directas e indirectas en situaciones reales. ➢ Elaborar e interpretar tablas y gráficos estadísticos, así como los parámetros estadísticos más usuales en distribuciones unidimensionales y valorar cualitativamente la representatividad de las muestras utilizadas.
C. SOCIALES, Gª E HISTORIA	➢ Situar en el tiempo y en el espacio los periodos y hechos trascendentes y procesos históricos relevantes que se estudian en este curso identificando el tiempo histórico en el mundo, en Europa y en España, aplicando las convenciones y conceptos habituales en el estudio de la Historia. ➢ Identificar las causas y consecuencias de hechos y procesos históricos significativos estableciendo conexiones entre ellas y reconociendo la causalidad múltiple que comportan los hechos sociales.	
EDUCACIÓN ÉTICO-CÍVICA	➢ Diferenciar los rasgos básicos que caracterizan la dimensión moral de las personas (las normas, la jerarquía de valores, las costumbres, etc.) y los principales problemas morales. ➢ Identificar y expresar las principales teorías éticas.	
LATÍN	➢ Resumir el contenido de textos traducidos de autores clásicos y modernos e identificar en ellos aspectos históricos o culturales. ➢ Aplicar las reglas básicas de evolución fonética a términos latinos que hayan dado origen a términos romances del vocabulario habitual y establecer la relación semántica entre un término patrimonial y un cultismo. ➢ Traducir textos breves y sencillos y producir mediante retroversión oraciones simples utilizando las estructuras propias de la lengua latina.	
EDUCACIÓN PLÁSTICA Y VISUAL	➢ Utilizar recursos informáticos y las tecnologías de la información y la comunicación en el campo de la imagen fotográfica, el diseño gráfico, el dibujo asistido por ordenador y la edición videográfica. ❖ Utilizar la sintaxis propia de las formas visuales del diseño y la publicidad para realizar proyectos concretos.	

MATERIAS	CRITERIOS DE EVALUACIÓN 4º ESO
C. NATURALEZA: BIOLOGÍA Y GEOLOGÍA	➢ Relacionar la evolución y la distribución de los seres vivos, destacando sus adaptaciones más importantes, con los mecanismos de selección natural que actúan sobre la variabilidad genética de cada especie.
C. NATURALEZA: FÍSICA Y QUÍMICA	➢ Reconocer las magnitudes necesarias para describir los movimientos, aplicar estos conocimientos a los movimientos de la vida cotidiana y valorar la importancia del estudio de los movimientos en el surgimiento de la ciencia moderna. ➢ Justificar la gran cantidad de compuestos orgánicos existentes así como la formación de macromoléculas y su importanciaen los seres vivos.
TECNOLOGÍAS	➢ Analizar y describir los elementos y sistemas de comunicación alámbrica e inalámbrica y los principios básicos que rigen su funcionamiento. ➢ Analizar sistemas automáticos, describir sus componentes y montar automatismos sencillos.
MÚSICA	➢ Explicar algunas de las funciones que cumple la música en la vida de las personas y en la sociedad. ➢ Analizar diferentes piezas musicales apoyándose en la audición y en el uso de documentos impresos como partituras, comentarios o musicogramas y describir sus principales características. ➢ Explicar los procesos básicos de creación, edición y difusión musical considerando la intervención de distintos profesionales. ➢ Sonorizar una secuencia de imágenes fijas o en movimiento utilizando diferentes recursos informáticos.
EDUCACIÓN FÍSICA	➢ Diseñar y llevar a cabo un plan de trabajo de una cualidad física relacionada con la salud, incrementando el propio nivel inicial, a partir del conocimiento de sistemas y métodos de entrenamiento.

COMPETENCIA BÁSICA COMUNICACIÓN LINGÜÍSTICA	
DESCRIPTORES ETAPA / INDICADORES DE LOGRO O DOMINIO 4º ESO:	
6. Organiza y regula el pensamiento y la conducta, ejercitando la escucha, la exposición y la argumentación en diferentes situaciones de comunicación, desde el respeto a la variedad de hablas existentes y a la autoexigencia de hablar con corrección en relación con las producciones literarias y de diversa índole cultural y científica. 7. Comunica vivencias, ideas, sentimientos y emociones y expresa pensamientos y opiniones propias, de forma argumentada y crítica, sobre los mensajes explícitos e implícitos presentes en las diversas fuentes de información sobre cuestones de iterés social y de carácter literario.	
MATERIAS	**CRITERIOS DE EVALUACIÓN 4º ESO**
LENGUA CASTELLANA Y LITERATURA	➢ Exponer una opinión sobre la lectura personal de una obra completa adecuada a la edad y relacionada con los periodos literarios estudiados; evaluar la estructura y el uso de los elementos del género, el uso del lenguaje y el punto de vista del autor; situar básicamente el sentido de la obra en relación con su contexto y con la propia experiencia. ➢ Utilizar los conocimientos literarios en la comprensión y la valoración de textos breves o fragmentos, atendiendo a la presencia de ciertos temas recurrentes, al valor simbólico del lenguaje poético y a la evolución de los géneros, de las formas literarias y de los estilos.
L. EXTRANJERA	➢ Utilizar conscientemente los conocimientos adquiridos sobre el sistema lingüístico de la lengua extranjera en diferentes contextos de comunicación, como instrumento de auto-corrección y de autoevaluación de las producciones propias orales y escritas y para comprender las producciones ajenas. ➢ Identificar y describir los aspectos culturales más relevantes de los países donde se habla la lengua extranjera y establecer algunas relaciones entre las características más significativas de las costumbres, usos, actitudes y valores de la sociedad cuya lengua se estudia y la propia y mostrar respeto hacia los mismos.
LATÍN	➢ Distinguir en las diversas manifestaciones literarias y artísticas de todos los tiempos la mitología clásica como fuente de inspiración y reconocer en el patrimonio arqueológico las huellas de la romanización.
CIENCIAS SOCIALES, GEOGRAFÍA E HISTORIA	➢ Identificar los rasgos fundamentales de los procesos de industrialización y modernización económica y de las revoluciones liberales burguesas, valorando los cambios económicos, sociales y políticos que supusieron, identificando las peculiaridades de estos procesos en España.
EDUCACIÓN PARA LA CIUDADANÍA	➢ Distinguir igualdad y diversidad y las causas y factores de discriminación. ➢ Analizar el camino recorrido hacia la igualdad de derechos de las mujeres

MATERIAS	CRITERIOS DE EVALUACIÓN 4º ESO
EDUCACIÓN ÉTICO-CÍVICA	➢ Descubrir sus sentimientos en las relaciones interpersonales, razonar las motivaciones de sus conductas y elecciones y practicar el diálogo en las situaciones de conflicto. ➢ Reconocer la existencia de conflictos y el papel que desempeñan en los mismos las organizaciones internacionales y las fuerzas de pacificación. ➢ Valorar la cultura de la paz, la importancia de las leyes y la participación humanitaria para paliar las consecuencias de los conflictos. ➢ Justificar las propias posiciones utilizando sistemáticamente la argumentación y el diálogo y participar de forma democrática y cooperativa en las actividades del centro y del entorno
ED. PLÁSTICA Y VISUAL	➢ Tomar decisiones especificando los objetivos y las dificultades, proponiendo diversas opciones y evaluar cual la mejor solución.
MATEMÁTICAS	**OPCIÓN "A"** ➢ Planificar y utilizar procesos de razonamiento y estrategias diversas y útiles para la resolución de problemas, y expresar verbalmente con precisión, razonamientos, relaciones cuantitativas e informaciones que incorporen elementos matemáticos, valorando la utilidad y simplicidad del lenguaje matemático para ello.
C. NATURALEZ: BIOLOGÍA Y GEOLOGÍA	➢ Valorar críticamente las consecuencias de los avances actuales de la ingeniería genética. ➢ Exponer razonadamente los problemas que condujeron a enunciar la teoría de la evolución, los principios básicos de esta teoría y las controversias científicas, sociales y religiosas que suscitó.
C. NATURALEZA: FÍSICA Y QUÍMICA	➢ Valorar la influencia de las aplicaciones energéticas derivadas de las reacciones de combustión de hidrocarburos en el incremento del efecto invernadero.
MÚSICA	➢ Exponer de forma crítica la opinión personal respecto a distintas músicas y eventos musicales, argumentándola en relación a la información obtenida en distintas fuentes: libros, publicidad, programas de conciertos, críticas, etc. ➢ Participar activamente en algunas de las tareas necesarias para la celebración de actividades musicales en el centro: planificación, ensayo, interpretación, difusión, etc.
EDUCACIÓN FÍSICA	➢ Manifestar una actitud crítica ante las prácticas y valoraciones que se hacen del deporte y del cuerpo a través de los diferentes medios de comunicación. ➢ Participar de forma desinhibida y constructiva en la creación y realización de actividades expresivas colectivas con soporte musical. ➢ Analizar los efectos beneficiosos y de prevención que el trabajo regular de resistencia aeróbica, de flexibilidad y de fuerza resistencia suponen para el estado de salud.

<table>
<tr><th colspan="3">COMPETENCIA BÁSICA COMUNICACIÓN LINGÜÍSTICA</th></tr>
<tr><td colspan="3">DESCRIPTORES ETAPA / INDICADORES DE LOGRO O DOMINIO 4º ESO:
8. Elabora textos sobre hechos o situaciones de relevancia social y realiza producciones propias con rigor lingüístico y argumento literario.
9. Se pronuncia con firmeza y fundamento en contra de estereotipos y manifestaciones sociales basadas en diferencias culturales, lingüísticas y de género.</td></tr>
<tr><th>MATERIAS</th><th colspan="2">CRITERIOS DE EVALUACIÓN 4º ESO</th></tr>
<tr><td>LENGUA CASTELLANA Y LITERATURA</td><td colspan="2">➢ Mostrar conocimiento de las relaciones entre las obras leídas y comentadas, el contexto en que aparecen y los autores más relevantes de la historia de la literatura, realizando un trabajo personal de información y de síntesis o de imitación y recreación, en soporte papel o digital.
➢ Aplicar los conocimientos sobre la lengua y las normas del uso lingüístico para resolver problemas de comprensión de textos orales y escritos y para la composición y revisión progresivamente autónoma de los textos propios de este curso.</td></tr>
<tr><td>L. EXTRANJERA</td><td colspan="2">➢ Redactar con cierta autonomía textos diversos con una estructura lógica, utilizando las convenciones básicas propias de cada género, el léxico apropiado al contexto y los elementos necesarios de cohesión y coherencia, de manera que sean fácilmente comprensibles para el lector.</td></tr>
<tr><td>LATÍN</td><td colspan="2">➢ Elaborar, guiado por el profesor, un trabajo temático sencillo sobre cualquier aspecto de la producción artística y técnica, la historia, las instituciones, o la vida cotidiana en Roma.</td></tr>
<tr><td rowspan="2">MATEMÁTICAS</td><td>OPCIÓN “A”</td><td>OPCIÓN “B”</td></tr>
<tr><td>➢ Resolver problemas de la vida cotidiana en los que se precise el planteamiento y resolución de ecuaciones de primer y segundo grado o de sistemas de ecuaciones lineales con dos incógnitas.
➢ Aplicar los conceptos y técnicas de cálculo de probabilidades para resolver diferentes situaciones y problemas de la vida cotidiana.</td><td>➢ Aplicar los conceptos y técnicas de cálculo de probabilidades para resolver diferentes situaciones y problemas de la vida cotidiana.
➢ Planificar y utilizar procesos de razonamiento y estrategias de resolución de problemas tales como la emisión y justificación de hipótesis o la generalización, y expresar verbalmente, con precisión y rigor, razonamientos, relaciones cuantitativas e informaciones que incorporen elementos matemáticos, valorando la utilidad y simplicidad del lenguaje matemático para ello.</td></tr>
<tr><td>C. SOCIALES, Gª E HISTORIA</td><td colspan="2">➢ Realizar trabajos individuales y en grupo sobre algún foco de tensión política o social en el mundo actual, indagando sus antecedentes históricos, analizando las causas y planteando posibles desenlaces, utilizando fuentes de información, pertinentes, incluidas algunas que ofrezcan interpretaciones diferentes o complementarias de un mismo hecho.</td></tr>
</table>

MATERIAS	CRITERIOS DE EVALUACIÓN 4º ESO
EDUCACIÓN ÉTICO-CÍVICA	➢ Analizar las causas que provocan los principales problemas sociales del mundo actual, utilizando de forma crítica la información que proporcionan los medios de comunicación e identificar soluciones comprometidas con la defensa de formas de vida más justas.
ED. PLÁSTICA Y VISUAL	➢ Colaborar en la realización de proyectos plásticos que comportan una organización de forma cooperativa. ➢ Elaborar obras multimedia y producciones videográficas utilizando las técnicas adecuadas al medio.
GEOLOGÍA Y BIOLOGÍA	➢ Deduce las consecuencias prácticas en la gestión sostenible de algunos recursos por parte del ser humano.
FÍSICA Y QUÍMICA	➢ Analizar los problemas y desafíos, estrechamente relacionados, a los que se enfrenta la humanidad en relación con la situación de la Tierra, reconocer la responsabilidad de la ciencia y la tecnología y la necesidad de su implicación para resolverlos y avanzar hacia el logro de un futuro sostenible. ➢ Analizar los problemas asociados a la obtención y uso de las diferentes fuentes de energía empleadas para producirlos.
TECNOLOGÍAS	➢ Conocer la evolución tecnológica a lo largo de la historia. Analizar objetos técnicos y su relación con el entorno y valorar su repercusión en la calidad de vida.
EDUCACIÓN FÍSICA	➢ Resolver supuestos prácticos sobre las lesiones que se pueden producir en la vida cotidiana, en la práctica de actividad física y en el deporte, aplicando unas primeras atenciones.

REGISTRO DEL NIVEL DE LOGRO DESARROLLADO EN LA COMPETENCIA BÁSICA												
Alumno/a:	**Curso: 1º de ESO**											
CC. BB. COMUNICACIÓN LINGÜÍSTICA	**APRECIACIÓN DEL NIVEL DE LOGRO:**											
INDICADORES DE LOGRO:	**1º T RIM.**				**2º TRIM.**				**3º TRIM.**			
	1	**2**	**3**	**V**	**1**	**2**	**3**	**V**	**1**	**2**	**3**	**V**
1. Comprende, extrae y compara información de diferentes textos, distinguiendo el propósito, la idea global, las partes y las opiniones, y comunica las conclusiones extraídas correctamente, de forma oral y escrita.												
2. Conoce e identifica la terminología lingüística básica y la emplea en la comprensión y descripción de textos e informaciones procedentes de las diferentes materias.												
3. Narra, expone y resume situaciones de la vida real en diferentes soportes, organizando las ideas con claridad y estableciendo secuencias de texto cohesionadas.												
2. Aplica los conocimientos adquiridos sobre la lengua y las normas de uso en diferentes contextos de comunicación para resolver problemas de comprensión de textos orales y escritos y para realizar composiciones escritas.												
3. Emplea las tecnologías de la información y de la comunicación para buscar, almacenar, producir e intercambiar información.												
4. Expone oralmente opiniones personales y las contrasta con los demás compañeros y compañeras sobre textos orales y escritos, relativos a cuestiones de interés social, cultural y literario.												
5. Muestra interés y disfrute por la lectura y valora textos breves o fragmentos de obras literarias atendiendo a su contenido, género, figuras literarias y uso del lenguaje.												
6. Realiza composiciones de textos orales y escritos con el léxico adecuado y en diferentes soportes, empleando modelos de referencia para su recreación.												
7. Efectúa trabajos sencillos de carácter descriptivo sobre hechos o temas de interés, a nivel individual o grupal, y comunica el resultado de sus conclusiones al resto de compañeros y compañeras.												

REGISTRO DEL NIVEL DE LOGRO DESARROLLADO EN LA COMPETENCIA BÁSICA												
Alumno/a:	**Curso: 2º de ESO**											
CC. BB. COMUNICACIÓN LINGÜÍSTICA	**APRECIACIÓN DEL NIVEL DE LOGRO:**											
INDICADORES DE LOGRO:	**1º TRIM.**				**2º TRIM.**				**3º TRIM.**			
	1	**2**	**3**	**V**	**1**	**2**	**3**	**V**	**1**	**2**	**3**	**V**
1. Reconoce y explica el propósito, hechos o datos relevantes, distingue las ideas generales y secundarias en diferentes textos orales y escritos, y los emplea en la elaboración y transmisión de conocimientos.												
2. Conoce y emplea la terminología lingüística básica y la aportada por las materias, y reflexiona sobre su uso en diferentes contextos de aprendizaje.												
3. Realiza y revisa textos en distintas variantes del discurso –narración, exposición, explicación, y resumen–, conectando las secuencias lineales y respetando las normas gramaticales y ortográficas.												
4. Aplica los conocimientos adquiridos sobre la lengua y las normas de uso en diferentes contextos de comunicación para resolver problemas de comprensión de textos orales y escritos y para realizar y revisar de forma autónoma composiciones escritas.												
5. Usa diferentes fuentes de información y comunicación, principalmente las TIC, para buscar, interpretar, relacionar, elaborar y comunicar información en diferentes soportes, relacionada con los temas objeto de estudio y trabajo.												
6. Expone sus opiniones de forma correcta y escucha la de los demás, en diferentes situaciones de comunicación, sobre lecturas personales o colectivas, valorando el uso del lenguaje y el punto de vista del autor y relacionando de forma crítica su contenido con la propia experiencia.												
7. Utiliza los conocimientos literarios en la comprensión y valoración de textos breves o fragmentos, atendiendo a su contenido y tradición, al subgénero literario, al uso del lenguaje y a la funcionalidad de los recursos literarios.												
8. Compone o transforma textos, en diferentes soportes, partiendo de experiencias vividas o de textos literarios leídos o comentados en clase.												
9. Analiza situaciones o hechos ocurridos en diferentes contextos que presentan situaciones de discriminación por razón lingüística o cultural o de desigualdad entre hombres y mujeres.												

REGISTRO DEL NIVEL DE LOGRO DESARROLLADO EN LA COMPETENCIA BÁSICA												
Alumno/a:	**Curso: 3º de ESO**											
CC. BB. COMUNICACIÓN LINGÜÍSTICA	**APRECIACIÓN DEL NIVEL DE LOGRO:**											
INDICADORES DE LOGRO:	**1º TRIM.**				**2º TRIM.**				**3º TRIM.**			
	1	**2**	**3**	**V**	**1**	**2**	**3**	**V**	**1**	**2**	**3**	**V**
1. Identifica las ideas generales, las informaciones específicas o los aspectos básicos de textos orales y escritos y los plasma en forma de esquema y resumen.												
2. Conoce y emplea la terminología lingüística, científica y técnica adquirida, y la utiliza de forma reflexiva en la elaboración y creación de textos e informaciones de forma clara, concisa y ordenada.												
3. Emplea la narración, la explicación, el resumen y los comentarios en diferentes soportes y contextos, organizando las ideas con claridad y estableciendo secuencias textuales lineales y cohesionadas, y respetando las normas gramaticales y ortográficas.												
4. Extrae y contrasta informaciones identificando el propósito, el tema general y los secundarios en los textos orales y escritos, y realiza informes escritos.												
5. Participa en conversaciones y realiza exposiciones orales y escritas sobre hechos de actualidad e interés social, empleando diversas fuentes de información y las estrategias más adecuadas para resolver las dificultades durante la interacción.												
6. Expone su opinión de forma correcta y escucha la de los demás, en diferentes situaciones de comunicación, sobre obras literarias completas, evaluando la estructura y el uso de los elementos del género, el uso del lenguaje y el punto de vista del autor, situándolas en su contexto espacio- temporal y comparándola con la propia experiencia.												
7. Emplea los conocimientos literarios en la comprensión y valoración de textos, atendiendo a su temática, al valor simbólico del lenguaje y a las formas y estilos literarios.												
8. Realiza trabajos personales de información y síntesis sobre temáticas propias de los diferentes contextos y en relación con obras literarias leídas y comentadas, imitando o recreando fragmentos de las mismas en diferentes soportes.												
9. Analiza y valora hechos o situaciones de la vida real, tanto social como escolar, en los que aparecen estereotipos o manifestaciones sustentadas en las diferencias culturales, lingüísticas y de género.												

REGISTRO DEL NIVEL DE LOGRO DESARROLLADO EN LA COMPETENCIA BÁSICA												
Alumno/a:	**Curso: 4º de ESO**											
CC. BB. COMUNICACIÓN LINGÜÍSTICA	**APRECIACIÓN DEL NIVEL DE LOGRO:**											
INDICADORES DE LOGRO:	**1º TRIM.**				**2º TRIM.**				**3º TRIM.**			
	1	**2**	**3**	**V**	**1**	**2**	**3**	**V**	**1**	**2**	**3**	**V**
1. Domina y utiliza el habla, la escucha, la escritura y la lectura en la comprensión, análisis, reflexión, adquisición y comunicación de informaciones y conocimientos.												
2. Conoce y utiliza con precisión los términos científicos y técnicos de cada materia y los aplica en la interpretación, elaboración, creación y transmisión de información.												
3. Emplea el lenguaje de forma competente para interpretar e interactuar en distintos escenarios de la actividad social, seleccionando y utilizando determinadas variantes del discurso: la descripción, la narración, la disertación y la argumentación.												
4. Usa con soltura diversas fuentes en los procesos de búsqueda, análisis, selección, interpretación, resumen y comunicación de información, y en la redacción de informes y documentos técnicos.												
5. Participa en conversaciones y realiza explicaciones orales y escritas comprensibles y argumentadas sobre hechos de actualidad y de interés, adaptadas a las características de la situación y de la intención comunicativa.												
6. Organiza y regula el pensamiento y la conducta, ejercitando la escucha, la exposición y la argumentación en diferentes situaciones de comunicación, desde el respeto a la variedad de hablas existentes y a la autoexigencia de hablar con corrección en relación con las producciones literarias y de diversa índole cultural y científica.												
7. Comunica vivencias, ideas, sentimientos y emociones y expresa pensamientos y opiniones propias, de forma argumentada y crítica, sobre los mensajes explícitos e implícitos presentes en las diversas fuentes de información sobre cuestiones de interés social y de carácter literario.												
8. Elabora textos sobre hechos o situaciones de relevancia social, cultural y científica y realiza producciones propias con rigor lingüístico y argumento literario.												
9. Se pronuncia con firmeza y fundamento en contra de estereotipos y manifestaciones sociales basadas en diferencias culturales, lingüísticas y de género.												

1.2. Competencia matemática

COMPETENCIA BÁSICA MATEMÁTICA		
ASPECTOS DISTINTIVOS	**MATERIAS**	**APRENDIZAJES IMPRESCINDIBLES**
1. Ampliar el conocimiento sobre aspectos cuantitativos y espaciales de la realidad. **2. Conocimiento y manejo de los elementos matemáticos básicos en situaciones reales o simuladas de la vida cotidiana.** **3. Habilidad para utilizar y relacionar los números, sus operaciones básicas, los símbolos y las formas de expresión y razonamiento matemático.** **4. Habilidad para interpretar y expresar con claridad y precisión informaciones, datos y argumentaciones.** **5. Producir e interpretar distintos tipos de información.**	MATEMÁTICAS	❑ Conocer los aspectos cuantitativos y espaciales de la realidad: operaciones sencillas, magnitudes, porcentajes y proporciones, nociones de estadística básica, uso de escalas numéricas y gráficas, sistemas de referencia o reconocimiento de formas geométricas, así como criterios de medición, codificación numérica de informaciones y su representación gráfica. ❑ Capacidad para utilizar distintas formas de pensamiento matemático, con objeto de interpretar y describir la realidad y actuar sobre ella. ❑ Utilizar las destrezas que intervienen en el estudio de la situación problemática: la lectura comprensiva del enunciado, la formulación e interpretación de los datos que intervienen, el planteamiento de la estrategia a seguir, la realización de las operaciones o la ejecución del plan, la validación de los resultados obtenidos y la claridad de las explicaciones. ❑ Desarrollar procesos de investigación y deducción realizados para determinar las características y propiedades de las distintas formas planas y espaciales. ❑ Clasificar y representar datos, establecer relaciones entre ellos y deducir conclusiones y estimaciones a partir de los datos representados. ❑ Diseñar y utilizar técnicas adecuadas para la obtención de datos, de cuantificar, representar y deducir características a partir de los parámetros más representativos, demostrando que comprende el significado de éstos. ❑ Conocer las propiedades de los distintos conjuntos numéricos y su aplicación a cálculos numéricos orientados a situaciones prácticas. ❑ Resolver ecuaciones y sistemas que se aplican para resolver problemas prácticos, y determina con exactitud, el error o el nivel de aproximación de los resultados de los cálculos realizados, según el caso. ❑ Aplicar destrezas y actitudes que permitan al alumno razonar matemáticamente, comprender una argumentación matemática y expresarse y comunicarse en el lenguaje matemático. ❑ Desarrollar una actitud crítica, la capacidad de interpretación, de análisis y de síntesis, así como de trabajo en equipo. ❑ Valorar los procesos seguidos en el análisis, planteamiento y resolución de las situaciones y problemas de la vida cotidiana. ❑ Utilizar las herramientas adecuadas e integrar el conocimiento matemático con otros tipos de conocimiento para obtener conclusiones, reducir la incertidumbre y para enfrentarse a situaciones cotidianas de diferente grado de complejidad.

		❑ Aplicar las matemáticas a diferentes campos de conocimiento o a distintas situaciones de la vida cotidiana: funcionalidad de los aprendizajes, utilidad para comprender el mundo que nos rodea, seleccionar estrategias para la resolución de un problema.
6. Disposición favorable y progresiva hacia la información y las situaciones que contienen elementos y soportes matemáticos y su uso.	**LENGUA CASTELLANA Y LITERATURA**	❑ Expresarse de forma clara, concisa y ordenada, según la situación comunicativa. ❑ Uso del léxico más adecuado. ❑ Interactuar de forma competente mediante el lenguaje en las diferentes esferas de la actividad social. ❑ Procesar la información procedente de diversos textos y formatos, identificándola, clasificándola y comparándola. ❑ Utilizar la escritura para aprender y organizar sus propios conocimientos. ❑ Realizar producciones ajustándose a un proceso de elaboración, planificación, coherencia y corrección gramatical y ortográfica. ❑ Utilizar un lenguaje no discriminatorio en cualquiera de sus manifestaciones. ❑ Respetar al interlocutor, la persona a la que escuchan y el contenido de lo que escuchan. ❑ Mantener una actitud favorable ante la lectura y relacionar lo aprendido con sus propias vivencias. ❑ Redactar textos propios ajustados a su nivel, edad y experiencias personales, procurando siempre una funcionalidad comunicativa.
7. Utilización de la actividad matemática en contextos variados. **8. Puesta en práctica de procesos de razonamiento que lleven a la solución de los problemas o a la obtención de información.**	**CIENCIAS DE LA NATURALEZA**	❑ Cuantificar los fenómenos naturales, para analizar causas y consecuencias y expresar datos e ideas sobre la naturaleza. ❑ Utilizar adecuadamente las herramientas matemáticas y en su utilidad, en la oportunidad de su uso y en la elección precisa de los procedimientos y formas de expresión acordes con el contexto, con la precisión requerida y con la finalidad que se persiga. ❑ Buscar, recoger, seleccionar, procesar y presentarla información que se utiliza en muy diferentes formas: verbal, numérica, simbólica o gráfica.
	ED. PARA LA CIUDADANÍA Y D. H.	❑ Aprender el lenguaje simbólico. ❑ Conocer aspectos espaciales de la realidad, mediante la geometría y la representación objetiva de las formas.
9. Uso espontáneo de los elementos y razonamientos matemáticos para interpretar y producir información, resolver problemas relacionados con la vida cotidiana y tomar decisiones.	**INFORMÁTICA**	❑ Usar aplicaciones de hoja de cálculo que permiten utilizar técnicas productivas para calcular, representar e interpretar datos matemáticos y su aplicación a la resolución de problemas. ❑ Utilizar aplicaciones interactivas, en modo local o remoto, para la formulación y comprobación de hipótesis acerca de las modificaciones producidas por la modificación de datos en escenarios diversos.
	TECNOLOGÍAS	❑ Usar instrumentalmente herramientas matemáticas, en su dimensión justa, y de manera fuertemente contextualizada, en la medida en que proporciona situaciones de aplicabilidad a diversos campos, facilita la visibilidad de esas aplicaciones y de las relaciones entre los diferentes contenidos matemáticos. ❑ Medir y calcular magnitudes básicas, uso de escalas, lectura e interpretación de gráfico. ❑ Resolver problemas basados en la aplicación de expresiones matemáticas, referidas a principios y fenómenos físicos, que resuelven problemas prácticos del mundo material.

COMPETENCIA BÁSICA RAZONAMIENTO MATEMÁTICO				
ORGANIZADORES	**ASPECTOS DISTINTIVOS**	**APRENDIZAJES IMPRESCINDIBLES**	**MATERIAS**	**DESCRIPTORES DE LA ETAPA**
Conocimientos, saberes y experiencias aplicadas en la resolución de problemas y tareas.	❖ Ampliar el conocimiento sobre aspectos cuantitativos y espaciales de la realidad. ❖ Conocimiento y manejo de los elementos matemáticos básicos en situaciones reales o simuladas de la vida cotidiana.	❑ Conocer los aspectos cuantitativos y espaciales de la realidad: operaciones sencillas, magnitudes, porcentajes y proporciones, nociones de estadística básica, uso de escalas numéricas y gráficas, sistemas de referencia o reconocimiento de formas geométricas, así como criterios de medición, codificación numérica de informaciones y su representación gráfica.	MATEMÁTICAS	1. Reconoce la utilización y argumenta la necesidad de uso de aspectos cuantitativos y de formas geométricas en el contexto social: operaciones sencillas, magnitudes, porcentajes y proporciones, nociones de estadística básica, escalas numéricas y gráficas.
		❑ Expresarse de forma clara, concisa y ordenada, según la situación comunicativa. ❑ Uso del léxico más adecuado.	LENGUA CASTELLANA Y LITERATURA	2. Selecciona y emplea criterios de medición, de codificación numérica de las informaciones y su representación gráfica en la resolución de situaciones reales o simuladas de la vida cotidiana.
		❑ Aprender el lenguaje simbólico. ❑ Conocer aspectos espaciales de la realidad, mediante la geometría y la representación objetiva de las formas.	EDUCACIÓN PARA LA CIUDADANÍA	

ORGANIZADORES	ASPECTOS DISTINTIVOS	APRENDIZAJES IMPRESCINDIBLES	MATERIAS	DESCRIPTORES DE LA ETAPA
Habilidades prácticas y cognitivas utilizadas en la resolución de tareas y problemas.	❖ Habilidad para utilizar y relacionar los números, sus operaciones básicas, los símbolos y las formas de expresión y razonamiento matemático. ❖ Habilidad para interpretar y expresar con claridad y precisión informaciones, datos y argumentaciones. ❖ Producir e interpretar distintos tipos de información.	❑ Capacidad para utilizar distintas formas de pensamiento matemático, con objeto de interpretar y describir la realidad y actuar sobre ella. ❑ Utilizar las destrezas que intervienen en el estudio de la situación problemática: la lectura comprensiva del enunciado, la formulación e interpretación de los datos que intervienen, el planteamiento de la estrategia a seguir, la realización de las operaciones o la ejecución del plan, la validación de los resultados obtenidos y la claridad de las explicaciones. ❑ Clasificar y representar datos, establecer relaciones entre ellos y deducir conclusiones y estimaciones a partir de los datos representados. ❑ Diseñar y utilizar técnicas adecuadas para la obtención de datos, de cuantificar, representar y deducir características a partir de los parámetros más representativos, demostrando que comprende el significado de éstos. ❑ Conocer las propiedades de los distintos conjuntos numéricos y su aplicación a cálculos numéricos orientados a situaciones prácticas.	MATEMÁTICAS	3. Utiliza y relaciona los números, sus operaciones básicas, los símbolos y las formas de expresión -verbal, numérica, simbólica o gráfica- y de razonamiento matemático para interpretar, reflexionar, describir y actuar sobre la realidad.

ORGANIZADORES	ASPECTOS DISTINTIVOS	APRENDIZAJES IMPRESCINDIBLES	MATERIAS	DESCRIPTORES DE LA ETAPA
		❑ Interactuar de forma competente mediante el lenguaje en las diferentes esferas de la actividad social. ❑ Procesar la información procedente de diversos textos y formatos, identificándola, clasificándola y comparándola. ❑ Utiliza la escritura para aprender y organizar sus propios conocimientos. ❑ Realizar producciones ajustándose a un proceso de elaboración, planificación, coherencia y corrección gramatical y ortográfica.	LENGUA CASTELLANA Y LITERATURA	4. Selecciona, valora y emplea las destrezas matemáticas más adecuadas para el tratamiento y resolución de cada situación problemática que se le plantea: la lectura comprensiva del enunciado, la formulación e interpretación de los datos, el planteamiento de la estrategia a seguir, la realización de las operaciones o la ejecución del plan, la validación de los resultados obtenidos y la claridad de las explicaciones y argumentaciones.
		❑ Cuantificar los fenómenos naturales, para analizar causas y consecuencias y expresar datos e ideas sobre la naturaleza. ❑ Utilizar adecuadamente las herramientas matemáticas y en su utilidad, en la oportunidad de su uso y en la elección precisa de los procedimientos y formas de expresión acordes con el contexto, con la precisión requerida y con la finalidad que se persiga. ❑ Buscar, recoger, seleccionar, procesar y presentarla información que se utiliza en muy diferentes formas: verbal, numérica, simbólica o gráfica.	CIENCIAS DE LA NATURALEZA.	

ORGANIZADORES	ASPECTOS DISTINTIVOS	APRENDIZAJES IMPRESCINDIBLES	MATERIAS	DESCRIPTORES DE LA ETAPA
		❑ Usar aplicaciones de hoja de cálculo que permiten utilizar técnicas productivas para calcular, representar e interpretar datos matemáticos y su aplicación a la resolución de problemas. ❑ Utilizar aplicaciones interactivas, en modo local o remoto, para la formulación y comprobación de hipótesis acerca de las modificaciones producidas por la modificación de datos en escenarios diversos.	INFORMÁTICA	
		❑ Usar instrumentalmente herramientas matemáticas, en su dimensión justa, y de manera fuertemente contextualizada, en la medida en que proporciona situaciones de aplicabilidad a diversos campos, facilita la visibilidad de esas aplicaciones y de las relaciones entre los diferentes contenidos matemáticos. ❑ Medir y calcular magnitudes básicas, uso de escalas, lectura e interpretación de gráfico.	TECNOLOGÍAS	

ORGANIZADORES	ASPECTOS DISTINTIVOS	APRENDIZAJES IMPRESCINDIBLES	MATERIAS	DESCRIPTORES DE LA ETAPA
Valores, actitudes, sentimientos y emociones, que se manifiestan en la resolución de tareas y problemas.	❖ Disposición favorable y progresiva hacia la información y las situaciones que contienen elementos y soportes matemáticos y su uso.	❑ Aplicar destrezas y actitudes que permitan al alumno razonar matemáticamente, comprender una argumentación matemática y expresarse y comunicarse en el lenguaje matemático. ❑ Desarrollar una actitud crítica, la capacidad de interpretación, de análisis y de síntesis, así como de trabajo en equipo. ❑ Valorar los procesos seguidos en el análisis, planteamiento y resolución de las situaciones y problemas de la vida cotidiana.	MATEMÁTICAS	5. Reflexiona sobre la necesidad y utilidad de los conocimientos matemáticos adquiridos en la comprensión y resolución de problemas y desarrolla una actitud crítica para valorar los procesos seguidos en el planteamiento y resolución de los mismos, a nivel personal y de equipo de trabajo.
		❑ Utilizar un lenguaje no discriminatorio en cualquiera de sus manifestaciones. ❑ Mantener una actitud favorable ante la lectura y relacionar lo aprendido con sus propias vivencias. ❑ Respetar al interlocutor, la persona a la que escuchan y el contenido de lo que escuchan.	LENGUA CASTELLANA Y LITERATURA	6. Planifica y utiliza procesos de razonamiento y estrategias diversas para la resolución de problemas, y valora la utilidad y simplicidad del lenguaje matemático. empleado en la identificación, comprensión, interpretación y búsqueda de soluciones al problema planteado.

ORGANIZADORES	ASPECTOS DISTINTIVOS	APRENDIZAJES IMPRESCINDIBLES	MATERIAS	DESCRIPTORES DE LA ETAPA
Resolución de problemas en un contexto determinado.	❖ Utilización de la actividad matemática en contextos variados. ❖ Puesta en práctica de procesos de razonamiento que lleven a la solución de los problemas o a la obtención de información. ❖ Uso espontáneo de los elementos y razonamientos matemáticos para interpretar y producir información, resolver problemas relacionados con la vida cotidiana y tomar decisiones.	❑ Redactar textos propios ajustados a su nivel, edad y experiencias personales, procurando siempre una funcionalidad comunicativa.	LENGUA CASTELLANA Y LITERATURA	7. Integra y aplica el conocimiento matemático con otros conocimientos para reducir incertidumbres y obtener conclusiones ante situaciones de la vida cotidiana de diferente complejidad, y expresa con precisión y rigor matemático el proceso seguido. 8. Usa procesos de razonamiento y estrategias fundamentadas en la emisión y justificación de hipótesis y en la generalización para el planteamiento y resolución de problemas de la vida real.
		❑ Utilizar las herramientas adecuadas e integrar el conocimiento matemático con otros tipos de conocimiento para obtener conclusiones, reducir la incertidumbre y para enfrentarse a situaciones cotidianas de diferente grado de complejidad. ❑ Aplicar las matemáticas a diferentes campos de conocimiento o a distintas situaciones de la vida cotidiana: funcionalidad de los aprendizajes, utilidad para comprender el mundo que nos rodea, seleccionar estrategias para la resolución de un problema.	MATEMÁTICAS	
		❑ Resolver problemas de formulación y solución más o menos abiertas, que exigen poner en juego estrategias asociadas a esta competencia.	C. DE LA NATURALEZA	
		❑ Resolver problemas basados en la aplicación de expresiones matemáticas, referidas a principios y fenómenos físicos, que resuelven problemas prácticos del mundo material.	TECNOLOGÍA	

COMPETENCIA BÁSICA RAZONAMIENTO MATEMÁTICO

DESCRIPTORES ETAPA:	INDICADORES DE LOGRO O DOMINIO 1º ESO:
1. Selecciona y emplea criterios de medición, de codificación numérica de las informaciones y su representación gráfica en la resolución de situaciones reales o simuladas de la vida cotidiana. 2. Reconoce la utilización y argumenta la necesidad de uso de elementos cuantitativos y de formas geométricas para analizar e interpretar aspectos, objetos y construcciones presentes en el contexto social: magnitudes, porcentajes, proporciones, estadística básica, escalas numéricas y gráficas.	❑ Identifica y describe conjuntos de números, operaciones matemáticas y símbolos de cantidades que se emplean en el contexto familiar, social y escolar. ❑ Reconoce y describe figuras planas y aplica el conocimiento geométrico adquirido para describir e interpretar el mundo físico, haciendo uso de la terminología adecuada

MATERIAS	CRITERIOS DE EVALUACIÓN 1º ESO
LENGUA CASTELLANA Y LITERATURA	➢ Reconocer el propósito y la idea general en textos orales de ámbitos sociales próximos a la experiencia del alumnado y en el ámbito académico; captar la idea global de informaciones oídas en radio o en TV y seguir instrucciones poco complejas para realizar tareas de aprendizaje.
L. EXTRANJERA	➢ Comprender la idea general y las informaciones específicas más relevantes de textos orales, emitidos cara a cara o por medios audiovisuales sobre asuntos cotidianos, si se habla despacio y con claridad.
C. SOCIALES, Gª E HISTORIA	➢ Realizar una lectura comprensiva de fuentes de información escrita de contenido geográfico o histórico y comunicar la información obtenida de forma correcta por escrito.
MATEMÁTICAS	➢ Identificar y describir regularidades, pautas y relaciones en conjuntos de números, utilizar letras para simbolizar distintas cantidades y obtener expresiones algebraicas como síntesis en secuencias numéricas, así como el valor numérico de fórmulas sencillas. ➢ Reconocer y describir figuras planas, utilizar sus propiedades para clasificarlas y aplicar el conocimiento geométrico adquirido para interpretar y describir el mundo físico, haciendo uso de la terminología adecuada.
ED. PLÁSTICA Y V.	➢ Diferenciar los distintos estilos y tendencias de las artes visuales a través del tiempo y atendiendo a la diversidad cultural.
MÚSICA	➢ Leer distintos tipos de partituras en el contexto de las actividades musicales del aula como apoyo a las tareas de interpretación y audición.

COMPETENCIA BÁSICA RAZONAMIENTO MATEMÁTICO

DESCRIPTORES ETAPA:	INDICADORES DE LOGRO O DOMINIO 1º ESO:
3. Utiliza y relaciona los números, sus operaciones básicas, los símbolos y las formas de expresión –verbal, numérica, simbólica o gráfica– y de razonamiento matemático para interpretar, reflexionar y actuar sobre la realidad. 4. Selecciona, valora y emplea las destrezas matemáticas más adecuadas para el tratamiento y resolución de cada situación problemática que se le plantea: lectura comprensiva del enunciado, formulación e interpretación de los datos, planteamiento de la estrategia a seguir, realización de las operaciones o ejecución del plan, validación de los resultados obtenidos y claridad de las explicaciones y argumentaciones.	❑ Utiliza estrategias y técnicas simples de resolución de problemas de la vida cotidiana: enunciado, ensayo y error, comprueba la solución obtenida. y expresa el procedimiento seguido en la resolución. ❑ Organiza e interpreta informaciones diversas extraídas de situaciones de la vida real y las representa mediante tablas y gráficos empleando figuras planas y las unidades de medida más adecuadas.

MATERIAS	CRITERIOS DE EVALUACIÓN 1º ESO
LENGUA CASTELLANA Y LITERATURA	➢ Extraer informaciones concretas e identificar el propósito en textos escritos de ámbitos sociales próximos a la experiencia del alumnado, seguir instrucciones sencillas, identificar los enunciados en los que el tema general aparece explícito y distinguir las partes del texto. ➢ Narrar, exponer y resumir, en soporte papel o digital, usando el registro adecuado, organizando las ideas con claridad, enlazando los enunciados en secuencias lineales cohesionadas, respetando las normas gramaticales y ortográficas y valorando la importancia de planificar y revisar el texto.
L. EXTRANJERA	➢ Identificar, utilizar y poner ejemplos de algunas estrategias utilizadas para progresar en el aprendizaje. ➢ Usar de forma guiada las tecnologías de la información y la comunicación para buscar información, producir mensajes a partir de modelos y para establecer relaciones personales, mostrando interés por su uso.
MATEMÁTICAS	➢ Utilizar estrategias y técnicas simples de resolución de problemas tales como el análisis del enunciado, el ensayo y error o la resolución de un problema más sencillo, y comprobar la solución obtenida y expresar, utilizando el lenguaje matemático adecuado a su nivel, el procedimiento que se ha seguido en la resolución (1º). ➢ Estimar y calcular perímetros, áreas y ángulos de figuras planas, utilizando la unidad de medida adecuada. ➢ Organizar e interpretar informaciones diversas mediante tablas y gráficas, e identificar relaciones de dependencia en situaciones cotidianas.
CIENCIAS DE LA NATURALEZA	➢ Describir razonadamente algunas de las observaciones y procedimientos científicos que han permitido avanzar en el conocimiento de nuestro planeta y del lugar que ocupa en el Universo. ➢ Establecer procedimientos para describir las propiedades de materiales que nos rodean. ➢ Interpretar algunos fenómenos naturales mediante la elaboración de modelos sencillos y representaciones a escala.

MATERIAS	CRITERIOS DE EVALUACIÓN 1º ESO
C. SOCIALES, GEOGRAFÍA E HISTORIA	➢ Localizar lugares o espacios en un mapa utilizando datos de coordenadas geográficas y obtener información sobre el espacio representado a partir de la leyenda y la simbología, comunicando las conclusiones de forma oral o escrita. ➢ Utilizar las convenciones y unidades cronológicas y las nociones de evolución y cambio aplicándolas a los hechos y procesos históricos.
EDUCACIÓN PLÁSTICA Y VISUAL	➢ Identificar los elementos constitutivos esenciales de objetos y/o aspectos de la realidad. ➢ Representar objetos e ideas de forma bi o tridimensional aplicando técnicas gráficas y plásticas y conseguir resultados concretos en función de unas intenciones en cuanto a los elementos visuales y de relación.
TECNOLOGÍAS	➢ Representar mediante vistas y perspectivas objetos y sistemas técnicos sencillos, aplicando criterios de normalización. ➢ Elaborar, almacenar y recuperar documentos en soporte electrónico que incorporen información textual y gráfica. ➢ Identificar y manejar operadores mecánicos encargados de la transformación y transmisión de movimientos en máquinas. Explicar su funcionamiento en el conjunto y, en su caso, calcular la relación de transmisión. ➢ Utilizar correctamente instrumentos de medida de magnitudes eléctricas básicas.
MÚSICA	➢ Identificar y describir, mediante el uso de distintos lenguajes (gráfico, corporal o verbal) algunos elementos y formas de organización y estructuración musical (ritmo, melodía, textura, timbre, repetición, imitación, variación) de una obra musical interpretada en vivo o grabada.
EDUCACIÓN FÍSICA	➢ Seguir las indicaciones de las señales de rastreo en un recorrido por el centro o sus inmediaciones.

COMPETENCIA BÁSICA RAZONAMIENTO MATEMÁTICO

DESCRIPTORES ETAPA:	INDICADORES DE LOGRO O DOMINIO 1º ESO:
5. Reflexiona sobre la necesidad y utilidad de los conocimientos matemáticos adquiridos en la comprensión y resolución de problemas y desarrolla una actitud crítica para valorar los procesos seguidos en el planteamiento y resolución de los mismos, a nivel personal y de equipo de trabajo. 6. Planifica y utiliza procesos de razonamiento y estrategias diversas para la resolución de problemas, y valora la utilidad y simplicidad del lenguaje matemático. empleado en la identificación, comprensión, interpretación y búsqueda de soluciones al problema planteado.	❑ Utiliza los números (naturales, enteros, fracciones y decimales sencillos) sus operaciones básicas y propiedades para recoger, transformar e intercambiar información extraída de situaciones de la vida diaria y resolver problemas.. ❑ Valora los resultados obtenidos en la resolución de problemas referidos a la vida cotidiana en función de su precisión y adecuación a la realidad..

MATERIAS	CRITERIOS DE EVALUACIÓN 1º ESO
LENGUA CASTELLANA Y LITERATURA	➢ Iniciar el conocimiento de una terminología lingüística básica en las actividades de reflexión sobre el uso.
L. EXTRANJERA	➢ Identificar algunos elementos culturales o geográficos propios de los países y culturas donde se habla la lengua extranjera y mostrar interés por conocerlos.
MATEMÁTICAS	➢ Utilizar números naturales y enteros y fracciones y decimales sencillos, sus operaciones y propiedades, para recoger, transformar e intercambiar información. ➢ Resolver problemas para los que se precise la utilización de las cuatro operaciones con números enteros, decimales y fraccionarios, utilizando la forma de cálculo apropiada y valorando la adecuación del resultado al contexto. ➢ Organizar e interpretar informaciones diversas mediante tablas y gráficas, e identificar relaciones de dependencia en situaciones cotidianas. ➢ Hacer predicciones sobre la posibilidad de que un suceso ocurra a partir de información previamente obtenida de forma empírica.
C. SOCIALES, Gª. E HISTORIA	➢ Identificar y explicar, algunos ejemplos de los impactos que la acción humana tiene sobre el medio natural, analizando sus causas y efectos, y aportando medidas y conductas que serían necesarias para limitarlos.
EDUCACIÓN PLÁSTICA Y VISUAL	➢ Realizar creaciones plásticas siguiendo el proceso de creación y demostrando valores de iniciativa, creatividad e imaginación.
TECNOLOGÍAS	➢ Valorar las necesidades del proceso tecnológico empleando la resolución técnica de problemas analizando su contexto, proponiendo soluciones alternativas y desarrollando la más adecuada.
EDUCACIÓN FÍSICA	➢ Incrementar las cualidades físicas relacionadas con la salud, trabajadas durante el curso respecto a su nivel inicial.

COMPETENCIA BÁSICA RAZONAMIENTO MATEMÁTICO	
DESCRIPTORES ETAPA: 7. Integra y aplica el conocimiento matemático con otros conocimientos para reducir incertidumbres y obtener conclusiones ante situaciones de la vida cotidiana de diferente complejidad, y expresa con precisión y rigor matemático en el proceso seguido. 8. Usa procesos de razonamiento y estrategias fundamentadas en la emisión y justificación de hipótesis y en la generalización para el planteamiento y resolución de problemas de la vida real.	**INDICADORES DE LOGRO O DOMINIO 1º ESO:** ❑ Realiza predicciones sobre la posibilidad de que un hecho o suceso ocurra en un contexto determinado a partir de las informaciones y resultados obtenidos de forma empírica. ❑ Se plantea y busca soluciones a problemas de la vida real y reflexiona sobre las ventajas del uso de los conocimientos matemáticos adquiridos para la comprensión y resolución de los mismos..

MATERIAS	CRITERIOS DE EVALUACIÓN 1º ESO
LENGUA CASTELLANA Y LITERATURA	➢ Aplicar los conocimientos sobre la lengua y las normas del uso lingüístico para solucionar problemas de comprensión de textos orales y escritos y para la composición y la revisión dirigida de los textos propios de este curso.
MATEMÁTICAS	➢ Resolver problemas para los que se precise la utilización de las cuatro operaciones con números enteros, decimales y fraccionarios, utilizando la forma de cálculo apropiada y valorando la adecuación del resultado al contexto. ➢ Hacer predicciones sobre la posibilidad de que un suceso ocurra a partir de información previamente obtenida de forma empírica.
C. SOCIALES, GEOGRAFÍA E HISTORIA	➢ Realizar de forma individual y en grupo, con ayuda del profesor, un trabajo sencillo de carácter descriptivo sobre algún hecho o tema, utilizando fuentes diversas (observación, prensa, bibliografía, páginas web, etc.), seleccionando la información pertinente, integrándola en un esquema o guión y comunicando los resultados del estudio con corrección y con el vocabulario adecuado.
EDUCACIÓN PLÁSTICA Y VISUAL	➢ Elaborar y participar, activamente, en proyectos de creación visual cooperativos, como producciones videográficas o plásticas de gran tamaño, aplicando las estrategias propias y adecuadas del lenguaje visual y plástico.
CIENCIAS DE LA NATURALEZA	➢ Resolver problemas aplicando los conocimientos adquiridos.
TECNOLOGÍAS	➢ Realizar las operaciones técnicas previstas en un plan de trabajo utilizando los recursos materiales y organizativos con criterios de economía, seguridad y respeto al medio ambiente y valorando las condiciones del entorno de trabajo. ➢ Elaborar documentos técnicos empleando recursos verbales y gráficos.
MÚSICA	➢ Utilizar, con autonomía, algunos de los recursos tecnológicos disponibles, demostrando un conocimiento básico de las técnicas y procedimientos necesarios para grabar y reproducir música y para realizar sencillas producciones audiovisuales.
EDUCACIÓN FÍSICA	➢ Recopilar actividades, juegos, estiramientos y ejercicios de movilidad articular apropiados para el calentamiento y realizados en clase.

COMPETENCIA BÁSICA RAZONAMIENTO MATEMÁTICO

DESCRIPTORES ETAPA:	INDICADORES DE LOGRO O DOMINIO 2º ESO:
1. Selecciona y emplea criterios de medición, de codificación numérica de las informaciones y su representación gráfica en la resolución de situaciones reales o simuladas de la vida cotidiana. 2. Reconoce la utilización y argumenta la necesidad de uso de elementos cuantitativos y de formas geométricas para analizar e interpretar aspectos, objetos y construcciones presentes en el contexto social: magnitudes, porcentajes, proporciones, estadística básica, escalas numéricas y gráficas.	❑ Realiza mediciones de objetos y utiliza el lenguaje algebraico para plantear y representar gráficamente situaciones reales de la vida cotidiana. ❑ Identifica y emplea símbolos matemáticos y formas geométricas para representar aspectos relevantes del mundo físico y de la actividad humana.

MATERIAS	CRITERIOS DE EVALUACIÓN 2º ESO
LENGUA CASTELLANA Y LITERATURA	➢ Reconocer, junto al propósito y la idea general, ideas, hechos o datos relevantes en textos orales de ámbitos sociales próximos a la experiencia del alumnado y en el ámbito académico; captar la idea global y la relevancia de informaciones oídas en radio o en TV y seguir instrucciones para realizar autónomamente tareas de aprendizaje.
L. EXTRANJERA	➢ Comprender la idea general e informaciones específicas de textos orales emitidos por un interlocutor, o procedentes de distintos medios de comunicación, sobre temas conocidos. ➢ Comprender la información general y la específica de diferentes textos escritos, adaptados y auténticos, de extensión variada, y adecuados a la edad, demostrando la comprensión a través de una actividad específica.
C. SOCIALES, Gª E HISTORIA	➢ Realizar una lectura comprensiva de fuentes de información escrita de contenido geográfico o histórico y comunicar la información obtenida de forma correcta por escrito.
MATEMÁTICAS	➢ Formular las preguntas adecuadas para conocer las características de una población y recoger, organizar y presentar datos relevantes para responderlas, utilizando los métodos estadísticos apropiados y las herramientas informáticas adecuadas. ➢ Utilizar el lenguaje algebraico para simbolizar, generalizar e incorporar el planteamiento y resolución de ecuaciones de primer grado como una herramienta más con la que abordar y resolver problemas. ➢ Identificar relaciones de proporcionalidad numérica y geométrica y utilizarlas para resolver problemas en situaciones de la vida cotidiana.
ED. PLÁSTICA Y V.	➢ Diferenciar los distintos estilos y tendencias de las artes visuales a través del tiempo y atendiendo a la diversidad cultural.
MÚSICA	➢ Leer distintos tipos de partituras en el contexto de las actividades musicales del aula como apoyo a las tareas de interpretación y audición.

COMPETENCIA BÁSICA RAZONAMIENTO MATEMÁTICO

DESCRIPTORES ETAPA:	INDICADORES DE LOGRO O DOMINIO 2º ESO:
3. Utiliza y relaciona los números, sus operaciones básicas, los símbolos y las formas de expresión –verbal, numérica, simbólica o gráfica– y de razonamiento matemático para interpretar, reflexionar, describir y actuar sobre la realidad. 4. Selecciona, valora y emplea las destrezas matemáticas más adecuadas para el tratamiento y resolución de cada situación problemática que se le plantea: la lectura comprensiva del enunciado, la formulación e interpretación de los datos, el planteamiento de la estrategia a seguir, la realización de las operaciones o la ejecución del plan, la validación de los resultados obtenidos y la claridad de las explicaciones y argumentaciones.	❑ Utiliza estrategias y técnicas de resolución de problemas de contextos diversos: análisis del enunciado, ensayo y error, partes del problema, comprobación de la coherencia de la solución conseguida; e interpreta los datos y resultados y explicita el procedimiento seguido.. ❑ Realiza con precisión estimaciones y cálculos de longitudes, áreas y volúmenes de espacios y objetos de la realidad próxima, comprende los procedimientos de medición utilizados, y expresa los resultados y conclusiones obtenidas en diferentes formas: verbal, numérica, simbólica o gráfica.

MATERIAS	CRITERIOS DE EVALUACIÓN 2º ESO
LENGUA CASTELLANA Y LITERATURA	➢ Extraer informaciones concretas e identificar el propósito en textos escritos de ámbitos sociales próximos a la experiencia del alumnado; seguir instrucciones de cierta extensión en procesos poco complejos; identificar el tema general y temas secundarios y distinguir cómo está organizada la información. ➢ Narrar, exponer, explicar, resumir y comentar, en soporte papel o digital, usando el registro adecuado, organizando las ideas con claridad, enlazando los enunciados en secuencias lineales cohesionadas, respetando las normas gramaticales y ortográficas y valorando la importancia de planificar y revisar el texto.
L. EXTRANJERA	➢ Identificar, utilizar y explicar oralmente algunas estrategias básicas utilizadas para progresar en el aprendizaje. ➢ Usar de forma guiada las tecnologías de la información y la comunicación para buscar información, producir textos a partir de modelos y para establecer relaciones personales mostrando interés por su uso.
MATEMÁTICAS	➢ Utilizar estrategias y técnicas de resolución de problemas, tales como el análisis del enunciado, el ensayo y error sistemático, la división del problema en partes, así como la comprobación de la coherencia de la solución obtenida, y expresar, utilizando el lenguaje matemático adecuado a su nivel, el procedimiento que se ha seguido en la resolución. ➢ Estimar y calcular longitudes, áreas y volúmenes de espacios y objetos con una precisión acorde con la situación planteada y comprender los procesos de medida, expresando el resultado de la estimación o el cálculo en la unidad de medida más adecuada. ➢ Interpretar relaciones funcionales sencillas dadas en forma de tabla, gráfica, a través de una expresión algebraica o mediante un enunciado, obtener valores a partir de ellas y extraer conclusiones acerca del fenómeno estudiado.

MATERIAS	CRITERIOS DE EVALUACIÓN 2º ESO
CIENCIAS DE LA NATURALEZA	➢ Explicar fenómenos naturales y reproducir algunos de ellos teniendo en cuenta sus propiedades. ➢ Interpretar los aspectos relacionados con las funciones vitales de los seres vivos a partir de distintas observaciones y experiencias realizadas.
C. SOC. G. E HISTORIA	➢ Analizar el crecimiento de las áreas urbanas, la diferenciación funcional del espacio urbano y alguno de los problemas que se les plantean a sus habitantes. Identificar las características básicas de los principales estilos artísticos de la Ed. Media y la Edad Moderna y analizar algunas obras de arte relevantes y representativas de éstos.
ED. PL. Y VISUAL	➢ Identificar los elementos constitutivos esenciales de objetos y/o aspectos de la realidad. ➢ Representar objetos e ideas de forma bi o tridimensional aplicando técnicas gráficas y plásticas y conseguir resultados concretos en función de unas intenciones en cuanto a los elementos visuales y de relación.
TECNOLOGÍAS	➢ Representar mediante vistas y perspectivas objetos y sistemas técnicos sencillos, aplicando criterios de normalización. ➢ Elaborar, almacenar y recuperar documentos en soporte electrónico que incorporen información textual y gráfica. ➢ Identificar y manejar operadores mecánicos encargados de la transformación y transmisión de movimientos en máquinas. Explicar su funcionamiento en el conjunto y, en su caso, calcular la relación de transmisión. ➢ Utilizar correctamente instrumentos de medida de magnitudes eléctricas básicas.
MÚSICA	➢ Identificar y describir, mediante el uso de distintos lenguajes (gráfico, corporal o verbal) algunos elementos y formas de organización y estructuración musical (ritmo, melodía, textura, timbre, repetición, imitación, variación) de una obra musical interpretada en vivo o grabada.
EDUCACIÓN FÍSICA	➢ Realizar de forma autónoma un recorrido de sendero cumpliendo normas de seguridad básicas y mostrando una actitud de respeto hacia la conservación del entorno en el que se lleva a cabo la actividad.

COMPETENCIA BÁSICA RAZONAMIENTO MATEMÁTICO	
DESCRIPTORES ETAPA: 5. Reflexiona sobre la necesidad y utilidad de los conocimientos matemáticos adquiridos en la comprensión y resolución de problemas y desarrolla una actitud crítica para valorar los procesos seguidos en el planteamiento y resolución de los mismos, a nivel personal y de equipo de trabajo. 6. Planifica y utiliza procesos de razonamiento y estrategias diversas para la resolución de problemas, y valora la utilidad y simplicidad del lenguaje matemático. empleado en la identificación, comprensión, interpretación y búsqueda de soluciones al problema planteado.	**INDICADORES DE LOGRO O DOMINIO 2º ESO:** ❑ Utiliza las clases de números estudiados, las operaciones básicas y los porcentajes sencillos para recoger, intercambiar y valorar información extraída de situaciones de la vida diaria. ❑ Reflexiona sobre la necesidad y utilidad de las expresiones matemáticas en la comprensión y resolución de situaciones de la vida real y adopta una actitud favorable en su conocimiento y aplicación.

MATERIAS	CRITERIOS DE EVALUACIÓN 2º ESO
LENGUA CASTELLANA Y LITERATURA	➢ Realizar exposiciones orales sencillas sobre temas próximos a su entorno que sean del interés del alumnado, con la ayuda de medios audiovisuales y de las tecnologías de la información y la comunicación.
L. EXTRANJERA	➢ Identificar y poner ejemplos de algunos aspectos sociales, culturales, históricos, geográficos o literarios propios de los países donde se habla la lengua extranjera y mostrar interés por conocerlos.
MATEMÁTICAS	➢ Utilizar números enteros, fracciones, decimales y porcentajes sencillos, sus operaciones y propiedades, para recoger, transformar e intercambiar información y resolver problemas relacionados con la vida diaria.
C. SOCIALES, Gª. E HISTORIA	➢ Identificar y explicar, algunos ejemplos de los impactos que la acción humana tiene sobre el medio natural, analizando sus causas y efectos, y aportando medidas y conductas que serían necesarias para limitarlos.
EDUCACIÓN PLÁSTICA Y VISUAL	➢ Realizar creaciones plásticas siguiendo el proceso de creación y demostrando valores de iniciativa, creatividad e imaginación.
CIENCIAS DE LA NATURALEZA.	➢ Valorar la diversidad de los ecosistemas cercanos.

MATERIAS	CRITERIOS DE EVALUACIÓN 2º ESO
TECNOLOGÍAS	➢ Valorar las necesidades del proceso tecnológico empleando la resolución técnica de problemas analizando su contexto, proponiendo soluciones alternativas y desarrollando la más adecuada.
EDUCACIÓN FÍSICA	➢ ncrementar la resistencia aeróbica y la flexibilidad respecto a su nivel inicial. ➢ Reconocer a través de la práctica, las actividades físicas que se desarrollan en una franja de la frecuencia cardiaca beneficiosa para la salud. ➢ Realizar de forma autónoma un recorrido de sendero cumpliendo normas de seguridad básicas y mostrando una actitud de respeto hacia la conservación del entorno en el que se lleva a cabo la actividad

COMPETENCIA BÁSICA RAZONAMIENTO MATEMÁTICO

DESCRIPTORES ETAPA:

7. Integra y aplica el conocimiento matemático con otros conocimientos para reducir incertidumbres y obtener conclusiones ante situaciones de la vida cotidiana de diferente complejidad, y expresa con precisión y rigor matemático en el proceso seguido.
8. Usa procesos de razonamiento y estrategias fundamentadas en la emisión y justificación de hipótesis y en la generalización para el planteamiento y resolución de problemas de la vida real.

INDICADORES DE LOGRO O DOMINIO 2º ESO:

- ❑ Relaciona los conocimientos matemáticos con otros conocimientos presentes en la vida cotidiana para abordar y resolver problemas en diferentes contextos.
- ❑ Se hace preguntas sobre una situación o suceso de la vida real, busca información y valores numéricos expresados en diferentes formatos para interpretarlos y extraer conclusiones del fenómeno estudiado.

MATERIAS	CRITERIOS DE EVALUACIÓN 2º ESO
LENGUA CASTELLANA Y LITERATURA	➢ Aplicar los conocimientos sobre la lengua y las normas del uso lingüístico para resolver problemas de comprensión de textos orales y escritos y para la composición y revisión progresivamente autónoma de los textos propios de este curso.
MATEMÁTICAS	➢ Identificar relaciones de proporcionalidad numérica y geométrica y utilizarlas para resolver problemas en situaciones de la vida cotidiana. ➢ Formular las preguntas adecuadas para conocer las características de una población y recoger, organizar y presentar datos relevantes para responderlas, utilizando los métodos estadísticos apropiados y las herramientas informáticas adecuadas. ➢ Utilizar el lenguaje algebraico para simbolizar, generalizar e incorporar el planteamiento y resolución de ecuaciones de primer grado como una herramienta más con la que abordar y resolver problemas. ➢ Interpretar relaciones funcionales sencillas dadas en forma de tabla, gráfica, a través de una expresión algebraica o mediante un enunciado, obtener valores a partir de ellas y extraer conclusiones acerca del fenómeno estudiado.
C. SOCIALES, GEOGRAFÍA E HISTORIA	➢ Realizar de forma individual y en grupo, con ayuda del profesor, un trabajo sencillo de carácter descriptivo sobre algún hecho o tema, utilizando fuentes diversas (observación, prensa, bibliografía, páginas web, etc.), seleccionando la información pertinente, integrándola en un esquema o guión y comunicando los resultados del estudio con corrección y con el vocabulario adecuado.
EDUCACIÓN PLÁSTICA Y VISUAL	➢ Elaborar y participar, activamente, en proyectos de creación visual cooperativos, como producciones videográficas o plásticas de gran tamaño, aplicando las estrategias propias y adecuadas del lenguaje visual y plástico.

MATERIAS	CRITERIOS DE EVALUACIÓN 2º ESO
CIENCIAS DE LA NATURALEZA.	➢ Resolver problemas aplicando los conocimientos adquiridos. ➢ Reconocer y valorar los riesgos asociados a los procesos geológicos internos y en su prevención y predicción.
TECNOLOGÍAS	➢ Realizar las operaciones técnicas previstas en un plan de trabajo utilizando los recursos materiales y organizativos con criterios de economía, seguridad y respeto al medio ambiente y valorando las condiciones del entorno de trabajo. ➢ Elaborar documentos técnicos empleando recursos verbales y gráficos.
MÚSICA	➢ Utilizar, con autonomía, algunos de los recursos tecnológicos disponibles, demostrando un conocimiento básico de las técnicas y procedimientos necesarios para grabar y reproducir música y para realizar sencillas producciones audiovisuales.
EDUCACIÓN FÍSICA	➢ Incrementar la resistencia aeróbica y la flexibilidad respecto a su nivel inicial. ➢ Reconocer a través de la práctica, las actividades físicas que se desarrollan en una franja de la frecuencia cardiaca beneficiosa para la salud. ➢ Realizar de forma autónoma un recorrido de sendero cumpliendo normas de seguridad básicas y mostrando una actitud de respeto hacia la conservación del entorno en el que se lleva a cabo la actividad

COMPETENCIA BÁSICA RAZONAMIENTO MATEMÁTICO	
DESCRIPTORES ETAPA: 1. Selecciona y emplea criterios de medición, de codificación numérica de las informaciones y su representación gráfica en la resolución de situaciones reales o simuladas de la vida cotidiana. 2. Reconoce la utilización y argumenta la necesidad de uso de elementos cuantitativos y de formas geométricas para analizar e interpretar aspectos, objetos y construcciones presentes en el contexto social: magnitudes, porcentajes, proporciones, estadística básica, escalas numéricas y gráficas..	**INDICADORES DE LOGRO O DOMINIO 3º ESO:** ❑ Expresa mediante formulaciones algebraicas propiedades, relaciones y regularidades en secuencias numéricas obtenidas de situaciones reales del contexto social. ❑ Reconoce las transformaciones que se realizan en las figuras geométricas en el plano y describe desde un punto de vista geométrico diseños cotidianos y configuraciones presentes en el medio físico.

MATERIAS	CRITERIOS DE EVALUACIÓN 3º ESO
LENGUA CASTELLANA Y LITERATURA	➢ Entender instrucciones y normas dadas oralmente; extraer ideas generales e informaciones específicas de reportajes y entrevistas, seguir el desarrollo de presentaciones breves relacionadas con temas académicos y plasmarlo en forma de esquema y resumen. ➢ Conocer la terminología lingüística necesaria para la reflexión sobre el uso.
MATEMÁTICAS	➢ Expresar mediante el lenguaje algebraico una propiedad o relación dada mediante un enunciado y observar regularidades en secuencias numéricas obtenidas de situaciones reales mediante la obtención de la ley de formación y la fórmula correspondiente, en casos sencillos. ➢ Reconocer las transformaciones que llevan de una figura geométrica a otra mediante los movimientos en el plano y utilizar dichos movimientos para crear sus propias composiciones y analizar, desde un punto de vista geométrico, diseños cotidianos, obras de arte y configuraciones presentes en la naturaleza.
L. EXTRANJERA	➢ Comprender la información general y específica, la idea principal y algunos detalles relevantes de textos orales sobre temas concretos y conocidos, y de mensajes sencillos emitidos con claridad por medios audiovisuales.
C. SOCIALES, Gª E HISTORIA	➢ Describir las transformaciones que en los campos de las tecnologías, la organización empresarial y la localización se están produciendo en las actividades, espacios y paisajes industriales, localizando y caracterizando los principales centros de producción en el mundo y en España y analizando las relaciones de intercambio que se establecen entre países y zonas. ➢ Identificar el desarrollo y la transformación reciente de las actividades terciarias, para entender los cambios que se están produciendo, tanto en las relaciones económicas como sociales.

MATERIAS	CRITERIOS DE EVALUACIÓN 3º ESO
BIOLOGÍA/ GEOLOGÍA	➢ Conocer los aspectos básicos de la reproducción humana y describir los acontecimientos fundamentales de la fecundación, embarazo y parto.
EDUCACIÓN PLÁSTICAS Y VISUAL	➢ Identificar los elementos constitutivos esenciales (configuraciones estructurales, variaciones cromáticas, orientación espacial y textura) de objetos y/o aspectos de la realidad.
TECNOLOGÍA	➢ Describir propiedades básicas de materiales técnicos y sus variedades comerciales: madera, metales, materiales plásticos, cerámicos y pétreos. Identificarlos en aplicaciones comunes y emplear técnicas básicas de conformación, unión y acabado. ➢ Identificar y manejar operadores mecánicos encargados de la transformación y transmisión de movimientos en máquinas. Explicar su funcionamiento en el conjunto y, en su caso, calcular la relación de transmisión.

COMPETENCIA BÁSICA RAZONAMIENTO MATEMÁTICO	
DESCRIPTORES ETAPA: 3. Utiliza y relaciona los números, sus operaciones básicas, los símbolos y las formas de expresión –verbal, numérica, simbólica o gráfica– y de razonamiento matemático para interpretar, reflexionar, describir y actuar sobre la realidad. 4. Selecciona, valora y emplea las destrezas matemáticas más adecuadas para el tratamiento y resolución de cada situación problemática que se le plantea: la lectura comprensiva del enunciado, la formulación e interpretación de los datos, el planteamiento de la estrategia a seguir, la realización de las operaciones o la ejecución del plan, la validación de los resultados obtenidos y la claridad de las explicaciones y argumentaciones.	**INDICADORES DE LOGRO O DOMINIO 3º ESO:** ❑ Emplea y relaciona los números, sus operaciones y propiedades, para recoger, transformar e intercambiar información y resolver problemas relacionados con la vida diaria. ❑ Analiza diferentes situaciones o aspectos de la vida real, expresadas mediante un enunciado, una tabla, una gráfica o una expresión algebraica, y elabora e interpreta las informaciones estadísticas teniendo en cuenta la adecuación de los datos y la significatividad de los parámetros.

MATERIAS	CRITERIOS DE EVALUACIÓN 3º ESO
LENGUA CASTELLANA Y LITERATURA	➢ Extraer y contrastar informaciones concretas e identificar el propósito en los textos escritos más usados para actuar como miembros de la sociedad; seguir instrucciones en ámbitos públicos y en procesos de aprendizaje de cierta complejidad; inferir el tema general y temas secundarios; distinguir cómo se organiza la información. ➢ Realizar explicaciones orales sencillas sobre hechos de actualidad social, política o cultural que sean del interés del alumnado, con la ayuda de medios audiovisuales y de las tecnologías de la información y la comunicación.
L. EXTRANJERA	➢ Participar en conversaciones y simulaciones breves, relativas a situaciones habituales o de interés personal y con diversos fines comunicativos, utilizando las convenciones propias de la conversación y las estrategias necesarias para resolver las dificultades durante la interacción. ➢ Identificar, utilizar y explicar oralmente diferentes estrategias utilizadas para progresar en el aprendizaje. ➢ lUsar las tecnologías de la información y la comunicación de forma progresivamente autónoma para buscar información, producir textos a partir de modelos, enviar y recibir mensajes de correo electrónico, y para establecer relaciones personales orales y escritas, mostrando interés por su uso.

MATERIAS	CRITERIOS DE EVALUACIÓN 3º ESO
MATEMÁTICAS	➢ Utilizar los números racionales, sus operaciones y propiedades, para recoger, transformar e intercambiar información y resolver problemas relacionados con la vida diaria. ➢ Expresar mediante el lenguaje algebraico una propiedad o relación dada mediante un enunciado y observar regularidades en secuencias numéricas obtenidas de situaciones reales mediante la obtención de la ley de formación y la fórmula correspondiente, en casos sencillos. ➢ Elaborar e interpretar informaciones estadísticas teniendo en cuenta la adecuación de las tablas y gráficas empleadas, y analizar si los parámetros son más o menos significativos.
C. SOCIALES, Gª E HISTORIA	➢ Identificar los principales agentes e instituciones económicas así como las funciones que desempeñan en el marco de una economía cada vez más interdependiente, y aplicar este conocimiento al análisis y valoración de algunas realidades económicas actuales. ➢ Utilizar fuentes diversas (gráficos, croquis, mapas temáticos, bases de datos, imágenes, fuentes escritas) para obtener, relacionar y procesar información sobre hechos sociales y comunicar las conclusiones de forma organizada e inteligible empleando para ello las posibilidades que ofrecen las tecnologías de la información y la comunicación.
ED.A CIUDADANÍA Y D. H.	➢ Utilizar diferentes fuentes de información y considerar las distintas posiciones y alternativas existentes en los debates que se planteen sobre problemas y situaciones de carácter local o global.
EDUCACIÓN PLÁSTICA Y VISUAL	➢ Representar objetos e ideas de forma bi o tridimensional aplicando técnicas gráficas y plásticas y conseguir resultados concretos en función de unas intenciones en cuanto a los elementos visuales (luz, sombra, textura) y de relación. ➢ Diferenciar y reconocer los procesos, técnicas, estrategias y materiales en imágenes del entorno audiovisual y multimedia.
C. NATURALEZA: BIOLOGÍA Y GEOLOGÍA	➢ Explicar los procesos fundamentales que sufre un alimento a lo largo de todo el transcurso de la nutrición, utilizando esquemas y representaciones gráficas para ilustrar cada etapa, y justificar la necesidad de adquirir hábitos alimentarios saludables y evitar las conductas alimentarias insanas. ➢ Recopilar información procedente de diversas fuentes documentales acerca de la influencia de las actuaciones humanas sobre los ecosistemas: efectos de la contaminación, desertización, disminución de la capa de ozono, agotamiento de recursos y extinción de especies.
C. NATURALEZA: FÍSICA Y QUÍMICA	➢ Determinar los rasgos distintivos del trabajo científico a través del análisis contrastado de algún problema científico o tecnológico de actualidad, así como su influencia sobre la calidad de vida de las personas. ➢ Describir los primeros modelos atómicos y justificar su evolución para poder explicar nuevos fenómenos, así como las aplicaciones que tienen algunas sustancias radiactivas y las repercusiones de su uso en los seres vivos y en el medio ambiente.

MATERIAS	CRITERIOS DE EVALUACIÓN 3º ESO
TECNOLOGÍAS	➢ Identificar y conectar componentes físicos de un ordenador y otros dispositivos electrónicos. Manejar el entorno gráfico de los sistemas operativos como interfaz de comunicación con la máquina. ➢ Representar mediante vistas y perspectivas objetos y sistemas técnicos sencillos, aplicando criterios de normalización. ➢ Elaborar, almacenar y recuperar documentos en soporte electrónico que incorporen información textual y gráfica. ➢ Analizar y describir en las estructuras del entorno los elementos resistentes y los esfuerzos a que están sometidos. ➢ Acceder a Internet para la utilización de servicios básicos: navegación para la localización de información, correo electrónico, comunicación intergrupal y publicación de información.
MÚSICA	➢ Identificar y describir, mediante el uso de distintos lenguajes (gráfico, corporal o verbal) algunos elementos y formas de organización y estructuración musical (ritmo, melodía, textura, timbre, repetición, imitación, variación) de una obra musical interpretada en vivo o grabada. ➢ Utilizar, con autonomía, algunos de los recursos tecnológicos disponibles, demostrando un conocimiento básico de las técnicas y procedimientos necesarios para grabar y reproducir música y para realizar sencillas producciones audiovisuales.
INFORMÁTICA	➢ Instalar y configurar aplicaciones y desarrollar técnicas que permitan asegurar sistemas informáticos interconectados. ➢ Obtener imágenes fotográficas, aplicar técnicas de edición digital a las mismas y diferenciarlas de las imágenes generadas por ordenador. ➢ Capturar, editar y montar fragmentos de vídeo con audio. ➢ Diseñar y elaborar presentaciones destinadas a apoyar el discurso verbal en la exposición de ideas y proyectos. ➢ Desarrollar contenidos para la red aplicando estándares de accesibilidad en la publicación de la información.
EDUCACIÓN FÍSICA	➢ Incrementar los niveles de resistencia aeróbica, flexibilidad y fuerza resistencia a partir del nivel inicial, participando en la selección de las actividades y ejercicios en función de los métodos de entrenamiento propios de cada capacidad.

COMPETENCIA BÁSICA RAZONAMIENTO MATEMÁTICO

DESCRIPTORES ETAPA:

5. Reflexiona sobre la necesidad y utilidad de los conocimientos matemáticos adquiridos en la comprensión y resolución de problemas y desarrolla una actitud crítica para valorar los procesos seguidos en el planteamiento y resolución de los mismos, a nivel personal y de equipo de trabajo.
6. Planifica y utiliza procesos de razonamiento y estrategias diversas para la resolución de problemas, y valora la utilidad y simplicidad del lenguaje matemático. empleado en la identificación, comprensión, interpretación y búsqueda de soluciones al problema planteado.

INDICADORES DE LOGRO O DOMINIO 3º ESO:

- ❑ Utiliza el razonamiento matemático para analizar y valorar las informaciones y situaciones de la vida real que contienen elementos y soportes matemáticos.
- ❑ Valora la utilidad y simplicidad del lenguaje matemático en la planificación y utilización de estrategias y técnicas de resolución de problemas de la vida diaria y en el ajuste de la solución a la situación planteada.

MATERIAS	CRITERIOS DE EVALUACIÓN 3º ESO
LENGUA CASTELLANA Y LITERATURA	➢ Utilizar los conocimientos literarios en la comprensión y la valoración de textos breves o fragmentos, atendiendo a la presencia de ciertos temas recurrentes, al valor simbólico del lenguaje poético y a la evolución de los géneros, de las formas literarias y de los estilos.
MATEMÁTICAS	➢ Planificar y utilizar estrategias y técnicas de resolución de problemas tales como el recuento exhaustivo, la inducción o la búsqueda de problemas afines y comprobar el ajuste de la solución a la situación planteada y expresar verbalmente con precisión, razonamientos, relaciones cuantitativas, e informaciones que incorporen elementos matemáticos, valorando la utilidad y simplicidad del lenguaje matemático para ello.
L. EXTRANJERA	➢ Identificar los aspectos culturales más relevantes de los países donde se habla la lengua extranjera, señalar las características más significativas de las costumbres, normas, actitudes y valores de la sociedad cuya lengua se estudia, y mostrar una valoración positiva de patrones culturales distintos a los propios.
C.SOC., GEOGRAFÍA E HISTORIA	➢ Analizar indicadores socioeconómicos de diferentes países y utilizar ese conocimiento para reconocer desequilibrios territoriales en la distribución de los recursos, explicando algunas de sus consecuencias y mostrando sensibilidad ante las desigualdades.
EDUCACIÓN PARA LA CIUDADANÍA	➢ Identificar y rechazar, a partir del análisis de hechos reales o figurados, las situaciones de discriminación hacia personas de diferente origen, género, ideología, religión, orientación afectivo-sexual y otras, respetando las diferencias personales y mostrando autonomía de criterio. ➢ Participar en la vida del centro y del entorno y practicar el diálogo para superar los conflictos en las relaciones escolares y familiares.

MATERIAS	CRITERIOS DE EVALUACIÓN 3º ESO
ED.LÁSTICA Y VISUAL	➢ Diferenciar los distintos estilos y tendencias de las artes visuales a través del tiempo y atendiendo a la diversidad cultural.
MATEMÁTICAS	➢ Planificar y utilizar estrategias y técnicas de resolución de problemas tales como el recuento exhaustivo, la inducción o la búsqueda de problemas afines y comprobar el ajuste de la solución a la situación planteada y expresar verbalmente con precisión, razonamientos, relaciones cuantitativas, e informaciones que incorporen elementos matemáticos, valorando la utilidad y simplicidad del lenguaje matemático para ello.
BIOLOGÍA Y GEOLOGÍA	➢ Reconocer que en la salud influyen aspectos físicos, psicológicos y sociales, y valorar la importancia de los estilos de vida para prevenir enfermedades y mejorar la calidad de vida, así como las continuas aportaciones de las ciencias biomédicas. ➢ Comprender el funcionamiento de los métodos de control de la natalidad y valorar el uso de métodos de prevención de enfermedades de transmisión sexual.
FÍSICA Y QUÍMICA	➢ Producir e interpretar fenómenos electrostáticos cotidianos, valorando las repercusiones de la electricidad en el desarrollo científico y tecnológico y en las condiciones de vida de las personas. ➢ Describir las reacciones químicas como cambios macroscópicos de unas sustancias en otras, justificarlas desde la teoría atómica y representarlas con ecuaciones químicas. Valorar, además, la importancia de obtener nuevas sustancias y de proteger el medio ambiente.
TECNOLOGÍA	➢ Realizar las operaciones técnicas previstas en un plan de trabajo utilizando los recursos materiales y organizativos con criterios de economía, seguridad y respeto al medio ambiente y valorando las condiciones del entorno de trabajo. ➢ Valorar los efectos de la energía eléctrica y su capacidad de conversión en otras manifestaciones energéticas. Utilizar correctamente instrumentos de medida de magnitudes eléctricas básicas. Diseñar y simular circuitos con simbología adecuada y montar circuitos formados por operadores elementales.
INFORMÁTICA	➢ Participar activamente en redes sociales virtuales como emisores y receptores de información e iniciativas comunes. ➢ Identificar los modelos de distribución de *software* y contenidos y adoptar actitudes coherentes con los mismos.
EDUCACIÓN FÍSICA	➢ Reflexionar sobre la importancia que tiene para la salud una alimentación equilibrada a partir del cálculo de la ingesta y el gasto calórico, en base a las raciones diarias de cada grupo de alimentos y de las actividades diarias realizadas.

COMPETENCIA BÁSICA: RAZONAMIENTO MATEMÁTICO

DESCRIPTORES ETAPA:

7. Integra y aplica el conocimiento matemático con otros conocimientos para reducir incertidumbres y obtener conclusiones ante situaciones de la vida cotidiana de diferente complejidad, y expresa con precisión y rigor matemático el proceso seguido.
8. Usa procesos de razonamiento y estrategias fundamentadas en la emisión y justificación de hipótesis y en la generalización para el planteamiento y resolución de problemas de la vida real.

INDICADORES DE LOGRO O DOMINIO 3º ESO:

- ❑ Formula y resuelve problemas de diferentes ámbitos de conocimiento que tienen incidencia en la vida real, utilizando las operaciones y formas de cálculo matemático más adecuadas, y valora la adecuación del resultado al contexto de aplicación.
- ❑ Analiza y valora sucesos y situaciones procedentes de la vida cotidiana e intenta responderlas, empleando los métodos y herramientas matemáticas más adecuadas en la recogida, organización y presentación de los datos relevantes, y hace predicciones sobre la posibilidad de que ocurran.

MATERIAS	CRITERIOS DE EVALUACIÓN 3º ESO
LENGUA CASTELLANA Y LITERATURA	➢ Aplicar los conocimientos sobre la lengua y las normas del uso lingüístico para resolver problemas de comprensión de textos orales y escritos y para la composición y revisión progresivamente autónoma de los textos propios de este curso.
MATEMÁTICAS	➢ Hacer predicciones sobre la posibilidad de que un suceso ocurra a partir de información previamente obtenida de forma empírica o como resultado del recuento de posibilidades, en casos sencillos.
L. EXTRANJERA	➢ Redactar de forma guiada textos diversos en diferentes soportes, cuidando el léxico, las estructuras, y algunos elementos de cohesión y coherencia para marcar la relación entre ideas y hacerlos comprensibles al lector.
MATEMÁTICAS	➢ Resolver problemas de la vida cotidiana en los que se precise el planteamiento y resolución de ecuaciones de primer y segundo grado o de sistemas de ecuaciones lineales con dos incógnitas. ➢ Hacer predicciones sobre la posibilidad de que un suceso ocurra a partir de información previamente obtenida de forma empírica o como resultado del recuento de posibilidades, en casos sencillos.
C. SOCIALES, Gª E HISTORIA	➢ Describir algún caso que muestre las consecuencias medioambientales de las actividades económicas y los comportamientos individuales, discriminando las formas de desarrollo sostenible de las que son nocivas para el medio ambiente y aportando algún ejemplo de los acuerdos y políticas internacionales para frenar su deterioro.

MATERIAS	CRITERIOS DE EVALUACIÓN 3º ESO
ED. CIUDADANÍA Y D.H.	➢ Reconocer la existencia de conflictos y el papel que desempeñan en los mismos las organizaciones internacionales y las fuerzas de pacificación. Valorar la importancia de las leyes y la participación humanitaria para paliar las consecuencias de los conflictos.
ED. PLÁSTICA Y VISUAL	➢ Realizar creaciones plásticas siguiendo el proceso de creación y demostrando valores de iniciativa, creatividad e imaginación.
GEOLOGÍA Y BIOLOGÍA	➢ Analizar información sobre la influencia de las actuaciones humanas en los ecosistemas y argumentar posibles actuaciones para evitar el deterioro del medio ambiente y promover una gestión más racional de los recursos naturales.
TECNOLOGÍAS	➢ Valorar las necesidades del proceso tecnológico empleando la resolución técnica de problemas analizando su contexto, proponiendo soluciones alternativas y desarrollando la más adecuada. Elaborar documentos técnicos empleando recursos verbales y gráficos.
EDUCACIÓN FÍSICA	➢ Resolver situaciones de juego reducido de uno o varios deportes colectivos, aplicando los conocimientos técnicos, tácticos y reglamentarios adquiridos. ➢ Completar una actividad de orientación, preferentemente en el medio natural, con la ayuda de un mapa y respetando las normas de seguridad.

COMPETENCIA BÁSICA RAZONAMIENTO MATEMÁTICO

DESCRIPTORES ETAPA / INDICADORES DE LOGRO O DOMINIO 4º ESO:

1. Selecciona y emplea criterios de medición, de codificación numérica de las informaciones y su representación gráfica en la resolución de situaciones reales o simuladas de la vida cotidiana.
2.. Reconoce la utilización y argumenta la necesidad de uso de elementos cuantitativos y de formas geométricas para analizar e interpretar aspectos, objetos y construcciones presentes en el contexto social: magnitudes, porcentajes, proporciones, estadística básica, escalas numéricas y gráficas..

MATERIAS	CRITERIOS DE EVALUACIÓN 4º ESO
LENGUA CASTELLANA Y LITERATURA	➢ Entender instrucciones y normas dadas oralmente; extraer ideas generales e informaciones específicas de reportajes y entrevistas, seguir el desarrollo de presentaciones breves relacionadas con temas académicos y plasmarlo en forma de esquema y resumen. ➢ Conocer la terminología lingüística necesaria para la reflexión sobre el uso.
MATEMÁTICAS	➢ Identificar relaciones cuantitativas en una situación y determinar el tipo de función que puede representarlas, y aproximar e interpretar la tasa de variación media a partir de una gráfica, de datos numéricos o mediante el estudio de los coeficientes de la expresión algebraica.
L. EXTRANJERA	➢ Comprender la información general y específica, la idea principal y los detalles más relevantes de textos orales emitidos en situaciones de comunicación interpersonal o por los medios audiovisuales, sobre temas que no exijan conocimientos especializados.
C. SOCIALES, Gª E HISTORIA	➢ Identificar y caracterizar las distintas etapas de la evolución política y económica de España durante el siglo XX y los avances y retrocesos hasta lograr la modernización económica, la consolidación del sistema democrático y la pertenencia a la Unión Europea.
LATÍN	➢ Identificar componentes de origen grecolatino en palabras del lenguaje cotidiano y en el vocabulario específico de las ciencias y de la técnica, y explicar su sentido etimológico. ➢ Reconocer latinismos y locuciones usuales de origen latino incorporadas a las lenguas conocidas por el alumno y explicar su significado en expresiones orales y escritas.
BIOLOGÍA/GEOLOGÍA	➢ Identificar y describir hechos que muestren a la Tierra como un planeta cambiante y registrar algunos de los cambios más notables de su larga historia utilizando modelos temporales a escala.
EDUCACIÓN PLÁSTICAS Y VISUAL	➢ Describir objetivamente las formas, aplicando sistemas de representación y normalización. ➢ Reconocer y leer imágenes, obras y objetos de los entornos visuales (obras de arte, diseño, multimedia, etc.).
TECNOLOGÍA	➢ Describir el funcionamiento y la aplicación de un circuito electrónico y sus componentes elementales y realizar el montaje de circuitos electrónicos previamente diseñados con una finalidad utilizando simbología adecuada

COMPETENCIA BÁSICA RAZONAMIENTO MATEMÁTICO	
DESCRIPTORES ETAPA / INDICADORES DE LOGRO O DOMINIO 4º ESO:	
3. Utiliza y relaciona los números, sus operaciones básicas, los símbolos y las formas de expresión -verbal, numérica, simbólica o gráfica- y de razonamiento matemático para interpretar, reflexionar y actuar sobre la realidad. 4. Selecciona, valora y emplea las destrezas matemáticas más adecuadas para el tratamiento y resolución de cada situación problemática que se le plantea: lectura comprensiva del enunciado, formulación e interpretación de los datos, planteamiento de la estrategia a seguir, realización de las operaciones o ejecución del plan, validación de los resultados obtenidos y claridad de las explicaciones y argumentaciones.	
MATERIAS	**CRITERIOS DE EVALUACIÓN 4º ESO**
LENGUA CASTELLANA Y LITERATURA	➢ Extraer y contrastar informaciones concretas e identificar el propósito en los textos escritos más usados para actuar como miembros de la sociedad; seguir instrucciones en ámbitos públicos y en procesos de aprendizaje de cierta complejidad; inferir el tema general y temas secundarios; distinguir cómo se organiza la información. ➢ Realizar explicaciones orales sencillas sobre hechos de actualidad social, política o cultural que sean del interés del alumnado, con la ayuda de medios audiovisuales y de las tecnologías de la información y la comunicación.
L. EXTRANJERA	➢ Participar en conversaciones y simulaciones utilizando estrategias adecuadas para iniciar, mantener y terminar la comunicación, produciendo un discurso comprensible y adaptado a las características de la situación y a la intención comunicativa. ➢ Identificar, utilizar y explicar estrategias de aprendizaje utilizadas, poner ejemplos de otras posibles y decidir sobre las más adecuadas al objetivo de aprendizaje. ➢ Usar las tecnologías de la información y la comunicación con cierta autonomía para buscar información, producir textos a partir de modelos, enviar y recibir mensajes de correo electrónico y para establecer relaciones personales orales y escritas, mostrando interés por su uso.

<table>
<tr><th>MATERIAS</th><th colspan="2">CRITERIOS DE EVALUACIÓN 4º ESO</th></tr>
<tr><td rowspan="2">MATEMÁTICAS</td><td>OPCIÓN “A”</td><td>OPCIÓN “B”</td></tr>
<tr><td>➢ Utilizar los distintos tipos de números y operaciones, junto con sus propiedades, para recoger, transformar e intercambiar información y resolver problemas relacionados con la vida diaria.
➢ Aplicar porcentajes y tasas a la resolución de problemas cotidianos y financieros, valorando la oportunidad de utilizar la hoja de cálculo en función de la cantidad y complejidad de los números.
➢ Utilizar instrumentos, fórmulas y técnicas apropiadas para obtener medidas directas e indirectas en situaciones reales.
➢ Analizar tablas y gráficas que representen relaciones funcionales asociadas a situaciones reales para obtener información sobre su comportamiento.
➢ Elaborar e interpretar tablas y gráficos estadísticos, así como los parámetros estadísticos más usuales correspondientes a distribuciones discretas y continuas, y valorar cualitativamente la representatividad de las muestras utilizadas.</td><td>➢ Utilizar los distintos tipos de números y operaciones, junto con sus propiedades, para recoger, transformar e intercambiar información y resolver problemas relacionados con la vida diaria y otras materias del ámbito académico.
➢ Representar y analizar situaciones y estructuras matemáticas utilizando símbolos y métodos algebraicos para resolver problemas.
➢ Utilizar instrumentos, fórmulas y técnicas apropiadas para obtener medidas directas e indirectas en situaciones reales.
➢ Elaborar e interpretar tablas y gráficos estadísticos, así como los parámetros estadísticos más usuales en distribuciones unidimensionales y valorar cualitativamente la representatividad de las muestras utilizadas.</td></tr>
<tr><td>C. SOCIALES, Gª E HISTORIA</td><td colspan="2">➢ Situar en el tiempo y en el espacio los periodos y hechos trascendentes y procesos históricos relevantes que se estudian en este curso identificando el tiempo histórico en el mundo, en Europa y en España, aplicando las convenciones y conceptos habituales en el estudio de la Historia.
➢ Identificar las causas y consecuencias de hechos y procesos históricos significativos estableciendo conexiones entre ellas y reconociendo la causalidad múltiple que comportan los hechos sociales.</td></tr>
<tr><td>EDUCACIÓN ÉTICO-CÍVICA</td><td colspan="2">➢ Diferenciar los rasgos básicos que caracterizan la dimensión moral de las personas (las normas, la jerarquía de valores, las costumbres, etc.) y los principales problemas morales.
➢ Identificar y expresar las principales teorías éticas.
➢ Reconocer los valores fundamentales de la democracia en la Constitución española y la noción de sistema democrático como forma de organización política en España y en el mundo.
➢ Distinguir igualdad y diversidad y las causas y factores de discriminación. Analizar el camino recorrido hacia la igualdad de derechos de las mujeres.</td></tr>
</table>

MATERIAS	CRITERIOS DE EVALUACIÓN 4º ESO
EDUCACIÓN PLÁSTICA Y VISUAL	➢ Utilizar recursos informáticos y las tecnologías de la información y la comunicación en el campo de la imagen fotográfica, el diseño gráfico, el dibujo asistido por ordenador y la edición videográfica. ➢ Utilizar la sintaxis propia de las formas visuales del diseño y la publicidad para realizar proyectos concretos.
C. NATURALEZA: BIOLOGÍA Y GEOLOGÍA	➢ Utilizar el modelo dinámico de la estructura interna de la Tierra y la teoría de la Tectónica de placas para estudiar los fenómenos geológicos asociados al movimiento de la litosfera y relacionarlos con su ubicación en mapas terrestres. ➢ Relacionar la evolución y la distribución de los seres vivos, destacando sus adaptaciones más importantes, con los mecanismos de selección natural que actúan sobre la variabilidad genética de cada especie.
C. NATURALEZA: FÍSICA Y QUÍMICA	➢ Reconocer las magnitudes necesarias para describir los movimientos, aplicar estos conocimientos a los movimientos de la vida cotidiana y valorar la importancia del estudio de los movimientos en el surgimiento de la ciencia moderna. ➢ Identificar el papel de las fuerzas como causa de los cambios de movimiento y reconocer las principales fuerzas presentes en la vida cotidiana. ➢ Utilizar la ley de la gravitación universal para justificar la atracción entre cualquier objeto de los que componen el Universo y para explicar la fuerza peso y los satélites artificiales. ➢ Aplicar el principio de conservación de la energía a la comprensión de las transformaciones energéticas de la vida diaria, reconocer el trabajo y el calor como formas de transferencia de energía y analizar los problemas asociados a la obtención y uso de las diferentes fuentes de energía empleadas para producirlos.
TECNOLOGÍAS	➢ Realizar operaciones lógicas empleando el álgebra de Boole, relacionar planteamientos lógicos con procesos técnicos y resolver mediante puertas lógicas problemas tecnológicos sencillos. ➢ Analizar sistemas automáticos, describir sus componentes y montar automatismos sencillos. ➢ Desarrollar un programa para controlar un sistema automático o un robot y su funcionamiento de forma autónoma en función de la realimentación que reciba del entorno. ➢ Conocer las principales aplicaciones de las tecnologías hidráulica y neumática e identificar y describir las características y funcionamiento de este tipo de sistemas. Utilizar con soltura la simbología y nomenclatura necesaria para representar circuitos con la finalidad de diseñar y construir un mecanismo capaz de resolver un problema cotidiano, utilizando energía hidráulica o neumática.
EDUCACIÓN FÍSICA	➢ Planificar y poner en práctica calentamientos autónomos respetando pautas básicas para su elaboración y atendiendo a las características de la actividad física que se realizará. ➢ Analizar los efectos beneficiosos y de prevención que el trabajo regular de resistencia aeróbica, de flexibilidad y de fuerza resistencia suponen para el estado de salud.

COMPETENCIA BÁSICA RAZONAMIENTO MATEMÁTICO

DESCRIPTORES ETAPA / INDICADORES DE LOGRO O DOMINIO 4º ESO:

5. Reflexiona sobre la necesidad y utilidad de los conocimientos matemáticos adquiridos en la comprensión y resolución de problemas y desarrolla una actitud crítica para valorar los procesos seguidos en el planteamiento y resolución de los mismos, a nivel personal y de equipo de trabajo.
6. Planifica y utiliza procesos de razonamiento y estrategias diversas para la resolución de problemas, y valora la utilidad y simplicidad del lenguaje matemático. empleado en la identificación, comprensión, interpretación y búsqueda de soluciones al problema planteado.

MATERIAS	CRITERIOS DE EVALUACIÓN 4º ESO	
LENGUA CASTELLANA Y LITERATURA	➢ Utilizar los conocimientos literarios en la comprensión y la valoración de textos breves o fragmentos, atendiendo a la presencia de ciertos temas recurrentes, al valor simbólico del lenguaje poético y a la evolución de los géneros, de las formas literarias y de los estilos.	
L. EXTRANJERA	➢ Identificar y describir los aspectos culturales más relevantes de los países donde se habla la lengua extranjera y establecer algunas relaciones entre las características más significativas de las costumbres, usos, actitudes y valores de la sociedad cuya lengua se estudia y la propia y mostrar respeto hacia los mismos.	
CIENCIAS SOCIALES, GEOGRAFÍA E HISTORIA	➢ Identificar los rasgos fundamentales de los procesos de industrialización y modernización económica y de las revoluciones liberales burguesas, valorando los cambios económicos, sociales y políticos que supusieron, identificando las peculiaridades de estos procesos en España.	
EDUCACIÓN ÉTICO-CÍVICA	➢ Reconocer la existencia de conflictos y el papel que desempeñan en los mismos las organizaciones internacionales y las fuerzas de pacificación. Valorar la cultura de la paz, la importancia de las leyes y la participación humanitaria para paliar las consecuencias de los conflictos. ➢ Justificar las propias posiciones utilizando sistemáticamente la argumentación y el diálogo y participar de forma democrática y cooperativa en las actividades del centro y del entorno.	
EDUCACIÓN PLÁSTICA Y VISUAL	➢ Tomar decisiones especificando los objetivos y las dificultades, proponiendo diversas opciones y evaluar cual la mejor solución.	
MATEMÁTICAS	**OPCIÓN “A”:**	**OPCIÓN “B”:**
	➢ Planificar y utilizar procesos de razonamiento y estrategias diversas y útiles para la resolución de problemas, y expresar verbalmente con precisión, razonamientos, relaciones cuantitativas e informaciones que incorporen elementos matemáticos, valorando la utilidad y simplicidad del lenguaje matemático para ello.	➢ Planificar y utilizar procesos de razonamiento y estrategias de resolución de problemas tales como la emisión y justificación de hipótesis o la generalización, y expresar verbalmente, con precisión y rigor, razonamientos, relaciones cuantitativas e informaciones que incorporen elementos matemáticos, valorando la utilidad y simplicidad del lenguaje matemático para ello.

MATERIAS	CRITERIOS DE EVALUACIÓN 4º ESO
BIOLOGÍA Y GEOLOGÍA	➢ Exponer razonadamente los problemas que condujeron a enunciar la teoría de la evolución, los principios básicos de esta teoría y las controversias científicas, sociales y religiosas que suscitó.
FÍSICA Y QUÍMICA	➢ Reconocer las aplicaciones energéticas derivadas de las reacciones de combustión de hidrocarburos y valorar su influencia en el incremento del efecto invernadero.
TECNOLOGÍA	➢ Describir los elementos que componen las distintas instalaciones de una vivienda y las normas que regulan su diseño y utilización. Realizar diseños sencillos empleando la simbología adecuada y montaje de circuitos básicos y valorar las condiciones que contribuyen al ahorro energético, habitabilidad y estética en una vivienda.
EDUCACIÓN FÍSICA	➢ Manifestar una actitud crítica ante las prácticas y valoraciones que se hacen del deporte y del cuerpo a través de los diferentes medios de comunicación. ➢ Participar en la organización y puesta en práctica de torneos en los que se practicarán deportes y actividades físicas realizadas a lo largo de la etapa.

COMPETENCIA BÁSICA RAZONAMIENTO MATEMÁTICO

DESCRIPTORES ETAPA / INDICADORES DE LOGRO O DOMINIO 4º ESO:

7. Integra y aplica el conocimiento matemático con otros conocimientos para reducir incertidumbres y obtener conclusiones ante situaciones de la vida cotidiana de diferente complejidad, y expresa con precisión y rigor matemático en el proceso seguido.
8. Usa procesos de razonamiento y estrategias fundamentadas en la emisión y justificación de hipótesis y en la generalización para el planteamiento y resolución de problemas de la vida real.

MATERIAS	CRITERIOS DE EVALUACIÓN 4º ESO	
LENGUA CASTELLANA Y LITERATURA	➢ Aplicar los conocimientos sobre la lengua y las normas del uso lingüístico para resolver problemas de comprensión de textos orales y escritos y para la composición y revisión progresivamente autónoma de los textos propios de este curso.	
L. EXTRANJERA	➢ Redactar con cierta autonomía textos diversos con una estructura lógica, utilizando las convenciones básicas propias de cada género, el léxico apropiado al contexto y los elementos necesarios de cohesión y coherencia, de manera que sean fácilmente comprensibles para el lector.	
MATEMÁTICAS	**OPCIÓN "A"**	**OPCIÓN "B"**
	➢ Resolver problemas de la vida cotidiana en los que se precise el planteamiento y resolución de ecuaciones de primer y segundo grado o de sistemas de ecuaciones lineales con dos incógnitas. ➢ Aplicar los conceptos y técnicas de cálculo de probabilidades para resolver diferentes situaciones y problemas de la vida cotidiana.	➢ Aplicar los conceptos y técnicas de cálculo de probabilidades para resolver diferentes situaciones y problemas de la vida cotidiana. ➢ Planificar y utilizar procesos de razonamiento y estrategias de resolución de problemas tales como la emisión y justificación de hipótesis o la generalización, y expresar verbalmente, con precisión y rigor, razonamientos, relaciones cuantitativas e informaciones que incorporen elementos matemáticos, valorando la utilidad y simplicidad del lenguaje matemático para ello.
C. SOCIALES, Gª E HISTORIA	➢ Caracterizar y situar en el tiempo y en el espacio las grandes transformaciones y conflictos mundiales que han tenido lugar en el siglo XX y aplicar este conocimiento a la comprensión de algunos de los problemas internacionales más destacados de la actualidad.	
EDUCACIÓN PLÁSTICA Y VISUAL	➢ Colaborar en la realización de proyectos plásticos que comportan una organización de forma cooperativa. ➢ Realizar obras plásticas experimentando y utilizando diversidad de técnicas de expresión gráfico-plástica (dibujo artístico, volumen, pintura, grabado).	

MATERIAS	CRITERIOS DE EVALUACIÓN 4º ESO
GEOLOGÍA Y BIOLOGÍA	➢ Resolver problemas prácticos de Genética en diversos tipos de cruzamientos utilizando las leyes de Mendel y aplicar los conocimientos adquiridos en investigar la transmisión de determinados caracteres en nuestra especie. ➢ Explicar cómo se produce la transferencia de materia y energía a largo de una cadena o red trófica concreta y deducir las consecuencias prácticas en la gestión sostenible de algunos recursos por parte del ser humano.
FÍSICA Y QUÍMICA	➢ Analizar los problemas y desafíos, estrechamente relacionados, a los que se enfrenta la humanidad en relación con la situación de la Tierra, reconocer la responsabilidad de la ciencia y la tecnología y la necesidad de su implicación para resolverlos y avanzar hacia el logro de un futuro sostenible.
TECNOLOGÍAS	➢ Conocer la evolución tecnológica a lo largo de la historia. Analizar objetos técnicos y su relación con el entorno y valorar su repercusión en la calidad de vida.

REGISTRO DEL NIVEL DE LOGRO DESARROLLADO EN LA COMPETENCIA BÁSICA												
Alumno/a:	Curso: 1º ESO											
CC. BB. MATEMÁTICA	APRECIACIÓN DEL NIVEL DE LOGRO:											
INDICADORES DE LOGRO:	1º TRIM.				2º TRIM.				3º TRIM.			
	1	2	3	V	1	2	3	V	1	2	3	V
1. Identifica y describe regularidades, pautas y relaciones en conjuntos de números, y utiliza símbolos de distintas cantidades y el valor numérico de fórmulas sencillas que se emplean en el contexto familiar, social y escolar.												
2. Reconoce, describe y clasifica, según sus propiedades, figuras planas y aplica el conocimiento geométrico adquirido para describir e interpretar el mundo físico, haciendo uso de la terminología adecuada.												
3. Utiliza estrategias y técnicas simples de resolución de problemas de la vida cotidiana: enunciado, ensayo y error; comprueba la solución obtenida, y expresa el procedimiento seguido en la resolución.												
4. Organiza e interpreta informaciones diversas extraídas de situaciones de la vida real y las representa mediante tablas y gráficos, empleando figuras planas y las unidades de medida más adecuadas.												
5. Utiliza los números (naturales, enteros, fracciones y decimales sencillos) sus operaciones básicas y propiedades para recoger, transformar e intercambiar información extraída de situaciones de la vida diaria y resolver problemas.												
6. Valora los resultados obtenidos en la resolución de problemas referidos a la vida cotidiana en función de su precisión y adecuación a la realidad.												
7. Realiza predicciones sobre la posibilidad de que un hecho o suceso ocurra en un contexto determinado a partir de las informaciones y resultados obtenidos de forma empírica												
8. Se plantea y busca soluciones a problemas de la vida real utilizando las operaciones matemáticas aprendidas, y reflexiona sobre las ventajas del uso de los conocimientos matemáticos adquiridos para la comprensión y resolución de los mismos.												

REGISTRO DEL NIVEL DE LOGRO DESARROLLADO EN LA COMPETENCIA BÁSICA												
Alumno/a:	Curso: 2º de ESO											
CC. BB. MATEMÁTICA	APRECIACIÓN DEL NIVEL DE LOGRO:											
INDICADORES DE LOGRO:	1º TRIM.				2º TRIM.				3º TRIM.			
	1	2	3	V	1	2	3	V	1	2	3	V
1. Realiza mediciones de objetos con las magnitudes y unidades precisas y utiliza el lenguaje algebraico para plantear y representar gráficamente situaciones o problemas reales de la vida cotidiana												
2. Identifica y emplea expresiones y símbolos matemáticos y formas geométricas para representar datos y aspectos relevantes de la vida cotidiana, empleando con precisión la terminología matemática más adecuada.												
3. Utiliza estrategias y técnicas de resolución de problemas de contextos diversos: análisis del enunciado, ensayo y error, partes del problema, comprobación de la coherencia de la solución conseguida; e interpreta los datos y resultados y explicita el procedimiento seguido.												
4. Realiza con precisión estimaciones y cálculos de longitudes, áreas y volúmenes de espacios y objetos de la realidad próxima, comprende los procedimientos de medición utilizados, y expresa los resultados y conclusiones obtenidas en diferentes formas: verbal, numérica, simbólica o gráfica.												
5. Utiliza números enteros, fracciones, decimales y porcentajes sencillos sus operaciones y propiedades para recoger, intercambiar y valorar información extraída de situaciones de la vida diaria.												
6. Reflexiona sobre la necesidad y utilidad de las expresiones matemáticas en la comprensión y resolución de situaciones de la vida real y adopta una actitud favorable en su conocimiento y aplicación.												
7. Relaciona los conocimientos matemáticos adquiridos para abordar y resolver problemas en diferentes contextos.												
8. Se hace preguntas sobre una situación o suceso de la vida real, busca información y valores numéricos expresados en diferentes formatos para interpretarlos y extraer conclusiones del fenómeno estudiado												

REGISTRO DEL NIVEL DE LOGRO DESARROLLADO EN LA COMPETENCIA BÁSICA												
Alumno/a:	**Curso: 3º de ESO**											
CC. BB. MATEMÁTICA	**APRECIACIÓN DEL NIVEL DE LOGRO:**											
INDICADORES DE LOGRO:	**1º TRIM.**				**2º TRIM.**				**3º TRIM.**			
	1	**2**	**3**	**V**	**1**	**2**	**3**	**V**	**1**	**2**	**3**	**V**
1. Expresa mediante el lenguaje algebraico propiedades, relaciones y regularidades en secuencias numéricas obtenidas de situaciones reales del contexto social.												
2. Reconoce las transformaciones que se realizan en las figuras geométricas en el plano y describe desde un punto de vista geométrico diseños cotidianos, obras de arte y configuraciones presentes en el medio físico.												
3. Emplea y relaciona los números racionales, sus operaciones y propiedades, para recoger, transformar e intercambiar información y resolver problemas relacionados con la vida diaria.												
4. Analiza diferentes situaciones o aspectos de la vida real, expresadas mediante un enunciado, una tabla, una gráfica o una expresión algebraica, y elabora e interpreta las informaciones estadísticas teniendo en cuenta la adecuación de los datos y la significatividad de los parámetros.												
5. Utiliza las operaciones matemáticas para analizar y valorar las informaciones y situaciones de la vida real que contienen elementos y soportes matemáticos.												
6. Valora la utilidad y simplicidad del lenguaje matemático en la planificación y utilización de estrategias y técnicas de resolución de problemas de la vida diaria y en el ajuste de la solución a la situación planteada.												
7. Formula y resuelve problemas de diferentes ámbitos de conocimiento que tienen incidencia en la vida real, utilizando las operaciones y formas de cálculo matemático más adecuadas, y valora la adecuación del resultado al contexto de aplicación.												
8. Analiza y valora sucesos y situaciones procedentes de la vida cotidiana a partir de la obtención de información de forma empírica y hace predicciones sobre la posibilidad de que ocurran.												

REGISTRO DEL NIVEL DE LOGRO DESARROLLADO EN LA COMPETENCIA BÁSICA												
Alumno/a:	Curso: 4º de ESO											
CC. BB. MATEMÁTICA	APRECIACIÓN DEL NIVEL DE LOGRO:											
INDICADORES DE LOGRO:	1º TRIM.				2º TRIM.				3º TRIM.			
	1	2	3	V	1	2	3	V	1	2	3	V
1. Selecciona y emplea criterios de medición, de codificación numérica de las informaciones y su representación gráfica en la resolución de situaciones reales o simuladas de la vida cotidiana.												
2. Reconoce la utilización y argumenta la necesidad de uso de elementos cuantitativos y de formas geométricas para analizar e interpretar aspectos, objetos y construcciones presentes en el contexto social: magnitudes, porcentajes, proporciones, estadística básica, escalas numéricas y gráficas.												
3. Utiliza y relaciona los números y propiedades, sus operaciones, los símbolos y las formas de expresión - verbal, numérica, simbólica o gráfica- y de razonamiento matemático para interpretar, reflexionar y actuar sobre la realidad												
4. Selecciona, valora y emplea las destrezas matemáticas más adecuadas para el tratamiento y resolución de cada situación problemática que se le plantea: lectura comprensiva del enunciado, formulación e interpretación de los datos, planteamiento de la estrategia a seguir, realización de las operaciones o ejecución del plan, validación de los resultados obtenidos y claridad de las explicaciones y argumentaciones.												
5. Reflexiona sobre la necesidad y utilidad de los conocimientos matemáticos adquiridos en la comprensión y resolución de problemas y desarrolla una actitud crítica para valorar los procesos seguidos en el planteamiento y resolución de los mismos, a nivel personal y de equipo de trabajo.												
6. Planifica y utiliza procesos de razonamiento y estrategias diversas para la resolución de problemas, y valora la utilidad y simplicidad del lenguaje matemático. empleado en la identificación, comprensión, interpretación y búsqueda de soluciones al problema planteado.												
7. Integra y aplica el conocimiento matemático con otros conocimientos para reducir incertidumbres y obtener conclusiones ante situaciones de la vida cotidiana de diferente complejidad, y expresa con precisión y rigor matemático el proceso seguido.												
8. Usa procesos de razonamiento y estrategias fundamentadas en la emisión y justificación de hipótesis y en la generalización para el planteamiento y resolución de problemas de la vida real.												

1.3. Competencia Conocimiento e interacción con el mundo físico

COMPETENCIA BÁSICA CONOCIMIENTO E INTERACCION CON EL MUNDO FÍSICO		
ASPECTOS DISTINTIVOS	**MATERIAS**	**APRENDIZAJES IMPRESCINDIBLES**
1. Percepción del espacio físico en el que se desarrollan la vida y la actividad humana. **2. Toma de conciencia de la influencia de la presencia de las personas humanas en el espacio, su asentamiento, actividad y los paisajes resultantes.** **3. Habilidad para interactuar con el mundo físico: aspectos naturales y humanos.** **4. Aplicación de nociones, conceptos científicos y técnicos, y de teorías científicas básicas.** **5. Desarrollo y aplicación del pensamiento científico-técnico para interpretar la información, predecir y tomar decisiones con iniciativa y autonomía personal.** **6. Argumentación racional de las consecuencias de los modos de vida y adopción una disposición hacia la vida física y mental saludable en un entorno natural y social saludable.** **7. Uso responsable de los recursos naturales para favorecer el cuidado del medio ambiente, el consumo racional y responsable, así como la protección de la salud individual y colectiva.**	LENGUA CASTELLANA Y LITERATURA	❑ Expresarse de forma clara, concisa y ordenada, según la situación comunicativa. ❑ Uso del léxico más adecuado. ❑ Interactuar de forma competente mediante el lenguaje en las diferentes esferas de la actividad social. ❑ Procesar la información procedente de diversos textos y formatos, identificándola, clasificándola y comparándola. ❑ Utilizar la escritura para aprender y organizar sus propios conocimientos. ❑ Realizar producciones ajustándose a un proceso de elaboración, planificación, coherencia y corrección gramatical y ortográfica.
	MATEMÁTICAS	❑ Discriminar formas, relaciones y estructuras geométricas, especialmente con el desarrollo de la visión espacial y la capacidad para transferir formas y representaciones entre el plano y el espacio. ❑ Elaborar modelos para identificar y seleccionar las características relevantes de una situación real, representarla simbólicamente y determinación de pautas de comportamiento, regularidades e invariantes a partir de las que poder hacer predicciones.
	CIENCIAS SOCIALES, GEOGRAFÍA E HISTORIA	❑ Percibir y conocer el espacio físico en que se desarrolla la actividad humana en grandes espacios y en el entorno inmediato, así como la interacción que se produce entre ambos. ❑ Comprender el espacio en el que tienen lugar los hechos sociales y la propia vida del alumno. ❑ Establecer relaciones entre las actividades económicas y su incidencia en la vida de las poblaciones y en el paisaje (CC.AA.). ❑ Aprender los contenidos geográficos, los procedimientos de orientación, localización, observación e interpretación de los espacios y paisajes, reales o representados. ❑ Analizar la lógica del funcionamiento de la industria, las razones de su distribución espacial y las implicaciones económicas y sociales, sin perder de vista los impactos sobre el medio (CC.AA.).

ASPECTOS DISTINTIVOS	MATERIAS	APRENDIZAJES IMPRESCINDIBLES
8. Identificación de preguntas o problemas y obtención de conclusiones basadas en pruebas: comprender y tomar decisiones. **9. Empleo de destrezas asociadas a la planificación y manejo de soluciones técnicas ante necesidades de la vida cotidiana y del mundo laboral.**		❑ Conocer la interacción hombre-medio y la organización del territorio resultante: análisis de la acción del hombre en la utilización del espacio y de sus recursos: problemas que genera, acciones de un uso responsable, protección y cuidado del medio ambiente.
	CIENCIAS DE LA NATURALEZA	❑ Aprender los conceptos y procedimientos esenciales de cada una de las ciencias de la naturaleza y el manejo de las relaciones entre ellos. ❑ Aprender el modo de generar el conocimiento sobre los fenómenos naturales. ❑ Habilidad para analizar sistemas complejos. ❑ Familiarizarse con el trabajo científico, para el tratamiento de situaciones de interés, con su carácter tentativo y creativo: comprender y acotar las situaciones planteadas planteamiento de conjeturas e inferencias fundamentadas y elaboración de estrategias para obtener conclusiones, incluyendo diseños experimentales, hasta el análisis de los resultados. ❑ Conocer los conceptos y estrategias para su aplicación a situaciones relacionadas con problemas energéticos en el mundo. ❑ Capacidad crítica y actitudes relacionadas con su valoración y gestión de los paisajes naturales. ❑ Realizar análisis crítico de argumentos distintos, a su valoración del patrimonio natural. ❑ Detectar las complicaciones de la actividad huma -hábitos sociales, actividad científica y tecnológica- con respecto al medio ambiente: participar en la necesaria toma de decisiones en torno a los problemas locales y globales planteados. ❑ Reconocer la diversidad de un medio dado, de representar por distintos medios dicha diversidad y su predisposición a proponer y tomar iniciativas para su preservación. ❑ Reconocer los problemas sociales del uso del territorio. ❑ Tomar conciencia sobre el hecho de la explotación abusiva que se hace de distintos recursos naturales. ❑ Analizar y hacer propuestas para buscar un uso responsable de los recursos naturales. ❑ Reconocer problemas relacionados con la crisis energética, para analizar y valorar informaciones procedentes de diversas fuentes, para valorar las propuestas de ahorro energético que la sociedad está planteando, para realizar diseños experimentales.

ASPECTOS DISTINTIVOS	MATERIAS	APRENDIZAJES IMPRESCINDIBLES
	EDUCACIÓN PLÁSTICA Y VISUAL	❑ Utilizar procedimientos, relacionados con el método científico, como la observación, la experimentación y el descubrimiento y la reflexión y el análisis posterior. ❑ Valores de sostenibilidad y reciclaje en cuanto a la utilización de materiales para la creación de obras propias, análisis de obras ajenas y conservación del patrimonio cultural.
	EDUCACIÓN FÍSICA	❑ Adquirir conocimientos y destrezas sobre determinados hábitos saludables. ❑ Adquirir el máximo estado de bienestar físico, mental y social posible, en un entorno saludable. ❑ Mantener y mejorar la condición física: cualidades físicas asociadas a la salud. ❑ Usar responsablemente el medio natural a través de las actividades físicas realizadas en la naturaleza.
	INFORMÁTICA	❑ Destrezas para la obtención de información cualitativa y cuantitativa que acepte la resolución de problemas sobre el espacio físico. ❑ Interacción con aplicaciones de simulación que permitan observar procesos para una mejor comprensión de los fenómenos físicos.
	MÚSICA	❑ Mejorar la calidad del medio ambiente, identificando y reflexionando sobre el exceso de ruido, la contaminación sonora y el uso indiscriminado de la música, con el fin de generar hábitos saludables.
	TECNOLOGÍAS	❑ Conocer y compren de objetos, procesos, sistemas y entornos tecnológicos. ❑ Desarrollar de destrezas técnicas y habilidades para manipular objetos con precisión y seguridad. ❑ Analizar objetos y sistemas técnicos para conocer cómo han sido diseñados y construidos, los elementos que los forman y su función en el conjunto, facilitando su uso y conservación. ❑ Capacidad y disposición para lograr un entorno saludable y una mejora de la calidad de vida, mediante el conocimiento y análisis crítico de la repercusión medioambiental de la actividad tecnológica y el fomento de actitudes responsables de consumo racional. ❑ Conocer y utilizar el proceso de resolución técnica de problemas y su aplicación para identificar y dar respuesta a necesidades, evaluando el desarrollo del proceso y sus resultados.

COMPETENCIA BÁSICA CONOCIMIENTO E INTERACCIÓN CON EL MUNDO FÍSICO				
ORGANIZADORES	**ASPECTOS DISTINTIVOS**	**APRENDIZAJES IMPRESCINDIBLES**	**MATERIAS**	**DESCRIPTORES DE LA ETAPA**
		❑ Expresarse de forma clara, concisa y ordenada, según la situación comunicativa ❑ Uso del léxico más adecuado.	LENGUA CASTELLANA Y LITERATURA	
1. Conocimientos, saberes y experiencias aplicadas en la resolución de problemas y tareas.	❖ Percepción del espacio físico en el que se desarrollan la vida y la actividad humana. ❖ Toma de conciencia de la influencia de la presencia de las personas humanas en el espacio, su asentamiento, actividad y los paisajes resultantes.	❑ Percibir y conocer el espacio físico en que se desarrolla la actividad humana en grandes espacios y en el entorno inmediato, así como la interacción que se produce entre ambos. ❑ Reconoce, interpreta y valora la incidencia que ejercen los fenómenos naturales y las formas de vida de las personas en la configuración de los paisajes. ❑ Comprender el espacio en el que tienen lugar los hechos sociales y la propia vida del alumno. ❑ Aprender los contenidos geográficos, los procedimientos de orientación, localización, observación e interpretación de los espacios y paisajes, reales o representados.	C. SOCIALES, GEOGRAFÍA E HISTORIA	1. Reconoce, interpreta y valora la incidencia que ejercen los fenómenos naturales y las formas de vida de las personas en la configuración y transformación de los paisajes naturales.
		❑ Aprender los conceptos y procedimientos esenciales de cada una de las ciencias de la naturaleza y el manejo de las relaciones entre ellos. ❑ Aprender el modo de generar el conocimiento sobre los fenómenos naturales.	C. DE LA NATURALEZA	2. Aprende y emplea los conceptos y procedimientos esenciales de las ciencias de la naturaleza para el conocimiento del mundo físico y de las interacciones humanas que se producen.
		❑ Conocer y compren de objetos, procesos, sistemas y entornos tecnológicos.	TECNOLOGÍAS	

ORGANIZADORES	ASPECTOS DISTINTIVOS	APRENDIZAJES IMPRESCINDIBLES	MATERIAS	DESCRIPTORES DE LA ETAPA
Habilidades prácticas y cognitivas utilizadas en la resolución de tareas y problemas.	❖ Habilidad para interactuar con el mundo físico: aspectos naturales y humanos. ❖ Aplicación de nociones, conceptos científicos y técnicos, y de teorías científicas básicas. ❖ Desarrollo y aplicación del pensamiento científico-técnico para interpretar la información, predecir y tomar decisiones con iniciativa y autonomía personal.	❑ Interactuar de forma competente mediante el lenguaje en las diferentes esferas de la actividad social. ❑ Procesar la información procedente de diversos textos y formatos, identificándola, clasificándola y comparándola. ❑ Utilizar la escritura para aprender y organizar sus propios conocimientos.	LENGUA CASTELLANA Y LITERATURA	3. Analiza sistemas complejos de ecosistemas, distinguiendo con rigor y precisión científica las interacciones que se producen entre los aspectos naturales y humanos. 4. Aplica el pensamiento científico-técnico –hipótesis, búsqueda de información y obtención de conclusiones– para la observación y el tratamiento de problemas relacionados con el medio ambiente, adoptando decisiones y desarrollando prácticas coherentes y respetuosas con el mismo.
		❑ Discriminar formas, relaciones y estructuras geométricas, especialmente con el desarrollo de la visión espacial y la capacidad para transferir formas y representaciones entre el plano y el espacio.	MATEMÁTICAS	
		❑ Analizar la lógica del funcionamiento de la industria, las razones de su distribución espacial y las implicaciones económicas y sociales, sin perder de vista los impactos sobre el medio.	C. SOCIALES, GEOGRAFÍA E HISTORIA	
		❑ Destrezas para la obtención de información cualitativa y cuantitativa que acepte la resolución de problemas sobre el espacio físico. ❑ Interacción con aplicaciones de simulación que permitan observar procesos para una mejor comprensión de los fenómenos físicos. ❑ Establecer relaciones entre las actividades económicas y su incidencia en la vida de las poblaciones y en el paisaje.	INFORMÁTICA	

ORGANIZADORES	ASPECTOS DISTINTIVOS	APRENDIZAJES IMPRESCINDIBLES	MATERIAS	DESCRIPTORES DE LA ETAPA
		❑ Habilidad para analizar sistemas complejos. ❑ Familiarizarse con el trabajo científico, para el tratamiento de situaciones de interés, con su carácter tentativo y creativo: comprender y acotar las situaciones planteadas planteamiento de conjeturas e inferencias fundamentadas y elaboración de estrategias para obtener conclusiones, incluyendo diseños experimentales, hasta el análisis de los resultados. ❑ Conocer los conceptos y estrategias para su aplicación a situaciones relacionadas con problemas energéticos en el mundo.	C. DE LA NATURALEZA	
		❑ Adquirir conocimientos y destrezas sobre determinados hábitos saludables.	ED.FÍSICA	
		❑ Utilizar procedimientos, relacionados con el método científico, como la observación, la experimentación y el descubrimiento y la reflexión y el análisis posterior.	ED.PLÁSTICA Y VISUAL	
		❑ Desarrollar de destrezas técnicas y habilidades para manipular objetos con precisión y seguridad. ❑ Analizar objetos y sistemas técnicos para conocer cómo han sido diseñados y construidos, los elementos que los forman y su función en el conjunto, facilitando su uso y conservación.	TECNOLOGÍAS	

ORGANIZADORES	ASPECTOS DISTINTIVOS	APRENDIZAJES IMPRESCINDIBLES	MATERIAS	DESCRIPTORES DE LA ETAPA
Valores, actitudes, sentimientos y emociones, que se manifiestan en la resolución de tareas y problemas.	❖ Argumentación racional de las consecuencias de los modos de vida y adopción una disposición hacia la vida física y mental saludable en un entorno natural y social saludable. ❖ Uso responsable de los recursos naturales para favorecer el cuidado del medio ambiente, el consumo racional y responsable, así como la protección de la salud individual y colectiva.	❑ Valores de sostenibilidad y reciclaje en cuanto a la utilización de materiales para la creación de obras propias, análisis de obras ajenas y conservación del patrimonio cultural.	EDUCACIÓN PLÁSTICA Y VISUAL	5. Analiza críticamente las consecuencias en el medio físico de los diferentes modos de vida y promueve propuestas de apoyo para la protección y cuidado del medio ambiente. 6. Adopta una actitud y práctica favorable en favor de un desarrollo sostenible, basado en la mejora de la calidad de vida, en el consumo responsable de los recursos naturales y en la protección del medio físico.
		❑ Capacidad y disposición para lograr un entorno saludable y una mejora de la calidad de vida, mediante el conocimiento y análisis crítico de la repercusión medioambiental de la actividad tecnológica y el fomento de actitudes responsables de consumo racional.	TECNOLOGÍAS	
		❑ Capacidad crítica y actitudes relacionadas con su valoración y gestión de los paisajes naturales. ❑ Realizar análisis crítico de argumentos distintos, a su valoración del patrimonio natural.	C. DE LA NATURALEZA	

ORGANIZADORES	ASPECTOS DISTINTIVOS	APRENDIZAJES IMPRESCINDIBLES	MATERIAS	DESCRIPTORES DE LA ETAPA
Resolución de problemas en un contexto determinado.	❖ Identificación de preguntas o problemas y obtención de conclusiones basadas en pruebas: comprender y tomar decisiones. ❖ Empleo de destrezas asociadas a la planificación y manejo de soluciones técnicas ante necesidades de la vida cotidiana y del mundo laboral.	❑ Realizar producciones ajustándose a un proceso de elaboración, planificación, coherencia y corrección gramatical y ortográfica.	LENGUA CASTELLANA Y LITERATURA	
		❑ Elaborar modelos para identificar y seleccionar las características relevantes de una situación real, representarla simbólicamente y determinación de pautas de comportamiento, regularidades e invariantes a partir de las que poder hacer predicciones.	MATEMÁTICAS	
		❑ Conocer la interacción hombre-medio y la organización del territorio resultante: análisis de la acción del hombre en la utilización del espacio y de sus recursos: (problemas que genera, acciones de un uso responsable, protección y cuidado del medio ambiente.	C. SOCIALES, GEOGRAFÍA E HISTORIA	7. Investiga, analiza y valora los problemas que la intervención humana genera en el medio físico y toma conciencia del deterioro que se está produciendo como consecuencia de la explotación abusiva de los recursos naturales.
		❑ Detectar las complicaciones de la actividad huma -hábitos sociales, actividad científica y tecnológica- con respecto al medio ambiente: participar en la necesaria toma de decisiones en torno a los problemas locales y globales planteados. ❑ Reconocer la diversidad de un medio dado, de representar por distintos medios dicha diversidad y su predisposición a proponer y tomar iniciativas para su preservación. ❑ Tomar conciencia sobre el hecho de la explotación abusiva que se hace de distintos recursos naturales. ❑ Analizar y hacer propuestas para buscar un uso responsable de los recursos naturales. ❑ Reconocer problemas relacionados con la crisis energética, para analizar y valorar informaciones procedentes de diversas fuentes, para valorar las propuestas de ahorro energético que la sociedad está planteando, para realizar diseños experimentales.	C. DE LA NATURALEZA	8. Participa en el planteamiento de soluciones y en la toma de decisiones en torno a los problemas locales y globales relacionados con las necesidades de la vida cotidiana, la crisis energética y el medio ambiente.

ORGANIZADORES	ASPECTOS DISTINTIVOS	APRENDIZAJES IMPRESCINDIBLES	MATERIAS	DESCRIPTORES DE LA ETAPA
		❑ Adquirir el máximo estado de bienestar físico, mental y social posible, en un entorno saludable. ❑ Mantener y mejorar la condición física: cualidades físicas asociadas a la salud. ❑ Usar responsablemente el medio natural a través de las actividades físicas realizadas en la naturaleza.	EDUCACIÓN FÍSICA	
		❑ Mejorar la calidad del medio ambiente, identificando y reflexionando sobre el exceso de ruido, la contaminación sonora y el uso indiscriminado de la música, con el fin de generar hábitos saludables.	MÚSICA	
		❑ Conocer y utilizar el proceso de resolución técnica de problemas y su aplicación para identificar y dar respuesta a necesidades, evaluando el desarrollo del proceso y sus resultados.	TECNOLOGÍA	

COMPETENCIA BÁSICA CONOCIMIENTO E INTERACCIÓN CON EL MUNDO FÍSICO	
DESCRIPTORES ETAPA: 1. Reconoce, interpreta y valora la incidencia que ejercen los fenómenos naturales y las formas de vida de las personas en la configuración y transformación de los paisajes naturales. 2. Aprende y emplea los conceptos y procedimientos esenciales de las ciencias de la naturaleza para el conocimiento del mundo físico y de las interacciones humanas que se producen.	**INDICADORES DE LOGRO O DOMINIO 1º ESO:** ❑ Conoce y describe las características básicas y las interacciones que se establecen entre los seres vivos y el espacio físico en el que habitan. ❑ Identifica y reconoce las peculiaridades y formas de adaptación de los seres vivos que habitan en un espacio físico determinado, utilizando un vocabulario adecuado.

MATERIAS	CRITERIOS DE EVALUACIÓN 1º ESO
LENGUA CASTELLANA Y LITERATURA	➢ Reconocer el propósito y la idea general en textos orales de ámbitos sociales próximos a la experiencia del alumnado y en el ámbito académico; captar la idea global de informaciones oídas en radio o en TV y seguir instrucciones poco complejas para realizar tareas de aprendizaje.
C. SOCIALES, Gª E HISTORIA	➢ Realizar una lectura comprensiva de fuentes de información escrita de contenido geográfico o histórico y comunicar la información obtenida de forma correcta por escrito.
CIENCIAS DE LA NATURALEZA.	➢ Identificar y reconocer las peculiaridades de los grupos más importantes de los seres vivos (1º). ➢ Describir razonadamente algunas de las observaciones y procedimientos científicos que han permitido avanzar en el conocimiento de nuestro planeta y del lugar que ocupa en el Universo. ➢ Conocer la existencia de la atmósfera y las propiedades del aire, y llegar a interpretar cualitativamente fenómenos atmosféricos. ➢ Conocer las rocas y los minerales más frecuentes, en especial los que se encuentran en el entorno próximo, utilizando claves sencillas y reconocer sus aplicaciones más frecuentes. ➢ Reconocer que los seres vivos están constituidos por células y que llevan a cabo funciones vitales que les diferencian de la materia inerte. Identificar y reconocer las peculiaridades de los grupos más importantes, utilizando claves dicotómicas para su identificación.

COMPETENCIA BÁSICA CONOCIMIENTO E INTERACCIÓN CON EL MUNDO FÍSICO

DESCRIPTORES ETAPA:	INDICADORES DE LOGRO O DOMINIO 1º ESO:
3. Analiza sistemas complejos de ecosistemas, distinguiendo con rigor y precisión científica las interacciones que se producen entre los aspectos naturales y humanos. 4. Aplica el pensamiento científico-técnico –hipótesis, búsqueda de información y obtención de conclusiones– para la observación y el tratamiento de problemas relacionados con el medio ambiente, adoptando decisiones y desarrollando prácticas coherentes y respetuosas con el mismo.	❑ Interpreta los fenómenos naturales que se producen en el medio físico en el que habita, utilizando modelos explicativos sencillos y representando en códigos distintos sus elementos constitutivos. ❑ Analiza y compara las actuaciones humanas que se desarrollan en los ecosistemas cercanos más relevantes, y extrae conclusiones sobre los efectos que producen en los mismos.

MATERIAS	CRITERIOS DE EVALUACIÓN 1º ESO
LENGUA CASTELLANA Y LITERATURA	➢ Extraer informaciones concretas e identificar el propósito en textos escritos de ámbitos sociales próximos a la experiencia del alumnado, seguir instrucciones sencillas, identificar los enunciados en los que el tema general aparece explícito y distinguir las partes del texto.
L. EXTRANJERA	➢ Reconocer la idea general y extraer información específica de textos escritos adecuados a la edad, con apoyo de elementos textuales y no textuales, sobre temas variados y otros relacionados con algunas materias del currículo.
MATEMÁTICAS	➢ Organizar e interpretar informaciones diversas mediante tablas y gráficas, e identificar relaciones de dependencia en situaciones cotidianas. ➢ Hacer predicciones sobre la posibilidad de que un suceso ocurra a partir de información previamente obtenida de forma empírica.
C. SOCIALES, GEOGRAFÍA E HISTORIA	➢ Localizar lugares o espacios en un mapa utilizando datos de coordenadas geográficas y obtener información sobre el espacio representado a partir de la leyenda y la simbología, comunicando las conclusiones de forma oral o escrita. ➢ Localizar en un mapa los elementos básicos que configuran el medio físico mundial, de Europa y de España, caracterizando los rasgos que predominan en un espacio concreto. ➢ Comparar los rasgos físicos más destacados que configuran los grandes medios naturales del planeta, localizándolos en el espacio representado y relacionándolos con las posibilidades que ofrecen a los grupos humanos.
ED. PLÁSTICA Y VISUAL	➢ Identificar los elementos constitutivos esenciales de objetos y/o aspectos de la realidad.

MATERIAS	CRITERIOS DE EVALUACIÓN 1º ESO
CIENCIAS DE LA NATURALEZA	➢ Interpretar algunos fenómenos naturales mediante la elaboración de modelos sencillos y representaciones a escala. ➢ Establecer procedimientos para describir las propiedades de materiales que nos rodean. ➢ Relacionar propiedades de los materiales con el uso que se hace de ellos y diferenciar.
TECNOLOGÍA	➢ Elaborar, almacenar y recuperar documentos en soporte electrónico que incorporen información textual y gráfica. ➢ Analizar y describir en las estructuras del entorno los elementos resistentes y los esfuerzos a que están sometidos.
MÚSICA	➢ Identificar en el ámbito cotidiano situaciones en las que se produce un uso indiscriminado del sonido, analizando sus causas y proponiendo soluciones.
EDUCACIÓN FÍSICA	➢ Seguir las indicaciones de las señales de rastreo en un recorrido por el centro o sus inmediaciones.

COMPETENCIA BÁSICA CONOCIMIENTO E INTERACCIÓN CON EL MUNDO FÍSICO	
DESCRIPTORES ETAPA: 5. Analiza críticamente las consecuencias en el medio físico de los diferentes modos de vida y promueve propuestas de apoyo para la protección y cuidado del medio ambiente. 6. Adopta una actitud y práctica favorable en favor de un desarrollo sostenible, basado en la mejora de la calidad de vida, en el consumo responsable de los recursos naturales y en la protección del medio físico.	**INDICADORES DE LOGRO O DOMINIO 1º ESO:** ❑ Analiza y valora los impactos que la acción humana está produciendo en espacios naturales próximos a su hábitat y se plantea su participación en la defensa y protección de los mismos. ❑ Valora el papel protector de la atmósfera para los seres vivos, y toma postura sobre las actuaciones humanas que están alterando la configuración de la misma y los efectos negativos que están produciendo en el mantenimiento y calidad de la vida.
MATERIAS	**CRITERIOS DE EVALUACIÓN 1º ESO**
LENGUA CASTELLANA Y LITERATURA	➢ Exponer una opinión sobre la lectura personal de una obra adecuada a la edad; reconocer el género y la estructura global y valorar de forma general el uso del lenguaje; diferenciar contenido literal y sentido de la obra y relacionar el contenido con la propia experiencia.
L. EXTRANJERA	➢ Identificar algunos elementos culturales o geográficos propios de los países y culturas donde se habla la lengua extranjera y mostrar interés por conocerlos.
MATEMÁTICAS	➢ Reconocer y describir figuras planas, utilizar sus propiedades para clasificarlas y aplicar el conocimiento geométrico adquirido para interpretar y describir el mundo físico, haciendo uso de la terminología adecuada.
C. SOCIALES, Gª. E HISTORIA	➢ Identificar y explicar, algunos ejemplos de los impactos que la acción humana tiene sobre el medio natural, analizando sus causas y efectos, y aportando medidas y conductas que serían necesarias para limitarlos.
EDUCACIÓN PLÁSTICA Y VISUAL	➢ Realizar creaciones plásticas siguiendo el proceso de creación y demostrando valores de iniciativa, creatividad e imaginación.
CIENCIAS DE LA NATURALEZA	➢ Valorar la importancia del papel protector de la atmósfera para los seres vivos, considerando las repercusiones de la actividad humana en la misma.
TECNOLOGÍA	➢ Valorar las necesidades del proceso tecnológico empleando la resolución técnica de problemas analizando su contexto, proponiendo soluciones alternativas y desarrollando la más adecuada. ➢ Valorar los efectos de la energía eléctrica y su capacidad de conversión en otras manifestaciones energéticas.
EDUCACIÓN FÍSICA	➢ Identificar los hábitos higiénicos y posturales saludables relacionados con la actividad física y con la vida cotidiana.

COMPETENCIA BÁSICA CONOCIMIENTO E INTERACCIÓN CON EL MUNDO FÍSICO	
DESCRIPTORES ETAPA: 7. Investiga, analiza y valora los problemas que la intervención humana genera en el medio físico y toma conciencia del deterioro que se está produciendo como consecuencia de la explotación abusiva de los recursos naturales. 8. Participa en el planteamiento de soluciones y en la toma de decisiones en torno a los problemas locales y globales relacionados con las necesidades de la vida cotidiana, la crisis energética y el medio ambiente.	**INDICADORES DE LOGRO O DOMINIO 1º ESO:** ❑ Realiza grupalmente indagaciones sobre la procedencia y almacenamiento del agua en su entorno, para uso doméstico, agrícola e industrial, y valora los efectos y cambios que está produciendo en el medio físico. ❑ Participa en actividades organizadas en el centro, dirigidas a la sensibilización del alumnado por la conservación y mejora del entorno próximo natural.

MATERIAS	CRITERIOS DE EVALUACIÓN 1º ESO
LENGUA CASTELLANA Y LITERATURA	➢ Componer textos, en soporte papel o digital, tomando como modelo un texto literario de los leídos y comentados en el aula o realizar alguna transformación sencilla en esos textos. ➢ Comunicarse oralmente en conversaciones y en simulaciones sobre temas conocidos o trabajados previamente, utilizando las estrategias adecuadas para facilitar la continuidad de la comunicación y produciendo un discurso comprensible y adecuado a la intención de comunicación.
L. EXTRANJERA	➢ Redactar textos breves en diferentes soportes utilizando las estructuras, las funciones y el léxico adecuados, así como algunos elementos básicos de cohesión, a partir de modelos, y respetando las reglas elementales de ortografía y de puntuación.
MATEMÁTICAS	➢ Utilizar estrategias y técnicas simples de resolución de problemas tales como el análisis del enunciado, el ensayo y error o la resolución de un problema más sencillo, y comprobar la solución obtenida y expresar, utilizando el lenguaje matemático adecuado a su nivel, el procedimiento que se ha seguido en la resolución.
C. SOCIALES, Gª. E HISTORIA	➢ Realizar de forma individual y en grupo, con ayuda del profesor, un trabajo sencillo de carácter descriptivo sobre algún hecho o tema, utilizando fuentes diversas (observación, prensa, bibliografía, páginas web, etc.), seleccionando la información pertinente, integrándola en un esquema o guión y comunicando los resultados del estudio con corrección y con el vocabulario adecuado.
CIENCIAS DE LA NATURALEZA	➢ Explicar, a partir del conocimiento de las propiedades del agua, el ciclo del agua en la naturaleza y su importancia para los seres vivos, considerando las repercusiones de las actividades humanas en relación con su utilización.
EDUCACIÓN PLÁSTICA Y VISUAL	➢ Elaborar y participar, activamente, en proyectos de creación visual cooperativos, como producciones videográficas o plásticas de gran tamaño, aplicando las estrategias propias y adecuadas del lenguaje visual y plástico.
TECNOLOGÍA	➢ Realizar las operaciones técnicas previstas en un plan de trabajo utilizando los recursos materiales y organizativos con criterios de economía, seguridad y respeto al medio ambiente y valorando las condiciones del entorno de trabajo.

COMPETENCIA BÁSICA CONOCIMIENTO E INTERACCIÓN CON EL MUNDO FÍSICO	
DESCRIPTORES ETAPA: 1. Reconoce, interpreta y valora la incidencia que ejercen los fenómenos naturales y las formas de vida de las personas en la configuración y transformación de los paisajes naturales. 2. Aprende y emplea los conceptos y procedimientos esenciales de las ciencias de la naturaleza para el conocimiento del mundo físico y de las interacciones humanas que se producen.	**INDICADORES DE LOGRO O DOMINIO 2º ESO:** ❑ Describe los paisajes más representativos de su entorno natural y distingue los cambios producidos por los fenómenos naturales. ❑ Identifica las acciones humanas que más afectan a la configuración y deterioro de los paisajes y a los seres vivos que habitan en ellos, empleando un lenguaje preciso.
MATERIAS	**CRITERIOS DE EVALUACIÓN 2º ESO**
LENGUA CASTELLANA Y LITERATURA	➢ Reconocer, junto al propósito y la idea general, ideas, hechos o datos relevantes en textos orales de ámbitos sociales próximos a la experiencia del alumnado y en el ámbito académico; captar la idea global y la relevancia de informaciones oídas en radio o en TV y seguir instrucciones para realizar autónomamente tareas de aprendizaje.
L. EXTRANJERA	➢ Comprender la información general y la específica de diferentes textos escritos, adaptados y auténticos, de extensión variada, y adecuados a la edad, demostrando la comprensión a través de una actividad específica.
CIENCIAS DE LA NATURALEZA	➢ Explicar fenómenos naturales y reproducir algunos de ellos teniendo en cuenta sus propiedades. ➢ Explicar fenómenos naturales referidos a la transmisión de la luz y del sonido y reproducir algunos de ellos teniendo en cuenta sus propiedades. ➢ Identificar las acciones de los agentes geológicos internos en el origen del relieve terrestre, así como en el proceso de formación de las rocas magmáticas y metamórficas.

COMPETENCIA BÁSICA CONOCIMIENTO E INTERACCIÓN CON EL MUNDO FÍSICO	
DESCRIPTORES ETAPA: 3. Analiza sistemas complejos de ecosistemas, distinguiendo con rigor y precisión científica las interacciones que se producen entre los aspectos naturales y humanos. 4. Aplica el pensamiento científico-técnico –hipótesis, búsqueda de información y obtención de conclusiones– para la observación y el tratamiento de problemas relacionados con el medio ambiente, adoptando decisiones y desarrollando prácticas coherentes y respetuosas con el mismo.	**INDICADORES DE LOGRO O DOMINIO 2º ESO:** ❑ Realiza observaciones y experiencias, y determina las interacciones mutuas de los aspectos del medio físico que se relacionan con las funciones vitales de los seres vivos. ❑ Plantea hipótesis sobre las repercusiones de la actividad humana en el medio físico, y elabora estrategias para obtener información y extraer conclusiones que le permitan tomar decisiones respetuosas con el mismo.
MATERIAS	**CRITERIOS DE EVALUACIÓN 2º ESO**
LENGUA CASTELLANA Y LITERATURA	➢ Extraer informaciones concretas e identificar el propósito en textos escritos de ámbitos sociales próximos a la experiencia del alumnado; seguir instrucciones de cierta extensión en procesos poco complejos; identificar el tema general y temas secundarios y distinguir cómo está organizada la información.
MATEMÁTICAS	➢ Estimar y calcular longitudes, áreas y volúmenes de espacios y objetos con una precisión acorde con la situación planteada y comprender los procesos de medida, expresando el resultado de la estimación o el cálculo en la unidad de medida más adecuada.
C. SOCIALES, GEOGRAFÍA E HISTORIA	➢ Describir los factores que condicionan los comportamientos demográficos utilizando los conceptos básicos de la demografía y aplicando este conocimiento al análisis del actual régimen demográfico español y sus consecuencias. ➢ Analizar el crecimiento de las áreas urbanas, la diferenciación funcional del espacio urbano y alguno de los problemas que se les plantean a sus habitantes.
EDUCACIÓN PLÁSTICA Y VISUAL	➢ Identificar los elementos constitutivos esenciales de objetos y/o aspectos de la realidad.

MATERIAS	CRITERIOS DE EVALUACIÓN 2º ESO
CIENCIAS DE LA NATURALEZA	➢ Interpretar los aspectos relacionados con las funciones vitales de los seres vivos a partir de distintas observaciones y experiencias realizadas con organismos sencillos, comprobando el efecto que tienen determinadas variables en los procesos de nutrición, relación y reproducción. ➢ Identificar los componentes bióticos y abióticos de un ecosistema cercano, valorar su diversidad y representar gráficamente las relaciones tróficas establecidas entre los seres vivos del mismo, así como conocer las principales características de los grandes biomas de la Tierra.
TECNOLOGÍA	➢ Elaborar, almacenar y recuperar documentos en soporte electrónico que incorporen información textual y gráfica. ➢ Analizar y describir en las estructuras del entorno los elementos resistentes y los esfuerzos a que están sometidos.
MÚSICA	➢ Identificar en el ámbito cotidiano situaciones en las que se produce un uso indiscriminado del sonido, analizando sus causas y proponiendo soluciones.
EDUCACIÓN FÍSICA	➢ Realizar de forma autónoma un recorrido de sendero cumpliendo normas de seguridad básicas y mostrando una actitud de respeto hacia la conservación del entorno en el que se lleva a cabo la actividad.

COMPETENCIA BÁSICA CONOCIMIENTO E INTERACCIÓN CON EL MUNDO FÍSICO	
DESCRIPTORES ETAPA: 5. Analiza críticamente las consecuencias en el medio físico de los diferentes modos de vida y promueve propuestas de apoyo para la protección y cuidado del medio ambiente. 6. Adopta una actitud y práctica favorable en favor de un desarrollo sostenible, basado en la mejora de la calidad de vida, en el consumo responsable de los recursos naturales y en la protección del medio físico.	**INDICADORES DE LOGRO O DOMINIO 2º ESO:** ❑ Identifica y valora críticamente los impactos que la acción humana tiene sobre el medio natural y aporta soluciones que pueden adoptarse para controlarlos y limitarlos. ❑ Valora críticamente las repercusiones de la actividad humana en la atmósfera y la necesidad de implicarse activamente en la adopción de medidas, personales y colectivas, para evitar el cambio climático y los efectos negativos para los seres vivos.

MATERIAS	CRITERIOS DE EVALUACIÓN 2º ESO
LENGUA CASTELLANA Y LITERATURA	➢ Exponer una opinión sobre la lectura personal de una obra completa adecuada a la edad; reconocer la estructura de la obra y los elementos del género; valorar el uso del lenguaje y el punto de vista del autor; diferenciar contenido literal y sentido de la obra y relacionar el contenido con la propia experiencia.
L. EXTRANJERA	➢ Identificar y poner ejemplos de algunos aspectos sociales, culturales, históricos, geográficos o literarios propios de los países donde se habla la lengua extranjera y mostrar interés por conocerlos.
MATEMÁTICAS	➢ Interpretar relaciones funcionales sencillas dadas en forma de tabla, gráfica, a través de una expresión algebraica o mediante un enunciado, obtener valores a partir de ellas y extraer conclusiones acerca del fenómeno estudiado.
EDUCACIÓN PLÁSTICA Y VISUAL	➢ Realizar creaciones plásticas siguiendo el proceso de creación y demostrando valores de iniciativa, creatividad e imaginación.
CIENCIAS DE LA NATURALEZA	➢ Reconocer y valorar los riesgos asociados a los procesos geológicos internos y en su prevención y predicción.
TECNOLOGÍA	➢ Valorar las necesidades del proceso tecnológico empleando la resolución técnica de problemas analizando su contexto, proponiendo soluciones alternativas y desarrollando la más adecuada. ➢ Valorar los efectos de la energía eléctrica y su capacidad de conversión en otras manifestaciones energéticas.
EDUCACIÓN FÍSICA	➢ Realizar de forma autónoma un recorrido de sendero cumpliendo normas de seguridad básicas y mostrando una actitud de respeto hacia la conservación del entorno en el que se lleva a cabo la actividad.

COMPETENCIA BÁSICA CONOCIMIENTO E INTERACCIÓN CON EL MUNDO FÍSICO

DESCRIPTORES ETAPA:	INDICADORES DE LOGRO O DOMINIO 2º ESO:
7. Investiga, analiza y valora los problemas que la intervención humana genera en el medio físico y toma conciencia del deterioro que se está produciendo como consecuencia de la explotación abusiva de los recursos naturales. 8. Participa en el planteamiento de soluciones y en la toma de decisiones en torno a los problemas locales y globales relacionados con las necesidades de la vida cotidiana, la crisis energética y el medio ambiente.	❑ Realiza, de forma individual y en grupo, distintos trabajos sobre el uso responsable de los recursos naturales como medida de protección y conservación del medioambiente. ❑ Colabora en el desarrollo de acciones que promuevan la sensibilización de la ciudadanía en la defensa, conservación y mejora del medio natural.

MATERIAS	CRITERIOS DE EVALUACIÓN 2º ESO
LENGUA CASTELLANA Y LITERATURA	➢ Componer textos, en soporte papel o digital, tomando como modelo textos literarios leídos y comentados en el aula o realizar algunas transformaciones en esos textos. ➢ Realizar exposiciones orales sencillas sobre temas próximos a su entorno que sean del interés del alumnado, con la ayuda de medios audiovisuales y de las tecnologías de la información y la comunicación.
L. EXTRANJERA	➢ Redactar de forma guiada textos diversos en diferentes soportes, utilizando estructuras, conectores sencillos y léxico adecuados, cuidando los aspectos formales y respetando las reglas elementales de ortografía y de puntuación para que sean comprensibles al lector y presenten una corrección aceptable.
MATEMÁTICAS	➢ Utilizar estrategias y técnicas de resolución de problemas, tales como el análisis del enunciado, el ensayo y error sistemático, la división del problema en partes, así como la comprobación de la coherencia de la solución obtenida, y expresar, utilizando el lenguaje matemático adecuado a su nivel, el procedimiento que se ha seguido en la resolución.
EDUCACIÓN PLÁSTICA Y VISUAL	➢ Elaborar y participar, activamente, en proyectos de creación visual cooperativos, como producciones videográficas o plásticas de gran tamaño, aplicando las estrategias propias y adecuadas del lenguaje visual y plástico.
CIENCIAS DE LA NATURALEZA	➢ Utilizar el concepto cualitativo de energía para explicar su papel en las transformaciones que tienen lugar en nuestro entorno y reconocer la importancia y repercusiones para la sociedad y el medio ambiente de las diferentes fuentes de energías renovables y no renovables. ➢ Resolver problemas aplicando los conocimientos sobre el concepto de temperatura y su medida, el equilibrio y desequilibrio térmico, los efectos del calor sobre los cuerpos y su forma de propagación.
TECNOLOGÍA	➢ Realizar las operaciones técnicas previstas en un plan de trabajo utilizando los recursos materiales y organizativos con criterios de economía, seguridad y respeto al medio ambiente y valorando las condiciones del entorno de trabajo.
EDUCACIÓN FÍSICA.	➢ Realizar de forma autónoma un recorrido de sendero cumpliendo normas de seguridad básicas y mostrando una actitud de respeto hacia la conservación del entorno en el que se lleva a cabo la actividad.

COMPETENCIA BÁSICA CONOCIMIENTO E INTERACCIÓN CON EL MUNDO FÍSICO

DESCRIPTORES ETAPA:	INDICADORES DE LOGRO O DOMINIO 3º ESO:
1. Reconoce, interpreta y valora la incidencia que ejercen los fenómenos naturales y las formas de vida de las personas en la configuración y transformación de los paisajes naturales. 2. Aprende y emplea los conceptos y procedimientos esenciales de las ciencias de la naturaleza para el conocimiento del mundo físico y de las interacciones humanas que se producen.	❑ Conoce e identifica las interacciones que se producen entre los grandes espacios físicos y la actividad humana que se desarrolla en los mismos. ❑ Identifica y describe las acciones de los agentes geológicos externos en el origen y modelado del relieve terrestre y sus efectos en los seres vivos, empleando los conceptos y procedimientos que aportan las ciencias que estudian la naturaleza.

MATERIAS	CRITERIOS DE EVALUACIÓN 3º ESO
LENGUA CASTELLANA Y LITERATURA	➢ Entender instrucciones y normas dadas oralmente; extraer ideas generales e informaciones específicas de reportajes y entrevistas, seguir el desarrollo de presentaciones breves relacionadas con temas académicos y plasmarlo en forma de esquema y resumen. ➢ Conocer la terminología lingüística necesaria para la reflexión sobre el uso.
L. EXTRANJERA	➢ Comprender la información general y específica, la idea principal y algunos detalles relevantes de textos orales sobre temas concretos y conocidos, y de mensajes sencillos emitidos con claridad por medios audiovisuales.
C. SOCIALES, Gª E HISTORIA	➢ Describir las transformaciones que en los campos de las tecnologías, la organización empresarial y la localización se están produciendo en las actividades, espacios y paisajes industriales, localizando y caracterizando los principales centros de producción en el mundo y en España y analizando las relaciones de intercambio que se establecen entre países y zonas. ➢ Describir los rasgos geográficos comunes y diversos que caracterizan el espacio geográfico español y explicar el papel que juegan los principales centros de actividad económica y los grandes ejes de comunicación como organizadores del espacio y cómo su localización se relaciona con los contrastes regionales. ➢ Conocer los órganos de los sentidos y explicar la misión integradora de los sistemas nervioso y endocrino, así como localizar los principales huesos y músculos del aparato locomotor. Relacionar las alteraciones más frecuentes con los órganos y procesos implicados en cada caso. Identificar los factores sociales que repercuten negativamente en la salud, como el estrés y el consumo de sustancias adictivas.

MATERIAS	CRITERIOS DE EVALUACIÓN 3º ESO
EDUCACIÓN PLÁSTICA Y VISUAL	➢ Identificar los elementos constitutivos esenciales (configuraciones estructurales, variaciones cromáticas, orientación espacial y textura) de objetos y/o aspectos de la realidad.
FÍSICA Y QUÍMICA	➢ Determinar los rasgos distintivos del trabajo científico a través del análisis contrastado de algún problema científico o tecnológico de actualidad, así como su influencia sobre la calidad de vida de las personas. ➢ Describir propiedades de la materia en sus distintos estados de agregación y utilizar el modelo cinético para interpretarlas, diferenciando la descripción macroscópica de la interpretación con modelos. ➢ Describir los primeros modelos atómicos y justificar su evolución para poder explicar nuevos fenómenos, así como las aplicaciones que tienen algunas sustancias radiactivas y las repercusiones de su uso en los seres vivos y en el medio ambiente.
GEOLOGÍA Y BIOLOGÍA	➢ Conocer los aspectos básicos de la reproducción humana y describir los acontecimientos fundamentales de la fecundación, embarazo y parto. ➢ Identificar las acciones de los agentes geológicos externos en el origen y modelado del relieve terrestre, así como en el proceso de formación de las rocas sedimentarias.

COMPETENCIA BÁSICA CONOCIMIENTO E INTERACCIÓN CON EL MUNDO FÍSICO	
DESCRIPTORES ETAPA: 3. Analiza sistemas complejos de ecosistemas, distinguiendo con rigor y precisión científica las interacciones que se producen entre los aspectos naturales y humanos. 4. Aplica el pensamiento científico-técnico –hipótesis, búsqueda de información y obtención de conclusiones– para la observación y el tratamiento de problemas relacionados con el medio ambiente, adoptando decisiones y desarrollando prácticas coherentes y respetuosas con el mismo.	**INDICADORES DE LOGRO O DOMINIO 3º ESO:** ❑ Utiliza diversos procedimientos y claves para identificar y clasificar con criterios científicos y técnicos los materiales y seres vivos que conforman o habitan en un determinado espacio físico, reflexionando sobre las relaciones entre aspectos naturales y humanos y actuando en consecuencia. ❑ Reconoce y comprende problemas relacionados con el mundo físico y se plantea conjeturas e inferencias sobre los mismos, y desarrolla planteamientos básicos propios de los científicos para obtener resultados, soluciones y extraer conclusiones.

MATERIAS	CRITERIOS DE EVALUACIÓN 3º ESO
LENGUA CASTELLANA Y LITERATURA	➢ Extraer y contrastar informaciones concretas e identificar el propósito en los textos escritos más usados para actuar como miembros de la sociedad; seguir instrucciones en ámbitos públicos y en procesos de aprendizaje de cierta complejidad; inferir el tema general y temas secundarios; distinguir cómo se organiza la información. ➢ Realizar explicaciones orales sencillas sobre hechos de actualidad social, política o cultural que sean del interés del alumnado, con la ayuda de medios audiovisuales y de las tecnologías de la información y la comunicación.
L. EXTRANJERA	➢ Participar en conversaciones y simulaciones breves, relativas a situaciones habituales o de interés personal y con diversos fines comunicativos, utilizando las convenciones propias de la conversación y las estrategias necesarias para resolver las dificultades durante la interacción. ➢ Identificar, utilizar y explicar oralmente diferentes estrategias utilizadas para progresar en el aprendizaje.
MATEMÁTICAS	➢ Reconocer las transformaciones que llevan de una figura geométrica a otra mediante los movimientos en el plano y utilizar dichos movimientos para crear sus propias composiciones y analizar, desde un punto de vista geométrico, diseños cotidianos, obras de arte y configuraciones presentes en la naturaleza. ➢ Elaborar e interpretar informaciones estadísticas teniendo en cuenta la adecuación de las tablas y gráficas empleadas, y analizar si los parámetros son más o menos significativos. ➢ Hacer predicciones sobre la posibilidad de que un suceso ocurra a partir de información previamente obtenida de forma empírica o como resultado del recuento de posibilidades, en casos sencillos.

MATERIAS	CRITERIOS DE EVALUACIÓN 3º ESO
C. SOCIALES, Gª E HISTORIA	➢ Caracterizar los principales sistemas de explotación agraria existentes en el mundo, localizando algunos ejemplos representativos de los mismos, y utilizar esa caracterización para analizar algunos problemas de la agricultura española. ➢ Utilizar fuentes diversas (gráficos, croquis, mapas temáticos, bases de datos, imágenes, fuentes escritas) para obtener, relacionar y procesar información sobre hechos sociales y comunicar las conclusiones de forma organizada e inteligible empleando para ello las posibilidades que ofrecen las tecnologías de la información y la comunicación.
EDUCACIÓN PLÁSTICA Y VISUAL	➢ Representar objetos e ideas de forma bi o tridimensional aplicando técnicas gráficas y plásticas y conseguir resultados concretos en función de unas intenciones en cuanto a los elementos visuales (luz, sombra, textura) y de relación.
BIOLOGÍA Y GEOLOGÍA	➢ Explicar los procesos fundamentales que sufre un alimento a lo largo de todo el transcurso de la nutrición, utilizando esquemas y representaciones gráficas para ilustrar cada etapa, y justificar la necesidad de adquirir hábitos alimentarios saludables y evitar las conductas alimentarias insanas.
FÍSICA Y QUÍMICA	➢ Determinar los rasgos distintivos del trabajo científico a través del análisis contrastado de algún problema científico o tecnológico de actualidad, así como su influencia sobre la calidad de vida de las personas. ➢ Describir propiedades de la materia en sus distintos estados de agregación y utilizar el modelo cinético para interpretarlas, diferenciando la descripción macroscópica de la interpretación con modelos. ➢ Utilizar procedimientos que permitan saber si un material es una sustancia, simple o compuesta, o bien una mezcla y saber expresar la composición de las mezclas. ➢ Describir los primeros modelos atómicos y justificar su evolución para poder explicar nuevos fenómenos, así como las aplicaciones que tienen algunas sustancias radiactivas y las repercusiones de su uso en los seres vivos y en el medio ambiente.
TECNOLOGÍA	➢ Elaborar, almacenar y recuperar documentos en soporte electrónico que incorporen información textual y gráfica. ➢ Analizar y describir en las estructuras del entorno los elementos resistentes y los esfuerzos a que están sometidos.
MÚSICA	➢ Reconocer auditivamente y determinar la época o cultura a la que pertenecen distintas obras musicales escuchadas previamente en el aula, interesándose por ampliar sus preferencias. ➢ Identificar en el ámbito cotidiano situaciones en las que se produce un uso indiscriminado del sonido, analizando sus causas y proponiendo soluciones.
INFORMÁTICA	➢ Obtener imágenes fotográficas, aplicar técnicas de edición digital a las mismas y diferenciarlas de las imágenes generadas por ordenador. ➢ Capturar, editar y montar fragmentos de vídeo con audio. ➢ Diseñar y elaborar presentaciones destinadas a apoyar el discurso verbal en la exposición de ideas y proyectos.
EDUCACIÓN FÍSICA	➢ Realizar ejercicios de acondicionamiento físico atendiendo a criterios de higiene postural como estrategia para la prevención de lesiones.

COMPETENCIA BÁSICA CONOCIMIENTO E INTERACCIÓN CON EL MUNDO FÍSICO

DESCRIPTORES ETAPA:	INDICADORES DE LOGRO O DOMINIO 3º ESO:
5. Analiza críticamente las consecuencias en el medio físico de los diferentes modos de vida y promueve propuestas de apoyo para la protección y cuidado del medio ambiente. 6. Adopta una actitud y práctica favorable en favor de un desarrollo sostenible, basado en la mejora de la calidad de vida, en el consumo responsable de los recursos naturales y en la protección del medio físico.	❑ Valora la importancia de obtener recursos y nuevas sustancias, respetando y protegiendo el medio físico de determinadas prácticas abusivas y contaminantes del medio físico. ❑ Es consciente de las transformaciones que se están produciendo en los paisajes naturales como consecuencia de la presencia e intervención humana y propone pautas de comportamiento en defensa y protección del medioambiente.

MATERIAS	CRITERIOS DE EVALUACIÓN 3º ESO
LENGUA CASTELLANA Y LITERATURA	➢ Utilizar los conocimientos literarios en la comprensión y la valoración de textos breves o fragmentos, atendiendo a la presencia de ciertos temas recurrentes, al valor simbólico del lenguaje poético y a la evolución de los géneros, de las formas literarias y de los estilos.
L. EXTRANJERA	➢ Identificar los aspectos culturales más relevantes de los países donde se habla la lengua extranjera, señalar las características más significativas de las costumbres, normas, actitudes y valores de la sociedad cuya lengua se estudia, y mostrar una valoración positiva de patrones culturales distintos a los propios.
CIENCIAS SOCIALES, GEOGRAFÍA E HISTORIA	➢ Analizar indicadores socioeconómicos de diferentes países y utilizar ese conocimiento para reconocer desequilibrios territoriales en la distribución de los recursos, explicando algunas de sus consecuencias y mostrando sensibilidad ante las desigualdades. ➢ Analizar la situación española como ejemplo representativo de las tendencias migratorias en la actualidad identificando sus causas y relacionándolo con el proceso de globalización y de integración económica que se está produciendo, así como identificando las consecuencias tanto para el país receptor como para los países emisores y manifestando actitudes de solidaridad en el enjuiciamiento de este fenómeno.
MATEMÁTICAS	➢ Planificar y utilizar estrategias y técnicas de resolución de problemas tales como el recuento exhaustivo, la inducción o la búsqueda de problemas afines y comprobar el ajuste de la solución a la situación planteada y expresar verbalmente con precisión, razonamientos, relaciones cuantitativas, e informaciones que incorporen elementos matemáticos, valorando la utilidad y simplicidad del lenguaje matemático para ello.

MATERIAS	CRITERIOS DE EVALUACIÓN 3º ESO
BIOLOGÍA Y GEOLOGÍA	➢ Reconocer que en la salud influyen aspectos físicos, psicológicos y sociales, y valorar la importancia de los estilos de vida para prevenir enfermedades y mejorar la calidad de vida, así como las continuas aportaciones de las ciencias biomédicas. ➢ Comprender el funcionamiento de los métodos de control de la natalidad y valorar el uso de métodos de prevención de enfermedades de transmisión sexual.
FÍSICA Y QUÍMICA	➢ Justificar la diversidad de sustancias que existen en la naturaleza y que todas ellas están constituidas de unos pocos elementos y describir la importancia que tienen alguna de ellas para la vida. ➢ Producir e interpretar fenómenos electrostáticos cotidianos, valorando las repercusiones de la electricidad en el desarrollo científico y tecnológico y en las condiciones de vida de las personas. ➢ Describir las reacciones químicas como cambios macroscópicos de unas sustancias en otras, justificarlas desde la teoría atómica y representarlas con ecuaciones químicas. Valorar, además, la importancia de obtener nuevas sustancias y de proteger el medio ambiente.
TECNOLOGÍA	➢ Valorar los efectos de la energía eléctrica y su capacidad de conversión en otras manifestaciones energéticas. Utilizar correctamente instrumentos de medida de magnitudes eléctricas básicas. Diseñar y simular circuitos con simbología adecuada y montar circuitos formados por operadores elementales.
EDUCACIÓN FÍSICA	➢ Reflexionar sobre la importancia que tiene para la salud una alimentación equilibrada a partir del cálculo de la ingesta y el gasto calórico, en base a las raciones diarias de cada grupo de alimentos y de las actividades diarias realizadas.

COMPETENCIA BÁSICA CONOCIMIENTO E INTERACCIÓN CON EL MUNDO FÍSICO	
DESCRIPTORES ETAPA:	**INDICADORES DE LOGRO O DOMINIO 3º ESO:**
7. Investiga, analiza y valora los problemas que la intervención humana genera en el medio físico y toma conciencia del deterioro que se está produciendo como consecuencia de la explotación abusiva de los recursos naturales. 8. Participa en el planteamiento de soluciones y en la toma de decisiones en torno a los problemas locales y globales relacionados con las necesidades de la vida cotidiana, la crisis energética y el medio ambiente.	❑ Recopila documentos de diversas fuentes, elabora información y establece propuestas de mejora sobre la influencia de las actuaciones humanas en los ecosistemas: contaminación, desertización, disminución de la capa de ozono, agotamiento de recursos y extinción de especies. ❑ Participa y toma postura argumentada en foros de debate sobre la importancia de utilizar de manera equilibrada diferentes fuentes de energía renovables y no renovables con objeto de preservar el medio físico.

MATERIAS	CRITERIOS DE EVALUACIÓN 3º ESO
L.ENGUA CASTELLANA Y LITERATURA	➢ Aplicar los conocimientos sobre la lengua y las normas del uso lingüístico para resolver problemas de comprensión de textos orales y escritos y para la composición y revisión progresivamente autónoma de los textos propios de este curso.
L. EXTRANJERA	➢ Redactar de forma guiada textos diversos en diferentes soportes, cuidando el léxico, las estructuras, y algunos elementos de cohesión y coherencia para marcar la relación entre ideas y hacerlos comprensibles al lector.
MATEMÁTICAS	➢ Resolver problemas de la vida cotidiana en los que se precise el planteamiento y resolución de ecuaciones de primer y segundo grado o de sistemas de ecuaciones lineales con dos incógnitas.
C. SOCIALES GEOGRAFÍA E HISTORIA	➢ Describir algún caso que muestre las consecuencias medioambientales de las actividades económicas y los comportamientos individuales, discriminando las formas de desarrollo sostenible de las que son nocivas para el medio ambiente y aportando algún ejemplo de los acuerdos y políticas internacionales para frenar su deterioro.
ED. CIUDADANÍA	➢ Reconocer la existencia de conflictos y el papel que desempeñan en los mismos las organizaciones internacionales y las fuerzas de pacificación. Valorar la importancia de las leyes y la participación humanitaria para paliar las consecuencias de los conflictos.
ED. PLÁSTICA Y VISUAL	➢ Elaborar y participar, activamente, en proyectos de creación visual cooperativos, como producciones videográficas o plásticas de gran tamaño, aplicando las estrategias propias y adecuadas del lenguaje visual y plástico.

MATERIAS	CRITERIOS DE EVALUACIÓN 3º ESO
GEOLOGÍA Y BIOLOGÍA	➢ Analizar información sobre la influencia de las actuaciones humanas en los ecosistemas y argumentar posibles actuaciones para evitar el deterioro del medio ambiente y promover una gestión más racional de los recursos naturales. ➢ Recopilar información procedente de diversas fuentes documentales acerca de la influencia de las actuaciones humanas sobre los ecosistemas: efectos de la contaminación, desertización, disminución de la capa de ozono, agotamiento de recursos y extinción de especies.
FÍSICA Y QUÍMICA	➢ Producir e interpretar fenómenos electrostáticos cotidianos, valorando las repercusiones de la electricidad en el desarrollo científico y tecnológico y en las condiciones de vida de las personas.
TECNOLOGÍA	➢ Valorar las necesidades del proceso tecnológico empleando la resolución técnica de problemas analizando su contexto, proponiendo soluciones alternativas y desarrollando la más adecuada. Elaborar documentos técnicos empleando recursos verbales y gráficos.
ED. FÍSICA	➢ Completar una actividad de orientación, preferentemente en el medio natural, con la ayuda de un mapa y respetando las normas de seguridad.

COMPETENCIA BÁSICA CONOCIMIENTO E INTERACCIÓN CON EL MUNDO FÍSICO	
DESCRIPTORES ETAPA / INDICADORES DE LOGRO O DOMINIO 4º ESO: 1. Reconoce, interpreta y valora la incidencia que ejercen los fenómenos naturales y las formas de vida de las personas en la configuración y transformación de los paisajes naturales. 2. Aprende y emplea los conceptos y procedimientos esenciales de las ciencias de la naturaleza para el conocimiento del mundo físico y de las interacciones humanas que se producen.	
MATERIAS	**CRITERIOS DE EVALUACIÓN 4º ESO**
LENGUA CASTELLANA Y LITERATURA	➢ Entender instrucciones y normas dadas oralmente; extraer ideas generales e informaciones específicas de reportajes y entrevistas, seguir el desarrollo de presentaciones breves relacionadas con temas académicos y plasmarlo en forma de esquema y resumen. ➢ Conocer la terminología lingüística necesaria para la reflexión sobre el uso.
L. EXTRANJERA	➢ Comprender la información general y específica, la idea principal y los detalles más relevantes de textos orales emitidos en situaciones de comunicación interpersonal o por los medios audiovisuales, sobre temas que no exijan conocimientos especializados.
C. SOCIALES, Gª E HISTORIA	➢ Enumerar las transformaciones que se producen en Europa en el siglo XVIII, tomando como referencia las características sociales, económicas y políticas del Antiguo Régimen, y explicar los rasgos propios del reformismo borbónico en España. ➢ Identificar y caracterizar las distintas etapas de la evolución política y económica de España durante el siglo XX y los avances y retrocesos hasta lograr la modernización económica, la consolidación del sistema democrático y la pertenencia a la Unión Europea.
LATÍN	➢ Identificar componentes de origen grecolatino en palabras del lenguaje cotidiano y en el vocabulario específico de las ciencias y de la técnica, y explicar su sentido etimológico. ➢ Reconocer latinismos y locuciones usuales de origen latino incorporadas a las lenguas conocidas por el alumno y explicar su significado en expresiones orales y escritas.

MATERIAS	CRITERIOS DE EVALUACIÓN 4º ESO
BIOLOGÍA/GEOLOGÍA	➢ Identificar y describir hechos que muestren a la Tierra como un planeta cambiante y registrar algunos de los cambios más notables de su larga historia utilizando modelos temporales a escala. ➢ Reconocer las características del ciclo celular y describir la reproducción celular, señalando las diferencias principales entre meiosis y mitosis, así como el significado biológico de ambas.
FÍSICA Y QUÍMICA	➢ Identificar el papel de las fuerzas como causa de los cambios de movimiento y reconocer las principales fuerzas presentes en la vida cotidiana. ➢ Justificar la gran cantidad de compuestos orgánicos existentes, así como la formación de macromoléculas y su importancia en los seres vivos.
EDUCACIÓN PLÁSTICAS Y VISUAL	➢ Describir objetivamente las formas, aplicando sistemas de representación y normalización. ➢ Reconocer y leer imágenes, obras y objetos de los entornos visuales (obras de arte, diseño, multimedia, etc.).

COMPETENCIA BÁSICA CONOCIMIENTO E INTERACCIÓN CON EL MUNDO FÍSICO	
DESCRIPTORES ETAPA / INDICADORES DE LOGRO O DOMINIO 4º ESO: 3. Analiza sistemas complejos de ecosistemas, distinguiendo con rigor y precisión científica las interacciones que se producen entre los aspectos naturales y humanos. 4. Aplica el pensamiento científico-técnico –hipótesis, búsqueda de información y obtención de conclusiones– para la observación y el tratamiento de problemas relacionados con el medio ambiente, adoptando decisiones y desarrollando prácticas coherentes y respetuosas con el mismo.	
MATERIAS	**CRITERIOS DE EVALUACIÓN 4º ESO**
LENGUA CASTELLANA Y LITERATURA	➢ Extraer y contrastar informaciones concretas e identificar el propósito en los textos escritos más usados para actuar como miembros de la sociedad; seguir instrucciones en ámbitos públicos y en procesos de aprendizaje de cierta complejidad; inferir el tema general y temas secundarios; distinguir cómo se organiza la información. ➢ Realizar explicaciones orales sencillas sobre hechos de actualidad social, política o cultural que sean del interés del alumnado, con la ayuda de medios audiovisuales y de las tecnologías de la información y la comunicación.
L. EXTRANJERA	➢ Participar en conversaciones y simulaciones utilizando estrategias adecuadas para iniciar, mantener y terminar la comunicación, produciendo un discurso comprensible y adaptado a las características de la situación y a la intención comunicativa. ➢ Identificar, utilizar y explicar estrategias de aprendizaje utilizadas, poner ejemplos de otras posibles y decidir sobre las más adecuadas al objetivo de aprendizaje.

<table>
<tr><th>MATERIAS</th><th colspan="2">CRITERIOS DE EVALUACIÓN 4º ESO</th></tr>
<tr><td rowspan="2">MATEMÁTICAS</td><td>OPCIÓN “A”</td><td>OPCIÓN “B”</td></tr>
<tr><td>➢ Utilizar instrumentos, fórmulas y técnicas apropiadas para obtener medidas directas e indirectas en situaciones reales.
➢ Identificar relaciones cuantitativas en una situación y determinar el tipo de función que puede representarlas.
➢ Analizar tablas y gráficas que representen relaciones funcionales asociadas a situaciones reales para obtener información sobre su comportamiento.
➢ Elaborar e interpretar tablas y gráficos estadísticos, así como los parámetros estadísticos más usuales correspondientes a distribuciones discretas y continuas y valorar cualitativamente la representatividad de las muestras utilizadas.</td><td>➢ Representar y analizar situaciones y estructuras matemáticas utilizando símbolos y métodos algebraicos para resolver problemas.
➢ Utilizar instrumentos, fórmulas y técnicas apropiadas para obtener medidas directas e indirectas en situaciones reales.
➢ Identificar relaciones cuantitativas en una situación y determinar el tipo de función que puede representarlas, y aproximar e interpretar la tasa de variación media a partir de una gráfica, de datos numéricos o mediante el estudio de los coeficientes de la expresión algebraica.
➢ Elaborar e interpretar tablas y gráficos estadísticos, así como los parámetros estadísticos más usuales en distribuciones unidimensionales y valorar cualitativamente la representatividad de las muestras utilizadas.
➢ Planificar y utilizar procesos de razonamiento y estrategias de resolución de problemas tales como la emisión y justificación de hipótesis o la generalización, y expresar verbalmente, con precisión y rigor, razonamientos, relaciones cuantitativas e informaciones que incorporen elementos matemáticos, valorando la utilidad y simplicidad del lenguaje matemático para ello.</td></tr>
<tr><td>C. SOCIALES, Gª E HISTORIA</td><td colspan="2">➢ Identificar las causas y consecuencias de hechos y procesos históricos significativos estableciendo conexiones entre ellas y reconociendo la causalidad múltiple que comportan los hechos sociales.</td></tr>
<tr><td>EDUCACIÓN PLÁSTICA Y VISUAL</td><td colspan="2">➢ Utilizar recursos informáticos y las tecnologías de la información y la comunicación en el campo de la imagen fotográfica, el diseño gráfico, el dibujo asistido por ordenador y la edición videográfica.</td></tr>
</table>

MATERIAS	CRITERIOS DE EVALUACIÓN 4º ESO
BIOLOGÍA Y GEOLOGÍA	➢ Utilizar el modelo dinámico de la estructura interna de la Tierra y la teoría de la Tectónica de placas para estudiar los fenómenos geológicos asociados al movimiento de la litosfera y relacionarlos con su ubicación en mapas terrestres. ➢ Aplicar los postulados de la teoría celular al estudio de distintos tipos de seres vivos e identificar las estructuras características de la célula procariótica, eucariótica vegetal y animal, y relacionar cada uno de los elementos celulares con su función biológica. ➢ Reconocer las características del ciclo celular y describir la reproducción celular, señalando las diferencias principales entre meiosis y mitosis, así como el significado biológico de ambas. ➢ Relacionar la evolución y la distribución de los seres vivos, destacando sus adaptaciones más importantes, con los mecanismos de selección natural que actúan sobre la variabilidad genética de cada especie.
FÍSICA Y QUÍMICA	➢ Utilizar la ley de la gravitación universal para justificar la atracción entre cualquier objeto de los que componen el Universo y para explicar la fuerza peso y los satélites artificiales. ➢ Aplicar el principio de conservación de la energía a la comprensión de las transformaciones energéticas de la vida diaria, reconocer el trabajo y el calor como formas de transferencia de energía y analizar los problemas asociados a la obtención y uso de las diferentes fuentes de energía empleadas para producirlos. ➢ Identificar las características de los elementos químicos más representativos de la tabla periódica, predecir su comportamiento químico al unirse con otros elementos, así como las propiedades de las sustancias simples y compuestas formadas. ➢ Utilizar el modelo dinámico de la estructura interna de la Tierra y la teoría de la Tectónica de placas para estudiar los fenómenos geológicos asociados al movimiento de la litosfera y relacionarlos con su ubicación en mapas terrestres.
TECNOLOGÍA	➢ Conocer las principales aplicaciones de las tecnologías hidráulica y neumática e identificar y describir las características y funcionamiento de este tipo de sistemas. Utilizar con soltura la simbología y nomenclatura necesaria para representar circuitos con la finalidad de diseñar y construir un mecanismo capaz de resolver un problema cotidiano, utilizando energía hidráulica o neumática.
MÚSICA	➢ Explicar algunas de las funciones que cumple la música en la vida de las personas y en la sociedad.
EDUCACIÓN FÍSICA	➢ Diseñar y llevar a cabo un plan de trabajo de una cualidad física relacionada con la salud, incrementando el propio nivel inicial, a partir del conocimiento de sistemas y métodos de entrenamiento.

COMPETENCIA BÁSICA CONOCIMIENTO E INTERACCIÓN CON EL MUNDO FÍSICO

DESCRIPTORES ETAPA / INDICADORES DE LOGRO O DOMINIO 4º ESO:

5. Analiza críticamente las consecuencias en el medio físico de los diferentes modos de vida y promueve propuestas de apoyo para la protección y cuidado del medio ambiente.
6. Adopta una actitud y práctica favorable en favor de un desarrollo sostenible, basado en la mejora de la calidad de vida, en el consumo responsable de los recursos naturales y en la protección del medio físico.

MATERIAS	CRITERIOS DE EVALUACIÓN 4º ESO
LENGUA CASTELLANA Y LITERATURA	➢ Utilizar los conocimientos literarios en la comprensión y la valoración de textos breves o fragmentos, atendiendo a la presencia de ciertos temas recurrentes, al valor simbólico del lenguaje poético y a la evolución de los géneros, de las formas literarias y de los estilos.
L. EXTRANJERA	➢ Identificar y describir los aspectos culturales más relevantes de los países donde se habla la lengua extranjera y establecer algunas relaciones entre las características más significativas de las costumbres, usos, actitudes y valores de la sociedad cuya lengua se estudia y la propia y mostrar respeto hacia los mismos.
LATÍN	➢ Distinguir en las diversas manifestaciones literarias y artísticas de todos los tiempos la mitología clásica como fuente de inspiración y reconocer en el patrimonio arqueológico las huellas de la romanización.
CIENCIAS SOCIALES, GEOGRAFÍA E HISTORIA	➢ Identificar los rasgos fundamentales de los procesos de industrialización y modernización económica y de las revoluciones liberales burguesas, valorando los cambios económicos, sociales y políticos que supusieron, identificando las peculiaridades de estos procesos en España.
MATEMÁTICAS	➢ **OPCIÓN "A".** Planificar y utilizar procesos de razonamiento y estrategias diversas y útiles para la resolución de problemas, y expresar verbalmente con precisión, razonamientos, relaciones cuantitativas e informaciones que incorporen elementos matemáticos, valorando la utilidad y simplicidad del lenguaje matemático para ello.
BIOLOGÍA Y GEOLOGÍA	➢ Conocer que los genes están constituidos por ADN y ubicados en los cromosomas, interpretar el papel de la diversidad genética (intraespecífica e interespecífica) y las mutaciones a partir del concepto de gen y valorar críticamente las consecuencias de los avances actuales de la ingeniería genética. ➢ Exponer razonadamente los problemas que condujeron a enunciar la teoría de la evolución, los principios básicos de esta teoría y las controversias científicas, sociales y religiosas que suscitó.

MATERIAS	CRITERIOS DE EVALUACIÓN 4º ESO
FÍSICA Y QUÍMICA	➢ Reconocer las aplicaciones energéticas derivadas de las reacciones de combustión de hidrocarburos y valorar su influencia en el incremento del efecto invernadero. ➢ Reconocer las magnitudes necesarias para describir los movimientos, aplicar estos conocimientos a los movimientos de la vida cotidiana y valorar la importancia del estudio de los movimientos en el surgimiento de la ciencia moderna.
TECNOLOGÍA	➢ Describir los elementos que componen las distintas instalaciones de una vivienda y las normas que regulan su diseño y utilización. Realizar diseños sencillos empleando la simbología adecuada y montaje de circuitos básicos y valorar las condiciones que contribuyen al ahorro energético, habitabilidad y estética en una vivienda.
EDUCACIÓN FÍSICA	➢ Manifestar una actitud crítica ante las prácticas y valoraciones que se hacen del deporte y del cuerpo a través de los diferentes medios de comunicación. ➢ Participar de forma desinhibida y constructiva en la creación y realización de actividades expresivas colectivas con soporte musical.

COMPETENCIA BÁSICA CONOCIMIENTO E INTERACCIÓN CON EL MUNDO FÍSICO

DESCRIPTORES ETAPA / INDICADORES DE LOGRO O DOMINIO 4º ESO:

7. Investiga, analiza y valora los problemas que la intervención humana genera en el medio físico y toma conciencia del deterioro que se está produciendo como consecuencia de la explotación abusiva de los recursos naturales.
8. Participa en el planteamiento de soluciones y en la toma de decisiones en torno a los problemas locales y globales relacionados con las necesidades de la vida cotidiana, la crisis energética y el medio ambiente.

MATERIAS	CRITERIOS DE EVALUACIÓN 4º ESO	
LENGUA CASTELLANA Y LITERATURA	➢ Aplicar los conocimientos sobre la lengua y las normas del uso lingüístico para resolver problemas de comprensión de textos orales y escritos y para la composición y revisión progresivamente autónoma de los textos propios de este curso.	
L. EXTRANJERA	➢ Redactar con cierta autonomía textos diversos con una estructura lógica, utilizando las convenciones básicas propias de cada género, el léxico apropiado al contexto y los elementos necesarios de cohesión y coherencia, de manera que sean fácilmente comprensibles para el lector.	
LATÍN	➢ Elaborar, guiado por el profesor, un trabajo temático sencillo sobre cualquier aspecto de la producción artística y técnica, la historia, las instituciones, o la vida cotidiana en Roma.	
MATEMÁTICAS	**OPCIÓN "A"**	**OPCIÓN "B"**
	➢ Aplicar los conceptos y técnicas de cálculo de probabilidades para resolver diferentes situaciones y problemas de la vida cotidiana.	➢ Aplicar los conceptos y técnicas de cálculo de probabilidades para resolver diferentes situaciones y problemas de la vida cotidiana.
C. SOCIALES, Gª E HISTORIA	➢ Caracterizar y situar en el tiempo y en el espacio las grandes transformaciones y conflictos mundiales que han tenido lugar en el siglo XX y aplicar este conocimiento a la comprensión de algunos de los problemas internacionales más destacados de la actualidad.	
ED. ÉTICO-CÍVICA	➢ Analizar las causas que provocan los principales problemas sociales del mundo actual, utilizando de forma crítica la información que proporcionan los medios de comunicación e identificar soluciones comprometidas con la defensa de formas de vida más justas.	
ED. PLÁSTICA Y VISUAL	➢ Colaborar en la realización de proyectos plásticos que comportan una organización de forma cooperativa.	

MATERIAS	CRITERIOS DE EVALUACIÓN 4º ESO
GEOLOGÍA Y BIOLOGÍA	➤ Resolver problemas prácticos de Genética en diversos tipos de cruzamientos utilizando las leyes de Mendel y aplicar los conocimientos adquiridos en investigar la transmisión de determinados caracteres en nuestra especie. ➤ Explicar cómo se produce la transferencia de materia y energía a largo de una cadena o red trófica concreta y deducir las consecuencias prácticas en la gestión sostenible de algunos recursos por parte del ser humano. ➤ Exponer razonadamente los problemas que condujeron a enunciar la teoría de la evolución, los principios básicos de esta teoría y las controversias científicas, sociales y religiosas que suscitó.
FÍSICA Y QUÍMICA	➤ Analizar los problemas y desafíos, estrechamente relacionados, a los que se enfrenta la humanidad en relación con la situación de la Tierra, reconocer la responsabilidad de la ciencia y la tecnología y la necesidad de su implicación para resolverlos y avanzar hacia el logro de un futuro sostenible.
TECNOLOGÍA	➤ Conocer la evolución tecnológica a lo largo de la historia. Analizar objetos técnicos y su relación con el entorno y valorar su repercusión en la calidad de vida.
EDUCACIÓN FÍSICA	➤ Resolver supuestos prácticos sobre las lesiones que se pueden producir en la vida cotidiana, en la práctica de actividad física y en el deporte, aplicando unas primeras atenciones.

REGISTRO DEL NIVEL DE LOGRO DESARROLLADO EN LA COMPETENCIA BÁSICA												
Alumno/a:	**Curso: 1º de ESO**											
CC. BB. CONOCIMIENTO E INTERACCIÓN CON EL MUNDO FÍSICO	**APRECIACIÓN DEL NIVEL DE LOGRO:**											
INDICADORES DE LOGRO:	**1º TRIM.**				**2º TRIM.**				**3º TRIM.**			
	1	2	3	V	1	2	3	V	1	2	3	V
1. Conoce y describe las características básicas y las interacciones que se establecen entre los seres vivos y el espacio físico en el que habitan.												
2. Identifica y reconoce las peculiaridades y formas de adaptación de los seres vivos que habitan en un espacio físico determinado, utilizando un vocabulario adecuado.												
3. Interpreta los fenómenos naturales que se producen en el medio físico en el que habita, utilizando modelos explicativos sencillos y representando en códigos distintos sus elementos constitutivos.												
4. Analiza y compara las actuaciones humanas que se desarrollan en los ecosistemas cercanos más relevantes, y extrae conclusiones sobre los efectos que producen en los mismos.												
5. Analiza y valora los impactos que la acción humana está produciendo en espacios naturales próximos a su hábitat y se plantea su participación en la defensa y protección de los mismos												
6. Valora el papel protector de la atmósfera para los seres vivos, y toma postura sobre las actuaciones humanas que están alterando la configuración de la misma y los efectos negativos que están produciendo en el mantenimiento y calidad de la vida.												
7. Realiza grupalmente indagaciones sobre la procedencia y almacenamiento del agua en su entorno, para uso doméstico, agrícola e industrial, y valora los efectos y cambios que está produciendo en el medio físico.												
8. Participa en actividades organizadas en el centro, dirigidas a la sensibilización del alumnado sobre la conservación y mejora del entorno próximo natural												

REGISTRO DEL NIVEL DE LOGRO DESARROLLADO EN LA COMPETENCIA BÁSICA												
Alumno/a:	**Curso: 2º de ESO**											
CC. BB. CONOCIMIENTO E INTERACCIÓN CON EL MUNDO FÍSICO	**APRECIACIÓN DEL NIVEL DE LOGRO:**											
INDICADORES DE LOGRO:	**1º TRIM.**				**2º TRIM.**				**3º TRIM.**			
	1	**2**	**3**	**V**	**1**	**2**	**3**	**V**	**1**	**2**	**3**	**V**
1. Describe los paisajes más representativos de su entorno natural y distingue los cambios producidos por los fenómenos naturales.												
2. Identifica las acciones humanas que más afectan a la configuración y deterioro de los paisajes y a los seres vivos que habitan en ellos, empleando un lenguaje preciso.												
3. Realiza observaciones y experiencias, y determina las interacciones mutuas de los aspectos del medio físico que se relacionan con las funciones vitales de los seres vivos.												
4. Plantea hipótesis sobre las repercusiones de la actividad humana en el medio físico, y elabora estrategias para obtener información y extraer conclusiones que le permitan tomar decisiones respetuosas con el mismo.												
5. Identifica y valora críticamente los impactos que la acción humana tiene sobre el medio natural y aporta soluciones que pueden adoptarse para controlarlos y limitarlos.												
6. Valora críticamente las repercusiones de la actividad humana en la atmósfera y la necesidad de implicarse activamente en la adopción de medidas, personales y colectivas, para evitar el cambio climático y los efectos negativos para los seres vivos.												
7. Realiza, de forma individual y en grupo, distintos trabajos sobre el uso responsable de los recursos naturales como medida de protección y conservación del medioambiente												
8. Colabora en el desarrollo de acciones que promuevan la sensibilización de la ciudadanía en la defensa, conservación y mejora del medio natural.												

REGISTRO DEL NIVEL DE LOGRO DESARROLLADO EN LA COMPETENCIA BÁSICA												
Alumno/a:	**Curso: 3º de ESO**											
CC. BB. CONOCIMIENTO E INTERACCIÓN CON EL MUNDO FÍSICO	**APRECIACIÓN DEL NIVEL DE LOGRO:**											
INDICADORES DE LOGRO:	**1º TRIM.**				**2º TRIM.**				**3º TRIM.**			
	1	**2**	**3**	**V**	**1**	**2**	**3**	**V**	**1**	**2**	**3**	**V**
1. Conoce e identifica las interacciones que se producen entre los grandes espacios físicos y la actividad humana que se desarrolla en los mismos.												
2. Identifica y describe las acciones de los agentes geológicos externos en el origen y modelado del relieve terrestre y sus efectos en los seres vivos, empleando los conceptos y procedimientos que aportan las ciencias que estudian la naturaleza.												
3. Utiliza diversos procedimientos y claves para identificar y clasificar con criterios científicos y técnicos los materiales y seres vivos que conforman o habitan en un determinado espacio físico, reflexionando sobre las relaciones entre aspectos naturales y humanos y actuando en consecuencia.												
4. Reconoce y comprende problemas relacionados con el mundo físico y se plantea conjeturas e inferencias sobre los mismos, y desarrolla planteamientos básicos propios de los científicos para obtener soluciones, resultados y extraer conclusiones.												
5. Valora la importancia de obtener recursos y nuevas sustancias, respetando y protegiendo el medio físico de determinadas prácticas abusivas y contaminantes del medio físico.												
6. Es consciente de las transformaciones que se están produciendo en los paisajes naturales como consecuencia de la presencia e intervención humana y propone pautas de comportamiento en defensa y protección del medioambiente.												
7. Recopila documentos de diversas fuentes, elabora información y establece propuestas de mejora sobre la influencia de las actuaciones humanas en los ecosistemas: contaminación, desertización, disminución de la capa de ozono, agotamiento de recursos y extinción de especies.												
8. Participa y toma postura argumentada en foros de debate sobre la importancia de utilizar de manera equilibrada diferentes fuentes de energía renovables y no renovables con objeto de preservar el medio físico.												

REGISTRO DEL NIVEL DE LOGRO DESARROLLADO EN LA COMPETENCIA BÁSICA												
Alumno/a:	**Curso: 4º de ESO**											
CC. BB. CONOCIMIENTO E INTERACCIÓN CON EL MUNDO FÍSICO	**APRECIACIÓN DEL NIVEL DE LOGRO:**											
INDICADORES DE LOGRO:	**1º TRIM.**				**2º TRIM.**				**3º TRIM.**			
	1	**2**	**3**	**V**	**1**	**2**	**3**	**V**	**1**	**2**	**3**	**V**
1. Reconoce, interpreta y valora la incidencia que ejercen los fenómenos naturales y las formas de vida de las personas en la configuración y transformación de los paisajes naturales.												
2. Aprende y emplea los conceptos y procedimientos esenciales de las ciencias de la naturaleza para el conocimiento del mundo físico y de las interacciones humanas que se producen.												
3. Analiza sistemas complejos de ecosistemas, distinguiendo con rigor y precisión científica las interacciones que se producen entre los aspectos naturales y humanos.												
4. Aplica el pensamiento científico-técnico - hipótesis, búsqueda de información y obtención de conclusiones- para la observación y el tratamiento de problemas relacionados con el medio ambiente, adoptando decisiones y desarrollando prácticas coherentes y respetuosas con el mismo.												
5. Analiza críticamente las consecuencias en el medio físico de los diferentes modos de vida y promueve propuestas de apoyo para la protección y cuidado del medio ambiente.												
6. Adopta una actitud y práctica favorable en favor de un desarrollo sostenible, basado en la mejora de la calidad de vida, en el consumo responsable de los recursos naturales y en la protección del medio físico.												
7. Investiga, analiza y valora los problemas que la intervención humana genera en el medio físico y toma conciencia del deterioro que se está produciendo como consecuencia de la explotación abusiva de los recursos naturales.												
8. Participa en el planteamiento de soluciones y en la toma de decisiones en torno a los problemas locales y globales relacionados con las necesidades de la vida cotidiana, la crisis energética y el medio ambiente												

1.4. *Competencia Tratamiento de la información y competencia digital*

COMPETENCIA BÁSICA TRATAMIENTO DE LA INFORMACIÓN Y COMPETENCIA DIGITAL		
ASPECTOS DISTINTIVOS	**MATERIAS**	**APRENDIZAJES IMPRESCINDIBLES**
1. Transformación de la información en conocimiento. 2. Utilización de las TIC como transmisoras y generadoras de información y conocimiento. 3. Habilidades para buscar, obtener, procesar y comunicar información y para transformarla en conocimiento. 4. Búsqueda, selección, registro y tratamiento o análisis de la información 5. Comprensión de la naturaleza y modo de operar de los sistemas tecnológicos y de sus efectos en el mundo personal y socio laboral. 6. Formación de una persona autónoma, eficaz, responsable, crítica y reflexiva. 7. Uso habitual de los recursos tecnológicos disponibles para resolver problemas reales de modo eficiente.	LENGUA CASTELLANA Y LITERATURA	❑ Adquirir conocimientos y destrezas para la búsqueda y selección de información relevante de acuerdo con diferentes necesidades, así como para su reutilización en la producción de textos orales y escritos propios. ❑ Usar adecuadamente las bibliotecas y utilizar Internet. ❑ Usar soportes electrónicos en la composición de textos (planificación, ejecución del texto, revisión). ❑ Expresarse de forma clara, concisa y ordenada, según la situación comunicativa. ❑ Uso del léxico más adecuado.
	LENGUAS EXTRANJERAS	❑ Comunicar en tiempo real con cualquier parte del mundo y también el acceso sencillo e inmediato a un flujo incesante de información que crece cada día. ❑ Acceder a la información y comunicarse utilizándola. ❑ Comunicarse personalmente a través del correo electrónico en intercambios con jóvenes de otros lugares y creación de contextos reales y funcionales de comunicación. ❑ Utilizar los recursos digitales para el aprendizaje y su uso cotidiano.
	MATEMÁTICAS	❑ Utilizar los lenguajes gráfico y estadístico para interpretar mejor la realidad expresada por los medios de comunicación. ❑ Interaccionar entre los distintos tipos de lenguaje: natural, numérico, gráfico, geométrico y algebraico como forma de ligar el tratamiento de la información con la experiencia de los alumnos. ❑ Ser capaz de interpretar, sintetizar, razonar, expresar situaciones, tomar decisiones, manejar las herramientas, y tener facilidad de trabajar en equipo. ❑ Utilizar aplicaciones multimedia: simuladores, cuestionarios de corrección automatizada, webquests, cazas del tesoro, autoevaluaciones, entre otros. ❑ Aprender a resolver problemas.

	CIENCIAS SOCIALES, GEOGRAFÍA E HISTORIA	❑ Destrezas relativas a la obtención y comprensión de información para la comprensión de los fenómenos sociales e históricos. ❑ Buscar, obtener y tratarla información procedente de la observación directa e indirecta de la realidad, así como de fuentes escritas, gráficas, audiovisuales. ❑ Establecer criterios de selección de la información proporcionada por diversas fuentes según criterios de objetividad y pertinencia, la distinción entre los aspectos relevantes y los que no lo son, la relación y comparación de fuentes o la integración y el análisis de la información de forma crítica. ❑ Usar del lenguaje no verbal en la comprensión de la realidad: conocimiento e interpretación de lenguajes icónicos, simbólicos y de representación (lenguaje cartográfico y de la imagen).
	CIENCIAS DE LA NATURALEZA	❑ Tener una visión actualizada de la actividad científica. ❑ Destrezas asociadas a la utilización de recursos frecuentes en las materias como son los esquemas, mapas conceptuales, etc., así como la producción y presentación de memorias, textos, etc.
	EDUCACIÓN PLÁSTICA Y VISUAL	❑ Adquirir contenidos relativos al entorno audiovisual y multimedia. ❑ Usar recursos tecnológicos específicos para la producción de creaciones visuales y la colaboración en la mejora de la competencia digital.
	INFORMÁTICA	❑ Adquirir contenidos relativos al entorno audiovisual y multimedia. ❑ Acceder a la información allí donde se encuentre, utilizando una multiplicidad de dispositivos y siendo capaz de seleccionar los datos relevantes para ponerlos en relación con sus conocimientos previos, y generar bloques de conocimiento más complejos. ❑ Capacidad para integrar las informaciones, reelaborarlas y producir documentos susceptibles de comunicarse con los demás en diversos formatos y por diferentes medios, tanto físicos como telemáticos. ❑ Fortalecer el pensamiento crítico ante las producciones ajenas y propias, la utilización de la creatividad como ingrediente esencial en la elaboración de nuevos contenidos y el enriquecimiento de las destrezas comunicativas adaptadas a diferentes contextos. ❑ Adoptar una actitud positiva hacia la utilización de las TIC para incorporar a los comportamientos cotidianos el intercambio de contenidos.

		❑ Mantener una postura crítica ante los avances tecnológicos y las modificaciones sociales que éstos producen. ❑ Desarrollar e destrezas y actitudes que posibiliten la localización e interpretación de la información para utilizarla y ampliar horizontes, comunicándola a los otros y accediendo a la creciente oferta de servicios de la sociedad del conocimiento, de forma que se evite la exclusión de individuos y grupos.
	LATÍN	❑ Utilizar las TIC como un instrumento que universaliza la información y como una herramienta para la comunicación del conocimiento adquirido. ❑ Buscar, seleccionar y tratar la información. ❑ Recoger, seleccionar y analizar la información, aplicar técnicas de síntesis, identificación de palabras clave y distinción entre ideas principales y secundarias.
	MÚSICA	❑ Usa recursos tecnológicos para posibilitar el conocimiento y dominio básico del «hardware» y el «software» musical, los distintos formatos de sonido y de audio digital o las técnicas de tratamiento y grabación del sonido relacionados, entre otros, con la producción de mensajes musicales, audiovisuales y multimedia. ❑ Obtener información musical, usar productos musicales y relacionarlos con la distribución y los derechos de autor. ❑ Aprovechar la música como herramienta para los procesos de autoaprendizaje y su posible integración en las actividades de ocio.
	TECNOLOGÍA	❑ Adquirir aprendizajes que incidan en la confianza en el uso de los ordenadores, en las destrezas básicas asociadas a un uso autónomo y que contribuyan a familiarizarse suficientemente con ellos. ❑ Localizar, procesar, elaborar, almacenar y presentar información con el uso de la tecnología. ❑ Usar de las TIC como herramienta de simulación de procesos tecnológicos y para la adquisición de destrezas con lenguajes específicos como el icónico o el gráfico.

COMPETENCIA BÁSICA TRATAMIENTO DE LA INFORMACIÓN Y COMPETENCIA DIGITAL				
ORGANIZADORES	**ASPECTOS DISTINTIVOS**	**APRENDIZAJES IMPRESCINDIBLES**	**MATERIAS**	**DESCRIPTORES DE LA ETAPA**
Conocimientos, saberes y experiencias aplicadas en la resolución de problemas y tareas.	❖ Transformación de la información en conocimiento. ❖ Utilización de las TIC como transmisoras y generadoras de información y conocimiento.	❑ Expresarse de forma clara, concisa y ordenada, según la situación comunicativa. ❑ Uso del léxico más adecuado.	L. CASTELLANA Y LITERATURA	1. Conoce y domina básicamente el *hardware* y el *software* de los ordenadores como vehículo universal de acceso a la información y creación de conocimiento.
		❑ Comunicar en tiempo real con cualquier parte del mundo y también el acceso sencillo e inmediato a un flujo incesante de información que crece cada día. ❑ Acceder a la información y comunicarse utilizándola.	L. EXTRANJERAS	
		❑ Tener una visión actualizada de la actividad científica.	CIENCIAS DE LA NATURALEZA	2. Utiliza las tecnologías y medios de información y comunicación para extraer e interrelacionarinformaciones y contenidos significativos de las materias en el desarrollo de un problema de relevancia social y científica, y comunica los resultados en diferentes soportes electrónicos: textual, numérico, icónico, visual, gráfico y sonoro..
		❑ Adquirir contenidos relativos al entorno audiovisual y multimedia.	ED. PLÁSTICA Y VISIUAL	
		❑ Adquirir contenidos relativos al entorno audiovisual y multimedia.	INFORMÁTICA	
		❑ Utilizar las TIC como un instrumento que universaliza la información y como una herramienta para la comunicación del conocimiento adquirido.	LATÍN	

ORGANIZADORES	ASPECTOS DISTINTIVOS	APRENDIZAJES IMPRESCINDIBLES	MATERIAS	DESCRIPTORES DE LA ETAPA
		❑ Usa recursos tecnológicos para posibilitar el conocimiento y dominio básico del «hardware» y el «software» musical, los distintos formatos de sonido y de audio digital o las técnicas de tratamiento y grabación del sonido relacionados, entre otros, con la producción de mensajes musicales, audiovisuales y multimedia.	MÚSICA	
		❑ Adquirir aprendizajes que incidan en la confianza en el uso de los ordenadores, en las destrezas básicas asociadas a un uso autónomo y que contribuyan a familiarizarse suficientemente con ellos.	TECNOLOGÍA	
Habilidades prácticas y cognitivas utilizadas en la resolución de tareas y problemas.	❖ Habilidades para buscar, obtener, procesar y comunicar información y para transformarla en conocimiento. ❖ Búsqueda, selección, registro y tratamiento o análisis de la información. ❖ Comprensión de la naturaleza y modo de operar de los sistemas tecnológicos y de sus efectos en el mundo personal y socio laboral.	❑ Adquirir conocimientos y destrezas para la búsqueda y selección de información relevante de acuerdo con diferentes necesidades, así como para su reutilización en la producción de textos orales y escritos propios. ❑ Usar adecuadamente las bibliotecas y utilizar Internet. ❑ Usar soportes electrónicos en la composición de textos (planificación, ejecución del texto, revisión).	L. CASTELLANA Y LITERATURA	3. Busca y selecciona información relevante de múltiples soportes electrónicos para la producción de textos orales y escritos, basándose en la planificación, ejecución, revisión y mejora de los textos y en la interacción de los distintos tipos de lenguaje: natural, numérico, gráfico, geométrico, icónico, etc.
		❑ Comunicarse personalmente a través del correo electrónico en intercambios con jóvenes de otros lugares y creación de contextos reales y funcionales de comunicación.	L. EXTRANJERAS	

ORGANIZADORES	ASPECTOS DISTINTIVOS	APRENDIZAJES IMPRESCINDIBLES	MATERIAS	DESCRIPTORES DE LA ETAPA
		❑ Utilizar los lenguajes gráfico y estadístico para interpretar mejor la realidad expresada por los medios de comunicación. ❑ Interaccionar entre los distintos tipos de lenguaje: natural, numérico, gráfico, geométrico y algebraico como forma de ligar el tratamiento de la información con la experiencia de los alumnos. ❑ Ser capaz de interpretar, sintetizar, razonar, expresar situaciones, tomar decisiones, manejar las herramientas, y tener facilidad de trabajar en equipo (CC. AA.). ❑ Utilizar aplicaciones multimedia: simuladores, cuestionarios de corrección automatizada, webquests, cazas del tesoro, autoevaluaciones, entre otros (CC. AA.).	MATEMÁTICAS	4. Integra y reelabora informaciones, sólo o en equipo, utilizando esquemas, mapas conceptuales, etc. en la producción y presentación de memorias, textos, documentos, etc. en diversos formatos, tanto físicos como telemáticos.
		❑ Destrezas asociadas a la utilización de recursos frecuentes en las materias como son los esquemas, mapas conceptuales, etc., así como la producción y presentación de memorias, textos, etc.	CIENCIAS DE LA NATURALEZA	

ORGANIZADORES	ASPECTOS DISTINTIVOS	APRENDIZAJES IMPRESCINDIBLES	MATERIAS	DESCRIPTORES DE LA ETAPA
		❑ Destrezas relativas a la obtención y comprensión de información para la comprensión de los fenómenos sociales e históricos. ❑ Buscar, obtener y tratarla información procedente de la observación directa e indirecta de la realidad, así como de fuentes escritas, gráficas, audiovisuales. ❑ Establecer criterios de selección de la información proporcionada por diversas fuentes según criterios de objetividad y pertinencia, la distinción entre los aspectos relevantes y los que no lo son, la relación y comparación de fuentes o la integración y el análisis de la información de forma crítica. ❑ Usar el lenguaje no verbal en la comprensión de la realidad: conocimiento e interpretación de lenguajes icónicos, simbólicos y de representación (lenguaje cartográfico y de la imagen).	C. SOCIALES, GEOGRAFÍA E HISTORIA	
		❑ Usar recursos tecnológicos específicos para la producción de creaciones visuales y la colaboración en la mejora de la competencia digital.	ED. PLÁSTICA Y VISIUAL	

ORGANIZADORES	ASPECTOS DISTINTIVOS	APRENDIZAJES IMPRESCINDIBLES	MATERIAS	DESCRIPTORES DE LA ETAPA
		❑ Acceder a la información allí donde se encuentre, utilizando una multiplicidad de dispositivos y siendo capaz de seleccionar los datos relevantes para ponerlos en relación con sus conocimientos previos, y generar bloques de conocimiento más complejos. ❑ Capacidad para integrar las informaciones, reelaborarlas y producir documentos susceptibles de comunicarse con los demás en diversos formatos y por diferentes medios, tanto físicos como telemáticos.	INFORMÁTICA	
		❑ Buscar, seleccionar y tratar la información. ❑ Recoger, seleccionar y analizar la información, aplicar técnicas de síntesis, identificación de palabras clave y distinción entre ideas principales y secundarias.	LATÍN	
		❑ Obtener información musical, usar productos musicales y relacionarlos con la distribución y los derechos de autor.	MÚSICA	
		❑ Localizar, procesar, elaborar, almacenar y presentar información con el uso de la tecnología. ❑ Usar de las TIC como herramienta de simulación de procesos tecnológicos y para la adquisición de destrezas con lenguajes específicos como el icónico o el gráfico.	TECNOLOGÍA	

ORGANIZADORES	ASPECTOS DISTINTIVOS	APRENDIZAJES IMPRESCINDIBLES	MATERIAS	DESCRIPTORES DE LA ETAPA
Valores, actitudes, sentimientos y emociones, que se manifiestan en la resolución de tareas y problemas.	❖ Formación de una persona autónoma, eficaz, responsable, crítica y reflexiva.	❑ Fortalecer el pensamiento crítico ante las producciones ajenas y propias, la utilización de la creatividad como ingrediente esencial en la elaboración de nuevos contenidos y el enriquecimiento de las destrezas comunicativas adaptadas a diferentes contextos. ❑ Adoptar una actitud positiva hacia la utilización de las TIC para incorporar a los comportamientos cotidianos el intercambio de contenidos. ❑ Mantener una postura crítica ante los avances tecnológicos y las modificaciones sociales que éstos producen.	INFORMÁTICA	5. Mantiene una actitud positiva y argumenta las ventajas de la utilización de las TIC en los trabajos propios y ajenos. 6. Es consciente de la situación de exclusión que viven determinados individuos y grupos sociales en el acceso a las TIC y elabora propuesta en el manejo de la información para mejorar sus condiciones de vida y sus perspectivas de futuro.
		❑ Aprovechar la música como herramienta para los procesos de autoaprendizaje y su posible integración en las actividades de ocio.	MÚSICA	

ORGANIZADORES	ASPECTOS DISTINTIVOS	APRENDIZAJES IMPRESCINDIBLES	MATERIAS	DESCRIPTORES DE LA ETAPA
		❑ Utilizar los recursos digitales para el aprendizaje y su uso cotidiano.	L. EXTRANJERAS	7. Utiliza recursos tecnológicos para componer textos sobre problemas de la vida real, y trata de resolverlos de forma racional y solidaria.
		❑ Aprender a resolver problemas.	MATEMÁTICAS	
Resolución de problemas en un contexto determinado.	❖ Uso habitual de los recursos tecnológicos disponibles para resolver problemas reales de modo eficiente.	❑ Desarrollar e destrezas y actitudes que posibiliten la localización e interpretación de la información para utilizarla y ampliar horizontes, comunicándola a los otros y accediendo a la creciente oferta de servicios de la sociedad del conocimiento, de forma que se evite la exclusión de individuos y grupos.	INFORMÁTICA	8. Reconoce las características de la sociedad del conocimiento y valora críticamente los avances tecnológicos y las modificaciones que producen en las condiciones de vida de los ciudadanos.

COMPETENCIA BÁSICA TRATAMIENTO DE LA INFORMACIÓN Y COMPETENCIA DIGITAL

DESCRIPTORES ETAPA:

1. Conoce y domina básicamente el *hardware* y el *software* de los ordenadores como vehículo universal de acceso a la información y creación de conocimento.
2. Utiliza las tecnologías y medios de información y comunicación para extraer e interrelacionar informaciones y contenidos significativos de las materias en el desarrollo de un problema de relevancia social y científica, y comunica los resultados en diferentes soportes electrónicos: textual, numérico, icónico, visual, gráfico y sonoro.

INDICADORES DE LOGRO O DOMINIO 1º ESO:

- ❑ Conoce básicamente el funcionamiento de los programas operativos de los ordenadores y sabe conectar los componentes físicos de un ordenador con otros dispositivos electrónicos.
- ❑ Accede a Internet con autonomía para la localización y descripción de hechos o informaciones relevantes sobre las cuestiones objeto de estudio o trabajo.

MATERIAS	CRITERIOS DE EVALUACIÓN 1º ESO
LENGUA CASTELLANA Y LITERATURA	➢ Iniciar el conocimiento de una terminología lingüística básica en las actividades de reflexión sobre el uso.
C. SOCIALES, Gª E HISTORIA	➢ Realizar una lectura comprensiva de fuentes de información escrita de contenido geográfico o histórico y comunicar la información obtenida de forma correcta por escrito.
CIENCIAS DE LA NATURALEZA	➢ Describir razonadamente algunas de las observaciones y procedimientos científicos que han permitido avanzar en el conocimiento de nuestro planeta y del lugar que ocupa en el Universo.
TECNOLOGÍA	➢ Acceder a Internet para la utilización de servicios básicos: navegación para la localización de información, correo electrónico, comunicación intergrupal y publicación de información. ➢ Identificar y conectar componentes físicos de un ordenador y otros dispositivos electrónicos.

COMPETENCIA BÁSICA TRATAMIENTO DE LA INFORMACIÓN Y COMPETENCIA DIGITAL	
DESCRIPTORES ETAPA: 3. Busca y selecciona información relevante de múltiples soportes electrónicos para la producción de textos orales y escritos, basándose en la planificación, ejecución, revisión y mejora de los textos y en la interacción de los distintos tipos de lenguaje: natural, numérico, gráfico, geométrico, icónico, etc. 4. Integra y reelabora informaciones, sólo o en equipo, utilizando esquemas, mapas conceptuales, etc. en la producción y presentación de memorias, textos, documentos, etc. en diversos formatos, tanto físicos como telemáticos.	**INDICADORES DE LOGRO O DOMINIO 1º ESO:** ❑ Elabora, almacena y recupera documentos en soporte electrónico que disponen de información textual y gráfica necesaria para realizar la tarea que está desarrollando. ❑ Extrae datos e informaciones de diferentes medios de comunicación para organizarla, interpretarla y representarla en diferentes formatos: tablas, gráficos, textos, etc.
MATERIAS	**CRITERIOS DE EVALUACIÓN 1º ESO**
LENGUA CASTELLANA Y LITERATURA	➢ Extraer informaciones concretas e identificar el propósito en textos escritos de ámbitos sociales próximos a la experiencia del alumnado, seguir instrucciones sencillas, identificar los enunciados en los que el tema general aparece explícito y distinguir las partes del texto (1º). ➢ Narrar, exponer y resumir, en soporte papel o digital, usando el registro adecuado, organizando las ideas con claridad, enlazando los enunciados en secuencias lineales cohesionadas, respetando las normas gramaticales y ortográficas y valorando la importancia de planificar y revisar el texto (1º).
L. EXTRANJERA	➢ Usar de forma guiada las tecnologías de la información y la comunicación para buscar información, producir mensajes a partir de modelos y para establecer relaciones personales, mostrando interés por su uso.
MATEMÁTICAS	➢ Estimar y calcular perímetros, áreas y ángulos de figuras planas, utilizando la unidad de medida adecuada. ➢ Organizar e interpretar informaciones diversas mediante tablas y gráficas, e identificar relaciones de dependencia en situaciones cotidianas.
MATERIAS	**CRITERIOS DE EVALUACIÓN 1º ESO**
C. SOCIALES, GEOGRAFÍA E HISTORIA	➢ Localizar lugares o espacios en un mapa utilizando datos de coordenadas geográficas y obtener información sobre el espacio representado a partir de la leyenda y la simbología, comunicando las conclusiones de forma oral o escrita.

MATERIAS	CRITERIOS DE EVALUACIÓN 1º ESO
EDUCACIÓN PLÁSTICA Y VISUAL	➢ Representar objetos e ideas de forma bi o tridimensional aplicando técnicas gráficas y plásticas y conseguir resultados concretos en función de unas intenciones en cuanto a los elementos visuales y de relación.
CIENCIAS DE LA NATURALEZA	➢ Interpretar algunos fenómenos naturales mediante la elaboración de modelos sencillos y representaciones a escala.
TECNOLOGÍA	➢ Manejar el entorno gráfico de los sistemas operativos como interfaz de comunicación con la máquina. ➢ Representar mediante vistas y perspectivas objetos y sistemas técnicos sencillos, aplicando criterios de normalización. ➢ Elaborar, almacenar y recuperar documentos en soporte electrónico que incorporen información textual y gráfica.
MÚSICA	➢ Identificar y describir, mediante el uso de distintos lenguajes (gráfico, corporal o verbal) algunos elementos y formas de organización y estructuración musical (ritmo, melodía, textura, timbre, repetición, imitación, variación) de una obra musical interpretada en vivo o grabada. ➢ Utilizar, con autonomía, algunos de los recursos tecnológicos disponibles, demostrando un conocimiento básico de las técnicas y procedimientos necesarios para grabar y reproducir música y para realizar sencillas producciones audiovisuales.

COMPETENCIA BÁSICA TRATAMIENTO DE LA INFORMACIÓN Y COMPETENCIA DIGITAL	
DESCRIPTORES ETAPA: 5. Mantiene una actitud positiva y crítica hacia el empleo de las TIC en la actividad escolar y argumenta las ventajas de la utilización de las mismas en los trabajos propios y ajenos. 6. Es consciente de la situación de desigualdad y de riesgo de exclusión social que viven determinados individuos y grupos en el acceso y utilización de las TIC, y elabora propuestas viables en la aplicación de la información para mejorar sus condiciones de vida y sus perspectivas de futuro.	**INDICADORES DE LOGRO O DOMINIO 1º ESO:** ❑ Valora la importancia de las TIC en el aprendizaje escolar y la necesidad de su utilización en los diferentes contextos en los que se desenvuelve. ❑ Participa en debates en los que expone sus opiniones sobre el cambio de rutinas y de relaciones interpersonales que se está generando con el uso de las nuevas tecnologías de la comunicación.

MATERIAS	CRITERIOS DE EVALUACIÓN 1º ESO
LENGUA CASTELLANA Y LITERATURA	➢ Exponer una opinión sobre la lectura personal de una obra adecuada a la edad; reconocer el género y la estructura global y valorar de forma general el uso del lenguaje; diferenciar contenido literal y sentido de la obra y relacionar el contenido con la propia experiencia. ➢ Utilizar los conocimientos literarios en la comprensión y la valoración de textos breves o fragmentos, atendiendo a los temas y motivos de la tradición, a las características básicas del género, a los elementos básicos del ritmo y al uso del lenguaje, con especial atención a las figuras semánticas más generales.
L. EXTRANJERA	➢ Comunicarse oralmente participando en conversaciones y en simulaciones sobre temas conocidos o trabajados previamente, utilizando las estrategias adecuadas para facilitar la continuidad de la comunicación y produciendo un discurso comprensible y adecuado a la intención de comunicación. ➢ Identificar algunos elementos culturales o geográficos propios de los países y culturas donde se habla la lengua extranjera y mostrar interés por conocerlos.
C. SOCIALES, GEOGRAFÍA E HISTORIA	➢ Identificar y explicar, algunos ejemplos de los impactos que la acción humana tiene sobre el medio natural, analizando sus causas y efectos, y aportando medidas y conductas que serían necesarias para limitarlos.
EDUCACIÓN PLÁSTICA Y VISUAL	➢ Realizar creaciones plásticas siguiendo el proceso de creación y demostrando valores de iniciativa, creatividad e imaginación.
CIENCIAS DE LA NATURALEZA.	➢ Valorar la importancia del papel protector de la atmósfera para los seres vivos, considerando las repercusiones de la actividad humana en la misma.
TECNOLOGÍA	➢ Valorar las necesidades del proceso tecnológico empleando la resolución técnica de problemas analizando su contexto, proponiendo soluciones alternativas y desarrollando la más adecuada.
EDUCACIÓN FÍSICA	➢ Identificar los hábitos higiénicos y posturales saludables relacionados con la actividad física y con la vida cotidiana.

COMPETENCIA BÁSICA TRATAMIENTO DE LA INFORMACIÓN Y COMPETENCIA DIGITAL	
DESCRIPTORES ETAPA: 7. Utiliza recursos tecnológicos para componer textos sobre problemas relevantes en de la vida real y académica, realizando propuestas de resolución alternativas, de forma racional, equitativa y solidaria. 8. Reconoce las características de la sociedad del conocimiento y valora críticamente los avances tecnológicos y los cambios que producen en las condiciones y formas de vida de los ciudadanos.	**INDICADORES DE LOGRO O DOMINIO 1º ESO:** ❑ Plantea y resuelve problemas de la vida cotidiana empleando diversos recursos tecnológicos. ❑ Presenta los trabajos realizados, individual o grupalmente, en diversos formatos, tanto materiales como telemáticos.

MATERIAS	CRITERIOS DE EVALUACIÓN 1º ESO
LENGUA CASTELLANA Y LITERATURA	➢ Aplicar los conocimientos sobre la lengua y las normas del uso lingüístico para solucionar problemas de comprensión de textos orales y escritos y para la composición y la revisión dirigida de los textos propios de este curso. ➢ Realizar narraciones orales claras y bien estructuradas de experiencias vividas, con la ayuda de medios audiovisuales y de las tecnologías de la información y la comunicación. ➢ Componer textos, en soporte papel o digital, tomando como modelo un texto literario de los leídos y comentados en el aula o realizar alguna transformación sencilla en esos textos.
L. EXTRANJERA	➢ Redactar textos breves en diferentes soportes utilizando las estructuras, las funciones y el léxico adecuados, así como algunos elementos básicos de cohesión, a partir de modelos, y respetando las reglas elementales de ortografía y de puntuación.
MATEMÁTICAS	➢ Resolver problemas para los que se precise la utilización de las cuatro operaciones con números enteros, decimales y fraccionarios, utilizando la forma de cálculo apropiada y valorando la adecuación del resultado al contexto. ➢ Utilizar estrategias y técnicas simples de resolución de problemas tales como el análisis del enunciado, el ensayo y error o la resolución de un problema más sencillo, y comprobar la solución obtenida y expresar, utilizando el lenguaje matemático adecuado a su nivel, el procedimiento que se ha seguido en la resolución. ➢ Hacer predicciones sobre la posibilidad de que un suceso ocurra a partir de información previamente obtenida de forma empírica.
C. SOCIALES, Gª E HISTORIA	➢ Realizar de forma individual y en grupo, con ayuda del profesor, un trabajo sencillo de carácter descriptivo sobre algún hecho o tema, utilizando fuentes diversas (observación, prensa, bibliografía, páginas web, etc.), seleccionando la información pertinente, integrándola en un esquema o guión y comunicando los resultados del estudio con corrección y con el vocabulario adecuado.
EDUCACIÓN PLÁSTICA Y VISUAL	➢ Elaborar y participar, activamente, en proyectos de creación visual cooperativos, como producciones videográficas o plásticas de gran tamaño, aplicando las estrategias propias y adecuadas del lenguaje visual y plástico.
TECNOLOGÍA	➢ Realizar las operaciones técnicas previstas en un plan de trabajo utilizando los recursos materiales y organizativos con criterios de economía, seguridad y respeto al medio ambiente y valorando las condiciones del entorno de trabajo. ➢ Elaborar documentos técnicos empleando recursos verbales y gráficos.

COMPETENCIA BÁSICA TRATAMIENTO DE LA INFORMACIÓN Y COMPETENCIA DIGITAL	
DESCRIPTORES ETAPA: 1. Conoce y domina básicamente el *hardware* y el *software* de los ordenadores como vehículo universal de acceso de información, y creación de conocimiento. 2. Utiliza las tecnologías y medios de información y comunicación para extraer e interrelacionar informaciones y contenidos significativos de las materias en el desarrollo de un problema de relevancia social y científica, y comunica los resultados en diferentes soportes electrónicos: textual, numérico, icónico, visual, gráfico y sonoro.	**INDICADORES DE LOGRO O DOMINIO 2º ESO:** ❑ Conoce el funcionamiento de los programas operativos de los ordenadores y los emplea para el tratamiento de la información y la elaboración de conocimientos. ❑ Utiliza las TIC para presentar y compartir su propia información y conocimientos en diferentes soportes: textual, numérico, gráfico, visual, etc.
MATERIAS	**CRITERIOS DE EVALUACIÓN 2º ESO**
LENGUA CASTELLANA Y LITERATURA	➢ Conocer una terminología lingüística básica en las actividades de reflexión sobre el uso.
L. EXTRANJERA	➢ Comprender la información general y la específica de diferentes textos escritos, adaptados y auténticos, de extensión variada, y adecuados a la edad, demostrando la comprensión a través de una actividad específica.
CIENCIAS DE LA NATURALEZA.	➢ Explicar fenómenos naturales y reproducir algunos de ellos teniendo en cuenta sus propiedades.
TECNOLOGÍA	➢ Acceder a Internet para la utilización de servicios básicos: navegación para la localización de información, correo electrónico, comunicación intergrupal y publicación de información. ➢ Identificar y conectar componentes físicos de un ordenador y otros dispositivos electrónicos.
EDUCACIÓN FÍSICA	➢ Reconocer a través de la práctica, las actividades físicas que se desarrollan en una franja de la frecuencia cardiaca beneficiosa para la salud. ➢ Crear y poner en práctica una secuencia armónica de movimientos corporales a partir de un ritmo escogido. ➢ Realizar de forma autónoma un recorrido de sendero cumpliendo normas de seguridad básicas y mostrando una actitud de respeto hacia la conservación del entorno en el que se lleva a cabo la actividad.

COMPETENCIA BÁSICA TRATAMIENTO DE LA INFORMACIÓN Y COMPETENCIA DIGITAL	
DESCRIPTORES ETAPA: 3. Busca y selecciona información relevante de múltiples soportes electrónicos para la producción de textos orales y escritos, basándose en la planificación, ejecución, revisión y mejora de los textos y en la interacción de los distintos tipos de lenguaje: natural, numérico, gráfico, geométrico, icónico, etc. 4. Integra y reelabora informaciones, sólo o en equipo, utilizando esquemas, mapas conceptuales, etc. en la producción y presentación de memorias, textos, documentos, etc. en diversos formatos, tanto físicos como telemáticos.	**INDICADORES DE LOGRO O DOMINIO 2º ESO:** ❑ Accede a Internet para la localización, obtención, procesamiento y comunicación de información relacionada con las cuestiones objeto de trabajo en el aula. ❑ Busca y selecciona información en soportes electrónicos para elaborar textos y documentos en diferentes lenguajes: verbal, numérico, gráfico, etc. y para intercambiarlos con los compañeros y compañeras de clase.

MATERIAS	CRITERIOS DE EVALUACIÓN 2º ESO
LENGUA CASTELLANA Y LITERATURA	➢ Extraer informaciones concretas e identificar el propósito en textos escritos de ámbitos sociales próximos a la experiencia del alumnado; seguir instrucciones de cierta extensión en procesos poco complejos; identificar el tema general y temas secundarios y distinguir cómo está organizada la información. ➢ Narrar, exponer, explicar, resumir y comentar, en soporte papel o digital, usando el registro adecuado, organizando las ideas con claridad, enlazando los enunciados en secuencias lineales cohesionadas, respetando las normas gramaticales y ortográficas y valorando la importancia de planificar y revisar el texto.
L. EXTRANJERA	➢ Usar de forma guiada las tecnologías de la información y la comunicación para buscar información, producir textos a partir de modelos y para establecer relaciones personales mostrando interés por su uso.
MATEMÁTICAS	➢ Estimar y calcular longitudes, áreas y volúmenes de espacios y objetos con una precisión acorde con la situación planteada y comprender los procesos de medida, expresando el resultado de la estimación o el cálculo en la unidad de medida más adecuada. ➢ Interpretar relaciones funcionales sencillas dadas en forma de tabla, gráfica, a través de una expresión algebraica o mediante un enunciado, obtener valores a partir de ellas y extraer conclusiones acerca del fenómeno estudiado. ➢ Formular las preguntas adecuadas para conocer las características de una población y recoger, organizar y presentar datos relevantes para responderlas, utilizando los métodos estadísticos apropiados y las herramientas informáticas adecuadas.
C. SOCIALES, GEOGRAFÍA E HISTORIA	➢ Situar en el tiempo y en el espacio las diversas unidades políticas y sus peculiaridades que coexistieron en la Península Ibérica durante la Edad Media, y reconocer ejemplos de la pervivencia de su legado cultural y artístico.

MATERIAS	CRITERIOS DE EVALUACIÓN 2º ESO
ED. PLÁSTICA Y VISUAL	➢ Representar objetos e ideas de forma bi o tridimensional aplicando técnicas gráficas y plásticas y conseguir resultados concretos en función de unas intenciones en cuanto a los elementos visuales y de relación.
C. DE LA NATURALEZA	➢ Interpretar los aspectos relacionados con las funciones vitales de los seres vivos a partir de distintas observaciones y experiencias realizadas.
TECNOLOGÍA	➢ Manejar el entorno gráfico de los sistemas operativos como interfaz de comunicación con la máquina. ➢ Representar mediante vistas y perspectivas objetos y sistemas técnicos sencillos, aplicando criterios de normalización. ➢ Elaborar, almacenar y recuperar documentos en soporte electrónico que incorporen información textual y gráfica.
MÚSICA	➢ Identificar y describir, mediante el uso de distintos lenguajes (gráfico, corporal o verbal) algunos elementos y formas de organización y estructuración musical (ritmo, melodía, textura, timbre, repetición, imitación, variación) de una obra musical interpretada en vivo o grabada. ➢ Utilizar, con autonomía, algunos de los recursos tecnológicos disponibles, demostrando un conocimiento básico de las técnicas y procedimientos necesarios para grabar y reproducir música y para realizar sencillas producciones audiovisuales.
EDUCACIÓN FÍSICA	➢ Reconocer a través de la práctica, las actividades físicas que se desarrollan en una franja de la frecuencia cardiaca beneficiosa para la salud. ➢ Crear y poner en práctica una secuencia armónica de movimientos corporales a partir de un ritmo escogido. ➢ Realizar de forma autónoma un recorrido de sendero cumpliendo normas de seguridad básicas y mostrando una actitud de respeto hacia la conservación del entorno en el que se lleva a cabo la actividad.

COMPETENCIA BÁSICA TRATAMIENTO DE LA INFORMACIÓN Y COMPETENCIA DIGITAL

DESCRIPTORES ETAPA:

5. Mantiene una actitud positiva y crítica hacia el empleo de las TIC en la actividad escolar y argumenta las ventajas de la utilización de las mismas en los trabajos propios y ajenos.
6. Es consciente de la situación de desigualdad y de riesgo de exclusión social que viven determinados individuos y grupos en el acceso y utilización de las TIC, y elabora propuestas viables en la aplicación de la información para mejorar sus condiciones de vida y sus perspectivas de futuro.

INDICADORES DE LOGRO O DOMINIO 2º ESO:

- ❑ Se siente una persona autónoma y responsable y con criterio propio, en la utilización de las TIC para realizar tareas escolares y en la ocupación de su tiempo de ocio.
- ❑ Valora la necesidad de uso de los sistemas tecnológicos y los efectos que producen en la vida familiar y social de las personas.

MATERIAS	CRITERIOS DE EVALUACIÓN 2º ESO
LENGUA CASTELLANA Y LITERATURA	➢ Exponer una opinión sobre la lectura personal de una obra completa adecuada a la edad; reconocer la estructura de la obra y los elementos del género; valorar el uso del lenguaje y el punto de vista del autor; diferenciar contenido literal y sentido de la obra y relacionar el contenido con la propia experiencia. ➢ Utilizar los conocimientos literarios en la comprensión y la valoración de textos breves o fragmentos, atendiendo a los temas y motivos de la tradición, a la caracterización de los subgéneros literarios, a la versificación, al uso del lenguaje y a la funcionalidad de los recursos retóricos en el texto.
L. EXTRANJERA	➢ Realizar exposiciones orales sencillas sobre temas próximos a su entorno que sean del interés del alumnado, con la ayuda de medios audiovisuales y de las tecnologías de la información y la comunicación. ➢ Identificar y poner ejemplos de algunos aspectos sociales, culturales, históricos, geográficos o literarios propios de los países donde se habla la lengua extranjera y mostrar interés por conocerlos.
EDUCACIÓN PLÁSTICA Y VISUAL	➢ Realizar creaciones plásticas siguiendo el proceso de creación y demostrando valores de iniciativa, creatividad e imaginación.
TECNOLOGÍA	➢ Valorar las necesidades del proceso tecnológico empleando la resolución técnica de problemas analizando su contexto, proponiendo soluciones alternativas y desarrollando la más adecuada.

COMPETENCIA BÁSICA TRATAMIENTO DE LA INFORMACIÓN Y COMPETENCIA DIGITAL

DESCRIPTORES ETAPA:	INDICADORES DE LOGRO O DOMINIO 2º ESO:
7. Utiliza recursos tecnológicos para componer textos sobre problemas relevantes en de la vida real y académica, realizando propuestas de resolución alternativas, de forma racional, equitativa y solidaria. 8. Reconoce las características de la sociedad del conocimiento y valora críticamente los avances tecnológicos y los cambios que producen en las condiciones y formas de vida de los ciudadanos.	❑ Realiza tareas o actividades para indagar y extraer conclusiones sobre hechos o temas de interés relacionados con la utilización de los recursos tecnológicos y sus efectos en la vida de las personas. ❑ Participa en proyectos de trabajo grupal creativos para la elaboración de informaciones y reportajes sobre la vida escolar y social, utilizando diferentes soportes técnicos propios de los medios de comunicación: prensa, radio, tv, etc.

MATERIAS	CRITERIOS DE EVALUACIÓN 2º ESO
LENGUA CASTELLANA Y LITERATURA	➢ Aplicar los conocimientos sobre la lengua y las normas del uso lingüístico para resolver problemas de comprensión de textos orales y escritos y para la composición y revisión progresivamente autónoma de los textos propios de este curso. ➢ Componer textos, en soporte papel o digital, tomando como modelo textos literarios leídos y comentados en el aula o realizar algunas transformaciones en esos textos.
L. EXTRANJERA	➢ Redactar de forma guiada textos diversos en diferentes soportes, utilizando estructuras, conectores sencillos y léxico adecuados, cuidando los aspectos formales y respetando las reglas elementales de ortografía y de puntuación para que sean comprensibles al lector y presenten una corrección aceptable.
MATEMÁTICAS	➢ Identificar relaciones de proporcionalidad numérica y geométrica y utilizarlas para resolver problemas en situaciones de la vida cotidiana. ➢ Utilizar estrategias y técnicas de resolución de problemas, tales como el análisis del enunciado, el ensayo y error sistemático, la división del problema en partes, así como la comprobación de la coherencia de la solución obtenida, y expresar, utilizando el lenguaje matemático adecuado a su nivel, el procedimiento que se ha seguido en la resolución.
EDUCACIÓN PLÁSTICA Y VISUAL	➢ Elaborar y participar, activamente, en proyectos de creación visual cooperativos, como producciones videográficas o plásticas de gran tamaño, aplicando las estrategias propias y adecuadas del lenguaje visual y plástico.
CIENCIAS DE LA NATURALEZA.	➢ Utilizar el concepto cualitativo de energía para explicar su papel en las transformaciones que tienen lugar en nuestro entorno y reconocer la importancia y repercusiones para la sociedad y el medio ambiente de las diferentes fuentes de energía renovables y no renovables. ➢ Resolver problemas aplicando los conocimientos adquiridos.

MATERIAS	CRITERIOS DE EVALUACIÓN 2º ESO
TECNOLOGÍA	➢ Realizar las operaciones técnicas previstas en un plan de trabajo utilizando los recursos materiales y organizativos con criterios de economía, seguridad y respeto al medio ambiente y valorando las condiciones del entorno de trabajo. ➢ Elaborar documentos técnicos empleando recursos verbales y gráficos.
EDUCACIÓN FÍSICA	➢ Reconocer a través de la práctica, las actividades físicas que se desarrollan en una franja de la frecuencia cardiaca beneficiosa para la salud ➢ Crear y poner en práctica una secuencia armónica de movimientos corporales a partir de un ritmo escogido. ➢ Realizar de forma autónoma un recorrido de sendero cumpliendo normas de seguridad básicas y mostrando una actitud de respeto hacia la conservación del entorno en el que se lleva a cabo la actividad.

COMPETENCIA BÁSICA TRATAMIENTO DE LA INFORMACIÓN Y COMPETENCIA DIGITAL	
DESCRIPTORES ETAPA: 1. Conoce y domina básicamente el *hardware* y el *software* de los ordenadores como vehículo universal de acceso de información, y creación de conocimiento. 2. Utiliza las tecnologías y medios de información y comunicación para extraer e interrelacionar informaciones y contenidos significativos de las materias en el desarrollo de un problema de relevancia social y científica, y comunica los resultados en diferentes soportes electrónicos: textual, numérico, icónico, visual, gráfico y sonoro.	**INDICADORES DE LOGRO O DOMINIO 3º ESO:** ❑ Conoce el funcionamiento del *hardware* y el *software* de los ordenadores y los utiliza para acceder a la información y elaborar conocimientos. ❑ Sabe instalar y configurar aplicaciones informáticas e interconectar dispositivos móviles e inalámbricos o cableados para intercambiar información y datos.
MATERIAS	**CRITERIOS DE EVALUACIÓN 3º ESO**
LENGUA CASTELLANA Y LITERATURA	➢ Entender instrucciones y normas dadas oralmente; extraer ideas generales e informaciones específicas de reportajes y entrevistas, seguir el desarrollo de presentaciones breves relacionadas con temas académicos y plasmarlo en forma de esquema y resumen. ➢ Conocer la terminología lingüística necesaria para la reflexión sobre el uso.
L. EXTRANJERA	➢ Comprender la información general y específica, la idea principal y algunos detalles relevantes de textos orales sobre temas concretos y conocidos, y de mensajes sencillos emitidos con claridad por medios audiovisuales.
C. SOCIALES, Gª E HISTORIA	➢ Describir las transformaciones que en los campos de las tecnologías, la organización empresarial y la localización se están produciendo en las actividades, espacios y paisajes industriales, localizando y caracterizando los principales centros de producción en el mundo y en España y analizando las relaciones de intercambio que se establecen entre países y zonas.
BIOLOGÍA/GEOLOGÍA	➢ Identificar los factores sociales que repercuten negativamente en la salud, como el estrés y el consumo de sustancias adictivas.
EDUCACIÓN PLÁSTICAS Y VISUAL	➢ Identificar los elementos constitutivos esenciales (configuraciones estructurales, variaciones cromáticas, orientación espacial y textura) de objetos y/o aspectos de la realidad.
TECNOLOGÍA	➢ Describir propiedades básicas de materiales técnicos y sus variedades comerciales: madera, metales, materiales plásticos, cerámicos y pétreos. Identificarlos en aplicaciones comunes y emplear técnicas básicas de conformación, unión y acabado.
INFORMÁTICA	➢ Instalar y configurar aplicaciones y desarrollar técnicas que permitan asegurar sistemas informáticos interconectados. ➢ Interconectar dispositivos móviles e inalámbricos o cableados para intercambiar información y datos.

<table>
<tr><th colspan="2">COMPETENCIA BÁSICA TRATAMIENTO DE LA INFORMACIÓN Y COMPETENCIA DIGITAL</th></tr>
<tr><td>DESCRIPTORES ETAPA:
3. Busca y selecciona información relevante de múltiples soportes electrónicos para la producción de textos orales y escritos, basándose en la planificación, ejecución, revisión y mejora de los textos y en la interacción de los distintos tipos de lenguaje: natural, numérico, gráfico, geométrico, icónico, etc.
4. Integra y reelabora informaciones, sólo o en equipo, utilizando esquemas, mapas conceptuales, etc. en la producción y presentación de memorias, textos, documentos, etc. en diversos formatos, tanto físicos como telemáticos.</td><td>INDICADORES DE LOGRO O DOMINIO 3º ESO:
❑ Accede a Internet de forma autónoma para la utilización de servicios básicos: navegación para la localización de información, correo electrónico, comunicación intergrupal, etc.
❑ Usa las TIC de forma autónoma para buscar, recopilar e interpretar información y producir documentos en soporte electrónico en formato textual y gráfico.</td></tr>
<tr><th>MATERIAS</th><th>CRITERIOS DE EVALUACIÓN 3º ESO</th></tr>
<tr><td>LENGUA CASTELLANA Y LITERATURA</td><td>➢ Extraer y contrastar informaciones concretas e identificar el propósito en los textos escritos más usados para actuar como miembros de la sociedad; seguir instrucciones en ámbitos públicos y en procesos de aprendizaje de cierta complejidad; inferir el tema general y temas secundarios; distinguir cómo se organiza la información.</td></tr>
<tr><td>L. EXTRANJERA</td><td>➢ Comprender la información general y todos los datos relevantes de textos escritos auténticos y adaptados, de extensión variada, diferenciando hechos y opiniones e identificando en su caso, la intención comunicativa del autor.
➢ Usar las tecnologías de la información y la comunicación de forma progresivamente autónoma para buscar información, producir textos a partir de modelos, enviar y recibir mensajes de correo electrónico, y para establecer relaciones personales orales y escritas, mostrando interés por su uso.</td></tr>
<tr><td>MATEMÁTICAS</td><td>➢ Utilizar los números racionales, sus operaciones y propiedades, para recoger, transformar e intercambiar información y resolver problemas relacionados con la vida diaria.
➢ Reconocer las transformaciones que llevan de una figura geométrica a otra mediante los movimientos en el plano y utilizar dichos movimientos para crear sus propias composiciones y analizar, desde un punto de vista geométrico, diseños cotidianos, obras de arte y configuraciones presentes en la naturaleza.
➢ Utilizar modelos lineales para estudiar diferentes situaciones reales expresadas mediante un enunciado, una tabla, una gráfica o una expresión algebraica.
➢ Elaborar e interpretar informaciones estadísticas teniendo en cuenta la adecuación de las tablas y gráficas empleadas, y analizar si los parámetros son más o menos significativos.</td></tr>
</table>

MATERIAS	CRITERIOS DE EVALUACIÓN 3º ESO
C. SOCIALES, Gª E HISTORIA	➢ Identificar los principales agentes e instituciones económicas así como las funciones que desempeñan en el marco de una economía cada vez más interdependiente, y aplicar este conocimiento al análisis y valoración de algunas realidades económicas actuales. ➢ Utilizar fuentes diversas (gráficos, croquis, mapas temáticos, bases de datos, imágenes, fuentes escritas) para obtener, relacionar y procesar información sobre hechos sociales y comunicar las conclusiones de forma organizada e inteligible empleando para ello las posibilidades que ofrecen las tecnologías de la información y la comunicación.
EDUCACIÓN PARA LA CIUDADANÍA	➢ Utilizar diferentes fuentes de información y considerar las distintas posiciones y alternativas existentes en los debates que se planteen sobre problemas y situaciones de carácter local o global. ➢ Identificar las características de la globalización y el papel que juegan en ella los medios de comunicación, reconocer las relaciones que existen entre la sociedad en la que vive y la vida de las personas de otras partes del mundo.
EDUCACIÓN PLÁSTICA Y VISUAL	➢ Representar objetos e ideas de forma bi o tridimensional aplicando técnicas gráficas y plásticas y conseguir resultados concretos en función de unas intenciones en cuanto a los elementos visuales (luz, sombra, textura) y de relación. ➢ Diferenciar y reconocer los procesos, técnicas, estrategias y materiales en imágenes del entorno audiovisual y multimedia.
BIOLOGÍA Y GEOLOGÍA	➢ Recopilar información procedente de diversas fuentes documentales acerca de la influencia de las actuaciones humanas sobre los ecosistemas: efectos de la contaminación, desertización, disminución de la capa de ozono, agotamiento de recursos y extinción de especies.
FÍSICA Y QUÍMICA	➢ Determinar los rasgos distintivos del trabajo científico a través del análisis contrastado de algún problema científico o tecnológico de actualidad, así como su influencia sobre la calidad de vida de las personas.
TECNOLOGÍA	➢ Identificar y conectar componentes físicos de un ordenador y otros dispositivos electrónicos. Manejar el entorno gráfico de los sistemas operativos como interfaz de comunicación con la máquina. ➢ Representar mediante vistas y perspectivas objetos y sistemas técnicos sencillos, aplicando criterios de normalización. ➢ Elaborar, almacenar y recuperar documentos en soporte electrónico que incorporen información textual y gráfica. ➢ Acceder a Internet para la utilización de servicios básicos: navegación para la localización de información, correo electrónico, comunicación intergrupal y publicación de información.
MÚSICA	➢ Utilizar, con autonomía, algunos de los recursos tecnológicos disponibles, demostrando un conocimiento básico de las técnicas y procedimientos necesarios para grabar y reproducir música y para realizar sencillas producciones audiovisuales. ➢ Elaborar un arreglo para una canción o una pieza instrumental utilizando apropiadamente una serie de elementos dados.
INFORMÁTICA	➢ Obtener imágenes fotográficas, aplicar técnicas de edición digital a las mismas y diferenciarlas de las imágenes generadas por ordenador. ➢ Capturar, editar y montar fragmentos de vídeo con audio. ➢ Desarrollar contenidos para la red aplicando estándares de accesibilidad en la publicación de la información.

MATERIAS	CRITERIOS DE EVALUACIÓN 3º ESO
EDUCACIÓN FÍSICA	➢ Relacionar las actividades físicas con los efectos que producen en los diferentes aparatos y sistemas del cuerpo humano, especialmente con aquéllos que son más relevantes para la salud. ➢ Incrementar los niveles de resistencia aeróbica, flexibilidad y fuerza resistencia a partir del nivel inicial, participando en la selección de las actividades y ejercicios en función de los métodos de entrenamiento propios de cada capacidad. ➢ Reflexionar sobre la importancia que tiene para la salud una alimentación equilibrada a partir del cálculo de la ingesta y el gasto calórico, en base a las raciones diarias de cada grupo de alimentos y de las actividades diarias realizadas. ➢ Completar una actividad de orientación, preferentemente en el medio natural, con la ayuda de un mapa y respetando las normas de seguridad.

COMPETENCIA BÁSICA TRATAMIENTO DE LA INFORMACIÓN Y COMPETENCIA DIGITAL	
DESCRIPTORES ETAPA: 5. Mantiene una actitud positiva y crítica hacia el empleo de las TIC en la actividad escolar y argumenta las ventajas de la utilización de las mismas en los trabajos propios y ajenos. 6. Es consciente de la situación de desigualdad y de riesgo de exclusión social que viven determinados individuos y grupos en el acceso y utilización de las TIC, y elabora propuestas viables en la aplicación de la información para mejorar sus condiciones de vida y sus perspectivas de futuro.	**INDICADORES DE LOGRO O DOMINIO 3º ESO:** ❑ Toma conciencia de las dificultades que presentan determinados grupos sociales en el acceso a las TIC y de los efectos negativos en su desarrollo personal y social y adopta una actitud positiva en su uso. ❑ Mantiene una postura crítica ante los avances de las tecnologías de la información y la comunicación y la mejora de la calidad de vida que generan en las personas y en la sociedad en general.
MATERIAS	**CRITERIOS DE EVALUACIÓN 3º ESO**
L. CASTELLANA Y LITERATURA	➢ Utilizar los conocimientos literarios en la comprensión y la valoración de textos breves o fragmentos, atendiendo a la presencia de ciertos temas recurrentes, al valor simbólico del lenguaje poético y a la evolución de los géneros, de las formas literarias y de los estilos.
L. EXTRANJERA	➢ Identificar los aspectos culturales más relevantes de los países donde se habla la lengua extranjera, señalar las características más significativas de las costumbres, normas, actitudes y valores de la sociedad cuya lengua se estudia, y mostrar una valoración positiva de patrones culturales distintos a los propios.
C. S. G.A E HISTORIA	➢ Analizar indicadores socioeconómicos de diferentes países y utilizar ese conocimiento para reconocer desequilibrios territoriales en la distribución de los recursos, explicando algunas de sus consecuencias y mostrando sensibilidad ante las desigualdades.
ED. LA CIUDADANÍA	➢ Identificar los principales servicios públicos que deben garantizar las administraciones, reconocer la contribución de los ciudadanos y ciudadanas en su mantenimiento y mostrar, ante situaciones de la vida cotidiana, actitudes cívicas relativas al cuidado del entorno, la seguridad vial, la protección civil y el consumo responsable. ➢ Identificar algunos de los rasgos de las sociedades actuales (desigualdad, pluralidad cultural, compleja convivencia urbana, etc.) y desarrollar actitudes responsables que contribuyan a su mejora.
ED. PLÁSTICA Y VISUAL	➢ Diferenciar los distintos estilos y tendencias de las artes visuales a través del tiempo y atendiendo a la diversidad cultural.

MATERIAS	CRITERIOS DE EVALUACIÓN 3º ESO
MATEMÁTICAS	➢ Planificar y utilizar estrategias y técnicas de resolución de problemas tales como el recuento exhaustivo, la inducción o la búsqueda de problemas afines y comprobar el ajuste de la solución a la situación planteada y expresar verbalmente con precisión, razonamientos, relaciones cuantitativas, e informaciones que incorporen elementos matemáticos, valorando la utilidad y simplicidad del lenguaje matemático para ello.
BIOLOGÍA Y GEOLOGÍA	➢ Reconocer que en la salud influyen aspectos físicos, psicológicos y sociales, y valorar la importancia de los estilos de vida para prevenir enfermedades y mejorar la calidad de vida, así como las continuas aportaciones de las ciencias biomédicas.
FÍSICA Y QUÍMICA	➢ Producir e interpretar fenómenos electrostáticos cotidianos, valorando las repercusiones de la electricidad en el desarrollo científico y tecnológico y en las condiciones de vida de las personas.
TECNOLOGÍA	➢ Realizar las operaciones técnicas previstas en un plan de trabajo utilizando los recursos materiales y organizativos con criterios de economía, seguridad y respeto al medio ambiente y valorando las condiciones del entorno de trabajo. ➢ Valorar los efectos de la energía eléctrica y su capacidad de conversión en otras manifestaciones energéticas. Utilizar correctamente instrumentos de medida de magnitudes eléctricas básicas. Diseñar y simular circuitos con simbología adecuada y montar circuitos formados por operadores elementales.
INFORMÁTICA	➢ Participar activamente en redes sociales virtuales como emisores y receptores de información e iniciativas comunes. ➢ Identificar los modelos de distribución de *software* y contenidos y adoptar actitudes coherentes con los mismos.

COMPETENCIA BÁSICA TRATAMIENTO DE LA INFORMACIÓN Y COMPETENCIA DIGITAL

DESCRIPTORES ETAPA:

7. Utiliza recursos tecnológicos para componer textos sobre problemas relevantes en de la vida real y académica, realizando propuestas de resolución alternativas, de forma racional, equitativa y solidaria.
8. Reconoce las características de la sociedad del conocimiento y valora críticamente los avances tecnológicos y los cambios que producen en las condiciones y formas de vida de los ciudadanos.

INDICADORES DE LOGRO O DOMINIO 3º ESO:

- ❑ Diseña y elabora presentaciones sobre tareas realizadas de cuestiones de interés escolar y social, con objeto de apoyar el discurso oral y escrito en la exposición de ideas, opiniones y propuestas de mejora.
- ❑ Fortalece el pensamiento crítico participando activamente en redes sociales virtuales como emisor y receptor de información e iniciativas colectivas.

MATERIAS	CRITERIOS DE EVALUACIÓN 3º ESO
LENGUA CASTELLANA Y LITERATURA	➢ Aplicar los conocimientos sobre la lengua y las normas del uso lingüístico para resolver problemas de comprensión de textos orales y escritos y para la composición y revisión progresivamente autónoma de los textos propios de este curso.
MATEMÁTICAS	➢ Resolver problemas de la vida cotidiana en los que se precise el planteamiento y resolución de ecuaciones de primer y segundo grado o de sistemas de ecuaciones lineales con dos incógnitas.
C. SOCIALES, Gª E HISTORIA	➢ Describir algún caso que muestre las consecuencias medioambientales de las actividades económicas y los comportamientos individuales, discriminando las formas de desarrollo sostenible de las que son nocivas para el medio ambiente y aportando algún ejemplo de los acuerdos y políticas internacionales para frenar su deterioro.
EDUCACIÓN PARA LA CIUDADANÍA	➢ Reconocer la existencia de conflictos y el papel que desempeñan en los mismos las organizaciones internacionales y las fuerzas de pacificación. Valorar la importancia de las leyes y la participación humanitaria para paliar las consecuencias de los conflictos.
EDUCACIÓN PLÁSTICA Y VISUAL	➢ Elaborar y participar, activamente, en proyectos de creación visual cooperativos, como producciones videográficas o plásticas de gran tamaño, aplicando las estrategias propias y adecuadas del lenguaje visual y plástico. ➢ Realizar creaciones plásticas siguiendo el proceso de creación y demostrando valores de iniciativa, creatividad e imaginación.
CIENCIAS DE LA NATURALEZA: GEOLOGÍA Y BIOLOGÍA	➢ Analizar información sobre la influencia de las actuaciones humanas en los ecosistemas y argumentar posibles actuaciones para evitar el deterioro del medio ambiente y promover una gestión más racional de los recursos naturales.

MATERIAS	CRITERIOS DE EVALUACIÓN 3º ESO
TECNOLOGÍA	➢ Valorar las necesidades del proceso tecnológico empleando la resolución técnica de problemas analizando su contexto, proponiendo soluciones alternativas y desarrollando la más adecuada. Elaborar documentos técnicos empleando recursos verbales y gráficos.
INFORMÁTICA	➢ Diseñar y elaborar presentaciones destinadas a apoyar el discurso verbal en la exposición de ideas y proyectos.
EDUCACIÓN FÍSICA	➢ Relacionar las actividades físicas con los efectos que producen en los diferentes aparatos y sistemas del cuerpo humano, especialmente con aquéllos que son más relevantes para la salud. ➢ Incrementar los niveles de resistencia aeróbica, flexibilidad y fuerza resistencia a partir del nivel inicial, participando en la selección de las actividades y ejercicios en función de los métodos de entrenamiento propios de cada capacidad. ➢ Reflexionar sobre la importancia que tiene para la salud una alimentación equilibrada a partir del cálculo de la ingesta y el gasto calórico, en base a las raciones diarias de cada grupo de alimentos y de las actividades diarias realizadas. ➢ Completar una actividad de orientación, preferentemente en el medio natural, con la ayuda de un mapa y respetando las normas de seguridad.

COMPETENCIA BÁSICA TRATAMIENTO DE LA INFORMACIÓN Y COMPETENCIA DIGITAL

DESCRIPTORES ETAPA / INDICADORES DE LOGRO O DOMINIO 4º ESO:

1. Conoce y domina básicamente el *hardware* y el *software* de los ordenadores como vehículo universal de acceso de información, y creación de conocimiento.
2. Utiliza las tecnologías y medios de información y comunicación para extraer e interrelacionar informaciones y contenidos significativos de las materias en el desarrollo de un problema de relevancia social y científica, y comunica los resultados en diferentes soportes electrónicos: textual, numérico, icónico, visual, gráfico y sonoro.

MATERIAS	CRITERIOS DE EVALUACIÓN 4º ESO
LENGUA CASTELLANA Y LITERATURA	➢ Entender instrucciones y normas dadas oralmente; extraer ideas generales e informaciones específicas de reportajes y entrevistas, seguir el desarrollo de presentaciones breves relacionadas con temas académicos y plasmarlo en forma de esquema y resumen. ➢ Conocer la terminología lingüística necesaria para la reflexión sobre el uso.
L. EXTRANJERA	➢ Comprender la información general y específica, la idea principal y los detalles más relevantes de textos orales emitidos en situaciones de comunicación interpersonal o por los medios audiovisuales, sobre temas que no exijan conocimientos especializados.
C. SOCIALES, Gª E HISTORIA	➢ Identificar y caracterizar las distintas etapas de la evolución política y económica de España durante el siglo XX y los avances y retrocesos hasta lograr la modernización económica, la consolidación del sistema democrático y la pertenencia a la Unión Europea.
EDUCACIÓN ÉTICO-CÍVICA	➢ Descubrir sus sentimientos en las relaciones interpersonales, razonar las motivaciones de sus conductas y elecciones y practicar el diálogo en las situaciones de conflicto.
LATÍN	➢ Identificar componentes de origen grecolatino en palabras del lenguaje cotidiano y en el vocabulario específico de las ciencias y de la técnica, y explicar su sentido etimológico.
BIOLOGÍA/ GEOLOGÍA	➢ Identificar y describir hechos que muestren a la Tierra como un planeta cambiante y registrar algunos de los cambios más notables de su larga historia utilizando modelos temporales a escala.
ED. PLÁSTICAS Y VISUAL	➢ Reconocer y leer imágenes, obras y objetos de los entornos visuales (obras de arte, diseño, multimedia, etc.).
TECNOLOGÍA	➢ Describir el funcionamiento y la aplicación de un circuito electrónico y sus componentes elementales y realizar el montaje de circuitos electrónicos previamente diseñados con una finalidad utilizando simbología adecuada.

COMPETENCIA BÁSICA TRATAMIENTO DE LA INFORMACIÓN Y COMPETENCIA DIGITAL

DESCRIPTORES ETAPA / INDICADORES DE LOGRO O DOMINIO 4º ESO:

3. Busca y selecciona información relevante de múltiples soportes electrónicos para la producción de textos orales y escritos, basándose en la planificación, ejecución, revisión y mejora de los textos y en la interacción de los distintos tipos de lenguaje: natural, numérico, gráfico, geométrico, icónico, etc.
4. Integra y reelabora informaciones, sólo o en equipo, utilizando esquemas, mapas conceptuales, etc. en la producción y presentación de memorias, textos, documentos, etc. en diversos formatos, tanto físicos como telemáticos.

MATERIAS	CRITERIOS DE EVALUACIÓN 4º ESO	
LENGUA CASTELLANA Y LITERATURA	➢ Extraer y contrastar informaciones concretas e identificar el propósito en los textos escritos más usados para actuar como miembros de la sociedad; seguir instrucciones en ámbitos públicos y en procesos de aprendizaje de cierta complejidad; inferir el tema general y temas secundarios; distinguir cómo se organiza la información.	
L. EXTRANJERA	➢ Comprender la información general y específica de diversos textos escritos auténticos y adaptados, y de extensión variada, identificando datos, opiniones, argumentos, informaciones implícitas e intención comunicativa del autor. ➢ Usar las tecnologías de la información y la comunicación con cierta autonomía para buscar información, producir textos a partir de modelos, enviar y recibir mensajes de correo electrónico y para establecer relaciones personales orales y escritas, mostrando interés por su uso.	
MATEMÁTICAS	**OPCIÓN "A"**	**OPCIÓN "B"**
	➢ Utilizar los distintos tipos de números y operaciones, junto con sus propiedades, para recoger, transformar e intercambiar información y resolver problemas relacionados con la vida diaria. ➢ Aplicar porcentajes y tasas a la resolución de problemas cotidianos y financieros, valorando la oportunidad de utilizar la hoja de cálculo en función de la cantidad y complejidad de los números. ➢ Utilizar instrumentos, fórmulas y técnicas apropiadas para obtener medidas directas e indirectas en situaciones reales. ➢ Analizar tablas y gráficas que representen relaciones funcionales asociadas a situaciones reales para obtener información sobre su comportamiento. ➢ Elaborar e interpretar tablas y gráficos estadísticos, así como los parámetros estadísticos más usuales correspondientes a distribuciones discretas y continuas, y valorar cualitativamente la representatividad de las muestras utilizadas.	➢ Utilizar los distintos tipos de números y operaciones, junto con sus propiedades, para recoger, transformar e intercambiar información y resolver problemas relacionados con la vida diaria y otras materias del ámbito académico. ➢ Representar y analizar situaciones y estructuras matemáticas utilizando símbolos y métodos algebraicos para resolver problemas. ➢ Identificar relaciones cuantitativas en una situación y determinar el tipo de función que puede representarlas, y aproximar e interpretar la tasa de variación media a partir de una gráfica, de datos numéricos o mediante el estudio de los coeficientes de la expresión algebraica. ➢ Elaborar e interpretar tablas y gráficos estadísticos, así como los parámetros estadísticos más usuales en distribuciones unidimensionales y valorar cualitativamente la representatividad de las muestras utilizadas.

MATERIAS	CRITERIOS DE EVALUACIÓN 4º ESO
C. SOCIALES, Gª E HISTORIA	➢ Identificar las causas y consecuencias de hechos y procesos históricos significativos estableciendo conexiones entre ellas y reconociendo la causalidad múltiple que comportan los hechos sociales.
EDUCACIÓN ÉTICO-CÍVICA	➢ Distinguir igualdad y diversidad y las causas y factores de discriminación. Analizar el camino recorrido hacia la igualdad de derechos de las mujeres.
LATÍN	➢ Resumir el contenido de textos traducidos de autores clásicos y modernos e identificar en ellos aspectos históricos o culturales.
EDUCACIÓN PLÁSTICA Y VISUAL	➢ Utilizar recursos informáticos y las tecnologías de la información y la comunicación en el campo de la imagen fotográfica, el diseño gráfico, el dibujo asistido por ordenador y la edición videográfica. ➢ Elaborar obras multimedia y producciones videográficas utilizando las técnicas adecuadas al medio.
C. NATURALEZA: FÍSICA Y QUÍMICA	➢ Aplicar el principio de conservación de la energía a la comprensión de las transformaciones energéticas de la vida diaria, reconocer el trabajo y el calor como formas de transferencia de energía y analizar los problemas asociados a la obtención y uso de las diferentes fuentes de energía empleadas para producirlos.
TECNOLOGÍA	➢ Analizar y describir los elementos y sistemas de comunicación alámbrica e inalámbrica y los principios básicos que rigen su funcionamiento. ➢ Desarrollar un programa para controlar un sistema automático o un robot y su funcionamiento de forma autónoma en función de la realimentación que reciba del entorno.
MÚSICA	➢ Explicar algunas de las funciones que cumple la música en la vida de las personas y en la sociedad. ➢ Analizar diferentes piezas musicales ➢ Elaborar un arreglo para una pieza musical a partir de la transformación de distintos parámetros (timbre, número de voces, forma, etc.) en un fichero MIDI, utilizando un secuenciador o un editor de partituras.
EDUCACIÓN FÍSICA	➢ Utilizar los tipos de respiración y las técnicas y métodos de relajación como medio para la reducción de desequilibrios y el alivio de tensiones producidas en la vida cotidiana.

COMPETENCIA BÁSICA TRATAMIENTO DE LA INFORMACIÓN Y COMPETENCIA DIGITAL

DESCRIPTORES ETAPA / INDICADORES DE LOGRO O DOMINIO 4º ESO:

5. Mantiene una actitud positiva y crítica hacia el empleo de las TIC en la actividad escolar y argumenta las ventajas de la utilización de las mismas en los trabajos propios y ajenos.
6. Es consciente de la situación de desigualdad y de riesgo de exclusión social que viven determinados individuos y grupos en el acceso y utilización de las TIC, y elabora propuestas viables en la aplicación de la información para mejorar sus condiciones de vida y sus perspectivas de futuro.

MATERIAS	CRITERIOS DE EVALUACIÓN 4º ESO
LENGUA CASTELLANA Y LITERATURA	➢ Utilizar los conocimientos literarios en la comprensión y la valoración de textos breves o fragmentos, atendiendo a la presencia de ciertos temas recurrentes, al valor simbólico del lenguaje poético y a la evolución de los géneros, de las formas literarias y de los estilos.
L. EXTRANJERA	➢ Identificar y describir los aspectos culturales más relevantes de los países donde se habla la lengua extranjera y establecer algunas relaciones entre las características más significativas de las costumbres, usos, actitudes y valores de la sociedad cuya lengua se estudia y la propia y mostrar respeto hacia los mismos.
LATÍN	➢ Distinguir en las diversas manifestaciones literarias y artísticas de todos los tiempos la mitología clásica como fuente de inspiración y reconocer en el patrimonio arqueológico las huellas de la romanización.
CIENCIAS SOCIALES, GEOGRAFÍA E HISTORIA	➢ Identificar los rasgos fundamentales de los procesos de industrialización y modernización económica y de las revoluciones liberales burguesas, valorando los cambios económicos, sociales y políticos que supusieron, identificando las peculiaridades de estos procesos en España.
EDUCACIÓN ÉTICO-CÍVICA	➢ Reconocer la existencia de conflictos y el papel que desempeñan en los mismos las organizaciones internacionales y las fuerzas de pacificación. Valorar la cultura de la paz, la importancia de las leyes y la participación humanitaria para paliar las consecuencias de los conflictos.
ED. PLÁSTICA Y VISUAL	➢ Tomar decisiones especificando los objetivos y las dificultades, proponiendo diversas opciones y evaluar cual la mejor solución.
MATEMÁTICAS	➢ **OPCIÓN "A:** Planificar y utilizar procesos de razonamiento y estrategias diversas y útiles para la resolución de problemas, y expresar verbalmente con precisión, razonamientos, relaciones cuantitativas e informaciones que incorporen elementos matemáticos, valorando la utilidad y simplicidad del lenguaje matemático para ello.
TECNOLOGÍA	➢ Describir los elementos que componen las distintas instalaciones de una vivienda y las normas que regulan su diseño y utilización. Realizar diseños sencillos empleando la simbología adecuada y montaje de circuitos básicos y valorar las condiciones que contribuyen al ahorro energético, habitabilidad y estética en una vivienda.

COMPETENCIA BÁSICA TRATAMIENTO DE LA INFORMACIÓN Y COMPETENCIA DIGITAL		
DESCRIPTORES ETAPA / INDICADORES DE LOGRO O DOMINIO 4º ESO: 7. Utiliza recursos tecnológicos para componer textos sobre problemas relevantes en de la vida real y académica, realizando propuestas de resolución alternativas, de forma racional, equitativa y solidaria. 8. Reconoce las características de la sociedad del conocimiento y valora críticamente los avances tecnológicos y los cambios que producen en las condiciones y formas de vida de los ciudadanos.		
MATERIAS	**CRITERIOS DE EVALUACIÓN 4º ESO**	
LENGUA CASTELLANA Y LITERATURA	➢ Aplicar los conocimientos sobre la lengua y las normas del uso lingüístico para resolver problemas de comprensión de textos orales y escritos y para la composición y revisión progresivamente autónoma de los textos propios de este curso.	
MATEMÁTICAS	**OPCIÓN "A"**	**OPCIÓN "B"**
	➢ Resolver problemas de la vida cotidiana en los que se precise el planteamiento y resolución de ecuaciones de primer y segundo grado o de sistemas de ecuaciones lineales con dos incógnitas. ➢ Aplicar los conceptos y técnicas de cálculo de probabilidades para resolver diferentes situaciones y problemas de la vida cotidiana.	➢ Aplicar los conceptos y técnicas de cálculo de probabilidades para resolver diferentes situaciones y problemas de la vida cotidiana. ➢ Planificar y utilizar procesos de razonamiento y estrategias de resolución de problemas tales como la emisión y justificación de hipótesis o la generalización, y expresar verbalmente, con precisión y rigor, razonamientos, relaciones cuantitativas e informaciones que incorporen elementos matemáticos, valorando la utilidad y simplicidad del lenguaje matemático para ello.
C. SOCIALES, Gª E HISTORIA	➢ Caracterizar y situar en el tiempo y en el espacio las grandes transformaciones y conflictos mundiales que han tenido lugar en el siglo XX y aplicar este conocimiento a la comprensión de algunos de los problemas internacionales más destacados de la actualidad. ➢ Realizar trabajos individuales y en grupo sobre algún foco de tensión política o social en el mundo actual, indagando sus antecedentes históricos, analizando las causas y planteando posibles desenlaces, utilizando fuentes de información, pertinentes, incluidas algunas que ofrezcan interpretaciones diferentes o complementarias de un mismo hecho.	
EDUCACIÓN ÉTICO-CÍVICA	➢ Analizar las causas que provocan los principales problemas sociales del mundo actual, utilizando de forma crítica la información que proporcionan los medios de comunicación e identificar soluciones comprometidas con la defensa de formas de vida más justas.	

MATERIAS	CRITERIOS DE EVALUACIÓN 4º ESO
EDUCACIÓN PLÁSTICA Y VISUAL	➢ Colaborar en la realización de proyectos plásticos que comportan una organización de forma cooperativa. ➢ Realizar obras plásticas experimentando y utilizando diversidad de técnicas de expresión gráfico-plástica (dibujo artístico, volumen, pintura, grabado).
GEOLOGÍA Y BIOLOGÍA	➢ Explicar cómo se produce la transferencia de materia y energía a largo de una cadena o red trófica concreta y deducir las consecuencias prácticas en la gestión sostenible de algunos recursos por parte del ser humano.
FÍSICA Y QUÍMICA	➢ Analizar los problemas y desafíos, estrechamente relacionados, a los que se enfrenta la humanidad en relación con la situación de la Tierra, reconocer la responsabilidad de la ciencia y la tecnología y la necesidad de su implicación para resolverlos y avanzar hacia el logro de un futuro sostenible.

REGISTRO DEL NIVEL DE LOGRO DESARROLLADO EN LA COMPETENCIA BÁSICA												
Alumno/a:	**Curso: 1º de la ESO**											
CC. BB. TRATAMIENTO DE LA INFORMACIÓN Y COMPETENCIA DIGITAL	**APRECIACIÓN DEL NIVEL DE LOGRO:**											
INDICADORES DE LOGRO:	**1º TRIM.**				**2º TRIM.**				**3º TRIM.**			
	1	**2**	**3**	**V**	**1**	**2**	**3**	**V**	**1**	**2**	**3**	**V**
1. Conoce básicamente el funcionamiento de los programas operativos de los ordenadores y sabe conectar los componentes físicos de un ordenador con otros dispositivos electrónicos.												
2. Accede a las TIC con autonomía para la localización y descripción de hechos o informaciones relevantes sobre las cuestiones objeto de estudio o trabajo.												
3. Elabora, almacena y recupera documentos en soporte electrónico, que disponen de información textual y gráfica necesaria para realizar la tarea que está desarrollando.												
4. Extrae datos e informaciones de diferentes medios de comunicación para organizarla, interpretarla y representarla en diferentes formatos: tablas, gráficos, textos, etc.												
5. Valora la importancia de las TIC en el aprendizaje escolar y la necesidad de su utilización en los diferentes contextos en los que se desenvuelve												
6. Participa en debates en los que expone sus opiniones sobre el cambio de rutinas y de relaciones interpersonales que se está generando con el uso de las nuevas tecnologías de la comunicación.												
7. Plantea y resuelve problemas de la vida cotidiana empleando diversos recursos tecnológicos.												
8. Presenta los trabajos realizados, individual o grupalmente, en diversos formatos, tanto materiales como telemáticos												

REGISTRO DEL NIVEL DE LOGRO DESARROLLADO EN LA COMPETENCIA BÁSICA												
Alumno/a:	**Curso: 2º de la ESO**											
CC. BB. TRATAMIENTO DE LA INFORMACIÓN Y COMPETENCIA DIGITAL	**APRECIACIÓN DEL NIVEL DE LOGRO:**											
INDICADORES DE LOGRO:	**1º TRIM.**				**2º TRIM.**				**3º TRIM.**			
	1	**2**	**3**	**V**	**1**	**2**	**3**	**V**	**1**	**2**	**3**	**V**
1. Conoce el funcionamiento de los programas operativos de los ordenadores y los emplea para el tratamiento de la información y la elaboración de conocimientos.												
2. Utiliza las TIC para presentar y compartir su propia información y conocimientos en diferentes soportes: textual, numérico, gráfico, visual, etc.												
3. Accede a Internet para la localización, obtención, procesamiento y comunicación de información relacionada con las cuestiones objeto de trabajo en el aula.												
4. Busca y selecciona información en soportes electrónicos para elaborar textos y documentos en diferentes lenguajes: verbal, numérico, gráfico, etc. y para intercambiarlos con los compañeros y compañeras de clase.												
5. Se siente una persona autónoma, responsable y con criterio propio, en la utilización de las TIC para realizar las tareas escolares y en la ocupación de su tiempo de ocio.												
6. Valora la necesidad de uso de los sistemas tecnológicos y los efectos que producen en la vida familiar y social de las personas												
7. Realiza tareas o actividades para indagar y extraer conclusiones sobre hechos o temas de interés relacionados con la utilización de los recursos tecnológicos y sus efectos en la vida de las personas.												
8. Participa en proyectos de trabajo grupal creativos para la elaboración de informaciones y reportajes sobre la vida escolar y social, utilizando diferentes soportes técnicos propios de los medios de comunicación: prensa, radio, tv, etc.												

REGISTRO DEL NIVEL DE LOGRO DESARROLLADO EN LA COMPETENCIA BÁSICA												
Alumno/a:	**Curso: 3º de la ESO**											
CC. BB. TRATAMIENTO DE LA INFORMACIÓN Y COMPETENCIA DIGITAL	**APRECIACIÓN DEL NIVEL DE LOGRO:**											
INDICADORES DE LOGRO:	**1º TRIM.**				**2º TRIM.**				**3º TRIM.**			
	1	**2**	**3**	**V**	**1**	**2**	**3**	**V**	**1**	**2**	**3**	**V**
1. Conoce el funcionamiento del "“hardware” y el “software” de los ordenadores y los utiliza para acceder a la información y elaborar conocimientos.												
2. Intercambia información extraída de aplicaciones informáticas interconectadas a diferentes dispositivos inalámbricos o cableados y a móviles.												
3. Accede a Internet de forma autónoma para la utilización de servicios básicos: navegación para la localización de información, correo electrónico, comunicación intergrupal, etc.												
4. Usa las TIC de forma autónoma para buscar, recopilar e interpretar información y producir documentos en soporte electrónico en formato textual y gráfico												
5. Toma conciencia de las dificultades que presentan determinados grupos sociales en el acceso a las TIC y de los efectos negativos en su desarrollo personal y social y adopta una actitud positiva en su uso.												
6. Mantiene una postura crítica ante los avances de las tecnologías de la información y la comunicación con respecto a la mejora de la calidad de vida en las personas y en la sociedad en general.												
7. Diseña y elabora presentaciones sobre tareas realizadas de cuestiones de interés escolar y social, con objeto de apoyar el discurso oral y escrito en la exposición de ideas, opiniones y propuestas de mejora.												
8. Fortalece el pensamiento crítico, participando activamente en redes sociales virtuales como emisor y receptor de información e iniciativas colectivas.												

REGISTRO DEL NIVEL DE LOGRO DESARROLLADO EN LA COMPETENCIA BÁSICA												
Alumno/a:	Curso: 4º de la ESO											
CC. BB. TRATAMIENTO DE LA INFORMACIÓN Y COMPETENCIA DIGITAL	APRECIACIÓN DEL NIVEL DE LOGRO:											
INDICADORES DE LOGRO:	1º TRIM.				2º TRIM.				3º TRIM.			
	1	2	3	V	1	2	3	V	1	2	3	V
1. Conoce y domina básicamente el "hardware" y el "software" de los ordenadores como vehículo universal de acceso de información, y creación de conocimiento												
2. Utiliza las tecnologías y medios de información y comunicación para extraer e interrelacionar informaciones y contenidos significativos de las materias en el desarrollo de un problema de relevancia social y científica, y comunica los resultados en diferentes soportes electrónicos: textual, numérico, icónico, visual, gráfico y sonoro.												
3. Busca y selecciona información relevante de múltiples soportes electrónicos para la producción de textos orales y escritos, basándose en la planificación, ejecución, revisión y mejora de los textos y en la interacción de los distintos tipos de lenguaje: natural, numérico, gráfico, geométrico, icónico, etc.												
4. Integra y reelabora informaciones, sólo o en equipo, utilizando esquemas, mapas conceptuales, etc. en la producción y presentación de memorias, textos, documentos, etc. en diversos formatos, tanto físicos como telemáticos.												
5. Mantiene una actitud positiva y crítica hacia el empleo de las TIC en la actividad escolar y argumenta las ventajas de la utilización de las mismas en los trabajos propios y ajenos.												
6. Es consciente de la situación de desigualdad y de riesgo de exclusión social que viven determinados individuos y grupos en el acceso y utilización de las TIC, y elabora propuestas viables en la aplicación de la información para mejorar sus condiciones de vida y sus perspectivas de futuro.												
7. Utiliza recursos tecnológicos para componer textos sobre problemas relevantes en de la vida real y académica, realizando propuestas de resolución alternativas, de forma racional, equitativa y solidaria.												
8. Reconoce las características de la sociedad del conocimiento y valora críticamente los avances tecnológicos y los cambios que producen en las condiciones y formas de vida de los ciudadanos.												

1.5. *Competencia Social y ciudadana*

COMPETENCIA BÁSICA SOCIAL Y CIUDADANA		
ASPECTOS DISTINTIVOS	**MATERIAS**	**APRENDIZAJES IMPRESCINDIBLES**
1. Comprensión de la realidad social en la que se vive y ejercicio de la ciudadanía democrática en una sociedad plural. **2. Comprensión de la realidad histórica y social del mundo, sus logros y problemas.** **3. Entendimiento de los rasgos de las sociedades actuales, su pluralidad y carácter evolutivo y la comprensión de la aportación de las diferentes culturas.** **4. Utilización del conocimiento sobre la evolución y organización de las sociedades y los rasgos y valores del sistema democrático.**	LENGUA CASTELLANA Y LITERATURA	❑ Usar los nuevos medios de comunicación digitales que impliquen un uso social y colaborativo de la escritura y de los conocimientos. ❑ Comunicarse con los otros, comprender lo que éstos transmiten y aproximarse a otras realidades. ❑ Habilidades y destrezas para las relaciones, la convivencia, el respeto y el entendimiento entre las personas. ❑ Constatar la variedad de usos de la lengua y de la diversidad lingüística, valorando todas las lenguas como igualmente aptas para desempeñar las funciones de comunicación y de representación. ❑ Analizar los modos mediante los que el lenguaje transmite y sanciona prejuicios e imágenes estereotipadas del mundo para contribuir a la erradicación de los usos discriminatorios del lenguaje.
	LENGUAS EXTRANJERAS	❑ Usar la lengua como vehículo de comunicación y transmisión cultural para favorecer el respeto, el interés y la comunicación con hablantes de otras lenguas y el reconocimiento y la aceptación de diferencias culturales y de comportamiento. ❑ Intercambiar información personal y fomentar el trabajo en grupo y en pareja: aprender a participar, a expresar las ideas propias y a escuchar las de los demás para construir diálogos y negociar significados.
	MATEMÁTICAS	❑ Utilizar las matemáticas para describir fenómenos sociales. ❑ Aportar criterios científicos desde el análisis funcional y de la estadística para predecir y tomar decisiones. ❑ Enfocar los errores cometidos en los procesos de resolución de problemas con espíritu constructivo, valorando los puntos de vista ajenos en plano de igualdad con los propios como formas alternativas de abordar una situación.

5. La práctica del diálogo y de la negociación. **6. Toma de conciencia de los valores del entorno, evaluarlos y reconstruirlos (sistema de valores propio).** **7. Conocimiento y valoración de sí mismo para saber comunicarse en distintos contextos, y expresión de las propias ideas y escucha de las ajenas.** **8. Ejercicio de una ciudadanía activa e integradora desde el conocimiento y comprensión de los valores de los estados y sociedades democráticas.** **9. Habilidades sociales para resolver los conflictos de convivencia y tomar decisiones con autonomía.** **10. Disponer de habilidades para participar activa y plenamente en la vida cívica.**	CIENCIAS SOCIALES, GEOGRAFÍA E HISTORIA	❑ Comprender la realidad social, actual e histórica (objeto de aprendizaje). ❑ Conocer la evolución y organización de las sociedades, sus logros y sus problemas. ❑ Comprender el modelo de consumo que subyace en el uso habitual de los recursos en nuestra sociedad. ❑ Construir una idea global acerca del modelo de desarrollo dominante en nuestra sociedad. ❑ Comprender y valorar los problemas de la industrialización y encuadrarlos en una cierta comprensión, más global, del funcionamiento del sistema económico, incorporando cierta perspectiva histórica. ❑ Profundizar en el conocimiento de las características de la democracia, incluida su contextualización histórica, para entender sus ventajas y sus limitaciones. ❑ Adquirir un bagaje de conocimientos que le permitan comprender y analizar adecuadamente las situaciones de conflicto social. ❑ Adquirir habilidades sociales: comprensión de las acciones humanas desde la perspectiva de los propios agentes de su tiempo (empatía) y la valoración y el ejercicio del diálogo como vía necesaria para la solución de los problemas, o el respeto hacia las personas con opiniones que no coinciden con las propia. ❑ Desarrollar habilidades de tipo social: acercamiento a diferentes realidades sociales, actuales o históricas, o la valoración de las aportaciones de diferentes culturas. ❑ Ser capaz de realizar análisis concretos y de carácter descriptivo y posteriormente análisis que manejen más variables sobre el uso responsable de los recursos, adoptando una escala espacial y temporal más amplia y combinando la dimensión cognitiva, la valorativa y la de intervención social. ❑ Analizar de forma sencilla las relaciones relativas al asentamiento de la población sobre el territorio. ❑ Incorporar la comparación entre situaciones y procesos diferentes en distintos espacios del mundo y en distintas etapas históricas. ❑ Entender los rasgos de las sociedades actuales, su pluralidad, los elementos e intereses comunes de la sociedad en que se vive, para crear sentimientos comunes que favorecen la convivencia. ❑ Adquirir ciertos compromisos vinculados al comportamiento como ciudadanos. ❑ Desarrollar actitudes y comportamientos personales que favorezcan la convivencia en diversos ámbitos sociales. ❑ Asumir responsabilidades personales en el marco social en el que se vive. ❑ Practicar la participación, el debate, el diálogo, la solidaridad, tanto en el contexto escolar como en el contexto social. ❑ Comprender las causas de los fenómenos relativos al desarrollo y valora críticamente las consecuencias.

		❑ Tener una comprensión crítica del modelo de desarrollo vigente en nuestra sociedad, llevando consigo cambios de actitudes y de comportamientos. (❑ Mostrar una mayor capacidad de participación y de compromiso con los asuntos ciudadanos en diversos ámbitos, partiendo del propio centro escolar. ❑ Tener una idea más compleja y crítica de lo que es el funcionamiento democrático en una sociedad, y ha reforzado el compromiso de participación como ciudadano o ciudadana. ❑ Desarrollar una perspectiva distanciada y crítica en relación con los problemas analizados en el contexto. ❑ Aproximarse al modelo de desarrollo que subyace en el expansionismo urbano actual y vincularse al compromiso de actuación como ciudadanos en el marco de la propia ciudad.
	CIENCIAS DE LA NATURALEZA	❑ Preparar futuros ciudadanos de una sociedad democrática para su participación activa en la toma fundamentada de decisiones. ❑ Conocer cómo se han producido determinados debates esenciales para el avance de la ciencia, que son importantes para comprender la evolución de la sociedad y analizar la sociedad actual. ❑ Libertad del pensamiento y la extensión de los derechos humanos. ❑ Reconocer los factores que afectan a la salud, el grado de análisis de los comportamientos propios en diferentes ambientes sociales (incluida el aula), y tiene predisposición a modificar conductas y adoptar hábitos saludables, etc. (CC.AA.). ❑ Tratar los problemas de interés, la consideración de las implicaciones y perspectivas abiertas por las investigaciones realizadas y la toma fundamentada de decisiones colectivas. ❑ Fomentar la sensibilidad social frente al desarrollo tecno-científico que comporta riesgos para las personas o el medio ambiente.
	EDUCACIÓN PLÁSTICA Y VISUAL	❑ Trabajar en equipo, promoviendo actitudes de respeto, tolerancia, cooperación y flexibilidad. ❑ Trabajar con herramientas propias del lenguaje visual, que induzcan al pensamiento creativo y a la expresión de emociones, vivencias e ideas.

	EDUCACIÓN PARA LA CIUDADANÍA	❑ Conocer los fundamentos y los modos de organización de los estados y de las sociedades democráticos y de otros contenidos específicos como la evolución histórica de los derechos humanos. ❑ Adquirir contenidos relativos a la actuación de los organismos internacionales y de aquellos movimientos, organizaciones y fuerzas que trabajan a favor de los derechos humanos y de la paz. ❑ Habilidades para vivir en sociedad y para ejercer la ciudadanía democrática: reforzar la autonomía, la autoestima y la identidad personal. ❑ Habilidades que permiten participar, tomar decisiones, elegir la forma adecuada de comportarse en determinadas situaciones y responsabilizarse de las decisiones adoptadas y de las consecuencias derivadas de las mismas. ❑ Utilizar instrumentos para construir, aceptar y practicar normas de convivencia acordes con los valores democráticos, ejercitar los derechos y libertades, asumir responsabilidades y deberes cívicos. ❑ Educación afectivo-emocional, convivencia, participación, conocimiento de la diversidad y de situaciones de discriminación e injusticia. ❑ Reconocer, aceptar y usar convenciones y normas sociales de convivencia e interiorización de los valores de respeto, cooperación, solidaridad, justicia, no violencia, compromiso y participación en el ámbito personal y en el social. ❑ Reconocer los valores del entorno para que puedan evaluarlos y comportarse coherentemente con ellos al tomar una decisión o al afrontar un conflicto. ❑ Habilidades encaminadas a lograr la toma de conciencia de los propios pensamientos, valores, sentimientos y acciones. ❑ Adquirir valores universales, de los derechos y deberes contenidos en la Declaración Universal de los Derechos Humanos y en la Constitución española.
		❑ Conocer la pluralidad social, del carácter de la globalización y de las implicaciones que comporta para los ciudadanos. ❑ Utilizar sistemáticamente el diálogo y otros procedimientos no violentos para la resolución de situaciones de conflicto.
	EDUCACIÓN FÍSICA	❑ Integrar y fomentar el respeto, a la vez que contribuir al desarrollo de la cooperación, la igualdad y el trabajo en equipo. ❑ Integrar en un proyecto común, y aceptar las diferencias y limitaciones de los participantes, siguiendo normas democráticas en la organización del grupo y asumiendo cada integrante sus propias responsabilidades. ❑ Aceptar los códigos de conducta propios de una sociedad: cumplimiento de las normas y reglamentos que rigen las actividades deportivas.

	INFORMÁTICA	❑ Destrezas para la búsqueda, obtención, registro, interpretación y análisis requeridos para una correcta interpretación de los fenómenos sociales e históricos. ❑ Adquirir perspectivas múltiples que favorezcan la adquisición de una conciencia ciudadana comprometida en la mejora de su propia realidad social. ❑ Participar en redes sociales para ampliar la capacidad de intervenir en la vida ciudadana, comparando ideas y opiniones.
	LATÍN	❑ Conocer las instituciones y el modo de vida de los romanos como referente histórico de organización social, participación de los ciudadanos en la vida pública y delimitación de los derechos y deberes de los individuos y de las colectividades. ❑ Conocer las desigualdades existentes en esa sociedad: reacción crítica ante la discriminación por la pertenencia a un grupo social o étnico determinado, o por la diferencia de sexos. ❑ Actitud de valoración positiva de la participación ciudadana, la negociación y la aplicación de normas iguales para todos como instrumentos válidos en la resolución de conflictos.
	MÚSICA	❑ Participar en actividades musicales de distinta índole, especialmente las relacionadas con la interpretación y creación colectiva que requieren de un trabajo cooperativo. ❑ Participar en experiencias musicales colectivas para expresar ideas propias, valorar las de los demás y coordinar las propias acciones con las de los otros integrantes del grupo responsabilizándose en la consecución de un resultado. ❑ Comprender diferentes culturas y su aportación al progreso de la humanidad y con ello la valoración de los demás y los rasgos de la sociedad en que se vive a través de la toma de contacto con una amplia variedad de músicas.
	TECNOLOGÍA	❑ Habilidades para las relaciones humanas y el conocimiento de la organización y funcionamiento de las sociedades: proceso de resolución de problemas tecnológicos. ❑ Analizar el desarrollo tecnológico de las sociedades y su influencia en los cambios económicos y de organización social que han tenido lugar a lo largo de la historia de la humanidad.

COMPETENCIA BÁSICA SOCIAL Y CIUDADANA"				
ORGANIZADORES	**ASPECTOS DISTINTIVOS**	**APRENDIZAJES IMPRESCINDIBLES**	**MATERIAS**	**DESCRIPTORES DE LA ETAPA**
Conocimientos, saberes y experiencias aplicadas en la resolución de problemas y tareas.	❖ Comprensión de la realidad social en la que se vive y ejercicio de la ciudadanía democrática en una sociedad plural. ❖ Comprensión de la realidad histórica y social del mundo, sus logros y problemas. ❖ Entendimiento de los rasgos de las sociedades actuales, su pluralidad y carácter evolutivo y la comprensión de la aportación de las diferentes culturas.	❑ Usar los nuevos medios de comunicación digitales que impliquen un uso social y colaborativo de la escritura y de los conocimientos. ❑ Comunicarse con los otros, comprender lo que éstos transmiten y aproximarse a otras realidades.	L. CASTELLANA Y LITERATURA	1. Comprende e interviene en la sociedad en la que vive, planificando proyectos de desarrollo/acción social en los que pone de manifiesto que conoce el modo de organización y funcionamiento de las sociedades democráticas, así como su evolución histórica, sus principios y valores, sus logros y sus problemas.
		❑ Comprender la realidad social, actual e histórica (objeto de aprendizaje). ❑ Conocer la evolución y organización de las sociedades, sus logros y sus problemas. ❑ Comprender el modelo de consumo que subyace en el uso habitual de los recursos en nuestra sociedad. ❑ Construir una idea global acerca del modelo de desarrollo dominante en nuestra sociedad. ❑ Comprender y valorar los problemas de la industrialización y encuadrarlos en una cierta comprensión, más global, del funcionamiento del sistema económico, incorporando cierta perspectiva histórica. ❑ Profundizar en el conocimiento de las características de la democracia, incluida su contextualización histórica, para entender sus ventajas y sus limitaciones. ❑ Adquirir un bagaje de conocimientos que le permitan comprender y analizar adecuadamente las situaciones de conflicto social.	C. SOCIALES, GEOGRAFÍA E HISTORIA	2. Reconoce situaciones de desigualdad y reflexiona sobre el modelo de desarrollo dominante, y adopta una postura crítica sobre la actuación de los organismos internacionales y de los movimientos y organizaciones sociales que trabajan en defensa de los derechos y deberes humanos y de la paz entre los pueblos.

ORGANIZADORES	ASPECTOS DISTINTIVOS	APRENDIZAJES IMPRESCINDIBLES	MATERIAS	DESCRIPTORES DE LA ETAPA
		❑ Conocer los fundamentos y los modos de organización de los estados y de las sociedades democráticos y de otros contenidos específicos como la evolución histórica de los derechos humanos. ❑ Adquirir contenidos relativos a la actuación de los organismos internacionales y de aquellos movimientos, organizaciones y fuerzas que trabajan a favor de los derechos humanos y de la paz.	ED. PARA LA CIUDADANÍA	
		❑ Conocer las instituciones y el modo de vida de los romanos como referente histórico de organización social, participación de los ciudadanos en la vida pública y delimitación de los derechos y deberes de los individuos y de las colectividades.	LATÍN	
Habilidades prácticas y cognitivas utilizadas en la resolución de tareas y problemas.	❖ La práctica del diálogo y de la negociación. ❖ Utilización del conocimiento sobre la evolución y organización de las sociedades y los rasgos y valores del sistema democrático.	❑ Habilidades y destrezas para las relaciones, la convivencia, el respeto y el entendimiento entre las personas. ❑ Constatar la variedad de usos de la lengua y de la diversidad lingüística, valorando todas las lenguas como igualmente aptas para desempeñar las funciones de comunicación y de representación.	L. CASTELLANA Y LITERATURA	3. Realiza trabajos cooperativos para poner en práctica, evaluar y fundamentar las relaciones de convivencia en los diferentes contextos de su vida, asumiendo su responsabilidad individual, practicando el respeto hacia las opiniones de otras personas y el entendimiento mutuo; y ejerciendo el diálogo y la negociación como vías de acercamiento en la resolución de los problemas que les afectan.
		❑ Utilizar las matemáticas para describir fenómenos sociales.	MATEMÁTICAS	

ORGANIZADORES	ASPECTOS DISTINTIVOS	APRENDIZAJES IMPRESCINDIBLES	MATERIAS	DESCRIPTORES DE LA ETAPA
		❑ Adquirir habilidades sociales: comprensión de las acciones humanas desde la perspectiva de los propios agentes de su tiempo (empatía) y la valoración y el ejercicio del diálogo como vía necesaria para la solución de los problemas, o el respeto hacia las personas con opiniones que no coinciden con las propia. ❑ Desarrollar habilidades de tipo social: acercamiento a diferentes realidades sociales, actuales o históricas, o la valoración de las aportaciones de diferentes culturas. ❑ Ser capaz de realizar análisis concretos y de carácter descriptivo y posteriormente análisis que manejen más variables sobre el uso responsable de los recursos, adoptando una escala espacial y temporal más amplia y combinando la dimensión cognitiva, la valorativa y la de intervención social. ❑ Analizar de forma sencilla las relaciones relativas al asentamiento de la población sobre el territorio. ❑ Incorporar la comparación entre situaciones y procesos diferentes en distintos espacios del mundo y en distintas etapas históricas.	C. SOCIALES, GEOGRAFÍA E HISTORIA	4. Busca soluciones constructivas a las situaciones de su vida cotidiana y a las tareas escolares propias de su curso. Comprende, valora y respeta los diferentes puntos de vista para analizar la realidad, y se relaciona con asertividad y usa sus habilidades sociales, según la situación y el contexto (da las gracias, pide por favor, escucha, se disculpa, se muestra dialogante, elogia las aportaciones de los demás y sabe negociar).
		❑ Habilidades para vivir en sociedad y para ejercer la ciudadanía democrática: reforzar la autonomía, la autoestima y la identidad personal. ❑ Habilidades que permiten participar, tomar decisiones, elegir la forma adecuada de comportarse en determinadas situaciones y responsabilizarse de las decisiones adoptadas y de las consecuencias derivadas de las mismas.	ED. PARA LA CIUDADANÍA	

ORGANIZADORES	ASPECTOS DISTINTIVOS	APRENDIZAJES IMPRESCINDIBLES	MATERIAS	DESCRIPTORES DE LA ETAPA
		❑ Utilizar instrumentos para construir, aceptar y practicar normas de convivencia acordes con los valores democráticos, ejercitar los derechos y libertades, asumir responsabilidades y deberes cívicos.		
		❑ Destrezas para la búsqueda, obtención, registro, interpretación y análisis requeridos para una correcta interpretación de los fenómenos sociales e históricos.	INFORMÁTICA	
		❑ Participar en actividades musicales de distinta índole, especialmente las relacionadas con la interpretación y creación colectiva que requieren de un trabajo cooperativo.	MÚSICA	
		❑ Habilidades para las relaciones humanas y el conocimiento de la organización y funcionamiento de las sociedades: proceso de resolución de problemas tecnológicos.	TECNOLOGÍA	
Valores, actitudes, sentimientos y emociones, que se manifiestan en la resolución de tareas y problemas.	❖ Toma de conciencia de los valores del entorno, evaluarlos y reconstruirlos (sistema de valores propio). ❖ Conocimiento y valoración de sí mismo para saber comunicarse en distintos contextos, y expresión de las propias ideas y escucha de las ajenas.	❑ Usar la lengua como vehículo de comunicación y transmisión cultural para favorecer el respeto, el interés y la comunicación con hablantes de otras lenguas y el reconocimiento y la aceptación de diferencias culturales y de comportamiento. ❑ Intercambiar información personal y fomentar el trabajo en grupo y en pareja: aprender a participar, a expresar las ideas propias y a escuchar las de los demás para construir diálogos y negociar significados.	L. EXTRANJERAS	5. Práctica valores ejerciendo la ciudadanía activa, favoreciendo, e interiorizando en el ámbito personal y social el respeto, la cooperación, la solidaridad, la justicia, la no violencia, el compromiso y la participación.

ORGANIZADORES	ASPECTOS DISTINTIVOS	APRENDIZAJES IMPRESCINDIBLES	MATERIAS	DESCRIPTORES DE LA ETAPA
	❖ Ejercicio de una ciudadanía activa e integradora desde el conocimiento y comprensión de los valores de los estados y sociedades democráticas.	❑ Preparar futuros ciudadanos de una sociedad democrática para su participación activa en la toma fundamentada de decisiones. ❑ Conocer cómo se han producido determinados debates esenciales para el avance de la ciencia, que son importantes para comprender la evolución de la sociedad y analizar la sociedad actual. ❑ Libertad del pensamiento y la extensión de los derechos humanos. ❑ Reconocer los factores que afectan a la salud, el grado de análisis de los comportamientos propios en diferentes ambientes sociales (incluida el aula), y tiene predisposición a modificar conductas y adoptar hábitos saludables, etc.	C. DE LA NATURALEZA	6. Participa democráticamente en la vida del centro y de la comunidad, a partir del diálogo y de la negociación, desde el respeto a la pluralidad de ideas e intereses, y se muestra crítico y sensible ante las situaciones de discriminación por la pertenencia a un grupo social o étnico determinado, o por las diferencias entre sexos.
		❑ Entender los rasgos de las sociedades actuales, su pluralidad, los elementos e intereses comunes de la sociedad en que se vive, para crear sentimientos comunes que favorecen la convivencia. ❑ Adquirir ciertos compromisos vinculados al comportamiento como ciudadanos (CC. AA.). ❑ Desarrollar actitudes y comportamientos personales que favorezcan la convivencia en diversos ámbitos sociales. ❑ Asumir responsabilidades personales en el marco social en el que se vive. ❑ Practicar la participación, el debate, el diálogo, la solidaridad, tanto en el contexto escolar como en el contexto social.		

ORGANIZADORES	ASPECTOS DISTINTIVOS	APRENDIZAJES IMPRESCINDIBLES	MATERIAS	DESCRIPTORES DE LA ETAPA
		❑ Comprender las causas de los fenómenos relativos al desarrollo y valora críticamente las consecuencias. ❑ Tener una comprensión crítica del modelo de desarrollo vigente en nuestra sociedad, llevando consigo cambios de actitudes y de comportamientos. ❑ Mostrar una mayor capacidad de participación y de compromiso con los asuntos ciudadanos en diversos ámbitos, partiendo del propio centro escolar. ❑ Tener una idea más compleja y crítica de lo que es el funcionamiento democrático en una sociedad, y ha reforzado el compromiso de participación como ciudadano o ciudadana.	C. SOCIALES, GEOGRAFÍA E HISTORIA	
		❑ Educación afectivo-emocional, convivencia, participación, conocimiento de la diversidad y de situaciones de discriminación e injusticia. ❑ Reconocer, aceptar y usar convenciones y normas sociales de convivencia e interiorización de los valores de respeto, cooperación, solidaridad, justicia, no violencia, compromiso y participación en el ámbito personal y en el social. ❑ Reconocer los valores del entorno para que puedan evaluarlos y comportarse coherentemente con ellos al tomar una decisión o al afrontar un conflicto.	ED. PARA LA CIUDADANÍA	

ORGANIZADORES	ASPECTOS DISTINTIVOS	APRENDIZAJES IMPRESCINDIBLES	MATERIAS	DESCRIPTORES DE LA ETAPA
		❑ Trabajar en equipo, promoviendo actitudes de respeto, tolerancia, cooperación y flexibilidad. ❑ Trabajar con herramientas propias del lenguaje visual, que induzcan al pensamiento creativo y a la expresión de emociones, vivencias e ideas.	ED. PLÁSTICA Y VISUAL	
		❑ Conocer las desigualdades existentes en esa sociedad: reacción crítica ante la discriminación por la pertenencia a un grupo social o étnico determinado, o por la diferencia de sexos.	LATÍN	
		❑ Participar en experiencias musicales colectivas para expresar ideas propias, valorar las de los demás y coordinar las propias acciones con las de los otros integrantes del grupo responsabilizándose en la consecución de un resultado.	MÚSICA	
		❑ Expresar y discutir ideas y razonamientos, escuchar a los demás, tratar dificultades, gestionar conflictos y tomar de decisiones, practicando el diálogo, la negociación, y adoptando actitudes de respeto y tolerancia hacia sus compañeros.	TECNOLOGÍA	
		❑ Integrar y fomentar el respeto, a la vez que contribuir al desarrollo de la cooperación, la igualdad y el trabajo en equipo. ❑ Integrar en un proyecto común, y aceptar las diferencias y limitaciones de los participantes, siguiendo normas democráticas en la organización del grupo y asumiendo cada integrante sus propias responsabilidades. ❑ Aceptar los códigos de conducta propios de una sociedad: cumplimiento de las normas y reglamentos que rigen las actividades deportivas.	EDUCACIÓN FISICA	

ORGANIZADORES	ASPECTOS DISTINTIVOS	APRENDIZAJES IMPRESCINDIBLES	MATERIAS	DESCRIPTORES DE LA ETAPA
Resolución de problemas en un contexto determinado.	❖ Habilidades sociales para resolver los conflictos de convivencia y tomar decisiones con autonomía. ❖ Disponer de habilidades para participar activa y plenamente en la vida cívica.	❑ Analizar los modos mediante los que el lenguaje transmite y sanciona prejuicios e imágenes estereotipadas del mundo para contribuir a la erradicación de los usos discriminatorios del lenguaje.	L. CASTELLANA Y LITERATURA	7. Resuelve pacíficamente los conflictos de convivencia de forma no violenta, con objetividad y criterio, analizando los prejuicios e imágenes estereotipadas que recibe de los diferentes medios de comunicación sobre determinadas situaciones, hechos o acontecimientos de carácter social.
		❑ Aportar criterios científicos desde el análisis funcional y de la estadística para predecir y tomar decisiones. ❑ Enfocar los errores cometidos en los procesos de resolución de problemas con espíritu constructivo, valorando los puntos de vista ajenos en plano de igualdad con los propios como formas alternativas de abordar una situación.	MATEMÁTICAS	
		❑ Tratar los problemas de interés, la consideración de las implicaciones y perspectivas abiertas por las investigaciones realizadas y la toma fundamentada de decisiones colectivas. ❑ Fomentar la sensibilidad social frente al desarrollo tecno-científico que comporta riesgos para las personas o el medio ambiente.	C. DE LA NATURALEZA	8. Emprende proyectos sociales para sentirse comprometido con los problemas de su realidad social, conforme a los cambios económicos, culturales y sociales que se están experimentando, y participa en redes sociales para ampliar la capacidad de intervenir en la vida ciudadana.
		❑ Conocer la pluralidad social, del carácter de la globalización y de las implicaciones que comporta para los ciudadanos. ❑ Utilizar sistemáticamente el diálogo y otros procedimientos no violentos para la resolución de situaciones de conflicto.	ED. PARA LA CIUDADANÍA	

ORGANIZADORES	ASPECTOS DISTINTIVOS	APRENDIZAJES IMPRESCINDIBLES	MATERIAS	DESCRIPTORES DE LA ETAPA
		❑ Desarrollar una perspectiva distanciada y crítica en relación con los problemas analizados en el contexto. ❑ Aproximarse al modelo de desarrollo que subyace en el expansionismo urbano actual y vincularse al compromiso de actuación como ciudadanos en el marco de la propia ciudad.	C. SOCIALES, GEOGRAFÍA E HISTORIA	
		❑ Adquirir perspectivas múltiples que favorezcan la adquisición de una conciencia ciudadana comprometida en la mejora de su propia realidad social. ❑ Participar en redes sociales para ampliar la capacidad de intervenir en la vida ciudadana, comparando ideas y opiniones.	INFORMÁTICA	
		❑ Actitud de valoración positiva de la participación ciudadana, la negociación y la aplicación de normas iguales para todos como instrumentos válidos en la resolución de conflictos.	LATÍN	
		❑ Comprender diferentes culturas y su aportación al progreso de la humanidad y con ello la valoración de los demás y los rasgos de la sociedad en que se vive a través de la toma de contacto con una amplia variedad de músicas.	MÚSICA	
		❑ Analizar el desarrollo tecnológico de las sociedades y su influencia en los cambios económicos y de organización social que han tenido lugar a lo largo de la historia de la humanidad.	TECNOLOGÍA	

COMPETENCIA BÁSICA SOCIAL Y CIUDADANA	
DESCRIPTORES ETAPA: 1. IComprende e interviene en la sociedad en la que vive, planificando proyectos de desarrollo/acción social en los que pone de manifiesto que conoce el modo de organización y funcionamiento de las sociedades democráticas, así como su evolución histórica, sus principios y valores, sus logros y sus problemas. 2. IReconoce situaciones de desigualdad y reflexiona sobre el modelo de desarrollo dominante, y adopta una postura crítica sobre la actuación de los organismos internacionales y de los movimientos y organizaciones sociales que trabajan en defensa de los derechos y deberes humanos y de la paz entre los pueblos.	**INDICADORES DE LOGRO O DOMINIO 1º ESO:** ❑ Comprende la sociedad en la que vive, identificando los rasgos característicos, sus instituciones y las funciones que desarrollan en el tratamiento de los problemas que más le afectan como ciudadano. ❑ Reconoce situaciones de desigualdad social que pueden producirse en el ámbito académico y en los ámbitos sociales próximos a la experiencia del alumnado, desarrollando propuestas para la defensa y el ejercicio de los derechos básicos de los ciudadanos.
MATERIAS	**CRITERIOS DE EVALUACIÓN 1º ESO**
LENGUA CASTELLANA Y LITERATURA	➢ IReconocer el propósito y la idea general en textos orales de ámbitos sociales próximos a la experiencia del alumnado y en el ámbito académico; captar la idea global de informaciones oídas en radio o en TV y seguir instrucciones poco complejas para realizar tareas de aprendizaje. ➢ Iniciar el conocimiento de una terminología lingüística básica en las actividades de reflexión sobre el uso.
C. SOCIALES, Gª. E HISTORIA	➢ Realizar una lectura comprensiva de fuentes de información escrita de contenido geográfico o histórico y comunicar la información obtenida de forma correcta por escrito. ➢ Identificar y explicar, algunos ejemplos de los impactos que la acción humana tiene sobre el medio natural, analizando sus causas y efectos, y aportando medidas y conductas que serían necesarias para limitarlos. ➢ Utilizar las convenciones y unidades cronológicas y las nociones de evolución y cambio aplicándolas a los hechos y procesos de la prehistoria e historia antigua del mundo y de la Península Ibérica. ➢ Diferenciar los rasgos más relevantes que caracterizan alguna de las primeras civilizaciones urbanas y la civilización griega, identificando los elementos originales de esta última y valorando aspectos significativos de su aportación a la civilización occidental.
CIENCIAS DE LA NATURALEZA	➢ Conocer la existencia de la atmósfera y las propiedades del aire, llegar a interpretar cualitativamente fenómenos atmosféricos y valorar la importancia del papel protector de la atmósfera para los seres vivos, considerando las repercusiones de la actividad humana en la misma.
EDUCACIÓN FÍSICA	➢ Elaborar un mensaje de forma colectiva, mediante técnicas como el mimo, el gesto, la dramatización o la danza y comunicarlo al resto de grupos.
EDUCACIÓN PLÁSTICA Y VISUAL	➢ Diferenciar los distintos estilos y tendencias de las artes visuales a través del tiempo y atendiendo a la diversidad cultural.
MÚSICA	➢ Reconocer auditivamente y determinar la época o cultura a la que pertenecen distintas obras musicales escuchadas previamente en el aula, interesándose por ampliar sus preferencias.

COMPETENCIA BÁSICA SOCIAL Y CIUDADANA	
DESCRIPTORES ETAPA: 3. Realiza trabajos cooperativos para poner en práctica, evaluar y fundamentar las relaciones de convivencia en los diferentes contextos de su vida, asumiendo su responsabilidad individual, practicando el respeto hacia las opiniones de otras personas y el entendimiento mutuo; y ejerciendo el diálogo y la negociación como vías de acercamiento en la resolución de los problemas que les afectan. 4. Busca soluciones constructivas a las situaciones de su vida cotidiana y a las tareas escolares propias de su curso. Comprende, valora y respeta los diferentes puntos de vista para analizar la realidad, y se relaciona con asertividad y usa sus habilidades sociales, según la situación y el contexto (da las gracias, pide por favor, escucha, se disculpa, se muestra dialogante, elogia las aportaciones de los demás y sabe negociar).	**INDICADORES DE LOGRO O DOMINIO 1º ESO:** ❑ Realiza trabajos cooperativos, participando en actividades y tareas, y utilizando el diálogo como vía de entendimiento para la toma de decisiones desde el respeto de todas las opiniones. ❑ Busca soluciones constructivas a las situaciones de su vida cotidiana y a las tareas escolares propias de su curso. Comprende, valora y respeta los diferentes puntos de vista en el análisis de una misma realidad, y se relaciona con asertividad y usa sus habilidades sociales, según la situación y el contexto (da las gracias, pide por favor, sabe escuchar, elogia las aportaciones de los demás y se disculpa).
MATERIAS	**CRITERIOS DE EVALUACIÓN 1º ESO**
LENGUA CASTELLANA Y LITERATURA	➢ Extraer informaciones concretas e identificar el propósito en textos escritos de ámbitos sociales próximos a la experiencia del alumnado, seguir instrucciones sencillas, identificar los enunciados en los que el tema general aparece explícito y distinguir las partes del texto.
L. EXTRANJERA	➢ Usar de forma guiada las tecnologías de la información y la comunicación para buscar información, producir mensajes a partir de modelos y para establecer relaciones personales, mostrando interés por su uso.
MATEMÁTICAS	➢ Organizar e interpretar informaciones diversas mediante tablas y gráficas, e identificar relaciones de dependencia en situaciones cotidianas. ➢ Hacer predicciones sobre la posibilidad de que un suceso ocurra a partir de información previamente obtenida de forma empírica.
C. SOCIALES, GEOGRAFÍA E HISTORIA	➢ Localizar lugares o espacios en un mapa utilizando datos de coordenadas geográficas y obtener información sobre el espacio representado a partir de la leyenda y la simbología, comunicando las conclusiones de forma oral o escrita. ➢ Utilizar las convenciones y unidades cronológicas y las nociones de evolución y cambio aplicándolas a los hechos y procesos históricos.

MATERIAS	CRITERIOS DE EVALUACIÓN 1º ESO
TECNOLOGÍA	➢ Elaborar, almacenar y recuperar documentos en soporte electrónico que incorporen información textual y gráfica.
EDUCACIÓN FÍSICA	➢ Realizar la acción motriz oportuna en función de la fase de juego que se desarrolle, ataque o defensa, en el juego o deporte colectivo propuesto.
MÚSICA [1]	➢ Reconocer auditivamente y determinar la época o cultura a la que pertenecen distintas obras musicales escuchadas previamente en el aula, interesándose por ampliar sus preferencias.

COMPETENCIA BÁSICA SOCIAL Y CIUDADANA	
DESCRIPTORES ETAPA:	**INDICADORES DE LOGRO O DOMINIO 1º ESO:**
5. RPractica valores ejerciendo la ciudadanía activa, favoreciendo, e interiorizando en el ámbito personal y social el respeto, la cooperación, la solidaridad, la justicia, la no violencia, el compromiso y la participación. 6. RParticipa democráticamente en la vida del centro y de la comunidad, a partir del diálogo y de la negociación, desde el respeto a la pluralidad de ideas e intereses, y se muestra crítico y sensible ante las situaciones de discriminación por la pertenencia a un grupo social o étnico determinado, o por las diferencias entre sexos.	❑ Practica valores actuando y participando en las actividades escolares, desde la puesta en práctica de un sistema de valores y principios éticos y democráticos: cooperación, respeto y no violencia.. ❑ Participa de forma democrática, mostrándose crítico ante las situaciones de discriminación por razones de género o de índole social que se producen en el centro educativo, y realiza aportaciones para solucionarlas de manera responsable.

MATERIAS	CRITERIOS DE EVALUACIÓN 1º ESO
LENGUA CASTELLANA Y LITERATURA	➢ Exponer una opinión sobre la lectura personal de una obra adecuada a la edad; reconocer el género y la estructura global y valorar de forma general el uso del lenguaje; diferenciar contenido literal y sentido de la obra y relacionar el contenido con la propia experiencia. ➢ Utilizar los conocimientos literarios en la comprensión y la valoración de textos breves o fragmentos, atendiendo a los temas y motivos de la tradición, a las características básicas del género, a los elementos básicos del ritmo y al uso del lenguaje, con especial atención a las figuras semánticas más generales.
L. EXTRANJERA	➢ Identificar algunos elementos culturales o geográficos propios de los países y culturas donde se habla la lengua extranjera y mostrar interés por conocerlos. ➢ Comunicarse oralmente participando en conversaciones y en simulaciones sobre temas conocidos o trabajados previamente, utilizando las estrategias adecuadas para facilitar la continuidad de la comunicación y produciendo un discurso comprensible y adecuado a la intención de comunicación.

MATERIAS	CRITERIOS DE EVALUACIÓN 1º ESO
C. SOCIALES, GEOGRAFÍA E HISTORIA	➢ Identificar y explicar, algunos ejemplos de los impactos que la acción humana tiene sobre el medio natural, analizando sus causas y efectos, y aportando medidas y conductas que serían necesarias para limitarlos. ➢ Identificar y exponer los cambios que supuso la revolución neolítica en la evolución de la humanidad y valorar su importancia y sus consecuencias al compararlos con los elementos que conformaron las sociedades depredadoras. ➢ Valorar la trascendencia de la romanización en Hispania y la pervivencia de su legado en nuestro país, analizando algunas de sus aportaciones más representativas. ➢ Diferenciar los rasgos más relevantes que caracterizan alguna de las primeras civilizaciones urbanas y la civilización griega, identificando los elementos originales de esta última y valorando aspectos significativos de su aportación a la civilización occidental.
EDUCACIÓN PLÁSTICA Y VISUAL	➢ Realizar creaciones plásticas siguiendo el proceso de creación y demostrando valores de iniciativa, creatividad e imaginación. ➢ Elaborar y participar, activamente, en proyectos de creación visual cooperativos, como producciones videográficas o plásticas de gran tamaño, aplicando las estrategias propias y adecuadas del lenguaje visual y plástico.
TECNOLOGÍA	➢ Valorar las necesidades del proceso tecnológico empleando la resolución técnica de problemas analizando su contexto, proponiendo soluciones alternativas y desarrollando la más adecuada.
MÚSICA	➢ Comunicar a los demás juicios personales acerca de la música escuchada.
EDUCACIÓN FÍSICA	➢ Identificar los hábitos higiénicos y posturales saludables relacionados con la actividad física y con la vida cotidiana. ➢ Realizar la acción motriz oportuna en función de la fase de juego que se desarrolle, ataque o defensa, en el juego o deporte colectivo propuesto.

COMPETENCIA BÁSICA SOCIAL Y CIUDADANA

DESCRIPTORES ETAPA:	INDICADORES DE LOGRO O DOMINIO 1º ESO:
7. Resuelve pacíficamente los conflictos de convivencia de forma no violenta, con objetividad y criterio, analizando los prejuicios e imágenes estereotipadas que recibe de los diferentes medios de comunicación sobre determinadas situaciones, hechos o acontecimientos de carácter social. 8. Emprende proyectos sociales y se muestra comprometido en torno a temas de interés social de su entorno más cercano..	❑ Resuelve pacíficamente los conflictos, planteando soluciones de carácter no violento a las situaciones de conflicto que se producen entre sus iguales, y aporta ideas de carácter preventivo. ❑ Emprende proyectos sociales, proponiendo y participando activamente en actividades de grupo, de forma cooperativa, en torno a temas de interés social referidos a su entorno más cercano.

MATERIAS	CRITERIOS DE EVALUACIÓN 1º ESO
LENGUA CASTELLANA Y LITERATURA	➢ Aplicar los conocimientos sobre la lengua y las normas del uso lingüístico para solucionar problemas de comprensión de textos orales y escritos y para la composición y la revisión dirigida de los textos propios de este curso.
L. EXTRANJERA	➢ Redactar textos breves en diferentes soportes utilizando las estructuras, las funciones y el léxico adecuados, así como algunos elementos básicos de cohesión, a partir de modelos, y respetando las reglas elementales de ortografía y de puntuación.
MATEMÁTICAS	➢ Resolver problemas para los que se precise la utilización de las cuatro operaciones con números enteros, decimales y fraccionarios, utilizando la forma de cálculo apropiada y valorando la adecuación del resultado al contexto. ➢ Utilizar estrategias y técnicas simples de resolución de problemas tales como el análisis del enunciado, el ensayo y error o la resolución de un problema más sencillo, y comprobar la solución obtenida y expresar, utilizando el lenguaje matemático adecuado a su nivel, el procedimiento que se ha seguido en la resolución.
ED. PLÁSTICA Y VISUAL	➢ Elaborar y participar, activamente, en proyectos de creación visual cooperativos, como producciones videográficas o plásticas de gran tamaño, aplicando las estrategias propias y adecuadas del lenguaje visual y plástico.
CIENCIAS DE LA NATURALEZA	➢ Utilizar el concepto cualitativo de energía para explicar su papel en las transformaciones que tienen lugar en nuestro entorno y reconocer la importancia y repercusiones para la sociedad y el medio ambiente de las diferentes fuentes de energías renovables y no renovables. ➢ Resolver problemas aplicando los conocimientos adquiridos.
TECNOLOGÍA	➢ Realizar las operaciones técnicas previstas en un plan de trabajo utilizando los recursos materiales y organizativos con criterios de economía, seguridad y respeto al medio ambiente y valorando las condiciones del entorno de trabajo.
MÚSICA	➢ Utilizar, con autonomía, algunos de los recursos tecnológicos disponibles, demostrando un conocimiento básico de las técnicas y procedimientos necesarios para grabar y reproducir música y para realizar sencillas producciones audiovisuales.

COMPETENCIA BÁSICA SOCIAL Y CIUDADANA	
DESCRIPTORES ETAPA: 1. Planifica proyectos de desarrollo/acción social en los que pone de manifiesto que conoce y comprende el modo de organización y funcionamiento de las sociedades democráticas, así como su evolución histórica, sus principios y valores, sus logros y sus problemas. 2. Reconoce y reflexiona sobre el modelo de desarrollo dominante y adopta una postura crítica sobre la actuación de los organismos internacionales y de los movimientos y organizaciones sociales que trabajan en defensa de los derechos y deberes humanos y de la paz entre los pueblos.	**INDICADORES DE LOGRO O DOMINIO 2º ESO:** ❑ Identifica los rasgos característicos de nuestra sociedad, sus instituciones y las funciones que desarrollan en el tratamiento de los problemas que más le afectan como ciudadano, y demuestra la comprensión a través de la resolución de las actividades específicas que se le plantean. ❑ Reconoce las situaciones de desigualdad social que genera el actual modelo de desarrollo y se muestra favorable a participar en organizaciones sociales que promueven con sus intervenciones la defensa y el ejercicio de los derechos básicos de los ciudadanos.
MATERIAS	**CRITERIOS DE EVALUACIÓN 2º ESO**
LENGUA CASTELLANA Y LITERATURA	➢ Reconocer, junto al propósito y la idea general, ideas, hechos o datos relevantes en textos orales de ámbitos sociales próximos a la experiencia del alumnado y en el ámbito académico; captar la idea global y la relevancia de informaciones oídas en radio o en TV y seguir instrucciones para realizar autónomamente tareas de aprendizaje. ➢ Conocer una terminología lingüística básica en las actividades de reflexión sobre el uso.
L. EXTRANJERA	➢ Comprender la información general y la específica de diferentes textos escritos, adaptados y auténticos, de extensión variada, y adecuados a la edad, demostrando la comprensión a través de una actividad específica.
C. SOCIALES, Gª. E HISTORIA	➢ Identificar los rasgos característicos de la sociedad española actual, distinguiendo la variedad de grupos sociales, la diversidad que genera la inmigración, la pertenencia al mundo occidental y algunas situaciones de desigualdad social.
MATEMÁTICAS	➢ Formular las preguntas adecuadas para conocer las características de una población y recoger, organizar y presentar datos relevantes para responderlas, utilizando los métodos estadísticos apropiados y las herramientas informáticas adecuadas.
EDUCACIÓN PLÁSTICA Y VISUAL	➢ Diferenciar los distintos estilos y tendencias de las artes visuales a través del tiempo y atendiendo a la diversidad cultural.
MÚSICA	➢ Reconocer auditivamente y determinar la época o cultura a la que pertenecen distintas obras musicales escuchadas previamente en el aula, interesándose por ampliar sus preferencias.
EDUCACIÓN FÍSICA	➢ Realizar la acción motriz oportuna en función de la fase de juego que se desarrolle, ataque o defensa, en el juego o deporte colectivo propuesto.

COMPETENCIA BÁSICA SOCIAL Y CIUDADANA

DESCRIPTORES ETAPA:	INDICADORES DE LOGRO O DOMINIO 2º ESO:
3. Realiza trabajos cooperativos para poner en práctica, evaluar y fundamentar las relaciones de convivencia y el desarrollo de proyectos en los diferentes contextos de su vida, asumiendo su responsabilidad individual, practicando el respeto hacia las opiniones de otras personas y el entendimiento mutuo; y ejerciendo el diálogo y la negociación como vías de acercamiento en la resolución de los problemas que les afectan.	❑ Realiza trabajos cooperativos, participando en actividades y tareas en grupo, y argumenta el uso de prácticas sociales que favorecen las relaciones de convivencia desde el respeto hacia las personas, el diálogo, la responsabilidad y el entendimiento mutuo..
4. Busca soluciones constructivas a las situaciones de su vida cotidiana y a las tareas escolares propias de su curso, y para comprender, asumir y respetar los diferentes puntos de vista para analizar la realidad, y se relaciona con asertividad y usa sus habilidades sociales, según la situación y el contexto (da las gracias, pide por favor, escucha, se disculpa, se muestra dialogante, elogia las aportaciones de los demás y sabe negociar).	❑ Busca soluciones constructivas a las situaciones de su vida cotidiana y a las tareas escolares propias de su curso, y para comprender y respetar los diferentes puntos de vista en el análisis de la realidad, y se relaciona con asertividad y usa sus habilidades sociales, según la situación y el contexto (da las gracias, pide por favor, escucha, se disculpa, se muestra dialogante, elogia las aportaciones de los demás y sabe negociar).

MATERIAS	CRITERIOS DE EVALUACIÓN 2º ESO
LENGUA CASTELLANA Y LITERATURA	➢ Extraer informaciones concretas e identificar el propósito en textos escritos de ámbitos sociales próximos a la experiencia del alumnado; seguir instrucciones de cierta extensión en procesos poco complejos; identificar el tema general y temas secundarios y distinguir cómo está organizada la información.
L. EXTRANJERA	➢ Usar de forma guiada las tecnologías de la información y la comunicación para buscar información, producir textos a partir de modelos y para establecer relaciones personales mostrando interés por su uso.
MATEMÁTICAS	➢ Interpretar relaciones funcionales sencillas dadas en forma de tabla, gráfica, a través de una expresión algebraica o mediante un enunciado, obtener valores a partir de ellas y extraer conclusiones acerca del fenómeno estudiado. ➢ Formular las preguntas adecuadas para conocer las características de una población y recoger, organizar y presentar datos relevantes para responderlas, utilizando los métodos estadísticos apropiados y las herramientas informáticas adecuadas.
C. SOCIALES, GEOGRAFÍA E HISTORIA	➢ Describir los factores que condicionan los comportamientos demográficos utilizando los conceptos básicos de la demografía y aplicando este conocimiento al análisis del actual régimen demográfico español y sus consecuencias. ➢ Analizar el crecimiento de las áreas urbanas, la diferenciación funcional del espacio urbano y alguno de los problemas que se les plantean a sus habitantes.
TECNOLOGÍA	➢ Elaborar, almacenar y recuperar documentos en soporte electrónico que incorporen información textual y gráfica.

MATERIAS	CRITERIOS DE EVALUACIÓN 2º ESO
EDUCACIÓN FÍSICA	➢ Mostrar autocontrol en la aplicación de la fuerza y en la relación con el adversario, ante situaciones de contacto físico en juegos y actividades de lucha.
MÚSICA	➢ Reconocer auditivamente y determinar la época o cultura a la que pertenecen distintas obras musicales escuchadas previamente en el aula, interesándose por ampliar sus preferencias.

COMPETENCIA BÁSICA SOCIAL Y CIUDADANA

DESCRIPTORES ETAPA:	INDICADORES DE LOGRO O DOMINIO 2º ESO:
5. Practica valores ejerciendo la ciudadanía activa, favoreciendo, e interiorizando en el ámbito personal y social el respeto, la cooperación, la solidaridad, la justicia, la no violencia, el compromiso y la participación. 6. Participa democráticamente en la vida del centro y de la comunidad, a partir del diálogo y de la negociación, desde el respeto a la pluralidad de ideas e intereses, y se muestra crítico y sensible ante las situaciones de discriminación por la pertenencia a un grupo social o étnico determinado, o por las diferencias entre sexos.	❑ Practica valores, basando las relaciones humanas, a nivel personal y escolar, en la cooperación, solidaridad, respeto, no violencia y compromiso mutuo. ❑ Participa democráticamente y de manera activa en los órganos de participación y representación del centro educativo, desde el respeto a la pluralidad de ideas e intereses y a las normas de convivencias establecidas con las aportaciones de todos y todas.

MATERIAS	CRITERIOS DE EVALUACIÓN 2º ESO
LENGUA CASTELLANA Y LITERATURA	➢ Realizar exposiciones orales sencillas sobre temas próximos a su entorno que sean del interés del alumnado, con la ayuda de medios audiovisuales y de las tecnologías de la información y la comunicación. ➢ Exponer una opinión sobre la lectura personal de una obra completa adecuada a la edad; reconocer la estructura de la obra y los elementos del género; valorar el uso del lenguaje y el punto de vista del autor; diferenciar contenido literal y sentido de la obra y relacionar el contenido con la propia experiencia.
L. EXTRANJERA	➢ Identificar y poner ejemplos de algunos aspectos sociales, culturales, históricos, geográficos o literarios propios de los países donde se habla la lengua extranjera y mostrar interés por conocerlos. ➢ Participar con progresiva autonomía en conversaciones y simulaciones relativas a las experiencias personales, planes y proyectos, empleando estructuras sencillas, las expresiones más usuales de relación social, y una pronunciación adecuada para lograr la comunicación.
C. SOCIALES, GEOGRAFÍA E HISTORIA	➢ Identificar los rasgos característicos de la sociedad española actual distinguiendo la variedad de grupos sociales que la configuran, el aumento de la diversidad que genera la inmigración, reconociendo su pertenencia al mundo occidental y exponiendo alguna situación que refleje desigualdad social. ➢ Realizar de forma individual y en grupo, con ayuda del profesor, un trabajo sencillo de carácter descriptivo sobre algún hecho o tema, utilizando fuentes diversas (observación, prensa, bibliografía, páginas web, etc.), seleccionando la información pertinente, integrándola en un esquema o guión y comunicando los resultados del estudio con corrección y con el vocabulario adecuado.

MATERIAS	CRITERIOS DE EVALUACIÓN 2º ESO
EDUCACIÓN PLÁSTICA Y VISUAL	➢ Realizar creaciones plásticas siguiendo el proceso de creación y demostrando valores de iniciativa, creatividad e imaginación. ➢ Elaborar y participar, activamente, en proyectos de creación visual cooperativos, como producciones videográficas o plásticas de gran tamaño, aplicando las estrategias propias y adecuadas del lenguaje visual y plástico.
TECNOLOGÍA	➢ Valorar las necesidades del proceso tecnológico empleando la resolución técnica de problemas analizando su contexto, proponiendo soluciones alternativas y desarrollando la más adecuada.
MÚSICA	➢ Comunicar a los demás juicios personales acerca de la música escuchada.
EDUCACIÓN FÍSICA	➢ Manifestar actitudes de cooperación, tolerancia y deportividad tanto cuando se adopta el papel de participante como el de espectador en la práctica de un deporte colectivo. ➢ Mostrar autocontrol en la aplicación de la fuerza y en la relación con el adversario, ante situaciones de contacto físico en juegos y actividades de lucha.

COMPETENCIA BÁSICA SOCIAL Y CIUDADANA

DESCRIPTORES ETAPA:	INDICADORES DE LOGRO O DOMINIO 2º ESO:
7. Resuelve pacíficamente los conflictos de convivencia de forma no violenta, con objetividad y criterio, analizando los prejuicios e imágenes estereotipadas que recibe de los diferentes medios de comunicación sobre determinadas situaciones, hechos o acontecimientos de carácter social. 8. Emprende proyectos sociales para sentirse comprometido con los problemas de su realidad social, conforme a los cambios económicos, culturales y sociales que se están experimentando, y participa en redes sociales para ampliar la capacidad de intervenir en la vida ciudadana.	❑ Resuelve pacíficamente los conflictos, tomando postura crítica ante los prejuicios y estereotipos que afloran en la resolución de conflictos entre iguales, planteando soluciones de carácter no violento y aportando ideas de carácter preventivo. ❑ Emprende proyectos sociales, planteando indagaciones en torno a los problemas que más están afectando a su realidad social, evaluando y comunicando las conclusiones que obtiene, y diseñando propuestas de mejora.

MATERIAS	CRITERIOS DE EVALUACIÓN 2º ESO
LENGUA CASTELLANA Y LITERATURA	➢ Aplicar los conocimientos sobre la lengua y las normas del uso lingüístico para resolver problemas de comprensión de textos orales y escritos y para la composición y revisión progresivamente autónoma de los textos propios de este curso.
L. EXTRANJERA	➢ Redactar de forma guiada textos diversos en diferentes soportes, utilizando estructuras, conectores sencillos y léxico adecuados, cuidando los aspectos formales y respetando las reglas elementales de ortografía y de puntuación para que sean comprensibles al lector y presenten una corrección aceptable.
MATEMÁTICAS	➢ Identificar relaciones de proporcionalidad numérica y geométrica y utilizarlas para resolver problemas en situaciones de la vida cotidiana. ➢ Utilizar estrategias y técnicas de resolución de problemas, tales como el análisis del enunciado, el ensayo y error sistemático, la división del problema en partes, así como la comprobación de la coherencia de la solución obtenida, y expresar, utilizando el lenguaje matemático adecuado a su nivel, el procedimiento que se ha seguido en la resolución.
ED. PLÁSTICA Y VISUAL	➢ Elaborar y participar, activamente, en proyectos de creación visual cooperativos, como producciones videográficas o plásticas de gran tamaño, aplicando las estrategias propias y adecuadas del lenguaje visual y plástico.
CIENCIAS DE LA NATURALEZA.	➢ Utilizar el concepto cualitativo de energía para explicar su papel en las transformaciones que tienen lugar en nuestro entorno y reconocer la importancia y repercusiones para la sociedad y el medio ambiente de las diferentes fuentes de energía renovables y no renovables. ➢ Resolver problemas aplicando los conocimientos adquiridos.
TECNOLOGÍA	➢ Realizar las operaciones técnicas previstas en un plan de trabajo utilizando los recursos materiales y organizativos con criterios de economía, seguridad y respeto al medio ambiente y valorando las condiciones del entorno de trabajo.
MÚSICA	➢ Utilizar, con autonomía, algunos de los recursos tecnológicos disponibles, demostrando un conocimiento básico de las técnicas y procedimientos necesarios para grabar y reproducir música y para realizar sencillas producciones audiovisuales.

COMPETENCIA BÁSICA SOCIAL Y CIUDADANA

DESCRIPTORES ETAPA:	INDICADORES DE LOGRO O DOMINIO 3º ESO:
1. Comprende e interviene en la sociedad en la que vive, planificando proyectos de desarrollo/acción social en los que pone de manifiesto que conoce el modo de organización y funcionamiento de las sociedades democráticas, así como su evolución histórica, sus principios y valores, sus logros y sus problemas. 2. Reconoce situaciones de desigualdad y reflexiona sobre el modelo de desarrollo dominante, y adopta una postura crítica sobre la actuación de los organismos internacionales y de los movimientos y organizaciones sociales que trabajan en defensa de los derechos y deberes humanos y de la paz entre los pueblos.	❑ Comprende la sociedad en la que vive, conociendo el modo de organización y funcionamiento de las sociedades democráticas, así como su evolución histórica, sus principios y valores, sus logros y sus problemas, y muestra su comprensión a través de la resolución de las actividades específicas que se le plantean. ❑ Reconoce y analiza las situaciones de desigualdad social que genera el actual modelo de desarrollo y diseña propuestas prácticas para promover la participación e implicación en organizaciones sociales que promueven con sus intervenciones la defensa y el ejercicio de los derechos básicos de los ciudadanos.

MATERIAS	CRITERIOS DE EVALUACIÓN 3º ESO
L. CAST. Y LITERATURA	➢ Conocer la terminología lingüística necesaria para la reflexión sobre el uso.
L. EXTRANJERA	➢ Comprender la información general y específica, la idea principal y algunos detalles relevantes de textos orales sobre temas concretos y conocidos, y de mensajes sencillos emitidos con claridad por medios audiovisuales.
C. SOCIALES, Gª E HISTORIA	➢ Describir las transformaciones que en los campos de las tecnologías, la organización empresarial y la localización se están produciendo en las actividades, espacios y paisajes industriales, localizando y caracterizando los principales centros de producción en el mundo y en España y analizando las relaciones de intercambio que se establecen entre países y zonas. ➢ Identificar el desarrollo y la transformación reciente de las actividades terciarias, para entender los cambios que se están produciendo, tanto en las relaciones económicas como sociales. ➢ Identificar y localizar en el mapa de España las comunidades autónomas y sus capitales, los estados de Europa y los principales países y áreas geoeconómicas y culturales del mundo reconociendo la organización territorial los rasgos básicos de la estructura organización político-administrativa del Estado español y su pertenencia a la Unión Europea. ➢ Describir los rasgos geográficos comunes y diversos que caracterizan el espacio geográfico español y explicar el papel que juegan los principales centros de actividad económica y los grandes ejes de comunicación como componentes del espacio y cómo su localización se relaciona con los contrastes regionales.
ED.PLÁSTICA Y VISUAL	➢ Diferenciar los distintos estilos y tendencias de las artes visuales a través del tiempo y atendiendo a la diversidad cultural.
MÚSICA	➢ Reconocer auditivamente y determinar la época o cultura a la que pertenecen distintas obras musicales escuchadas previamente en el aula, interesándose por ampliar sus preferencias.
ED.PARA LA CIUDADANÍA	➢ Reconocer los principios democráticos y las instituciones fundamentales que establece la Constitución española y los Estatutos de Autonomía y describir la organización, funciones y forma de elección de algunos órganos de gobierno municipales, autonómicos y estatales.

COMPETENCIA BÁSICA SOCIAL Y CIUDADANA	
DESCRIPTORES ETAPA: 3. Realiza trabajos cooperativos para poner en práctica, evaluar y fundamentar las relaciones de convivencia y el desarrollo de proyectos en los diferentes contextos de su vida, asumiendo su responsabilidad individual, practicando el respeto hacia las opiniones de otras personas y el entendimiento mutuo; y ejerciendo el diálogo y la negociación como vías de acercamiento en la resolución de los problemas que les afectan. 4. Busca soluciones constructivas a las situaciones de su vida cotidiana y a las tareas escolares propias de su curso, y para comprender, asumir y respetar los diferentes puntos de vista para analizar la realidad, y se relaciona con asertividad y usa sus habilidades sociales, según la situación y el contexto (da las gracias, pide por favor, escucha, se disculpa, se muestra dialogante, elogia las aportaciones de los demás y sabe negociar).	**INDICADORES DE LOGRO O DOMINIO 3º ESO:** ❑ Realiza trabajos cooperativos en los diversos contextos en los que vive, desarrollando la escucha, el respeto por las opiniones de sus compañeros y profesores, expresando con corrección sus ideas, y participando responsablemente en el trabajo con los demás. ❑ Busca soluciones constructivas a las situaciones de su vida cotidiana y a las tareas escolares propias de su curso, y para comprender, asumir y respetar los diferentes puntos de vista en el análisis de la realidad, y se relaciona con asertividad y usa sus habilidades sociales según la situación y el contexto (da las gracias, pide por favor, escucha, se disculpa, se muestra dialogante, elogia las aportaciones de los demás y sabe negociar).

MATERIAS	CRITERIOS DE EVALUACIÓN 3º ESO
LENGUA CASTELLANA Y LITERATURA	➢ Extraer y contrastar informaciones concretas e identificar el propósito en los textos escritos más usados para actuar como miembros de la sociedad; seguir instrucciones en ámbitos públicos y en procesos de aprendizaje de cierta complejidad; inferir el tema general y temas secundarios; distinguir cómo se organiza la información. ➢ Realizar explicaciones orales sencillas sobre hechos de actualidad social, política o cultural que sean del interés del alumnado, con la ayuda de medios audiovisuales y de las tecnologías de la información y la comunicación.
L. EXTRANJERA	➢ Comprender la información general y todos los datos relevantes de textos escritos auténticos y adaptados, de extensión variada, diferenciando hechos y opiniones e identificando en su caso, la intención comunicativa del autor. ➢ Usar las tecnologías de la información y la comunicación de forma progresivamente autónoma para buscar información, producir textos a partir de modelos, enviar y recibir mensajes de correo electrónico, y para establecer relaciones personales orales y escritas, mostrando interés por su uso.
MATEMÁTICAS	➢ Utilizar los números racionales, sus operaciones y propiedades, para recoger, transformar e intercambiar información y resolver problemas relacionados con la vida diaria. ➢ Utilizar modelos lineales para estudiar diferentes situaciones reales expresadas mediante un enunciado, una tabla, una gráfica o una expresión algebraica. ➢ Hacer predicciones sobre la posibilidad de que un suceso ocurra a partir de información previamente obtenida de forma empírica o como resultado del recuento de posibilidades, en casos sencillos.

MATERIAS	CRITERIOS DE EVALUACIÓN 3º ESO
C. SOCIALES, Gª E HISTORIA	➢ Identificar los principales agentes e instituciones económicas así como las funciones que desempeñan en el marco de una economía cada vez más interdependiente, y aplicar este conocimiento al análisis y valoración de algunas realidades económicas actuales. ➢ Caracterizar los principales sistemas de explotación agraria existentes en el mundo, localizando algunos ejemplos representativos de los mismos, y utilizar esa caracterización para analizar algunos problemas de la agricultura española. ➢ Utilizar fuentes diversas (gráficos, croquis, mapas temáticos, bases de datos, imágenes, fuentes escritas) para obtener, relacionar y procesar información sobre hechos sociales y comunicar las conclusiones de forma organizada e inteligible empleando para ello las posibilidades que ofrecen las tecnologías de la información y la comunicación.
EDUCACIÓN PARA LA CIUDADANÍA	➢ Utilizar diferentes fuentes de información y considerar las distintas posiciones y alternativas existentes en los debates que se planteen sobre problemas y situaciones de carácter local o global. ➢ Identificar las características de la globalización y el papel que juegan en ella los medios de comunicación, reconocer las relaciones que existen entre la sociedad en la que vive y la vida de las personas de otras partes del mundo.
C. NATURALEZA: BIOLOGÍA Y GEOLOGÍA	➢ Recopilar información procedente de diversas fuentes documentales acerca de la influencia de las actuaciones humanas sobre los ecosistemas: efectos de la contaminación, desertización, disminución de la capa de ozono, agotamiento de recursos y extinción de especies.
C. NATURALEZA: FÍSICA Y QUÍMICA	➢ Determinar los rasgos distintivos del trabajo científico a través del análisis contrastado de algún problema científico o tecnológico de actualidad, así como su influencia sobre la calidad de vida de las personas. ➢ Describir los primeros modelos atómicos y justificar su evolución para poder explicar nuevos fenómenos, así como las aplicaciones que tienen algunas sustancias radiactivas y las repercusiones de su uso en los seres vivos y en el medio ambiente.
TECNOLOGÍA	➢ Elaborar, almacenar y recuperar documentos en soporte electrónico que incorporen información textual y gráfica. ➢ Acceder a Internet para la utilización de servicios básicos: navegación para la localización de información, correo electrónico, comunicación intergrupal y publicación de información.
MÚSICA	➢ Reconocer auditivamente y determinar la época o cultura a la que pertenecen distintas obras musicales escuchadas previamente en el aula, interesándose por ampliar sus preferencias. ➢ Leer distintos tipos de partituras en el contexto de las actividades musicales del aula como apoyo a las tareas de interpretación y audición.
EDUCACIÓN FÍSICA	➢ Resolver situaciones de juego reducido de uno o varios deportes colectivos, aplicando los conocimientos técnicos, tácticos y reglamentarios adquiridos. ➢ Realizar bailes por parejas o en grupo, indistintamente con cualquier miembro del mismo, mostrando respeto y desinhibición
INFORMÁTICA	➢ Diseñar y elaborar presentaciones destinadas a apoyar el discurso verbal en la exposición de ideas y proyectos. ➢ Desarrollar contenidos para la red aplicando estándares de accesibilidad en la publicación de la información.

COMPETENCIA BÁSICA SOCIAL Y CIUDADANA

DESCRIPTORES ETAPA:	INDICADORES DE LOGRO O DOMINIO 3º ESO:
5. Practica valores ejerciendo la ciudadanía activa, favoreciendo, e interiorizando en el ámbito personal y social el respeto, la cooperación, la solidaridad, la justicia, la no violencia, el compromiso y la participación. 6. Participa democráticamente en la vida del centro y de la comunidad, a partir del diálogo y de la negociación, desde el respeto a la pluralidad de ideas e intereses, y se muestra crítico y sensible ante las situaciones de discriminación por la pertenencia a un grupo social o étnico determinado, o por las diferencias entre sexos.	❑ Practica valores reflexionando, argumentando, emitiendo juicios y haciendo propuestas para mejorar las relaciones humanas, a nivel personal y escolar desde la cooperación, solidaridad, respeto, no violencia y compromiso mutuo. ❑ Participa democráticamente en los órganos de participación y representación del colegio, desde el respeto a la pluralidad de ideas e intereses, y se muestra crítico ante las situaciones de discriminación por razones de género o de índole social.

MATERIAS	CRITERIOS DE EVALUACIÓN 3º ESO
LENGUA CASTELLANA Y LITERATURA	➢ Exponer una opinión sobre la lectura personal de una obra completa adecuada a la edad y relacionada con los periodos literarios estudiados; evaluar la estructura y el uso de los elementos del género, el uso del lenguaje y el punto de vista del autor; situar básicamente el sentido de la obra en relación con su contexto y con la propia experiencia.
L. EXTRANJERA	➢ Identificar los aspectos culturales más relevantes de los países donde se habla la lengua extranjera, señalar las características más significativas de las costumbres, normas, actitudes y valores de la sociedad cuya lengua se estudia, y mostrar una valoración positiva de patrones culturales distintos a los propios.
CIENCIAS SOCIALES, GEOGRAFÍA E HISTORIA	➢ Analizar indicadores socioeconómicos de diferentes países y utilizar ese conocimiento para reconocer desequilibrios territoriales en la distribución de los recursos, explicando algunas de sus consecuencias y mostrando sensibilidad ante las desigualdades. ➢ Analizar la situación española como ejemplo representativo de las tendencias migratorias en la actualidad identificando sus causas y relacionándolo con el proceso de globalización y de integración económica que se está produciendo, así como identificando las consecuencias tanto para el país receptor como para los países emisores y manifestando actitudes de solidaridad en el enjuiciamiento de este fenómeno.
EDUCACIÓN PLÁSTICA Y VISUAL	➢ Elaborar y participar, activamente, en proyectos de creación visual cooperativos, como producciones videográficas o plásticas de gran tamaño, aplicando las estrategias propias y adecuadas del lenguaje visual y plástico.

MATERIAS	CRITERIOS DE EVALUACIÓN 3º ESO
EDUCACIÓN PARA LA CIUDADANÍA	➢ Identificar los principios básicos de las Declaración Universal de los Derechos Humanos y su evolución, distinguir situaciones de violación de los mismos y reconocer y rechazar las desigualdades de hecho y de derecho, en particular las que afectan a las mujeres. ➢ Identificar y rechazar, a partir del análisis de hechos reales o figurados, las situaciones de discriminación hacia personas de diferente origen, género, ideología, religión, orientación afectivo-sexual y otras, respetando las diferencias personales y mostrando autonomía de criterio. ➢ Participar en la vida del centro y del entorno y practicar el diálogo para superar los conflictos en las relaciones escolares y familiares. ➢ Identificar los principales servicios públicos que deben garantizar las administraciones, reconocer la contribución de los ciudadanos y ciudadanas en su mantenimiento y mostrar, ante situaciones de la vida cotidiana, actitudes cívicas relativas al cuidado del entorno, la seguridad vial, la protección civil y el consumo responsable. ➢ Identificar algunos de los rasgos de las sociedades actuales (desigualdad, pluralidad cultural, compleja convivencia urbana, etc.) y desarrollar actitudes responsables que contribuyan a su mejora.
BIOLOGÍA Y GEOLOGÍA	➢ Reconocer que en la salud influyen aspectos físicos, psicológicos y sociales, y valorar la importancia de los estilos de vida para prevenir enfermedades y mejorar la calidad de vida, así como las continuas aportaciones de las ciencias biomédicas. ➢ Comprender el funcionamiento de los métodos de control de la natalidad y valorar el uso de métodos de prevención de enfermedades de transmisión sexual.
FÍSICA Y QUÍMICA	➢ Producir e interpretar fenómenos electrostáticos cotidianos, valorando las repercusiones de la electricidad en el desarrollo científico y tecnológico y en las condiciones de vida de las personas.
TECNOLOGÍA	➢ Realizar las operaciones técnicas previstas en un plan de trabajo utilizando los recursos materiales y organizativos con criterios de economía, seguridad y respeto al medio ambiente y valorando las condiciones del entorno de trabajo.
INFORMÁTICA	➢ Participar activamente en redes sociales virtuales como emisores y receptores de información e iniciativas comunes.
MÚSICA	➢ Comunicar a los demás juicios personales acerca de la música escuchada. ➢ Participar en la interpretación en grupo de una pieza vocal, instrumental o coreográfica, adecuando la propia interpretación a la del conjunto y asumiendo distintos roles.
EDUCACIÓN FÍSICA	➢ Realizar bailes por parejas o en grupo, indistintamente con cualquier miembro del mismo, mostrando respeto y desinhibición. ➢ Resolver situaciones de juego reducido de uno o varios deportes colectivos, aplicando los conocimientos técnicos, tácticos y reglamentarios adquiridos.

COMPETENCIA BÁSICA SOCIAL Y CIUDADANA

DESCRIPTORES ETAPA:

7. Resuelve pacíficamente los conflictos de convivencia de forma no violenta, con objetividad y criterio, analizando los prejuicios e imágenes estereotipadas que recibe de los diferentes medios de comunicación sobre determinadas situaciones, hechos o acontecimientos de carácter social.
8. Emprende proyectos sociales para sentirse comprometido con los problemas de su realidad social, conforme a los cambios económicos, culturales y sociales que se están experimentando, y participa en redes sociales para ampliar la capacidad de intervenir en la vida ciudadana.

INDICADORES DE LOGRO O DOMINIO 3º ESO:

- ❑ Reflexiona, enjuicia y toma postura crítica ante los prejuicios y estereotipos que afloran en la resolución de conflictos entre iguales en los diferentes contextos de su vida, proponiendo y planificando soluciones argumentadas de carácter no violento.
- ❑ Se plantea proyectos de investigación en torno a los problemas que más están afectando a su realidad social y participa en iniciativas grupales y/o asociaciones juveniles en la resolución de los mismos.

MATERIAS	CRITERIOS DE EVALUACIÓN 3º ESO
LENGUA CASTELLANA Y LITERATURA	➢ Mostrar conocimiento de las relaciones entre las obras leídas y comentadas, el contexto en que aparecen y los autores más relevantes de la historia de la literatura, realizando un trabajo personal de información y de síntesis o de imitación y recreación, en soporte papel o digital.
MATEMÁTICAS	➢ Resolver problemas de la vida cotidiana en los que se precise el planteamiento y resolución de ecuaciones de primer y segundo grado o de sistemas de ecuaciones lineales con dos incógnitas.
C. SOCIALES, Gª E HISTORIA	➢ Describir algún caso que muestre las consecuencias medioambientales de las actividades económicas y los comportamientos individuales, discriminando las formas de desarrollo sostenible de las que son nocivas para el medio ambiente y aportando algún ejemplo de los acuerdos y políticas internacionales para frenar su deterioro.
ED. CIUDADANÍA	➢ Reconocer la existencia de conflictos y el papel que desempeñan en los mismos las organizaciones internacionales y las fuerzas de pacificación. Valorar la importancia de las leyes y la participación humanitaria para paliar las consecuencias de los conflictos.
EDUCACIÓN PLÁSTICA Y VISUAL	➢ Elaborar y participar, activamente, en proyectos de creación visual cooperativos, como producciones videográficas o plásticas de gran tamaño, aplicando las estrategias propias y adecuadas del lenguaje visual y plástico.
GEOLOGÍA Y BIOLOGÍA	➢ Analizar información sobre la influencia de las actuaciones humanas en los ecosistemas y argumentar posibles actuaciones para evitar el deterioro del medio ambiente y promover una gestión más racional de los recursos naturales.
TECNOLOGÍA	➢ Valorar las necesidades del proceso tecnológico empleando la resolución técnica de problemas analizando su contexto, proponiendo soluciones alternativas y desarrollando la más adecuada. Elaborar documentos técnicos empleando recursos verbales y gráficos.
EDUCACIÓN FÍSICA	➢ Resolver situaciones de juego reducido de uno o varios deportes colectivos, aplicando los conocimientos técnicos, tácticos y reglamentarios adquiridos. ➢ Realizar bailes por parejas o en grupo, indistintamente con cualquier miembro del mismo, mostrando respeto y desinhibición.

COMPETENCIA BÁSICA SOCIAL Y CIUDADANA	
DESCRIPTORES ETAPA / INDICADORES DE LOGRO O DOMINIO 4º ESO: 1. Comprende e interviene en la sociedad en la que vive, planificando proyectos de desarrollo/acción social en los que pone de manifiesto que conoce el modo de organización y funcionamiento de las sociedades democráticas, así como su evolución histórica, sus principios y valores, sus logros y sus problemas. 2. Reconoce situaciones de desigualdad y reflexiona sobre el modelo de desarrollo dominante, y adopta una postura crítica sobre la actuación de los organismos internacionales y de los movimientos y organizaciones sociales que trabajan en defensa de los derechos y deberes humanos y de la paz entre los pueblos.	
MATERIAS	**CRITERIOS DE EVALUACIÓN 4º ESO**
LENGUA CASTELLANA Y LITERATURA	➢ Conocer la terminología lingüística necesaria para la reflexión sobre el uso.
L. EXTRANJERA	➢ Comprender la información general y específica, la idea principal y los detalles más relevantes de textos orales emitidos en situaciones de comunicación interpersonal o por los medios audiovisuales, sobre temas que no exijan conocimientos especializados.
C. SOCIALES, Gª E HISTORIA	➢ Identificar y caracterizar las distintas etapas de la evolución política y económica de España durante el siglo XX y los avances y retrocesos hasta lograr la modernización económica, la consolidación del sistema democrático y la pertenencia a la Unión Europea.
EDUCACIÓN FÍSICA	➢ Manifestar una actitud crítica ante las prácticas y valoraciones que se hacen del deporte y del cuerpo a través de los diferentes medios de comunicación.
EDUCACIÓN ÉTICO-CÍVICA	➢ Reconocer los Derechos Humanos como principal referencia ética de la conducta humana e identificar la evolución de los derechos cívicos, políticos, económicos, sociales y culturales, manifestando actitudes a favor del ejercicio activo y el cumplimiento de los mismos. ➢ Comprender y expresar el significado histórico y filosófico de la democracia como forma de convivencia social y política.
LATÍN	➢ Identificar componentes de origen grecolatino en palabras del lenguaje cotidiano y en el vocabulario específico de las ciencias y de la técnica, y explicar su sentido etimológico.

<table>
<tr><th colspan="3">COMPETENCIA BÁSICA SOCIAL Y CIUDADANA</th></tr>
<tr><td colspan="3">DESCRIPTORES ETAPA / INDICADORES DE LOGRO O DOMINIO 4º ESO:
3. Realiza trabajos cooperativos para poner en práctica, evaluar y fundamentar las relaciones de convivencia y el desarrollo de proyectos en los diferentes contextos de su vida, asumiendo su responsabilidad individual, practicando el respeto hacia las opiniones de otras personas y el entendimiento mutuo; y ejerciendo el diálogo y la negociación como vías de acercamiento en la resolución de los problemas que les afectan.
4. Busca soluciones constructivas a las situaciones de su vida cotidiana y a las tareas escolares propias de su curso, y para comprender, asumir y respetar los diferentes puntos de vista para analizar la realidad, y se relaciona con asertividad y usa sus habilidades sociales, según la situación y el contexto (da las gracias, pide por favor, escucha, se disculpa, se muestra dialogante, elogia las aportaciones de los demás y sabe negociar).</td></tr>
<tr><th>MATERIAS</th><th colspan="2">CRITERIOS DE EVALUACIÓN 4º ESO</th></tr>
<tr><td>LENGUA CASTELLANA Y LITERATURA</td><td colspan="2">➢ Extraer y contrastar informaciones concretas e identificar el propósito en los textos escritos más usados para actuar como miembros de la sociedad; seguir instrucciones en ámbitos públicos y en procesos de aprendizaje de cierta complejidad; inferir el tema general y temas secundarios; distinguir cómo se organiza la información.
➢ Realizar explicaciones orales sencillas sobre hechos de actualidad social, política o cultural que sean del interés del alumnado, con la ayuda de medios audiovisuales y de las tecnologías de la información y la comunicación.</td></tr>
<tr><td>L. EXTRANJERA</td><td colspan="2">➢ Comprender la información general y específica de diversos textos escritos auténticos y adaptados, y de extensión variada, identificando datos, opiniones, argumentos, informaciones implícitas e intención comunicativa del autor.
➢ Usar las tecnologías de la información y la comunicación con cierta autonomía para buscar información, producir textos a partir de modelos, enviar y recibir mensajes de correo electrónico y para establecer relaciones personales orales y escritas, mostrando interés por su uso.</td></tr>
<tr><td rowspan="2">MATEMÁTICAS</td><td>OPCIÓN “A”</td><td>OPCIÓN “B”</td></tr>
<tr><td>➢ Utilizar los distintos tipos de números y operaciones, junto con sus propiedades, para recoger, transformar e intercambiar información y resolver problemas relacionados con la vida diaria.
➢ Aplicar porcentajes y tasas a la resolución de problemas cotidianos y financieros, valorando la oportunidad de utilizar la hoja de cálculo en función de la cantidad y complejidad de los números.
➢ Analizar tablas y gráficas que representen relaciones funcionales asociadas a situaciones reales para obtener información sobre su comportamiento.</td><td>➢ Utilizar los distintos tipos de números y operaciones, junto con sus propiedades, para recoger, transformar e intercambiar información y resolver problemas relacionados con la vida diaria y otras materias del ámbito académico.
➢ Elaborar e interpretar tablas y gráficos estadísticos, así como los parámetros estadísticos más usuales en distribuciones unidimensionales y valorar cualitativamente la representatividad de las muestras utilizadas.</td></tr>
</table>

MATERIAS	CRITERIOS DE EVALUACIÓN 4º ESO
C. SOCIALES, Gª E HISTORIA	➢ Situar en el tiempo y en el espacio los periodos y hechos trascendentes y procesos históricos relevantes que se estudian en este curso identificando el tiempo histórico en el mundo, en Europa y en España, aplicando las convenciones y conceptos habituales en el estudio de la Historia. ➢ Identificar las causas y consecuencias de hechos y procesos históricos significativos estableciendo conexiones entre ellas y reconociendo la causalidad múltiple que comportan los hechos sociales. ➢ Explicar las razones del poder político y económico de los países europeos en la segunda mitad del siglo XIX identificando los conflictos y problemas que caracterizan estos años, tanto a nivel internacional como en el interior de los estados, especialmente los relacionados con la expansión colonial y con las tensiones sociales y políticas.
EDUCACIÓN ÉTICO-CÍVICA	➢ Diferenciar los rasgos básicos que caracterizan la dimensión moral de las personas (las normas, la jerarquía de valores, las costumbres, etc.) y los principales problemas morales. ➢ Identificar y expresar las principales teorías éticas. ➢ Reconocer los valores fundamentales de la democracia en la Constitución española y la noción de sistema democrático como forma de organización política en España y en el mundo. ➢ Distinguir igualdad y diversidad y las causas y factores de discriminación. Analizar el camino recorrido hacia la igualdad de derechos de las mujeres.
BIOLOGÍA Y GEOLOGÍA	➢ Utilizar el modelo dinámico de la estructura interna de la Tierra y la Relacionar la evolución y la distribución de los seres vivos, destacando sus adaptaciones más importantes, con los mecanismos de selección natural que actúan sobre la variabilidad genética de cada especie.
FÍSICA Y QUÍMICA	➢ Aplicar el principio de conservación de la energía a la comprensión de las transformaciones energéticas de la vida diaria, reconocer el trabajo y el calor como formas de transferencia de energía y analizar los problemas asociados a la obtención y uso de las diferentes fuentes de energía empleadas para producirlos.
TECNOLOGÍA	➢ Conocer las principales aplicaciones de las tecnologías hidráulica y neumática e identificar y describir las características y funcionamiento de este tipo de sistemas. Utilizar con soltura la simbología y nomenclatura necesaria para representar circuitos con la finalidad de diseñar y construir un mecanismo capaz de resolver un problema cotidiano, utilizando energía hidráulica o neumática.
EDUCACIÓN FÍSICA	➢ Manifestar una actitud crítica ante las prácticas y valoraciones que se hacen del deporte y del cuerpo a través de los diferentes medios de comunicación. ➢ Participar en la organización y puesta en práctica de torneos en los que se practicarán deportes y actividades físicas realizadas a lo largo de la etapa.
MÚSICA	➢ Explicar algunas de las funciones que cumple la música en la vida de las personas y en la sociedad. ➢ Explicar los procesos básicos de creación, edición y difusión musical considerando la intervención de distintos profesionales.

COMPETENCIA BÁSICA SOCIAL Y CIUDADANA

DESCRIPTORES ETAPA / INDICADORES DE LOGRO O DOMINIO 4º ESO:

5. Practica valores ejerciendo la ciudadanía activa, favoreciendo, e interiorizando en el ámbito personal y social el respeto, la cooperación, la solidaridad, la justicia, la no violencia, el compromiso y la participación.
6. Participa democráticamente en la vida del centro y de la comunidad, a partir del diálogo y de la negociación, desde el respeto a la pluralidad de ideas e intereses, y se muestra crítico y sensible ante las situaciones de discriminación por la pertenencia a un grupo social o étnico determinado, o por las diferencias entre sexos.

MATERIAS	CRITERIOS DE EVALUACIÓN 4º ESO
L. CASTELLANA Y LITERATURA	➢ Exponer una opinión sobre la lectura personal de una obra completa adecuada a la edad y relacionada con los periodos literarios estudiados; evaluar la estructura y el uso de los elementos del género, el uso del lenguaje y el punto de vista del autor; situar básicamente el sentido de la obra en relación con su contexto y con la propia experiencia.
L. EXTRANJERA	➢ Identificar y describir los aspectos culturales más relevantes de los países donde se habla la lengua extranjera y establecer algunas relaciones entre las características más significativas de las costumbres, usos, actitudes y valores de la sociedad cuya lengua se estudia y la propia y mostrar respeto hacia los mismos.
LATÍN	➢ Distinguir en las diversas manifestaciones literarias y artísticas de todos los tiempos la mitología clásica como fuente de inspiración y reconocer en el patrimonio arqueológico las huellas de la romanización.
C. SOC., Gª E HISTORIA	➢ Identificar los rasgos fundamentales de los procesos de industrialización y modernización económica y de las revoluciones liberales burguesas, valorando los cambios económicos, sociales y políticos que supusieron, identificando las peculiaridades de estos procesos en España.
EDUCACIÓN ÉTICO-CÍVICA	➢ Descubrir sus sentimientos en las relaciones interpersonales, razonar las motivaciones de sus conductas y elecciones y practicar el diálogo en las situaciones de conflicto. ➢ Reconocer la existencia de conflictos y el papel que desempeñan en los mismos las organizaciones internacionales y las fuerzas de pacificación. Valorar la cultura de la paz, la importancia de las leyes y la participación humanitaria para paliar las consecuencias de los conflictos. ➢ Justificar las propias posiciones utilizando sistemáticamente la argumentación y el diálogo y participar de forma democrática y cooperativa en las actividades del centro y del entorno.

MATERIAS	CRITERIOS DE EVALUACIÓN 4º ESO
BIOLOGÍA Y GEOLOGÍA	➢ Conocer que los genes están constituidos por ADN y ubicados en los cromosomas, interpretar el papel de la diversidad genética (intraespecífica e interespecífica) y las mutaciones a partir del concepto de gen y valorar críticamente las consecuencias de los avances actuales de la ingeniería genética. ➢ Exponer razonadamente los problemas que condujeron a enunciar la teoría de la evolución, los principios básicos de esta teoría y las controversias científicas, sociales y religiosas que suscitó.
FÍSICA Y QUÍMICA	➢ Reconocer las aplicaciones energéticas derivadas de las reacciones de combustión de hidrocarburos y valorar su influencia en el incremento del efecto invernadero.
TECNOLOGÍA	➢ Describir los elementos que componen las distintas instalaciones de una vivienda y las normas que regulan su diseño y utilización.
MÚSICA	➢ Exponer de forma crítica la opinión personal respecto a distintas músicas y eventos musicales, argumentándola en relación a la información obtenida en distintas fuentes: libros, publicidad, programas de conciertos, críticas, etc. ➢ Participar activamente en algunas de las tareas necesarias para la celebración de actividades musicales en el centro: planificación, ensayo, interpretación, difusión, etc.
EDUCACIÓN FÍSICA	➢ Manifestar una actitud crítica ante las prácticas y valoraciones que se hacen del deporte y del cuerpo a través de los diferentes medios de comunicación. ➢ Participar en la organización y puesta en práctica de torneos en los que se practicarán deportes y actividades físicas realizadas a lo largo de la etapa. ➢ Participar de forma desinhibida y constructiva en la creación y realización de actividades expresivas colectivas con soporte musical. ➢ Resolver supuestos prácticos sobre las lesiones que se pueden producir en la vida cotidiana, en la práctica de actividad física y en el deporte, aplicando unas primeras atenciones.

COMPETENCIA BÁSICA SOCIAL Y CIUDADANA
DESCRIPTORES ETAPA / INDICADORES DE LOGRO O DOMINIO 4º ESO: 7. Resuelve pacíficamente los conflictos de convivencia de forma no violenta, con objetividad y criterio, analizando los prejuicios e imágenes estereotipadas que recibe de los diferentes medios de comunicación sobre determinadas situaciones, hechos o acontecimientos de carácter social. 8. Emprende proyectos sociales para sentirse comprometido con los problemas de su realidad social, conforme a los cambios económicos, culturales y sociales que se están experimentando, y participa en redes sociales para ampliar la capacidad de intervenir en la vida ciudadana.

MATERIAS	CRITERIOS DE EVALUACIÓN	
LENGUA CASTELLANA Y LITERATURA	➢ Mostrar conocimiento de las relaciones entre las obras leídas y comentadas, el contexto en que aparecen y los autores más relevantes de la historia de la literatura, realizando un trabajo personal de información y de síntesis o de imitación y recreación, en soporte papel o digital.	
MATEMÁTICAS	OPCIÓN "A"	OPCIÓN "B"
	➢ Resolver problemas de la vida cotidiana en los que se precise el planteamiento y resolución de ecuaciones de primer y segundo grado o de sistemas de ecuaciones lineales con dos incógnitas. ➢ Aplicar los conceptos y técnicas de cálculo de probabilidades para resolver diferentes situaciones y problemas de la vida cotidiana.	➢ Aplicar los conceptos y técnicas de cálculo de probabilidades para resolver diferentes situaciones y problemas de la vida cotidiana. ➢ Planificar y utilizar procesos de razonamiento y estrategias de resolución de problemas tales como la emisión y justificación de hipótesis o la generalización, y expresar verbalmente, con precisión y rigor, razonamientos, relaciones cuantitativas e informaciones que incorporen elementos matemáticos, valorando la utilidad y simplicidad del lenguaje matemático para ello.
C. SOCIALES, Gª E HISTORIA	➢ Caracterizar y situar en el tiempo y en el espacio las grandes transformaciones y conflictos mundiales que han tenido lugar en el siglo XX y aplicar este conocimiento a la comprensión de algunos de los problemas internacionales más destacados de la actualidad. ➢ Realizar trabajos individuales y en grupo sobre algún foco de tensión política o social en el mundo actual, indagando sus antecedentes históricos, analizando las causas y planteando posibles desenlaces, utilizando fuentes de información, pertinentes, incluidas algunas que ofrezcan interpretaciones diferentes o complementarias de un mismo hecho.	

MATERIAS	CRITERIOS DE EVALUACIÓN
EDUCACIÓN ÉTICO-CÍVICA	➢ Analizar las causas que provocan los principales problemas sociales del mundo actual, utilizando de forma crítica la información que proporcionan los medios de comunicación e identificar soluciones comprometidas con la defensa de formas de vida más justas.
EDUCACIÓN PLÁSTICA Y VISUAL	➢ Colaborar en la realización de proyectos plásticos que comportan una organización de forma cooperativa.
CIENCIAS DE LA NATURALEZA: GEOLOGÍA Y BIOLOGÍA	➢ Explicar cómo se produce la transferencia de materia y energía a largo de una cadena o red trófica concreta y deducir las consecuencias prácticas en la gestión sostenible de algunos recursos por parte del ser humano.
CIENCIAS DE LA NATURALEZA: FÍSICA Y QUÍMICA	➢ Analizar los problemas y desafíos, estrechamente relacionados, a los que se enfrenta la humanidad en relación con la situación de la Tierra, reconocer la responsabilidad de la ciencia y la tecnología y la necesidad de su implicación para resolverlos y avanzar hacia el logro de un futuro sostenible.
TECNOLOGÍA	➢ Conocer la evolución tecnológica a lo largo de la historia. Analizar objetos técnicos y su relación con el entorno y valorar su repercusión en la calidad de vida.
EDUCACIÓN FÍSICA	➢ Resolver supuestos prácticos sobre las lesiones que se pueden producir en la vida cotidiana, en la práctica de actividad física y en el deporte, aplicando unas primeras atenciones. ➢ Manifestar una actitud crítica ante las prácticas y valoraciones que se hacen del deporte y del cuerpo a través de los diferentes medios de comunicación. ➢ Participar en la organización y puesta en práctica de torneos en los que se practicarán deportes y actividades físicas realizadas a lo largo de la etapa.

REGISTRO DEL NIVEL DE LOGRO DESARROLLADO EN LA COMPETENCIA BÁSICA

Alumno/a:	**Curso: 1º de ESO**											
CC. BB. SOCIAL Y CIUDADANA	**APRECIACIÓN DEL NIVEL DE LOGRO:**											
INDICADORES DE LOGRO:	**1º TRIM.**				**2º TRIM.**				**3º TRIM.**			
	1	**2**	**3**	**V**	**1**	**2**	**3**	**V**	**1**	**2**	**3**	**V**
1. Comprende la sociedad en la que vive, identificando los rasgos característicos, sus instituciones y las funciones que desarrollan en el tratamiento de los problemas que más le afectan como ciudadano.												
2. Reconoce situaciones de desigualdad social que pueden producirse en el ámbito académico y en los ámbitos sociales próximos a la experiencia del alumnado, desarrollando propuestas para la defensa y el ejercicio de los derechos básicos de los ciudadanos.												
3. Realiza trabajos cooperativos, participando en actividades y tareas, y utilizando el diálogo como vía de entendimiento para la toma de decisiones desde el respeto de todas las opiniones.												
4. Busca soluciones constructivas a las situaciones de su vida cotidiana y a las tareas escolares propias de su curso, y para comprender los diferentes puntos de vista en el análisis de una misma realidad, y se relaciona con asertividad y usa sus habilidades sociales, según la situación y el contexto (da las gracias, pide por favor, sabe escuchar, elogia las aportaciones de los demás y se disculpa).												
5. Practica valores actuando y participando en las actividades escolares, desde la puesta en práctica de un sistema de valores y principios éticos y democráticos: cooperación, respeto y no violencia.												
6. Participa de forma democrática, mostrándose crítico ante las situaciones de discriminación por razones de género o de índole social que se producen en el centro educativo, y realiza aportaciones para solucionarlas de manera responsable.												
7. Resuelve pacíficamente los conflictos, planteando soluciones de carácter no violento a las situaciones de conflicto que se producen entre sus iguales, y aporta ideas de carácter preventivo.												
8. Emprende proyectos sociales, proponiendo y participando activamente en actividades de grupo, de forma cooperativa, en torno a temas de interés social referidos a su entorno más cercano.												

REGISTRO DEL NIVEL DE LOGRO DESARROLLADO EN LA COMPETENCIA BÁSICA												
Alumno/a:	**Curso: 2º de ESO**											
CC. BB. SOCIAL Y CIUDADANA	**APRECIACIÓN DEL NIVEL DE LOGRO:**											
INDICADORES DE LOGRO:	**1º TRIM.**				**2º TRIM.**				**3º TRIM.**			
	1	**2**	**3**	**V**	**1**	**2**	**3**	**V**	**1**	**2**	**3**	**V**
1. Comprende la sociedad en la que vive, Identificando los rasgos característicos, sus instituciones y las funciones que desarrollan en el tratamiento de los problemas que más le afectan como ciudadano, y muestra su comprensión a través de la resolución de las actividades específicas que se le plantean.												
2. Reconoce las situaciones de desigualdad social y se muestra favorable a participar voluntariamente en organizaciones sociales que promueven la defensa y el ejercicio de los derechos básicos de los ciudadanos.												
3. Realiza trabajos cooperativos, participando en actividades y tareas en grupo, y argumenta el uso de prácticas sociales que favorecen las relaciones de convivencia desde el respeto hacia las personas, el diálogo, la responsabilidad y el entendimiento mutuo.												
4. Busca soluciones constructivas a las situaciones de su vida cotidiana y a las tareas escolares propias de su curso, y para comprender y respetar los diferentes puntos de vista en el análisis de la realidad, y se relaciona con asertividad y usa sus habilidades sociales, según la situación y el contexto (da las gracias, pide por favor, escucha, se disculpa, se muestra dialogante, elogia las aportaciones de los demás y sabe negociar).												
5. Practica valores, basando las relaciones humanas, a nivel personal y escolar, en la cooperación, solidaridad, respeto, no violencia y compromiso mutuo.												
6. Participa democráticamente y de manera activa en los órganos de participación y representación del centro educativo, desde el respeto a la pluralidad de ideas e intereses y a las normas de convivencias establecidas con las aportaciones de todos y todas.												
7. Resuelve pacíficamente los conflictos, tomando postura crítica ante los prejuicios y estereotipos que afloran en la resolución de conflictos entre iguales, planteando soluciones de carácter no violento y aportando ideas de carácter preventivo.												
8. Emprende proyectos sociales, planteando indagaciones en torno a los problemas que más están afectando a su realidad social, evaluando y comunicando las conclusiones que obtiene, y diseñando propuestas de mejora.												

REGISTRO DEL NIVEL DE LOGRO DESARROLLADO EN LA COMPETENCIA BÁSICA												
Alumno/a:	**Curso: 3º de ESO**											
CC. BB. SOCIAL Y CIUDADANA	**APRECIACIÓN DEL NIVEL DE LOGRO:**											
INDICADORES DE LOGRO:	**1º TRIM.**				**2º TRIM.**				**3º TRIM.**			
	1	**2**	**3**	**V**	**1**	**2**	**3**	**V**	**1**	**2**	**3**	**V**
1. Comprende la sociedad en la que vive, conociendo el modo de organización y funcionamiento de las sociedades democráticas, así como su evolución histórica, sus principios y valores, sus logros y sus problemas, y muestra su comprensión a través de la resolución de las actividades específicas que se le plantean.												
2. Reconoce y analiza las situaciones de desigualdad social que genera el actual modelo de desarrollo y diseña propuestas prácticas para promover la participación e implicación en organizaciones sociales que promueven con sus intervenciones la defensa y el ejercicio de los derechos básicos de los ciudadanos.												
3. Realiza trabajos cooperativos en los diversos contextos en los que vive, desarrollando la escucha, el respeto por las opiniones de sus compañeros y profesores, expresando con corrección sus ideas, y participando responsablemente en el trabajo con los demás												
4. Busca soluciones constructivas a las situaciones de su vida cotidiana y a las tareas escolares propias de su curso, y para comprender, asumir y respetar los diferentes puntos de vista en el análisis de la realidad, y se relaciona con asertividad y usa sus habilidades sociales según la situación y el contexto (da las gracias, pide por favor, escucha, se disculpa, se muestra dialogante, elogia las aportaciones de los demás y sabe negociar).												
5. Practica valores reflexionando, argumentando, emitiendo juicios y haciendo propuestas para mejorar las relaciones humanas, a nivel personal y escolar desde la cooperación, solidaridad, respeto, no violencia y compromiso mutuo.												
6. Participa democráticamente en los órganos de participación y representación del colegio, desde el respeto a la pluralidad de ideas e intereses, y se muestra crítico ante las situaciones de discriminación por razones de género o de índole social.												
7. Resuelve pacíficamente los conflictos, tomando postura crítica ante los prejuicios y estereotipos que afloran en la resolución de conflictos entre iguales en los diferentes contextos de su vida, y proponiendo y planificando soluciones argumentadas de carácter no violento.												
8. Emprende proyectos sociales, planteando investigaciones en torno a los problemas que más están afectando a su realidad social, y participando en iniciativas grupales y/o asociaciones juveniles en la resolución de los mismos.												

REGISTRO DEL NIVEL DE LOGRO DESARROLLADO EN LA COMPETENCIA BÁSICA												
Alumno/a:	**Curso: 4º de ESO**											
CC. BB. SOCIAL Y CIUDADANA	**APRECIACIÓN DEL NIVEL DE LOGRO:**											
INDICADORES DE LOGRO:	**1º TRIM.**				**2º TRIM.**				**3º TRIM.**			
	1	**2**	**3**	**V**	**1**	**2**	**3**	**V**	**1**	**2**	**3**	**V**
1. Comprende e interviene en la sociedad en la que vive, planificando proyectos de desarrollo/acción social en los que pone de manifiesto que conoce el modo de organización y funcionamiento de las sociedades democráticas, así como su evolución histórica, sus principios y valores, sus logros y sus problemas.												
2. Reconoce situaciones de desigualdad y reflexiona sobre el modelo de desarrollo dominante, y adopta una postura crítica sobre la actuación de los organismos internacionales y de los movimientos y organizaciones sociales que trabajan en defensa de los derechos y deberes humanos y de la paz entre los pueblos.												
3. Realiza trabajos cooperativos para poner en práctica, evaluar y fundamentar las relaciones de convivencia y el desarrollo de proyectos en los diferentes contextos de su vida, asumiendo su responsabilidad individual, practicando el respeto hacia las opiniones de otras personas y el entendimiento mutuo; y ejerciendo el diálogo y la negociación como vías de acercamiento en la resolución de los problemas que les afectan.												
4. Busca soluciones constructivas a las situaciones de su vida cotidiana y a las tareas escolares propias de su curso, y para comprender, asumir y respetar los diferentes puntos de vista para analizar la realidad, y se relaciona con asertividad y usa sus habilidades sociales, según la situación y el contexto (da las gracias, pide por favor, escucha, se disculpa, se muestra dialogante, elogia las aportaciones de los demás y sabe negociar).												
5. Práctica valores ejerciendo la ciudadanía activa, favoreciendo, e interiorizando en el ámbito personal y social el respeto, la cooperación, la solidaridad, la justicia, la no violencia, el compromiso y la participación.												

6. Participa democráticamente en la vida del centro y de la comunidad, a partir del diálogo y de la negociación, desde el respeto a la pluralidad de ideas e intereses, y se muestra crítico y sensible ante las situaciones de discriminación por la pertenencia a un grupo social o étnico determinado, o por las diferencias entre sexos.												
7. Resuelve pacíficamente los conflictos de convivencia de forma no violenta, con objetividad y criterio, analizando los prejuicios e imágenes estereotipadas que recibe de los diferentes medios de comunicación sobre determinadas situaciones, hechos o acontecimientos de carácter social.												
8. Emprende proyectos sociales para sentirse comprometido con los problemas de su realidad social, conforme a los cambios económicos, culturales y sociales que se están experimentando, y participa en redes sociales para ampliar la capacidad de intervenir en la vida ciudadana.												

1.6. *CompetenciaCultural y artística*

COMPETENCIA BÁSICA CULTURAL Y ARTÍSTICA		
ASPECTOS DISTINTIVOS	MATERIAS	APRENDIZAJES IMPRESCINDIBLES
1. Conocimiento, comprensión, aprecio y valoración crítica de diferentes manifestaciones culturales y artísticas. **2. Conocimiento básico de las principales técnicas, recursos y convenciones de los diferentes lenguajes artísticos, de las obras de arte y manifestaciones más destacadas del patrimonio cultural.** **3. Habilidades de pensamiento divergente y convergente: reelaborar ideas y sentimientos propios y ajenos.** **4. Puesta en funcionamiento la iniciativa, la imaginación y la creatividad para expresarse mediante códigos artísticos.** **5. Aprecio de la creatividad implícita en la expresión de ideas, experiencias o sentimientos a través de diferentes medios artísticos.** **6. Aprecio del hecho cultural y artístico: habilidades y actitudes para acceder a sus manifestaciones, de pensamiento, perceptivas y comunicativas.**	LENGUA CASTELLANA Y LITERATURA	❑ Leer, interpretar y valorar las obras literarias. ❑ Aproximarse al patrimonio literario y a los temas recurrentes que son expresión de preocupaciones esenciales del ser humano. ❑ Apreciar las manifestaciones literarias con otras manifestaciones artísticas, como la música, la pintura o el cine. ❑ Descubrir el sentido del mundo social de la literatura: autores, críticos, acceso a bibliotecas, librerías, catálogos o la presencia de lo literario en la prensa.
	LENGUAS EXTRANJERAS	❑ Acercarse a manifestaciones culturales propias de la lengua y de los países en los que se habla para propiciar una aproximación a obras o autores que han contribuido a la creación artística. ❑ Realizar trabajos creativos individuales y en grupo: representación de simulaciones y narraciones. ❑ Expresar opiniones, gustos y emociones que producen diversas manifestaciones culturales y artísticas. ❑ Conocer y apreciar la diversidad cultural a partir de manifestaciones artísticas.
	MATEMÁTICAS	❑ Utilizar la geometría como parte integral de la expresión artística de la humanidad al ofrecer medios para describir y comprender el mundo que nos rodea y apreciar la belleza de las estructuras que ha creado. ❑ Cultivar la sensibilidad y la creatividad, el pensamiento divergente, la autonomía y el apasionamiento estético.

7. Valoración de la libertad de expresión, el derecho a la diversidad cultural, la importancia del diálogo intercultural y la realización de experiencias artísticas compartidas. **8. Toma de conciencia de la evolución del pensamiento, de las corrientes estéticas, las modas y los gustos.** **9. Actitud abierta, respetuosa y crítica hacia la diversidad de expresiones artísticas y culturales.**	CIENCIAS SOCIALES, GEOGRAFÍA E HISTORIA	❑ Conocer y valorar las manifestaciones del hecho artístico: selección de obras de arte relevantes. ❑ Percibir y describir aspectos diversos relativos al patrimonio cultural de las diferentes comunidades autónomas en distintos ámbitos: análisis de las relaciones, génesis histórica y problemática social de su conservación. ❑ Destrezas de observación y de comprensión de aquellos elementos técnicos imprescindibles para su análisis. ❑ Apreciar las obras de arte: habilidades perceptivas y de sensibilización, capacidad de emocionarse con ellas y valoración del patrimonio cultural, respeto e interés por su conservación. ❑ Adquirir progresivamente sensibilización y compromiso cívico respecto a la conservación y gestión del patrimonio cultural de las diferentes comunidades autónomas.
	EDUCACIÓN PLÁSTICA Y VISUAL	❑ Conocer los diferentes códigos artísticos y utilizar las técnicas y los recursos que les son propios. ❑ Aprender en el mirar, ver, observar y percibir, desde el conocimiento del lenguaje visual, para apreciar los valores estéticos y culturales de las producciones artísticas. ❑ Experimentar e investigar utilizando diversidad de técnicas plásticas y visuales. ❑ Capacidad de expresión a través de la imagen.
	EDUCACIÓN FÍSICA	❑ Reconocer y valorar las manifestaciones culturales de la motricidad humana: deportes, juegos tradicionales, actividades expresivas o la danza. ❑ Adquirir habilidades perceptivas: experiencias sensoriales y emocionales propias de las actividades de la expresión corporal. ❑ Expresar ideas o sentimientos de forma creativa: exploración y utilización de las posibilidades y recursos expresivos del cuerpo y el movimiento. ❑ Adquirir una actitud abierta hacia la diversidad cultural: conocimiento de las manifestaciones lúdicas, deportivas y de expresión corporal propias de otras culturas. ❑ Análisis y reflexión crítica ante la violencia en el deporte u otras situaciones contrarias a la dignidad humana que en él se producen.

	INFORMÁTICA	❑ Enriquecer la imaginación, la creatividad y la asunción de reglas no ajenas a convenciones compositivas y expresivas basadas en el conocimiento artístico: manifestaciones de arte digital, informaciones sobre obras artísticas no digitales, captación de contenidos multimedia y utilización de aplicaciones para su tratamiento, creación de nuevos contenidos multimedia. ❑ Acceder a las manifestaciones culturales y al desarrollo de la capacidad para expresarse mediante algunos códigos artísticos.
	LATÍN	❑ Conocer el patrimonio arqueológico y artístico romano en nuestro país y en Europa. ❑ Apreciar y disfrutar el arte como producto de la creación humana y como testimonio de la historia, e interés por la conservación de ese patrimonio. ❑ Valorar críticamente creaciones artísticas posteriores inspiradas en la cultura y la mitología grecolatinas, o de los mensajes difundidos por los medios de comunicación.
	MÚSICA	❑ Adquirir habilidades para expresar ideas, experiencias o sentimientos de forma creativa, especialmente presentes en contenidos relacionados con la interpretación, la improvisación y la composición. ❑ Potenciar actitudes abiertas y respetuosas y ofrecer elementos para la elaboración de juicios fundamentados respecto a las distintas manifestaciones musicales, estableciendo conexiones con otros lenguajes artísticos y con los contextos social e histórico a los que se circunscribe cada obra. ❑ Capacidad de apreciar, comprender y valorar críticamente diferentes manifestaciones culturales y musicales, a través de experiencias perceptivas y expresivas y del conocimiento de músicas de diferentes culturas, épocas y estilos.

COMPETENCIA BÁSICA CULTURAL Y ARTÍSTICA				
ORGANIZADORES	**ASPECTOS DISTINTIVOS**	**APRENDIZAJES IMPRESCINDIBLES**	**MATERIAS**	**DESCRIPTORES DE LA ETAPA**
Conocimientos, saberes y experiencias aplicadas en la resolución de problemas y tareas.	❖ Conocimiento, comprensión, aprecio y valoración crítica de diferentes manifestaciones culturales y artísticas. ❖ Conocimiento básico de las principales técnicas, recursos y convenciones de los diferentes lenguajes artísticos, de las obras de arte y manifestaciones más destacadas del patrimonio cultural.	❑ Leer, interpretar y valorar las obras literarias. ❑ Aproximarse al patrimonio literario y a los temas recurrentes que son expresión de preocupaciones esenciales del ser humano.	L. CASTELLANA Y LITERATURA	1. Conoce, comprende y valora las obras de arte y las manifestaciones culturales y artísticas más destacadas del patrimonio nacional y universal. 2. Conoce con fundamento la evolución de las corrientes estéticas y emplea las técnicas y los recursos que les son propios en la reproducción o creación de producciones artísticas y culturales.
		❑ Acercarse a manifestaciones culturales propias de la lengua y de los países en los que se habla para propiciar una aproximación a obras o autores que han contribuido a la creación artística.	L. EXTRANJERAS	
		❑ Conocer y valorar las manifestaciones del hecho artístico: selección de obras de arte relevantes. ❑ Percibir y describir aspectos diversos relativos al patrimonio cultural de las diferentes comunidades autónomas en distintos ámbitos: análisis de las relaciones, génesis histórica y problemática social de su conservación.	C. SOCIALES, GEOGRAFÍA E HISTORIA	
		❑ Reconocer y valorar las manifestaciones culturales de la motricidad humana: deportes, juegos tradicionales, actividades expresivas o la danza.	ED. FÍSICA	
		❑ Conocer los diferentes códigos artísticos y utilizar las técnicas y los recursos que les son propios. ❑ Aprender en el mirar, ver, observar y percibir, desde el conocimiento del lenguaje visual, para apreciar los valores estéticos y culturales de las producciones artísticas.	ED. VISUAL Y PLÁSTICA	

ORGANIZADORES	ASPECTOS DISTINTIVOS	APRENDIZAJES IMPRESCINDIBLES	MATERIAS	DESCRIPTORES DE LA ETAPA
		❑ Enriquecer la imaginación, la creatividad y la asunción de reglas no ajenas a convenciones compositivas y expresivas basadas en el conocimiento artístico: manifestaciones de arte digital, informaciones sobre obras artísticas no digitales, captación de contenidos multimedia y utilización de aplicaciones para su tratamiento, creación de nuevos contenidos multimedia.	INFORMÁTICA	
		❑ Conocer el patrimonio arqueológico y artístico romano en nuestro país y en Europa.	LATÍN	
Habilidades prácticas y cognitivas utilizadas en la resolución de tareas y problemas.	❖ Habilidades de pensamiento divergente y convergente: reelaborar ideas y sentimientos propios y ajenos. ❖ Puesta en funcionamiento la iniciativa, la imaginación y la creatividad para expresarse mediante códigos artísticos.	❑ Realizar trabajos creativos individuales y en grupo: representación de simulaciones y narraciones.	L. EXTRANJERAS	3. Observa y analiza las características y los elementos técnicos imprescindibles de los hechos culturales y artísticos.
		❑ Utilizar la geometría como parte integral de la expresión artística de la humanidad al ofrecer medios para describir y comprender el mundo que nos rodea y apreciar la belleza de las estructuras que ha creado.	MATEMÁTICAS	
		❑ Destrezas de observación y de comprensión de aquellos elementos técnicos imprescindibles para su análisis.	C. SOCIALES, GEOGRAFÍA E HISTORIA	4. Selecciona y utiliza diversas técnicas plásticas y visuales para realizar trabajos creativos basados en la interpretación, la improvisación y la composición.
		❑ Adquirir habilidades perceptivas: experiencias sensoriales y emocionales propias de las actividades de la expresión corporal.	EDUCACIÓN FÍSICA	

ORGANIZADORES	ASPECTOS DISTINTIVOS	APRENDIZAJES IMPRESCINDIBLES	MATERIAS	DESCRIPTORES DE LA ETAPA
		❑ Experimentar e investigar utilizando diversidad de técnicas plásticas y visuales. ❑ Capacidad de expresión a través de la imagen. ❑ Representar objetos e ideas de forma bi o tridimensional aplicando técnicas gráficas y plásticas y conseguir resultados concretos en función de unas intenciones en cuanto a los elementos visuales (luz, sombra, textura) y de relación.	ED. VISUAL Y PLÁSTICA	
		❑ Acceder a las manifestaciones culturales y al desarrollo de la capacidad para expresarse mediante algunos códigos artísticos.	INFORMÁTICA	
		❑ Adquirir habilidades para expresar ideas, experiencias o sentimientos de forma creativa, especialmente presentes en contenidos relacionados con la interpretación, la improvisación y la composición.	MÚSICA	
Valores, actitudes, sentimientos y emociones, que se manifiestan en la resolución de tareas y problemas.	❖ Aprecio de la creatividad implícita en la expresión de ideas, experiencias o sentimientos a través de diferentes medios artísticos. ❖ Aprecio del hecho cultural y artístico: habilidades y actitudes para acceder a sus manifestaciones, de pensamiento, perceptivas y comunicativas.	❑ Apreciar las manifestaciones literarias con otras manifestaciones artísticas, como la música, la pintura o el cine. ❑ Descubrir el sentido del mundo social de la literatura: autores, críticos, acceso a bibliotecas, librerías, catálogos o la presencia de lo literario en la prensa.	L. CASTELLANA Y LITERATURA	5. Expresa opiniones, gustos, sentimientos y emociones de forma creativa sobre las manifestaciones culturales y artísticas. 6. Valora la libertad de expresión, el derecho a la diversidad cultural y la realización de experiencias artísticas compartidas.
		❑ Expresar opiniones, gustos y emociones que producen diversas manifestaciones culturales y artísticas.	L. EXTRANJERAS	
		❑ Cultivar la sensibilidad y la creatividad, el pensamiento divergente, la autonomía y el apasionamiento estético.	MATEMÁTICAS	

	❖ Valoración de la libertad de expresión, el derecho a la diversidad cultural, la importancia del diálogo intercultural y la realización de experiencias artísticas compartidas. ❖ Toma de conciencia de la evolución del pensamiento, de las corrientes estéticas, las modas y los gustos.	❑ Apreciar las obras de arte: habilidades perceptivas y de sensibilización, capacidad de emocionarse con ellas y valoración del patrimonio cultural, respeto e interés por su conservación.	C. SOCIALES, GEOGRAFÍA E HISTORIA	
		❑ Expresar ideas o sentimientos de forma creativa: exploración y utilización de las posibilidades y recursos expresivos del cuerpo y el movimiento. ❑ Adquirir una actitud abierta hacia la diversidad cultural: conocimiento de las manifestaciones lúdicas, deportivas y de expresión corporal propias de otras culturas. ❑ Análisis y reflexión crítica ante la violencia en el deporte u otras situaciones contrarias a la dignidad humana que en él se producen.	EDUCACIÓN FÍSICA	
		❑ Potenciar actitudes abiertas y respetuosas y ofrecer elementos para la elaboración de juicios fundamentados respecto a las distintas manifestaciones musicales, estableciendo conexiones con otros lenguajes artísticos y con los contextos social e histórico a los que se circunscribe cada obra.	MÚSICA	
Resolución de tareas en un contexto determinado.	❖ Actitud abierta, respetuosa y crítica hacia la diversidad de expresiones artísticas y culturales.	❑ Conocer y apreciar la diversidad cultural a partir de manifestaciones artísticas.	L. EXTRANJERAS	7. Aprecia el patrimonio cultural y artístico y se siente crítico y comprometido con la necesidad de su conservación y protección.
		❑ Cultivar la sensibilidad y la creatividad, el pensamiento divergente, la autonomía y el apasionamiento estético.	MATEMÁTICAS	
		❑ Adquirir progresivamente sensibilización y compromiso cívico respecto a la conservación y gestión del patrimonio cultural de las diferentes comunidades autónomas.	C. SOCIALES, GEOGRAFÍA E HISTORIA	

		❑ Adquirir una actitud abierta hacia la diversidad cultural: conocimiento de las manifestaciones lúdicas, deportivas y de expresión corporal propias de otras culturas.	EDUCACIÓN FÍSICA	
		❑ Apreciar y disfrutar el arte como producto de la creación humana y como testimonio de la historia, e interés por la conservación de ese patrimonio. ❑ Valorar críticamente creaciones artísticas posteriores inspiradas en la cultura y la mitología grecolatinas, o de los mensajes difundidos por los medios de comunicación.	LATÍN	
		❑ Capacidad de apreciar, comprender y valorar críticamente diferentes manifestaciones culturales y musicales, a través de experiencias perceptivas y expresivas y del conocimiento de músicas de diferentes culturas, épocas y estilos.	MÚSICA	

COMPETENCIA BÁSICA CULTURAL Y ARTÍSTICA

DESCRIPTORES ETAPA:	INDICADORES DE LOGRO O DOMINIO 1º ESO:
1. Conoce, comprende y valora las obras de arte y las manifestaciones culturales y artísticas más destacadas del patrimonio estatal. 2. Conoce con fundamento la evolución de las corrientes estéticas y emplea las técnicas y los recursos que le son propios en la reproducción o creación de producciones artísticas y culturales.	❑ Reconoce las características básicas y los elementos constitutivos de las manifestaciones culturales y artísticas más representativas de nuestro patrimonio. ❑ Aprende a mirar, ver, observar y percibir los valores estéticos y culturales de las obras artísticas del contexto y emplea técnicas y recursos básicos en la elaboración producciones artísticas.

MATERIAS	CRITERIOS DE EVALUACIÓN 1º ESO
LENGUA CASTELLANA Y LITERATURA	➢ Iniciar el conocimiento de una terminología lingüística básica en las actividades de reflexión sobre el uso.
L. EXTRANJERA	➢ Identificar algunos elementos culturales o geográficos propios de los países y culturas donde se habla la lengua extranjera y mostrar interés por conocerlos.
C. SOCIALES, Gª E HISTORIA	➢ Realizar una lectura comprensiva de fuentes de información escrita de contenido geográfico o histórico y comunicar la información obtenida de forma correcta por escrito.
EDUCACIÓN PLÁSTICA Y VISUAL	➢ Diferenciar los distintos estilos y tendencias de las artes visuales a través del tiempo y atendiendo a la diversidad cultural.
MÚSICA	➢ Leer distintos tipos de partituras en el contexto de las actividades musicales del aula como apoyo a las tareas de interpretación y audición.

COMPETENCIA BÁSICA CULTURAL Y ARTÍSTICA

DESCRIPTORES ETAPA:

3. Observa y analiza las características y los elementos técnicos imprescindibles de los hechos culturales y artísticos.
4. Selecciona y utiliza diversas técnicas plásticas y visuales para realizar trabajos creativos basados en la interpretación, la improvisación y la composición musical.

INDICADORES DE LOGRO O DOMINIO 1º ESO:

- ❑ Muestra iniciativa para expresarse de forma imaginativa y creativa en diferentes códigos artísticos.
- ❑ Realiza tareas de audición e interpretación de piezas musicales de compositores relevantes y recopila juegos y canciones populares tradicionales.

MATERIAS	CRITERIOS DE EVALUACIÓN 1º ESO
LENGUA CASTELLANA Y LITERATURA	➢ Extraer informaciones concretas e identificar el propósito en textos escritos de ámbitos sociales próximos a la experiencia del alumnado, seguir instrucciones sencillas, identificar los enunciados en los que el tema general aparece explícito y distinguir las partes del texto.
L. EXTRANJERA	➢ Utilizar el conocimiento de algunos aspectos formales del código de la lengua extranjera (morfología, sintaxis y fonología), en diferentes contextos de comunicación, como instrumento de autoaprendizaje y de autocorrección de las producciones propias y para comprender mejor las ajenas.
MATEMÁTICAS	➢ Reconocer y describir figuras planas, utilizar sus propiedades para clasificarlas y aplicar el conocimiento geométrico adquirido para interpretar y describir el mundo físico, haciendo uso de la terminología adecuada. ➢ Estimar y calcular perímetros, áreas y ángulos de figuras planas, utilizando la unidad de medida adecuada. ➢ Organizar e interpretar informaciones diversas mediante tablas y gráficas, e identificar relaciones de dependencia en situaciones cotidianas.
C. SOCIALES, GEOGRAFÍA E HISTORIA	➢ Utilizar las convenciones y unidades cronológicas y las nociones de evolución y cambio aplicándolas a los hechos y procesos históricos. ➢ Identificar y explicar, algunos ejemplos de los impactos que la acción humana tiene sobre el medio natural, analizando sus causas y efectos, y aportando medidas y conductas que serían necesarias para limitarlos.
EDUCACIÓN PLÁSTICA Y VISUAL	➢ Identificar los elementos constitutivos esenciales de objetos y/o aspectos de la realidad. ➢ Diferenciar y reconocer los procesos, técnicas, estrategias y materiales en imágenes del entorno audiovisual y multimedia.

MATERIAS	CRITERIOS DE EVALUACIÓN 1º ESO
TECNOLOGÍA	➢ Describir propiedades básicas de materiales técnicos y sus variedades comerciales: madera, metales, materiales plásticos, cerámicos y pétreos. ➢ Identificarlos en aplicaciones comunes y emplear técnicas básicas de conformación, unión y acabado. ➢ Representar mediante vistas y perspectivas objetos y sistemas técnicos sencillos, aplicando criterios de normalización.
MÚSICA	➢ Reconocer auditivamente y determinar la época o cultura a la que pertenecen distintas obras musicales escuchadas previamente en el aula, interesándose por ampliar sus preferencias. ➢ Identificar y describir, mediante el uso de distintos lenguajes (gráfico, corporal o verbal) algunos elementos y formas de organización y estructuración musical (ritmo, melodía, textura, timbre, repetición, imitación, variación) de una obra musical interpretada en vivo o grabada. ➢ Identificar en el ámbito cotidiano situaciones en las que se produce un uso indiscriminado del sonido, analizando sus causas y proponiendo soluciones.
EDUCACIÓN FÍSICA	➢ Elaborar un mensaje de forma colectiva, mediante técnicas como el mimo, el gesto, la dramatización o la danza y comunicarlo al resto de grupos.

COMPETENCIA BÁSICA CULTURAL Y ARTÍSTICA

DESCRIPTORES ETAPA:	INDICADORES DE LOGRO O DOMINIO 1º ESO:
5. Expresa opiniones, gustos, sentimientos y emociones de forma creativa sobre las manifestaciones culturales y artísticas. 6. Valora la libertad de expresión, el derecho a la diversidad cultural y la realización de experiencias artísticas compartidas.	❑ Manifiesta sus opiniones y gustos personales sobre las manifestaciones culturales y artísticas más representativas de su contexto. ❑ Comunica a los demás juicios personales, experiencias y sentimientos acerca de la música propia de una época determinada.

MATERIAS	CRITERIOS DE EVALUACIÓN 1º ESO
LENGUA CASTELLANA Y LITERATURA	➢ Exponer una opinión sobre la lectura personal de una obra adecuada a la edad; reconocer el género y la estructura global y valorar de forma general el uso del lenguaje; diferenciar contenido literal y sentido de la obra y relacionar el contenido con la propia experiencia. ➢ Utilizar los conocimientos literarios en la comprensión y la valoración de textos breves o fragmentos, atendiendo a los temas y motivos de la tradición, a las características básicas del género, a los elementos básicos del ritmo y al uso del lenguaje, con especial atención a las figuras semánticas más generales.
L. EXTRANJERA	➢ Comunicarse oralmente participando en conversaciones y en simulaciones sobre temas conocidos o trabajados previamente, utilizando las estrategias adecuadas para facilitar la continuidad de la comunicación y produciendo un discurso comprensible y adecuado a la intención de comunicación.
C. SOCIALES, GEOGRAFÍA E HISTORIA	➢ Identificar y exponer los cambios que supuso la revolución neolítica en la evolución de la humanidad y valorar su importancia y sus consecuencias al compararlos con los elementos que conformaron las sociedades depredadoras. ➢ Valorar los aspectos más significativos de las civilizaciones urbanas y de la civilización griega y su aportación a la civilización occidental. ➢ Valorar la trascendencia de la romanización en Hispania y la pervivencia de su legado en nuestro país, analizando algunas de sus aportaciones más representativas.
EDUCACIÓN PLÁSTICA Y VISUAL	➢ Realizar creaciones plásticas siguiendo el proceso de creación y demostrando valores de iniciativa, creatividad e imaginación.
TECNOLOGÍA	➢ Valorar las necesidades del proceso tecnológico empleando la resolución técnica de problemas analizando su contexto, proponiendo soluciones alternativas y desarrollando la más adecuada.
MÚSICA	➢ Comunicar a los demás juicios personales acerca de la música escuchada. ➢ Participar en la interpretación en grupo de una pieza vocal, instrumental o coreográfica, adecuando la propia interpretación a la del conjunto y asumiendo distintos roles.
EDUCACIÓN FÍSICA	➢ Identificar los hábitos higiénicos y posturales saludables relacionados con la actividad física y con la vida cotidiana.

COMPETENCIA BÁSICA CULTURAL Y ARTÍSTICA	
DESCRIPTORES ETAPA: 7. Aprecia el patrimonio cultural y artístico y se siente crítico y comprometido con la necesidad de su conservación y protección.	**INDICADORES DE LOGRO O DOMINIO 1º ESO:** ❑ Participa en proyectos de creación visual cooperativos, dirigidos a la sensibilización y respeto por las obras artísticas y culturales del entorno y al disfrute de los ciudadanos.
MATERIAS	**CRITERIOS DE EVALUACIÓN 1º ESO**
LENGUA CASTELLANA Y LITERATURA	➢ Realizar narraciones orales claras y bien estructuradas de experiencias vividas, con la ayuda de medios audiovisuales y de las tecnologías de la información y la comunicación. ➢ Componer textos, en soporte papel o digital, tomando como modelo un texto literario de los leídos y comentados en el aula o realizar alguna transformación sencilla en esos textos.
MATEMÁTICAS	➢ Utilizar estrategias y técnicas simples de resolución de problemas tales como el análisis del enunciado, el ensayo y error o la resolución de un problema más sencillo, y comprobar la solución obtenida y expresar, utilizando el lenguaje matemático adecuado a su nivel, el procedimiento que se ha seguido en la resolución.
C. SOCIALES, Gª. E HISTORIA	➢ Realizar de forma individual y en grupo, con ayuda del profesor, un trabajo sencillo de carácter descriptivo sobre algún hecho o tema, utilizando fuentes diversas (observación, prensa, bibliografía, páginas web, etc.), seleccionando la información pertinente, integrándola en un esquema o guión y comunicando los resultados del estudio con corrección y con el vocabulario adecuado.
EDUCACIÓN PLÁSTICA Y VISUAL	➢ Elaborar y participar, activamente, en proyectos de creación visual cooperativos, como producciones videográficas o plásticas de gran tamaño, aplicando las estrategias propias y adecuadas del lenguaje visual y plástico.
TECNOLOGÍA	➢ Elaborar documentos técnicos empleando recursos verbales y gráficos.
MÚSICA	➢ Elaborar un arreglo para una canción o una pieza instrumental utilizando apropiadamente una serie de elementos dados.
EDUCACIÓN FÍSICA	➢ Elaborar un mensaje de forma colectiva, mediante técnicas como el mimo, el gesto, la dramatización o la danza y comunicarlo al resto de grupos.
TECNOLOGÍA	➢ Describir propiedades básicas de materiales técnicos y sus variedades comerciales: madera, metales, materiales plásticos, cerámicos y pétreos. Identificarlos en aplicaciones comunes y emplear técnicas básicas de conformación, unión y acabado.
MÚSICA	➢ Capacidad de apreciar, comprender y valorar críticamente diferentes manifestaciones culturales y musicales, a través de experiencias perceptivas y expresivas y del conocimiento de músicas de diferentes culturas, épocas y estilos.

COMPETENCIA BÁSICA CULTURAL Y ARTÍSTICA

DESCRIPTORES ETAPA:

1. Conoce, comprende y valora las obras de arte y las manifestaciones culturales y artísticas más destacadas del patrimonio nacional y universal.
2. Conoce con fundamento la evolución de las corrientes estéticas y emplea las técnicas y los recursos que les son propios en la reproducción o creación de producciones artísticas y culturales.

INDICADORES DE LOGRO O DOMINIO 2º ESO:

- ❑ Reconoce y comprende las manifestaciones culturales y artísticas más relevantes que se han producido a lo largo del tiempo y que constituyen nuestro patrimonio.
- ❑ Conoce diferentes códigos artísticos y los emplea en la descripción de obras culturales y artísticas, y utiliza determinadas técnicas y recursos que les son propios para la creación de sus propias producciones artísticas o culturales.

MATERIAS	CRITERIOS DE EVALUACIÓN 2º ESO
LENGUA CASTELLANA Y LITERATURA	➢ Conocer una terminología lingüística básica en las actividades de reflexión sobre el uso.
L. EXTRANJERA	➢ Comprender la información general y la específica de diferentes textos escritos, adaptados y auténticos, de extensión variada, y adecuados a la edad, demostrando la comprensión a través de una actividad específica.
EDUCACIÓN PLÁSTICA Y VISUAL	➢ Diferenciar los distintos estilos y tendencias de las artes visuales a través del tiempo y atendiendo a la diversidad cultural.
MÚSICA	➢ Leer distintos tipos de partituras en el contexto de las actividades musicales del aula como apoyo a las tareas de interpretación y audición.

COMPETENCIA BÁSICA CULTURAL Y ARTÍSTICA

DESCRIPTORES ETAPA:	INDICADORES DE LOGRO O DOMINIO 2º ESO:
3. Observa y analiza las características y los elementos técnicos imprescindibles de los hechos culturales y artísticos. 4. Selecciona y utiliza diversas técnicas plásticas y visuales para realizar trabajos creativos basados en la interpretación, la improvisación y la composición musical.	❑ Reconoce y analiza los elementos constitutivos de las manifestaciones artísticas más representativas, distinguiendo los procesos, técnicas y materiales utilizados en su creación. ❑ Reconoce auditivamente y determina la época o cultura a la que pertenecen distintas obras musicales, e identifica algunos elementos y formas musicales: ritmo, melodía.

MATERIAS	CRITERIOS DE EVALUACIÓN 2º ESO
L.CASTELLANA Y LITERATURA	➢ Extraer informaciones concretas e identificar el propósito en textos escritos de ámbitos sociales próximos a la experiencia del alumnado; seguir instrucciones de cierta extensión en procesos poco complejos; identificar el tema general y temas secundarios y distinguir cómo está organizada la información.
L. EXTRANJERA	➢ Utilizar los conocimientos adquiridos sobre el sistema lingüístico de la lengua extranjera, en diferentes contextos de comunicación, como instrumento de autoaprendizaje y de auto-corrección de las producciones propias orales y escritas y para comprender las producciones ajenas.
MATEMÁTICAS	➢ Utilizar el lenguaje algebraico para simbolizar, generalizar e incorporar el planteamiento y resolución de ecuaciones de primer grado como una herramienta más con la que abordar y resolver problemas. ➢ Estimar y calcular longitudes, áreas y volúmenes de espacios y objetos con una precisión acorde con la situación planteada y comprender los procesos de medida, expresando el resultado de la estimación o el cálculo en la unidad de medida más adecuada. ➢ Interpretar relaciones funcionales sencillas dadas en forma de tabla, gráfica, a través de una expresión algebraica o mediante un enunciado, obtener valores a partir de ellas y extraer conclusiones acerca del fenómeno estudiado.
C. SOCIALES, GEOGRAFÍA E HISTORIA	➢ Describir los factores que condicionan los comportamientos demográficos utilizando los conceptos básicos de la demografía y aplicando este conocimiento al análisis del actual régimen demográfico español y sus consecuencias. ➢ Describir los rasgos que caracterizan la Europa feudal y reconocer su evolución hasta la aparición del Estado moderno ➢ Situar en el tiempo y en el espacio las diversas unidades políticas y sus peculiaridades que coexistieron en la Península Ibérica durante la Edad Media, y reconocer ejemplos de la pervivencia de su legado cultural y artístico. ➢ Distinguir los principales momentos en la formación del Estado moderno. ➢ Identificar las características básicas de los principales estilos artísticos de la Edad Media y la Edad Moderna y analizar algunas obras de arte relevantes y representativas de éstos.

MATERIAS	CRITERIOS DE EVALUACIÓN 2º ESO
EDUCACIÓN PLÁSTICA Y VISUAL	➢ Identificar los elementos constitutivos esenciales de objetos y/o aspectos de la realidad. ➢ Representar objetos e ideas de forma bi o tridimensional aplicando técnicas gráficas y plásticas y conseguir resultados concretos en función de unas intenciones en cuanto a los elementos visuales y de relación. ➢ Diferenciar y reconocer los procesos, técnicas, estrategias y materiales en imágenes del entorno audiovisual y multimedia.
TECNOLOGÍA	➢ Describir propiedades básicas de materiales técnicos y sus variedades comerciales: madera, metales, materiales plásticos, cerámicos y pétreos. ➢ Identificarlos en aplicaciones comunes y emplear técnicas básicas de conformación, unión y acabado. ➢ Representar mediante vistas y perspectivas objetos y sistemas técnicos sencillos, aplicando criterios de normalización.
MÚSICA	➢ Reconocer auditivamente y determinar la época o cultura a la que pertenecen distintas obras musicales escuchadas previamente en el aula, interesándose por ampliar sus preferencias. ➢ Identificar y describir, mediante el uso de distintos lenguajes (gráfico, corporal o verbal) algunos elementos y formas de organización y estructuración musical (ritmo, melodía, textura, timbre, repetición, imitación, variación) de una obra musical interpretada en vivo o grabada. ➢ Identificar en el ámbito cotidiano situaciones en las que se produce un uso indiscriminado del sonido, analizando sus causas y proponiendo soluciones.
EDUCACIÓN FÍSICA	➢ Crear y poner en práctica una secuencia armónica de movimientos corporales a partir de un ritmo escogido.

COMPETENCIA BÁSICA CULTURAL Y ARTÍSTICA

DESCRIPTORES ETAPA:	INDICADORES DE LOGRO O DOMINIO 2º ESO:
5. Expresa opiniones, gustos, sentimientos y emociones de forma creativa sobre las manifestaciones culturales y artísticas. 6. Valora la libertad de expresión, el derecho a la diversidad cultural y la realización de experiencias artísticas compartidas.	❑ Aprecia las manifestaciones culturales y artísticas mostrando interés, sensibilidad y emoción sobre las mismas. ❑ Valora, con criterios propios, la capacidad creativa y la resolución técnica de los artistas en función de las obras de arte y del contexto social e histórico en las que se producen.

MATERIAS	CRITERIOS DE EVALUACIÓN 2º ESO
LENGUA CASTELLANA Y LITERATURA	➢ Exponer una opinión sobre la lectura personal de una obra completa adecuada a la edad; reconocer la estructura de la obra y los elementos del género; valorar el uso del lenguaje y el punto de vista del autor; diferenciar contenido literal y sentido de la obra y relacionar el contenido con la propia experiencia. ➢ Utilizar los conocimientos literarios en la comprensión y la valoración de textos breves o fragmentos, atendiendo a los temas y motivos de la tradición, a la caracterización de los subgéneros literarios, a la versificación, al uso del lenguaje y a la funcionalidad de los recursos retóricos en el texto. ➢ Realizar exposiciones orales sencillas sobre temas próximos a su entorno que sean del interés del alumnado, con la ayuda de medios audiovisuales y de las tecnologías de la información y la comunicación.
L. EXTRANJERA	➢ Identificar y poner ejemplos de algunos aspectos sociales, culturales, históricos, geográficos o literarios propios de los países donde se habla la lengua extranjera y mostrar interés por conocerlos.
EDUCACIÓN PLÁSTICA Y VISUAL	➢ Realizar creaciones plásticas siguiendo el proceso de creación y demostrando valores de iniciativa, creatividad e imaginación.
CIENCIAS DE LA NATURALEZA.	➢ Valorar la diversidad de los ecosistemas cercanos.
TECNOLOGÍA	➢ Valorar las necesidades del proceso tecnológico empleando la resolución técnica de problemas analizando su contexto, proponiendo soluciones alternativas y desarrollando la más adecuada.
MÚSICA	➢ Comunicar a los demás juicios personales acerca de la música escuchada. ➢ Participar en la interpretación en grupo de una pieza vocal, instrumental o coreográfica, adecuando la propia interpretación a la del conjunto y asumiendo distintos roles.

COMPETENCIA BÁSICA CULTURAL Y ARTÍSTICA	
DESCRIPTORES ETAPA: 7. Aprecia el patrimonio cultural y artístico y se siente crítico y comprometido con la necesidad de su conservación y protección.	**INDICADORES DE LOGRO O DOMINIO 2º ESO:** ❑ Participa en la realización de proyectos de trabajo, empleando recursos verbales y gráficos, sobre la importancia de proteger y poner en valor el patrimonio cultural y artístico de su entorno.

MATERIAS	CRITERIOS DE EVALUACIÓN 2º ESO
LENGUA CASTELLANA Y LITERATURA	➢ Participar con progresiva autonomía en conversaciones y simulaciones relativas a las experiencias personales, planes y proyectos, empleando estructuras sencillas, las expresiones más usuales de relación social, y una pronunciación adecuada para lograr la comunicación. ➢ Componer textos, en soporte papel o digital, tomando como modelo textos literarios leídos y comentados en el aula o realizar algunas transformaciones en esos textos.
MATEMÁTICAS	➢ Utilizar estrategias y técnicas de resolución de problemas, tales como el análisis del enunciado, el ensayo y error sistemático, la división del problema en partes, así como la comprobación de la coherencia de la solución obtenida, y expresar, utilizando el lenguaje matemático adecuado a su nivel, el procedimiento que se ha seguido en la resolución.
EDUCACIÓN PLÁSTICA Y VISUAL	➢ Elaborar y participar, activamente, en proyectos de creación visual cooperativos, como producciones videográficas o plásticas de gran tamaño, aplicando las estrategias propias y adecuadas del lenguaje visual y plástico.
TECNOLOGÍA	➢ Elaborar documentos técnicos empleando recursos verbales y gráficos.
MÚSICA	➢ Elaborar un arreglo para una canción o una pieza instrumental utilizando apropiadamente una serie de elementos dados.
TECNOLOGÍA	➢ Describir el funcionamiento y la aplicación de un circuito electrónico y sus componentes elementales y realizar el montaje de circuitos electrónicos previamente diseñados con una finalidad utilizando simbología adecuada.

COMPETENCIA BÁSICA CULTURAL Y ARTÍSTICA	
DESCRIPTORES ETAPA: 1. Conoce, comprende y valora las obras de arte y las manifestaciones culturales y artísticas más destacadas del patrimonio nacional y universal. 2. Conoce con fundamento la evolución de las corrientes estéticas y emplea las técnicas y los recursos que les son propios en la reproducción o creación de producciones artísticas y culturales.	**INDICADORES DE LOGRO O DOMINIO 3º ESO:** ❑ Conoce y describe la evolución de los distintos estilos y tendencias de las artes, atendiendo al momento histórico y a la diversidad cultural. ❑ Identifica la técnica y los recursos empleados en la elaboración de las obras artísticas y utiliza su estructura, variaciones cromáticas, textura y orientación espacial para la elaboración de sus propias obras.

MATERIAS	CRITERIOS DE EVALUACIÓN 3º ESO
LENGUA CASTELLANA Y LITERATURA	➢ Entender instrucciones y normas dadas oralmente; extraer ideas generales e informaciones específicas de reportajes y entrevistas, seguir el desarrollo de presentaciones breves relacionadas con temas académicos y plasmarlo en forma de esquema y resumen. ➢ Conocer la terminología lingüística necesaria para la reflexión sobre el uso.
L. EXTRANJERA	➢ Comprender la información general y específica, la idea principal y algunos detalles relevantes de textos orales sobre temas concretos y conocidos, y de mensajes sencillos emitidos con claridad por medios audiovisuales.
C. SOCIALES, Gª E HISTORIA	➢ Identificar el desarrollo y la transformación reciente de las actividades terciarias, para entender los cambios que se están produciendo, tanto en las relaciones económicas como sociales.
EDUCACIÓN PARA LA CIUDADANÍA	➢ Reconocer los principios democráticos y las instituciones fundamentales que establece la Constitución española y los Estatutos de Autonomía y describir la organización, funciones y forma de elección de algunos órganos de gobierno municipales, autonómicos y estatales.
EDUCACIÓN PLÁSTICAS Y VISUAL	➢ Identificar los elementos constitutivos esenciales (configuraciones estructurales, variaciones cromáticas, orientación espacial y textura) de objetos y/o aspectos de la realidad. ➢ Representar objetos e ideas de forma bi o tridimensional aplicando técnicas gráficas y plásticas y conseguir resultados concretos en función de unas intenciones en cuanto a los elementos visuales y de relación.

COMPETENCIA BÁSICA CULTURAL Y ARTÍSTICA

DESCRIPTORES ETAPA:	INDICADORES DE LOGRO O DOMINIO 3º ESO:
3. Observa y analiza las características y los elementos técnicos imprescindibles de los hechos culturales y artísticos. 4. Selecciona y utiliza diversas técnicas plásticas y visuales para realizar trabajos creativos basados en la interpretación, la improvisación y la composición musical.	❑ Representa objetos e ideas de forma bi o tridimensional, aplicando técnicas gráficas y plásticas para conseguir resultados concretos en función de los elementos visuales (luz, sombra, textura) y de relación utilizados. ❑ Sabe diferenciar elementos y formas de organización y estructuración musical (ritmo, melodía, textura, timbre, variación, etc.) mediante el uso de distintos lenguajes (gráfico, verbal o corporal).

MATERIAS	CRITERIOS DE EVALUACIÓN 3º ESO
LENGUA CASTELLANA Y LITERATURA	➢ Extraer y contrastar informaciones concretas e identificar el propósito en los textos escritos más usados para actuar como miembros de la sociedad; seguir instrucciones en ámbitos públicos y en procesos de aprendizaje de cierta complejidad; inferir el tema general y temas secundarios; distinguir cómo se organiza la información. ➢ Realizar explicaciones orales sencillas sobre hechos de actualidad social, política o cultural que sean del interés del alumnado, con la ayuda de medios audiovisuales y de las tecnologías de la información y la comunicación.
L. EXTRANJERA	➢ Comprender la información general y todos los datos relevantes de textos escritos auténticos y adaptados, de extensión variada, diferenciando hechos y opiniones e identificando en su caso, la intención comunicativa del autor. ➢ Usar las tecnologías de la información y la comunicación de forma progresivamente autónoma para buscar información, producir textos a partir de modelos, enviar y recibir mensajes de correo electrónico, y para establecer relaciones personales orales y escritas, mostrando interés por su uso.
MATEMÁTICAS	➢ Utilizar los números racionales, sus operaciones y propiedades, para recoger, transformar e intercambiar información y resolver problemas relacionados con la vida diaria. ➢ Reconocer las transformaciones que llevan de una figura geométrica a otra mediante los movimientos en el plano y utilizar dichos movimientos para crear sus propias composiciones y analizar, desde un punto de vista geométrico, diseños cotidianos, obras de arte y configuraciones presentes en la naturaleza.
C. SOCIALES, Gª E HISTORIA	➢ Utilizar fuentes diversas (gráficos, croquis, mapas temáticos, bases de datos, imágenes, fuentes escritas) para obtener, relacionar y procesar información sobre hechos sociales y comunicar las conclusiones de forma organizada e inteligible empleando para ello las posibilidades que ofrecen las tecnologías de la información y la comunicación.

MATERIAS	CRITERIOS DE EVALUACIÓN 3º ESO
EDUCACIÓN PARA LA CIUDADANÍA	➢ Utilizar diferentes fuentes de información y considerar las distintas posiciones y alternativas existentes en los debates que se planteen sobre problemas y situaciones de carácter local o global. ➢ Identificar las características de la globalización y el papel que juegan en ella los medios de comunicación, reconocer las relaciones que existen entre la sociedad en la que vive y la vida de las personas de otras partes del mundo.
EDUCACIÓN PLÁSTICA Y VISUAL	➢ Representar objetos e ideas de forma bi o tridimensional aplicando técnicas gráficas y plásticas y conseguir resultados concretos en función de unas intenciones en cuanto a los elementos visuales (luz, sombra, textura) y de relación. ➢ Diferenciar y reconocer los procesos, técnicas, estrategias y materiales en imágenes del entorno audiovisual y multimedia. ➢ Elegir y disponer de los materiales más adecuados para elaborar un producto visual y plástico en base a unos objetivos prefijados y a la autoevaluación continua del proceso de realización.
BIOLOGÍA Y GEOLOGÍA	➢ Recopilar información procedente de diversas fuentes documentales acerca de la influencia de las actuaciones humanas sobre los ecosistemas: efectos de la contaminación, desertización, disminución de la capa de ozono, agotamiento de recursos y extinción de especies.
FÍSICA Y QUÍMICA	➢ Determinar los rasgos distintivos del trabajo científico a través del análisis contrastado de algún problema científico o tecnológico de actualidad, así como su influencia sobre la calidad de vida de las personas.
TECNOLOGÍA	➢ Elaborar, almacenar y recuperar documentos en soporte electrónico que incorporen información textual y gráfica. ➢ Acceder a Internet para la utilización de servicios básicos: navegación para la localización de información, correo electrónico, comunicación intergrupal y publicación de información.
MÚSICA	➢ Reconocer auditivamente y determinar la época o cultura a la que pertenecen distintas obras musicales escuchadas previamente en el aula, interesándose por ampliar sus preferencias. ➢ Utilizar, con autonomía, algunos de los recursos tecnológicos disponibles, demostrando un conocimiento básico de las técnicas y procedimientos necesarios para grabar y reproducir música y para realizar sencillas producciones audiovisuales. ➢ Elaborar un arreglo para una canción o una pieza instrumental utilizando apropiadamente una serie de elementos dados. ➢ Leer distintos tipos de partituras en el contexto de las actividades musicales del aula como apoyo a las tareas de interpretación y audición.
INFORMÁTICA	➢ Obtener imágenes fotográficas, aplicar técnicas de edición digital a las mismas y diferenciarlas de las imágenes generadas por ordenador. ➢ Capturar, editar y montar fragmentos de vídeo con audio. ➢ Diseñar y elaborar presentaciones destinadas a apoyar el discurso verbal en la exposición de ideas y proyectos.
EDUCACIÓN FÍSICA	➢ Realizar ejercicios de acondicionamiento físico atendiendo a criterios de higiene postural como estrategia para la prevención de lesiones.

COMPETENCIA BÁSICA CULTURAL Y ARTÍSTICA

DESCRIPTORES ETAPA:

5. Expresa opiniones, gustos, sentimientos y emociones de forma creativa sobre las manifestaciones culturales y artísticas.
6. Valora la libertad de expresión, el derecho a la diversidad cultural y la realización de experiencias artísticas compartidas.

INDICADORES DE LOGRO O DOMINIO 3º ESO:

- ❑ Muestra una actitud abierta, respetuosa y crítica hacia la diversidad de expresiones artísticas y culturales.
- ❑ Emite juicios críticos fundamentados respecto a las distintas manifestaciones culturales y artísticas, estableciendo conexiones entre los lenguajes artísticos y los contextos social e histórico donde se producen.

MATERIAS	CRITERIOS DE EVALUACIÓN 3º ESO
LENGUA CASTELLANA Y LITERATURA	➢ Exponer una opinión sobre la lectura personal de una obra completa adecuada a la edad y relacionada con los periodos literarios estudiados; evaluar la estructura y el uso de los elementos del género, el uso del lenguaje y el punto de vista del autor; situar básicamente el sentido de la obra en relación con su contexto y con la propia experiencia. ➢ Utilizar los conocimientos literarios en la comprensión y la valoración de textos breves o fragmentos, atendiendo a la presencia de ciertos temas recurrentes, al valor simbólico del lenguaje poético y a la evolución de los géneros, de las formas literarias y de los estilos.
L. EXTRANJERA	➢ Identificar los aspectos culturales más relevantes de los países donde se habla la lengua extranjera, señalar las características más significativas de las costumbres, normas, actitudes y valores de la sociedad cuya lengua se estudia, y mostrar una valoración positiva de patrones culturales distintos a los propios.
C. SOCIALES, G. E HISTORIA	➢ Analizar la situación española como ejemplo representativo de las tendencias migratorias en la actualidad identificando sus causas y relacionándolo con el proceso de globalización y de integración económica que se está produciendo, así como identificando las consecuencias tanto para el país receptor como para los países emisores y manifestando actitudes de solidaridad en el enjuiciamiento de este fenómeno.
EDUCACIÓN PARA LA CIUDADANÍA	➢ Identificar los principios básicos de las Declaración Universal de los Derechos Humanos y su evolución, distinguir situaciones de violación de los mismos y reconocer y rechazar las desigualdades de hecho y de derecho, en particular las que afectan a las mujeres. ➢ Identificar y rechazar, a partir del análisis de hechos reales o figurados, las situaciones de discriminación hacia personas de diferente origen, género, ideología, religión, orientación afectivo-sexual y otras, respetando las diferencias personales y mostrando autonomía de criterio. ➢ Participar en la vida del centro y del entorno y practicar el diálogo para superar los conflictos en las relaciones escolares y familiares. ➢ Identificar los principales servicios públicos que deben garantizar las administraciones, reconocer la contribución de los ciudadanos y ciudadanas en su mantenimiento y mostrar, ante situaciones de la vida cotidiana, actitudes cívicas relativas al cuidado del entorno, la seguridad vial, la protección civil y el consumo responsable.

MATERIAS	CRITERIOS DE EVALUACIÓN 3º ESO
ED. PLÁSTICA Y VISUAL	➢ Diferenciar los distintos estilos y tendencias de las artes visuales a través del tiempo y atendiendo a la diversidad cultural.
CIENCIAS DE LA NATURALEZ: BIOLOGÍA Y GEOLOGÍA	➢ Reconocer que en la salud influyen aspectos físicos, psicológicos y sociales, y valorar la importancia de los estilos de vida para prevenir enfermedades y mejorar la calidad de vida, así como las continuas aportaciones de las ciencias biomédicas. ➢ Comprender el funcionamiento de los métodos de control de la natalidad y valorar el uso de métodos de prevención de enfermedades de transmisión sexual.
TECNOLOGÍA	➢ Realizar las operaciones técnicas previstas en un plan de trabajo utilizando los recursos materiales y organizativos con criterios de economía, seguridad y respeto al medio ambiente y valorando las condiciones del entorno de trabajo.
INFORMÁTICA	➢ Participar activamente en redes sociales virtuales como emisores y receptores de información e iniciativas comunes. ➢ Identificar los modelos de distribución de «software» y contenidos y adoptar actitudes coherentes con los mismos.
MÚSICA	➢ Comunicar a los demás juicios personales acerca de la música escuchada. ➢ Participar en la interpretación en grupo de una pieza vocal, instrumental o coreográfica, adecuando la propia interpretación a la del conjunto y asumiendo distintos roles.
EDUCACIÓN FÍSICA	➢ Realizar bailes por parejas o en grupo, indistintamente con cualquier miembro del mismo, mostrando respeto y desinhibición.

COMPETENCIA BÁSICA CULTURAL Y ARTÍSTICA

DESCRIPTORES ETAPA:	INDICADORES DE LOGRO O DOMINIO 3º ESO:
7. Aprecia el patrimonio cultural y artístico y se siente crítico y comprometido con la necesidad de su conservación y protección.	❑ Colabora con asociaciones y/o participa en redes sociales que se muestran preocupadas por la defensa, disfrute, y difusión del patrimonio cultural y artístico de su contexto social y cultural.

MATERIAS	CRITERIOS DE EVALUACIÓN 3º ESO
LENGUA CASTELLANA Y LITERATURA	➢ Mostrar conocimiento de las relaciones entre las obras leídas y comentadas, el contexto en que aparecen y los autores más relevantes de la historia de la literatura, realizando un trabajo personal de información y de síntesis o de imitación y recreación, en soporte papel o digital.
L. EXTRANJERA	➢ Redactar de forma guiada textos diversos en diferentes soportes, cuidando el léxico, las estructuras, y algunos elementos de cohesión y coherencia para marcar la relación entre ideas y hacerlos comprensibles al lector.
EDUCACIÓN PLÁSTICA Y VISUAL	➢ Elaborar y participar, activamente, en proyectos de creación visual cooperativos, como producciones videográficas o plásticas de gran tamaño, aplicando las estrategias propias y adecuadas del lenguaje visual y plástico. ➢ Realizar creaciones plásticas siguiendo el proceso de creación y demostrando valores de iniciativa, creatividad e imaginación.
CIENCIAS DE LA NATURALEZA: GEOLOGÍA Y BIOLOGÍA	➢ Analizar información sobre la influencia de las actuaciones humanas en los ecosistemas y argumentar posibles actuaciones para evitar el deterioro del medio ambiente y promover una gestión más racional de los recursos naturales.
TECNOLOGÍA	➢ Valorar las necesidades del proceso tecnológico empleando la resolución técnica de problemas analizando su contexto, proponiendo soluciones alternativas y desarrollando la más adecuada. Elaborar documentos técnicos empleando recursos verbales y gráficos.

COMPETENCIA BÁSICA CULTURAL Y ARTÍSTICA	
DESCRIPTOR ETAPA / INDICADORES DE LOGRO 4º ESO:	
1. Conoce, comprende y valora las obras de arte y las manifestaciones culturales y artísticas más destacadas del patrimonio nacional y universal.	
MATERIAS	**CRITERIOS DE EVALUACIÓN 4º ESO**
LENGUA CASTELLANA Y LITERATURA	➢ Entender instrucciones y normas dadas oralmente; extraer ideas generales e informaciones específicas de reportajes y entrevistas, seguir el desarrollo de presentaciones breves relacionadas con temas académicos y plasmarlo en forma de esquema y resumen. ➢ Conocer la terminología lingüística necesaria para la reflexión sobre el uso.
L. EXTRANJERA	➢ Comprender la información general y específica, la idea principal y los detalles más relevantes de textos orales emitidos en situaciones de comunicación interpersonal o por los medios audiovisuales, sobre temas que no exijan conocimientos especializados.
C. SOCIALES, Gª E HISTORIA	➢ Identificar y caracterizar las distintas etapas de la evolución política y económica de España durante el siglo XX y los avances y retrocesos hasta lograr la modernización económica, la consolidación del sistema democrático y la pertenencia a la Unión Europea.
EDUCACIÓN ÉTICO-CÍVICA	➢ Reconocer los Derechos Humanos como principal referencia ética de la conducta humana e identificar la evolución de los derechos cívicos, políticos, económicos, sociales y culturales, manifestando actitudes a favor del ejercicio activo y el cumplimiento de los mismos. ➢ Comprender y expresar el significado histórico y filosófico de la democracia como forma de convivencia social y política.
LATÍN	➢ Identificar componentes de origen grecolatino en palabras del lenguaje cotidiano y en el vocabulario específico de las ciencias y de la técnica, y explicar su sentido etimológico. ➢ Reconocer latinismos y locuciones usuales de origen latino incorporadas a las lenguas conocidas por el alumno y explicar su significado en expresiones orales y escritas. ➢ Reconocer los elementos morfológicos y las estructuras sintácticas elementales de la lengua latina y compararlos con los de la propia lengua.
EDUCACIÓN PLÁSTICAS Y VISUAL	➢ Describir objetivamente las formas, aplicando sistemas de representación y normalización. ➢ Reconocer y leer imágenes, obras y objetos de los entornos visuales (obras de arte, diseño, multimedia, etc.).

COMPETENCIA BÁSICA CULTURAL Y ARTÍSTICA

DESCRIPTOR ETAPA / INDICADORES DE LOGRO 4º ESO:

2. Observa y analiza las características y los elementos técnicos imprescindibles de los hechos culturales y artísticos.
3. Selecciona y utiliza diversas técnicas plásticas y visuales para realizar trabajos creativos basados en la interpretación, la improvisación y la composición musical.

MATERIAS	CRITERIOS DE EVALUACIÓN 4º ESO	
LENGUA CASTELLANA Y LITERATURA	➢ Extraer y contrastar informaciones concretas e identificar el propósito en los textos escritos más usados para actuar como miembros de la sociedad; seguir instrucciones en ámbitos públicos y en procesos de aprendizaje de cierta complejidad; inferir el tema general y temas secundarios; distinguir cómo se organiza la información. ➢ Realizar explicaciones orales sencillas sobre hechos de actualidad social, política o cultural que sean del interés del alumnado, con la ayuda de medios audiovisuales y de las tecnologías de la información y la comunicación.	
L. EXTRANJERA	➢ Participar en conversaciones y simulaciones utilizando estrategias adecuadas para iniciar, mantener y terminar la comunicación, produciendo un discurso comprensible y adaptado a las características de la situación y a la intención comunicativa. ➢ Usar las tecnologías de la información y la comunicación con cierta autonomía para buscar información, producir textos a partir de modelos, enviar y recibir mensajes de correo electrónico y para establecer relaciones personales orales y escritas, mostrando interés por su uso.	
MATEMÁTICAS	**OPCIÓN "A"**	**OPCIÓN "B"**
	➢ Utilizar los distintos tipos de números y operaciones, junto con sus propiedades, para recoger, transformar e intercambiar información y resolver problemas relacionados con la vida diaria. ➢ Analizar tablas y gráficas que representen relaciones funcionales asociadas a situaciones reales para obtener información sobre su comportamiento.	➢ Utilizar los distintos tipos de números y operaciones, junto con sus propiedades, para recoger, transformar e intercambiar información y resolver problemas relacionados con la vida diaria y otras materias del ámbito académico. ➢ Elaborar e interpretar tablas y gráficos estadísticos, así como los parámetros estadísticos más usuales en distribuciones unidimensionales y valorar cualitativamente la representatividad de las muestras utilizadas.
C. SOCIALES, Gª E HISTORIA	➢ Situar en el tiempo y en el espacio los periodos y hechos trascendentes y procesos históricos relevantes que se estudian en este curso identificando el tiempo histórico en el mundo, en Europa y en España, aplicando las convenciones y conceptos habituales en el estudio de la Historia. ➢ Identificar las causas y consecuencias de hechos y procesos históricos significativos estableciendo conexiones entre ellas y reconociendo la causalidad múltiple que comportan los hechos sociales.	

MATERIAS	CRITERIOS DE EVALUACIÓN 4º ESO
EDUCACIÓN ÉTICO-CÍVICA	➢ Diferenciar los rasgos básicos que caracterizan la dimensión moral de las personas (las normas, la jerarquía de valores, las costumbres, etc.) y los principales problemas morales. ➢ Distinguir igualdad y diversidad y las causas y factores de discriminación. Analizar el camino recorrido hacia la igualdad de derechos de las mujeres.
LATÍN	➢ Resumir el contenido de textos traducidos de autores clásicos y modernos e identificar en ellos aspectos históricos o culturales.
EDUCACIÓN PLÁSTICA Y VISUAL	➢ Utilizar recursos informáticos y las tecnologías de la información y la comunicación en el campo de la imagen fotográfica, el diseño gráfico, el dibujo asistido por ordenador y la edición videográfica. ➢ Utilizar la sintaxis propia de las formas visuales del diseño y la publicidad para realizar proyectos concretos. ➢ Elaborar obras multimedia y producciones videográficas utilizando las técnicas adecuadas al medio.
C. NATURALEZA: BIOLOGÍA Y GEOLOGÍA	➢ Relacionar la evolución y la distribución de los seres vivos, destacando sus adaptaciones más importantes, con los mecanismos de selección natural que actúan sobre la variabilidad genética de cada especie.
TECNOLOGÍA	➢ Analizar y describir los elementos y sistemas de comunicación alámbrica e inalámbrica y los principios básicos que rigen su funcionamiento. ➢ Conocer las principales aplicaciones de las tecnologías hidráulica y neumática e identificar y describir las características y funcionamiento de este tipo de sistemas. Utilizar con soltura la simbología y nomenclatura necesaria para representar circuitos con la finalidad de diseñar y construir un mecanismo capaz de resolver un problema cotidiano, utilizando energía hidráulica o neumática.
MÚSICA	➢ Explicar algunas de las funciones que cumple la música en la vida de las personas y en la sociedad. ➢ Ensayar e interpretar, en pequeño grupo, una pieza vocal o instrumental o una coreografía aprendidas de memoria a través de la audición u observación de grabaciones de audio y vídeo o mediante la lectura de partituras y otros recursos gráficos. ➢ Explicar los procesos básicos de creación, edición y difusión musical considerando la intervención de distintos profesionales.
EDUCACIÓN FÍSICA	➢ Diseñar y llevar a cabo un plan de trabajo de una cualidad física relacionada con la salud, incrementando el propio nivel inicial, a partir del conocimiento de sistemas y métodos de entrenamiento. ➢ Utilizar los tipos de respiración y las técnicas y métodos de relajación como medio para la reducción de desequilibrios y el alivio de tensiones producidas en la vida cotidiana.

COMPETENCIA BÁSICA CULTURAL Y ARTÍSTICA	
DESCRIPTOR ETAPA / INDICADORES DE LOGRO 4º ESO: 4. Expresa opiniones, gustos, sentimientos y emociones de forma creativa sobre las manifestaciones culturales y artísticas. 5. Valora la libertad de expresión, el derecho a la diversidad cultural y la realización de experiencias artísticas compartidas.	
MATERIAS	**CRITERIOS DE EVALUACIÓN 4º ESO**
LENGUA CASTELLANA Y LITERATURA	➢ Exponer una opinión sobre la lectura personal de una obra completa adecuada a la edad y relacionada con los periodos literarios estudiados; evaluar la estructura y el uso de los elementos del género, el uso del lenguaje y el punto de vista del autor; situar básicamente el sentido de la obra en relación con su contexto y con la propia experiencia. ➢ Utilizar los conocimientos literarios en la comprensión y la valoración de textos breves o fragmentos, atendiendo a la presencia de ciertos temas recurrentes, al valor simbólico del lenguaje poético y a la evolución de los géneros, de las formas literarias y de los estilos.
L. EXTRANJERA	➢ Identificar y describir los aspectos culturales más relevantes de los países donde se habla la lengua extranjera y establecer algunas relaciones entre las características más significativas de las costumbres, usos, actitudes y valores de la sociedad cuya lengua se estudia y la propia y mostrar respeto hacia los mismos.
LATÍN	➢ Distinguir en las diversas manifestaciones literarias y artísticas de todos los tiempos la mitología clásica como fuente de inspiración y reconocer en el patrimonio arqueológico las huellas de la romanización.
C. SOC., GEOGRAFÍA E HISTORIA	➢ Identificar los rasgos fundamentales de los procesos de industrialización y modernización económica y de las revoluciones liberales burguesas, valorando los cambios económicos, sociales y políticos que supusieron, identificando las peculiaridades de estos procesos en España.
EDUCACIÓN ÉTICO-CÍVICA	➢ Reconocer la existencia de conflictos y el papel que desempeñan en los mismos las organizaciones internacionales y las fuerzas de pacificación. Valorar la cultura de la paz, la importancia de las leyes y la participación humanitaria para paliar las consecuencias de los conflictos. ➢ Justificar las propias posiciones utilizando sistemáticamente la argumentación y el diálogo y participar de forma democrática y cooperativa en las actividades del centro y del entorno.
ED.PLÁSTICA Y VISUAL	➢ Tomar decisiones especificando los objetivos y las dificultades, proponiendo diversas opciones y evaluar cual la mejor solución.
BIOLOGÍA Y GEOLOGÍA	➢ Exponer razonadamente los problemas que condujeron a enunciar la teoría de la evolución, los principios básicos de esta teoría y las controversias científicas, sociales y religiosas que suscitó.

MATERIAS	CRITERIOS DE EVALUACIÓN 4º ESO
TECNOLOGÍA	➢ Describir los elementos que componen las distintas instalaciones de una vivienda y las normas que regulan su diseño y utilización. Realizar diseños sencillos empleando la simbología adecuada y montaje de circuitos básicos y valorar las condiciones que contribuyen al ahorro energético, habitabilidad y estética en una vivienda.
MÚSICA	➢ Exponer de forma crítica la opinión personal respecto a distintas músicas y eventos musicales, argumentándola en relación a la información obtenida en distintas fuentes: libros, publicidad, programas de conciertos, críticas, etc. ➢ Participar activamente en algunas de las tareas necesarias para la celebración de actividades musicales en el centro: planificación, ensayo, interpretación, difusión, etc.
EDUCACIÓN FÍSICA	➢ Manifestar una actitud crítica ante las prácticas y valoraciones que se hacen del deporte y del cuerpo a través de los diferentes medios de comunicación. ➢ Participar en la organización y puesta en práctica de torneos en los que se practicarán deportes y actividades físicas realizadas a lo largo de la etapa.

COMPETENCIA BÁSICA: COMPETENCIA BÁSICA CULTURAL Y ARTÍSTICA

DESCRIPTOR ETAPA / INDICADORES DE LOGRO 4º ESO:

6. Aprecia el patrimonio cultural y artístico y se siente crítico y comprometido con la necesidad de su conservación y protección.

MATERIAS	CRITERIOS DE EVALUACIÓN 4º ESO
LENGUA CASTELLANA Y LITERATURA	➢ Mostrar conocimiento de las relaciones entre las obras leídas y comentadas, el contexto en que aparecen y los autores más relevantes de la historia de la literatura, realizando un trabajo personal de información y de síntesis o de imitación y recreación, en soporte papel o digital.
C. SOCIALES, Gª E HISTORIA	➢ Caracterizar y situar en el tiempo y en el espacio las grandes transformaciones y conflictos mundiales que han tenido lugar en el siglo XX y aplicar este conocimiento a la comprensión de algunos de los problemas internacionales más destacados de la actualidad.
EDUCACIÓN ÉTICO-CÍVICA	➢ Analizar las causas que provocan los principales problemas sociales del mundo actual, utilizando de forma crítica la información que proporcionan los medios de comunicación e identificar soluciones comprometidas con la defensa de formas de vida más justas.
EDUCACIÓN PLÁSTICA Y VISUAL	➢ Colaborar en la realización de proyectos plásticos que comportan una organización de forma cooperativa. ➢ Realizar obras plásticas experimentando y utilizando diversidad de técnicas de expresión gráfico-plástica (dibujo artístico, volumen, pintura, grabado).
CIENCIAS DE LA NATURALEZA: GEOLOGÍA Y BIOLOGÍA	➢ Explicar cómo se produce la transferencia de materia y energía a largo de una cadena o red trófica concreta y deducir las consecuencias prácticas en la gestión sostenible de algunos recursos por parte del ser humano.
CIENCIAS DE LA NATURALEZA: FÍSICA Y QUÍMICA	➢ Analizar los problemas y desafíos, estrechamente relacionados, a los que se enfrenta la humanidad en relación con la situación de la Tierra, reconocer la responsabilidad de la ciencia y la tecnología y la necesidad de su implicación para resolverlos y avanzar hacia el logro de un futuro sostenible.
TECNOLOGÍA	➢ Conocer la evolución tecnológica a lo largo de la historia. Analizar objetos técnicos y su relación con el entorno y valorar su repercusión en la calidad de vida.
EDUCACIÓN FÍSICA	➢ Resolver supuestos prácticos sobre las lesiones que se pueden producir en la vida cotidiana, en la práctica de actividad física y en el deporte, aplicando unas primeras atenciones.

REGISTRO DEL NIVEL DE LOGRO DESARROLLADO EN LA COMPETENCIA BÁSICA												
Alumno/a:	**Curso: 1º de ESO**											
CC. BB. CULTURAL Y ARTÍSTICA	**APRECIACIÓN DEL NIVEL DE LOGRO:**											
INDICADORES DE LOGRO:	**1º TRIM.**				**2º TRIM.**				**3º TRIM.**			
	1	**2**	**3**	**V**	**1**	**2**	**3**	**V**	**1**	**2**	**3**	**V**
1. Reconoce las características básicas y los elementos constitutivos de las manifestaciones culturales y artísticas más representativas de nuestro patrimonio												
2. Aprende a mirar, ver, observar y percibir los valores estéticos y culturales de las obras artísticas del contexto, y emplea técnicas y recursos básicos en la elaboración producciones artísticas.												
3. Muestra iniciativa para expresarse y comunicarse de forma imaginativa y creativa en diferentes códigos artísticos.												
4. Realiza tareas de audición e interpretación de piezas musicales de compositores relevantes y recopila juegos y canciones populares tradicionales.												
5. Manifiesta sus opiniones y gustos personales sobre las manifestaciones culturales y artísticas más representativas de su contexto.												
6. Comunica a los demás juicios personales, experiencias y sentimientos acerca de las obras artísticas de una época determinada												
7. Participa en proyectos de creación visual cooperativos, dirigidos a la sensibilización y respeto por las obras artísticas y culturales del entorno y al disfrute de los ciudadanos.												

REGISTRO DEL NIVEL DE LOGRO DESARROLLADO EN LA COMPETENCIA BÁSICA												
Alumno/a:	**Curso: 2º de ESO**											
CC. BB. CULTURAL Y ARTÍSTICA	**APRECIACIÓN DEL NIVEL DE LOGRO:**											
INDICADORES DE LOGRO:	**1º TRIM.**				**2º TRIM.**				**3º TRIM.**			
	1	**2**	**3**	**V**	**1**	**2**	**3**	**V**	**1**	**2**	**3**	**V**
1. Reconoce y comprende las manifestaciones culturales y artísticas más relevantes que se han producido a lo largo del tiempo y que constituyen nuestro patrimonio.												
2. Conoce diferentes códigos artísticos y los emplea en la descripción de obras culturales y artísticas, y utiliza determinadas técnicas y recursos que les son propios para la creación de sus propias producciones artísticas o culturales												
3. Reconoce y analiza los elementos constitutivos de las manifestaciones artísticas más representativas, distinguiendo los procesos, técnicas y materiales e instrumentos utilizados en su creación.												
4. Reconoce auditivamente y determina la época o cultura a la que pertenecen distintas obras musicales, e identifica algunos elementos y formas musicales: ritmo, melodía.												
5. Aprecia las manifestaciones culturales y artísticas, mostrando interés, sensibilidad y emoción sobre las mismas.												
6. Valora, con criterios propios, la capacidad creativa y la resolución técnica de los artistas en función de las obras de arte y del contexto social e histórico en las que se producen.												
7. Participa en la realización de proyectos de trabajo, empleando recursos verbales y gráficos, sobre la importancia de proteger y poner en valor el patrimonio cultural y artístico de su entorno.												

REGISTRO DEL NIVEL DE LOGRO DESARROLLADO EN LA COMPETENCIA BÁSICA												
Alumno/a:	**Curso: 3º de ESO**											
CC. BB. CULTURAL Y ARTÍSTICA	**APRECIACIÓN DEL NIVEL DE LOGRO:**											
INDICADORES DE LOGRO:	**1º TRIM.**				**2º TRIM.**				**3º TRIM.**			
	1	**2**	**3**	**V**	**1**	**2**	**3**	**V**	**1**	**2**	**3**	**V**
1. Conoce y describe la evolución de los distintos estilos y tendencias de las artes, atendiendo al momento histórico y a la diversidad cultural.												
2. Identifica la técnica y los recursos empleados en la elaboración de las obras artísticas y utiliza su estructura, variaciones cromáticas, textura y orientación espacial para la elaboración de sus propias obras.												
3. Representa objetos e ideas de forma bi o tridimensional, aplicando técnicas gráficas y plásticas para conseguir resultados concretos en función de los elementos visuales (luz, sombra, textura) y de relación utilizados.												
4. Sabe diferenciar elementos y formas de organización y estructuración musical (ritmo, melodía, textura, timbre, variación, imitación y variación) mediante el uso de distintos lenguajes (gráfico, verbal o corporal).												
5. Muestra una actitud abierta, respetuosa y crítica hacia la diversidad de expresiones artísticas y culturales.												
6. Emite juicios críticos fundamentados respecto a las distintas manifestaciones culturales y artísticas, estableciendo conexiones entre los lenguajes artísticos y los contextos social e histórico donde se producen.												
7. Colabora con asociaciones y participa en redes sociales que se muestran preocupadas por la defensa, el disfrute y difusión del patrimonio cultural y artístico de su contexto social y cultural.												

REGISTRO DEL NIVEL DE LOGRO DESARROLLADO EN LA COMPETENCIA BÁSICA												
Alumno/a:	**Curso: 4º de ESO**											
CC. BB. CULTURAL Y ARTÍSTICA	**APRECIACIÓN DEL NIVEL DE LOGRO:**											
INDICADORES DE LOGRO:	**1º TRIM.**				**2º TRIM.**				**3º TRIM.**			
	1	**2**	**3**	**V**	**1**	**2**	**3**	**V**	**1**	**2**	**3**	**V**
1. Conoce, comprende y valora las obras de arte y las manifestaciones culturales y artísticas más destacadas del patrimonio nacional y universal.												
2. Conoce con fundamento la evolución de las corrientes estéticas y emplea las técnicas y los recursos que les son propios en la reproducción o creación de producciones artísticas y culturales.												
3. Observa y analiza las características y los elementos técnicos imprescindibles de los hechos culturales y artísticos.												
4. Selecciona y utiliza diversas técnicas plásticas y visuales para realizar trabajos creativos basados en la interpretación, la improvisación y la composición musical.												
5. Expresa opiniones, gustos, sentimientos y emociones de forma creativa sobre las manifestaciones culturales y artísticas.												
6. Valora la libertad de expresión, el derecho a la diversidad cultural y la realización de experiencias artísticas compartidas.												
7. Aprecia el patrimonio cultural y artístico y se siente crítico y comprometido con la necesidad de su conservación y protección.												

1.7. *Competencia Aprender a aprender*

<table>
<tr><th colspan="3">COMPETENCIA BÁSICA APRENDER A APRENDER</th></tr>
<tr><th>ASPECTOS DISTINTIVOS</th><th>MATERIAS</th><th>APRENDIZAJES IMPRESCINDIBLES</th></tr>
<tr><td rowspan="4">1. Conocimiento de lo que se sabe y de lo que es necesario aprender, de cómo se aprende y de cómo se gestionan y controlan los procesos de aprendizaje.
2. Habilidades para iniciarse en el aprendizaje y ser capaz de continuar aprendiendo.
3. Toma de conciencia de las propias capacidades, del proceso y de las estrategias necesarias para desarrollarlas.
4. Toma de conciencia de las capacidades que entran en juego en el aprendizaje: atención, concentración, memoria, comprensión, expresión lingüística, motivación con objeto de obtener un rendimiento máximo.
5. Muestra curiosidad por plantearse preguntas y por identificar y manejar la diversidad de respuestas posibles ante una misma situación o problema.
6. Planteamiento de metas alcanzables a corto, medio y largo plazo con objeto de cumplirlas.</td><td>LENGUA CASTELLANA Y LITERATURA</td><td>❑ Acceder al saber y a la construcción de conocimientos mediante el lenguaje.
❑ Desarrollar actividades de comprensión y composición de textos para optimizar el aprendizaje lingüístico: uso de saberes conceptuales, capacidad para analizar, contrastar, ampliar y reducir enunciados, sustituir elementos del enunciad, usar diferentes esquemas sintácticos, etc.</td></tr>
<tr><td>LENGUAS EXTRANJERAS</td><td>❑ Utilizar recursos diferentes para la comprensión y expresión, facilitando o completando la capacidad de alumnos para interpretar o representar la realidad.
❑ Utilizar la escritura para aprender y organizar sus propios conocimientos (CC.AA.).
❑ Construir conocimientos, formulación de hipótesis y opiniones, expresión y análisis de sentimientos y emociones.
❑ Reflexionar sobre el propio aprendizaje, para que pueda identificar cómo aprende mejor y qué estrategias los hacen más eficaces.</td></tr>
<tr><td>MATEMÁTICAS</td><td>❑ Usar técnicas heurísticas como modelos generales de tratamiento de la información y de razonamiento.
❑ Adquirir de destrezas: la autonomía, la perseverancia, la sistematización, la reflexión crítica y la habilidad para comunicar con eficacia los resultados del propio trabajo.</td></tr>
<tr><td>CIENCIAS SOCIALES, GEOGRAFÍA E HISTORIA</td><td>❑ Aplicar razonamientos de distinto tipo, buscando explicaciones multicausales y la predicción de efectos de los fenómenos sociales.
❑ Conocer las fuentes de información y de su utilización mediante la recogida y clasificación de la información obtenida por diversos medios.
❑ Desarrollar estrategias para pensar, para organizar, memorizar y recuperar información: resúmenes, esquemas o mapas conceptuales.
❑ Visión estratégica de los problemas y saber prever y adaptarse a los cambios que se producen con una visión positiva.</td></tr>
</table>

	CIENCIAS DE LA NATURALEZA	❑ Adquirir contenidos asociados a la forma de construir y transmitir el conocimiento científico. ❑ Incorporar informaciones provenientes de la propia experiencia y de medios escritos o audiovisuales. ❑ Adquirir y aplicar los procedimientos de análisis de causas y consecuencias y las destrezas ligadas al desarrollo del carácter tentativo y creativo del trabajo científico. ❑ Integrar los conocimientos y buscar la coherencia global y la auto e interregulación de los procesos mentales.
	EDUCACIÓN PLÁSTICA Y VISUAL	❑ Reflexionar sobre los procesos y experimentación creativa: implica la toma de conciencia de las propias capacidades y recursos, así como la aceptación de los propios errores como instrumento de mejora.
	EDUCACIÓN PARA LA CIUDADANÍA	❑ Estimular las habilidades sociales, el impulso del trabajo en equipo, la participación y el uso sistemático de la argumentación, la síntesis de las ideas propias y ajenas, la confrontación ordenada y crítica de conocimiento, información y opinión. ❑ Concienciarse de las propias capacidades a través de la educación afectivo emocional y las relaciones entre inteligencia, emociones y sentimientos.
	EDUCACIÓN FÍSICA	❑ Adquirir aprendizajes técnicos, estratégicos y tácticos que son generalizables para varias actividades deportivas. ❑ Planificar determinadas actividades físicas a partir de un proceso de experimentación. ❑ Regular su propio aprendizaje y práctica de la actividad física en su tiempo libre, de forma organizada y estructurada. ❑ Habilidades para el trabajo en equipo en diferentes actividades deportivas y expresivas colectivas.
	INFORMÁTICA	❑ Conocer la forma de acceder e interactuar en entornos virtuales de aprendizaje. ❑ Obtener información para transformarla en conocimiento propio y comunicar lo aprendido, poniéndolo en común con los demás.
	LATÍN	❑ Ejercer de la recuperación de datos mediante la memorización, situando el proceso formativo en un contexto de rigor lógico. ❑ Tener disposición y habilidad para organizar el aprendizaje de modo que favorezca la autonomía, disciplina y reflexión.
	MÚSICA	❑ Destrezas para el aprendizaje guiado y autónomo: a atención, concentración y memoria, y desarrollo del sentido del orden y del análisis. ❑ Escuchar reiteradamente para llegar a conocer una obra, reconocerla, identificar sus elementos y «apropiarse» de la misma. ❑ Tener autoconfianza en el éxito del propio aprendizaje.
	TECNOLOGÍA	❑ Habilidades y estrategias cognitivas y actitudes y valores necesarios para el aprendizaje: estudio metódico de objetos, sistemas o entornos. ❑ Desarrollar estrategias de resolución de problemas tecnológicos mediante la obtención, análisis y selección de información útil para abordar un proyecto.

COMPETENCIA BÁSICA APRENDER A APRENDER				
ORGANIZADORES	**ASPECTOS DISTINTIVOS**	**APRENDIZAJES IMPRESCINDIBLES**	**MATERIAS**	**DESCRIPTORES DE LA ETAPA**
Conocimientos, saberes y experiencias aplicadas en la resolución de problemas y tareas.	❖ Conocimiento de lo que se sabe y de lo que es necesario aprender, de cómo se aprende y de cómo se gestionan y controlan los procesos de aprendizaje.	❑ Acceder al saber y a la construcción de conocimientos mediante el lenguaje. ❑ Desarrollar actividades de comprensión y composición de textos para optimizar el aprendizaje lingüístico: uso de saberes conceptuales, capacidad para analizar, contrastar, ampliar y reducir enunciados, sustituir elementos del enunciad, usar diferentes esquemas sintácticos, etc.	L. CASTELLANA Y LITERATURA	1. Busca información que precisa aprender, utilizando por sí mismo informaciones provenientes de la propia experiencia y de los medios escritos o audiovisuales para la comprensión y composición de textos y mensajes relacionados con los conocimientos adquiridos.
		❑ Adquirir contenidos asociados a la forma de construir y transmitir el conocimiento científico. ❑ Incorporar informaciones provenientes de la propia experiencia y de medios escritos o audiovisuales.	CIENCIAS DE LA NATURALEZA	
		❑ Adquirir aprendizajes técnicos, estratégicos y tácticos que son generalizables para varias actividades deportivas.	EDUCACIÓN FÍSICA	2. Conoce su forma de aprender, siendo consciente de lo que sabe y de cómo aprende, y gestiona, evalúa y controla los procesos de aprendizaje, generando nuevas expectativas e inquietudes para seguir aprendiendo por sí mismo.
		❑ Conocer la forma de acceder e interactuar en entornos virtuales de aprendizaje.	INFORMÁTICA	

ORGANIZADORES	ASPECTOS DISTINTIVOS	APRENDIZAJES IMPRESCINDIBLES	MATERIAS	DESCRIPTORES DE LA ETAPA
Habilidades prácticas y cognitivas utilizadas en la resolución de tareas y problemas.	❖ Habilidades para iniciarse en el aprendizaje y ser capaz de continuar aprendiendo. ❖ Toma de conciencia de las propias capacidades, del proceso y de las estrategias necesarias para desarrollarlas. ❖ Toma de conciencia de las capacidades que entran en juego en el aprendizaje: atención, concentración, memoria, comprensión, expresión lingüística, motivación con objeto de obtener un rendimiento máximo.	❑ Utilizar recursos diferentes para la comprensión y expresión, facilitando o completando la capacidad de alumnos para interpretar o representar la realidad. ❑ Utilizar la escritura para aprender y organizar sus propios conocimientos (CC.AA.).	L. EXTRANJERAS	3. Planifica y autorregula su proceso de aprendizaje, siendo capaz de organizar sus propios conocimientos y de elaborar producciones personales o grupales, utilizando sistemáticamente la síntesis de las ideas propias y ajenas, así como la contrastación ordenada y crítica de conocimientos, informaciones y opiniones.
		❑ Usar técnicas heurísticas como modelos generales de tratamiento de la información y de razonamiento.	MATEMÁTICAS	
		❑ Destrezas para el aprendizaje guiado y autónomo: a atención, concentración y memoria, y desarrollo del sentido del orden y del análisis. ❑ Escuchar reiteradamente para llegar a conocer una obra, reconocerla, identificar sus elementos y «apropiarse » de la misma.	MÚSICA	4. Emplea sus capacidades para progresar en su aprendizaje, utilizando apropiadamente y apreciando el valor de las distintas capacidades que entran en juego en el aprendizaje para mejorar sus resultados académicos, tales como la atención, la concentración, la comprensión y expresión, la motivación y el esfuerzo, e identifica su aplicación y la puesta en uso en los ámbitos cotidianos.
		❑ Adquirir y aplicar los procedimientos de análisis de causas y consecuencias y las destrezas ligadas al desarrollo del carácter tentativo y creativo del trabajo científico. ❑ Integrar los conocimientos y buscar la coherencia global y la auto e interregulación de los procesos mentales.	CIENCIAS DE LA NATURALEZA	

ORGANIZADORES	ASPECTOS DISTINTIVOS	APRENDIZAJES IMPRESCINDIBLES	MATERIAS	DESCRIPTORES DE LA ETAPA
		❑ Aplicar razonamientos de distinto tipo, buscando explicaciones multicausales y la predicción de efectos de los fenómenos sociales. ❑ Conocer las fuentes de información y de su utilización mediante la recogida y clasificación de la información obtenida por diversos medios. ❑ Desarrollar estrategias para pensar, para organizar, memorizar y recuperar información: resúmenes, esquemas o mapas conceptuales.	C. SOCIALES, GEOGRAFÍA E HISTORIA	
		❑ Planificar determinadas actividades físicas a partir de un proceso de experimentación. ❑ Regular su propio aprendizaje y práctica de la actividad física en su tiempo libre, de forma organizada y estructurada. ❑ Habilidades para el trabajo en equipo en diferentes actividades deportivas y expresivas colectivas.	EDUCACIÓN FÍSICA	
		❑ Estimular las habilidades sociales, el impulso del trabajo en equipo, la participación y el uso sistemático de la argumentación, la síntesis de las ideas propias y ajenas, la confrontación ordenada y crítica de conocimiento, información y opinión.	ED. PARA LA CIUDADANÍA	
		❑ Obtener información para transformarla en conocimiento propio y comunicar lo aprendido, poniéndolo en común con los demás.	INFORMÁTICA	
		❑ Ejercer de la recuperación de datos mediante la memorización, situando el proceso formativo en un contexto de rigor lógico.	LATÍN	

ORGANIZADORES	ASPECTOS DISTINTIVOS	APRENDIZAJES IMPRESCINDIBLES	MATERIAS	DESCRIPTORES DE LA ETAPA
		❑ Habilidades y estrategias cognitivas y actitudes y valores necesarios para el aprendizaje: estudio metódico de objetos, sistemas o entornos.	TECNOLOGÍA	
Valores, actitudes sentimientos y emociones, que se manifiestan en la resolución de tareas y problemas.	❖ Muestra curiosidad por plantearse preguntas y por identificar y manejar la diversidad de respuestas posibles ante una misma situación o problema.	❑ Construir conocimientos, formulación de hipótesis y opiniones, expresión y análisis de sentimientos y emociones. ❑ Reflexionar sobre el propio aprendizaje, para que pueda identificar cómo aprende mejor y qué estrategias los hacen más eficaces.	L. EXTRANJERAS	5. Valora la utilidad de su aprendizaje, reflexionando críticamente sobre el proceso seguido en la adquisición de conocimientos y sobre la utilidad de los mismos para la vida, expresando los sentimientos y emociones, así como los criterios y argumentos utilizados en la valoración de los aprendizajes adquiridos.
		❑ Adquirir de destrezas: la autonomía, la perseverancia, la sistematización, la reflexión crítica y la habilidad para comunicar con eficacia los resultados del propio trabajo.	MATEMÁTICAS	
		❑ Tener autoconfianza en el éxito del propio aprendizaje.	MÚSICA	
		❑ Concienciarse de las propias capacidades a través de la educación afectivo emocional y las relaciones entre inteligencia, emociones y sentimientos.	ED. PARA LA CIUDADANÍA	
		❑ Reflexionar sobre los procesos y experimentación creativa: implica la toma de conciencia de las propias capacidades y recursos, así como la aceptación de los propios errores como instrumento de mejora.	ED. PLÁSTICA Y VISUAL	6. Muestra motivación por seguir aprendiendo, siendo consciente de las propias capacidades y disponibilidad de recursos para organizar el aprendizaje de forma autónoma, disciplinada y reflexiva, y acepta los propios errores como instrumento de mejora y superación personal.
		❑ Tener disposición y habilidad para organizar el aprendizaje de modo que favorezca la autonomía, disciplina y reflexión.	LATÍN	

ORGANIZADORES	ASPECTOS DISTINTIVOS	APRENDIZAJES IMPRESCINDIBLES	MATERIAS	DESCRIPTORES DE LA ETAPA
Resolución de problemas en un contexto determinado.	❖ Planteamiento de metas alcanzables a corto, medio y largo plazo con objeto de cumplirlas.	❑ Visión estratégica de los problemas y saber prever y adaptarse a los cambios que se producen con una visión positiva.	C. SOCIALES, GEOGRAFÍA E HISTORIA	7. Aplica lo aprendido en la resolución de problemas, manteniendo una visión estratégica e integrada en la identificación e interrelación de conflictos y aplicando con rigor los conocimientos, las estrategias y técnicas de aprendizaje adquiridos, y participa activamente en el tratamiento de los problemas sociales y académicos, planteándose retos y metas alcanzables en la resolución de los mismos.
		❑ Desarrollar estrategias de resolución de problemas tecnológicos mediante la obtención, análisis y selección de información útil para abordar un proyecto.	TECNOLOGÍA	

COMPETENCIA BÁSICA APRENDER A APRENDER	
DESCRIPTORES ETAPA:	**INDICADORES DE LOGRO O DOMINIO 1º ESO:**
1. Busca información que precisa aprender, utilizando por sí mismo informaciones provenientes de la propia experiencia y de los medios escritos o audiovisuales para la comprensión y composición de textos y mensajes relacionados con los conocimientos adquiridos. 2. Conoce su forma de aprender, siendo consciente de lo que sabe y de cómo aprende, y gestiona, evalúa y controla los procesos de aprendizaje, generando nuevas expectativas e inquietudes para seguir aprendiendo por sí mismo.	❑ Busca la información que precisa para aprender, siguiendo instrucciones poco complejas para realizar tareas de aprendizaje por sí mismo, sobre cuestiones o problemas sociales y académicos próximos a la experiencia personal. ❑ Conoce y gestiona su aprendizaje, siendo consciente de lo que va aprendiendo y de lo que necesita aprender para cubrir las expectativas del curso, por sí mismo o con ayuda de los demás.

MATERIAS	CRITERIOS DE EVALUACIÓN 1º ESO
LENGUA CASTELLANA Y LITERATURA	➢ Reconocer el propósito y la idea general en textos orales de ámbitos sociales próximos a la experiencia del alumnado y en el ámbito académico; captar la idea global de informaciones oídas en radio o en TV y seguir instrucciones poco complejas para realizar tareas de aprendizaje.
L. EXTRANJERA	➢ Comprender la idea general y las informaciones específicas más relevantes de textos orales, emitidos cara a cara o por medios audiovisuales sobre asuntos cotidianos, si se habla despacio y con claridad.
C. SOCIALES, Gª. E HISTORIA	➢ Realizar una lectura comprensiva de fuentes de información escrita de contenido geográfico o histórico y comunicar la información obtenida de forma correcta por escrito.
EDUCACIÓN PLÁSTICA Y VISUAL	➢ Diferenciar los distintos estilos y tendencias de las artes visuales a través del tiempo y atendiendo a la diversidad cultural.
CIENCIAS DE LA NATURALEZA.	➢ Interpretar algunos fenómenos naturales mediante la elaboración de modelos sencillos y representaciones a escala del Sistema Solar y de los movimientos relativos entre la Luna, la Tierra y el Sol. ➢ Describir razonadamente algunas de las observaciones y procedimientos científicos que han permitido avanzar en el conocimiento de nuestro planeta y del lugar que ocupa en el Universo. ➢ Establecer procedimientos para describir las propiedades de materiales que nos rodean tales como la masa, el volumen, los estados en los que se presentan y sus cambios.
MÚSICA	➢ Leer distintos tipos de partituras en el contexto de las actividades musicales del aula como apoyo a las tareas de interpretación y audición.
EDUCACIÓN FÍSICA	➢ Identificar los hábitos higiénicos y posturales saludables relacionados con la actividad física y con la vida cotidiana. ➢ Elaborar un mensaje de forma colectiva, mediante técnicas como el mimo, el gesto, la dramatización o la danza y comunicarlo al resto de grupos. ➢ Recopilar actividades, juegos, estiramientos y ejercicios de movilidad articular apropiados para el calentamiento y realizados en clase.

COMPETENCIA BÁSICA APRENDER A APRENDER	
DESCRIPTORES ETAPA: 3. Planifica y autorregula su proceso de aprendizaje, siendo capaz de organizar sus propios conocimientos y de elaborar producciones personales o grupales, utilizando sistemáticamente la síntesis de las ideas propias y ajenas, así como la contrastación ordenada y crítica de conocimientos, informaciones y opiniones. 4. Emplea sus capacidades para progresar en su aprendizaje, utilizando apropiadamente y apreciando el valor de las distintas capacidades que entran en juego en el aprendizaje para mejorar sus resultados académicos, tales como la atención, la concentración, la comprensión y expresión, la motivación y el esfuerzo, e identifica su aplicación y la puesta en uso en los ámbitos cotidianos.	**INDICADORES DE LOGRO O DOMINIO 1º ESO:** ❑ Planifica y autorregula su proceso de aprendizaje, utilizando sus conocimientos como instrumento de autoaprendizaje y de autocorrección de las producciones propias y comprender mejor las ajenas. ❑ Usa sus capacidades para progresar en su aprendizaje, superando los resultados académicos y mejorando la atención, concentración y disponibilidad hacia el trabajo.

MATERIAS	CRITERIOS DE EVALUACIÓN 1º ESO
LENGUA CASTELLANA Y LITERATURA	➢ Extraer informaciones concretas e identificar el propósito en textos escritos de ámbitos sociales próximos a la experiencia del alumnado, seguir instrucciones sencillas, identificar los enunciados en los que el tema general aparece explícito y distinguir las partes del texto.
L. EXTRANJERA	➢ Utilizar el conocimiento de algunos aspectos formales del código de la lengua extranjera (morfología, sintaxis y fonología), en diferentes contextos de comunicación, como instrumento de autoaprendizaje y de autocorrección de las producciones propias y para comprender mejor las ajenas. ➢ Identificar, utilizar y poner ejemplos de algunas estrategias utilizadas para progresar en el aprendizaje. ➢ Usar de forma guiada las tecnologías de la información y la comunicación para buscar información, producir mensajes a partir de modelos y para establecer relaciones personales, mostrando interés por su uso.
MATEMÁTICAS	➢ Utilizar números naturales y enteros y fracciones y decimales sencillos, sus operaciones y propiedades, para recoger, transformar e intercambiar información. ➢ Organizar e interpretar informaciones diversas mediante tablas y gráficas, e identificar relaciones de dependencia en situaciones cotidianas. ➢ Hacer predicciones sobre la posibilidad de que un suceso ocurra a partir de información previamente obtenida de forma empírica.

MATERIAS	CRITERIOS DE EVALUACIÓN 1º ESO
C. SOCIALES, GEOGRAFÍA E HISTORIA	➢ Localizar lugares o espacios en un mapa utilizando datos de coordenadas geográficas y obtener información sobre el espacio representado a partir de la leyenda y la simbología, comunicando las conclusiones de forma oral o escrita. ➢ Utilizar las convenciones y unidades cronológicas y las nociones de evolución y cambio aplicándolas a los hechos y procesos históricos.
EDUCACIÓN PLÁSTICA Y VISUAL	➢ Diferenciar y reconocer los procesos, técnicas, estrategias y materiales en imágenes del entorno audiovisual y multimedia. ➢ Elegir y disponer de los materiales más adecuados para elaborar un producto visual y plástico en base a unos objetivos prefijados y a la autoevaluación continua del proceso de realización.
TECNOLOGÍA	➢ Identificar y conectar componentes físicos de un ordenador y otros dispositivos electrónicos. ➢ Acceder a Internet para la utilización de servicios básicos: navegación para la localización de información, correo electrónico, comunicación intergrupal y publicación de información. ➢ Elaborar, almacenar y recuperar documentos en soporte electrónico que incorporen información textual y gráfica.
MÚSICA	➢ Identificar y describir, mediante el uso de distintos lenguajes (gráfico, corporal o verbal) algunos elementos y formas de organización y estructuración musical (ritmo, melodía, textura, timbre, repetición, imitación, variación) de una obra musical interpretada en vivo o grabada.
EDUCACIÓN FÍSICA	➢ Elaborar un mensaje de forma colectiva, mediante técnicas como el mimo, el gesto, la dramatización o la danza y comunicarlo al resto de grupos. ➢ Mejorar la ejecución de los aspectos técnicos fundamentales de un deporte individual, aceptando el nivel alcanzado. ➢ Incrementar las cualidades físicas relacionadas con la salud, trabajadas durante el curso respecto a su nivel inicial. ➢ Realizar la acción motriz oportuna en función de la fase de juego que se desarrolle, ataque o defensa, en el juego o deporte colectivo propuesto.

COMPETENCIA BÁSICA APRENDER A APRENDER

DESCRIPTORES ETAPA:	INDICADORES DE LOGRO O DOMINIO 1º ESO:
5. Valora la utilidad de su aprendizaje, reflexionando críticamente sobre el proceso seguido en la adquisición de conocimientos y sobre la utilidad de los mismos para la vida, expresando los sentimientos y emociones, así como los criterios y argumentos utilizados en la valoración de los aprendizajes adquiridos. 6. Muestra motivación por seguir aprendiendo, siendo consciente de las propias capacidades y disponibilidad de recursos para organizar el aprendizaje de forma autónoma, disciplinada y reflexiva, y acepta los propios errores como instrumento de mejora y superación personal.	❑ Valora la utilidad de su aprendizaje, reflexionando sobre el proceso de aprendizaje seguido y sobre su utilidad en situaciones cotidianas, analizando los problemas y dificultades encontradas, y valorando el esfuerzo realizado ante los problemas de creciente complejidad. ❑ Muestra motivación por seguir aprendiendo, asumiendo el ensayo / error como un mecanismo de aprendizaje que le permite mejorar sus aprendizajes y superarse constantemente a nivel personal.

MATERIAS	CRITERIOS DE EVALUACIÓN 1º ESO
LENGUA CASTELLANA Y LITERATURA	➢ Exponer una opinión sobre la lectura personal de una obra adecuada a la edad; reconocer el género y la estructura global y valorar de forma general el uso del lenguaje; diferenciar contenido literal y sentido de la obra y relacionar el contenido con la propia experiencia. ➢ Utilizar los conocimientos literarios en la comprensión y la valoración de textos breves o fragmentos, atendiendo a los temas y motivos de la tradición, a las características básicas del género, a los elementos básicos del ritmo y al uso del lenguaje, con especial atención a las figuras semánticas más generales.
L. EXTRANJERA	➢ Identificar algunos elementos culturales o geográficos propios de los países y culturas donde se habla la lengua extranjera y mostrar interés por conocerlos.
MATEMÁTICAS	➢ Utilizar estrategias y técnicas simples de resolución de problemas tales como el análisis del enunciado, el ensayo y error o la resolución de un problema más sencillo, y comprobar la solución obtenida y expresar, utilizando el lenguaje matemático adecuado a su nivel, el procedimiento que se ha seguido en la resolución.
C. SOCIALES, Gª E HISTORIA	➢ Identificar y explicar, algunos ejemplos de los impactos que la acción humana tiene sobre el medio natural, analizando sus causas y efectos, y aportando medidas y conductas que serían necesarias para limitarlos.
EDUCACIÓN PLÁSTICA Y VISUAL	➢ Realizar creaciones plásticas siguiendo el proceso de creación y demostrando valores de iniciativa, creatividad e imaginación.
CIENCIAS DE LA NATURALEZA	➢ Valorar la importancia del papel protector de la atmósfera para los seres vivos, considerando las repercusiones de la actividad humana en la misma.

MATERIAS	CRITERIOS DE EVALUACIÓN 1º ESO
TECNOLOGÍA	➢ Valorar las necesidades del proceso tecnológico empleando la resolución técnica de problemas analizando su contexto, proponiendo soluciones alternativas y desarrollando la más adecuada. ➢ Valorar los efectos de la energía eléctrica y su capacidad de conversión en otras manifestaciones energéticas.
MÚSICA	➢ Comunicar a los demás juicios personales acerca de la música escuchada. ➢ Participar en la interpretación en grupo de una pieza vocal, instrumental o coreográfica, adecuando la propia interpretación a la del conjunto y asumiendo distintos roles.
EDUCACIÓN FÍSICA	➢ Identificar los hábitos higiénicos y posturales saludables relacionados con la actividad física y con la vida cotidiana ➢ Incrementar las cualidades físicas relacionadas con la salud, trabajadas durante el curso respecto a su nivel inicial.

COMPETENCIA BÁSICA APRENDER A APRENDER	
DESCRIPTORES ETAPA: 7. Aplica lo aprendido en la resolución de problemas, manteniendo una visión estratégica e integrada en la identificación e interrelación de conflictos y aplicando con rigor los conocimientos, las estrategias y técnicas de aprendizaje adquiridos, y participa activamente en el tratamiento de los problemas sociales y académicos, planteándose retos y metas alcanzables en la resolución de los mismos.	**INDICADORES DE LOGRO O DOMINIO 1º ESO:** ❑ Aplica lo aprendido en la resolución de problemas, utilizando estrategias y técnicas simples, comprobando la solución obtenida y valorando la adecuación del resultado al contexto.
MATERIAS	**CRITERIOS DE EVALUACIÓN 1º ESO**
LENGUA CASTELLANA Y LITERATURA	➢ Aplicar los conocimientos sobre la lengua y las normas del uso lingüístico para solucionar problemas de comprensión de textos orales y escritos y para la composición y la revisión dirigida de los textos propios de este curso. ➢ Realizar narraciones orales claras y bien estructuradas de experiencias vividas, con la ayuda de medios audiovisuales y de las tecnologías de la información y la comunicación. ➢ Componer textos, en soporte papel o digital, tomando como modelo un texto literario de los leídos y comentados en el aula o realizar alguna transformación sencilla en esos textos.
L. EXTRANJERA	➢ Redactar textos breves en diferentes soportes utilizando las estructuras, las funciones y el léxico adecuados, así como algunos elementos básicos de cohesión, a partir de modelos, y respetando las reglas elementales de ortografía y de puntuación.
MATEMÁTICAS	➢ Resolver problemas para los que se precise la utilización de las cuatro operaciones con números enteros, decimales y fraccionarios, utilizando la forma de cálculo apropiada y valorando la adecuación del resultado al contexto. ➢ Hacer predicciones sobre la posibilidad de que un suceso ocurra a partir de información previamente obtenida de forma empírica. ➢ Organizar e interpretar informaciones diversas mediante tablas y gráficas, e identificar relaciones de dependencia en situaciones cotidianas. ➢ Utilizar estrategias y técnicas simples de resolución de problemas tales como el análisis del enunciado, el ensayo y error o la resolución de un problema más sencillo, y comprobar la solución obtenida y expresar, utilizando el lenguaje matemático adecuado a su nivel, el procedimiento que se ha seguido en la resolución.

MATERIAS	CRITERIOS DE EVALUACIÓN 1º ESO
C. SOCIALES, Gª E HISTORIA	➢ Realizar de forma individual y en grupo, con ayuda del profesor, un trabajo sencillo de carácter descriptivo sobre algún hecho o tema, utilizando fuentes diversas (observación, prensa, bibliografía, páginas web, etc.), seleccionando la información pertinente, integrándola en un esquema o guión y comunicando los resultados del estudio con corrección y con el vocabulario adecuado.
EDUCACIÓN PLÁSTICA Y VISUAL	➢ Elaborar y participar, activamente, en proyectos de creación visual cooperativos, como producciones videográficas o plásticas de gran tamaño, aplicando las estrategias propias y adecuadas del lenguaje visual y plástico.
TECNOLOGÍA	➢ Realizar las operaciones técnicas previstas en un plan de trabajo utilizando los recursos materiales y organizativos con criterios de economía, seguridad y respeto al medio ambiente y valorando las condiciones del entorno de trabajo. ➢ Elaborar documentos técnicos empleando recursos verbales y gráficos. ➢ Diseñar y simular circuitos con simbología adecuada y montar circuitos formados por operadores elementales.
MÚSICA	➢ Elaborar un arreglo para una canción o una pieza instrumental utilizando apropiadamente una serie de elementos dados. ➢ Utilizar, con autonomía, algunos de los recursos tecnológicos disponibles, demostrando un conocimiento básico de las técnicas y procedimientos necesarios para grabar y reproducir música y para realizar sencillas producciones audiovisuales.
EDUCACIÓN FÍSICA	➢ Recopilar actividades, juegos, estiramientos y ejercicios de movilidad articular apropiados para el calentamiento y realizados en clase. ➢ Mejorar la ejecución de los aspectos técnicos fundamentales de un deporte individual, aceptando el nivel alcanzado. ➢ Realizar la acción motriz oportuna en función de la fase de juego que se desarrolle, ataque o defensa, en el juego o deporte colectivo propuesto. ➢ Seguir las indicaciones de las señales de rastreo en un recorrido por el centro o sus inmediaciones.

COMPETENCIA BÁSICA APRENDER A APRENDER	
DESCRIPTORES ETAPA: 1. Busca información que precisa aprender, utilizando por sí mismo informaciones provenientes de la propia experiencia y de los medios escritos o audiovisuales para la comprensión y composición de textos y mensajes relacionados con los conocimientos adquiridos. 2. Conoce su forma de aprender, siendo consciente de lo que sabe y de cómo aprende, y gestiona, evalúa y controla los procesos de aprendizaje, generando nuevas expectativas e inquietudes para seguir aprendiendo por sí mismo.	**INDICADORES DE LOGRO O DOMINIO 2º ESO:** ❑ Busca informaciones y conocimientos que precisa del ámbito social y académico para aprender, por sí mismo, atendiendo a las instrucciones sobre cuestiones o problemas propuestos y que despiertan su interés o curiosidad. ❑ Conoce su forma de aprender y gestiona, por sí mismo, los procesos de aprendizaje, siendo consciente de cómo aprender, de lo que va aprendiendo y de lo que necesita aprender para cubrir sus expectativas ante el estudio.

MATERIAS	CRITERIOS DE EVALUACIÓN 2º ESO
LENGUA CASTELLANA Y LITERATURA	➢ Reconocer, junto al propósito y la idea general, ideas, hechos o datos relevantes en textos orales de ámbitos sociales próximos a la experiencia del alumnado y en el ámbito académico; captar la idea global y la relevancia de informaciones oídas en radio o en TV y seguir instrucciones para realizar autónomamente tareas de aprendizaje.
L. EXTRANJERA	➢ Comprender la idea general e informaciones específicas de textos orales emitidos por un interlocutor, o procedentes de distintos medios de comunicación, sobre temas conocidos. ➢ Comprender la información general y la específica de diferentes textos escritos, adaptados y auténticos, de extensión variada, y adecuados a la edad, demostrando la comprensión a través de una actividad específica.
MATEMÁTICAS	➢ Formular las preguntas adecuadas para conocer las características de una población y recoger, organizar y presentar datos relevantes para responderlas, utilizando los métodos estadísticos apropiados y las herramientas informáticas adecuadas.
EDUCACIÓN PLÁSTICA Y VISUAL	➢ Diferenciar los distintos estilos y tendencias de las artes visuales a través del tiempo y atendiendo a la diversidad cultural.
CIENCIAS DE LA NATURALEZA.	➢ Explicar fenómenos naturales y reproducir algunos de ellos teniendo en cuenta sus propiedades. ➢ Interpretar los aspectos relacionados con las funciones vitales de los seres vivos a partir de distintas observaciones y experiencias realizadas.
MÚSICA	➢ Leer distintos tipos de partituras en el contexto de las actividades musicales del aula como apoyo a las tareas de interpretación y audición.

MATERIAS	CRITERIOS DE EVALUACIÓN 2º ESO
EDUCACIÓN FÍSICA	➢ Incrementar la resistencia aeróbica y la flexibilidad respecto a su nivel inicial. ➢ Reconocer a través de la práctica, las actividades físicas que se desarrollan en una franja de la frecuencia cardiaca beneficiosa para la salud. ➢ Crear y poner en práctica una secuencia armónica de movimientos corporales a partir de un ritmo escogido ➢ Realizar de forma autónoma un recorrido de sendero cumpliendo normas de seguridad básicas y mostrando una actitud de respeto hacia la conservación del entorno en el que se lleva a cabo la actividad.

COMPETENCIA BÁSICA APRENDER A APRENDER	
DESCRIPTORES ETAPA: 3. Planifica y autorregula su proceso de aprendizaje, siendo capaz de organizar sus propios conocimientos y de elaborar producciones personales o grupales, utilizando sistemáticamente la síntesis de las ideas propias y ajenas, así como la contrastación ordenada y crítica de conocimientos, informaciones y opiniones. 4 Emplea sus capacidades para progresar en su aprendizaje, utilizando apropiadamente y apreciando el valor de las distintas capacidades que entran en juego en el aprendizaje para mejorar sus resultados académicos, tales como la atención, la concentración, la comprensión y expresión, la motivación y el esfuerzo.	**INDICADORES DE LOGRO O DOMINIO 2º ESO:** ❑ Planifica y autorregula su proceso de aprendizaje, empleando distintas estrategias de autoaprendizaje para extraer, contrastar y sintetizar informaciones de diversas fuentes, con objeto de elaborar producciones propias y de corregirlas. ❑ Usa sus capacidades para progresar en su aprendizaje, mejorando la atención, concentración y dedicación al trabajo, valorando y mostrando progreso continuado en sus resultados académicos.

MATERIAS	CRITERIOS DE EVALUACIÓN 2º ESO
LENGUA CASTELLANA Y LITERATURA	➢ Extraer informaciones concretas e identificar el propósito en textos escritos de ámbitos sociales próximos a la experiencia del alumnado; seguir instrucciones de cierta extensión en procesos poco complejos; identificar el tema general y temas secundarios y distinguir cómo está organizada la información.
L. EXTRANJERA	➢ Utilizar los conocimientos adquiridos sobre el sistema lingüístico de la lengua extranjera, en diferentes contextos de comunicación, como instrumento de autoaprendizaje y de auto-corrección de las producciones propias orales y escritas y para comprender las producciones ajenas. ➢ Identificar, utilizar y explicar oralmente algunas estrategias básicas utilizadas para progresar en el aprendizaje. ➢ Usar de forma guiada las tecnologías de la información y la comunicación para buscar información, producir textos a partir de modelos y para establecer relaciones personales mostrando interés por su uso.
MATEMÁTICAS	➢ Utilizar números enteros, fracciones, decimales y porcentajes sencillos, sus operaciones y propiedades, para recoger, transformar e intercambiar información y resolver problemas relacionados con la vida diaria. ➢ Utilizar el lenguaje algebraico para simbolizar, generalizar e incorporar el planteamiento y resolución de ecuaciones de primer grado como una herramienta más con la que abordar y resolver problemas. ➢ Interpretar relaciones funcionales sencillas dadas en forma de tabla, gráfica, a través de una expresión algebraica o mediante un enunciado, obtener valores a partir de ellas y extraer conclusiones acerca del fenómeno estudiado. ➢ Formular las preguntas adecuadas para conocer las características de una población y recoger, organizar y presentar datos relevantes para responderlas, utilizando los métodos estadísticos apropiados y las herramientas informáticas adecuadas.

MATERIAS	CRITERIOS DE EVALUACIÓN 2º ESO
C. SOCIALES, GEOGRAFÍA E HISTORIA	➢ Identificar los rasgos característicos de la sociedad española actual, distinguiendo la variedad de grupos sociales, la diversidad que genera la inmigración, la pertenencia al mundo occidental y algunas situaciones de desigualdad social. ➢ Analizar el crecimiento de las áreas urbanas, la diferenciación funcional del espacio urbano y alguno de los problemas que se les plantean a sus habitantes. ➢ Situar en el tiempo y en el espacio las diversas unidades políticas y sus peculiaridades que coexistieron en la Península Ibérica durante la Edad Media, y reconocer ejemplos de la pervivencia de su legado cultural y artístico.
EDUCACIÓN PLÁSTICA Y VISUAL	➢ Diferenciar y reconocer los procesos, técnicas, estrategias y materiales en imágenes del entorno audiovisual y multimedia. ➢ Elegir y disponer de los materiales más adecuados para elaborar un producto visual y plástico en base a unos objetivos prefijados y a la autoevaluación continua del proceso de realización.
TECNOLOGÍA	➢ Identificar y conectar componentes físicos de un ordenador y otros dispositivos electrónicos. ➢ Acceder a Internet para la utilización de servicios básicos: navegación para la localización de información, correo electrónico, comunicación intergrupal y publicación de información. ➢ Elaborar, almacenar y recuperar documentos en soporte electrónico que incorporen información textual y gráfica.
MÚSICA	➢ Identificar y describir, mediante el uso de distintos lenguajes (gráfico, corporal o verbal) algunos elementos y formas de organización y estructuración musical (ritmo, melodía, textura, timbre, repetición, imitación, variación) de una obra musical interpretada en vivo o grabada.
EDUCACIÓN FÍSICA	➢ Incrementar la resistencia aeróbica y la flexibilidad respecto a su nivel inicial. ➢ Crear y poner en práctica una secuencia armónica de movimientos corporales a partir de un ritmo escogido ➢ Realizar de forma autónoma un recorrido de sendero cumpliendo normas de seguridad básicas y mostrando una actitud de respeto hacia la conservación del entorno en el que se lleva a cabo la actividad.

COMPETENCIA BÁSICA APRENDER A APRENDER

DESCRIPTORES ETAPA:

5. Valora la utilidad de su aprendizaje, reflexionando críticamente sobre el proceso seguido en la adquisición de conocimientos y sobre la utilidad de los mismos para la vida, expresando los sentimientos y emociones, así como los criterios y argumentos utilizados en la valoración de los aprendizajes adquiridos.
6. Muestra motivación por seguir aprendiendo, siendo consciente de las propias capacidades y disponibilidad de recursos para organizar el aprendizaje de forma autónoma, disciplinada y reflexiva, y acepta los propios errores como instrumento de mejora y superación personal.

INDICADORES DE LOGRO O DOMINIO 2º ESO:

- ❑ Valora la utilidad de su aprendizaje, reflexionando y describiendo el proceso de aprendizaje seguido y la utilidad de los conocimientos en su vida, y mostrando interés, seguridad en sí mismo y deseo por seguir aprendiendo en las diversas situaciones o contextos.
- ❑ Muestra motivación por seguir aprendiendo, planteándose nuevos retos en la adquisición de conocimientos, y adopta decisiones pertinentes para conseguir los objetivos propuestos, aceptando sus errores como elemento para la búsqueda y consecución de mejoras.

MATERIAS	CRITERIOS DE EVALUACIÓN 2º ESO
LENGUA CASTELLANA Y LITERATURA	➢ Exponer una opinión sobre la lectura personal de una obra completa adecuada a la edad; reconocer la estructura de la obra y los elementos del género; valorar el uso del lenguaje y el punto de vista del autor; diferenciar contenido literal y sentido de la obra y relacionar el contenido con la propia experiencia. ➢ Utilizar los conocimientos literarios en la comprensión y la valoración de textos breves o fragmentos, atendiendo a los temas y motivos de la tradición, a la caracterización de los subgéneros literarios, a la versificación, al uso del lenguaje y a la funcionalidad de los recursos retóricos en el texto.
L. EXTRANJERA	➢ Identificar y poner ejemplos de algunos aspectos sociales, culturales, históricos, geográficos o literarios propios de los países donde se habla la lengua extranjera y mostrar interés por conocerlos.
MATEMÁTICAS	➢ Utilizar estrategias y técnicas de resolución de problemas, tales como el análisis del enunciado, el ensayo y error sistemático, la división del problema en partes, así como la comprobación de la coherencia de la solución obtenida, y expresar, utilizando el lenguaje matemático adecuado a su nivel, el procedimiento que se ha seguido en la resolución.
ED. PLÁSTICA Y VISUAL	➢ Realizar creaciones plásticas siguiendo el proceso de creación y demostrando valores de iniciativa, creatividad e imaginación.
CIENCIAS DE LA NATURALEZA	➢ Valorar la diversidad de los ecosistemas cercanos ➢ Reconocer y valorar los riesgos asociados a los procesos geológicos internos y en su prevención y predicción.

MATERIAS	CRITERIOS DE EVALUACIÓN 2º ESO
TECNOLOGÍA	➢ Valorar las necesidades del proceso tecnológico empleando la resolución técnica de problemas analizando su contexto, proponiendo soluciones alternativas y desarrollando la más adecuada. ➢ Valorar los efectos de la energía eléctrica y su capacidad de conversión en otras manifestaciones energéticas.
MÚSICA	➢ Comunicar a los demás juicios personales acerca de la música escuchada. ➢ Participar en la interpretación en grupo de una pieza vocal, instrumental o coreográfica, adecuando la propia interpretación a la del conjunto y asumiendo distintos roles.
EDUCACIÓN FÍSICA	➢ Manifestar actitudes de cooperación, tolerancia y deportividad tanto cuando se adopta el papel de participante como el de espectador en la práctica de un deporte colectivo. ➢ Realizar de forma autónoma un recorrido de sendero cumpliendo normas de seguridad básicas y mostrando una actitud de respeto hacia la conservación del entorno en el que se lleva a cabo la actividad. ➢ Incrementar la resistencia aeróbica y la flexibilidad respecto a su nivel inicial.

COMPETENCIA BÁSICA APRENDER A APRENDER	
DESCRIPTORES ETAPA: 7. Aplica lo aprendido en la resolución de problemas, manteniendo una visión estratégica e integrada en la identificación e interrelación de conflictos y aplicando con rigor los conocimientos, las estrategias y técnicas de aprendizaje adquiridos, y participa activamente en el tratamiento de los problemas sociales y académicos, planteándose retos y metas alcanzables en la resolución de los mismos.	**INDICADORES DE LOGRO O DOMINIO 2º ESO:** ❑ Aplica lo aprendido en la resolución de problemas relevantes que afectan al contexto en el que vive, manejando estrategias y técnicas adquiridas en la comprensión y búsqueda de soluciones, valorando y argumentando la adecuación del resultado a la situación o problema planteado.

MATERIAS	CRITERIOS DE EVALUACIÓN 2º ESO
LENGUA CASTELLANA Y LITERATURA	➢ Aplicar los conocimientos sobre la lengua y las normas del uso lingüístico para resolver problemas de comprensión de textos orales y escritos y para la composición y revisión progresivamente autónoma de los textos propios de este curso. ➢ Componer textos, en soporte papel o digital, tomando como modelo textos literarios leídos y comentados en el aula o realizar algunas transformaciones en esos textos.
L. EXTRANJERA	➢ Redactar de forma guiada textos diversos en diferentes soportes, utilizando estructuras, conectores sencillos y léxico adecuados, cuidando los aspectos formales y respetando las reglas elementales de ortografía y de puntuación para que sean comprensibles al lector y presenten una corrección aceptable.
MATEMÁTICAS	➢ Identificar relaciones de proporcionalidad numérica y geométrica y utilizarlas para resolver problemas en situaciones de la vida cotidiana. ➢ Utilizar estrategias y técnicas de resolución de problemas, tales como el análisis del enunciado, el ensayo y error sistemático, la división del problema en partes, así como la comprobación de la coherencia de la solución obtenida, y expresar, utilizando el lenguaje matemático adecuado a su nivel, el procedimiento que se ha seguido en la resolución.
EDUCACIÓN PLÁSTICA Y VISUAL	➢ Elaborar y participar, activamente, en proyectos de creación visual cooperativos, como producciones videográficas o plásticas de gran tamaño, aplicando las estrategias propias y adecuadas del lenguaje visual y plástico.
CIENCIAS DE LA NATURALEZA	➢ Resolver problemas aplicando los conocimientos adquiridos.
TECNOLOGÍA	➢ Realizar las operaciones técnicas previstas en un plan de trabajo utilizando los recursos materiales y organizativos con criterios de economía, seguridad y respeto al medio ambiente y valorando las condiciones del entorno de trabajo. ➢ Elaborar documentos técnicos empleando recursos verbales y gráficos. ➢ Diseñar y simular circuitos con simbología adecuada y montar circuitos formados por operadores elementales.
MÚSICA	➢ Elaborar un arreglo para una canción o una pieza instrumental utilizando apropiadamente una serie de elementos dados. ➢ Utilizar, con autonomía, algunos de los recursos tecnológicos disponibles, demostrando un conocimiento básico de las técnicas y procedimientos necesarios para grabar y reproducir música y para realizar sencillas producciones audiovisuales.

COMPETENCIA BÁSICA APRENDER A APRENDER

DESCRIPTORES ETAPA:	INDICADORES DE LOGRO O DOMINIO 3º ESO:
1. Busca información que precisa aprender, utilizando por sí mismo informaciones provenientes de la propia experiencia y de los medios escritos o audiovisuales para la comprensión y composición de textos y mensajes relacionados con los conocimientos adquiridos. 2. Conoce su forma de aprender, siendo consciente de lo que sabe y de cómo aprende, y gestiona, evalúa y controla los procesos de aprendizaje, generando nuevas expectativas e inquietudes para seguir aprendiendo por sí mismo.	❑ Busca información para aprender, Identificando la más relevante y extrayendo ideas generales y específicas de textos orales y escritos para resolver por sí mismo los problemas propuestos, atendiendo adecuadamente a las instrucciones y normas dadas. ❑ Conoce su estilo de aprender y gestiona y autoevalúa su aprendizaje, argumenta lo que sabe y cómo lo aprende e identifica los procesos y los aprendizajes que debe adquirir o mejorar para cubrir los objetivos propuestos.

MATERIAS	CRITERIOS DE EVALUACIÓN 3º ESO
LENGUA CASTELLANA Y LITERATURA	➢ Entender instrucciones y normas dadas oralmente; extraer ideas generales e informaciones específicas de reportajes y entrevistas, seguir el desarrollo de presentaciones breves relacionadas con temas académicos y plasmarlo en forma de esquema y resumen. ➢ Conocer la terminología lingüística necesaria para la reflexión sobre el uso.
L. EXTRANJERA	➢ Comprender la información general y específica, la idea principal y algunos detalles relevantes de textos orales sobre temas concretos y conocidos, y de mensajes sencillos emitidos con claridad por medios audiovisuales.
C. SOCIALES, Gª E HISTORIA	➢ Describir las transformaciones que en los campos de las tecnologías, la organización empresarial y la localización se están produciendo en las actividades, espacios y paisajes industriales, localizando y caracterizando los principales centros de producción en el mundo y en España y analizando las relaciones de intercambio que se establecen entre países y zonas.
EDUCACIÓN PARA LA CIUDADANÍA	➢ Reconocer los principios democráticos y las instituciones fundamentales que establece la Constitución española y los Estatutos de Autonomía y describir la organización, funciones y forma de elección de algunos órganos de gobierno municipales autonómicos y estatales.
BIOLOGÍA / GEOLOGÍA	➢ Identificar los factores sociales que repercuten negativamente en la salud, como el estrés y el consumo de sustancias adictivas.
EDUCACIÓN PLÁSTICAS Y VISUAL	➢ Identificar los elementos constitutivos esenciales (configuraciones estructurales, variaciones cromáticas, orientación espacial y textura) de objetos y/o aspectos de la realidad.
TECNOLOGÍA	➢ Identificar y manejar operadores mecánicos encargados de la transformación y transmisión de movimientos en máquinas. Explicar su funcionamiento en el conjunto y, en su caso, calcular la relación de transmisión.
EDUCACIÓN FÍSICA	➢ Relacionar las actividades físicas con los efectos que producen en los diferentes aparatos y sistemas del cuerpo humano, especialmente con aquellos que son más relevantes para la salud.

COMPETENCIA BÁSICA APRENDER A APRENDER	
DESCRIPTORES ETAPA:	**INDICADORES DE LOGRO O DOMINIO 3º ESO:**
3. Planifica y autorregula su proceso de aprendizaje, siendo capaz de organizar sus propios conocimientos y de elaborar producciones personales o grupales, utilizando sistemáticamente la síntesis de las ideas propias y ajenas, así como la contrastación ordenada y crítica de conocimientos, informaciones y opiniones. 4. Emplea sus capacidades para progresar en su aprendizaje, utilizando apropiadamente y apreciando el valor de las distintas capacidades que entran en juego en el aprendizaje para mejorar sus resultados académicos, tales como la atención, la concentración, la comprensión y expresión, la motivación y el esfuerzo, e identifica su aplicación y la puesta en uso en los ámbitos cotidianos.	❑ Planifica y autorregula su proceso de aprendizaje, elaborando producciones propias a través de diferentes estrategias de búsqueda, contraste, interpretación y síntesis de información obtenida por diferentes medios, de forma progresiva y autónoma, y argumentando con postura crítica los resultados obtenidos. ❑ Progresa adecuadamente en su aprendizaje, utilizando y apreciando el valor de las distintas capacidades que entran en juego en el aprendizaje para mejorar sus resultados académicos, tales como la atención, concentración, comprensión, expresión, dedicación al trabajo y motivación.

MATERIAS	CRITERIOS DE EVALUACIÓN 3º ESO
LENGUA CASTELLANA Y LITERATURA	➢ Extraer y contrastar informaciones concretas e identificar el propósito en los textos escritos más usados para actuar como miembros de la sociedad; seguir instrucciones en ámbitos públicos y en procesos de aprendizaje de cierta complejidad; inferir el tema general y temas secundarios; distinguir cómo se organiza la información. ➢ Narrar, exponer, explicar, resumir y comentar, en soporte papel o digital, usando el registro adecuado, organizando las ideas con claridad, enlazando los enunciados en secuencias lineales cohesionadas, respetando las normas gramaticales y ortográficas y valorando la importancia de planificar y revisar el texto.
L. EXTRANJERA	➢ Identificar, utilizar y explicar oralmente diferentes estrategias utilizadas para progresar en el aprendizaje. ➢ Usar las tecnologías de la información y la comunicación de forma progresivamente autónoma para buscar información, producir textos a partir de modelos, enviar y recibir mensajes de correo electrónico, y para establecer relaciones personales orales y escritas, mostrando interés por su uso.
MATEMÁTICAS	➢ Utilizar los números racionales, sus operaciones y propiedades, para recoger, transformar e intercambiar información y resolver problemas relacionados con la vida diaria. ➢ Elaborar e interpretar informaciones estadísticas teniendo en cuenta la adecuación de las tablas y gráficas empleadas, y analizar si los parámetros son más o menos significativos. ➢ Hacer predicciones sobre la posibilidad de que un suceso ocurra a partir de información previamente obtenida de forma empírica o como resultado del recuento de posibilidades, en casos sencillos.

MATERIAS	CRITERIOS DE EVALUACIÓN 3º ESO
C. SOCIALES, Gª E HISTORIA	➢ Utilizar fuentes diversas (gráficos, croquis, mapas temáticos, bases de datos, imágenes, fuentes escritas) para obtener, relacionar y procesar información sobre hechos sociales y comunicar las conclusiones de forma organizada e inteligible empleando para ello las posibilidades que ofrecen las tecnologías de la información y la comunicación.
EDUCACIÓN PARA LA CIUDADANÍA	➢ Utilizar diferentes fuentes de información y considerar las distintas posiciones y alternativas existentes en los debates que se planteen sobre problemas y situaciones de carácter local o global. ➢ Identificar las características de la globalización y el papel que juegan en ella los medios de comunicación, reconocer las relaciones que existen entre la sociedad en la que vive y la vida de las personas de otras partes del mundo.
EDUCACIÓN PLÁSTICA Y VISUAL	➢ Diferenciar y reconocer los procesos, técnicas, estrategias y materiales en imágenes del entorno audiovisual y multimedia. ➢ Elegir y disponer de los materiales más adecuados para elaborar un producto visual y plástico en base a unos objetivos prefijados y a la autoevaluación continua del proceso de realización.
C. NATURALEZA: BIOLOGÍA Y GEOLOGÍA	➢ Recopilar información procedente de diversas fuentes documentales acerca de la influencia de las actuaciones humanas sobre los ecosistemas: efectos de la contaminación, desertización, disminución de la capa de ozono, agotamiento de recursos y extinción de especies.
C. NATURALEZA: FÍSICA Y QUÍMICA	➢ Determinar los rasgos distintivos del trabajo científico a través del análisis contrastado de algún problema científico o tecnológico de actualidad, así como su influencia sobre la calidad de vida de las personas. ➢ Justificar la diversidad de sustancias que existen en la naturaleza y que todas ellas están constituidas de unos pocos elementos y describir la importancia que tienen alguna de ellas para la vida.
TECNOLOGÍAS	➢ Identificar y conectar componentes físicos de un ordenador y otros dispositivos electrónicos. Manejar el entorno gráfico de los sistemas operativos como interfaz de comunicación con la máquina. ➢ Elaborar, almacenar y recuperar documentos en soporte electrónico que incorporen información textual y gráfica. ➢ Acceder a Internet para la utilización de servicios básicos: navegación para la localización de información, correo electrónico, comunicación intergrupal y publicación de información.
MÚSICA	➢ Identificar y describir, mediante el uso de distintos lenguajes (gráfico, corporal o verbal) algunos elementos y formas de organización y estructuración musical (ritmo, melodía, textura, timbre, repetición, imitación, variación) de una obra musical interpretada en vivo o grabada. ➢ Utilizar, con autonomía, algunos de los recursos tecnológicos disponibles, demostrando un conocimiento básico de las técnicas y procedimientos necesarios para grabar y reproducir música y para realizar sencillas producciones audiovisuales. ➢ Identificar en el ámbito cotidiano situaciones en las que se produce un uso indiscriminado del sonido, analizando sus causas y proponiendo soluciones

MATERIAS	CRITERIOS DE EVALUACIÓN 3º ESO
INFORMÁTICA	➢ Instalar y configurar aplicaciones y desarrollar técnicas que permitan asegurar sistemas informáticos interconectados. ➢ Interconectar dispositivos móviles e inalámbricos o cableados para intercambiar información y datos. ➢ Obtener imágenes fotográficas, aplicar técnicas de edición digital a las mismas y diferenciarlas de las imágenes generadas por ordenador. ➢ Capturar, editar y montar fragmentos de vídeo con audio. ➢ Diseñar y elaborar presentaciones destinadas a apoyar el discurso verbal en la exposición de ideas y proyectos. ➢ Desarrollar contenidos para la red aplicando estándares de accesibilidad en la publicación de la información.
EDUCACIÓN FÍSICA	➢ Realizar ejercicios de acondicionamiento físico atendiendo a criterios de higiene postural como estrategia para la prevención de lesiones. ➢ Incrementar los niveles de resistencia aeróbica, flexibilidad y fuerza resistencia a partir del nivel inicial, participando en la selección de las actividades y ejercicios en función de los métodos de entrenamiento propios de cada capacidad.

COMPETENCIA BÁSICA APRENDER A APRENDER

DESCRIPTORES ETAPA:	INDICADORES DE LOGRO O DOMINIO 3º ESO:
5. Valora la utilidad de su aprendizaje, reflexionando críticamente sobre el proceso seguido en la adquisición de conocimientos y sobre la utilidad de los mismos para la vida, expresando los sentimientos y emociones, así como los criterios y argumentos utilizados en la valoración de los aprendizajes adquiridos. 6. Muestra motivación por seguir aprendiendo, siendo consciente de las propias capacidades y disponibilidad de recursos para organizar el aprendizaje de forma autónoma, disciplinada y reflexiva, y acepta los propios errores como instrumento de mejora y superación personal.	❑ Valora la utilidad de su aprendizaje, reflexionando y explicando el proceso de aprendizaje realizado y estima con criterios y argumentos propios, la importancia y utilidad de los conocimientos adquiridos para la vida y los sentimientos y emociones que le producen. ❑ Muestra motivación por seguir aprendiendo, fija sus propias metas, conoce sus capacidades y las pone en uso para adquirir nuevos aprendizajes por sí mismo, autoevaluando sus progresos y asumiendo sus errores como elemento para la búsqueda y obtención de mejoras.

MATERIAS	CRITERIOS DE EVALUACIÓN 3º ESO
LENGUA CASTELLANA Y LITERATURA	➢ Exponer una opinión sobre la lectura personal de una obra completa adecuada a la edad y relacionada con los periodos literarios estudiados; evaluar la estructura y el uso de los elementos del género, el uso del lenguaje y el punto de vista del autor; situar básicamente el sentido de la obra en relación con su contexto y con la propia experiencia. ➢ Utilizar los conocimientos literarios en la comprensión y la valoración de textos breves o fragmentos, atendiendo a la presencia de ciertos temas recurrentes, al valor simbólico del lenguaje poético y a la evolución de los géneros, de las formas literarias y de los estilos.
L. EXTRANJERA	➢ Utilizar de forma consciente en contextos de comunicación variados, los conocimientos adquiridos sobre el sistema lingüístico de la lengua extranjera como instrumento de auto-corrección y de autoevaluación de las producciones propias orales y escritas y para comprender las producciones ajenas.
CIENCIAS SOCIALES, GEOGRAFÍA E HISTORIA	➢ Analizar indicadores socioeconómicos de diferentes países y utilizar ese conocimiento para reconocer desequilibrios territoriales en la distribución de los recursos, explicando algunas de sus consecuencias y mostrando sensibilidad ante las desigualdades.
EDUCACIÓN PARA LA CIUDADANÍA	➢ Identificar y rechazar, a partir del análisis de hechos reales o figurados, las situaciones de discriminación hacia personas de diferente origen, género, ideología, religión, orientación afectivo-sexual y otras, respetando las diferencias personales y mostrando autonomía de criterio. ➢ Participar en la vida del centro y del entorno y practicar el diálogo para superar los conflictos en las relaciones escolares y familiares.

MATERIAS	CRITERIOS DE EVALUACIÓN 3º ESO
MATEMÁTICAS	➢ Planificar y utilizar estrategias y técnicas de resolución de problemas tales como el recuento exhaustivo, la inducción o la búsqueda de problemas afines y comprobar el ajuste de la solución a la situación planteada y expresar verbalmente con precisión, razonamientos, relaciones cuantitativas, e informaciones que incorporen elementos matemáticos, valorando la utilidad y simplicidad del lenguaje matemático para ello.
CIENCIAS DE LA NATURALEZA: BIOLOGÍA Y GEOLOGÍA	➢ Reconocer que en la salud influyen aspectos físicos, psicológicos y sociales, y valorar la importancia de los estilos de vida para prevenir enfermedades y mejorar la calidad de vida, así como las continuas aportaciones de las ciencias biomédicas. ➢ Comprender el funcionamiento de los métodos de control de la natalidad y valorar el uso de métodos de prevención de enfermedades de transmisión sexual.
FÍSICA Y QUÍMICA	➢ Producir e interpretar fenómenos electrostáticos cotidianos, valorando las repercusiones de la electricidad en el desarrollo científico y tecnológico y en las condiciones de vida de las personas.
TECNOLOGÍA	➢ Realizar las operaciones técnicas previstas en un plan de trabajo utilizando los recursos materiales y organizativos con criterios de economía, seguridad y respeto al medio ambiente y valorando las condiciones del entorno de trabajo.
INFORMÁTICA	➢ Participar activamente en redes sociales virtuales como emisores y receptores de información e iniciativas comunes. ➢ Identificar los modelos de distribución de «software» y contenidos y adoptar actitudes coherentes con los mismos.
MÚSICA	➢ Comunicar a los demás juicios personales acerca de la música escuchada.
EDUCACIÓN FÍSICA	➢ Reflexionar sobre la importancia que tiene para la salud una alimentación equilibrada a partir del cálculo de la ingesta y el gasto calórico, en base a las raciones diarias de cada grupo de alimentos y de las actividades diarias realizadas.

COMPETENCIA BÁSICA APRENDER A APRENDER

DESCRIPTORES ETAPA:	INDICADORES DE LOGRO O DOMINIO 3º ESO:
7. Aplica lo aprendido en la resolución de problemas, manteniendo una visión estratégica e integrada en la identificación e interrelación de conflictos y aplicando con rigor los conocimientos, las estrategias y técnicas de aprendizaje adquiridos, y participa activamente en el tratamiento de los problemas sociales y académicos, planteándose retos y metas alcanzables en la resolución de los mismos.	❑ Aplica lo aprendido y se plantea metas alcanzables en la resolución de problemas, empleando estrategias y técnicas de aprendizaje, valorando y argumentando la adecuación de las soluciones obtenidas y mostrando una visión integrada en el tratamiento de los problemas sociales y académicos.

MATERIAS	CRITERIOS DE EVALUACIÓN 3º ESO
LENGUA CASTELLANA Y LITERATURA	➢ Aplicar los conocimientos sobre la lengua y las normas del uso lingüístico para resolver problemas de comprensión de textos orales y escritos y para la composición y revisión progresivamente autónoma de los textos propios de este curso.
L. EXTRANJERA	➢ Redactar de forma guiada textos diversos en diferentes soportes, cuidando el léxico, las estructuras, y algunos elementos de cohesión y coherencia para marcar la relación entre ideas y hacerlos comprensibles al lector.
MATEMÁTICAS	➢ Resolver problemas de la vida cotidiana en los que se precise el planteamiento y resolución de ecuaciones de primer y segundo grado o de sistemas de ecuaciones lineales con dos incógnitas.
C. SOCIALES, Gª E HISTORIA	➢ Describir algún caso que muestre las consecuencias medioambientales de las actividades económicas y los comportamientos individuales, discriminando las formas de desarrollo sostenible de las que son nocivas para el medio ambiente y aportando algún ejemplo de los acuerdos y políticas internacionales para frenar su deterioro.
EDUCACIÓN PARA LA CIUDADANÍA	➢ Reconocer la existencia de conflictos y el papel que desempeñan en los mismos las organizaciones internacionales y las fuerzas de pacificación. Valorar la importancia de las leyes y la participación humanitaria para paliar las consecuencias de los conflictos
EDUCACIÓN PLÁSTICA Y VISUAL	➢ Elaborar y participar, activamente, en proyectos de creación visual cooperativos, como producciones videográficas o plásticas de gran tamaño, aplicando las estrategias propias y adecuadas del lenguaje visual y plástico. ➢ Realizar creaciones plásticas siguiendo el proceso de creación y demostrando valores de iniciativa, creatividad e imaginación.
GEOLOGÍA Y BIOLOGÍA	➢ Analizar información sobre la influencia de las actuaciones humanas en los ecosistemas y argumentar posibles actuaciones para evitar el deterioro del medio ambiente y promover una gestión más racional de los recursos naturales.
TECNOLOGÍAS	➢ Valorar las necesidades del proceso tecnológico empleando la resolución técnica de problemas analizando su contexto, proponiendo soluciones alternativas y desarrollando la más adecuada. Elaborar documentos técnicos empleando recursos verbales y gráficos.
EDUCACIÓN FÍSICA	➢ Resolver situaciones de juego reducido de uno o varios deportes colectivos, aplicando los conocimientos técnicos, tácticos y reglamentarios adquiridos. ➢ Completar una actividad de orientación, preferentemente en el medio natural, con la ayuda de un mapa y respetando las normas de seguridad.

COMPETENCIA BÁSICA APRENDER A APRENDER	
DESCRIPTORES ETAPA E INDICADORES DE LOGRO O DOMINIO 4º ESO: 1. Busca la información que precisa para aprender, utilizando por sí mismo informaciones provenientes de la propia experiencia y de los medios escritos o audiovisuales para la comprensión y composición de textos y mensajes relacionados con los conocimientos adquiridos. 2. Conoce su forma de aprender, siendo consciente de lo que sabe y de cómo aprende, y gestiona, evalúa y controla los procesos de aprendizaje, generando nuevas expectativas e inquietudes para seguir aprendiendo por sí mismo..	
MATERIAS	**CRITERIOS DE EVALUACIÓN 4º ESO**
LENGUA CASTELLANA Y LITERATURA	➢ Entender instrucciones y normas dadas oralmente; extraer ideas generales e informaciones específicas de reportajes y entrevistas, seguir el desarrollo de presentaciones breves relacionadas con temas académicos y plasmarlo en forma de esquema y resumen. ➢ Conocer la terminología lingüística necesaria para la reflexión sobre el uso.
L. EXTRANJERA	➢ Comprender la información general y específica, la idea principal y los detalles más relevantes de textos orales emitidos en situaciones de comunicación interpersonal o por los medios audiovisuales, sobre temas que no exijan conocimientos especializados.
C. SOCIALES, Gª E HISTORIA	➢ Identificar y caracterizar las distintas etapas de la evolución política y económica de España durante el siglo XX y los avances y retrocesos hasta lograr la modernización económica, la consolidación del sistema democrático y la pertenencia a la Unión Europea.
EDUCACIÓN ÉTICO-CÍVICA	➢ Reconocer los Derechos Humanos como principal referencia ética de la conducta humana e identificar la evolución de los derechos cívicos, políticos, económicos, sociales y culturales, manifestando actitudes a favor del ejercicio activo y el cumplimiento de los mismos.
BIOLOGÍA/ GEOLOGÍA	➢ Identificar y describir hechos que muestren a la Tierra como un planeta cambiante y registrar algunos de los cambios más notables de su larga historia utilizando modelos temporales a escala.
EDUCACIÓN PLÁSTICAS Y VISUAL	➢ Describir objetivamente las formas, aplicando sistemas de representación y normalización. ➢ Reconocer y leer imágenes, obras y objetos de los entornos visuales (obras de arte, diseño, multimedia, etc.).
TECNOLOGÍA	➢ Describir el funcionamiento y la aplicación de un circuito electrónico y sus componentes elementales y realizar el montaje de circuitos electrónicos previamente diseñados con una finalidad utilizando simbología adecuada.

<table>
<tr><th colspan="3">COMPETENCIA BÁSICA APRENDER A APRENDER</th></tr>
<tr><td colspan="3">DESCRIPTORES ETAPA E INDICADORES DE LOGRO O DOMINIO 4º ESO:
3. EPlanifica y autorregula su proceso de aprendizaje, siendo capaz de organizar sus propios conocimientos y de elaborar producciones personales o grupales, utilizando sistemáticamente la síntesis de las ideas propias y ajenas, así como la contrastación ordenada y crítica de conocimientos, informaciones y opiniones.
4. Progresa en su aprendizaje, utilizando apropiadamente y apreciando el valor de las distintas capacidades que entran en juego en el mismo para mejorar sus resultados académicos, tales como la atención, la concentración, la comprensión y expresión, la motivación y el esfuerzo, e identifica su aplicación y la puesta en uso en los ámbitos cotidianos.</td></tr>
<tr><th>MATERIAS</th><th colspan="2">CRITERIOS DE EVALUACIÓN 4º ESO</th></tr>
<tr><td>LENGUA CASTELLANA Y LITERATURA</td><td colspan="2">➢ Extraer y contrastar informaciones concretas e identificar el propósito en los textos escritos más usados para actuar como miembros de la sociedad; seguir instrucciones en ámbitos públicos y en procesos de aprendizaje de cierta complejidad; inferir el tema general y temas secundarios; distinguir cómo se organiza la información.
➢ Narrar, exponer, explicar, resumir y comentar, en soporte papel o digital, usando el registro adecuado, organizando las ideas con claridad, enlazando los enunciados en secuencias lineales cohesionadas, respetando las normas gramaticales y ortográficas y valorando la importancia de planificar y revisar el texto.</td></tr>
<tr><td>L. EXTRANJERA</td><td colspan="2">➢ Identificar, utilizar y explicar estrategias de aprendizaje utilizadas, poner ejemplos de otras posibles y decidir sobre las más adecuadas al objetivo de aprendizaje.
➢ Usar las tecnologías de la información y la comunicación con cierta autonomía para buscar información, producir textos a partir de modelos, enviar y recibir mensajes de correo electrónico y para establecer relaciones personales orales y escritas, mostrando interés por su uso.</td></tr>
<tr><td rowspan="2">MATEMÁTICAS</td><td>OPCIÓN "A"</td><td>OPCIÓN "B"</td></tr>
<tr><td>➢ Utilizar los distintos tipos de números y operaciones, junto con sus propiedades, para recoger, transformar e intercambiar información y resolver problemas relacionados con la vida diaria.
➢ Analizar tablas y gráficas que representen relaciones funcionales asociadas a situaciones reales para obtener información sobre su comportamiento.</td><td>➢ Utilizar los distintos tipos de números y operaciones, junto con sus propiedades, para recoger, transformar e intercambiar información y resolver problemas relacionados con la vida diaria y otras materias del ámbito académico.
➢ Representar y analizar situaciones y estructuras matemáticas utilizando símbolos y métodos algebraicos para resolver problemas.</td></tr>
<tr><td>C. SOCIALES, Gª E HISTORIA</td><td colspan="2">➢ Identificar las causas y consecuencias de hechos y procesos históricos significativos estableciendo conexiones entre ellas y reconociendo la causalidad múltiple que comportan los hechos sociales.</td></tr>
</table>

MATERIAS	CRITERIOS DE EVALUACIÓN 4º ESO
EDUCACIÓN ÉTICO-CÍVICA	➢ Distinguir igualdad y diversidad y las causas y factores de discriminación. Analizar el camino recorrido hacia la igualdad de derechos de las mujeres. ➢ Comprender y expresar el significado histórico y filosófico de la democracia como forma de convivencia social y política.
EDUCACIÓN PLÁSTICA Y VISUAL	➢ Utilizar recursos informáticos y las tecnologías de la información y la comunicación en el campo de la imagen fotográfica, el diseño gráfico, el dibujo asistido por ordenador y la edición videográfica. ➢ Elaborar obras multimedia y producciones videográficas utilizando las técnicas adecuadas al medio.
C. NATURALEZA: BIOLOGÍA Y GEOLOGÍA	➢ Relacionar la evolución y la distribución de los seres vivos, destacando sus adaptaciones más importantes, con los mecanismos de selección natural que actúan sobre la variabilidad genética de cada especie.
C. NATURALEZA: FÍSICA Y QUÍMICA	➢ Reconocer las magnitudes necesarias para describir los movimientos, aplicar estos conocimientos a los movimientos de la vida cotidiana y valorar la importancia del estudio de los movimientos en el surgimiento de la ciencia moderna. ➢ Justificar la gran cantidad de compuestos orgánicos existentes así como la formación de macromoléculas y su importancia en los seres vivos.
TECNOLOGÍAS	➢ Analizar y describir los elementos y sistemas de comunicación alámbrica e inalámbrica y los principios básicos que rigen su funcionamiento. ➢ Utilizar con soltura la simbología y nomenclatura necesaria para representar circuitos con la finalidad de diseñar y construir un mecanismo capaz de resolver un problema cotidiano, utilizando energía hidráulica o neumática.
MÚSICA	➢ Explicar algunas de las funciones que cumple la música en la vida de las personas y en la sociedad. ➢ Ensayar e interpretar, en pequeño grupo, una pieza vocal o instrumental o una coreografía aprendidas de memoria a través de la audición u observación de grabaciones de audio y vídeo o mediante la lectura de partituras y otros recursos gráficos. ➢ Explicar los procesos básicos de creación, edición y difusión musical considerando la intervención de distintos profesionales. ➢ Elaborar un arreglo para una pieza musical a partir de la transformación de distintos parámetros (timbre, número de voces, forma, etc.) en un fichero MIDI, utilizando un secuenciador o un editor de partituras.
EDUCACIÓN FÍSICA	➢ Analizar los efectos beneficiosos y de prevención que el trabajo regular de resistencia aeróbica, de flexibilidad y de fuerza resistencia suponen para el estado de salud. ➢ Diseñar y llevar a cabo un plan de trabajo de una cualidad física relacionada con la salud, incrementando el propio nivel inicial, a partir del conocimiento de sistemas y métodos de entrenamiento. ➢ Participar de forma desinhibida y constructiva en la creación y realización de actividades expresivas colectivas con soporte musical. ➢ Participar en la organización y puesta en práctica de torneos en los que se practicarán deportes y actividades físicas realizadas a lo largo de la etapa.

COMPETENCIA BÁSICA APRENDER A APRENDER	
DESCRIPTORES ETAPA E INDICADORES DE LOGRO O DOMINIO 4º ESO: 5. Valora la utilidad de su aprendizaje, reflexionando críticamente sobre el proceso seguido en la adquisición de conocimientos y sobre la utilidad de los mismos para la vida, expresando los sentimientos y emociones, así como los criterios y argumentos utilizados en la valoración de los aprendizajes adquiridos. 6. Muestra motivación por seguir aprendiendo, siendo consciente de las propias capacidades y disponibilidad de recursos para organizar el aprendizaje de forma autónoma, disciplinada y reflexiva, y acepta los propios errores como instrumento de mejora y superación personal.	
MATERIAS	**CRITERIOS DE EVALUACIÓN 4º ESO**
LENGUA CASTELLANA Y LITERATURA	➢ Exponer una opinión sobre la lectura personal de una obra completa adecuada a la edad y relacionada con los periodos literarios estudiados; evaluar la estructura y el uso de los elementos del género, el uso del lenguaje y el punto de vista del autor; situar básicamente el sentido de la obra en relación con su contexto y con la propia experiencia. ➢ Utilizar los conocimientos literarios en la comprensión y la valoración de textos breves o fragmentos, atendiendo a la presencia de ciertos temas recurrentes, al valor simbólico del lenguaje poético y a la evolución de los géneros, de las formas literarias y de los estilos.
L. EXTRANJERA	➢ Utilizar conscientemente los conocimientos adquiridos sobre el sistema lingüístico de la lengua extranjera en diferentes contextos de comunicación, como instrumento de auto-corrección y de autoevaluación de las producciones propias orales y escritas y para comprender las producciones ajenas.
LATÍN	➢ Distinguir en las diversas manifestaciones literarias y artísticas de todos los tiempos la mitología clásica como fuente de inspiración y reconocer en el patrimonio arqueológico las huellas de la romanización.
CIENCIAS SOCIALES, GEOGRAFÍA E HISTORIA	➢ Identificar los rasgos fundamentales de los procesos de industrialización y modernización económica y de las revoluciones liberales burguesas, valorando los cambios económicos, sociales y políticos que supusieron, identificando las peculiaridades de estos procesos en España.
EDUCACIÓN ÉTICO-CÍVICA	➢ Descubrir sus sentimientos en las relaciones interpersonales, razonar las motivaciones de sus conductas y elecciones y practicar el diálogo en las situaciones de conflicto. ➢ Reconocer la existencia de conflictos y el papel que desempeñan en los mismos las organizaciones internacionales y las fuerzas de pacificación. Valorar la cultura de la paz, la importancia de las leyes y la participación humanitaria para paliar las consecuencias de los conflictos. ➢ Justificar las propias posiciones utilizando sistemáticamente la argumentación y el diálogo y participar de forma democrática y cooperativa en las actividades del centro y del entorno.

MATERIAS	CRITERIOS DE EVALUACIÓN 4º ESO
ED. PLÁSTICA Y VISUAL	➢ Tomar decisiones especificando los objetivos y las dificultades, proponiendo diversas opciones y evaluar cual la mejor solución.
MATEMÁTICAS	➢ OPCION “A”. Planificar y utilizar procesos de razonamiento y estrategias diversas y útiles para la resolución de problemas, y expresar verbalmente con precisión, razonamientos, relaciones cuantitativas e informaciones que incorporen elementos matemáticos, valorando la utilidad y simplicidad del lenguaje matemático para ello.
BIOLOGÍA Y GEOLOGÍA	➢ Exponer razonadamente los problemas que condujeron a enunciar la teoría de la evolución, los principios básicos de esta teoría y las controversias científicas, sociales y religiosas que suscitó.
FÍSICA Y QUÍMICA	➢ Reconocer las aplicaciones energéticas derivadas de las reacciones de combustión de hidrocarburos y valorar su influencia en el incremento del efecto invernadero.
TECNOLOGÍA	➢ Describir los elementos que componen las distintas instalaciones de una vivienda y las normas que regulan su diseño y utilización. Realizar diseños sencillos empleando la simbología adecuada y montaje de circuitos básicos y valorar las condiciones que contribuyen al ahorro energético, habitabilidad y estética en una vivienda.
MÚSICA	➢ Exponer de forma crítica la opinión personal respecto a distintas músicas y eventos musicales, argumentándola en relación a la información obtenida en distintas fuentes: libros, publicidad, programas de conciertos, críticas, etc.
EDUCACIÓN FÍSICA	➢ Manifestar una actitud crítica ante las prácticas y valoraciones que se hacen del deporte y del cuerpo a través de los diferentes medios de comunicación. ➢ Planificar y poner en práctica calentamientos autónomos respetando pautas básicas para su elaboración y atendiendo a las características de la actividad física que se realizará.

COMPETENCIA BÁSICA APRENDER A APRENDER	
DESCRIPTORES ETAPA E INDICADORES DE LOGRO O DOMINIO 4º ESO:	
7. Aplica lo aprendido en la resolución de problemas, manteniendo una visión estratégica e integrada en la identificación e interrelación de conflictos y aplicando con rigor los conocimientos, las estrategias y técnicas de aprendizaje adquiridos, y participa activamente en el tratamiento de los problemas sociales y académicos, planteándose retos y metas alcanzables en la resolución de los mismos.	
MATERIAS	**CRITERIOS DE EVALUACIÓN**
LENGUA CASTELLANA Y LITERATURA	➢ Aplicar los conocimientos sobre la lengua y las normas del uso lingüístico para resolver problemas de comprensión de textos orales y escritos y para la composición y revisión progresivamente autónoma de los textos propios de este curso.
MATEMÁTICAS	OPCIÓN "B". ➢ Aplicar los conceptos y técnicas de cálculo de probabilidades para resolver diferentes situaciones y problemas de la vida cotidiana. ➢ Planificar y utilizar procesos de razonamiento y estrategias de resolución de problemas tales como la emisión y justificación de hipótesis o la generalización, y expresar verbalmente, con precisión y rigor, razonamientos, relaciones cuantitativas e informaciones que incorporen elementos matemáticos, valorando la utilidad y simplicidad del lenguaje matemático para ello.
C. SOCIALES, Gª E HISTORIA	➢ Caracterizar y situar en el tiempo y en el espacio las grandes transformaciones y conflictos mundiales que han tenido lugar en el siglo XX y aplicar este conocimiento a la comprensión de algunos de los problemas internacionales más destacados de la actualidad. ➢ Realizar trabajos individuales y en grupo sobre algún foco de tensión política o social en el mundo actual, indagando sus antecedentes históricos, analizando las causas y planteando posibles desenlaces, utilizando fuentes de información, pertinentes, incluidas algunas que ofrezcan interpretaciones diferentes o complementarias de un mismo hecho.
EDUCACIÓN ÉTICO-CÍVICA	➢ Analizar las causas que provocan los principales problemas sociales del mundo actual, utilizando de forma crítica la información que proporcionan los medios de comunicación e identificar soluciones comprometidas con la defensa de formas de vida más justas.
EDUCACIÓN PLÁSTICA Y VISUAL	➢ Colaborar en la realización de proyectos plásticos que comportan una organización de forma cooperativa. ➢ Realizar obras plásticas experimentando y utilizando diversidad de técnicas de expresión gráfico-plástica (dibujo artístico, volumen, pintura, grabado).

MATERIAS	CRITERIOS DE EVALUACIÓN
GEOLOGÍA Y BIOLOGÍA	➢ Resolver problemas prácticos de Genética en diversos tipos de cruzamientos utilizando las leyes de Mendel y aplicar los conocimientos adquiridos en investigar la transmisión de determinados caracteres en nuestra especie.
FÍSICA Y QUÍMICA	➢ Analizar los problemas y desafíos, estrechamente relacionados, a los que se enfrenta la humanidad en relación con la situación de la Tierra, reconocer la responsabilidad de la ciencia y la tecnología y la necesidad de su implicación para resolverlos y avanzar hacia el logro de un futuro sostenible.
TECNOLOGÍAS	➢ Conocer la evolución tecnológica a lo largo de la historia. ➢ Analizar objetos técnicos y su relación con el entorno y valorar su repercusión en la calidad de vida.
EDUCACIÓN FÍSICA	➢ Resolver supuestos prácticos sobre las lesiones que se pueden producir en la vida cotidiana, en la práctica de actividad física y en el deporte, aplicando unas primeras atenciones. ➢ Utilizar los tipos de respiración y las técnicas y métodos de relajación como medio para la reducción de desequilibrios y el alivio de tensiones producidas en la vida cotidiana.

REGISTRO DEL NIVEL DE LOGRO DESARROLLADO EN LA COMPETENCIA BÁSICA												
Alumno/a:	**Curso: 1º de ESO**											
CC. BB. APRENDER A APRENDER	**APRECIACIÓN DEL NIVEL DE LOGRO:**											
INDICADORES DE LOGRO:	1º TRIM.				2º TRIM.				3º TRIM.			
	1	2	3	V	1	2	3	V	1	2	3	V
1. Busca la información que precisa para aprender, siguiendo instrucciones poco complejas para realizar tareas de aprendizaje por sí mismo, sobre cuestiones o problemas sociales y académicos próximos a la experiencia personal.												
2. Conoce y gestiona su aprendizaje, siendo consciente de lo que va aprendiendo y de lo que necesita aprender para cubrir las expectativas del curso, por sí mismo o con ayuda de los demás.												
3. Planifica y autorregula su proceso de aprendizaje, utilizando sus conocimientos como instrumento de autoaprendizaje y de autocorrección de las producciones propias y comprender mejor las ajenas.												
4. Usa sus capacidades para progresar en su aprendizaje, superando los resultados académicos y mejorando la atención, concentración y disponibilidad hacia el trabajo.												
5. Valora la utilidad de su aprendizaje, reflexionando sobre el proceso de aprendizaje seguido y sobre su utilidad en situaciones cotidianas, analizando los problemas y dificultades encontradas, y valorando el esfuerzo realizado ante los problemas de creciente complejidad.												
6. Muestra motivación por seguir aprendiendo, asumiendo el ensayo / error como un mecanismo de aprendizaje que le permite mejorar sus aprendizajes y superarse constantemente a nivel personal.												
7. Aplica lo aprendido en la resolución de problemas, utilizando estrategias y técnicas simples, comprobando la solución obtenida y valorando la adecuación del resultado al contexto.												

REGISTRO DEL NIVEL DE LOGRO DESARROLLADO EN LA COMPETENCIA BÁSICA												
Alumno/a:	**Curso: 2º de ESO**											
CC. BB. APRENDER A APRENDER	**APRECIACIÓN DEL NIVEL DE LOGRO:**											
INDICADORES DE LOGRO:	**1º TRIM.**				**2º TRIM.**				**3º TRIM.**			
	1	2	3	V	1	2	3	V	1	2	3	V
1. Busca informaciones y conocimientos que precisa del ámbito social y académico para aprender, por sí mismo, atendiendo a las instrucciones sobre cuestiones o problemas propuestos y que despiertan su interés o curiosidad.												
2. Conoce su forma de aprender y gestiona, por sí mismo, los procesos de aprendizaje, siendo consciente de cómo aprender, de lo que va aprendiendo y de lo que necesita aprender para cubrir sus expectativas ante el estudio.												
3. Planifica y autorregula su proceso de aprendizaje, empleando distintas estrategias de autoaprendizaje para extraer, contrastar y sintetizar informaciones de diversas fuentes, con objeto de elaborar producciones propias y de corregirlas.												
4. Usa sus capacidades para progresar en su aprendizaje, mejorando la atención, concentración y dedicación al trabajo, valorando y mostrando progreso continuado en sus resultados académicos.												
5. Valora la utilidad de su aprendizaje, reflexionando y describiendo el proceso de aprendizaje seguido y la utilidad de los conocimientos en su vida, y mostrando interés, seguridad en sí mismo y deseo por seguir aprendiendo en las diversas situaciones o contextos.												
6. Muestra motivación por seguir aprendiendo, planteándose nuevos retos en la adquisición de conocimientos, y adopta decisiones pertinentes para conseguir los objetivos propuestos, aceptando sus errores como elemento para la búsqueda y consecución de mejoras.												
7. Aplica lo aprendido en la resolución de problemas relevantes que afectan al contexto en el que vive, manejando estrategias y técnicas adquiridas en la comprensión y búsqueda de soluciones, valorando y argumentando la adecuación del resultado a la situación o problema planteado												

REGISTRO DEL NIVEL DE LOGRO DESARROLLADO EN LA COMPETENCIA BÁSICA												
Alumno/a:	**Curso: 3º de ESO**											
CC. BB. APRENDER A APRENDER	**APRECIACIÓN DEL NIVEL DE LOGRO:**											
INDICADORES DE LOGRO:	**1º TRIM.**				**2º TRIM.**				**3º TRIM.**			
	1	**2**	**3**	**V**	**1**	**2**	**3**	**V**	**1**	**2**	**3**	**V**
1. Busca información para aprender, Identificando la más relevante y extrayendo ideas generales y específicas de textos orales y escritos para resolver por sí mismo los problemas propuestos, atendiendo adecuadamente a las instrucciones y normas dadas.												
2. Conoce su estilo de aprender y gestiona y autoevalúa su aprendizaje, argumenta lo que sabe y cómo lo aprende e identifica los procesos y los aprendizajes que debe adquirir o mejorar para cubrir los objetivos propuestos.												
3. Planifica y autorregula su proceso de aprendizaje, elaborando producciones propias a través de diferentes estrategias de búsqueda, contraste, interpretación y síntesis de información obtenida por diferentes medios, de forma progresiva y autónoma, y argumentando con postura crítica los resultados obtenidos.												
4. Progresa adecuadamente en su aprendizaje, utilizando y apreciando el valor de las distintas capacidades que entran en juego en el aprendizaje para mejorar sus resultados académicos, tales como la atención, concentración, comprensión, expresión, dedicación al trabajo y motivación.												
5. Valora la utilidad de su aprendizaje, reflexionando y explicando el proceso de aprendizaje realizado y estima con criterios y argumentos propios, la importancia y utilidad de los conocimientos adquiridos para la vida y los sentimientos y emociones que le producen.												
6. Muestra motivación por seguir aprendiendo, fija sus propias metas, conoce sus capacidades y las pone en uso para adquirir nuevos aprendizajes por sí mismo, autoevaluando sus progresos y asumiendo sus errores como elemento para la búsqueda y obtención de mejoras.												
7. Aplica lo aprendido y se plantea metas alcanzables en la resolución de problemas, empleando estrategias y técnicas de aprendizaje, valorando y argumentando la adecuación de las soluciones obtenidas y mostrando una visión integrada en el tratamiento de los problemas sociales y académicos.												

REGISTRO DEL NIVEL DE LOGRO DESARROLLADO EN LA COMPETENCIA BÁSICA												
Alumno/a:	**Curso: 4º de ESO**											
CC. BB. APRENDER A APRENDER	**APRECIACIÓN DEL NIVEL DE LOGRO:**											
INDICADORES DE LOGRO:	**1º TRIM.**				**2º TRIM.**				**3º TRIM.**			
	1	2	3	V	1	2	3	V	1	2	3	V
1. Busca información que precisa para aprender, utilizando por sí mismo informaciones provenientes de la propia experiencia y de los medios escritos o audiovisuales para la comprensión y composición de textos y mensajes relacionados con los conocimientos adquiridos.												
2. Conoce su forma de aprender, siendo consciente de lo que sabe y de cómo aprende, y gestiona, evalúa y controla los procesos de aprendizaje, generando nuevas expectativas e inquietudes para seguir aprendiendo por sí mismo.												
3. Planifica y autorregula su proceso de aprendizaje, siendo capaz de organizar sus propios conocimientos y de elaborar producciones personales o grupales, utilizando sistemáticamente la síntesis de las ideas propias y ajenas, así como la contrastación ordenada y crítica de conocimientos, informaciones y opiniones.												
4. Progresa en su aprendizaje, utilizando apropiadamente y apreciando el valor de las distintas capacidades que entran en juego en el mismo para mejorar sus resultados académicos, tales como la atención, la concentración, la comprensión y expresión, la motivación y el esfuerzo, e identifica su aplicación y la puesta en uso en los ámbitos cotidianos.												
5. Valora la utilidad de su aprendizaje, reflexionando críticamente sobre el proceso seguido en la adquisición de conocimientos y sobre la utilidad de los mismos para la vida, expresando los sentimientos y emociones, así como los criterios y argumentos utilizados en la valoración de los aprendizajes adquiridos.												
6. Muestra motivación por seguir aprendiendo, siendo consciente de las propias capacidades y disponibilidad de recursos para organizar el aprendizaje de forma autónoma, disciplinada y reflexiva, y acepta los propios errores como instrumento de mejora y superación personal.												
7. Aplica lo aprendido en la resolución de problemas, manteniendo una visión estratégica e integrada en la identificación e interrelación de conflictos y aplicando con rigor los conocimientos, las estrategias y técnicas de aprendizaje adquiridos, y participa activamente en el tratamiento de los problemas sociales y académicos, planteándose retos y metas alcanzables en la resolución de los mismos.												

1.8. *Competencia Autonomía e iniciativa personal*

COMPETENCIA BÁSICA AUTONOMÍA E INICIATIVA PERSONAL		
ASPECTOS DISTINTIVOS	**MATERIAS**	**APRENDIZAJES IMPRESCINDIBLES**
1. Toma de decisiones con criterio propio e imaginación de proyectos que conlleven las acciones necesarias para desarrollar las opciones y planes personales. **2. Transformación de las ideas en acciones.** **3. Visión estratégica de los retos y oportunidades que ayuden a identificar y cumplir objetivos y a mantener la motivación para lograr el éxito en las tareas.** **4. Toma de conciencia y aplicación conjunta de valores y actitudes personales interrelacionados: responsabilidad, perseverancia, conocimiento de sí mismo, autoestima, creatividad, autocrítica…**	LENGUA CASTELLANA Y LITERATURA	❑ Analizar y resolver problemas, y diseñar planes e iniciar procesos de decisión para regular y orientar la propia actividad.
	LENGUAS EXTRANJERAS	❑ Tomar decisiones que favorezcan la autonomía para utilizar y para seguir aprendiendo la lengua extranjera a lo largo de la vida. ❑ Poner en funcionamiento de procedimientos que permitan el desarrollo de iniciativas y toma de decisiones en la planificación, organización y gestión del trabajo. ❑ Fomentar del trabajo cooperativo en el aula, el manejo de recursos personales y habilidades sociales de colaboración y negociación. ❑ Generar ideas y opiniones, defenderlas con la autoexigencia de hablar bien y como forma de controlar su propia conducta y de relacionarse con la mayor variedad de personas en lenguas diferentes (CC.AA.).
	MATEMÁTICAS	❑ Utilizar los propios procesos de resolución de problemas para planificar estrategias, asumir retos y contribuir a convivir con la incertidumbre controlando los procesos de toma de decisiones.
	CIENCIAS SOCIALES, GEOGRAFÍA E HISTORIA	❑ Desarrollar iniciativas de planificación y ejecución, así como procesos de toma de decisiones: realización de debates y de trabajos individuales o en grupo.
	CIENCIAS DE LA NATURALEZA	❑ Habilidad para iniciar y llevar a cabo proyectos: analizar situaciones valorando los factores que han incidido en ellas y las consecuencias que pueden tener. ❑ Transferir a otras situaciones el pensamiento hipotético, propio del quehacer científico. ❑ Formarse un espíritu crítico, capaz de cuestionar dogmas y desafiar prejuicios. ❑ Reconocer los factores que afectan a la salud, el grado de análisis de los comportamientos propios en diferentes ambientes sociales (incluida el aula), y tiene predisposición a modificar conductas y adoptar hábitos saludables, etc. (CC.AA.). ❑ Ser creativo en la adecuación de las propuestas que hagan en relación con la crisis energética y sus posibles soluciones (CC.AA.).

5. Habilidades sociales para relacionarse, cooperar y trabajar en equipo, ponerse en el sitio del otro, valorar las ideas de los demás, dialogar y negociar. **6. Habilidades y actitudes relacionadas con el liderazgo de proyectos: confianza en uno mismo, empatía, espíritu de superación, diálogo, cooperación.** **7. Actitud positiva hacia el cambio y la innovación.**	EDUCACIÓN PLÁSTICA Y VISUAL	❑ Convertir una idea en un producto y desarrollar estrategias de planificación, de previsión de recursos, de anticipación y evaluación de resultados.
	EDUCACIÓN PARA LA CIUDADANÍA	❑ Tener iniciativas de planificación, toma de decisiones, participación y asunción de responsabilidades. ❑ Resolver dilemas morales para construir un juicio ético propio, basado en los valores y prácticas democráticas. ❑ Argumentar, construir un pensamiento propio y estudiar casos que supongan una toma de postura sobre un problema y las posibles soluciones.
	EDUCACIÓN FÍSICA	❑ Ser protagonista en aspectos de organización individual y colectiva de jornadas y actividades físicas y deportivas o de ritmo. ❑ Planificar actividades para la mejora de su condición física. ❑ Participar en situaciones en las que debe manifestar autosuperación, perseverancia y actitud positiva ante tareas de cierta dificultad técnica o en la mejora del propio nivel de condición física.
	INFORMÁTICA	❑ Reformular las estrategias y la adopción de nuevos puntos de vista que posibiliten resolución de situaciones progresivamente más complejas y multifacéticas.
	LATÍN	❑ Utilizar procedimientos que exigen planificar, evaluar distintas posibilidades y tomar decisiones. ❑ Valorar las aportaciones de otros compañeros, aceptando posibles errores, comprendiendo la forma de corregirlos y asumiendo un resultado inadecuado.
	MÚSICA	❑ Fomentar el trabajo colaborativo y la habilidad para planificar y gestionar proyectos: la interpretación y la composición.
	TECNOLOGÍAS	❑ Tratar los problemas tecnológicos en la medida en que se fomentan modos de enfrentarse a ellos de manera autónoma y creativa, se incida en la valoración reflexiva de las diferentes alternativas y se prepara para el análisis previo de las consecuencias de las decisiones que se toman en el proceso. ❑ Desarrollar cualidades personales: iniciativa, espíritu de superación y perseverancia frente a las dificultades, la autonomía y la autocrítica, contribuyendo al aumento de la confianza en uno mismo y a la mejora de su autoestima. ❑ Plantear adecuadamente los problemas, la elaboración de ideas analizadas desde distintos puntos de vista para elegir la solución más adecuada; la planificación y ejecución del proyecto; la evaluación del desarrollo del mismo y del objetivo alcanzado; y, la realización de propuestas de mejora.

COMPETENCIA BÁSICA: AUTONOMÍA E INICIATIVA PERSONAL				
ORGANIZADORES	**ASPECTOS DISTINTIVOS**	**APRENDIZAJES IMPRESCINDIBLES**	**MATERIAS**	**DESCRIPTORES DE LA ETAPA**
Conocimientos, saberes y experiencias aplicadas en la resolución de tareas y problemas.	❖ Toma de decisiones con criterio propio e imaginación de proyectos que conlleven las acciones necesarias para desarrollar las opciones y planes personales.	❑ Acceder al saber y a la construcción de conocimientos mediante el lenguaje. ❑ Regular y orientar nuestra propia actividad con progresiva autonomía. ❑ Utilizar la escritura como medio para aprender y organizar sus propios conocimientos.	LENGUA CASTELLANA Y LITERATURA L. EXTRANJERAS	1. Muestra iniciativa personal en la obtención, procesamiento e intercambio de información y actúa con autonomía y actitud crítica en el tratamiento y resolución de situaciones y problemas de interés social y académico; se siente confiando en sí mismo y en sus posibilidades para la comunicación de resultados y conclusiones, de forma organizada e inteligible.
		❑ Conocerse mejor como personas y como perteneciente a un grupo.	CIENCIAS DE LA NATURALEZA	
		❑ Asumir las diferencias así como las posibilidades y limitaciones propias y ajenas.	EDUCACIÓN FÍSICA	

Habilidades prácticas y cognitivas utilizadas en la resolución de tareas y problemas.	❖ Transformación de las ideas en acciones. ❖ Visión estratégica de los retos y oportunidades que ayuden a identificar y cumplir objetivos y a mantener la motivación para lograr el éxito en las tareas.	❑ Tomar decisiones que favorezcan la autonomía para utilizar y para seguir aprendiendo la lengua extranjera a lo largo de la vida. ❑ Poner en funcionamiento de procedimientos que permitan el desarrollo de iniciativas y toma de decisiones en la planificación, organización y gestión del trabajo.	L. EXTRANJERAS	2. Planifica y emprende proyectos, organizando y gestionando el trabajo, individual o colectivo, aportando iniciativas personales en la formulación de los objetivos y de las acciones necesarias; asume responsabilidades en la realización, empleando diversas habilidades cognitivas: relacionar, comparar, interpretar, evaluar, corregir, criticar, predecir, crear, concluir, etc.; y evalúa los resultados obtenidos, valorando las posibilidades de mejora.
		❑ Utilizar los propios procesos de resolución de problemas para planificar estrategias, asumir retos y contribuir a convivir con la incertidumbre controlando los procesos de toma de decisiones.	MATEMÁTICAS	
		❑ Habilidad para iniciar y llevar a cabo proyectos: analizar situaciones valorando los factores que han incidido en ellas y las consecuencias que pueden tener. ❑ Transferir a otras situaciones el pensamiento hipotético, propio del quehacer científico.	CIENCIAS DE LA NATURALEZA	
		❑ Ser protagonista en aspectos de organización individual y colectiva de jornadas y actividades físicas y deportivas o de ritmo. ❑ Planificar actividades para la mejora de su condición física.	EDUCACIÓN FÍSICA	
		❑ Tener iniciativas de planificación, toma de decisiones, participación y asunción de responsabilidades.	ED. PARA LA CIUDADANÍA	
		❑ Convertir una idea en un producto y desarrollar estrategias de planificación, de previsión de recursos, de anticipación y evaluación de resultados.	ED. PLÁSTICA Y VISUAL	
		❑ Fomentar el trabajo colaborativo y la habilidad para planificar y gestionar proyectos: la interpretación y la composición.	MÚSICA	

Valores, actitudes, sentimientos y emociones, que se manifiestan en la resolución de tareas y problemas	❖ Toma de conciencia y aplicación conjunta de valores y actitudes personales interrelacionados: responsabilidad, perseverancia, conocimiento de sí mismo, autoestima, creatividad, autocrítica… ❖ Habilidades sociales para relacionarse, cooperar y trabajar en equipo, ponerse en el sitio del otro, valorar las ideas de los demás, dialogar y negociar. ❖ Habilidades y actitudes relacionadas con el liderazgo de proyectos: confianza en uno mismo, empatía, espíritu de superación, diálogo, cooperación.	❑ Fomentar del trabajo cooperativo en el aula, el manejo de recursos personales y habilidades sociales de colaboración y negociación. ❑ Generar ideas y opiniones, defenderlas con la autoexigencia de hablar bien y como forma de controlar su propia conducta y de relacionarse con la mayor variedad de personas en lenguas diferentes. (CC.AA.).	L. EXTRANJERAS	3. Coopera en la toma de decisiones sobre la realización de trabajos colaborativos en el aula, valora los distintos puntos de vista, muestra liderazgo aportando ideas variadas y argumentando las opiniones propias, e implicándose en la planificación y evaluación de los mismos. 4. Practica valores y actitudes personales, manifestando un juicio ético propio, basado en los principios y prácticas democráticas: respeto, diálogo, cooperación, responsabilidad, control emocional, autocrítica y valoración, y muestra confianza en sí mismo y espíritu de superación ante los problemas y retos que se le presentan en los distintos contextos en los que se desarrolla y desenvuelve como persona.
		❑ Formarse un espíritu crítico, capaz de cuestionar dogmas y desafiar prejuicios. ❑ Reconocer los factores que afectan a la salud, el grado de análisis de los comportamientos propios en diferentes ambientes sociales (incluida el aula), y tiene predisposición a modificar conductas y adoptar hábitos saludables, etc. (CC.AA.).	CIENCIAS DE LA NATURALEZA	
		❑ Participar en situaciones en las que debe manifestar autosuperación, perseverancia y actitud positiva ante tareas de cierta dificultad técnica o en la mejora del propio nivel de condición física.	EDUCACIÓN FÍSICA	
		❑ Resolver dilemas morales para construir un juicio ético propio, basado en los valores y prácticas democráticas. ❑ Desarrollar el espíritu creativo, experimentación, investigación y autocrítica.	EDUCACIÓN PARA LA CIUDADANÍA	
		❑ Utilizar procedimientos que exigen planificar, evaluar distintas posibilidades y tomar decisiones. ❑ Valorar las aportaciones de otros compañeros, aceptando posibles errores, comprendiendo la forma de corregirlos y asumiendo un resultado inadecuado.	LATÍN	

		❑ Desarrollar capacidades y habilidades tales como la perseverancia, la responsabilidad, la autocrítica y la autoestima en la interpretación musical.	MÚSICA	
		❑ Tratar los problemas tecnológicos en la medida en que se fomentan modos de enfrentarse a ellos de manera autónoma y creativa, se incida en la valoración reflexiva de las diferentes alternativas y se prepara para el análisis previo de las consecuencias de las decisiones que se toman en el proceso. ❑ Desarrollar cualidades personales: iniciativa, espíritu de superación y perseverancia frente a las dificultades, la autonomía y la autocrítica, contribuyendo al aumento de la confianza en uno mismo y a la mejora de su autoestima.	TECNOLOGÍA	

		❑ Analizar y resolver problemas, y diseñar planes e iniciar procesos de decisión para regular y orientar la propia actividad.	L. CASTELLANA Y LITERATURA	5. Se muestra innovador y creativo y toma postura crítica y argumentada ante los problemas o cuestiones de la vida real que se le plantean, aceptando las opiniones de los demás y asumiendo los propios errores en la búsqueda de soluciones.
		❑ Desarrollar iniciativas de planificación y ejecución, así como procesos de toma de decisiones: realización de debates y de trabajos individuales o en grupo.	C. SOCIALES, GEOGRAFÍA E HISTORIA	
		❑ Argumentar, construir un pensamiento propio y estudiar casos que supongan una toma de postura sobre un problema y las posibles soluciones.	EDUCACIÓN PARA LA CIUDADANÍA	
Resolución de problemas en un contexto determinado	❖ Actitud positiva hacia el cambio y la innovación.	❑ Ser creativo en la adecuación de las propuestas que hagan en relación con la crisis energética y sus posibles soluciones. (CC. AA.).	C. DE LA NATURALEZA	6. Transfiere las conclusiones obtenidas en proyectos de trabajo o investigación, a situaciones de la vida cotidiana o de la actividad científica y/o tecnológica desarrollada, barajando posibilidades y soluciones diversas y valorando los resultados obtenidos para su estudio y conocimiento.
		❑ Reformular las estrategias y la adopción de nuevos puntos de vista que posibiliten resolución de situaciones progresivamente más complejas y multifacéticas.	INFORMÁTICA	
		❑ Plantear adecuadamente los problemas, la elaboración de ideas analizadas desde distintos puntos de vista para elegir la solución más adecuada; la planificación y ejecución del proyecto; la evaluación del desarrollo del mismo y del objetivo alcanzado; y, la realización de propuestas de mejora.	TECNOLOGÍA	

COMPETENCIA BÁSICA: AUTONOMÍA E INICIATIVA PERSONAL	
DESCRIPTORES ETAPA:	**INDICADORES DE LOGRO O DOMINIO 1º ESO:**
1. Muestra iniciativa personal en la obtención, procesamiento e intercambio de información y actúa con autonomía y actitud crítica en el tratamiento y resolución de situaciones y problemas de interés social y académico; se siente confiando en sí mismo y en sus posibilidades para la comunicación de resultados y conclusiones, de forma organizada e inteligible.	❑ Muestra iniciativa para seguir instrucciones en la realización autónoma de tareas de aprendizaje, y manifiesta confianza en sí mismo en la superación de las dificultades encontradas, analizando sus causas y proponiendo soluciones.

MATERIAS	CRITERIOS DE EVALUACIÓN 1º ESO
L. CASTELLANA Y LITERATURA	➢ Reconocer el propósito y la idea general en textos orales de ámbitos sociales próximos a la experiencia del alumnado y en el ámbito académico; captar la idea global de informaciones oídas en radio o en TV y seguir instrucciones poco complejas para realizar tareas de aprendizaje. ➢ Extraer informaciones concretas e identificar el propósito en textos escritos de ámbitos sociales próximos a la experiencia del alumnado, seguir instrucciones sencillas, identificar los enunciados en los que el tema general aparece explícito y distinguir las partes del texto.
L. EXTRANJERA	➢ Utilizar el conocimiento de algunos aspectos formales del código de la lengua extranjera (morfología, sintaxis y fonología), en diferentes contextos de comunicación, como instrumento de autoaprendizaje y de autocorrección de las producciones propias y para comprender mejor las ajenas. ➢ Usar de forma guiada las tecnologías de la información y la comunicación para buscar información, producir mensajes a partir de modelos y para establecer relaciones personales, mostrando interés por su uso.
MATEMÁTICAS	➢ Utilizar números naturales y enteros y fracciones y decimales sencillos, sus operaciones y propiedades, para recoger, transformar e intercambiar información. ➢ Hacer predicciones sobre la posibilidad de que un suceso ocurra a partir de información previamente obtenida de forma empírica. ➢ Utilizar estrategias y técnicas simples de resolución de problemas tales como el análisis del enunciado, el ensayo y error o la resolución de un problema más sencillo, y comprobar la solución obtenida y expresar, utilizando el lenguaje matemático adecuado a su nivel, el procedimiento que se ha seguido en la resolución.
C. S. GEOGRAFÍA E HISTORIA	➢ Realizar una lectura comprensiva de fuentes de información escrita de contenido geográfico o histórico y comunicar la información obtenida de forma correcta por escrito.

MATERIAS	CRITERIOS DE EVALUACIÓN 1º ESO
TECNOLOGÍAS	➢ Elaborar, almacenar y recuperar documentos en soporte electrónico que incorporen información textual y gráfica. ➢ Acceder a Internet para la utilización de servicios básicos: navegación para la localización de información, correo electrónico, comunicación intergrupal y publicación de información.
MÚSICA	➢ Leer distintos tipos de partituras en el contexto de las actividades musicales del aula como apoyo a las tareas de interpretación y audición.
EDUCACIÓN FÍSICA	➢ Recopilar actividades, juegos, estiramientos y ejercicios de movilidad articular apropiados para el calentamiento y realizados en clase. ➢ Identificar los hábitos higiénicos y posturales saludables relacionados con la actividad física y con la vida cotidiana. ➢ Incrementar las cualidades físicas relacionadas con la salud, trabajadas durante el curso respecto a su nivel inicial.

COMPETENCIA BÁSICA: AUTONOMÍA E INICIATIVA PERSONAL	
DESCRIPTORES ETAPA: 1. Planifica y emprende proyectos, organizando y gestionando el trabajo, individual o colectivo, aportando iniciativas personales en la formulación de los objetivos y de las acciones necesarias; asume responsabilidades en la realización, empleando diversas habilidades cognitivas: relacionar, comparar, interpretar, evaluar, corregir, criticar, predecir, crear, concluir, etc.; y evalúa los resultados obtenidos, valorando las posibilidades de mejora.	**INDICADORES DE LOGRO O DOMINIO 1º ESO:** ❑ Planifica, emprende y evalúa proyectos de trabajo sencillos en los diferentes contextos en los que se desenvuelve, tomando decisiones y cooperando activamente en su desarrollo y en la aplicación de los conocimientos adquiridos, asumiendo resultados y valorando las posibilidades de mejora.

MATERIAS	CRITERIOS DE EVALUACIÓN 1º ESO
L. CASTELLANA Y LITERATURA	➢ Reconocer el propósito y la idea general en textos orales de ámbitos sociales próximos a la experiencia del alumnado y en el ámbito académico; captar la idea global de informaciones oídas en radio o en TV y seguir instrucciones poco complejas para realizar tareas de aprendizaje. ➢ Extraer informaciones concretas e identificar el propósito en textos escritos de ámbitos sociales próximos a la experiencia del alumnado, seguir instrucciones sencillas, identificar los enunciados en los que el tema general aparece explícito y distinguir las partes del texto.
L. EXTRANJERA	➢ Utilizar el conocimiento de algunos aspectos formales del código de la lengua extranjera (morfología, sintaxis y fonología), en diferentes contextos de comunicación, como instrumento de autoaprendizaje y de autocorrección de las producciones propias y para comprender mejor las ajenas. ➢ Usar de forma guiada las tecnologías de la información y la comunicación para buscar información, producir mensajes a partir de modelos y para establecer relaciones personales, mostrando interés por su uso.
MATEMÁTICAS	➢ Utilizar números naturales y enteros y fracciones y decimales sencillos, sus operaciones y propiedades, para recoger, transformar e intercambiar información. ➢ Reconocer y describir figuras planas, utilizar sus propiedades para clasificarlas y aplicar el conocimiento geométrico adquirido para interpretar y describir el mundo físico, haciendo uso de la terminología adecuada. ➢ Organizar e interpretar informaciones diversas mediante tablas y gráficas, e identificar relaciones de dependencia en situaciones cotidianas. ➢ Hacer predicciones sobre la posibilidad de que un suceso ocurra a partir de información previamente obtenida de forma empírica.

MATERIAS	CRITERIOS DE EVALUACIÓN 1º ESO
C. SOCIALES, GEOGRAFÍA E HISTORIA	➢ Realizar una lectura comprensiva de fuentes de información escrita de contenido geográfico o histórico y comunicar la información obtenida de forma correcta por escrito. ➢ Localizar lugares o espacios en un mapa utilizando datos de coordenadas geográficas y obtener información sobre el espacio representado a partir de la leyenda y la simbología, comunicando las conclusiones de forma oral o escrita. ➢ Utilizar las convenciones y unidades cronológicas y las nociones de evolución y cambio aplicándolas a los hechos y procesos históricos.
CIENCIAS DE LA NATURALEZA	➢ Identificar y reconocer las peculiaridades de los grupos más importantes de los seres vivos. ➢ Interpretar algunos fenómenos naturales mediante la elaboración de modelos sencillos y representaciones a escala. ➢ Describir razonadamente algunas de las observaciones y procedimientos científicos que han permitido avanzar en el conocimiento de nuestro planeta y del lugar que ocupa en el Universo. ➢ Establecer procedimientos para describir las propiedades de materiales que nos rodean. ➢ Relacionar propiedades de los materiales con el uso que se hace de ellos.
TECNOLOGÍAS	➢ Identificar y conectar componentes físicos de un ordenador y otros dispositivos electrónicos. ➢ Manejar el entorno gráfico de los sistemas operativos como interfaz de comunicación con la máquina. ➢ Representar mediante vistas y perspectivas objetos y sistemas técnicos sencillos, aplicando criterios de normalización. ➢ Elaborar, almacenar y recuperar documentos en soporte electrónico que incorporen información textual y gráfica. ➢ Identificar y manejar operadores mecánicos encargados de la transformación y transmisión de movimientos en máquinas. Explicar su funcionamiento en el conjunto y, en su caso, calcular la relación de transmisión. ➢ Acceder a Internet para la utilización de servicios básicos: navegación para la localización de información, correo electrónico, comunicación intergrupal y publicación de información. ➢ Utilizar correctamente instrumentos de medida de magnitudes eléctricas básicas.
MÚSICA	➢ Leer distintos tipos de partituras en el contexto de las actividades musicales del aula como apoyo a las tareas de interpretación y audición. ➢ Reconocer auditivamente y determinar la época o cultura a la que pertenecen distintas obras musicales escuchadas previamente en el aula, interesándose por ampliar sus preferencias. ➢ Identificar y describir, mediante el uso de distintos lenguajes (gráfico, corporal o verbal) algunos elementos y formas de organización y estructuración musical (ritmo, melodía, textura, timbre, repetición, imitación, variación) de una obra musical interpretada en vivo o grabada. ➢ Identificar en el ámbito cotidiano situaciones en las que se produce un uso indiscriminado del sonido, analizando sus causas y proponiendo soluciones. ➢ Utilizar, con autonomía, algunos de los recursos tecnológicos disponibles, demostrando un conocimiento básico de las técnicas y procedimientos necesarios para grabar y reproducir música y para realizar sencillas producciones audiovisuales.
EDUCACIÓN FÍSICA	➢ Identificar los hábitos higiénicos y posturales saludables relacionados con la actividad física y con la vida cotidiana. ➢ Incrementar las cualidades físicas relacionadas con la salud, trabajadas durante el curso respecto a su nivel inicial. ➢ Mejorar la ejecución de los aspectos técnicos fundamentales de un deporte individual, aceptando el nivel alcanzado. ➢ Recopilar actividades, juegos, estiramientos y ejercicios de movilidad articular apropiados para el calentamiento y realizados en clase.

COMPETENCIA BÁSICA: AUTONOMÍA E INICIATIVA PERSONAL

DESCRIPTORES ETAPA:

3. Coopera en la toma de decisiones sobre la realización de trabajos colaborativos en el aula, valora los distintos puntos de vista, muestra liderazgo aportando ideas variadas y argumentando las opiniones propias, e implicándose en la planificación y evaluación de los mismos.
4. Practica valores y actitudes personales, manifestando un juicio ético propio, basado en los principios y prácticas democráticas: respeto, diálogo, cooperación, responsabilidad, control emocional, autocrítica y valoración, y muestra confianza en sí mismo y espíritu de superación ante los problemas y retos que se le presentan en los distintos contextos en los que se desarrolla y desenvuelve como persona.

INDICADORES DE LOGRO O DOMINIO 1º ESO:

- ❑ Practica valores y actitudes personales de responsabilidad, conocimiento de sí mismo, autoestima y creatividad, en el reconocimiento, asunción y resolución de problemas planteados en los diferentes espacios de relación y convivencia.

MATERIAS	CRITERIOS DE EVALUACIÓN 1º ESO
L. CASTELLANA Y LITERATURA	➢ Exponer una opinión sobre la lectura personal de una obra adecuada a la edad; reconocer el género y la estructura global y valorar de forma general el uso del lenguaje; diferenciar contenido literal y sentido de la obra y relacionar el contenido con la propia experiencia.
L. EXTRANJERA	➢ Identificar algunos elementos culturales o geográficos propios de los países y culturas donde se habla la lengua extranjera y mostrar interés por conocerlos.
EDUCACIÓN PLÁSTICA Y VISUAL	➢ Realizar creaciones plásticas siguiendo el proceso de creación y demostrando valores de iniciativa, creatividad e imaginación. ➢ Elegir y disponer de los materiales más adecuados para elaborar un producto visual y plástico en base a unos objetivos prefijados y a la autoevaluación continua del proceso de realización.
CIENCIAS DE LA NATURALEZA.	➢ Valorar la importancia del papel protector de la atmósfera para los seres vivos, considerando las repercusiones de la actividad humana en la misma.
TECNOLOGÍAS	➢ Valorar las necesidades del proceso tecnológico empleando la resolución técnica de problemas analizando su contexto, proponiendo soluciones alternativas y desarrollando la más adecuada.
MÚSICA	➢ Comunicar a los demás juicios personales acerca de la música escuchada.
EDUCACIÓN FÍSICA	➢ Realizar la acción motriz oportuna en función de la fase de juego que se desarrolle, ataque o defensa, en el juego o deporte colectivo propuesto. ➢ Elaborar un mensaje de forma colectiva, mediante técnicas como el mimo, el gesto, la dramatización o la danza y comunicarlo al resto de grupos.

COMPETENCIA BÁSICA: AUTONOMÍA E INICIATIVA PERSONAL	
DESCRIPTORES ETAPA: 5. Se muestra innovador y creativo y toma postura crítica y argumentada ante los problemas o cuestiones de la vida real que se le plantean, aceptando las opiniones de los demás y asumiendo los propios errores en la búsqueda de soluciones. 6. Transfiere las conclusiones obtenidas en proyectos de trabajo o investigación, a situaciones de la vida cotidiana o de la actividad científica y/o tecnológica desarrollada, barajando posibilidades y soluciones diversas y valorando los resultados obtenidos para su estudio y conocimiento.	**INDICADORES DE LOGRO O DOMINIO 1º ESO:** ❑ Se muestra innovador y creativo, elaborando planes y emprendiendo procesos de planificación y ejecución de tareas, y hace una valoración realista entre el esfuerzo realizado y los resultados obtenidos, asumiendo sus errores para mejorar.

MATERIAS	CRITERIOS DE EVALUACIÓN 1º ESO
LENGUA CASTELLANA Y LITERATURA	➢ Aplicar los conocimientos sobre la lengua y las normas del uso lingüístico para solucionar problemas de comprensión de textos orales y escritos y para la composición y la revisión dirigida de los textos propios de este curso.
MATEMÁTICAS	➢ Resolver problemas para los que se precise la utilización de las cuatro operaciones con números enteros, decimales y fraccionarios, utilizando la forma de cálculo apropiada y valorando la adecuación del resultado al contexto. ➢ Utilizar estrategias y técnicas simples de resolución de problemas tales como el análisis del enunciado, el ensayo y error o la resolución de un problema más sencillo, y comprobar la solución obtenida y expresar, utilizando el lenguaje matemático adecuado a su nivel, el procedimiento que se ha seguido en la resolución.
C. SOCIALES, Gª. E HISTORIA	➢ Realizar de forma individual y en grupo, con ayuda del profesor, un trabajo sencillo de carácter descriptivo sobre algún hecho o tema, utilizando fuentes diversas (observación, prensa, bibliografía, páginas web, etc.), seleccionando la información pertinente, integrándola en un esquema o guión y comunicando los resultados del estudio con corrección y con el vocabulario adecuado.
EDUCACIÓN PLÁSTICA Y VISUAL	➢ Elaborar y participar, activamente, en proyectos de creación visual cooperativos, como producciones videográficas o plásticas de gran tamaño, aplicando las estrategias propias y adecuadas del lenguaje visual y plástico.
TECNOLOGÍAS	➢ Realizar las operaciones técnicas previstas en un plan de trabajo utilizando los recursos materiales y organizativos con criterios de economía, seguridad y respeto al medio ambiente y valorando las condiciones del entorno de trabajo.
MÚSICA	➢ Participar en la interpretación en grupo de una pieza vocal, instrumental o coreográfica, adecuando la propia interpretación a la del conjunto y asumiendo distintos roles.
EDUCACIÓN FÍSICA	➢ Identificar los hábitos higiénicos y posturales saludables relacionados con la actividad física y con la vida cotidiana. ➢ Realizar la acción motriz oportuna en función de la fase de juego que se desarrolle, ataque o defensa, en el juego o deporte colectivo propuesto. ➢ Mejorar la ejecución de los aspectos técnicos fundamentales de un deporte individual, aceptando el nivel alcanzado. ➢ Recopilar actividades, juegos, estiramientos y ejercicios de movilidad articular apropiados para el calentamiento y realizados en clase. ➢ Seguir las indicaciones de las señales de rastreo en un recorrido por el centro o sus inmediaciones

COMPETENCIA BÁSICA: AUTONOMÍA E INICIATIVA PERSONAL	
DESCRIPTORES ETAPA:	**INDICADORES DE LOGRO O DOMINIO 2º ESO:**
1. Muestra iniciativa personal en la obtención, procesamiento e intercambio de información y actúa con autonomía y actitud crítica en el tratamiento y resolución de situaciones y problemas de interés social y académico; se siente confiando en sí mismo y en sus posibilidades para la comunicación de resultados y conclusiones, de forma organizada e inteligible.	❑ Muestra iniciativa para organizar y gestionar su propio trabajo, individual y de grupo, dirigido a la elaboración de conocimientos desde diversas fuentes de información, y se siente confiado en sí mismo en la presentación y comunicación de los resultados obtenidos.

MATERIAS	CRITERIOS DE EVALUACIÓN 2º ESO
L. CASTELLANA Y LITERATURA	➢ Reconocer, junto al propósito y la idea general, ideas, hechos o datos relevantes en textos orales de ámbitos sociales próximos a la experiencia del alumnado y en el ámbito académico; captar la idea global y la relevancia de informaciones oídas en radio o en TV y seguir instrucciones para realizar autónomamente tareas de aprendizaje. ➢ Extraer informaciones concretas e identificar el propósito en textos escritos de ámbitos sociales próximos a la experiencia del alumnado; seguir instrucciones de cierta extensión en procesos poco complejos; identificar el tema general y temas secundarios y distinguir cómo está organizada la información.
L. EXTRANJERA	➢ Utilizar los conocimientos adquiridos sobre el sistema lingüístico de la lengua extranjera, en diferentes contextos de comunicación, como instrumento de autoaprendizaje y de auto-corrección de las producciones propias orales y escritas y para comprender las producciones ajenas. ➢ Usar de forma guiada las tecnologías de la información y la comunicación para buscar información, producir textos a partir de modelos y para establecer relaciones personales mostrando interés por su uso.
MATEMÁTICAS	➢ Utilizar números enteros, fracciones, decimales y porcentajes sencillos, sus operaciones y propiedades, para recoger, transformar e intercambiar información y resolver problemas relacionados con la vida diaria. ➢ Formular las preguntas adecuadas para conocer las características de una población y recoger, organizar y presentar datos relevantes para responderlas, utilizando los métodos estadísticos apropiados y las herramientas informáticas adecuadas.
C. SOCIALES, GEOGRAFÍA E HISTORIA	➢ Realizar de forma individual y en grupo, con ayuda del profesor, un trabajo sencillo de carácter descriptivo sobre algún hecho o tema, utilizando fuentes diversas (observación, prensa, bibliografía, páginas web, etc.), seleccionando la información pertinente, integrándola en un esquema o guión y comunicando los resultados del estudio con corrección y con el vocabulario adecuado.
TECNOLOGÍAS	➢ Elaborar, almacenar y recuperar documentos en soporte electrónico que incorporen información textual y gráfica. ➢ Acceder a Internet para la utilización de servicios básicos: navegación para la localización de información, correo electrónico, comunicación intergrupal y publicación de información.
MÚSICA	➢ Leer distintos tipos de partituras en el contexto de las actividades musicales del aula como apoyo a las tareas de interpretación y audición.

COMPETENCIA BÁSICA: AUTONOMÍA E INICIATIVA PERSONAL	
DESCRIPTORES ETAPA: 2. Planifica y emprende proyectos, organizando y gestionando el trabajo, individual o colectivo, aportando iniciativas personales en la formulación de los objetivos y de las acciones necesarias; asume responsabilidades en la realización, empleando diversas habilidades cognitivas: relacionar, comparar, interpretar, evaluar, corregir, criticar, predecir, crear, concluir, etc.; y evalúa los resultados obtenidos, valorando las posibilidades de mejora.	**INDICADORES DE LOGRO O DOMINIO 2º ESO:** ❑ Planifica y evalúa proyectos para indagar y resolver situaciones escolares o problemas de la vida cotidiana, aplicando los conocimientos adquiridos, mostrándose perseverante y emprendedor en su desarrollo y valoración de los resultados obtenidos, y realizando propuestas de mejora.
MATERIAS	**CRITERIOS DE EVALUACIÓN 2º ESO**
LENGUA CASTELLANA Y LITERATURA	➢ Reconocer, junto al propósito y la idea general, ideas, hechos o datos relevantes en textos orales de ámbitos sociales próximos a la experiencia del alumnado y en el ámbito académico; captar la idea global y la relevancia de informaciones oídas en radio o en TV y seguir instrucciones para realizar autónomamente tareas de aprendizaje. ➢ Extraer informaciones concretas e identificar el propósito en textos escritos de ámbitos sociales próximos a la experiencia del alumnado; seguir instrucciones de cierta extensión en procesos poco complejos; identificar el tema general y temas secundarios y distinguir cómo está organizada la información. . ➢ Realizar exposiciones orales sencillas sobre temas próximos a su entorno que sean del interés del alumnado, con la ayuda de medios audiovisuales y de las tecnologías de la información y la comunicación.
L. EXTRANJERA	➢ Utilizar los conocimientos adquiridos sobre el sistema lingüístico de la lengua extranjera, en diferentes contextos de comunicación, como instrumento de autoaprendizaje y de auto-corrección de las producciones propias orales y escritas y para comprender las producciones ajenas. ➢ Usar de forma guiada las tecnologías de la información y la comunicación para buscar información, producir textos a partir de modelos y para establecer relaciones personales mostrando interés por su uso.
MATEMÁTICAS	➢ Utilizar números enteros, fracciones, decimales y porcentajes sencillos, sus operaciones y propiedades, para recoger, transformar e intercambiar información y resolver problemas relacionados con la vida diaria. ➢ Utilizar el lenguaje algebraico para simbolizar, generalizar e incorporar el planteamiento y resolución de ecuaciones de primer grado como una herramienta más con la que abordar y resolver problemas. ➢ Interpretar relaciones funcionales sencillas dadas en forma de tabla, gráfica, a través de una expresión algebraica o mediante un enunciado, obtener valores a partir de ellas y extraer conclusiones acerca del fenómeno estudiado. ➢ Formular las preguntas adecuadas para conocer las características de una población y recoger, organizar y presentar datos relevantes para responderlas, utilizando los métodos estadísticos apropiados y las herramientas informáticas adecuadas.

C. SOCIALES, GEOGRAFÍA E HISTORIA	➢ Identificar los rasgos característicos de la sociedad española actual, distinguiendo la variedad de grupos sociales, la diversidad que genera la inmigración, la pertenencia al mundo occidental y algunas situaciones de desigualdad social. ➢ Analizar el crecimiento de las áreas urbanas, la diferenciación funcional del espacio urbano y alguno de los problemas que se les plantean a sus habitantes. ➢ Situar en el tiempo y en el espacio las diversas unidades políticas y sus peculiaridades que coexistieron en la Península Ibérica durante la Edad Media, y reconocer ejemplos de la pervivencia de su legado cultural y artístico.
CIENCIAS DE LA NATURALEZA	➢ Explicar fenómenos naturales y reproducir algunos de ellos teniendo en cuenta sus propiedades. ➢ Identificar las acciones de los agentes geológicos internos en el origen del relieve terrestre. ➢ Interpretar los aspectos relacionados con las funciones vitales de los seres vivos a partir de distintas observaciones y experiencias realizadas.
EDUCACIÓN PLÁSTICA Y VISUAL	➢ Diferenciar los distintos estilos y tendencias de las artes visuales a través del tiempo y atendiendo a la diversidad cultural. ➢ Identificar los elementos constitutivos esenciales de objetos y/o aspectos de la realidad. ➢ Diferenciar y reconocer los procesos, técnicas, estrategias y materiales en imágenes del entorno audiovisual y multimedia.
TECNOLOGÍAS	➢ Identificar y conectar componentes físicos de un ordenador y otros dispositivos electrónicos. ➢ Manejar el entorno gráfico de los sistemas operativos como interfaz de comunicación con la máquina. ➢ Representar mediante vistas y perspectivas objetos y sistemas técnicos sencillos, aplicando criterios de normalización. ➢ Elaborar, almacenar y recuperar documentos en soporte electrónico que incorporen información textual y gráfica. ➢ Identificar y manejar operadores mecánicos encargados de la transformación y transmisión de movimientos en máquinas. Explicar su funcionamiento en el conjunto y, en su caso, calcular la relación de transmisión. ➢ Acceder a Internet para la utilización de servicios básicos: navegación para la localización de información, correo electrónico, comunicación intergrupal y publicación de información. ➢ Utilizar correctamente instrumentos de medida de magnitudes eléctricas básicas.
MÚSICA	➢ Leer distintos tipos de partituras en el contexto de las actividades musicales del aula como apoyo a las tareas de interpretación y audición. ➢ Reconocer auditivamente y determinar la época o cultura a la que pertenecen distintas obras musicales escuchadas previamente en el aula, interesándose por ampliar sus preferencias. ➢ Identificar y describir, mediante el uso de distintos lenguajes (gráfico, corporal o verbal) algunos elementos y formas de organización y estructuración musical (ritmo, melodía, textura, timbre, repetición, imitación, variación) de una obra musical interpretada en vivo o grabada. ➢ Identificar en el ámbito cotidiano situaciones en las que se produce un uso indiscriminado del sonido, analizando sus causas y proponiendo soluciones. ➢ Utilizar, con autonomía, algunos de los recursos tecnológicos disponibles, demostrando un conocimiento básico de las técnicas y procedimientos necesarios para grabar y reproducir música y para realizar sencillas producciones audiovisuales.
EDUCACIÓN FÍSICA	➢ Crear y poner en práctica una secuencia armónica de movimientos corporales a partir de un ritmo escogido. ➢ Realizar de forma autónoma un recorrido de sendero cumpliendo normas de seguridad básicas y mostrando una actitud de respeto hacia la conservación del entorno en el que se lleva a cabo la actividad. ➢ Incrementar la resistencia aeróbica y la flexibilidad respecto a su nivel inicial. ➢ Reconocer a través de la práctica, las actividades físicas que se desarrollan en una franja de la frecuencia cardiaca beneficiosa para la salud.

COMPETENCIA BÁSICA: AUTONOMÍA E INICIATIVA PERSONAL	
DESCRIPTORES ETAPA:	**INDICADORES DE LOGRO O DOMINIO 2º ESO:**
3. Coopera en la toma de decisiones sobre la realización de trabajos colaborativos en el aula, valora los distintos puntos de vista, muestra liderazgo aportando ideas variadas y argumentando las opiniones propias, e implicándose en la planificación y evaluación de los mismos. 4. Practica valores y actitudes personales, manifestando un juicio ético propio, basado en los principios y prácticas democráticas: respeto, diálogo, cooperación, responsabilidad, control emocional, autocrítica y valoración, y muestra confianza en sí mismo y espíritu de superación ante los problemas y retos que se le presentan en los distintos contextos en los que se desarrolla y desenvuelve como persona.	❑ Practica valores y actitudes personales de responsabilidad, perseverancia, conocimiento de sí mismo, autoestima, creatividad, autocrítica, capacidad de elegir y de calcular riesgos, en el reconocimiento, asunción y resolución de problemas que se le presentan en los diferentes contextos en los que se desenvuelve, y afronta nuevos retos en la mejora de la relaciones y de la convivencia. ❑ Fomenta la cooperación entre sus compañeros y compañeras, valora los distintos puntos de vista, expresa y argumenta sus opiniones e ideas en la planificación de trabajos colectivos y se implica responsablemente en su realización y valoración.

MATERIAS	CRITERIOS DE EVALUACIÓN 2º ESO
LENGUA CASTELLANA Y LITERATURA	➢ Exponer una opinión sobre la lectura personal de una obra completa adecuada a la edad; reconocer la estructura de la obra y los elementos del género; valorar el uso del lenguaje y el punto de vista del autor; diferenciar contenido literal y sentido de la obra y relacionar el contenido con la propia experiencia.
L. EXTRANJERA	➢ Identificar y poner ejemplos de algunos aspectos sociales, culturales, históricos, geográficos o literarios propios de los países donde se habla la lengua extranjera y mostrar interés por conocerlos.
EDUCACIÓN PLÁSTICA Y VISUAL	➢ Realizar creaciones plásticas siguiendo el proceso de creación y demostrando valores de iniciativa, creatividad e imaginación. ➢ Elegir y disponer de los materiales más adecuados para elaborar un producto visual y plástico en base a unos objetivos prefijados y a la autoevaluación continua del proceso de realización.
CIENCIAS DE LA NATURALEZA	➢ Valorar la diversidad de los ecosistemas cercanos.
TECNOLOGÍAS	➢ Valorar las necesidades del proceso tecnológico empleando la resolución técnica de problemas analizando su contexto, proponiendo soluciones alternativas y desarrollando la más adecuada.
MÚSICA	➢ Comunicar a los demás juicios personales acerca de la música escuchada.
EDUCACIÓN FÍSICA	➢ Manifestar actitudes de cooperación, tolerancia y deportividad tanto cuando se adopta el papel de participante como el de espectador en la práctica de un deporte colectivo. ➢ Realizar de forma autónoma un recorrido de sendero cumpliendo normas de seguridad básicas y mostrando una actitud de respeto hacia la conservación del entorno en el que se lleva a cabo la actividad. ➢ Mostrar autocontrol en la aplicación de la fuerza y en la relación con el adversario, ante situaciones de contacto físico en juegos y actividades de lucha.

COMPETENCIA BÁSICA: AUTONOMÍA E INICIATIVA PERSONAL	
DESCRIPTORES ETAPA: 5. Se muestra innovador y creativo y toma postura crítica y argumentada ante los problemas o cuestiones de la vida real que se le plantean, aceptando las opiniones de los demás y asumiendo los propios errores en la búsqueda de soluciones. 6. Transfiere las conclusiones obtenidas en proyectos de trabajo o investigación, a situaciones de la vida cotidiana o de la actividad científica y/o tecnológica desarrollada, barajando posibilidades y soluciones diversas y valorando los resultados obtenidos para su estudio y conocimiento.	**INDICADORES DE LOGRO O DOMINIO 2º ESO:** ❑ Se muestra innovador y creativo en la búsqueda de posibles soluciones ante problemas y situaciones de la vida real, planteando ideas y propuestas, y asumiendo distintos puntos de vista y los errores propios para la resolución adecuada de los mismos.

MATERIAS	CRITERIOS DE EVALUACIÓN 2º ESO
L. CASTELLANA Y LITERATURA	➢ Aplicar los conocimientos sobre la lengua y las normas del uso lingüístico para resolver problemas de comprensión de textos orales y escritos y para la composición y revisión progresivamente autónoma de los textos propios de este curso.
MATEMÁTICAS	➢ Identificar relaciones de proporcionalidad numérica y geométrica y utilizarlas para resolver problemas en situaciones de la vida cotidiana. ➢ Utilizar estrategias y técnicas de resolución de problemas, tales como el análisis del enunciado, el ensayo y error sistemático, la división del problema en partes, así como la comprobación de la coherencia de la solución obtenida, y expresar, utilizando el lenguaje matemático adecuado a su nivel, el procedimiento que se ha seguido en la resolución.
EDUCACIÓN PLÁSTICA Y VISUAL	➢ Elaborar y participar, activamente, en proyectos de creación visual cooperativos, como producciones videográficas o plásticas de gran tamaño, aplicando las estrategias propias y adecuadas del lenguaje visual y plástico.
CIENCIAS DE LA NATURALEZA.	➢ Utilizar el concepto cualitativo de energía para explicar su papel en las transformaciones que tienen lugar en nuestro entorno y reconocer la importancia y repercusiones para la sociedad y el medio ambiente de las diferentes fuentes de energía renovables y no renovables. ➢ Resolver problemas aplicando los conocimientos adquiridos. ➢ Reconocer y valorar los riesgos asociados a los procesos geológicos internos y en su prevención y predicción.
TECNOLOGÍAS	➢ Realizar las operaciones técnicas previstas en un plan de trabajo utilizando los recursos materiales y organizativos con criterios de economía, seguridad y respeto al medio ambiente y valorando las condiciones del entorno de trabajo.
MÚSICA	➢ Participar en la interpretación en grupo de una pieza vocal, instrumental o coreográfica, adecuando la propia interpretación a la del conjunto y asumiendo distintos roles.
EDUCACIÓN FÍSICA	➢ Realizar de forma autónoma un recorrido de sendero cumpliendo normas de seguridad básicas y mostrando una actitud de respeto hacia la conservación del entorno en el que se lleva a cabo la actividad.

COMPETENCIA BÁSICA: AUTONOMÍA E INICIATIVA PERSONAL

DESCRIPTORES ETAPA:	INDICADORES DE LOGRO O DOMINIO 3º ESO:
1. Muestra iniciativa personal en la obtención, procesamiento e intercambio de información y actúa con autonomía y actitud crítica en el tratamiento y resolución de situaciones y problemas de interés social y académico; se siente confiando en sí mismo y en sus posibilidades para la comunicación de resultados y conclusiones, de forma organizada e inteligible.	❑ Tiene iniciativa personal en la planificación, organización y gestión del trabajo, individual o colectivo, asumiendo responsabilidades en la realización del mismo, y se manifiesta con confianza y seguridad en la comunicación, argumentación y evaluación de los resultados y conclusiones extraídas.

MATERIAS	CRITERIOS DE EVALUACIÓN 3º ESO
LENGUA CASTELLANA Y LITERATURA	➢ Entender instrucciones y normas dadas oralmente; extraer ideas generales e informaciones específicas de reportajes y entrevistas, seguir el desarrollo de presentaciones breves relacionadas con temas académicos y plasmarlo en forma de esquema y resumen. ➢ Extraer y contrastar informaciones concretas e identificar el propósito en los textos escritos más usados para actuar como miembros de la sociedad; seguir instrucciones en ámbitos públicos y en procesos de aprendizaje de cierta complejidad; inferir el tema general y temas secundarios; distinguir cómo se organiza la información.
L. EXTRANJERA	➢ Identificar, utilizar y explicar oralmente diferentes estrategias utilizadas para progresar en el aprendizaje. ➢ Usar las tecnologías de la información y la comunicación de forma progresivamente autónoma para buscar información, producir textos a partir de modelos, enviar y recibir mensajes de correo electrónico, y para establecer relaciones personales orales y escritas, mostrando interés por su uso.
MATEMÁTICAS	➢ Utilizar los números racionales, sus operaciones y propiedades, para recoger, transformar e intercambiar información y resolver problemas relacionados con la vida diaria. ➢ Hacer predicciones sobre la posibilidad de que un suceso ocurra a partir de información previamente obtenida de forma empírica o como resultado del recuento de posibilidades, en casos sencillos.
C. SOCIALES, Gª E HISTORIA	➢ Utilizar fuentes diversas (gráficos, croquis, mapas temáticos, bases de datos, imágenes, fuentes escritas) para obtener, relacionar y procesar información sobre hechos sociales y comunicar las conclusiones de forma organizada e inteligible empleando para ello las posibilidades que ofrecen las tecnologías de la información y la comunicación.
EDUCACIÓN PARA LA CIUDADANÍA	➢ Utilizar diferentes fuentes de información y considerar las distintas posiciones y alternativas existentes en los debates que se planteen sobre problemas y situaciones de carácter local o global.

MATERIAS	CRITERIOS DE EVALUACIÓN 3º ESO
C. NATURALEZA: BIOLOGÍA Y GEOLOGÍA	➢ Recopilar información procedente de diversas fuentes documentales acerca de la influencia de las actuaciones humanas sobre los ecosistemas: efectos de la contaminación, desertización, disminución de la capa de ozono, agotamiento de recursos y extinción de especies. Analizar dicha información y argumentar posibles actuaciones para evitar el deterioro del medio ambiente y promover una gestión más racional de los recursos naturales.
TECNOLOGÍAS	➢ Elaborar, almacenar y recuperar documentos en soporte electrónico que incorporen información textual y gráfica. ➢ Acceder a Internet para la utilización de servicios básicos: navegación para la localización de información, correo electrónico, comunicación intergrupal y publicación de información.
MÚSICA	➢ Leer distintos tipos de partituras en el contexto de las actividades musicales del aula como apoyo a las tareas de interpretación y audición.
INFORMÁTICA	➢ Participar activamente en redes sociales virtuales como emisores y receptores de información e iniciativas comunes. ➢ Diseñar y elaborar presentaciones destinadas a apoyar el discurso verbal en la exposición de ideas y proyectos

COMPETENCIA BÁSICA: AUTONOMÍA E INICIATIVA PERSONAL	
DESCRIPTORES ETAPA: 2. Planifica y emprende proyectos, organizando y gestionando el trabajo, individual o colectivo, aportando iniciativas personales en la formulación de los objetivos y de las acciones necesarias; asume responsabilidades en la realización, empleando diversas habilidades cognitivas: relacionar, comparar, interpretar, evaluar, corregir, criticar, predecir, crear, concluir, etc.; y evalúa los resultados obtenidos, valorando las posibilidades de mejora.	**INDICADORES DE LOGRO O DOMINIO 3º ESO:** ❑ Planifica, emprende y evalúa proyectos, poniendo en uso los conocimientos adquiridos en la indagación de situaciones escolares o problemas de la vida cotidiana, y empleando diversas habilidades cognitivas: reconocer, describir, relacionar, comparar, interpretar, criticar, predecir, crear, concluir, etc. en su tratamiento y resolución.

MATERIAS	CRITERIOS DE EVALUACIÓN 3º ESO
LENGUA CASTELLANA Y LITERATURA	➢ Extraer y contrastar informaciones concretas e identificar el propósito en los textos escritos más usados para actuar como miembros de la sociedad; seguir instrucciones en ámbitos públicos y en procesos de aprendizaje de cierta complejidad; inferir el tema general y temas secundarios; distinguir cómo se organiza la información. ➢ Realizar explicaciones orales sencillas sobre hechos de actualidad social, política o cultural que sean del interés del alumnado, con la ayuda de medios audiovisuales y de las tecnologías de la información y la comunicación.
L. EXTRANJERA	➢ Participar en conversaciones y simulaciones breves, relativas a situaciones habituales o de interés personal y con diversos fines comunicativos, utilizando las convenciones propias de la conversación y las estrategias necesarias para resolver las dificultades durante la interacción. ➢ Identificar, utilizar y explicar oralmente diferentes estrategias utilizadas para progresar en el aprendizaje. ➢ Usar las tecnologías de la información y la comunicación de forma progresivamente autónoma para buscar información, producir textos a partir de modelos, enviar y recibir mensajes de correo electrónico, y para establecer relaciones personales orales y escritas, mostrando interés por su uso.
MATEMÁTICAS	➢ Utilizar los números racionales, sus operaciones y propiedades, para recoger, transformar e intercambiar información y resolver problemas relacionados con la vida diaria. ➢ Utilizar modelos lineales para estudiar diferentes situaciones reales expresadas mediante un enunciado, una tabla, una gráfica o una expresión algebraica. ➢ Elaborar e interpretar informaciones estadísticas teniendo en cuenta la adecuación de las tablas y gráficas empleadas, y analizar si los parámetros son más o menos significativos. ➢ Hacer predicciones sobre la posibilidad de que un suceso ocurra a partir de información previamente obtenida de forma empírica o como resultado del recuento de posibilidades, en casos sencillos.

MATERIAS	CRITERIOS DE EVALUACIÓN 3º ESO
C. SOCIALES, Gª E HISTORIA	➢ Identificar los principales agentes e instituciones económicas así como las funciones que desempeñan en el marco de una economía cada vez más interdependiente, y aplicar este conocimiento al análisis y valoración de algunas realidades económicas actuales. ➢ Utilizar fuentes diversas (gráficos, croquis, mapas temáticos, bases de datos, imágenes, fuentes escritas) para obtener, relacionar y procesar información sobre hechos sociales y comunicar las conclusiones de forma organizada e inteligible empleando para ello las posibilidades que ofrecen las tecnologías de la información y la comunicación.
EDUCACIÓN PARA LA CIUDADANÍA	➢ Utilizar diferentes fuentes de información y considerar las distintas posiciones y alternativas existentes en los debates que se planteen sobre problemas y situaciones de carácter local o global. ➢ Identificar las características de la globalización y el papel que juegan en ella los medios de comunicación, reconocer las relaciones que existen entre la sociedad en la que vive y la vida de las personas de otras partes del mundo.
EDUCACIÓN PLÁSTICA Y VISUAL	➢ Diferenciar y reconocer los procesos, técnicas, estrategias y materiales en imágenes del entorno audiovisual y multimedia. ➢ Elegir y disponer de los materiales más adecuados para elaborar un producto visual y plástico en base a unos objetivos prefijados y a la autoevaluación continua del proceso de realización.
C. NATURALEZA: BIOLOGÍA Y GEOLOGÍA	➢ Explicar los procesos fundamentales que sufre un alimento a lo largo de todo el transcurso de la nutrición, utilizando esquemas y representaciones gráficas para ilustrar cada etapa, y justificar la necesidad de adquirir hábitos alimentarios saludables y evitar las conductas alimentarias insanas. ➢ Recopilar información procedente de diversas fuentes documentales acerca de la influencia de las actuaciones humanas sobre los ecosistemas: efectos de la contaminación, desertización, disminución de la capa de ozono, agotamiento de recursos y extinción de especies.
C. NATURALEZA: FÍSICA Y QUÍMICA	➢ Determinar los rasgos distintivos del trabajo científico a través del análisis contrastado de algún problema científico o tecnológico de actualidad, así como su influencia sobre la calidad de vida de las personas. ➢ Justificar la diversidad de sustancias que existen en la naturaleza y que todas ellas están constituidas de unos pocos elementos y describir la importancia que tienen alguna de ellas para la vida. ➢ Describir los primeros modelos atómicos y justificar su evolución para poder explicar nuevos fenómenos, así como las aplicaciones que tienen algunas sustancias radiactivas y las repercusiones de su uso en los seres vivos y en el medio ambiente.
TECNOLOGÍAS	➢ Identificar y conectar componentes físicos de un ordenador y otros dispositivos electrónicos. Manejar el entorno gráfico de los sistemas operativos como interfaz de comunicación con la máquina. ➢ Representar mediante vistas y perspectivas objetos y sistemas técnicos sencillos, aplicando criterios de normalización. ➢ Elaborar, almacenar y recuperar documentos en soporte electrónico que incorporen información textual y gráfica. ➢ Acceder a Internet para la utilización de servicios básicos: navegación para la localización de información, correo electrónico, comunicación intergrupal y publicación de información.

MATERIAS	CRITERIOS DE EVALUACIÓN 3º ESO
MÚSICA	➢ Utilizar, con autonomía, algunos de los recursos tecnológicos disponibles, demostrando un conocimiento básico de las técnicas y procedimientos necesarios para grabar y reproducir música y para realizar sencillas producciones audiovisuales. ➢ Elaborar un arreglo para una canción o una pieza instrumental utilizando apropiadamente una serie de elementos dados. ➢ Leer distintos tipos de partituras en el contexto de las actividades musicales del aula como apoyo a las tareas de interpretación y audición.
INFORMÁTICA	➢ Instalar y configurar aplicaciones y desarrollar técnicas que permitan asegurar sistemas informáticos interconectados. ➢ Interconectar dispositivos móviles e inalámbricos o cableados para intercambiar información y datos. ➢ Obtener imágenes fotográficas, aplicar técnicas de edición digital a las mismas y diferenciarlas de las imágenes generadas por ordenador. ➢ Capturar, editar y montar fragmentos de vídeo con audio. ➢ Diseñar y elaborar presentaciones destinadas a apoyar el discurso verbal en la exposición de ideas y proyectos. Desarrollar contenidos para la red aplicando estándares de accesibilidad en la publicación de la información.
EDUCACIÓN FÍSICA	➢ Relacionar las actividades físicas con los efectos que producen en los diferentes aparatos y sistemas del cuerpo humano, especialmente con aquéllos que son más relevantes para la salud.

COMPETENCIA BÁSICA: AUTONOMÍA E INICIATIVA PERSONAL	
DESCRIPTORES ETAPA: 3. Coopera en la toma de decisiones sobre la realización de trabajos colaborativos en el aula, valora los distintos puntos de vista, muestra liderazgo aportando ideas variadas y argumentando las opiniones propias, e implicándose en la planificación y evaluación de los mismos. 4. Practica valores y actitudes personales, manifestando un juicio ético propio, basado en los principios y prácticas democráticas: respeto, diálogo, cooperación, responsabilidad, control emocional, autocrítica y valoración, y muestra confianza en sí mismo y espíritu de superación ante los problemas y retos que se le presentan en los distintos contextos en los que se desarrolla y desenvuelve como persona.	**INDICADORES DE LOGRO O DOMINIO 3º ESO:** ❑ Promueve la cooperación entre sus compañeros y compañeras, valora los distintos puntos de vista, expresa y argumenta sus opiniones e ideas en la planificación de trabajos colectivos, plantea diferentes soluciones y se implica responsablemente en su realización y en la valoración del resultado obtenido. ❑ Hace uso de valores y prácticas democráticas de respeto, diálogo, cooperación, responsabilidad, control emocional, autocrítica y valoración en los diferentes contextos en los que se relaciona y convive, mostrándose confiado y seguro en sí mismo ante los retos y expectativas que se le presentan para mejorar la convivencia de forma pacífica.

MATERIAS	CRITERIOS DE EVALUACIÓN 3º ESO
LENGUA CASTELLANA Y LITERATURA	➢ Exponer una opinión sobre la lectura personal de una obra completa adecuada a la edad y relacionada con los periodos literarios estudiados; evaluar la estructura y el uso de los elementos del género, el uso del lenguaje y el punto de vista del autor; situar básicamente el sentido de la obra en relación con su contexto y con la propia experiencia.
L. EXTRANJERA	➢ Utilizar de forma consciente en contextos de comunicación variados, los conocimientos adquiridos sobre el sistema lingüístico de la lengua extranjera como instrumento de auto-corrección y de autoevaluación de las producciones propias orales y escritas y para comprender las producciones ajenas. ➢ Identificar los aspectos culturales más relevantes de los países donde se habla la lengua extranjera, señalar las características más significativas de las costumbres, normas, actitudes y valores de la sociedad cuya lengua se estudia, y mostrar una valoración positiva de patrones culturales distintos a los propios.
CIENCIAS SOCIALES, GEOGRAFÍA E HISTORIA	➢ Analizar indicadores socioeconómicos de diferentes países y utilizar ese conocimiento para reconocer desequilibrios territoriales en la distribución de los recursos, explicando algunas de sus consecuencias y mostrando sensibilidad ante las desigualdades. ➢ Analizar la situación española como ejemplo representativo de las tendencias migratorias en la actualidad identificando sus causas y relacionándolo con el proceso de globalización y de integración económica que se está produciendo, así como identificando las consecuencias tanto para el país receptor como para los países emisores y manifestando actitudes de solidaridad en el enjuiciamiento de este fenómeno.

MATERIAS	CRITERIOS DE EVALUACIÓN 3º ESO
EDUCACIÓN PARA LA CIUDADANÍA	➢ Identificar los principios básicos de las Declaración Universal de los Derechos Humanos y su evolución, distinguir situaciones de violación de los mismos y reconocer y rechazar las desigualdades de hecho y de derecho, en particular las que afectan a las mujeres. ➢ Identificar y rechazar, a partir del análisis de hechos reales o figurados, las situaciones de discriminación hacia personas de diferente origen, género, ideología, religión, orientación afectivo-sexual y otras, respetando las diferencias personales y mostrando autonomía de criterio.
EDUCACIÓN PLÁSTICA Y VISUAL	➢ Diferenciar los distintos estilos y tendencias de las artes visuales a través del tiempo y atendiendo a la diversidad cultural.
MATEMÁTICAS	➢ Planificar y utilizar estrategias y técnicas de resolución de problemas tales como el recuento exhaustivo, la inducción o la búsqueda de problemas afines y comprobar el ajuste de la solución a la situación planteada y expresar verbalmente con precisión, razonamientos, relaciones cuantitativas, e informaciones que incorporen elementos matemáticos, valorando la utilidad y simplicidad del lenguaje matemático .
BIOLOGÍA Y GEOLOGÍA	➢ Reconocer que en la salud influyen aspectos físicos, psicológicos y sociales, y valorar la importancia de los estilos de vida para prevenir enfermedades y mejorar la calidad de vida, así como las continuas aportaciones de las ciencias biomédicas. Comprender el funcionamiento de los métodos de control de la natalidad y valorar el uso de métodos de prevención de enfermedades de transmisión sexual.
FÍSICA Y QUÍMICA	➢ Producir e interpretar fenómenos electrostáticos cotidianos, valorando las repercusiones de la electricidad en el desarrollo científico y tecnológico y en las condiciones de vida de las personas.
TECNOLOGÍA	➢ Realizar las operaciones técnicas previstas en un plan de trabajo utilizando los recursos materiales y organizativos con criterios de economía, seguridad y respeto al medio ambiente y valorando las condiciones del entorno de trabajo.
INFORMÁTICA	➢ Participar activamente en redes sociales virtuales como emisores y receptores de información e iniciativas comunes. ➢ Identificar los modelos de distribución de «software» y contenidos y adoptar actitudes coherentes con los mismos
MÚSICA	➢ Comunicar a los demás juicios personales acerca de la música escuchada.
EDUCACIÓN FÍSICA	➢ Reflexionar sobre la importancia que tiene para la salud una alimentación equilibrada a partir del cálculo de la ingesta y el gasto calórico, en base a las raciones diarias de cada grupo de alimentos y de las actividades diarias realizadas.

COMPETENCIA BÁSICA: AUTONOMÍA E INICIATIVA PERSONAL	
DESCRIPTORES ETAPA: 5. Se muestra innovador y creativo y toma postura crítica y argumentada ante los problemas o cuestiones de la vida real que se le plantean, aceptando las opiniones de los demás y asumiendo los propios errores en la búsqueda de soluciones. 6. Transfiere las conclusiones obtenidas en proyectos de trabajo o investigación, a situaciones de la vida cotidiana o de la actividad científica y/o tecnológica desarrollada, barajando posibilidades y soluciones diversas y valorando los resultados obtenidos para su estudio y conocimiento.	**INDICADORES DE LOGRO O DOMINIO 3º ESO:** ❑ Se muestra innovador y creativo ante problemas de la vida cotidiana y del centro, generando ideas, asumiendo los distintos puntos de vista de sus compañeros y compañeras y los propios errores en la búsqueda de las mejores soluciones, y desarrollando cooperativamente la más adecuada y viable.

MATERIAS	CRITERIOS DE EVALUACIÓN 3º ESO
L. CASTELLANA Y LITERATURA	➢ Aplicar los conocimientos sobre la lengua y las normas del uso lingüístico para resolver problemas de comprensión de textos orales y escritos y para la composición y revisión progresivamente autónoma de los textos propios de este curso.
MATEMÁTICAS	➢ Resolver problemas de la vida cotidiana en los que se precise el planteamiento y resolución de ecuaciones de primer y segundo grado o de sistemas de ecuaciones lineales con dos incógnitas.
C. SOCIALES, Gª E HISTORIA	➢ Describir algún caso que muestre las consecuencias medioambientales de las actividades económicas y los comportamientos individuales, discriminando las formas de desarrollo sostenible de las que son nocivas para el medio ambiente y aportando algún ejemplo de los acuerdos y políticas internacionales para frenar su deterioro.
EDUCACIÓN PARA LA CIUDADANÍA	➢ Reconocer la existencia de conflictos y el papel que desempeñan en los mismos las organizaciones internacionales y las fuerzas de pacificación. Valorar la importancia de las leyes y la participación humanitaria para paliar las consecuencias de los conflictos
EDUCACIÓN PLÁSTICA Y VISUAL	➢ Elaborar y participar, activamente, en proyectos de creación visual cooperativos, como producciones videográficas o plásticas de gran tamaño, aplicando las estrategias propias y adecuadas del lenguaje visual y plástico. ➢ Realizar creaciones plásticas siguiendo el proceso de creación y demostrando valores de iniciativa, creatividad e imaginación.
GEOLOGÍA Y BIOLOGÍA	➢ Analizar información sobre la influencia de las actuaciones humanas en los ecosistemas y argumentar posibles actuaciones para evitar el deterioro del medio ambiente y promover una gestión más racional de los recursos naturales.
TECNOLOGÍAS	➢ Valorar las necesidades del proceso tecnológico empleando la resolución técnica de problemas analizando su contexto, proponiendo soluciones alternativas y desarrollando la más adecuada. Elaborar documentos técnicos empleando recursos verbales y gráficos.
EDUCACIÓN FÍSICA	➢ Resolver situaciones de juego reducido de uno o varios deportes colectivos, aplicando los conocimientos técnicos, tácticos y reglamentarios adquiridos.

<table>
<tr><th colspan="3">COMPETENCIA BÁSICA: AUTONOMÍA E INICIATIVA PERSONAL</th></tr>
<tr><td colspan="3">DESCRIPTORES ETAPA / INDICADORES DE LOGRO O DOMINIO 4º ESO:
1. Muestra iniciativa personal en la obtención, procesamiento e intercambio de información y actúa con autonomía y actitud crítica en el tratamiento y resolución de situaciones y problemas de interés social y académico. Se siente confiando en sí mismo y en sus posibilidades para la comunicación de resultados y conclusiones, de forma organizada e inteligible.</td></tr>
<tr><th>MATERIAS</th><th colspan="2">CRITERIOS DE EVALUACIÓN 4º ESO</th></tr>
<tr><td>LENGUA CASTELLANA Y LITERATURA</td><td colspan="2">➢ Entender instrucciones y normas dadas oralmente; extraer ideas generales e informaciones específicas de reportajes y entrevistas, seguir el desarrollo de presentaciones breves relacionadas con temas académicos y plasmarlo en forma de esquema y resumen.
➢ Extraer y contrastar informaciones concretas e identificar el propósito en los textos escritos más usados para actuar como miembros de la sociedad; seguir instrucciones en ámbitos públicos y en procesos de aprendizaje de cierta complejidad; inferir el tema general y temas secundarios; distinguir cómo se organiza la información.</td></tr>
<tr><td>L. EXTRANJERA</td><td colspan="2">➢ Comprender la información general y específica de diversos textos escritos auténticos y adaptados, y de extensión variada, identificando datos, opiniones, argumentos, informaciones implícitas e intención comunicativa del autor.
➢ Identificar, utilizar y explicar estrategias de aprendizaje utilizadas, poner ejemplos de otras posibles y decidir sobre las más adecuadas al objetivo de aprendizaje.
➢ Usar las tecnologías de la información y la comunicación con cierta autonomía para buscar información, producir textos a partir de modelos, enviar y recibir mensajes de correo electrónico y para establecer relaciones personales orales y escritas, mostrando interés por su uso.</td></tr>
<tr><td rowspan="2">MATEMÁTICAS</td><th>OPCIÓN “A”</th><th>OPCIÓN “B”</th></tr>
<tr><td>➢ Utilizar los distintos tipos de números y operaciones, junto con sus propiedades, para recoger, transformar e intercambiar información y resolver problemas relacionados con la vida diaria.</td><td>➢ Utilizar los distintos tipos de números y operaciones, junto con sus propiedades, para recoger, transformar e intercambiar información y resolver problemas relacionados con la vida diaria y otras materias del ámbito académico.</td></tr>
<tr><td>C. SOCIALES, Gª E HISTORIA</td><td colspan="2">➢ Identificar las causas y consecuencias de hechos y procesos históricos significativos estableciendo conexiones entre ellas y reconociendo la causalidad múltiple que comportan los hechos sociales.
➢ Realizar trabajos individuales y en grupo sobre algún foco de tensión política o social en el mundo actual, indagando sus antecedentes históricos, analizando las causas y planteando posibles desenlaces, utilizando fuentes de información, pertinentes, incluidas algunas que ofrezcan interpretaciones diferentes o complementarias de un mismo hecho.</td></tr>
</table>

MATERIAS	CRITERIOS DE EVALUACIÓN 4º ESO
EDUCACIÓN ÉTICO-CÍVICA	➢ Analizar las causas que provocan los principales problemas sociales del mundo actual, utilizando de forma crítica la información que proporcionan los medios de comunicación e identificar soluciones comprometidas con la defensa de formas de vida más justas. ➢ Justificar las propias posiciones utilizando sistemáticamente la argumentación y el diálogo y participar de forma democrática y cooperativa en las actividades del centro y del entorno.
HISTORIA Y CULTURA DE LAS RELIGIONES	➢ Realizar un trabajo, individual o en grupo, sobre alguna situación de conflicto, actual o del pasado, en el que se manifieste tensión de tipo religioso, indagando sus causas y planteando los posibles desenlaces, utilizando fuentes de información adecuadas.
LATÍN	➢ Elaborar, guiado por el profesor, un trabajo temático sencillo sobre cualquier aspecto de la producción artística y técnica, la historia, las instituciones, o la vida cotidiana en Roma.
MÚSICA	➢ Exponer de forma crítica la opinión personal respecto a distintas músicas y eventos musicales, argumentándola en relación a la información obtenida en distintas fuentes: libros, publicidad, programas de conciertos, críticas, etc.

COMPETENCIA BÁSICA: AUTONOMÍA E INICIATIVA PERSONAL	
DESCRIPTORES ETAPA / INDICADORES DE LOGRO O DOMINIO 4º ESO:	
2. Planifica y emprende proyectos, organizando y gestionando el trabajo, individual o colectivo, aportando iniciativas personales en la formulación de los objetivos y de las acciones necesarias. Asume responsabilidades en la realización de tareas o proyectos, empleando diversas habilidades cognitivas: relacionar, comparar, interpretar, evaluar, corregir, criticar, predecir, crear, concluir, etc.; y evalúa los resultados obtenidos, valorando las posibilidades de mejora.	
MATERIAS	CRITERIOS DE EVALUACIÓN 4º ESO
LENGUA CASTELLANA Y LITERATURA	➢ Extraer y contrastar informaciones concretas e identificar el propósito en los textos escritos más usados para actuar como miembros de la sociedad; seguir instrucciones en ámbitos públicos y en procesos de aprendizaje de cierta complejidad; inferir el tema general y temas secundarios; distinguir cómo se organiza la información. ➢ Realizar explicaciones orales sencillas sobre hechos de actualidad social, política o cultural que sean del interés del alumnado, con la ayuda de medios audiovisuales y de las tecnologías de la información y la comunicación.
L. EXTRANJERA	➢ Participar en conversaciones y simulaciones utilizando estrategias adecuadas para iniciar, mantener y terminar la comunicación, produciendo un discurso comprensible y adaptado a las características de la situación y a la intención comunicativa. ➢ Identificar, utilizar y explicar estrategias de aprendizaje utilizadas, poner ejemplos de otras posibles y decidir sobre las más adecuadas al objetivo de aprendizaje. ➢ Usar las tecnologías de la información y la comunicación con cierta autonomía para buscar información, producir textos a partir de modelos, enviar y recibir mensajes de correo electrónico y para establecer relaciones personales orales y escritas, mostrando interés por su uso.

<table>
<tr><th>MATERIAS</th><th colspan="2">CRITERIOS DE EVALUACIÓN 4º ESO</th></tr>
<tr><td rowspan="2">MATEMÁTICAS</td><td>OPCIÓN "A"</td><td>OPCIÓN "B"</td></tr>
<tr><td>➢ Utilizar los distintos tipos de números y operaciones, junto con sus propiedades, para recoger, transformar e intercambiar información y resolver problemas relacionados con la vida diaria.
➢ Aplicar porcentajes y tasas a la resolución de problemas cotidianos y financieros, valorando la oportunidad de utilizar la hoja de cálculo en función de la cantidad y complejidad de los números.
➢ Utilizar instrumentos, fórmulas y técnicas apropiadas para obtener medidas directas e indirectas en situaciones reales.
➢ Elaborar e interpretar tablas y gráficos estadísticos, así como los parámetros estadísticos más usuales correspondientes a distribuciones discretas y continuas, y valorar cualitativamente la representatividad de las muestras utilizadas.</td><td>➢ Utilizar los distintos tipos de números y operaciones, junto con sus propiedades, para recoger, transformar e intercambiar información y resolver problemas relacionados con la vida diaria y otras materias del ámbito académico.
➢ Representar y analizar situaciones y estructuras matemáticas utilizando símbolos y métodos algebraicos para resolver problemas.
➢ Utilizar instrumentos, fórmulas y técnicas apropiadas para obtener medidas directas e indirectas en situaciones reales.
➢ Elaborar e interpretar tablas y gráficos estadísticos, así como los parámetros estadísticos más usuales en distribuciones unidimensionales y valorar cualitativamente la representatividad de las muestras utilizadas.</td></tr>
<tr><td>C. SOCIALES, Gª E HISTORIA</td><td colspan="2">➢ Identificar las causas y consecuencias de hechos y procesos históricos significativos estableciendo conexiones entre ellas y reconociendo la causalidad múltiple que comportan los hechos sociales.
➢ Explicar las razones del poder político y económico de los países europeos en la segunda mitad del siglo XIX identificando los conflictos y problemas que caracterizan estos años, tanto a nivel internacional como en el interior de los estados, especialmente los relacionados con la expansión colonial y con las tensiones sociales y políticas</td></tr>
<tr><td>EDUCACIÓN ÉTICO-CÍVICA</td><td colspan="2">➢ Diferenciar los rasgos básicos que caracterizan la dimensión moral de las personas (las normas, la jerarquía de valores, las costumbres, etc.) y los principales problemas morales.
➢ Distinguir igualdad y diversidad y las causas y factores de discriminación. Analizar el camino recorrido hacia la igualdad de derechos de las mujeres.</td></tr>
<tr><td>LATÍN</td><td colspan="2">➢ Aplicar las reglas básicas de evolución fonética a términos latinos que hayan dado origen a términos romances del vocabulario habitual y establecer la relación semántica entre un término patrimonial y un cultismo.
➢ Traducir textos breves y sencillos y producir mediante retroversión oraciones simples utilizando las estructuras propias de la lengua latina.</td></tr>
<tr><td>EDUCACIÓN PLÁSTICA Y VISUAL</td><td colspan="2">➢ Utilizar recursos informáticos y las tecnologías de la información y la comunicación en el campo de la imagen fotográfica, el diseño gráfico, el dibujo asistido por ordenador y la edición videográfica.
➢ Utilizar la sintaxis propia de las formas visuales del diseño y la publicidad para realizar proyectos concretos.
➢ Elaborar obras multimedia y producciones videográficas utilizando las técnicas adecuadas al medio.</td></tr>
</table>

MATERIAS	CRITERIOS DE EVALUACIÓN 4º ESO
C. NATURALEZA: BIOLOGÍA Y GEOLOGÍA	➢ Utilizar el modelo dinámico de la estructura interna de la Tierra y la teoría de la Tectónica de placas para estudiar los fenómenos geológicos asociados al movimiento de la litosfera y relacionarlos con su ubicación en mapas terrestres. ➢ Relacionar la evolución y la distribución de los seres vivos, destacando sus adaptaciones más importantes, con los mecanismos de selección natural que actúan sobre la variabilidad genética de cada especie.
C. NATURALEZA: FÍSICA Y QUÍMICA	➢ Reconocer las magnitudes necesarias para describir los movimientos, aplicar estos conocimientos a los movimientos de la vida cotidiana y valorar la importancia del estudio de los movimientos en el surgimiento de la ciencia moderna. ➢ Utilizar la ley de la gravitación universal para justificar la atracción entre cualquier objeto de los que componen el Universo y para explicar la fuerza peso y los satélites artificiales. ➢ Aplicar el principio de conservación de la energía a la comprensión de las transformaciones energéticas de la vida diaria, reconocer el trabajo y el calor como formas de transferencia de energía y analizar los problemas asociados a la obtención y uso de las diferentes fuentes de energía empleadas para producirlos..
TECNOLOGÍAS	➢ Desarrollar un programa para controlar un sistema automático o un robot y su funcionamiento de forma autónoma en función de la realimentación que reciba del entorno. ➢ Conocer las principales aplicaciones de las tecnologías hidráulica y neumática e identificar y describir las características y funcionamiento de este tipo de sistemas. Utilizar con soltura la simbología y nomenclatura necesaria para representar circuitos con la finalidad de diseñar y construir un mecanismo capaz de resolver un problema cotidiano, utilizando energía hidráulica o neumática.
MÚSICA	➢ Explicar algunas de las funciones que cumple la música en la vida de las personas y en la sociedad. ➢ Ensayar e interpretar, en pequeño grupo, una pieza vocal o instrumental o una coreografía aprendidas de memoria a través de la audición u observación de grabaciones de audio y vídeo o mediante la lectura de partituras y otros recursos gráficos. ➢ Explicar los procesos básicos de creación, edición y difusión musical considerando la intervención de distintos profesionales. ➢ Elaborar un arreglo para una pieza musical a partir de la transformación de distintos parámetros (timbre, número de voces, forma, etc.) en un fichero MIDI, utilizando un secuenciador o un editor de partituras.
EDUCACIÓN FÍSICA	➢ Diseñar y llevar a cabo un plan de trabajo de una cualidad física relacionada con la salud, incrementando el propio nivel inicial, a partir del conocimiento de sistemas y métodos de entrenamiento. ➢ Planificar y poner en práctica calentamientos autónomos respetando pautas básicas para su elaboración y atendiendo a las características de la actividad física que se realizará. ➢ Participar de forma desinhibida y constructiva en la creación y realización de actividades

OMPETENCIA BÁSICA: AUTONOMÍA E INICIATIVA PERSONAL

DESCRIPTORES ETAPA / INDICADORES DE LOGRO O DOMINIO 4º ESO:

3. Coopera en la toma de decisiones sobre la realización de trabajos colaborativos en el aula, valora los distintos puntos de vista, muestra liderazgo aportando ideas variadas y argumentando las opiniones propias, e implicándose en la planificación y evaluación de los mismos.
4. Practica valores y actitudes personales, manifestando un juicio ético propio, basado en los principios y prácticas democráticas: respeto, diálogo, cooperación, responsabilidad, control emocional, autocrítica y valoración, y muestra espíritu de superación ante los problemas y retos que se le presentan en los distintos contextos en los que se desarrolla y desenvuelve como persona.

MATERIAS	CRITERIOS DE EVALUACIÓN 4º DESO
L. CASTELLANA Y LITERATURA	➢ Exponer una opinión sobre la lectura personal de una obra completa adecuada a la edad y relacionada con los periodos literarios estudiados; evaluar la estructura y el uso de los elementos del género, el uso del lenguaje y el punto de vista del autor; situar básicamente el sentido de la obra en relación con su contexto y con la propia experiencia.
L. EXTRANJERA	➢ Utilizar conscientemente los conocimientos adquiridos sobre el sistema lingüístico de la lengua extranjera en diferentes contextos de comunicación, como instrumento de auto-corrección y de autoevaluación de las producciones propias orales y escritas y para comprender las producciones ajenas. ➢ Identificar y describir los aspectos culturales más relevantes de los países donde se habla la lengua extranjera y establecer algunas relaciones entre las características más significativas de las costumbres, usos, actitudes y valores de la sociedad cuya lengua se estudia y la propia y mostrar respeto hacia los mismos.
LATÍN	➢ Distinguir en las diversas manifestaciones literarias y artísticas de todos los tiempos la mitología clásica como fuente de inspiración y ➢ reconocer en el patrimonio arqueológico las huellas de la romanización.
C. SOC. GEOGRAFÍA E HISTORIA	➢ Identificar los rasgos fundamentales de los procesos de industrialización y modernización económica y de las revoluciones liberales burguesas, valorando los cambios económicos, sociales y políticos que supusieron, identificando las peculiaridades de estos procesos en España.
EDUCACIÓN ÉTICO-CÍVICA	➢ Reconocer la existencia de conflictos y el papel que desempeñan en los mismos las organizaciones internacionales y las fuerzas de pacificación. Valorar la cultura de la paz, la importancia de las leyes y la participación humanitaria para paliar las consecuencias de los conflictos. ➢ Justificar las propias posiciones utilizando sistemáticamente la argumentación y el diálogo y participar de forma democrática y cooperativa en las actividades del centro y del entorno
EDUCACIÓN PLÁSTICA Y VISUAL	➢ Tomar decisiones especificando los objetivos y las dificultades, proponiendo diversas opciones y evaluar cual la mejor solución.

MATERIAS	CRITERIOS DE EVALUACIÓN 4º DESO
MATEMÁTICAS	➢ **OPCIÓN "A".** Planificar y utilizar procesos de razonamiento y estrategias diversas y útiles para la resolución de problemas, y expresar verbalmente con precisión, razonamientos, relaciones cuantitativas e informaciones que incorporen elementos matemáticos, valorando la utilidad y simplicidad del lenguaje matemático para ello.
BIOLOGÍA Y GEOLOGÍA	➢ Exponer razonadamente los problemas que condujeron a enunciar la teoría de la evolución, los principios básicos de esta teoría y las controversias científicas, sociales y religiosas que suscitó.
FÍSICA Y QUÍMICA	➢ Reconocer las aplicaciones energéticas derivadas de las reacciones de combustión de hidrocarburos y valorar su influencia en el incremento del efecto invernadero.
TECNOLOGÍA	➢ Describir los elementos que componen las distintas instalaciones de una vivienda y las normas que regulan su diseño y utilización. Realizar diseños sencillos empleando la simbología adecuada y montaje de circuitos básicos y valorar las condiciones que contribuyen al ahorro energético, habitabilidad y estética en una vivienda.
MÚSICA	➢ Exponer de forma crítica la opinión personal respecto a distintas músicas y eventos musicales, argumentándola en relación a la información obtenida en distintas fuentes: libros, publicidad, programas de conciertos, críticas, etc.
EDUCACIÓN FÍSICA	➢ Participar en la organización y puesta en práctica de torneos en los que se practicarán deportes y actividades físicas realizadas a lo largo de la etapa.

COMPETENCIA BÁSICA: AUTONOMÍA E INICIATIVA PERSONAL	
DESCRIPTORES ETAPA / INDICADORES DE LOGRO O DOMINIO 4º ESO: 5. Se muestra innovador y creativo y toma postura crítica y argumentada ante los problemas o cuestiones de la vida real que se le plantean, aceptando las opiniones de los demás y asumiendo los propios errores en la búsqueda de soluciones. 6. Transfiere las conclusiones obtenidas en proyectos de trabajo o investigación, a situaciones de la vida cotidiana o de la actividad científica y/o tecnológica desarrollada, barajando posibilidades y soluciones diversas y valorando los resultados obtenidos para su estudio y conocimiento.	
MATERIAS	**CRITERIOS DE EVALUACIÓN**
LENGUA CASTELLANA Y LITERATURA	➢ Aplicar los conocimientos sobre la lengua y las normas del uso lingüístico para resolver problemas de comprensión de textos orales y escritos y para la composición y revisión progresivamente autónoma de los textos propios de este curso.
MATEMÁTICAS	**OPCIÓN "B".** ➢ Aplicar los conceptos y técnicas de cálculo de probabilidades para resolver diferentes situaciones y problemas de la vida cotidiana. ➢ Planificar y utilizar procesos de razonamiento y estrategias de resolución de problemas tales como la emisión y justificación de hipótesis o la generalización, y expresar verbalmente, con precisión y rigor, razonamientos, relaciones cuantitativas e informaciones que incorporen elementos matemáticos, valorando la utilidad y simplicidad del lenguaje matemático para ello.
C. SOCIALES, Gª E HISTORIA	➢ Realizar trabajos individuales y en grupo sobre algún foco de tensión política o social en el mundo actual, indagando sus antecedentes históricos, analizando las causas y planteando posibles desenlaces, utilizando fuentes de información, pertinentes, incluidas algunas que ofrezcan interpretaciones diferentes o complementarias de un mismo hecho.
EDUCACIÓN ÉTICO-CÍVICA	➢ Analizar las causas que provocan los principales problemas sociales del mundo actual, utilizando de forma crítica la información que proporcionan los medios de comunicación e identificar soluciones comprometidas con la defensa de formas de vida más justas.
ED. PLÁSTICA Y VISUAL	➢ Colaborar en la realización de proyectos plásticos que comportan una organización de forma cooperativa. ➢ Realizar obras plásticas experimentando y utilizando diversidad de técnicas de expresión gráfico-plástica (dibujo artístico, volumen, pintura, grabado).
GEOLOGÍA Y BIOLOGÍA	➢ Explicar cómo se produce la transferencia de materia y energía a largo de una cadena o red trófica concreta y deducir las consecuencias prácticas en la gestión sostenible de algunos recursos por parte del ser humano.

MATERIAS	CRITERIOS DE EVALUACIÓN
FÍSICA Y QUÍMICA	➢ Analizar los problemas y desafíos, estrechamente relacionados, a los que se enfrenta la humanidad en relación con la situación de la Tierra, reconocer la responsabilidad de la ciencia y la tecnología y la necesidad de su implicación para resolverlos y avanzar hacia el logro de un futuro sostenible.
TECNOLOGÍAS	➢ Conocer la evolución tecnológica a lo largo de la historia. Analizar objetos técnicos y su relación con el entorno y valorar su repercusión en la calidad de vida.
EDUCACIÓN FÍSICA	➢ Resolver supuestos prácticos sobre las lesiones que se pueden producir en la vida cotidiana, en la práctica de actividad física y en el deporte, aplicando unas primeras atenciones.

REGISTRO DEL NIVEL DE LOGRO DESARROLLADO EN LA COMPETENCIA BÁSICA												
Alumno/a:	**Curso: 1º de ESO**											
CC. BB. AUTONOMÍA E INICIATIVA PERSONAL	**APRECIACIÓN DEL NIVEL DE LOGRO:**											
INDICADORES DE LOGRO:	**1º TRIM.**				**2º TRIM.**				**3º TRIM.**			
	1	**2**	**3**	**V**	**1**	**2**	**3**	**V**	**1**	**2**	**3**	**V**
1. Muestra iniciativa para seguir instrucciones en la realización autónoma de tareas de aprendizaje, y manifiesta confianza en sí mismo en la superación de las dificultades encontradas, analizando sus causas y proponiendo soluciones.												
2. Planifica, emprende y evalúa proyectos de trabajo sencillos en los diferentes contextos en los que se desenvuelve, tomando decisiones y cooperando activamente en su desarrollo y en la aplicación de los conocimientos adquiridos, asumiendo resultados y valorando las posibilidades de mejora.												
3. Coopera activamente en el trabajo en equipo propuesto en el aula: diseño, planificación, desarrollo y valoración de tareas cooperativas, y demuestra actitudes de respeto hacia las aportaciones de los demás y argumenta las propias.												
4. Practica valores y actitudes personales de responsabilidad, conocimiento de sí mismo, autoestima y creatividad, en el reconocimiento, asunción y resolución de problemas planteados en los diferentes espacios de relación y convivencia.												
5. Se muestra innovador y creativo, elaborando planes y emprendiendo procesos de planificación y ejecución de tareas, y hace una valoración realista entre el esfuerzo realizado y los resultados obtenidos, asumiendo sus errores para mejorar.												

REGISTRO DEL NIVEL DE LOGRO DESARROLLADO EN LA COMPETENCIA BÁSICA												
Alumno/a:	Curso: 2º de ESO											
CC. BB. AUTONOMÍA E INICIATIVA PERSONAL	APRECIACIÓN DEL NIVEL DE LOGRO:											
INDICADORES DE LOGRO:	1º TRIM.				2º TRIM.				3º TRIM.			
	1	2	3	V	1	2	3	V	1	2	3	V
1. Muestra iniciativa para organizar y gestionar su propio trabajo, individual y de grupo, dirigido a la elaboración de conocimientos desde diversas fuentes de información, y se siente confiado en sí mismo en la presentación y comunicación de los resultados obtenidos.												
2. Planifica y evalúa proyectos para indagar y resolver situaciones escolares o problemas de la vida cotidiana, aplicando los conocimientos adquiridos, mostrándose perseverante y emprendedor en su desarrollo y valoración de los resultados obtenidos, y realizando propuestas de mejora.												
3. Fomenta la cooperación entre sus compañeros y compañeras, valora los distintos puntos de vista, expresa y argumenta sus opiniones e ideas en la planificación de trabajos colectivos y se implica responsablemente en su realización y valoración.												
4. Practica valores y actitudes personales de responsabilidad, perseverancia, conocimiento de sí mismo, autoestima, creatividad, autocrítica, capacidad de elegir y de calcular riesgos, en el reconocimiento, asunción y resolución de problemas que se le presentan en los diferentes contextos en los que se desenvuelve, y afronta nuevos retos en la mejora de la relaciones y de la convivencia.												
5. Se muestra innovador y creativo en la búsqueda de posibles soluciones ante problemas y situaciones de la vida real, planteando ideas y propuestas, y asumiendo distintos puntos de vista y los errores propios para la resolución adecuada de los mismos.												

REGISTRO DEL NIVEL DE LOGRO DESARROLLADO EN LA COMPETENCIA BÁSICA												
Alumno/a:	Curso: 3º de ESO											
CC. BB. AUTONOMÍA E INICIATIVA PERSONAL	APRECIACIÓN DEL NIVEL DE LOGRO:											
INDICADORES DE LOGRO:	1º TRIM.				2º TRIM.				3º TRIM.			
	1	2	3	V	1	2	3	V	1	2	3	V
1. Tiene iniciativa personal en la planificación, organización y gestión del trabajo, individual o colectivo, asumiendo responsabilidades en la realización del mismo, y se manifiesta con confianza y seguridad en la comunicación, argumentación y evaluación de los resultados y conclusiones extraídas.												
2. Planifica, emprende y evalúa proyectos, poniendo en uso los conocimientos adquiridos en la indagación de situaciones escolares o problemas de la vida cotidiana, y empleando diversas habilidades cognitivas: reconocer, describir, relacionar, comparar, interpretar, criticar, predecir, crear, concluir, etc. en su tratamiento y resolución.												
3. Promueve la cooperación entre sus compañeros y compañeras, valora los distintos puntos de vista, expresa y argumenta sus opiniones e ideas en la planificación de trabajos colectivos, plantea diferentes soluciones y se implica responsablemente en su realización y en la valoración del resultado obtenido.												
4. Hace uso de valores y prácticas democráticas de respeto, diálogo, cooperación, responsabilidad, control emocional, autocrítica y valoración en los diferentes contextos en los que se relaciona y convive, mostrándose confiado y seguro en sí mismo ante los retos y expectativas que se le presentan para mejorar la convivencia de forma pacífica.												
5. Se muestra innovador y creativo ante problemas de la vida cotidiana y del centro, generando ideas, asumiendo los distintos puntos de vista de sus compañeros y compañeras y los propios errores en la búsqueda de las mejores soluciones, y desarrollando cooperativamente la más adecuada y viable.												

REGISTRO DEL NIVEL DE LOGRO DESARROLLADO EN LA COMPETENCIA BÁSICA												
Alumno/a:	**Curso: 4º de ESO**											
CC. BB. AUTONOMÍA E INICIATIVA PERSONAL	**APRECIACIÓN DEL NIVEL DE LOGRO:**											
INDICADORES DE LOGRO:	**1º TRIM.**				**2º TRIM.**				**3º TRIM.**			
	1	**2**	**3**	**V**	**1**	**2**	**3**	**V**	**1**	**2**	**3**	**V**
1. Muestra iniciativa personal en la obtención, procesamiento e intercambio de información y actúa con autonomía y actitud crítica en el tratamiento y resolución de situaciones y problemas de interés social y académico; se siente confiando en sí mismo y en sus posibilidades para la comunicación de resultados y conclusiones, de forma organizada e inteligible.												
2. Planifica y emprende proyectos, organizando y gestionando el trabajo, individual o colectivo, aportando iniciativas personales en la formulación de los objetivos y de las acciones necesarias; asume responsabilidades en la realización de tareas o proyectos, empleando diversas habilidades cognitivas: relacionar, comparar, interpretar, evaluar, corregir, criticar, predecir, crear, concluir, etc.; y evalúa los resultados obtenidos, valorando las posibilidades de mejora.												
3. Coopera en la toma de decisiones sobre la realización de trabajos colaborativos en el aula, valora los distintos puntos de vista, muestra liderazgo aportando ideas variadas y argumentando las opiniones propias, e implicándose en la planificación y evaluación de los mismos.												
4. Practica valores y actitudes personales, manifestando un juicio ético propio, basado en los principios y prácticas democráticas: respeto, diálogo, cooperación, responsabilidad, control emocional, autocrítica y valoración, y muestra espíritu de superación ante los problemas y retos que se le presentan en los distintos contextos en los que se desarrolla y desenvuelve como persona.												
5. Se muestra innovador y creativo y toma postura crítica y argumentada ante los problemas o cuestiones de la vida real que se le plantean, aceptando las opiniones de los demás y asumiendo los propios errores en la búsqueda de soluciones.												
6. Transfiere las conclusiones obtenidas en proyectos de trabajo o investigación, a situaciones de la vida cotidiana o de la actividad científica y/o tecnológica desarrollada, barajando posibilidades y soluciones diversas y valorando los resultados obtenidos para su estudio y conocimiento.												

Carpeta de documentos Nº 2

INSTRUMENTOS DE TRABAJO Y EJEMPLIFICACIONES PARA EL DISEÑO Y DESARROLLO DE LA PRÁCTICA DOCENTE

1. **Propuesta de actuaciones para el desarrollo de las competencias básicas vinculadas con los niveles de concreción curricular.**

2. **Catálogo de tareas de centro.**

3. **Banco de recursos para la lectura.**

4. **Ejemplificación 1ª: Actividades, tareas y tipos de aprendizajes vinculados a las diferentes propuestas de trabajo..**

5. **Ejemplificación 2ª: Unidad didáctica integrada multidisciplinar.**

6. **Diseño de rúbricas de evaluación (opcionales).**

2.1. Propuesta de actuaciones para el desarrollo de las competencias básicas vinculadas con los niveles de concreción curricular

1º NIVEL: MARCO NORMATIVO
Disposiciones legales vigentes: Ley Orgánica, Reales Decretos; Normas Autonómicas: Decretos, Órdenes…

ACTUACIONES:

- Concreción de líneas normativas básicas de referencia y guías/modelos estratégicos de implementación en centros de la visión integrada de las ocho cc.bb. en el currículo de la Educación básica obligatoria. Esto supone:
- Ir progresando, desde la incorporación en el Plan de Centro de propuestas de mejoras aisladas y puntuales de dimensiones y/o elementos competenciales de algunas de las cc.bb. incluidas en las PED, hasta el abordaje integrado y con carácter transversal de todas las cc.bb. desde todas las áreas/materias.
- Catálogo de Cuestiones Básicas para dar respuesta a diferentes aspectos en relación a cc.bb.

2º NIVEL: Plan de Centro y/o de la Programación General del Centro

➢ Proyecto educativo, normativa de organización y funcionamiento, Proyecto de Gestión.

ACTUACIONES:

❑ *El centro establece* **las líneas prioritarias de actuación** *en función del* **contexto***, las cuales serán tenidas en cuenta en los diferentes aspectos del proyecto educativo, dado que todos ellos pueden contribuir y facilitar la adquisición de las cc.bb. (Líneas generales de actuación pedagógica, Criterios generales para la elaboración de Programaciones Didácticas, Planes y Programas, etc.).*

1. Establecimiento de indicadores en relación a los aspectos del proyecto educativo que están relacionados directamente con la adquisición de las cc.bb.:
   - Las líneas generales de actuación pedagógica en el centro.
   - Los objetivos de centro para la mejora del rendimiento escolar.
   - La coordinación y concreción de los contenidos curriculares, así como el tratamiento transversal en las áreas, materias o módulos de la educación en valores.
   - Los criterios para organizar y distribuir el tiempo escolar, así como la intervención en tiempo extraescolar.
   - Los criterios generales para elaborar las programaciones didácticas.

2. Concreción de indicadores en relación a los planes del PE que pueden contribuir de forma determinante en la adquisición de cc.bb. :
   - Plan de atención a la diversidad.
   - Plan de orientación y acción tutorial (POAT).
   - Plan de convivencia.

3. Concreción de indicadores comunes en relación con otros planes o proyectos del PE que favorecen el desarrollo de las cc.bb.:
   - Plan de formación del profesorado.
   - Plan de autoprotección: prevención de riesgos y salud.
   - Los programas educativos que se desarrollen en el centro, estratégicos y no estratégicos (TIC, bilingüismo, plan de deporte en la escuela, etc.).

3º NIVEL: Planificación del currículo a través de las Programaciones Didácticas
Programaciones didácticas (PD): La apuesta por un currículo escolar basado en el desarrollo de las competencias básicas requiere de un diálogo abierto entre el contexto del centro, la realidad del alumnado y el marco normativo –estatal y autonómico-, que regula los objetivos y principios pedagógicos y organizativos que configuran las etapas educativas.
ACTUACIONES. ❑ Facilitar orientaciones, planes estratégicos, instrumentos e incluso ejemplificaciones de buenas prácticas que sean de utilidad a los Centros para la elaboración de las Programaciones didácticas desde la perspectiva de las cc. bb. (integrándolas de forma general y transversal). Tales como: • Instrumentos y estrategias de análisis de resultados de PED. • Instrumentos de evaluación inicial del alumnado. • Planes estratégicos para dar respuesta a las dificultades del alumnado (PED y Evaluación Inicial) a través de las Programaciones Didácticas. • Instrumentos, Planes estratégicos, etc. para facilitar a los Centros la integración de las cc. bb. con el resto de elementos prescriptivos del currículo (objetivos, contenidos, criterios de evaluación). • Desarrollos a modo de ejemplificación, que den respuesta al carácter integrado y compartido de las competencias y que garantice un tratamiento "formal" tanto de la programación, como del desarrollo de la práctica docente y de la evaluación de competencias básicas del alumnado. • Instrumentos y estrategias para que los Centros puedan establecer a través de las PD tanto los procedimientos como los criterios comunes para la evaluación de las cc. bb.

4º NIVEL: Planificación de la práctica docente
Programación de Aula
ACTUACIONES ❑ Facilitar orientaciones comunes, planes estratégicos, instrumentos e incluso ejemplificaciones de buenas prácticas que sean de utilidad a los centros para la mejora de la PRÁCTICA DOCENTE y la elaboración de las Programaciones de aula desde la perspectiva de las cc.bb. (integrándolas de forma general y transversal, de igual modo que las PD). Tales como: • Establecimiento de un marco conceptual común que facilite la práctica docente. • Instrumentos y estrategias para el desarrollo integrado de los objetivos y de las cc.bb. en las Unidades Didácticas (Tareas y Actividades). • Instrumentos y estrategias para la evaluación integrada de las cc.bb. en las Unidades Didácticas (Establecimiento de Niveles de logro, Diseño de Rúbricas, Diseño de Unidades de Evaluación, etc.). Autoevaluación. • Instrumentos y estrategias que propicie en los centros la utilización compartida de metodología de aprendizaje diversa, recursos didácticos variados, múltiples instrumentos de evaluación, etc. • Facilitar orientaciones, instrumentos y estrategias para la confección en cada centro de "catálogos de tareas integradas", que respondan a las demandas básicas que su alumnado tendrá que abordar en los diversos contextos de la vida cotidiana. • Facilitar orientaciones, instrumentos y estrategias para la atención a la diversidad desde una práctica docente inclusiva y centrada en el desarrollo de cc.bb. • Facilitar orientaciones, instrumentos y estrategias de mejora de la práctica docente a través de tareas de colaboración con la familia. • Etc.

5º NIVEL: Adaptaciones del currículo
Programación de Aula
ACTUACIONES. 1) **Propuesta curricular por materias en función de la valoración del nivel de competencia curricular del alumno/a.** a) **Adaptaciones de acceso al currículum**: se han de considerar las dificultades de acceso, con una valoración explícita de las implicaciones de sus necesidades sobre la planificación del centro y del aula. b) **Adaptaciones de los elementos curriculares**: adaptaciones precisas en el cómo enseñar, tanto generales como específicas de materia ~~de área~~; en el qué enseñar, realizando una propuesta curricular individualizada en la que se manifiesten las decisiones relativas a los objetivos (cuando se trata de una adaptación significativa), contenidos (Actividades tipo desarrolladas en el aula ordinaria), criterios de evaluación, aspectos metodológicos y temporalización: • Orientadas a su inclusión social y escolar. • Orientadas al logro de las capacidades y de las competencias básicas. 2) **Adaptación de los criterios de promoción y titulación:** • Adaptación de los criterios de promoción y titulación, de acuerdo con los objetivos de la propuesta curricular. Tomamos como referencia los "niveles de logro o dominio" de las competencias básicas establecidos en su propuesta curricular. 3) **Seguimiento y valoración de los progresos** realizados por el alumnado, en el desarrollo tanto de capacidades como de competencias básicas, con información al mismo y a la familia.

2.2. *Catálogo de tareas de centro*

TAREA	ETAPA	CICLO/S	MATERIA/S - ASPECTOS TRANSVERSALES
¿Aprendemos a reciclar los residuos domésticos?	ESO	1º, 2º, 3º y 4º	❑ Secundaria: Ciencias Naturales.
Elaborar un decálogo de normas que contribuya a mejorar la convivencia en nuestro entorno.	ESO	1º, 2º, 3º y 4º	❑ Tutoría con las aportaciones de las materias previamente determinadas: Ciencias de la Naturaleza, Ciencias Sociales, Geografía e Historia, Lengua Castellana y Literatura, Matemáticas, Filosofía, Educación Física, Biología y Geología, Economía, Tecnología, Orientación, etc.
¿Son las palomas las que nos traen la paz?	ESO	1º, 2º, 3º y 4º	❑ Secundaria: Ciencias de la Naturaleza, Ciencias Sociales, Lengua Castellana y Literatura.
En torno a "El cazo de Lorenzo".	ESO	1º, 2º, 3º y 4º	❑ Secundaria: Geografía e Historia, Lengua Castellana y Literatura, Matemáticas.
Investigo y lo demuestro.	ESO	1º, 2º, 3º y 4º	❑ Secundaria: Geografía e Historia, Lengua Castellana y Literatura, Matemáticas, Filosofía, Biología y Geología, Economía, Tecnología, Orientación.

TAREAS	TAREAS	TAREAS
➢ Mi carpeta de alimentación sana: elaboramos dietas equilibradas.	➢ Escribir al Ayuntamiento solicitando papeleras, árboles, bancos, canastas en el recreo.	➢ Construimos nuestro planetario. ➢ Nos vamos de excursión al Planetario.
➢ Cuaderno de tareas de cooperación y ayuda en casa que me ayudan a aprender. Cuadro de registro y autovaloración.	➢ Marcar en el recreo zonas para jugar a la comba/a los pitos y al cuadrante (Señalizar con paneles informativos).	➢ Planificar el entrenamiento físico de un deportista, un equipo,…
➢ Díptico de normas básicas para el consumo responsable de TV.	➢ Preparar y emitir un programa de radio.	➢ Preparar y representar una obra de teatro.
➢ ¿Cómo se determina la posición de los tenistas a nivel mundial?	➢ Enviamos un paquete por correo. ¿Lo certificamos o no?	➢ Confeccionar una tarjeta navideña o la invitación para un acto: cumpleaños, fiesta de Navidad,…
➢ Llenamos el "cajón" con todo lo que podemos leer, entender y explicar.	➢ Preparar la acampada o el viaje a…	➢ Nuestro libro de refranes o adivinanzas.
➢ Cuaderno de situaciones de emergencia: ¿cuáles? Y recomendaciones sobre ¿cómo debo actuar?	➢ Elaborar el menú semanal equilibrado para el comedor.	➢ Preparemos el carnaval: disfraces, máscaras…
➢ Periódico escolar (artículos sobre: noticias de actualidad, mercado laboral, actividades deportivas y de ocio,…de nuestra localidad).	➢ Hacer un trabajo de cada pueblo de la comarca para hacer un libro colectivo y presentarlo a la comunidad.	➢ Arbitrar un partido de fútbol en el recreo.
➢ Elaboramos catálogo de '¿Qué descubriré en esta lectura?' (Ej. Brik de leche, prospecto de un fármaco, folleto de horarios de autobús, cine, etc.).	➢ Confeccionar un mural sobre el problema de la contaminación. ➢ Hacer encuestas sobre distintos temas de interés (alusivos al tema).	➢ Elaborar un mapa del tiempo de los próximos días en la comarca.

TAREAS	TAREAS	TAREAS
➢ Este es "el callejero" de mi barrio/pueblo.	➢ Escribir el diario personal.	➢ Hacer el logotipo de la clase, del pueblo, del cole, del equipo.
➢ Preparar un cartel para pedir a los demás que conserven limpia la escuela.	➢ Preparar un anuncio para la televisión local para pedir a los demás que conserven limpio nuestro entorno.	➢ Cuaderno de campo de los seres vivos…
➢ Organizamos la liga de fútbol del centro: • Organización de equipos. • Diseño del calendario. • Gestión de la publicidad. • Tabla clasificatoria. • Reparto de roles. • Etc.	➢ Registro de datos en torno a las características y los hábitos de los alumnos de…. curso. Resolución de los problemas planteados y argumentación de sus conclusiones. En torno a: • Media se SMS enviados y recibidos por tramos temporales. Porcentajes y franjas horarias.	➢ Registro de datos en torno a las características y los hábitos de los alumnos de… ciclo/curso. Resolución de los problemas planteados y argumentación de sus conclusiones. En torno a: • Gestión de su "paga". Gastos frecuentes y elaboración de presupuestos para la mejora de la economía personal.
➢ Preparamos una visita guiada a: • Posibles rutas. • Búsqueda y elección de presupuestos. • Diseño del programa y documento informativo a familias. • Catálogo de normas de comportamiento y consecuencias derivadas de su incumplimiento.	➢ Organizar la excursión fin de curso, el viaje de estudios, el intercambio con alumnos de otros países: • Posibles rutas. • Búsqueda y elección de presupuestos. • Diseño del programa y documento informativo a familias. • Catálogo de normas de comportamiento y consecuencias derivadas de su incumplimiento.	➢ Efecto de la música en nuestras emociones y estado de ánimo. ¿Relaciones demostradas? • Tipos de música • Distribución de los gustos musicales en función de diferentes características poblacionales y/o sociales (edad, sexo, nivel económico, profesión, etc.)

2.3. *Banco de recursos de lectura*

MATERIAL	TAREA	CURSO	MATERIAS / ASPECTOS TRANSVERSALES	COMPETENCIAS BÁSICAS
Cajas de cereales	Estudio del aporte de "Hierro": Elabora una tabla que recoja las C.D.R. y los gramos de cereales que necesitas añadir a la dieta en función de las franjas de edades indicadas por el profesor/a.	1º- 2º - 3º - 4º	(Establecer en el centro la distribución por materias/ Departamentos/Ámbitos de la/s lecturas seleccionadas para la resolución competente de las tarea/s planteada/s).	C. Lingüística C. Matemática Conoc. e Interacción M.
Horarios de autobuses / trenes en diferentes formatos (tabla...)	Para recoger los itinerarios/rutas indicados para un viaje en el grupo, establece la/s opción/es que mejor respondan a los criterios fijados: precio, economía de tiempo, comodidad, viajar preferentemente de noche, etc. Defiende tus propuestas en un debate en clase.	1º- 2º - 3º - 4º		C. Lingüística C. Matemática Conoc. e Interacción M. Social y Ciudadana Autonomía e Inic. Pers.
Caja o Tetra-Brik de leche. Etiquetado de quesos. Etiquetado de yogures, etc.	La importancia de una alimentación saludable: Estudio comparativo sobre las cantidades de calcio que aporta la leche y otros alimentos. Presentación de los resultados y tus argumentaciones en formato digital para su exposición en grupo.	1º- 2º - 3º - 4º		C. Lingüística C. Matemática T. Información y C. Dig. Conoc. e Interacción M.
Prospectos de fármacos	Elaboramos una tabla para recoger todas las posibles posologías, atendiendo a las variables determinadas por el profesorado: edad, peso, sexo, nivel de gravedad de la patología, etc. Se buscarán y argumentarán la relación entre pares de variables.	1º- 2º - 3º - 4º		C. Lingüística C. Matemática

En el artículo 7, punto 4, del Real Decreto 1631/2006 se establece que "La lectura constituye un factor fundamental para el desarrollo de las competencias básicas. Los centros deberán garantizar en la práctica docente de todas las materias un tiempo dedicado a la misma en todos los cursos de la etapa".

El Proyecto Azahara propone que utilizando "materiales de uso en la vida cotidiana", y que nos proponen diferentes formatos de lectura, podemos diseñar tareas integradas para el desarrollo de competencias básicas. Con la ayuda de nuestros alumnos/as, la primera fase consistirá en recopilar "todo aquello que se pueda leer" en los diferentes contextos (Ver tablas anteriores de Materiales de lectura). La segunda fase consiste en, a partir de una determinada lectura, diseñar una tarea que guíe el aprendizaje y la evaluación de competencias básicas. Cada tarea irá acompañada de la tabla de indicadores de logro para la evaluación de aquellas competencias desarrolladas en nuestro alumnado.

A los centros educativos, esta propuesta del Proyecto Azahara les permitirá la creación de un banco de recursos de lecturas y tareas que garanticen al alumnado "una lectura, una escritura y una expresión oral" aplicada a la resolución de problemas de su vida cotidiana, y por tanto podrán suponer el desarrollo de competencias básicas. Dichas propuestas de trabajo pueden responder a un carácter disciplinar o interdisciplinar.

OTROS MATERIALES		
Periódicos / Revistas	Recibo del Banco	Guías de teléfonos
Catálogos comerciales: alimentación, hogar, electrodomésticos, etc.	Recibo de consumo eléctrico, de agua, de basura, etc.	Planos
Catálogos comerciales: complementos, ropa, zapatos, etc.	Denuncias de tráfico	Planos de viviendas
Instrucciones de funcionamiento: electrodomésticos, etc.	Obras literarias	Cartelera Cinematográfica
Etiquetado de alimentos habituales	Recibo del Banco	Revistas especializadas
Instrucciones de cuidados de la ropa: condiciones de lavado, "etiquetado", etc.	Guías turísticas	Pasatiempos
Reglamentos deportivos	Declaración de la Renta Anual	Instrucciones de funcionamiento de juguetes
OTROS MATERIALES	OTROS MATERIALES	OTROS MATERIALES

2.4. Ejemplificación 1ª

Podemos analizamos nuestra práctica docente para diferenciar las diferentes propuestas de trabajo y los aprendizajes que desarrollan.

1º ACTIVIDADES Y TAREAS		
ACTIVIDADES SIMPLES (Estas propuestas de trabajo conducen al desarrollo de Aprendizajes Simples que facilitan posteriormente la resolución de otras actividades elaboradas)	**ACTIVIDADES ELABORADAS** (Estas propuestas de trabajo facilita la adquisición de Aprendizajes Elaborados. Es decir, nos ayudan a adquirir conocimientos que contribuyen al desarrollo de capacidades)	**TAREAS** (Estas propuestas de trabajo ponen en uso los aprendizajes anteriores y conducen al desarrollo de competencias)
PRÁCTICA : MANEJO DEL RATÓN Y EL TECLADO Sigue los siguientes pasos para aprender a manejar el ratón y el teclado del ordenador. El ratón es un periférico que, generalmente, va conectado al teclado del ordenador para controlar el movimiento del puntero en la pantalla. La mayoría del trabajo que se realiza está basado en cuatro técnicas: señalar, hacer clic, pulsar y arrastrar. • Moviendo el ratón sobre la alfombrilla, se desplaza el puntero. Con esto se puede señalar cualquier cosa de la pantalla. Para que un objeto esté señalado, el extremo…. PRÁCTICA: Dictado de palabras y corrección de la grafía y ortografía de las mismas, por parejas. El listado de palabras es facilitado por el profesor/a y nos sirven de introducción a la temática sobre coeducación. PRÁCTICA: Pronunciar adecuadamente un fragmento concreto de un texto periodístico que nos sirve de introducción a la temática sobre coeducación.	PRÁCTICA: BUSCAR Y SELECCIONAR INFORMACIÓN EN INTERNET Buscar en Internet información relevante y elabora un informe (redacción) con la información más importante sobre: – La capa de ozono – La contaminación ambiental – Los oficios más demandados en la actualidad Elige el tema de más interés. PRÁCTICA: Escribe frases que contengan las palabras: igualdad, respeto, tolerancia. Se aconseja usar el diccionario PRÁCTICA: Busca en Internet información sobre la coeducación. PRÁCTICA: Subrayar las frases que consideres fomentan la igualdad entre sexos en textos periodísticos de la prensa local y nacional.	PRÁCTICA: SÍNTESIS Y EXPOSICIÓN para la participación en UN DEBATE – Realiza una síntesis o esquema de las temáticas que has elegido (en las actividades previas). – Aporta ejemplos que conozcas en relación a estos temas. – Aporta tus opiniones. – Argumenta tus opiniones – Exponerlo/defenderlo en el grupo-clase. PRÁCTICA : LOS OFICIOS MÁS DEMANDADOS EN LA LOCALIDAD ---- Representación gráfica de los resultados del estudio. ---- Descripción por escrito de las tres profesiones más demandadas. ---- Conclusiones del estudio (presentación haciendo uso de las nuevas tecnologías). PRÁCTICA: Crea un eslogan y formula propuestas y aportaciones propias, en u n formato "mural" para fomentar el respeto a los compañeros/as con independencia de su sexo.

2º. TIPOS DE APRENDIZAJE VINCULADOS A LAS DIFERENTES PROPUESTAS DE TRABAJO.		
APRENDIZAJES INTERMEDIOS (Actividades: Estas propuestas de trabajo conducen al desarrollo de Aprendizajes Simples y Elaborados que contribuyen al desarrollo de capacidades)	**CAPACIDADES** (Los objetivos de Etapa, tanto generales como de materia, están referidos al desarrollo de capacidades en el alumnado).	**COMPETENCIAS** (Tareas: Supone seleccionar y usar los aprendizajes que nos han aportado las diferentes materias, y que contribuyen al desarrollo de diferentes capacidades, para buscar la respuesta adecuada a situaciones o problemas reales o auténticos).
• Buscar distintos tipos de información sobre "el cambio climático". • Localizar distintas páginas virtuales a partir de una/s palabra/s dada/s (Ejemplo: factores que inciden en el cambio climático: Etc.). • Lecturas silenciosas y en voz alta sobre el tema seleccionado. • Indica qué es una "Audioguía" y explica en qué se diferencia de un "Podcast" y de un "Powerpoint". • Busca artículos de prensa, con la ayuda del ordenador, alusivos al cambio climático. • Subraya en dichos artículos: de "azul" las frases simples Y de "rojo" las frases subordinadas. • En base a lo trabajado hoy en clase, explica cómo puedes crear una carpeta" en tu ordenador. • Crea una carpeta en el escritorio de tu ordenador en la que puedas archivar toda la documentación que consideres importante sobre este tema. • Elabora un resumen, utilizando Word, sobre las informaciones más relevantes recogidas en los tres artículos de prensa sobre "el cambio climático".	h) Conocer y valorar su entorno natural, social y cultural, así como las posibilidades de acción y cuidado del mismo. i) Iniciarse en la utilización, para el aprendizaje, de las tecnologías de la información y la comunicación desarrollando un espíritu crítico ante los mensajes que reciben y elaboran. e) Conocer y utilizar de manera apropiada la lengua castellana y desarrollar hábitos de lectura. Educación Física: Mostrar habilidades y actitudes sociales de respeto, trabajo en equipo y deportividad en la participación en actividades, juegos y deportes, independientemente de las diferencias culturales, sociales y de habilidad.	• Una aplicación "competente" de las capacidades anteriores sería, por ejemplo: Manejar el ordenador y sus posibilidades para la búsqueda de información , datos, opiniones, modelos, … para solucionar una tarea práctica, del tipo: Realiza UN TRABAJO SOBRE EL CAMBIO CLIMÁTICO: presentando los factores que inciden en el cambio climático y las recomendaciones preventivas desde nuestro entorno: la casa, el barrio, la localidad... Debes elegir el formato de tu trabajo y argumentar tu elección entre una AUDIOGUÍA, un PODCAST o un POWER POINT. Presentación del mismo en clase. • Propuesta de trabajo: Interpreta un gráfico que aparece en la prensa local, relativo a la ubicación de los servicios médico-sanitarios de nuestra localidad. Lo debes utilizar para localizar el centro de salud más cercano a tu domicilio. • Presentación pública, por parte del alumnado, de alguna producción elaborada personalmente o en grupo para ser retransmitida por algún medio audiovisual. • Propuesta de trabajo: elabora un anuncio radiofónico, un noticiario televisivo, un documento propagandístico sobre…….

2.5. *Ejemplificación 2ª*

Programación de una unidad didáctica integrada multidisciplinar

MATERIAS: • LENGUA CASTELLANA Y LITERATURA • EDUCACIÓN PLÁSTICA Y VISUAL	• C. SOCIALES, GEOGRAFÍA E HISTORIA • MATEMÁTICAS • EDUCACIÓN FÍSICA	**ETAPA:** E.S.O. **CURSO:** 3º

OBJETO DE ESTUDIO

LA TELEVISIÓN A DEBATE: DISEÑO DE UN RELATO DE ENTRETENIMIENTO Y DE UN RELATO DIVULGATIVO O INFORMATIVO, EN FORMATO PAPEL Y FORMATO DIGITAL Y/O DE VÍDEO.
TEMÁTICA: "EL BUEN USO Y DISFRUTE DE LA TELEVISIÓN".

DESCRIPCIÓN DE LA TAREA FINAL:
Con las actividades que se plantean en esta Unidad Didáctica Integrada , los alumnos/as reflexionarán sobre la televisión como medio de comunicación, el uso y abuso que se puede hacer de la misma y sobre la incidencia que puede ejercer en la población: consumismo, condicionamiento de intereses y opiniones sociales, trasmisora o creadora de modas, incidencia en las conductas y costumbres personales y sociales, fuente de información y de aprendizaje, etc.
Se analizarán aspectos fundamentales en relación al tipo de programas más demandados a lo largo de diferentes momentos sociales, políticos, económicos, etc., en función de siferentes franjas de edad, etc. y se debatirá sobre la incidencia en nuestros contextos de vida habituales: casa, escuela, localidad.
El alumnado tendrá que pensar, reflexionar, establecer relaciones y elaborar conclusiones sobre diferentes aspectos relacionados con la televisión, concienciándose de la importancia de la adecuada utilización de la misma.
El producto resultante de dicho trabajo o TAREA FINAL, de enorme utilidad para la vida en sus diversas situaciones y contextos, es el "Diseño de un relato de entretenimiento y de un relato divulgativo o informativo, en formato papel y formato digital y/o de vídeo, que recoja los mensajes fundamentales para el buen uso y disfrute de la televisión". La presentación del mismo ha de hacerse en formato papel y digital y/o de vídeo y deberá ser presentado a otros grupos de compañeros. Se hará una distribución y/o presentación del producto obtenido en las familias.

TAREAS INTERMEDIAS:
- Elabora una encuesta para valorar el uso de la televisión en casa. Representa gráficamente los datos obtenidos, y prepara una presentación en formato digital de los mismos para el grupo-clase.
- Participación en debates.
- Se redacta y se presenta al resto de compañeros de clase **un Informe escrito** con las conclusiones del estudio realizado en cada subgrupo.
- Redacción de un artículo atendiendo a los contenidos trabajados previamente en clase, sobre "tipos de anuncios y estrategias publicitarias". Presentación en el grupo-clase.

- <u>Investigar la incidencia</u> del uso de la televisión en nuestras vidas y <u>presentar verbalmente</u> en el grupo las conclusiones obtenidas. Argumenta con datos, estudios científicos, artículos de prensa, etc. las posibles relaciones de dependencia:
  - Relación entre tiempo diario de televisión y tiempo de dedicación a actividades deportivas.
  - Relación entre tiempo diario de televisión y peso-sobrepeso.
- Recoge en formato tabla <u>una planificación semanal</u> que recoja la frecuencia diaria de tiempo dedicado a estudio en casa, televisión, actividades deportivas, ocio y otras.
- <u>Propuesta semanal de planificación</u> que recoja cambios en las variables contempladas de modo que puedan tener una incidencia favorable, argumentada, en determinados aspectos de nuestra vida
- <u>Redacción de una noticia</u> sobre "estrategias publicitarias que pretenden incitar al consumismo". Presentación en el grupo-clase.
- Realizad <u>un mural con "mensajes claves</u>" seleccionados de las noticias y/o programas analizados (trabajo cooperativo).
- Recoger en formato tabla los aspectos comunes y los aspectos diferenciales del análisis comparativo realizado. Presentación al grupo-clase.
- Elaborar, en el grupo clase, <u>un listado diferenciando</u> los valores adecuados y los no adecuados y valorar el hecho de no dejarnos influenciar por todo lo que veamos en la pantalla.
- Etc.
- <u>Diseño de Carpeta del alumno-Portafolio:</u>
  - Redacción de acuerdos derivados del planteamiento inicial (lluvia de ideas y debates en clase o por grupos reducidos).
  - Recoger en un esquema las fases del proyecto/tarea integrada.
  - Recopilación de tareas intermedias: PRODUCTOS INTERMEDIOS.
  - Evaluación y autoevaluación de tareas intermedias (Tabla de indicadores de logro para cada Tarea Intermedia)
- TAREA FINAL Y Evaluación de proceso y productos. (Tabla de indicadores de logro).
  - Proyectos de creación visual cooperativos: Se redactará un Informe que recoja el proceso de creación y destaque los valores de iniciativa, creatividad e imaginación que se consideren más relevantes a criterio del grupo.
  - Planificamos y ponemos en práctica un calendario de presentación del mismo a otros grupos de compañeros y la distribución del mismo entre las familias.
  - Presentación al grupo-clase y al profesorado participante en la UDI Multidisciplinar de las producciones de cada subgrupo

<u>CONTEXTOS DE APLICACIÓN</u>:
Mi propio centro escolar (Contexto Escolar-Laboral) Mi familia (Contexto Personal-Familiar) Mi localidad (Contexto Socio-Comunitario).

LENGUA CASTELLANA Y LITERATURA		
Objetivos: 1 - 2 - 6 - 7 - 11 - 12	Contenidos: Bloques 1 - 2 - 4	Criterios de Evaluación: 1 - 3 - 4 - 5 - 6 - 8
C. SOCIALES, GEOGRAFÍA E HISTORIA		
Objetivos: 8 - 9 - 10	Contenidos: Bloque 1	Criterios de Evaluación: 11
MATEMÁTICAS		
Objetivos: 3 - 4 - 6	Contenidos: Bloques 1 - 5	Criterios de Evaluación: 5 - 6 - 7 - 8
EDUCACIÓN FÍSICA		
Objetivos: 1 - 2 - 10	Contenidos: Bloque 1	Criterios de Evaluación: 1 - 4
EDUCACIÓN PLÁSTICA Y VISUAL		
Objetivos: 4 - 5 - 6 - 8 - 9	Contenidos: Bloque 3	Criterios de Evaluación: 3 - 4 - 5 - 6

Competencias Básicas	Indicadores de logro o dominio
C. Comunicación lingüística	❑ Conoce y emplea la terminología lingüística, científica y técnica adquirida, y la utiliza de forma reflexiva en la elaboración y creación de textos e informaciones de forma clara, concisa y ordenada. ❑ Emplea la narración, la explicación, el resumen y los comentarios en diferentes soportes y contextos, organizando las ideas con claridad y estableciendo secuencias textuales lineales y cohesionadas, y respetando las normas gramaticales y ortográficas. ❑ Extrae y contrasta informaciones identificando el propósito, el tema general y los secundarios en los textos orales y escritos, y realiza informes escritos. ❑ Participa en conversaciones y realiza exposiciones orales y escritas sobre hechos de actualidad e interés social, empleando diversas fuentes de información y las estrategias más adecuadas para resolver las dificultades durante la interacción. ❑ Analiza y valora hechos o situaciones de la vida real, tanto social como escolar, en los que aparecen estereotipos o manifestaciones sustentadas en las diferencias culturales, lingüísticas y de género.
C. Matemática	❑ Utiliza las operaciones matemáticas para analizar y valorar las informaciones y situaciones de la vida real que contienen elementos y soportes matemáticos. ❑ Analiza y valora sucesos y situaciones procedentes de la vida cotidiana a partir de la obtención de información de forma empírica y hace predicciones sobre la posibilidad de que ocurran.
C. Conocimiento e interacción con el mundo físico	❑ Reconoce y comprende problemas relacionados con el mundo físico y se plantea conjeturas e inferencias sobre los mismos, y desarrolla sus propios planteamientos científicos básicos para obtener resultados y extraer conclusiones.

C. Tratamiento de la información y competencia digital	❑ Usa las TIC de forma autónoma para buscar, recopilar e interpretar información y producir documentos en soporte electrónico en formato textual y gráfico. ❑ Mantiene una postura crítica ante los avances de las tecnologías de la información y la comunicación con respecto a la mejora de la calidad de vida en las personas y en la sociedad en general. ❑ Diseña y elabora presentaciones sobre tareas realizadas de cuestiones de interés escolar y social, con objeto de apoyar el discurso oral y escrito en la exposición de ideas, opiniones y propuestas de mejora.
C. Social y ciudadana.	❑ Practica valores reflexionando, argumentando, emitiendo juicios y haciendo propuestas para mejorar las relaciones humanas, a nivel personal y escolar desde la cooperación, solidaridad, respeto, no violencia y compromiso mutuo.
C. Cultural y artística.	❑ Muestra una actitud abierta, respetuosa y crítica hacia la diversidad de expresiones artísticas y culturales.
C. aprender a aprender	❑ Busca información para aprender, identificando la más relevante y extrayendo ideas generales y específicas de textos orales y escritos para resolver por sí mismo los problemas propuestos, atendiendo adecuadamente a las instrucciones y normas dadas. ❑ Planifica y autorregula su proceso de aprendizaje, elaborando producciones propias a través de diferentes estrategias de búsqueda, contraste, interpretación y síntesis de información obtenida por diferentes medios, de forma progresiva y autónoma, y argumentando con postura crítica los resultados obtenidos. ❑ Muestra motivación por seguir aprendiendo, fija sus propias metas, conoce sus capacidades y las pone en uso para adquirir nuevos aprendizajes por sí mismo, autoevaluando sus progresos y asumiendo sus errores como elemento para la búsqueda y obtención de mejoras
C. Autonomía e iniciativa personal.	❑ Tiene iniciativa personal en la planificación, organización y gestión del trabajo, individual o colectivo, asumiendo responsabilidades en la realización del mismo, y se manifiesta con confianza y seguridad en la comunicación, argumentación y evaluación de los resultados y conclusiones extraídas. ❑ Planifica, emprende y evalúa proyectos, poniendo en uso los conocimientos adquiridos en la indagación de situaciones escolares o problemas de la vida cotidiana, y empleando diversas habilidades cognitivas: reconocer, describir, relacionar, comparar, interpretar, criticar, predecir, crear, concluir, etc. en su tratamiento y resolución. ❑ Hace uso de valores y prácticas democráticas de respeto, diálogo, cooperación, responsabilidad, control emocional, autocrítica y valoración en los diferentes contextos en los que se relaciona y convive, mostrándose confiado y seguro en sí mismo ante los retos y expectativas que se le presentan para mejorar la convivencia de forma pacífica. ❑ Se muestra innovador y creativo ante problemas de la vida cotidiana y del centro, generando ideas, asumiendo los distintos puntos de vista de sus compañeros y compañeras y los propios errores en la búsqueda de las mejores soluciones, y desarrollando cooperativamente la más adecuada y viable.

SECUENCIA DE ENSEÑANZA-APRENDIZAJE: ACTIVIDADES Y TAREAS INTERMEDIAS O PREPARATORIAS.

❑ La estructura de las UDI Multidisciplinar o TI Multidisciplinar es la misma que la de una UDI o TI de Materia, en cuanto que:

a) Se le plantea al alumno/a una SITUACIÓN PROBLEMA al que tendrá que buscar una solución.
b) La resolución requiere habitualmente el USO INTEGRADO DE VARIAS COMPETENCIAS BÁSICAS.
c) La solución supone la obtención de un PRODUCTO que debe ser de utilidad para la vida.
d) **Para la búsqueda de esa solución el alumnado tendrá que hacer uso de CONTENIDOS PREVIAMENTE TRABAJADOS Y ADQUIRIDOS a través de las diferentes Materias participantes.** No podemos recoger aquí las prácticas docentes propuestas por el profesorado y que están dirigidas a la adquisición de los conocimientos, procedimientos y actitudes a los que hacen referencia los Bloques de contenidos curriculares de las diferentes Materias. (Por supuesto nuestros alumnos/as también harán uso de otros aprendizajes adquirido en otros currículos no formales o informales de aprendizaje).
e) La búsqueda de esa solución requerirá que el alumno/a ponga en acción sus conocimientos, sus habilidades, sus actitudes y sus emociones; debidamente seleccionados y combinados a través de SUS ACCIONES - OPERACIONES MENTALES recogidos en los INDICADORES DE LOGRO de las competencias trabajadas y evaluadas.

❑ Cuando se programa una UDI de carácter Multidisciplinar para la resolución de cada una de las TAREAS INTERMEDIAS que pretenden conducir al alumno/a a la resolución de la TAREA FINAL, tendremos que diseñar una propuesta de trabajo o **SECUENCIA DE ENSEÑANZA-APRENDIZAJE: ACTIVIDADES-TAREAS** desde cada una de las materias curriculares participantes, de modo que le permitan al alumnado la posibilidad de adquirir los aprendizajes (contenidos curriculares) que le son imprescindibles para poder resolver dichas tareas, al poner en uso dichos aprendizajes de modo "competente". El diseño, desarrollo y evaluación de dicha secuencia requiere de una imprescindible COORDINACIÓN del profesorado de las materias participantes.

❑ Una propuesta de distribución de las ACTIVIDADES-TAREAS dirigidas al desarrollo y evaluación de competencias básicas puede ser la siguiente:

LENGUA CASTELLANA Y LITERATURA	EDUCACIÓN FÍSICA
ACTIVIDADES y TAREAS DE INICIO en relación a "la importancia y la incidencia de la televisión en nuestras vidas": ¿Podemos vivir sin televisión?: o Búsqueda de artículos de prensa, anuncios, lecturas colectivas, debates, análisis de situaciones cotidianas de uso y consumo de televisión, etc. o Lectura, selección y subrayado de ideas principales y breve resumen del artículo: "Los Niños y la Televisión": www.educar.org/**articulos**/**television**.asp ❑ Breve presentación de la tarea final que pretendemos diseñar. ❑ Reflexión y lluvia de ideas sobre la relevancia y la incidencia que puede tener la televisión en nuestras vidas. ❑ Etc.	**ACTIVIDADES y TAREAS DE INICIO** en relación a "la importancia y la incidencia de la televisión en nuestras vidas": ¿Tiene relación la frecuencia de consumo de televisión con nuestros hábitos alimentarios, de práctica deportiva, etc.?: o Búsqueda de artículos de prensa, anuncios, lecturas colectivas, debates, análisis de situaciones cotidianas de uso y consumo de televisión que nos permita hacer previsiones, hipótesis sobre su incidencia en la salud. o Reflexión y lluvia de ideas sobre la incidencia que puede tener la televisión en ❑ el sobrepeso, ❑ la vida sedentaria, ❑ la práctica de actividad física, ❑ Etc.

ACTIVIDADES y TAREAS DE DESARROLLO	ACTIVIDADES y TAREAS DE DESARROLLO
TAREA INTERMEDIA O PREPARATORIA: "Elabora una encuesta con tus compañeros para valorar el uso de la televisión en casa". Representa gráficamente los datos obtenidos, y prepara una presentación en formato digital de los mismos para el grupo-clase. ❑ Grupo 1: "Elaboración de una encuesta o entrevista para seleccionar las opiniones y aportaciones del alumnado de nuestro centro" ❑ Grupo 2: "Elaboración de una encuesta o entrevista para seleccionar las opiniones y aportaciones de los vecinos de nuestra localidad" ❑ Grupo 3: "Elaboración de una encuesta o entrevista para seleccionar las opiniones y aportaciones de nuestras familias" ❑ Grupo 4: "Elaboración de una encuesta o entrevista para seleccionar las opiniones y aportaciones del profesorado de nuestro centro" TAREA PREPARATORIA: Elabora un informe para presentar en el grupo-clase: "Valora y redacta de forma clara los resultados más significativos obtenidos con las encuestas". Representa gráficamente los datos obtenidos, y prepara una presentación en formato digital de los mismos para el grupo-clase. TAREA INTERMEDIA O PREPARATORIA: Redacción de un artículo atendiendo a los contenidos trabajados previamente en clase, sobre "tipos de anuncios y estrategias publicitarias". Presentación en el grupo-clase. ❑ Repaso de las normas relativas a la buena presentación de los textos escritos tanto en soporte papel como digital, con respeto a las normas gramaticales, ortográficas y tipográficas. ❑ Uso de procedimientos para componer los enunciados con un estilo cohesionado, especialmente mediante la transformación de oraciones independientes, coordinadas o yuxtapuestas en subordinadas adverbiales o en oraciones subordinadas mediante las que se expresan diferentes relaciones lógicas: causales, consecutivas, condicionales y concesivas. Etc.	Leemos los resúmenes del artículo : "Los Niños y la Televisión": www.educar.org/**articulos/television**.asp que realizamos en la Materia de Lengua, y que recoge entre otros aspectos fundamentales, lo siguiente: "El tiempo que se pasa frente al televisor es tiempo que se le resta a actividades importantes, tales como la lectura, el trabajo escolar, el juego, la interacción con la familia y el desarrollo social. Los niños también pueden aprender cosas en la televisión que son inapropiadas o incorrectas. Muchas veces no saben diferenciar entre la fantasía presentada en la televisión y la realidad. Están bajo la influencia de miles de anuncios comerciales que ven al año, muchos de los cuales son de bebidas alcohólicas, comidas malsanas (caramelos y cereales cubiertos de azúcar), comidas de preparación rápida y juguetes. Buscar respuesta a la siguiente hipótesis de trabajo: Los niños que miran demasiada televisión están en mayor riesgo de: Sacar malas notas en la escuela. Leer menos libros. Hacer menos ejercicio. Estar en sobrepeso. http://www.eufic.org/article/es/salud-estilo-de-vida/alimentos-para-todas-edades/artid/obsidad-infantil/ http://www.sap.org.ar/docs/congresos/2010/deporte/trifone.pdf http://www.television.edusanluis.com.ar/2010/11/efectos-de-la-television-sobre-la.html http://todo-en-salud.com/nutricion-y-dietetica/cuanto-mas-tiempo-dedican-los-ninos-a-ver-la-television-mayor-es-su-riesgo-de-desarrollar-obesidad http://www.seedo.es/portals/seedo/RevistaObesidad/2008-n4-Inedito-Factores-de-riesgo-para-obesidad-infantil-en-ninos-de-9-a-12-anos-de-edad-de-Comunidad-Valenciana.pdf

	TAREA PREPARATORIA: Investigar la incidencia del uso de la televisión en nuestras vidas y presentar verbalmente en el grupo las conclusiones obtenidas. Argumenta con datos, estudios científicos, artículos de prensa, etc. las posibles relaciones de dependencia: • Relación entre tiempo diario de televisión y tiempo de dedicación a actividades deportivas. • Relación entre tiempo diario de televisión y peso-sobrepeso. Puedes hacer uso de las TIC¨s para obtener y presentar datos, información,... TAREA PREPARATORIA: Recoge en formato tabla una planificación semanal que recoja la frecuencia diaria de tiempo dedicado a estudio en casa, televisión, actividades deportivas, ocio y otras.
ACTIVIDADES y TAREAS DE CIERRE TAREA PREPARATORIA o INTERMEDIA: Buscamos títulos a nuestros relatos. Investigamos sobre las características a las que debe responder un buen título. La funciones comunicativas de los títulos. Etc. Propuestas de "títulos" para nuestra producción de grupo. Debate y selección de entre los presentados. TAREA PREPARATORIA: Representa gráficamente la secuencia de acciones necesarias para llevar a cabo el proyecto de desarrollo y el diseño de un relato de entretenimiento y de un relato divulgativo o informativo, en formato papel. . TAREA PREPARATORIA: Redacta con claridad y precisión los criterios que convendría tener en cuenta para decidir sobre los aspectos fundamentales que deben contemplarse en un relato de entretenimiento y en un relato divulgativo o informativo, en formato papel: contenidos, extensión, formato, etc.	**ACTIVIDADES y TAREAS DE CIERRE** TAREA PREPARATORIA: Propuesta semanal de planificación que recoja cambios en las variables contempladas de modo que puedan tener una incidencia favorable, argumentada, en determinados aspectos de nuestra vida.

MATEMÁTICAS	C. SOCIALES, GEOGRAFÍA E HISTORIA
ACTIVIDADES y TAREAS DE INICIO: Breve debate sobre la utilización de operaciones y recursos matemáticos en la vida cotidiana. ¿Podemos utilizar las Matemáticas para establecer relaciones entre la frecuencia de uso de la televisión y determinados aspectos de nuestra vida? ¿Se hace uso en los medios de comunicación de los recursos matemáticos? ¿Cómo? Aporta ejemplos.	**ACTIVIDADES y TAREAS DE INICIO**: Lectura de los párrafos seleccionados de artículos, por ejemplo de James Llull "Los usos sociales de la televisión", para el desarrollo de un Debate sobre los "usos relacionales de la televisión". Información e instrucciones previas del profesorado en relación a las actividades y tareas propuestas. http://www.jameslull.com/losusos.html Puesta en común y aportaciones/sugerencias del alumnado.
ACTIVIDADES y TAREAS DE DESARROLLO TAREA PREPARATORIA: Empleando el debate por subgrupos, se decide las relaciones que se van a investigar en relación a la incidencia del uso de la televisión en nuestras vidas. Se conforman los grupos de trabajo y se concretan los aspectos básicos que orienten al alumnado de cara a la evaluación-autoevaluación de la tarea. Se establecen las relaciones objeto de investigación para cada grupo. Por ejemplo: • Relación entre tiempo diario de televisión y calificaciones escolares. • Relación entre tiempo diario de televisión y tiempo de estudio en casa. • Relación entre tiempo diario de televisión y colaboración en tareas de ayuda en casa. • Etc. http://www.television.edusanluis.com.ar/2009/07/las-investigaciones-sobre-los-efectos.html http://www.television.edusanluis.com.ar/2010/11/efectos-de-la-television-sobre-la.html	**ACTIVIDADES y TAREAS DE DESARROLLO** TAREA INTERMEDIA O PREPARATORIA: Redacción de una noticia atendiendo a los procedimientos trabajados previamente en clase, sobre "estrategias publicitarias que pretenden incitar al consumismo". Presentación en el grupo-clase. ❑ Utilizar fuentes diversas (gráficos, croquis, mapas temáticos, bases de datos, imágenes, fuentes escritas) para obtener, relacionar y procesar información sobre los usos sociales de la televisión en cada década. ❑ ¿La televisión sigue siendo para los consumidores encuestados el medio de publicidad más influyente? Argumentar la respuesta. ❑ Comunicar las conclusiones de forma organizada al grupo-clase haciendo uso de las diferentes posibilidades que ofrecen las tecnologías de la información y la comunicación (Power-Point, etc.). ❑ Aportar grabaciones para el análisis y debate sobre los programas divulgativos e informativos que nos pueden aportar mucho, podemos aprender infinidad de hechos, datos e ideas que desconocemos. Aún así, es importante que, cuando nos pongamos ante un programa de este tipo, sepamos contrastar esa información y esos datos con otras noticias.

<table>
<tr><td>ACTIVIDADES y TAREAS DE CIERRE
TAREA PREPARATORIA: Se representan los resultados en porcentajes y de modo gráfico. Se redacta y se presenta al resto de compañeros de clase un Informe con las conclusiones del estudio realizado en cada subgrupo.</td><td>ACTIVIDADES y TAREAS DE CIERRE
TAREA PREPARATORIA: Por parejas, buscaremos la información que sobre una misma noticia nos aportan diferentes medios de comunicación : Debemos tener siempre un punto de vista crítico ante todo lo que nos transmitan por televisión, por prensa, por radio, Internet, …sólo así conseguiremos ser autónomos y no pensar solamente como se propone en la pantalla. Recoger en formato tabla los aspectos comunes y los aspectos diferenciales del análisis comparativo realizado. Presentación al grupo-clase.</td></tr>
<tr><td colspan="2">EDUCACIÓN PLÁSTICA Y VISUAL</td></tr>
<tr><td colspan="2">ACTIVIDADES y TAREAS DE INICIO:
❑ Se debe plantear al alumnado la necesidad de su colaboración en el desarrollo de un proyecto de trabajo que supone la realización de diferentes tareas dirigidas al diseño, construcción y exposición de un relato de entretenimiento y de un relato divulgativo o informativo, en formato papel y formato digital y/o de vídeo".
❑ En este sentido es clave proponer la realización de un debate abierto para la adopción de acuerdos consensuados sobre la planificación que se requiere, el reparto de tareas y responsabilidades y el tiempo que se necesita para realizarlas.</td></tr>
<tr><td colspan="2">ACTIVIDADES y TAREAS INTERMEDIAS DE DESARROLLO:
Proyectos de creación visual cooperativos: En cada subgrupo se realizará un análisis de las diferentes propuestas en cuanto a la/s producciones videográficas a desarrollar, y se tomarán decisiones respecto a :
❑ Proceso a seguir, distribución de tareas entre los componentes de cada subgrupo.
❑ Técnicas y estrategias a utilizar para la tarea final propuesta en formato audiovisual y multimedia.
❑ Elección de los materiales más adecuados para elaborar el/los productos de cada subgrupo.
❑ Los acuerdos que se adopten deben recogerse en el cuaderno de trabajo como ayuda de las actividades que se van a realizar y seguimiento de los acuerdos adoptados. . (Referentes de evaluación y autoevaluación).</td></tr>
<tr><td colspan="2">Todas los productos de las tareas intermedias abordadas por el alumnado se irán incluyendo en su Carpeta de tareas o Portafolio, podrán ser objeto de evaluación y/o autoevaluación , y serán facilitadores y referentes para la resolución de la Tarea Final.
<u>TAREA FINAL</u>: Diseñamos un relato de entretenimiento y de un relato divulgativo o informativo, en formato papel y formato digital y/o de vídeo".
Temática: "El buen uso y disfrute de la televisión".
❑ Proyectos de creación visual cooperativos: Se redactará un Informe que recoja el proceso de creación y destaque los valores de iniciativa, creatividad e imaginación que se consideren más relevantes a criterio del grupo.
❑ Planificamos y ponemos en práctica un calendario de presentación del mismo a otros grupos de compañeros y la distribución del mismo entre las familias.
❑ Presentación al grupo-clase y al profesorado participante en la UDI Multidisciplinar de las producciones de cada subgrupo.
❑ En su caso, autoevaluación de los productos y procesos.</td></tr>
</table>

Direcciones de consulta a través de Internet:
http://www.educar.org/articulos/television.asp
http://www.eufic.org/article/es/salud-estilo-de-vida/alimentos-para-todas-edades/artid/obsidad-infantil/
http://www.sap.org.ar/docs/congresos/2010/deporte/trifone.pdf
http://www.television.edusanluis.com.ar/2010/11/efectos-de-la-television-sobre-la.html
http://todo-en-salud.com/nutricion-y-dietetica/cuanto-mas-tiempo-dedican-los-ninos-a-ver-la-television-mayor-es-su-riesgo-de-desarrollar-obesidad
http://www.seedo.es/portals/seedo/RevistaObesidad/2008-n4-Inedito-Factores-de-riesgo-para-obesidad-infantil-en-ninos-de-9-a-12-anos-de-edad-de-Comunidad-Valenciana.pdf
http://www.television.edusanluis.com.ar/2009/07/las-investigaciones-sobre-los-efectos.html
http://www.television.edusanluis.com.ar/2010/11/efectos-de-la-television-sobre-la.html
http://www.jameslull.com/losusos.html

El alumno/a aportará todas aquellas direcciones que considere de interés para su consulta, así como la temática fundamental que se aborda en cada una de ellas.

OTROS ASPECTOS A PROGRAMAR EN UNA UNIDAD DIDÁCTICA

1) PROPUESTAS PARA DEBATIR DESDE LA TUTORÍA.

ACTIVIDADES y TAREAS DE DESARROLLO:

1ª. **TAREA INTERMEDIA O PREPARATORIA:**

1) Elaboración de un dossier de prensa escrita y oral, en diferentes formatos, con artículos que hablen del tema de los medios de comunicación y en concreto de la televisión.
2) Lectura, selección y redacción escrita de ideas principales del artículo: "El lenguaje que nos identifica", de Mabel Pruvost de Kappe.
3) Estudio de programas de televisión de diferente tipología: informativa, debate, publicidad, entretenimiento, etc.

Centrando nuestro interés en el tratamiento que se hace de valores y actitudes, tales como: discriminación por razones de sexo, raza, condición política, económica, social, etc.

- Comentad las noticias y debatirlas en grupo.
- Realizad un mural con "mensajes claves" seleccionados de las noticias y/o programas analizados (trabajo cooperativo).
- Entre toda la clase se diseña una clasificación de los aspectos fundamentales seleccionados de los artículos y/o programas analizados y de los problemas que se consideran objeto de estudio más detallado.
- Etc.

2ª. TAREA INTERMEDIA O PREPARATORIA:

1) Aportar grabaciones para el análisis y debate sobre los programas de entretenimiento: Veremos que encontramos en ellos una gran cantidad de valores que no siempre son adecuados como modelo de comportamiento en la vida real. Debemos ser críticos ante los valores que nos muestran estos programas y debemos saber diferenciar entre realidad y ficción.
2) Elaborar, en el grupo clase, un listado diferenciando los valores adecuados y los no adecuados y valorar el hecho de no dejarnos influenciar por todo lo que veamos en la pantalla.

2) ATENCIÓN A LA DIVERSIDAD (En función de las necesidades educativas del grupo, se programarán actividades y tareas de refuerzo, recuperación, enriquecimiento, ampliación):
SUPUESTO PRÁCTICO A MODO DE EJEMPLIFICACIÓN: Para atender las Necesidades Educativas Especiales de dos alumnos/as del grupo, que siguen Adaptaciones Curriculares Significativas en las que se programan aprendizajes que les sitúan en el Tercer Ciclo de Educación Primaria, se proponen las mismas TAREAS INTERMEDIAS diseñadas para el grupo pero incorporando modificaciones que respondan a los aprendizajes imprescindibles que el alumnado tiene adquiridos en relación a las Áreas que intervienen en esta Unidad Didáctica. Por ejemplo: Propuestas de trabajo "intermedias" y de "diferente nivel de dificultad" (atención a la diversidad): TAREA PREPARATORIA O INTERMEDIA: Construye un mural que recoja mensajes que fundamenten la respuesta a la pregunta ¿para qué necesitamos la televisión? Utiliza un "lema" sobre su uso responsable(con la ayuda de tus compañeros). ➢ Buscar ayuda para informarte sobre "qué es un lema" (Puedes utilizar diferentes fuentes: Internet, Enciclopedia, Profesor, Compañero, etc.) ➢ Actividad de grupo: A modo de ejemplo, busca algunos lemas relacionados con otras temáticas: en anuncios publicitarios, noticias de prensa, etc. ➢ Selecciona un lema actual de algún anuncio publicitario. ➢ Con la ayuda de algún compañero: Busca imágenes que puedas asociar con esos lemas. ➢ Escribe o dibuja el lema que más te guste. Explica a tus compañeros de grupo que significado tiene y por qué lo has elegido. ➢ Mural ilustrado con mensajes sobre usos adecuados de la televisión. TAREA PREPARATORIA: Recoge en un gráfico de barras y elabora un Informe con las conclusiones del estudio realizado sobre: • Tiempo diario de televisión a lo largo de los siete días de la semana seleccionada. • Tiempo de dedicación a actividades deportivas y/o de ocio a lo largo de los siete días de la semana seleccionada. • Tiempo de colaboración en tareas de ayuda en casa a lo largo de los siete días de la semana seleccionada. • Etc. Con la ayuda de su grupo, redacta y presenta al resto de compañeros de clase un Informe y una presentación Power-point con las conclusiones del estudio realizado. A continuación seleccionamos los Indicadores de Logro relativos al Tercer Ciclo de Educación Primaria, que tendremos como referentes para valorar el nivel de logro alcanzado en cada una de las competencias básicas trabajadas por este alumnado en las tareas propuestas. Entre ellos, por ejemplo valoraremos los siguientes Indicadores: ❑ Capta el sentido global e identifica informaciones de textos orales y escritos, emitidos en diferentes situaciones de comunicación, reconociendo las ideas principales y secundarias, las ideas de las opiniones y valores no explícitos; comparando y contrastando informaciones diversas; interpretando e integrando las ideas propias con las contenidas en los textos .... **Comunicación lingüística** ❑ Elabora textos escritos atendiendo al destinatario, al tipo de texto y a la finalidad, tanto en soporte papel como digital, y planifica y realiza sencillas investigaciones exponiendo por escrito los resultados obtenidos .... **Comunicación lingüística** ❑ Planifica y realiza sencillas investigaciones sobre problemas del entorno, empleando estrategias básicas del método científico, y utiliza diferentes recursos (dibujos, esquemas, presentaciones, etc.) y soportes para interpretar y representar la información obtenida......**Conocimiento e interacción con el M.F.**

- ❑ Argumenta y defiende las propias opiniones y valora críticamente la de los demás en la toma de decisiones colectivas y emplea el diálogo y la negociación en la resolución de conflictos y en la asunción de responsabilidades............ **Social y ciudad**.
- ❑ Comprende y produce textos en diferentes códigos y formatos digitales, relacionados con la actividad académica y social .... **Tratamiento de la Información y C. Digital**
- ❑ Organiza y desarrolla con autonomía el trabajo del aula y el estudio personal conforme a las instrucciones del profesorado y muestra iniciativa en la superación de dificultades .... **Autonomía e iniciativa personal.**
- ❑ Participa en situaciones de comunicación y negociación en el aula respetando las normas de intercambio, y mostrando actitudes de respeto hacia los demás. .... **Autonomía e iniciativa personal**.
- ❑ Coopera activamente en el trabajo en equipo expresando las ideas propias, y valora críticamente las aportaciones de sus compañeros y compañeras .. **Autonomía e iniciativa personal.**
- ❑ Utiliza las distintas clases de números para interpretar, intercambiar, relacionar y comparar información; y realiza con ellos operaciones y cálculos numéricos sencillos, mediante diferentes procedimientos, para solucionar cuestiones propias de los contextos de la vida cotidiana .... **Competencia Matemática**
- ❑ Valora y hace uso de lo que sabe y de cómo aprende; y se muestra seguro de sí mismo y con deseo por seguir aprendiendo en las diversas situaciones o contextos............ **Aprender a Aprender**
- ❑ Etc.

Cada uno de estos indicadores de logro se valorarán atendiendo a los Criterios de Evaluación y las decisiones relativas a la evaluación recogidas en su Adaptación Curricular y a los NIVELES establecidos: 1. Poco, 2. Regular, 3. Adecuado, 4. Bueno y 5. Excelente

Es necesario insistir en la relevancia que cobra el diseño de La ESCALA GRADUADA DE LOGRO de cada una de las competencias básicas, al facilitar la atención a la diversidad de nuestro alumnado desde la inclusión educativa. Esto permite que "en torno a un mismo objeto de estudio o trabajo en el aula" se solicite a cada alumno/a un desempeño que responda a sus niveles de aprendizaje, dado que dicha escala establece el logro esperado en cuanto a desarrollo competente de cada uno de nuestros alumnos/as en función del desarrollo de las capacidades del mismo.

PROPUESTAS METODOLÓGICAS

PROPUESTAS METODOLÓGICAS (Agrupamientos / Espacios / Tiempos / Recursos/ Métodos…) Ver temas correspondientes y otras ejemplificaciones.

MATERIALES:
Fungible: lápices, lápices de colores, bolígrafos, papel, cartulinas, fotografías, tijeras, papel milimetrado.
No fungible: ordenadores conectados a Internet, fotocopiadora, prensa diaria y revistas, vídeos, calculadora, CD-Roms, enciclopedias, libros de consulta y ampliación, etc..
Las propuestas metodológicas empleadas pueden contribuir en gran medida al desarrollo de competencias básicas de marcado carácter transversal: social y ciudadana, autonomía e iniciativa personal y competencia para aprender a aprender.

"LA ACCIÓN , LA COOPERACIÓN Y LA AUTENTICIDAD como pilares básicos de nuestra propuesta metodológica:

- La enseñanza y el aprendizaje se construyen a través de la resolución de una tarea integrada que hemos elegido nosotros como ejemplificación "LA TELEVISIÓN A DEBATE", pero que puede ser elegida a partir de otras propuestas del grupo.
- Empleamos el efecto motivador que tiene el uso de estrategias de poder hacer, de acción (la propia decisión a la hora de organizar la tarea), de relación social y de saber (terminar el trabajo, ser elogiado, sentirse satisfecho, respetar y ser respetado por compañeros que poseen posturas y opiniones diferentes, etc.). Con carácter habitual el grupo se organizará de forma flexible para el trabajo cooperativo:
  - ⇒ A través del uso de "asambleas y debates," para establecer los objetivos, dar y recibir la información verbal de carácter relevante, defender nuestras propuestas y opiniones, analizar y tomar decisiones en grupo, etc. Es el agrupamiento habitual que emplearemos en la Fase inicial y para las actividades de recopilación y de puesta en común de las distintas etapas o tareas intermedias propuestas. Igualmente, trabajaremos cooperativamente en la fase de síntesis y diseño de la tarea final, y después de la evaluación.
  - ⇒ La Fase de desarrollo a través de "las tareas intermedias", que conducen al alumno/a y le "preparan" para poder dar respuesta o solución a la tarea final propuesta, se lleva a cabo tanto en "equipo", por medio del aprendizaje cooperativo, como de manera individual, dependiendo del tipo de trabajo que se pretenda desarrollar. En esta fase, los alumnos buscan, anotan, argumentan, comparan, resumen, organizan, relacionan, y presentan.
    - o Los actividades que se programan con el objeto de que el alumno/a adquiera "los contenidos imprescindibles" para el desarrollo de las competencias básicas; a través de los conocimientos, saberes y experiencias que le preparen para la resolución de problemas diversos.
    - o Habilidades prácticas y cognitivas para la adecuada resolución de problemas cotidianos.
    - o Valores, actitudes, sentimientos y emociones para la resolución efectiva de problemas reales.
    - o Resolución de situaciones, tareas en un contexto determinado propio de nuestras vidas.

  - ⇒ LECTURAS: se suelen definir de manera individual" a través de los aprendizajes realizados por todos y cada uno de los alumnos y las alumnas, adaptando la dificultad a los diferentes o diversos niveles con los que habitualmente trabajamos en el grupo-clase.

Recordemos que, en el artículo 7, punto 4, del Real Decreto 1631/2006 se establece que "La lectura constituye un factor fundamental para el desarrollo de las competencias básicas. Los centros deberán garantizar en la práctica docente de todas las materias un tiempo dedicado a la misma en todos los cursos de la etapa".

Se favorecerá el uso habitual de las nuevas tecnologías aplicadas a la resolución de actividades y tareas que pongan en uso los aprendizajes aportados por la materia de que se trate o de todas las materias/ámbitos en el caso de unidades Didácticas Multidisciplinares.

  - ⇒ El aprendizaje adquirido se traduce en la evaluación y/o autoevaluación de:
    - o Las capacidades, a través de los desempeños individuales de los contenidos trabajados.
    - o Las CC. BB., a través de los indicadores de logro puestos en uso en las tareas trabajadas.

- El tiempo inicialmente previsto y el Nº de horas/sesiones: A veces, la excesiva concreción inicial limita de forma significativa las posibilidades de la tarea integrada o proyecto de trabajo. El reparto que se realice de las horas también es una variable relevante a la hora de organizar la secuencia. En esto, como en el resto de variables, no cerramos el modelo puesto que ello sería poner freno al desarrollo y enriquecimiento de la Unidad Didáctica propuesta en base a la demanda, interés y aprovechamiento que se genere en el grupo.
- El espacio, al igual que el tiempo, es una parte importante del proceso y debe estar al servicio de él. La organización del espacio siempre ha de ser flexible para poderse acomodar a cada propuesta de trabajo. Así:

- o Las asambleas y debates exigen una distribución del espacio en la que todos puedan mirar a todos (circulo o en forma de U).
- o La fase de búsqueda requiere de un lugar en el que se pueda acceder a los recursos de información (rincones de aula, biblioteca de centro, textos escolares y aula de informática, etc.).
- o La confección del trabajo en grupo, cooperativo, transforma la clase en taller (distribución de mesas adecuada, acceso al ordenador y acceso a otros recursos).
- o Todos los espacios del centro estarán al servicio y acomodo a cada una de las tareas propuestas.

Los recursos materiales en un modelo ecológico , en un "modelo de trabajo auténtico" en cuanto que debe ser altamente socializador y responder a los formatos de problemas reales de la vida cotidiana, no se limitan al uso exclusivo de los libros de texto escolares pues el alumnado debe consultar otras fuentes, ya sean convencionales o informáticas: Internet, catálogos, cuadernos de instrucciones, enciclopedias, prensa, etc. El resultado o producto de las tareas debe quedar recogido en un cuaderno de trabajo o en un archivador en el que el alumnado recopila todo el trabajo realizado. Podemos usarlo como "Portafolio" o "Carpeta de desempeños" del alumno/a, a modo de instrumento de seguimiento de su proceso de aprendizaje, referentes de evaluación y/o autoevaluación.

INSTRUMENTOS Y PAUTAS DE EVALUACIÓN Y/O AUTOEVALUACIÓN

PROPUESTA Nº 1:

Diario de clase para la evaluación continua.

Portafolio o Carpeta de tareas integradas del alumno/a.

Registro de evaluación del progreso del alumno/a, "momento a momento" según la secuenciación temporal establecida en cada una de las CC.BB. programadas, a través de sus "Indicadores de Logro".

En su caso, elaboración de "rúbricas" de evaluación de los productos obtenidos en la resolución de las tareas propuestas en las UDI: Final e Intermedias.

PROPUESTA Nº 2:

Referentes de autoevaluación y coevaluación. Podemos, además de la propuesta anterior, incorporar el diseño de otras pautas e instrumentos variados de evaluación, que podremos emplear para la autoevaluación y/o coevaluación en función del tipo y contenido de la UDI. Estas propuestas de trabajo podrán ir acompañadas de "unos referentes de evaluación/autoevaluación", que el alumnado deberá conocer y comprender de antemano con objeto de fomentar la mejora de sus desempeños escolares. A modo de ejemplificación, además de las tareas intermedias ya incorporadas a la U.D.I., proponemos:

- ❑ La presentación de dibujos, fotografías, carteles, propagandas, etc. con la intención de que el alumno/a, individualmente o en grupo reducido, describa, narre, explique, razone y justifique, valore a propósito de la información que estos materiales ofrecen.
- ❑ La presentación pública, por parte del alumnado, de alguna producción elaborada personalmente o en grupo para ser retransmitida por algún medio audiovisual (un anuncio radiofónico, un noticiario televisivo, un documento propagandístico).
- ❑ Los debates en grupo entorno a algún tema relacionado con las cuestiones tratadas, en los que los alumnos asuman papeles o roles diferenciados (defensor de una postura, defensor de la postura contraria, sintetizador, moderador, participante).
- ❑ A partir de la lectura de un texto determinado, seleccionar cuál de entre diversas respuestas posibles es la que se recoge en el texto. Establecer relaciones, consecuencias entre diferentes hechos, etc.
- ❑ Incorporar en un texto las palabras o ideas que faltan, identificar las que expresan falsedad, avanzar lo que en él se dirá, a medida que se va leyendo.
- ❑ A partir de una lectura determinada, indicar qué cuadro, qué representación, qué gráfico, qué título de entre diversos posibles "es más representativo" del conjunto del texto o con alguna parte del mismo. O bien seleccionar la información precisa para dar respuesta al problema planteado. Emplear lecturas comprensiva de diferentes formatos de textos, que den respuesta a situaciones comunicativas propias de diferentes situaciones cotidianas: diccionarios, enciclopedias, web educativas, revistas, anuncios, textos escolares, páginas electrónicas, diarios, cartas, listas de servicios, de precios, recibos, facturas, avisos, manuales de información, señales de tráfico, leyendas de planos y mapas, catálogos comerciales, formularios, instancias, certificados, etc.
- ❑ Dada una situación real o simulada, observación de si el alumno/a la visualiza y hace una representación (esquema, dibujo, verbalización); observación de si reconoce cuál es la información relevante y como, a partir de esta información, puede deducir informaciones nuevas. Si la situación no ofrece datos suficientes para responder a las preguntas que se hacen, ver si es capaz de buscar aquellos datos nuevos que precisa, etc.
- ❑ Observación de si es capaz de plantear un proceso de solución y ejecutarlo, así como si es capaz de valorar la solución o soluciones obtenidas (por ejemplo: simulación de la organización de una campaña para concienciar sobre el uso responsable de la televisión; planificación de actividades con grupos de alumnos de cursos inferiores en relación a los hábitos de uso adecuados y el aprovechamiento óptimo de ¿para qué necesitamos la televisión?
- ❑ Planteamiento de algún problema y búsqueda de estrategias de solución. Observación la perseverancia en la obtención de la respuesta individual y/o su participación en grupo.
- ❑ Etc.

EVALUACIÓN DE COMPETENCIAS BÁSICAS: REGISTRO DEL NIVEL DE LOGRO DESARROLLADO POR EL ALUMNADO EN LOS PROCESOS DE ENSEÑANZA/APRENDIZAJE						
COMPETENCIAS BÁSICAS	INDICADORES DE LOGRO	NIVELES DE LOGRO				
		1	2	3	4	5
C. Comunicación lingüística	❑ Conoce y emplea la terminología lingüística, científica y técnica adquirida, y la utiliza de forma reflexiva en la elaboración y creación de textos e informaciones de forma clara, concisa y ordenada. ❑ Emplea la narración, la explicación, el resumen y los comentarios en diferentes soportes y contextos, organizando las ideas con claridad y estableciendo secuencias textuales lineales y cohesionadas, y respetando las normas gramaticales y ortográficas. ❑ Extrae y contrasta informaciones identificando el propósito, el tema general y los secundarios en los textos orales y escritos, y realiza informes escritos. ❑ Participa en conversaciones y realiza exposiciones orales y escritas sobre hechos de actualidad e interés social, empleando diversas fuentes de información y las estrategias más adecuadas para resolver las dificultades durante la interacción. ❑ Analiza y valora hechos o situaciones de la vida real, tanto social como escolar, en los que aparecen estereotipos o manifestaciones sustentadas en las diferencias culturales, lingüísticas y de género.					
C. Matemática	❑ Utiliza las operaciones matemáticas para analizar y valorar las informaciones y situaciones de la vida real que contienen elementos y soportes matemáticos. ❑ Analiza y valora sucesos y situaciones procedentes de la vida cotidiana a partir de la obtención de información de forma empírica y hace predicciones sobre la posibilidad de que ocurran.					

Conocimiento e interacción con el mundo físico	❑ Reconoce y comprende problemas relacionados con el mundo físico y se plantea conjeturas e inferencias sobre los mismos, y desarrolla sus propios planteamientos científicos básicos para obtener resultados y extraer conclusiones.					
Tratamiento de la información y competencia digital	❑ Usa las TIC de forma autónoma para buscar, recopilar e interpretar información y producir documentos en soporte electrónico en formato textual y gráfico. ❑ Mantiene una postura crítica ante los avances de las tecnologías de la información y la comunicación con respecto a la mejora de la calidad de vida en las personas y en la sociedad en general. ❑ Diseña y elabora presentaciones sobre tareas realizadas de cuestiones de interés escolar y social, con objeto de apoyar el discurso oral y escrito en la exposición de ideas, opiniones y propuestas de mejora.					
Social y ciudadana	❑ Practica valores reflexionando, argumentando, emitiendo juicios y haciendo propuestas para mejorar las relaciones humanas, a nivel personal y escolar desde la cooperación, solidaridad, respeto, no violencia y compromiso mutuo.					
Cultural y artística	❑ Muestra una actitud abierta, respetuosa y crítica hacia la diversidad de expresiones artísticas y culturales.					
Apremder a aprender	❑ Busca información para aprender, identificando la más relevante y extrayendo ideas generales y específicas de textos orales y escritos para resolver por sí mismo los problemas propuestos, atendiendo adecuadamente a las instrucciones y normas dadas. ❑ Planifica y autorregula su proceso de aprendizaje, elaborando producciones propias a través de diferentes estrategias de búsqueda, contraste, interpretación y síntesis de información obtenida por diferentes medios, de forma progresiva y autónoma, y argumentando con postura crítica los resultados obtenidos.					

	❑ Muestra motivación por seguir aprendiendo, fija sus propias metas, conoce sus capacidades y las pone en uso para adquirir nuevos aprendizajes por sí mismo, autoevaluando sus progresos y asumiendo sus errores como elemento para la búsqueda y obtención de mejoras					
Autonomía e iniciativa personal	❑ Tiene iniciativa personal en la planificación, organización y gestión del trabajo, individual o colectivo, asumiendo responsabilidades en la realización del mismo, y se manifiesta con confianza y seguridad en la comunicación, argumentación y evaluación de los resultados y conclusiones extraídas. ❑ Planifica, emprende y evalúa proyectos, poniendo en uso los conocimientos adquiridos en la indagación de situaciones escolares o problemas de la vida cotidiana, y empleando diversas habilidades cognitivas: reconocer, describir, relacionar, comparar, interpretar, criticar, predecir, crear, concluir, etc. en su tratamiento y resolución. ❑ Hace uso de valores y prácticas democráticas de respeto, diálogo, cooperación, responsabilidad, control emocional, autocrítica y valoración en los diferentes contextos en los que se relaciona y convive, mostrándose confiado y seguro en sí mismo ante los retos y expectativas que se le presentan para mejorar la convivencia de forma pacífica. ❑ Se muestra innovador y creativo ante problemas de la vida cotidiana y del centro, generando ideas, asumiendo los distintos puntos de vista de sus compañeros y compañeras y los propios errores en la búsqueda de las mejores soluciones, y desarrollando cooperativamente la más adecuada y viable.					
1. Poco; 2. Regular; 3. Adecuado; 4. Bueno; y 5. Excelente.						

Se han recogido en una tabla única todas las Competencias Básicas y sus Indicadores de Logro trabajados y evaluados en la UDI planificada, con objeto de dejar evidencia del desempeño o dominio final alcanzado por el alumno/a. Si bien resulta evidente que muchas de estas Competencias se ponen en uso en más de una ocasión, a través de sus Indicadores, a lo largo de la secuencia de enseñanza-aprendizaje diseñada que pone al alumno/a en situación de resolver diversas tareas intermedias y que le "conducen" a la resolución de la tarea final propuesta. Por ello, recomendamos que se tengan diversos referentes de evaluación en relación a cada uno de las Competencias y sus Indicadores. Es decir, registrar el desempeño del alumno en las competencias trabajadas en cada una de las tareas intermedias propuestas, y no sólo en la tarea final. Para dar respuesta a esta evaluación continua, se incluyen Instrumentos de Evaluación tales como el "Registro del nivel de logro desarrollado por el alumnado en los procesos de enseñanza/aprendizaje", que establece varios "momentos" referentes de evaluación a lo largo de cada trimestre.

2.6. *Diseño de rúbricas de evaluación (opcionales)*

Tabla de evaluación de competencias: Se recogen los "Indicadores de Logro" de cada una de las competencias básicas trabajadas. Como ya sabemos, la puesta en uso de los mismos en la resolución de tareas será el referente para la evaluación de competencias.

La evaluación de CC.BB. tiene dos características fundamentales: es compartida por todo el Equipo Docente de un alumno/a y ha de tener un tratamiento absolutamente formal y objetivo. Cuando la valoración del/de los Indicadores de Logro pueda estar sujeta a interpretaciones diferentes para los distintos docentes, se pueden emplear rúbricas de evaluación de ese/de esos indicadores de logro, que serán diseñadas para mantener el carácter formal y objetivo de la evaluación.

Una rúbrica es "un descriptor cualitativo que establece la naturaleza de un desempeño" (Simón, 2001, citado por Zazueta y Herrera, 2008).El establecimiento de RÚBRICAS de evaluación nos permite valorar si el alumno ha superado el Nivel que hemos determinado como "Adecuado" así como su situación concreta entre el 1 y el 5 en cuanto a niveles de consecución establecidos en torno a las competencias básicas que están vinculadas a la/s tarea/a propuesta/s, y en concreto de los indicadores de logro evaluados de cada una de dichas competencias.

Cada uno de los INDICADORES de logro o dominio pueden convertirse en referentes concretos de los aprendizajes a evaluar y rubricar en relación al desarrollo de las competencias básicas; o bien un indicador de logro puede subdividirse en varios "indicadores para la evaluación" de dicho indicador de logro, con objeto de hacer más visibles los aprendizajes competenciales a evaluar en la/s tarea/s de evaluación planteadas al alumno/a. Procedimiento para la elaboración de las rúbricas:

- Columna izquierda: aprendizajes a evaluar establecidos en los "Indicadores de logro" de las competencias básicas.
- Columna superior que recoge los Niveles de logro o dominio: 1 Poco - 2 Regular - 3 Adecuado - 4 Bueno - 5 Excelente
- En cada una de las celdas se recogen los Referentes de evaluación.

Veamos una ejemplificación de esta fase en la que abordamos la toma de decisiones respecto al nivel de consecución de competencias básicas para el alumnado de un curso determinado a través de la resolución de las tareas propuestas y el empleo de las rúbricas de evaluación diseñadas para tal fin.

RÚBRICA PARA LA EVALUACIÓN DE COMPETENCIAS BÁSICAS					
INDICADORES (CC.BB.: Aprendizajes a evaluar en las tareas propuestas)	**NIVELES DE LOGRO**				
	1 Poco	**2 Regular**	**3 Adecuado**	**4 Bueno**	**5 Excelente**
Progresa adecuadamente en su aprendizaje, utilizando y apreciando el valor de las distintas capacidades que entran en juego en el aprendizaje para mejorar sus resultados académicos, tales como la atención, concentración, comprensión, expresión, dedicación al trabajo y motivación.	No se aprecian progresos en su aprendizaje y atribuye sus fracasos a factores externos.	No progresa suficientemente en su aprendizaje y solamente reconoce alguna de sus capacidades de aprendizaje.	**Progresa moderadamente en su aprendizaje y es consciente de sus capacidades, pero no las distingue o relaciona con situaciones concretas de aprendizaje.**	Manifiesta un buen progreso en el aprendizaje, e identifica en qué medida sus capacidades de aprendizaje influyen en sus éxitos o fracasos, aunque no introduce modificaciones en las mismas para favorecer su rendimiento.	Manifiesta un excelente progreso en el aprendizaje, siendo capaz de identificar, incluso en situaciones novedosas de aprendizaje, en qué medida sus capacidades de aprendizaje influyen en sus éxitos o fracasos, e introduce modificaciones en las mismas para favorecer su rendimiento.